国家出版基金项目
NATIONAL PUBLICATION FOUNDATION

主编 胡绳武
副主编 牛贯杰 戴鞍钢

清末立宪运动史料丛刊 13

顺直谘议局

邱涛 编

国家清史编纂委员会·文献丛刊

山西人民出版社

本书获中国人民大学『中央高校建设世界一流大学（学科）和特色发展引导专项资金』支持

『十二五』国家重点图书出版规划项目

国家清史编纂委员会出版委员会

《清末立宪运动史料丛刊》出版工作委员会

总序

戴逸

二〇〇二年八月，国家批准建议纂修清史之报告，十一月成立由十四部委组成之领导小组，十二月十二日成立清史编纂委员会，清史编纂工程于焉肇始。清史之编纂酝酿已久，清亡以后，北洋政府曾聘专家编写《清史稿》，历时十四年成书。识者议其评判不公，记载多误，难成信史，久欲重撰新史，以世事多乱不果。中华人民共和国成立后，中央领导亦多次推动修清史之事，皆因故中辍。新世纪之始，国家安定，经济发展，建设成绩辉煌，而清史研究亦有重大进步，学界又倡修史之议，国家采纳众见，决定启动此新世纪标志性文化工程。清代为我国最后之封建王朝，统治中国二百六十八年之久，距今未远。清代众多之历史和社会问题与今日息息相关。欲知今日中国国情，必当追溯清代之历史，故而编纂一部详细、可信、公允之清代历史实属切要之举。编史要务，首在采集史料，广搜确证，以为依据。必藉此史料，乃能窥见历史陈迹。故史料为历史研究之基础，研究者必须积累大量史料，勤于梳理，善于分析，去粗取精，去伪存真，由此及彼，由表及里，进行科学之抽象，上升为理性之认识，才能洞察过去，认识历史规律。史料之于历史研究，犹如水之于鱼，空气之于鸟，水涸则鱼逝，气盈则鸟飞。历史科学之辉煌殿堂必须岿然耸立于丰富、确凿、可靠之史料基础上，不能构建于虚无缥缈之中。吾侪于编史之始，即整理、出版“文献丛刊”、“档案丛刊”，二者广收各种史料，均为清史编纂工程之重要组成部分，一以供修撰清史之用，提高著作质量；二为抢救、保护、开发清代之文化资源，继承和弘扬历史文化遗产。清代之史料，具有自身之特点，可以概括为多、乱、散、新四字。一曰多。我国素称诗书礼义之邦，存世典籍汗牛充栋，尤以清代为盛。盖清代统治较久，文化发达，学士才人，比肩相望，传世之经籍史乘、诸子百家、文字声韵、目录金石、书画艺术、诗文小说，远轶前朝，积贮文献之多，如恒河沙数，不可胜计。昔梁元帝聚书十四万卷于江陵，西魏军攻掠，悉燔于火，人谓丧失天下典籍之半数，是五世纪时中国书籍总数尚不甚多。宋代印刷术推广，载籍日众，至清代而浩如烟海，难窥其涯涘矣！《清史稿·艺文志》著录清代书籍九千六百三十三种，人议其疏漏太多。武作成作《清史稿艺文志补编》，增补书一万零四百三十八种，超过原志著录之数。彭国栋亦有《重修清史艺文志》，著录书一万八千零五十九种。近年王绍曾更求详备，致力十余年，遍览群籍，手抄目验，成《清史稿艺文志拾遗》，增补书至五万四千八百八十种，超过原志五倍半，此尚非清代存留书之全豹。王绍曾先生言：“余等未见书目尚多，即已见之目，因工作粗疏，未尽钩稽而失之眉睫者，所在多有。”清代书籍总数若干，至今尚未能确知。清代不仅书籍浩繁，尚有大量政府档案留存于世。中国历朝历代档案已丧失殆尽（除近代考古发掘所得甲骨、简牍外），而清朝中枢机关（内阁、军机处）档案，秘藏内廷，尚称完整。加上地方存留之档案，多达二千万件。档案为历史事件发生过程中形成之文件，出之于当事人亲身经历和直接记录，具有较高之真实性、可靠性。大量档案之留存极大地改善了研究条件，俾历史学家得以运用第一手资料追踪往事，了解历史真相。二曰乱。清代以前之典籍，经历代学者整理、研究，对其数量、类别、版本、流传、收藏、真伪及价值已有大致了解。清代编纂《四库全书》，大规模清理、甄别存世之古籍。因政治原因，查禁、篡改、销毁所谓“悖逆”、“违碍”书籍，造成文化之浩劫。但此时经师大儒，联袂入馆，勤力校理，尽瘁编务。政府亦投入巨资以修明文治，故所获成果甚丰。对收录之三千多种书籍和未收之六千多种存目书撰写详明精切之提要，撮其内容要旨，述其体例篇章，论其学术是非，叙其版本源流，编成二百卷《四库全书总目》，洵为读书之典要、后学之津梁。乾隆以后，至于清末，文字之狱渐戢，印刷之术益精，故而人竞著述，家娴诗文，各握灵蛇之珠，众怀昆冈之壁，千舸齐发，万木争荣，学风大盛，典籍之积累远迈从前。惟晚清以来，外强侵凌，干戈四起，国家多难，人民离散，未能投入力量对大量新出之典籍再作整理，而政府档案，深藏中秘，更无由一见。故不仅不知存世清代文献档案之总数，即书籍分类如何变通、版本庋藏应否标明，加以部居舛误，界划难清，亥豕鲁鱼，订正未遑。大量稿本、抄本、孤本、珍本，土埋尘封，行将澌灭；殿刻本、局刊本、精校本与坊间劣本混淆杂陈。我国自有典籍以来，其繁杂混乱未有甚于清代典籍者矣！三曰散。清代文献、档案，非常分散，分别庋藏于中央与地方各个图书馆、档案馆、博物馆、教学研究机构与私人手中。即以清代中央一级之档案言，除北京中国第一历史档案馆所藏一千万件以外，尚有一大部分档案在战争时期流离播迁，现存于台北故宫博物院。此外，尚有藏于沈阳辽宁省档案馆之圣训、玉牒、满文老档、黑图档等，藏于大连市档案馆之内务府档案，藏于江苏泰州市博物馆之题本、奏折、录副奏折。至于清代各地方政府之档案文书，损毁极大，但尚有劫后残余，璞玉浑金，含章蕴秀，数量颇丰，价值亦高。如河北获鹿县档案、吉林省边务档案、黑龙江将军衙门档案、河南巡抚藩司衙门档案、湖南安化县永历帝与吴三桂档案、四川巴县与南部县档案、浙江安徽江西等省之鱼鳞册、徽州契约文书、内蒙古各盟旗蒙文档案、广东粤海关档案、云南省彝文傣文档案、西藏噶厦政府藏文档案等等分别藏于全国各省市自治区，甚至清代两广总督衙门档案（亦称《叶名琛档案》），被英法联军抢掠西运，今藏于英国伦敦。清代流传下之稿本、抄本，数量丰富，因其从未刻印，弥足珍贵，如曾国藩、李鸿章、翁同龢、盛宣怀、张謇、赵凤昌之家藏资料。至于清代之诗文集、尺牍、家谱、日记、笔记、方志、碑刻等品类繁多，数量浩瀚，北京、上海、南京、广州、天津、武汉及各大学图书馆中，均有不少贮存。丰城之剑气腾霄，合浦之珠光射日，寻访必有所获。最近，余有江南之行，在苏州、常熟两地图书馆、博物馆中，得见所存稿本、抄本之目录，即有数百种之多。某些书籍，在中国大陆已甚稀少，在海外各国反能见到，如太平天国之文书。当年在太平军区域内，为通行之书籍，太平天国失败后，悉遭清政府查禁焚毁，现在中国，已难见到，而在海外，由于各国外交官、传教士、商人竟相搜求，携赴海外，故今日在外国图书馆中保存之太平天国文书较多。二十世纪内，向达、萧一山、王重民、王庆成诸先生曾在世界各地寻觅太平天国文献，收获甚丰。四曰新。清代为传统社会向近代社会之过渡阶段，处于中西文化冲突与交融之中，产生一大批内容新颖、形式多样之文化典籍。清朝初年，西方耶稣会传教士来华，携来自然科学、艺术和西方宗教知识。乾隆时编《四库全书》，曾收录欧几里得《几何原本》，利玛窦《乾坤体义》，熊三拔《泰西水法》、《简平仪说》等书。迄至晚清，中国力图自强，学习西方，翻译各类西方著作，如上海墨海书馆、江南制造局译书馆所译声光化电之书，后严复所译《天演论》、《原富》、《法意》等名著，林纾所译《茶花女遗事》、《黑奴吁天录》等文艺小说。中学西学，摩荡激励，旧学新学，斗妍争胜，知识剧增，推陈出新，晚清典籍多别开生面、石破天惊之论，数千年来所未见，饱学宿儒所不知。突破中国传统之知识框架，书籍之内容、形式，超经史子集之范围，越子曰诗云之牢笼，发生前所未有之革命性变化，出现众多新类目、新体例、新内容。清朝实现国家之大统一，组成中国之多民族大家庭，出现以满文、蒙古文、藏文、维吾尔文、傣文、彝文书写之文书，构成为清代文献之组成部分，使得清代文献、档案更加丰富，更加充实，更加绚丽多彩。清代之文献、档案为我国珍贵之历史文化遗产，其数量之庞大、品类之多样、涵盖之宽广、内容之丰富在全世界之文献、档案宝库中实属罕见。正因其具有多、乱、散、新之特点，故必须投入巨大之人力、财力进行搜集、整理、出版。吾侪因编纂清史之需，贾其余力，整理出版其中一小部分；且欲安装网络，设数据库，运用现代科技手段，进行贮存、检索，以利研究工作。惟清代典籍浩瀚，吾侪汲深绠短，蚁衔蚊负，力薄难任，望洋兴叹，未能做更大规模之工作。观历代文献档案，频遭浩劫，水火兵虫，纷至沓来，古代典籍，百不存五，可为浩叹！切望后来之政府学人重视保护文献档案之工程，投入力量，持续努力，再接再厉，使卷帙长存，瑰宝永驻，中华民族数千年之文献档案得以流传永远，沾溉将来，是所愿也！

二〇〇四年

序言

胡绳武

清末立宪运动是一场全国性的政治运动。这场运动历时9年（1903—1911），波及除内外蒙古、青海、西藏之外的全国22个行省（内地18个省、东北三省和新疆），对辛亥革命前后的中国政治、经济、社会和思想文化均产生过重要的影响。这场运动的人和事，自宣统年间以来不断地有国内外学者们进行研究和评议。由于研究者的立场与观点不同，对这场运动的人和事的评议自然是见仁见智的。但研究者们一致感到研究立宪运动的困难之一在于史料相对缺乏。中华人民共和国成立后，国家重视对近百年历史的研究，在中国史学会的主持下，曾出版过一套《中国近代史资料丛刊》。这套资料的出版对中国近代史的教学与研究曾产生了很好的推动作用，但这套资料丛刊却没有把立宪运动包括在内。

有关立宪运动的文献资料，除1979年中华书局出版过一部《清末筹备立宪档案史料》外，尚无一套比较完整的立宪运动文献资料丛刊，这给中国近代史的教学与研究带来一定的影响。为此，中华书局编辑部于1986年曾拟定编辑一套《立宪运动》的文献资料，作为《中国近代史资料丛刊》的续编出版，并邀请我作为这套文献资料丛刊的主编。我当时因为正在撰写《辛亥革命史稿》，无力承担此项工作而加以婉拒。当时中华书局近代史编辑室的主任陈铮向我表示这项工作可在《辛亥革命史稿》完成以后再着手进行，并希望我能将此项工作接受下来。当时我的研究生程为坤讲师也希望我将这项工作接受下来，并表示愿意全力帮助我完成文献资料的搜集与整理工作。这样，我就终于将此项工作接受下来，并开始注意有关立宪运动文献资料的搜集工作。1990 年以后，《辛亥革命史稿》的撰写工作虽然已经完成，程为坤却已出国留学，我又年近七十，无力单独承担，此项工作遂告中断。其后，我曾争取与中国人民大学图书馆古籍整理研究所合作，希望继续完成这套资料的搜集与整理工作，后因故再次中断。已经搜集却又未经整理的有关立宪运动的文献资料只好堆积存放。

2002 年国家清史纂修工程启动后，清史编纂委员会主任戴逸教授动员我组织力量，将《立宪运动》这套文献资料的整理工作作为国家清史纂修工程文献整理项目之一继续下去，争取完成。我考虑到早在 1986 年即已接受中华书局近代史编辑室委托，承担《立宪运动》的主编工作，中途虽因客观原因中断，但我内心总觉得对学术界和出版社欠了一笔账，不免感到内疚，现在有机会将这套《立宪运动》作为清史文献项目之一列入计划，这是给我完成上世纪中断了的《立宪运动》这套文献资料的一个极好机会，遂于 2004 年向国家清史编纂委员会正式提出申请，并于 2005 年获得通过，正式立项。

这套《清末立宪运动史料丛刊》总的要求是，能够较为全面地反映这场运动的发展全貌，对该运动发生的历史背景、酝酿与兴起、发展和声势、它与民主革命运动及清廷预备仿行立宪的关系、立宪团体、立宪派人士的思想与活动，以及该运动对于中国近代社会历史所造成的影响诸方面，均得到合乎实际的说明。

以往《中国近代史资料丛刊》的编辑方法大致有三种：一是按资料的类型进行整理编辑，如《太平天国》；二是按事件发展进行编辑，如《辛亥革命》；三是二者结合，如《第二次鸦片战争》。本套文献资料大体依照第三种形式，从以下八个方面对相关资料进行搜集、整理与编辑：一、立宪运动的酝酿与发动；二、立宪派与革命派的论战；三、清廷的预备仿行立宪；四、立宪团体；五、国会请愿运动；六、资政院；七、各省谘议局；八、有关立宪运动的外文资料。谘议局文献的选编范围涉及12个行省，即顺直谘议局、奉天谘议局、吉林谘议局、山西谘议局、山东谘议局、江苏谘议局、浙江谘议局、福建谘议局、广东谘议局、江西谘议局、湖南谘议局、四川谘议局。参加本项目的成员及分工如下：中国社会科学院近代史研究所李细珠研究员（立宪运动的酝酿与发动、福建谘议局），清华大学马克思主义学院王宪明教授（立宪派与革命派的论战、有关立宪运动的外文资料），首都师范大学历史系迟云飞教授（清廷的预备仿行立宪），北京大学历史系尚小明教授（立宪团体、国会请愿运动、山西谘议局、山东谘议局），中国人民大学历史学院牛贯杰副教授（资政院、湖南谘议局、广东谘议局），北京师范大学历史学院邱涛副教授（顺直谘议局），中国社会科学院法学研究所孙家红副研究员（奉天谘议局、吉林谘议局），上海图书馆上海科学技术情报研究所高洪兴研究员（江苏谘议局），广东警官学院法律系沈晓敏教授（浙江谘议局），中山大学历史系廖伟章教授（广东谘议局），南昌大学历史系黄志繁教授（江西谘议局），四川大学城市研究所何一民教授（四川谘议局）。

值得说明的是，这套文献资料丛刊立项伊始，清史编纂委员会考虑到我年事已高，故建议增加一位项目主持人，我们经过商议，聘请复旦大学历史系戴鞍钢教授为主持人。项目进行期间，他审阅了700余万字的文稿，并提出具体的修改意见，帮助我承担了不少审阅初稿的任务。牛贯杰副教授承担了大量烦琐沉重的学术辅助工作。清史编纂委员会文献组的王汝丰教授、出版组孟超编审对本项目给予了特别的关心与指导。没有他们的帮助，很难相信这套文献资料丛刊能够如期完成，在此表示诚挚的谢意。同时，山西人民出版社的领导也给予了特别的关注，编辑们付出了辛勤的努力，在此一并致谢。

当然，囿于种种因素，我们不可能将22个行省的谘议局文献全部搜求于内，只选择性地摘取了12个行省的相关文献，这些省份涵盖了沿江沿海、中原腹地、京畿重地与清王朝的龙兴之地——吉林与奉天两省。此外，我们对各省谘议局文献的选编原则以谘议局本身文献为主，因此，规模方面无法做到整齐划一，而且数量各有不同。这些不足和局限，衷心期待学术界进行批评和补正。

2014 年 10 月

凡例

一、本文献为类编资料，资料来源均在正文结尾处标明。

二、本文献按照立宪运动发生、发展的脉络分为三十卷，各卷内容为：第一卷，立宪运动的酝酿与发动；第二卷，立宪派与革命派的论战；第三至六卷，清廷的预备仿行立宪；第七至八卷，立宪团体；第九至十卷，国会请愿运动；第十一至十二卷，资政院；第十三卷，顺直谘议局；第十四至十五卷，奉天谘议局；第十六至十七卷，吉林谘议局；第十八卷，山西谘议局；第十九至二十卷，山东谘议局；第二十一至二十二卷，江苏谘议局；第二十三卷，浙江谘议局；第二十四至二十五卷，福建谘议局；第二十六卷，广东谘议局；第二十七卷，江西谘议局；第二十八卷，湖南谘议局；第二十九卷，四川谘议局；第三十卷，有关立宪运动的外文资料。

三、文献史料如有原名，一律沿用；如没有原名，则由整理者自行拟定，文中注明。

四、资料原文所用繁体字，在不会造成歧义的情况下改为通行简化字。某些具体人名、地名不在此限。异体字、通假字尽量保持文献原貌。

五、本书在纂辑过程中，对清末惯用的一些字词，悉仍其旧，如“豫备立宪”、“豫算”、“筹画”、“画一”、“澈底”、“坐次”、“帐目”、“缕晰陈之”、“详晰”、“人材”、“发见”、“札覆”、“叠次”、“身分”、“省分”、“择尤”等。文中还有许多反复出现的字词属于此种情形，不在此一一列举。

六、文献资料均由编者标点、分段与校勘。错别字用（ ）标出，并于〔 〕中标明正确字，脱字以【 】标明，衍字以〈 〉标明，无法辨识文字和原公文中故意省略之字，均以□标示。

七、原稿繁体竖排，今改为简体横排。原稿中“左”、“如左”、“左列”、“右”、“如右”、“右列”等文字均保留原貌，一律不作改动。

八、为便于读者更好地利用资料，整理者对有必要加注的地方一律加注，以脚注标明。

整理说明

一、本书编选资料，为清末立宪运动中顺天府和直隶省谘议局材料。

二、本书所选文稿，主要来源于顺直谘议局筹办处文件、顺直谘议局议案录、顺直谘议局文牍等档案材料，以及天津《大公报》等直接反映清末新政中顺直谘议局情况的报刊资料。

三、资料编纂的次序，按照时间顺序和以类相从二者结合的办法。每条材料均注明出处。

四、由于顺直谘议局资料为各省谘议局资料汇编之首篇，故将《各省谘议局章程》及相关奏谕录入，置于篇首，以资参照。

五、本书在纂辑过程中，对清末惯用的一些字词，悉仍其旧，如“豫备立宪”、“豫算”、“坐次”，等等。

六、文中各标题，大多为原有标题，惟个别内容（多在谘议局选举、谘议局开局纪事项下）系编辑者根据内容重拟标题。

邱　涛

2015 年 6 月

目录

第一编　顺直谘议局的筹备

一、谘议局章程

二、顺直谘议局的筹办

（一）顺直谘议局筹办处的活动和相关文件

三、顺直地方自治

（二）顺直地方自治文件

（三）顺直地方自治规章制度

（四）关于顺直地方自治的报刊舆论

第二编 顺直谘议局的活动

一、顺直谘议局选举纪事

二、顺直谘议局议事日程和议事规则

三、顺直谘议局规章制度

四、顺直谘议局开局纪事

（一）顺直谘议局开局纪事

（二）顺直谘议局调查报告

（三）顺直谘议局议案汇编

五、顺直谘议局预备议案

六、顺直谘议局议案

七、顺直谘议局文牍类要

八、有关顺直谘议局的报刊舆论

第一编　顺直谘议局的筹备

一、谘议局章程

著各省速设谘议局谕

光绪三十三年九月十三日

光绪三十三年九月十三日内阁奉上谕：朕钦奉慈禧端佑康颐昭豫庄诚寿恭钦献崇熙皇太后懿旨，前经降旨于京师设立资政院以树议院基础，但各省亦应有采取舆论之所，俾其指陈通省利弊，筹计地方治安，并为资政院储材之阶。著各省督抚均在省会速设谘议局，慎选公正明达官绅创办其事，即由各属合格绅民公举贤能作为该局议员，断不可使品行悖谬营私武断之人滥厕其间。凡地方应兴应革事宜，议员公同集议，候本省大吏裁夺施行。遇有重大事件，由该省督抚奏明办理。将来资政院选举议员，可由该局公推递升。如资政院应需考查询问等事，一面行文该省督抚转饬，一面径行该局具覆。该局有条议事件，准其一面禀知该省督抚，一面径禀资政院查核。其各府州县议事会一并预为筹画，务期取材日宏，进步较速，庶与庶政公诸舆论之实相符，以副朝廷勤求治理之意。钦此。

《军机处录副上谕》，故宫博物院明清档案部编：《清末筹备立宪档案史料》下册，第667页

宪政编查馆等奏拟订各省谘议局并议员选举章程折

光绪三十四年六月二十四日

奏为拟订各省谘议局章程及案语，并议员选举章程，分别缮具清单，请旨钦定颁行，以资遵守，恭折仰祈圣鉴事。

光绪三十三年九月十三日内阁奉上谕：（谕文见前）仰见皇太后、皇上孜孜求治重视舆论之至意，钦服莫名。臣等窃维立宪政体之要义，在予民人以与闻政事之权，而使为行政官吏之监察，故不可无议院以为人民闻政之地。东西立宪各国，虽国体不同，法制各异，而要之无不设立议院，使人民选举议员，代表舆论，是以上下之情通，而睽隔之弊少。中国向无议院之说，今议倡设，人多视为创举，且视为外国之法，不知虞廷之明目达聪，大禹之建鞀设铎，洪范之谋及庶人，周官之询于外朝，皆古义也。古昔盛时，无不广采舆论以为行政之准则者，特未有议院之制度耳。记曰：上酌民言，则下天上施，上不酌民言，则犯也，下不天上施，则乱也。传曰：防民之口，甚于防川，川壅而溃，伤人必多，是故为川者决之使导，为民者宣之使言，是民言之不可壅障，断断然也。然为川之道，固不可使之壅塞而不流，亦不可任其泛滥而无纪。必也宽予之地，俾其畅行无阻，而仍遥筑堤防，不容溢出于界域之外。议院者，予水畅行之地也。规则者，不容外溢之堤防也。既将创设议院，若不严定规则，预为之制，曲为之防，流弊有不可胜言者。今者钦奉明纶，于京师设立资政院外，复令各省均在省会设立谘议局，以为各省采取舆论之所，并为资政院储才之阶，法良意美，薄海同钦。臣

等查谘议局即议院之先声，自当上承德意，下体舆情，将其规则妥为厘定，以期行之有利而无弊。

伏查各国立宪制度，皆设上下议院于国都，其下多直接地方自治之议会。惟联邦之制，各邦自有国会，帝国但总其大纲。中国地大民众，分省而治，各省之政，主于督抚，与各国地方自治直接国都者不同，而郡县之制，异于封建，督抚仍事事受命于朝廷，亦与联邦之各为法制者不同。谘议局之设，为地方自治与中央集权之枢纽，必使下足以裒集一省之舆论，而上仍无妨于国家统一之大权。此其要义一也。夫议院乃民权所在，然其所谓民权者，不过言之权而非行之权也。议政之权虽在议院，而行政之权仍在政府。即如外国监督政府之说，民权似极强矣，而议院攻击政府，但有言辞，并无实力，但有政府自行求退，议院并不能驱之使行。普鲁士、日本宪法，且明载进退宰相，任免文武官之权，在于其君，此足见民权之是言非行矣。况谘议局仅为一省言论之汇归，尚非中央议院之比，则其言与行之界限，尤须确切订明，不容稍有逾越。此其要义二也。立宪之国，必有议院，此一定之理。敕定宪法之国，必先期宣布开设议院年限，此亦自然之序。今资政院、谘议局已次第建立，为议院之基础矣。基础既立，则朝廷自将宣布开设议院年限，以定人心而促进步，此可预计者也。是则此日各省谘议局办法，必须与异日京师议院办法，有相成而无相悖。宣布年限之后，局中议员，即当随时为选入议院之预备，故议员资格，议事权限，皆当于此时早为厘定。此其要义三也。

兹经臣等督饬馆员，仰体圣训，博考列国立法之意，兼采外省所拟章程，参伍折衷，悉心编纂，谨拟成各省谘议局章程十二章六十二条。第一章总述纲要，明谘议局之缘起及其设立之宗旨。第二章至第五章，定谘议局议员之额数、资格、分类任期，兼及补缺、改选、辞职之事。第六章至第八章，定谘议局之职任权限，及其会议监督之法。第九章以下，定经理本局庶务、筹支经费、保持纪律之事。而以章程之施行修改，列为附条殿焉。所有条项文句，均经斟酌再三，屡成屡易。椎轮之作，不敢即谓精密无遗，而因时制宜，斟酌亦不敢不力求详慎。谨疏通证明，加具案语，附于各条之后，以便解释，而免疑误。

其议员选举事宜，端绪繁杂，非局章所能备载，若不详细筹拟，另定专条，诚恐办理纷歧，漫无把握，故别为选举章程一百十五条，以与局章相辅而行，庶几范围不过，率由有章。谨分别缮具清单，恭呈御览。如蒙俞允，拟请明降谕旨，颁行各省，即由臣馆分咨各督抚钦遵办理。其安徽抚臣冯煦所奏谘议局章程，奉旨交臣馆议奏之案，此项章程现既具奏，即无庸再行议覆。

是否有当，谨合词恭折具陈，伏乞皇太后、皇上圣鉴训示。

再，此折系宪政编查馆主稿，会同资政院办理，合并声明。谨奏。

光绪三十四年六月二十四日奉上谕，已录。

《东方杂志》第五卷第七号，第13—34页；故宫博物院明清档案部编：《清末筹备立宪档案史料》下册，第670—683页

各省谘议局章程（附加按语）

第一章 总 纲

第一条 谘议局钦遵谕旨为各省采取舆论之地，以指陈通省利病，筹计地方治安为宗旨。各省谘议局设于督抚所驻之地。谨案：谘议局系钦奉谕旨设立，凡诸大纲，俱见于光绪三十三年九月十三日上谕。本条特称钦遵谕旨者，所以示谘议局之缘起，且以见本章程所订各条皆根本圣谟，敷邕厥恉，非出于拟议者之臆见也。

第二章 议 员

第二条 各省谘议局议员以左列数目为定额，用复选举法选任之：奉天五十名，吉林三十名，黑龙江三十名，顺直一百四十名，江宁五十五名，江苏六十六名，安徽八十三名，江西九十七名，浙江一百十四名，福建七十二名，湖北八十名，湖南八十二名，山东一百名，河南九十六名，山西八十六名，陕西六十三名，甘肃四十三名，新疆三十名，四川一百零五名，广东九十一名，广西五十七

名，云南六十八名，贵州三十九名。京旗及各省驻防，均以所住地方为本籍。但旗制未改以前，京旗得于顺直议员定额外，暂设专额十名。各省驻防得于该省议员定额外，每省暂设专额一名至三名，其名数由各督抚会同将军、都统定之。谨案：议员定额之准则，固以比照户口之数为最当，惟中国户口尚无确实统计，详细调查，恐需岁月，不得已参酌各省取进学额及漕粮之数，以定多寡。本条所定，以各该省学额总数百分之五为准。惟宁、苏两处漕粮最重，而学额较少，故就漕粮每三万石加增一名，于江宁增九名，江苏增二十三名。其漕粮虽重，而学额已敷，如浙江等省，不再加额。东三省及新疆地方，建设行省未久，学额漕粮俱难取准，故酌定一相当之名额，其府厅州县划分名额之法，则以选举人多寡为标准，由本省督抚按照另定选举章程办理。又案：各国选举议员之法，有单选、复选之别。单选者，径由选举人投票选出议员是也。复选者，先由选举人选出若干选举议员人，更令选举议员人投票选出议员是也。现当初行选举之际，一切办法，自以详密为宜，若遽用单选制度，恐拣择未精，不无滥竽倖进之弊，故本条采用复选举法，以示矜慎。又案：近年迭奉谕旨，消融满汉畛域，将来旗制裁改，则旗人自应以所居地方为本籍。但旗制未改以前，旗人尚未编入民籍，京旗及驻防若不另为设额，旗人将全无与闻政事之权，似不足以昭平允，故暂为旗人设议员专额，京旗则附顺直，驻防则附各省，庶免偏枯之虑。至东三省地方，即系旗人本籍，非京旗及驻防可比，所有旗汉人等，自应一律办理，无庸另设专额，以为实行化除畛域之倡。

第三条　凡属本省籍贯之男子，年满二十五岁以上，具左列资格之一者，有选举谘议局议员之权：一、曾在本省地方办理学务及其他公益事务满三年以上著有成绩者；二、曾在本国或外国中学堂及与中学同等或中学以上之学堂毕业得有文凭者；三、有举贡生员以上之出身者；四、曾任实缺职官文七品武五品以上未被参革者；五、在本省地方有五千元以上之营业资本或不动产者。谨案：各国选举资格有普通选举、限制选举之别。普通选举者，于财产上之资格不加限制，使全国成年以上之男子皆有选举权者是也。限制选举者，据财产上之资格以定选举权之有无，如取一定之纳税额为标准而付与以选举权者是也。现当初行选举之际，势不能骤用普通选举之制。然使专以财产为标准，又易启民间嗜利尚富之风，故本条参用限制选举法而推广之，于财产限制之外，另设资望学识名位等格，以与财产并重，有一于此，即为合格，既免冒滥之嫌，亦无偏重之弊，似为今日适宜之制。至第四款所指曾任实缺职官，必以未被参革为限者，因既经褫夺，即与齐民无异，不能复谓之职官矣。

第四条　凡非本省籍贯之男子，年满二十五岁，寄居本省满十年以上，在寄居地方有一万元以上之营业资本或不动产者，亦得有选举谘议局议员之权。谨案：寄居人于寄居地方所受之利害关系，较本籍人为轻，则其权利自亦不能无所区别，故本条定寄居人之选举资格，较本籍人为特严。

第五条　凡属本省籍贯，或寄居本省满十年以上之男子，年满三十岁以上者，得被选举为谘议局议员。谨案：本章程第六、第七、第八等条，于被选举权之限制，已极严密，故本条所定被选举资格，除年龄以外，更无何等要项。盖选举议员与任命官吏不同，国家但当指定何种人为在不应选举之列，不当更立程式，强令选举人必于何种人内行其选举权也。故各国通例，被选举资格除年龄以外，大抵无所限制。年龄资格各国亦互有不同：法兰西、德意志、比利时等国以二十五岁为及格，英、美则以二十一岁为及格，惟日本议院法，必年满三十岁以上者方有被选举权。本条采之者，以议员与闻政事，责任綦重，未达壮年之人，识力未富，经验未深，不宜轻授以代表国民之重任也。

第六条　凡有左列情事之一者，不得有选举权及被选举权：一、品行悖谬，营私武断者；二、曾处监禁以上之刑者；三、营业不正者；四、失财产上之信用，被人控实，尚未清结者；五、吸食鸦片者；六、有心疾者；七、身家不清白者；八、不识文义者。谨案：选举议员及被选举为议员者，必身无过犯，并具有相当之智识及信用，而后资格乃为完全，故犯本条诸款中之一者，不得有选举权及被选举权。其第一款所谓品行悖谬，营私武断者，指宗旨歧邪，干犯名教，及讼棍土豪劣迹昭著者而言，第六款所谓有心疾者，指有疯狂痴呆等疾，精神已异常人者而言，第七款所谓身家不清白者，指为娼优隶卒等贱业之人而言。

第七条　左列人等停止其选举权及被选举权：一、本省官吏或幕友；二、常备军人，及征调期间之续备后备军人；三、巡警官吏；四、僧道及其它宗教师；五、各学堂肄业生。谨案：本条所定选举及被选举之限制，非以其资格缺欠之故，乃以其所处之地位，不适于选举议员及被选为议员故也。盖本省官吏幕友，当行政之任，与谘议局本属对立，若与以选举议决之权，恐生旷职及干涉勾通等弊，军人以不预政事为通例，巡警亦然，僧道教师均从事宗教，不预世务，学堂肄业学生正当精勤学业，自不宜与闻政事，故一律停止其选举权及被选举权。

第八条　现充小学堂教员者，停止其被选举权。谨案：小学堂教员职司国民教育，责任綦重，若以被选议员之故，致旷厥职，殊于学务有碍，故仅留其选举权，而停止其被选举权。

第九条　谘议局选举事宜，照另定选举章程行之。谨案：选举事宜甚为烦琐，非本章程所能备载，故另立专章，相辅而行，以期周密。

第三章　议长副议长及常驻议员

第十条　谘议局设议长一人，副议长二人，常驻议员若干人，均由议员中互选。常驻议员以该省议员额数十分之二为额。议长、副议长用单记投票法分次互选，常驻议员用连记投票法一次互选，均以得票过半数者为当选，其细则由谘议局自定。谨案：本条系定正副议长及常驻议员之额数及其选举之法。缘谘议局不能常年开会，而一省之中，临时事务甚多，久稽不议，亦非所宜，故设常驻议员以补救之，所以期议事之敏捷，而省开会之烦数也。又案：投票之法，有单记、连记之别。单记者，由选举人记其所举之人一名于票是也。议长与副议长职任权限不同，故用单记法，令分次互选，每次选出一人。连记者，按照应举人数，由选举人列记所举之人若干名于票是也。常驻议员彼此职任权限相同，故用连记法一次互选。

第十一条　议长总理全局事务，副议长协理全局事务。议长有事故时，由副议长中一人代理。议长及副议长俱有事故时，由议员中公举临时议长代理。谨案：本条系定议长副议长之权限，及其代理之法，一以防将来之柢牾，一以免临时之紊乱。

第十二条　常驻议员于第二十一条第九至第十二各款所列事件，若不在开会期中，得由议长委任，协议办理，惟须于次期开会时报告全体议员。常驻议员如督抚有时招集，亦可至会议厅以备询考。谨案：本条系定常驻议员之权限及职务。常驻议员之协议，以不在开会期内为限，若值会期，即与寻常议员无别。协议之先，必由议长之委任，事毕之后，必须于次期会议报告议员，则专擅之渐，亦无自而开矣。又案：第二项所定，因续订直省官制第六条，有各省设会议厅，可酌择公正乡绅与议之条。当续订官制时，尚未奉有设立谘议局之旨，是以拟有会议厅一条。现在既专设谘议局，则督抚与司局各官会议时，或招集常驻议员以资考询，或议论有不便同坐时，即不招集常驻议员，均听其便。若不在会议厅，督抚愿随时与常驻议员等晤谈询访，亦无不可。

第十三条　议长、副议长、常驻议员均常川到局办事。谨案：正副议长及常驻议员，既于会期以外有一定之职守，自不得不常川到局，以免旷废之弊。

第十四条　议长、副议长、常驻议员除特定职权外，其余权利义务均与议员同。谨案：议长、副议长、常驻议员本皆由议员中互选而来，就特定职任权限言之，则谓之议长、副议长、常驻议员，就普通权利义务言之，则议长等亦一议员也。本章程内凡以议员与议长、副议长、常驻议员对举者，专指寻常议员而言，其泛称议员者，即兼赅议长等在内。本条特声明议长、副议长、常驻议员权利义务与议员同者，恐解释者于本章程内所有泛称议员之处，亦误以议长等为不在其列也。

第四章　任期及补缺

第十五条　凡议员之任期，以三年为限，议长、副议长之任期亦同。但常驻议员之任期，以一年为限。任期以每届选举后第一次开会之日起算。谨案：本条系定议长、议员等之任期。议员三年一改选者，因岁序屡易，各省情形亦有变迁，前举之人适宜与否，不可不再卜之舆论也。议长亦由议员中选出，其被选也同，故其改选也亦同。常驻议员以一年为限者，一以均劳逸，一以杜少数专擅之弊。

第十六条　议长因事出缺时，以副议长递补之。副议长因事出缺时，由议员中互选补之，若不在开会期中，得由常驻议员中互选补之。常驻议员因事出缺时，以候补常驻议员名次表之列前者递补之。议员因事出缺时，以复选候补当选人名次表之列前者递补之。谨案：本条系定议长、议员等补缺之法，以免临时之紊乱，兼省再选之烦琐。

第十七条　凡补缺之议长、副议长、议员、常驻议员，其任期以补足前任未满之期为限。谨案：议长、议员等改选，必归一律，不使有参差不齐之病，故本条定各项补缺者之任期，悉以补足前任未满之期为限，则斠若画一矣。

第五章　改选及辞职

第十八条　凡议员任满后，均分别改选，再被选者得行连任，但连任以一次为限。若议员任期未满而选举区有更改者，照旧任职。谨案：改选议员，本以新旧相乘除，然再被选而亦许连任者，资熟手而顺舆情也。但连任或至数次，为时太久，恐有挟持资望，蔑视同列之弊，且后起者亦将为所抑压而不得进，甚属非计，故连任止以一次为限。

第十九条　凡议员非因左列事由不得辞职：一、确有疾病不能担任职务者，二、确有职业不能常住本省境内者，三、其余事由特经谘议局允许者。谨案：议员有应尽之义务，一经被选，不得推诿，然或真有疾病，或以事不能常住本省，则虽令强留，亦难尽职，故经审查确实，亦可听其辞退。

第二十条　凡议员于任满后再被选而欲辞职者听之。谨案：议员虽可连任一次，然使久从公务，或于本人私计大有妨害，是亦不近人情，故既经任满而再被选者，虽辞退亦无不可。

第六章　职任权限

第二十一条　谘议局应办事件如左：一、议决本省应兴应革事件；二、议决本省岁出入预算事件；三、议决本省岁出入决算事件；四、议决本省税法及公债事件；五、议决本省担任义务之增加事件；六、议决本省单行章程规则之增删修改事件；七、议决本省权利之存废事件；八、选举资政院议员事件；九、申覆资政院谘询事件；十、申覆督抚咨询事件；十一、公断和解本省自治会之争议事件；十二、收受本省自治会或人民陈请建议事件。谨案：本条系定谘议局应办事件，凡所列举，均以本省之事为止，示与资政院所定权限有国家、地方之分。第一款总括地方庶政而言，二、三、四、五等款为监察财政事宜，六、七两款为参与立法事宜，第八款系钦遵谕旨，预立议院之根基，九、十两款以备京外之顾问，十一、十二两款以平自治会之纷争，以通人民之情悃。

第二十二条　谘议局议定可行事件，呈候督抚公布施行。前项呈候施行事件，若督抚不以为然，应说明原委事由，令谘议局复议。

第二十三条　谘议局议定不可行事件，得呈请督抚更正施行。若督抚不以为然，照前条第二项办理。

第二十四条　谘议局于督抚交令复议事件，若仍执前议，督抚得将全案咨送资政院核议。谨案：以上三条，系就谘议局所议与本省大吏或合或不合之事件，而定其往复之办法，以防谘议局与督抚生意外之龃龉也。其要旨有五：一、谘议局议定可行事件，督抚若无异议，有公布施行之责；二、督抚提议事件，谘议局如以为不可行者，有议请更正之权；三、谘议局议定可行或不可行事件，督抚如不以为然者，有交局复议之权；四、交局复议事件，督抚必须说明原委事由，否则不能令其复议；五、督抚及谘议局各执一见不能解决之事件，督抚应咨送资政院，以待决定。

第二十五条　第二十一条所开第一至第七各款议案，应由督抚先期起草，于开会时提议，但除第二、三款外，谘议局亦得自行草具议案。谨案：第二十一条所开第一至第七各款议案，皆与行政相关，督抚为行政长官，应预为筹画一切，故先由督抚起草。然或谘议局自有所见，足以补督抚之所不及，若不许其提议，则与采取舆论之旨不符，本条特许谘议局以自草议案者，所以通下情也。

第二十六条　谘议局于本省行政事件及会议应议决事件，如有疑问，得呈请督抚批答。若督抚认为必当秘密者，应将大致缘由声明。谨案：本条系申明谘议局于本省政务有与议之权。盖有问必答，虽秘密者亦当说明其大致缘由，至详细内容，无庸宣示。

第二十七条　本省督抚如有侵夺谘议局权限，或违背法律等事，谘议局得呈请资政院核办。谨案：本条所定，系为保护谘议局之权限，并预防督抚滥用其权力而设。盖督抚如有侵夺谘议局权限，或违背法律等事，谘议局得呈请资政院核办，则督抚限于众议，而不致有病国害民之举。顾又不令谘议局径行抗议，而必以核办之权付诸资政院，则谘议局亦不能肆行挑剔，以掣督抚之肘，凡以避上下之争突，保行政之平衡而已。

第二十八条　本省官绅如有纳贿及违法等事，谘议局得指明确据，呈候督抚查办。谨案：谘议局为一省舆论所集之地，官绅有纳贿违法情事，人民必遭其冤抑，自应立予纠举，俾顺群情。其必指明确据者，以防挟嫌诬陷之弊，其必呈候督抚查办者，以保行政长官监督之权。

第二十九条　凡他省与本省争论事件，谘议局得呈请督抚，咨送资政院核决。谨案：各省壤地交错，难保无争议事件，事关两省，相持不已，督抚及谘议局俱未便定议，故非经资政院核决不足以昭平允。

第三十条　凡第二十四、二十七、二十九条所列各事项，经资政院议定后，均宜分别照行。谨案：资政院居全国舆论最高之地位，故谘议局与督抚，或谘议局与谘议局有相持之时，则资政院应实行其解决之权。既经解决后，谘议局与督抚等即不得另有异议，所以保政治舆论之统一也。

第七章　会　议

第三十一条　谘议局会议期分常年会及临时会二种，均由督抚召集。开会之第一日，督抚应亲自莅局行开会仪式。谨案：谘议局为一省之议会，与国会不同，其所议系本省之事，故由本省督抚召集之，常年会照下条定期，临时会期则督抚酌定之。

第三十二条　常年会每年一次，会期以四十日为率，自九月初一日起，至十月十一日止，其有必须接续会议之事，得延长会期十日以内。谨案：常年会以每年九、十月间为宜，盖时值秋冬，民间事务较简，且于次年豫算等事，尤便调查。会期以四十日为率，可以从容集议，倘仍不足，亦可展期，其不得过十日者，所以防议事迁缓不决之弊。

第三十三条　临时会于常年会期以外，遇有紧要事件，经督抚之命令，或议员三分之一以上之陈请，或议长、副议长及常驻议员之联名陈请，均得召集。其会期以二十日为率。谨案：临时会非有紧要重大事件不宜轻易召集，故开会之事亦较郑重。会期二十日，较常年会为短者，以临时会所议事项亦简也。

第三十四条　凡召集开会，应于三十日以前，由议长将本届开会应议事件，预行通知各议员。谨案：议事不可无准备，故必由议长早日通知，俾各议员事前有所研求，则临时自不至漫无定见矣。

第三十五条　凡会议非有议员半数以上到会不得开议。

第三十六条　凡议案之可行与否，以到会议员过半数之所决为准。若可否同数，则取决于议长。谨案：以上二条，定开议、决议之人数，盖取决多数乃议会之通例也。

第三十七条　凡会议时，督抚得亲临会所，或派员到会陈述意见，但不列议决之数。谨案：谘议局议案既多由督抚提出，则开会之时，自当到局陈述其意见。惟是督抚政务甚繁，势难常自到会，故派员代理，亦无不可，其不列议决之数者，以督抚及其委员本在议事者之外故也。

第三十八条　凡议案有关系议员本身亲属，及职官例应回避者，该议员不得与议。谨案：本条系为议员远嫌疑起见，故定议事时回避之例。

第三十九条　凡议员于谘议局议事范围内所发言论，不受局外之诘责。其以所发言论在外自行刊布者，如有违犯，仍照各本律办理。谨案：议员在议会内所发言论，于议会以外不任其责，为立宪各国之通例。盖议员有代表国民之重任，自应于国计民生筹之至熟，直抒己见，不屈不挠，方为尽职，若加以束缚，致令瞻前顾后，缄默自安，殊非设立议会之本意，故本条所定不受诘责者，谓于法律上不负责任，在导之尽言，使无顾虑。惟以所发言论在外自行刊布者，则自系一人之责，如有违犯，仍应照各本律办理。

第四十条　凡议员除现行犯罪外，于会期内非得谘议局承诺，不得逮捕。谨案：本条尊重议员之身体，所以防官吏妄行逮捕之弊，若现行犯罪，则情形显著，自不致涉于疑似，故不在此限。

第四十一条　凡会议不禁旁听，其有左列事由经议员公认者，不在此限：一、督抚特令禁止者；二、议长、副议长同意禁止者；三、议员十人以上提议禁止者。谨案：本条定议会公开之制。其应禁止旁听者，必经议员公认，所以示慎重也。

第四十二条　凡议决事件，除议长、副议长同意认为应行秘密者外，均公布之，并应随时报告督抚及资政院。谨案：本条定议决公布之制。督抚为一省之行政长官，资政院为全国之议事总汇，故非随时报告不可。

第四十三条　议员会议时有违背局章及议事规则者，议长得止其发议，违者得令退出，其因而紊乱议场秩序致不能会议者，议长得令暂时停议。

第四十四条　旁听人有不守规则或紊乱议场秩序者，议长得令其退出。谨案：以上二条，定会议之纪律，以防议员及旁听人违背章程及紊乱秩序之弊。

第四十五条　凡议事细则及旁听规则，由谘议局议定，呈请督抚批准后公布之。谨案：议事细则及旁听规则，系谘议局内部之事，均应归谘议局自行酌定。

第八章　监　督

第四十六条　各省督抚有监督谘议局选举及会议之权，并于谘议局之议案有裁夺施行之权。谨案：本条定督抚于谘议局有监督裁夺之权。如各处选出议员，督抚查明有舞弊及不合格情事，自可即行撤销。会议如有不遵定章者，亦可随时纠正。至裁夺施行，即指第二十二、二十三两条所载事项而言，皆所以重行政长官之责任也。

第四十七条　谘议局有左列情事，督抚得令其停会：一、议事有逾越权限，不受督抚劝告者；二、所决事件违背法律者；三、议员在议场有狂暴举动，议长不能处理者。停会之期以七日为限。谨案：本条特将应行停会情事列举者，以防督抚之专擅。停会之期不得过七日者，以防事务之废弛。

第四十八条　谘议局有左列情事，督抚得奏请解散，并将事由咨明资政院：一、所决事件有轻蔑朝廷情形者，二、所决事件有妨害国家治安者，三、不遵停会之命令，或屡经停会仍不悛改者，四、议员多数不赴召集，屡经督促仍不到会者。谨案：本条定解散谘议局之权。一、二两款有关国家之安危，三、四两款有失议会之体制，自非立予解散不可。然必将事由咨明资政院，庶督抚不致滥用其权。

第四十九条　谘议局议员解散后，督抚应同时通饬，重行选举，于两个月以内召集开会。谨案：谘议局一经解散，亟当重行选举，以示议会虽可暂行解散，不可久于停止也。

第九章　办事处

第五十条　谘议局设办事处，经理局中文牍、会计及一切庶务，由议长、副议长监理。

第五十一条　办事处置书记长一人，书记四人，由议长选请督抚委派。

第五十二条　办事处办事细则，由谘议局自定。

谨案：以上三条，系明定局中庶务章程。委员与议员地位不同，故不用选举而用委派。

第十章 经 费

第五十三条 谘议局经费由督抚筹指专款拨用，其款目分列如左，一、议员旅费；二、议长、副议长及常驻议员公费；三、书记长以下薪金；四、杂费；五、豫备费。

第五十四条 前条公费及薪金数目由督抚定之。其旅费、杂费及豫备费，由谘议局会议豫算数目，呈请督抚核定。

第五十五条 谘议局经费由议长、副议长按月清查一次，于常年会开会时造册清报，由议员审查之。

谨案：以上三条，系明定局中经费章程。议员祇给旅费者，以其为名誉职也。议长及常驻议员另给公费者，以其常年到局任事，必有津贴，庶可专心从事也。其费用数目由督抚审定者，以关系议员本身之事，不便自定也。

第十一章 罚 则

第五十六条 谘议局罚则分为二种如左：一、停止到会，但以十日为限；二、除名。

第五十七条 停止到会，以议长、副议长同意行之。除名则以到会议员全体决议行之。

第五十八条 凡议员屡违局章，或语言行止谬妄者，停止到会，其情节重者除名。

第五十九条 凡议员无故不赴常年会之召集，或赴召集后无故不到会，延至十日以上者，均除名。

第六十条 凡议员以本局之名义干预局外之事者，停止到会，其情节重者除名。

谨案：以上五条，系明定议员处罚章程。议员均由合格绅民投票公选，自应能举其职，惟流弊所致，不可不预为之防，第五十八条至六十条所指情节，均属蔑弃职守，有玷名誉，自当酌加惩罚，以肃纪纲。惟除名必以到会议员全体决议行之者，以议员既由公选而来，亦不容以一二人之私见而去也。

第十二章　附　条

第六十一条　本章程自奏准奉旨文到之日起为施行之期。谨案：本章程一经奏准，即应先事豫备，故以奉旨文到之日为施行之期。

第六十二条　本章程未尽事宜，得由各省谘议局拟具草案，议定后，呈由督抚咨送宪政编查馆会同资政院核议办理。谨案：本章程甫经草创，难保无未尽事宜，各省谘议局既有所见，自可随时拟议，增添删改，其议决核定之权，仍归之宪政编查馆及资政院者，所以防各省自行改制，致有参差不一之弊。

《东方杂志》第五卷第七号，第13—34页；故宫博物院明清档案部编：《清末筹备立宪档案史料》下册，第670—683页

谘议局及议员选举章程均照所议办理著各督抚限一年内办齐谕

光绪三十四年六月二十四日

光绪三十四年六月二十四日内阁奉上谕：朕钦奉慈禧端佑康颐昭豫庄诚寿恭钦献崇熙皇太后懿旨，宪政编查馆、资政院王大臣奕【劻】、溥伦等会奏，拟呈各省谘议局及议员选举各章程一折。谘议局为采取舆论之所，并为资政院预储议员之阶，议院基础即肇于此，事体重大，亟宜详慎厘定。兹据该王大臣拟呈各项章程，详加披阅，尚属周妥，均照所议办理。即著各督抚迅速举办实力奉行，自奉到章程之日起，限一年内一律办齐。朝廷轸念民依，将来使国民与闻政事，以示大公，因先于各省设谘议局，以资历练。凡我士庶，均当共体时艰，同摅忠爱，于本省地方应兴应革之利弊切实指陈，于国民应尽之义务，应循之秩序，竭诚践守，勿挟私心以妨公益，勿逞意气以紊成规，勿见事太易而议论稍涉嚣张，勿权限不明而定法，致滋侵越，总期民情不虞壅蔽，国宪咸知遵循。各该督抚等

亦当本集思广益之怀，行好恶同民之政，虚公审察，惟善是从，庶几上下一心，渐臻上理。至于选举议员，尤宜督率各该地方有司，认真监督，精择慎取，断不准使心术不正行止有亏之人讬足其内，至妨治安。

该王大臣所陈要义三端，甚为中肯。如宣布开设议院年限一节，自是立宪国必有之义，但各国宪政本难强同，要不外乎行政之权在官吏，建言之权在议员，而大经大法，上以之执行罔越，下以之遵奉弗违。中国立宪政体前已降旨宣示，必须切实预备，慎始图终，方不至托空言而鲜实效。著宪政编查馆、资政院王大臣，督同馆院谙习法政人员甄采列邦之良规，折衷本国之成宪，迅将君主宪法大纲暨议院选举各法择要编辑，并将议院未开以前，逐年应行筹备各事，分期拟议胪列具奏呈览。俟朝廷亲裁后，当即将开设议院年限钦定宣布，以立臣工进行之准则，而副吾民望治之殷怀，并使天下臣民晓然于朝廷因时制宜变法图强之至意。钦此。

故宫博物院明清档案部编：《清末筹备立宪档案史料》下册，第683—684页

谘议局旁听规则

第一条　议长须于开会前斟酌会场情形，限定人数，编定左列旁听席：

（一）官长旁听席。

（二）公众旁听席。

（三）新闻记者旁听席。

第二条　官长有请旁听者，书记依其所属官厅或局所之知会，承议长之指挥，将旁听券送交该官厅局所。

第三条　公众旁听者，由本局议员介绍，书记承议长指挥，依旁听席所定员数，将公众旁听券均配各议员。

第四条　外国交际官有请旁听者，本局由总督札知后，限定员数，将旁听券呈由总督转致。

第五条　新闻社有请旁听者，各与旁听券几枚。

第六条　议员介绍旁听人时，须将旁听人及介绍人姓名记入旁听券。

第七条　旁听人到时，由事务员分别导入旁听席次。

第八条　凡在旁听席者，须守左列各项，违者，议长得令其退出：

（一）不得饮酒吸烟。

（二）不得闲谈喧笑。

（三）对于议员之言论，不得表示可否之意。

（四）随从人等，不得带入会场。

（五）无论有何事故，不得入会场。

（六）不得着用不洁衣履。

第九条　凡旁听者，会议中概不周旋。

第十条　凡开秘密会议时，议长得令旁听者全行退出。

《大公报》第二千六百十一号，宣统元年九月十三日（1909 年 10 月 26 日），“本埠”，第 6 页

直省谘议局议员联合会章程

第一章　总　纲

第一条　本会以各省谘议局遣派之议员组织之。

第二条　本会每年六月在北京开会一次。

第三条　本会开会之期以二十日为限，但得延长至十日以内。

第四条　本会以开会之日为成立，闭会之日为终止。

第五条　本会议事之范围如左：

（一）各省谘议局共通利害之事。

（二）资政院提案预备之事。

（三）关于本会章程及其他各种规则之事。

第六条　本会就各省谘议局中，公推一省或二省谘议局主任关于会议一切应办事件。

第七条　本会开会时，各省谘议局皆应遣派各本局议员到会，但由谘议局选出之资政院议员，各该本局亦得遣派之。

第八条　本会议案既经决议后，各省谘议局应取一致之行动。

第九条　各省谘议局议员或资政院议员，非经谘议局遣派而愿与会者，本会认为参议员得就特设席发表意见，但不列表决之数。

第二章　会　议

第十条　本会会议于各省谘议局遣派之议员齐集后开之，但至六月初十以后，若到会议员已达十省以上，得以公决即行开会。

第十一条　本会开会时，由到会之议员互选主席一人、副主席一人。

第十二条　议事之整理及会场之秩序，主席司之。主席有事故不能到会时，副主席代之。

第十三条　本会会议设议事日表及速记录、议事录，皆公布之。

第十四条　本会会议议决之法，用多数决，从人数不从省分。

第十五条　本会会议设旁听席。

第十六条　议事规则、旁听规则，别设专条定之。

第三章　主任谘议局

第十七条　主任谘议局应办之事项如左：

（一）通信部。凡通告召集、彙齐议案、公布事件等属之。

（二）庶务部。凡不属前项所列，而系开会时一切应办之事属之。

第十八条　通信部应于每年二月初十以前，将本届开会应办之事件，先行拟定，详载理由办法，分数列表，通告各省谘议局。

第十九条　通信部为前条之通告时，应酌定复信到达日期，请各省谘议局各将所提议之事件照式誊写，按期寄齐，以便彙集。

第二十条　通信部得各省谘议局复信后，应于四月初十以前将所征集之议案，统列详表并开会通告书，更通告各省谘议局。

第二十一条　除前三条所列外，凡开会前其他应行通告之事，及常时本会对外应有之行动，皆归通信部任之。

第二十二条　开会时，通信部应将所有经办事件，交由主席报告之。

第二十三条　会议之场所及其他关于开会应行设备之事务，庶务部主之。

第二十四条　书记、速记、旁听招待员及其他办事人员，庶务部择人任之。

第二十五条　开会一切庶务，庶务部商同主席指挥之。

第二十六条　关于本会会计之事，庶务部掌之。

庶务部应于每年闭会后一个月以内，将本届全会期一切收支出入款目，详列清册，先行报告各省谘议局，俟次年开会时，仍应交由主席报告之。

通告部一切用费，由庶务部拨给，并入庶务部报告之。

第二十七条　凡本会之文件由通信部保存，但关于会计册籍及置备之物件，庶务部保存之。

第二十八条　通信部及庶务部办事规则，别定之。

第四章　各省谘议局

第二十九条　各省谘议局遣派议员到会时，应给与委任书，以为代表各该本局之据。

第三十条　各省谘议局，应按照第十九条、第二十条所定预备议案，如期缴集主任谘议局，及如期派员到会会议。

但有临时欲提出议案者，虽未经先期缴集，仍得由其遣派之议员提出之。

第三十一条　各省谘议局有因路远、或其他不得已事故，不及派员到会者，得将提议之事件寄交主任谘议局，彙列于本届议案中，开会时提出之。

第五章　经　费

第三十二条　本会经费，各省谘议局分任之，但到会议员之旅费，由各该本局自备。

第三十三条　前条分任之额，以闭会结算后平均分配为准，但主任谘议局应预拟额数，通告各谘议局，以便先期缴集备用。

第六章　附　条

第三十四条　本章程以本会成立时正式样决为实行之期。

第三十五条　本章程附设议事规则、办事规则、旁听规则。

第三十六条　本章程所有未尽事宜，得于开会时议决修改之。

《大公报》第二千七百七十五号，宣统二年三月初十日（1910 年 4 月 19 日），第二张，第 3 页；《大公报》第二千七百七十六号，宣统二年三月十一日（1910 年 4 月 20 日），第二张，第 4 页；《大公报》第二千七百七十七号，宣统二年三月十二日（1910 年 4 月 21 日），第二张，第 3 页

二、顺直谘议局的筹办

（一）顺直谘议局筹办处的活动和相关文件

直隶谘议局筹办处公告

本处前奉督宪札饬筹办谘议局事宜，当经奉派官绅各员公同拟订筹办处章程。禀经督宪批准施行，现已照章公举起草员拟订谘议局章程草案，定于十二月初十日开会决议，约以十日为期，务请全省十二府六直隶州绅商学界各团体公举代表，届期自备资用，齐集天津，在本处公同决议，为时无多，不另函达，特此登报公告，无任翘盼，专件已登本报。

直隶谘议局筹办处启（本处设督辕西）

《大公报》第一千九百六十九号，光绪三十三年十一月廿九日（1908 年 1 月 2 日），“广告”，第 2 页

督宪札发新定谘议局筹办处章程文

为札饬事，照得本部堂前准宪政编查馆咨送《谘议局章程及议员选举章程》并咨开，现在谘议局尚未成立，各省应先行设立该局筹办处，由督抚钦遵谕旨，选派公正明达官绅创办其事。其《筹办处详细章程》由各省自行酌定，仍咨送本馆备查等因。业经录咨，札发在案。查本省谘议局筹办处已于去年十一日经本部堂札饬开办，现在颁定《谘议局章程》，应即照章筹办调查选举事宜，惟该处前定《章程》有审议决议专职，务与现在情形不同，亟应将筹备谘议局另得改定章程，重定职掌，以资遵守而专责成。兹派布政使、提学使、按察使、盐运使、天津道、津海关道监理其事，并派祁道颂威、金道邦平为总办，刘修撰春霖、王令劭廉、魏守震、王守振垚、李守士伟、梁中书志宸为总检察，逄道恩承、王道学曾、刘道体智、黎令渊为参事，李守士伟、黎令渊并兼充科长，其科员、司选员由该处慎选员绅，详请委派。该司该总办务当协同各员绅遵照定章、克期举办，毋得延误推诿，以期迅就成立。其前派参议各员绅遇有本处重要事件，仍应由该处随时定期邀集会议，以收集思广益之效，除另行札饬并分行外，合将新定该处章程随札颁发，札到该处，即便遵照办理，毋违，此札。

直隶谘议局筹办处编：《直隶谘议局筹办处文件录要初编》，第1页

本处颁发谘议局章程并选举票执照投票匭式札各属文

为札发事，光绪三十四年八月初七日案奉督宪札开，案查前准宪政编查馆咨

开，会奏各省谘议局及案语并议员选举各章程一折，当经行局详慎研求在案，兹据该馆续寄原奏清单及选举票式前来，合行札发，札到该局，即便查收，分别移送，转发各属一体遵照，此札。并计发原奏《章程》一百八十本、选举票式一百八十套等因。奉此，查此次各省创设谘议局，系钦奉谕旨，限期筹办事件，至关紧要，仰将所发章程并选举票式，详加研求，以为实行之地。如有未能明晰者，尽可函禀到局，以便解答而免疑误。至一切筹办次第，再行陆续知照办理，除分别移行外，合行札发，札到该府厅州县，即便查收，遵照办理，此札。

直隶谘议局筹办处编：《直隶谘议局筹办处文件录要初编》，第 4 页

本处详报督宪委派文牍庶务两科科员文

为详报事，光绪三十四年八月十一日案奉宪台札发《谘议局筹办处新定章程》并派定监理、总办、总检察、参事及各科科长，其各科科员由处慎选员绅，详请委派等因。奉此，伏查《新定章程》系分文牍、庶务两科，职处创办伊始，事务殷繁，自应遵照定章，遴选员绅，分科治事，以专责成。查有议叙知县吴兴让、拣选知县齐树楷、拣选知县仝宝廉、候选通判罗惇曧四员，堪以派充文牍科科员，尽用知县李国熙、分省补用知县李长生、补用知县谢作霖、候选府经历姚鉉四员堪以派充庶务科科员。以上各员每月公费银三十两，统由职处发给，用资办公。除分别札委外，理合详请宪台鉴核施行，须至详者。

直隶谘议局筹办处编：《直隶谘议局筹办处文件录要初编》，第 5 页

本处详报督宪委派司选员文

为详报事，前奉宪台札发《直隶谘议局筹办处章程》并饬选定司选员，详请委派等因。奉此，伏查司选员职司调查选举事宜，责任綦重，必须通晓法政及自治人员，方为合格。现由职处遴选司选员二十四人，于本月二十一日齐集天津，由职处派定科员，先将《谘议局章程及议员选举章程》并一切办法详为指示，再行分派各属办事，并专定《司选员办事规则》，以昭慎重而免疑误。谨将司选员衔名、籍贯及任事地方，并司选员办事规则，分别缮具详细清册，呈请宪台鉴核备案，所有遵章委派司选员缘由，除分别札委遵照外，理合备文详报，伏乞照详施行，须至详者。

附：司选员衔名、籍贯及办事地方表

姓　名	籍贯职衔	讲释章程帮办复选地方	帮办初选地方
许荣棣	新城内阁中书、藩署法政学堂毕业	顺天府东路厅	东路厅各署
范　琛	肃宁举人、藩署法政学堂毕业	顺天府南路厅	南路厅各署
吴德镇	新城翰林院庶吉士、日本法政大学毕业	顺天府西路厅	西路厅各署
朱培之	安州拣选知县、藩署法政学堂毕业	顺天府北路厅	北路厅各署
金　铨	肃宁廪生、学署自治班毕业	永平府	永平府所辖卢龙县、迁安县、抚宁县、昌黎县、临榆县
赵震东	河间廪生、藩署法政学堂毕业	遵化州	遵化州各署兼永平府之□州乐亭县
王双岐	冀州举人、日本早稻田大学法政科毕业	保定府	保定府所辖清苑县、客城县、蠡县、雄县、祁州束鹿县、安州安州乡、高阳县、博野县

续表

姓　名	籍贯职衔	讲释章程帮办复选地方	帮办初选地方
张铭勳	霸州廪生、学署自治班毕业游历日本	易州	易州各署兼保定府之满城县、安肃县、定兴县、新城县、唐县、望都县、完县
康思恒	深州廪生、日本法政大学毕业	河间府	河间府所辖河间县、任丘县、景州宁津县、东光县、吴桥县、故城县、阜城县
齐　泰	蠡县举人、学署自治班毕业	深州	深州各署兼河间府之肃宁县、献县、交河县
王法勤	高阳文生、日本法政大学毕业	正定府	正定府所辖正定县、井陉县、乐城县、平山县、赞皇县、元化县、晋州□鹿县、□城县
仇翰垣	雄县贡生、日本法政大学毕业	定州	定州各署兼正定府之行唐县、灵寿县、阜平县、无极县、新乐县
武绳绪	永年廪生、日本法政大学毕业	顺德府	顺德府各署
徐　朴	大名增生、日本法政大学毕业	广平府	广平府各署
胡源睿	永年廪生、学署自治班毕业、游历日本	大名府	大名府各署
贺培桐	枣强增生、日本早稻田大学法政科毕业	天津府	天津府各署
周春熙	天津文生、学署自治班毕业、游历日本	冀州	冀州各署
张禹昌	满城举人、藩署法政学堂毕业	赵州	赵州各署
高俊彤	冀州举人、日本法政大学毕业	承德府	承德府所辖□平县、平泉县、丰宁县
孟缉熙	永清县承衔、学署自治班毕业	赤峰州	赤峰州各署兼承德府之隆化县、围场厅
吕荣甲	沧州试用知县、日本法政大学毕业	朝阳府	朝阳府各署
陈云昭	易州廪生、游历日本调查自治	宣化府	宣化府所辖宣化县、怀安县、万全县、西宁县、蔚州蔚州县
蒋廉正	蠡县文生、藩署法政学堂毕业	宣化府	宣化府所辖赤城县、延庆州、怀来县、保安州、龙门县
刘彭龄	天津同知衔、天津自治研究所毕业	宣化府	张抚厅、独理厅、多伦厅

附：司选员办事规则

第一条　司选员办事地方及员额、衔名另单定之。

第二条　司选员分赴所派地方讲演《谘议局章程及议员选举章程》并一切选举办法。

第三条　司选员帮同各府厅州县筹办暨稽查关于选举一切事宜。

第四条　司选员按照所定筹办谘议局详细期限清单，随时视察各厅州县曾否先期预备、如期举办，并可商请各该本府直隶厅州督促各署依限办理。

第五条　司选员随时函报各府厅州县办理选举情形于谘议局筹办处。

第六条　司选员于各厅州县所办选举事宜，认为不合定章者，得随时商请更正。

第七条　司选员薪水公费，概由谘议局筹办处支给，不得收受一切供应馈遗。

第八条　司选员不得干预无关选举之事并不得无故擅离职守。

直隶谘议局筹办处编：《直隶谘议局筹办处文件录要初编》，第6—8页

本处颁发谘议局筹办处章程并饬预备讲演事宜及选送讲习员札各属文

为通饬事，照得本处前奉督宪札发宪政编查馆奏定《谘议局章程及议员选举章程》并选举票等式，业经遵饬札发各属在案。现奉督宪札开，照得本部堂前准宪政编查馆咨送云云，原札见首页等因。奉此，查谘议局一年成立，系奉钦限办理之件，本处职司筹办，责任綦重，所有调查选举事宜，有提纲挈领、随时督察之责。兹当筹办之始，自应遵照限定期日，严切施行。惟调查选举事理备极繁赜，非各属官绅咸瞭然详细办法，恐不足以充调查员、管理员、监察员之选。

今由本处选定司选员二十四人，详请督宪派赴各属，协同该管地方官筹画选举事宜，于九月初一日分赴各府直隶厅州，先将《谘议局章程及议员选举章程》并一切办法详细讲演，以免疑误。所有各厅州县，视辖境广狭，每属应酌量选送公正明达士绅六人至十人为讲习员，于九月初十日前一律齐集该本府直隶厅州城报到，仰由该府直隶厅州先期择定讲习地址，认真督察，务当依限开讲，倘有选送延缓者，并应径行札催，以期迅速集事。听讲讲习完毕，仍归本籍，由该地方官量才派充调查、管理、监察各员，按照选举定章举办，以期迅速集事，仰该厅州先迅即照额选送讲习员到该本府直隶厅州听讲，毋得稍延时日，致干未便。除分行并专订司选员办事规则另行札知外，合将新定《谘议局筹办处章程》随札颁发，札到该府直隶厅州、厅州县，即便遵照办理具报，切切。此札。

直隶谘议局筹办处编：《直隶谘议局筹办处文件录要初编》，第9页

督宪札饬将筹办各事分期开单胪列敕令各属认真举办文

为札饬事，照得谘议局事关要政，业经先后饬设谘议局筹办处，札发该处办事章程并委定办事人员各在案。查奏定《谘议局选举章程》，所有调查选举事宜，悉归各府厅州县分别办理，是筹办处虽为总揽其成之地，而分途办事仍在地方行政各官，即目前调查选举之是否照章实行，与将来谘议局之能否如期成立，亦均视各地方官之勤惰以为断。筹办处总司考核，责有攸归，自应严定各府厅州县考成，将应行饬办各事分期开单胪列，饬令认真举办。每届一期事毕，需将其办理详情具报到处存查，各府厅州县遇有交替，后任人员应会同前任，将已办成绩详细禀闻，以资考核而防诿卸。各该府厅州县倘敢因循玩愒，致误定期，准筹办处随时据实指名详请参办。筹办处若有督饬不力及袒护蒙（弊）〔蔽〕等情，本部堂亦断不稍予宽假，除分行外，合行札饬，札到该处，即便遵照办理，切

切。此札。

直隶谘议局筹办处编：《直隶谘议局筹办处文件录要初编》，第10页

本处详报督宪遵拟筹办谘议局详细期限清单文

为详报事，光绪三十四年八月十七日案奉宪台札开，照得谘议局事关要政云云（原文见前）此札等因。仰见宪台训谕严明、实事求是之至意，钦佩莫名。职处职司筹办，责无旁贷，所有调查选举一切事宜，自应遵照定章，拟定详细期限，开单胪列，饬令各府厅州县认真举办，以期迅速而免疑误。所有拟定筹办谘议局详细期限缘由，除分行饬令遵办外，理合缮具清册，备文详请宪台鉴核施行，须至详者。

附：筹办谘议局详细期限清单

讲习章程	九月初十日至二十日
各厅州县派讲习员到本府直隶厅州	九月初十日以前
本处发司选员办事规则于各府厅州县	九月初十日以前到
各厅州县派定选举调查员	九月内派定
本处发选举调查员办事细则及选举人资格调查表	九月内到
各厅州县发初选举告示张贴城镇乡各处	九月内
调查选举人资格	十月初一日起
各厅州县调查员会同城董及村正副发选举资格调查表	十月初一日至十五日
各厅州县调查员会同城董及村正副收选举资格调查表	十月十五日至二十日
各厅州县调查员复查选举资格	十月廿日至十一月初十日
各厅州县核定选举资格汇造选举人名册	十一月内
选举人名册告成	十二月初一日

各厅州县申送选举人名册于本府直隶厅州	十二月初十日以前送到
各府直隶厅州核定选举人名册申送于总督及本处	十二月内
总督按选举人名册分配议员额数及初选当选人额数饬知各府厅州县并咨报民政部	二月初十日以前
各府厅州县榜示初选当选人并议员分配额数	二月内
各厅州县呈报投票区及投票所开票所地址于各府直隶厅州	二月内
各厅州县发初选举告示张贴城镇乡各处	二月内
各府直隶厅州核定饬知各该属投票区及投票所开票所地址	闰二月十五日以前
宣示选举人名册	三月初一日
选举人呈请更正名册	三月二十日以前
各厅州县判定更正名册呈词	四月初十日以前
各厅州县保荐初选举投票开票管理员、监察员，呈请本府直隶厅州派定饬知	四月二十日以前
总督咨报选举人名册于民政部	四月内
本处发初选举投票所开票所细则并投票纸初选当选人执照于各厅州县	四月初十日以前到
各厅州县布置初选投票所	四月二十五日完毕
各厅州县发投票纸投票簿投票匦于投票所	四月二十五日到
各厅州县布置初选举开票所	四月底完毕
行初选举	五月初一日
投票管理员送投票匦于开票所并报投票情形于初选监督	五月初四日
开票并榜示被选人姓名及票数	五月初六日
初选监督知会初选当选人	五月初七日
开票管理员监查员具报开票情形附送票纸于初选监督	五月初八日
初选监督榜示初选当选人姓名职衔给与初选当选人执照并申报复选监督	五月二十七日
本处发复选举投票所开票所细则并投票纸议员执照于各府直隶厅州	六月初一日以前到

各府直隶厅州张贴复选举告示并发所属厅州县张贴	六月初一日以前
各府直隶厅州派定复选举投票开票管理员监察员	六月二十日以前
各府直隶厅州布置复选举投票开票所	六月二十五日完毕
初选当选人齐集复选举区	六月底
行复选举	七月初一日
开票并榜示复选举当选人姓名及票数	七月初一日
管理员监察员具报投票开票情形附送票纸于复选监督	七月初三日
复选监督知会复选当选人	七月初四日
复选监督榜示议员姓名、职衔，给与议员执照并申报总督及本处	七月二十四日
总督咨报议员姓名、职衔于资政院及民政部	八月内
议员齐集天津	八月底
谘议局成立	九月初一日

直隶谘议局筹办处编：《直隶谘议局筹办处文件录要初编》，第11页

本处颁发筹办谘议局详细期限清单札各属文

为札发事，光绪三十四年八月十七日案奉督宪札开，照得谘议局事关要政云云（原文见前）此札等因。奉此，查前奉督宪札发宪政编查馆奏定《谘议局议员选举章程》及选举票等式，并《直隶谘议局筹办处章程》，业经先后遵饬札发各属在案，惟调查选举事宜，限期举办，至为严切。本处职司筹办，自应遵照宪札，将应行饬办各事拟定详细期限，开单胪列，仰即按照清单，如期举办，一一具报，毋得玩愒时日，延误要政，致干未便。除详报督宪备案外，合将筹办谘议局详细期限清单随札颁发，札到该府厅州县，即便遵照办理，切切。此札。

直隶谘议局筹办处编：《直隶谘议局筹办处文件录要初编》，第15页

本处详请督宪分咨驻防各副都统商定专额议员额数并照会各城守尉酌派选举调查员文

为详请事，伏按《谘议局章程》第二条第二项载，各省驻防得于该省议员定额外，每省暂设专额一名至三名，其名数由各督抚会同将军、都统定之。又《议员选举章程》第一百八条载，各省驻防专额议员之数，视该省驻防旧日取进学额全数在十名以内者设议员一名，二十名以内者设二名，二十名以外者设三名。又第一百十条载驻防专额议员调查选举人名册，由督抚会同将军、都统于驻防人员内酌派选举调查员。又第一百十一条、一百十二条载驻防专额议员初选复选投票开票事宜，均附于驻防相近之投票所、开票所同日举行各等语。窃查各省筹办谘议局系奉钦限于一年内办齐之件，顺直议员选举事宜，业经分期筹画，定于光绪三十五年五月初一日行初选举，七月初一日行复选举，所有本省驻防专额议员额数，亦应预为酌定，以便同日选举。查直隶驻防学额全数在二十名以外，照章应设专额议员三名，应请宪台酌核咨商驻防各副都统，可否即将此数作为定额？再，驻防专额议员调查选举人名册事宜，应由各副都统暨各城守尉酌派选举调查员各一人，分赴附近之府直隶厅州城，与各属所派讲习员一同讲习《谘议局选举章程》，以便回访调查选举人资格，造册呈由本管副都统或城守尉核咨总督，彙定各驻防初选当选人名额，咨复照章办理。现各厅州县所派讲习员已限于九月初十以前在各该府直隶厅州城取齐，此项驻防选举调查员亦应速为派定，限于九月十五日前到附近之府直隶厅州一同听讲，应请宪台酌核，分别咨照驻防各副都统、城守尉查照办理。其商定驻防专额议员名额一节，并请各副都统咨复施行，以符定章而免延误。除将《谘议局章程》及顺直筹办谘议局详细期限清单并各种规则表册呈请一并核咨备考外，所有详请分咨驻防副都统商定专额议员额数并照会各城守尉酌派选举调查员缘由，理合备文具详，伏乞照详施行，须至详者。

督批：据详已悉。顺直议员选举事宜，既经定于光绪三十五年五月初一日行初选举，七月初一日行复选举，本省驻防专额议员额数，自应预为酌定同日选举，以归划一。惟直隶驻防学额全数在二十名以外，照章应设议员三名，应否即将此数作为定额，候咨密云副都统、山海关副都统暨照会保定沧州城守尉分移各驻防迅速咨复，并希将选举调查员速为派定，限于九月十五日前到附近之府直隶州一同听讲，章程等件存送。此缴。

直隶谘议局筹办处编：《直隶谘议局筹办处文件录要初编》，第16—17页

本处详请督宪分咨京旗各都统筹办京旗专额议员选举办法文

为详请事，伏按《谘议局章程》第二条第二项载，京旗得于顺直议员定额外，暂设专额十名。又《议员选举章程》第一百十条载，京旗专额议员调查选举人名册，由督抚会同都统于京旗人员内酌派选举调查员；又第一百十一条、一百十二条载，京旗专额议员初选复选投票开票事宜，均附于京旗相近之投票所开票所同日举行各等语。窃查各省筹办谘议局系奉钦限于一年内办齐之件，所有顺直议员选举事宜，业经分期筹画，定于光绪三十五年五月初一日行初选举，七月初一日行复选举，京旗专额议员照章亦应同日选举，以归一律，方于是年九月开局，不致有误。惟举行选举以前，如酌派选举调查员讲习《谘议局选举章程》、调查选举人资格、核定宣示选举人名册等应行筹备之事尚多，若不早日详请咨商各都统预为布置，恐致临时赶办不及，有误钦限。应请宪台酌核，分咨京旗各都统，将京旗专额议员选举以前应如何筹备办法，早为咨复施行，以符定章而免延误。除将《谘议局章程》暨顺直筹办谘议局详细期限清单以及各种规则表册呈请一并核咨备考外，所有详情分咨京旗各都统筹办专额议员选举事宜缘由，理合备文具详，伏乞照详施行，须至详者。

督批：据详已悉。顺直议员选举事宜，既经定于光绪三十五年五月初一日行初选举，七月初一日行复选举，京旗专额议员自应照章同日选举，以归划一，候分咨京旗满蒙汉各都统查照，将京旗专额议员选举以前应如何筹备办法，从速咨复，章程等件存送。此缴。

直隶谘议局筹办处编：《直隶谘议局筹办处文件录要初编》，第18—19页

本处颁发司选员衔名、籍贯及办事地方表并司选员办事规则札各属文

为札发事，照得本处筹办谘议局选举事宜至关重要，前由本处选定司选员二十四人，所有该员分赴各府直隶厅州日期，业经札饬各属在案。现在司选员均已齐集本处，将《谘议局章程及议员选举章程》并一切办法，详为讨论，以免疑误。兹饬于九月初一日启程前往，恪遵本处所定《司选员办事规则》，帮同该地方官按照筹办谘议局详细期限清单次第举办，以期迅速集事。所有司选员衔名、籍贯及办事地方表并司选员办事规则，除详奉督宪批准备案外，合行札发，札到该府厅州县，即便遵照办理，切切。此札。

直隶谘议局筹办处编：《直隶谘议局筹办处文件录要初编》，第20页

本处详请督宪咨复热河都统筹办谘议局情形并送各种章程表册文

为详请咨复事，案奉宪台札开，光绪三十四年八月初十日准热河都统廷咨开，谘议局筹办处如何办理，咨请查照移知等因。到本督部堂，准此合行札饬，札到该处，即便查照，将办理情形详咨，此札，计粘抄咨等因。蒙此，窃查《谘议局奏定章程》第一条第二项载，各省谘议局设于督抚所驻之地。又查宪政编查馆咨开，现在谘议局尚未成立各省，应就省会地方先行设立该局筹办处，由督抚钦遵谕旨，选派公正明达官绅创办其事各等语。循绎其意，将来顺直谘议局以及该局筹办处均应设于督抚所驻地方，以归一律。职处仰蒙宪台札发《章程》，饬令遵章筹办，所有顺直京旗驻防调查选举事宜以及各属选举经费，业经通筹办理，不分畛域。其关于承德、朝阳两府及赤峰州选举办法，遵照定章，以该府直隶州司复选举事，以各该属州县司初选举事，另由职处分派司选员前往帮同地方官筹办。以上情形，正拟详请宪台分咨查照，兹奉前因，合将《直隶谘议局筹办处章程》、筹办谘议局详细期限清单及承德、朝阳、赤峰州等处司选员衔名册并司选员办事规则、选举调查员办事细则一并详请宪台咨复。为此备由具详，伏乞照详施行，须至详者。

督批：据详已悉。候将《章程》等件咨送热河都统查照。缴。

直隶谘议局筹办处编：《直隶谘议局筹办处文件录要初编》，第21—22页

本处详请督宪咨复顺天府尹直隶谘议局筹办事宜归并办理文

为详请咨复事，案奉宪台札开，光绪三十四年八月十六日准顺天府尹咨开，谘议局筹办处创办之始，需费浩繁，顺属财政支绌，请归并直省办理，以归画一，咨请查照见复等因。到本督部堂，准此合行札饬，札到该处，即便查照核议，详咨此札，计粘抄咨等因。蒙此，窃查宪政编查馆奏定《章程》第二条开议员定额，顺直合计一百四十名，是顺直无须分设谘议局。今当筹办之始，自应不分畛域，通筹合办。职处仰蒙宪台札发《章程》，饬令遵章筹办，所有顺直调查选举事宜，以及选举经费，业经通筹办理，其关于顺属选举办法，以四路厅司复选举事，以各该厅所属州县司初选举事，由职处分派司选员前往帮同地方官办理。以上情形，正拟详请宪台咨照，兹奉前因，合将《直隶谘议局筹办处章程》、筹办谘议局详细期限清单及顺天各属司选员衔名册并司选员办事规则、调查员办事细则，理合一并详请宪台咨复，为此备由具详，伏乞照详施行，须至详者。

督批：据详已悉，候将章程等件咨送顺天府尹查照。缴。

直隶谘议局筹办处编：《直隶谘议局筹办处文件录要初编》，第23页

本处详报督宪拟定选举调查员办事细则及选举人资格调查表并初选举人名册式文

为详报事，窃职处开办以来，业将各项办法并拟定筹办谘议局详细期限清单及司选员办事规则，详请宪台察核在案。伏查谘议局选举事宜至关重要，所有调查员办事细则并选举人资格调查表及初选举人名册样式，自应遵照《谘议局选举章程》详为拟定，以资遵守而昭画一。谨将印成选举调查员办事细则并选举人资格调查表及初选举人名册样式，呈请宪台鉴核备案，以便按照详细期限清单随时札发各属遵照办理。理合备文详报，伏乞照详施行，须至详者。

附：选举调查员办事细则

第一条　各厅州县视辖境广狭，于讲习员中酌派若干人为选举调查员，办理该属调查选举资格事宜。

第二条　选举调查员应会同城董及村正副散发选举人资格调查表，并解说选举资格。

第三条　选举调查员于散发选举资格调查表时，应在表栏外书明交还日限。

第四条　选举调查员应如限收回选举人资格调查表。

第五条　选举调查员调查事项，务求详实，如有漏发表式之处，应即补发。

第六条　选举调查员于收回选举人资格调查表后，即按照《章程》复查所载选举人是否合格，分别编制，送请初选监督核定，不得擅自撤换。

第七条　选举调查员应帮同初选监督造选举人名册，造册完毕后，即行裁撤。

第八条　选举调查员为名誉职，其公费由谘议局筹办处发交该管地方官酌给。

选举人资格调查表（正面）

姓名　　年　　岁　　本省　州府厅　州厅县　人

住址

寄居　　年（本省人不填）

注意

填注人先将此纸后面所载各章程详细看明

填注人合于第三条中各项之一或第四条者据实分别填注于下

填注人如有第六条第七条情事者无庸填注

填注完毕将此资格表按照期限交还选举调查员

公务

凡办理学务或公益事务者须填注办事地方及职务并就职年月

成绩

凡在学堂毕业得有文凭者须填注学堂名目及毕业年月

出身

凡举贡生员须填注科分或年份

官阶

凡实缺职官在籍者须填注官阶及历任地方并年月

资产

凡营业资本及不动产分计或合计本籍值五千元以上寄籍值万元以上者均为合格其资本须填注字号地址其不动产须填注某产及坐落地方

选举人资格调查表（背面）

摘录谘议局章程

第三条　凡属本省籍贯之男子年满二十五岁以上具左列资格之一者有选举谘议局议员之权

一　曾在本省地方办理学务及其他公益事务满三年以上著有成绩者

二　曾在本国或外国中学堂及与中学同等或中学以上之学堂毕业得有文凭者

三　有举贡生员以上之出身者

四　曾在实缺职官文七品武五品以上未被参革者

五　在本省地方有五千元以上之营业资本或不动产者

第四条　凡非本省籍贯之男子年满二十五岁寄居本省满十年以上在寄居地方有一万元以上之营业资本或不动产者亦得有选举谘议局议员之权

第六条　凡有左列情事之一者不得有选举权及被选举权

一　品行悖谬营私武断者

二　曾处监禁以上之刑者

三　营业不正者

四　失财产上之信用被人控实尚未清结者

五　吸食鸦片者

六　有心疾者

七　身家不清白者

八　不识文义者

第七条　左列人等停止其选举权及被选举权

一　本省官吏或幕友

二　常备军人及征调期间之续备后备军人

三　巡警官吏

四　传道及其它宗教师

五　各学堂肄业生

初选举人名册式

姓名
年岁
本省府（州厅县）人
住址
寄居（本省人不填）年

注意一
选举人资格核定后照调查表分别填注

公务成绩
学务
公益事务

出身
或举贡生员或某学堂毕业

官阶
文七品以上
武五品以上

资产
营业资本
不动产

须三年以上
须曾任实缺未经参革者
分计或合计值五千元以上
寄籍须万元以上

姓名
年岁
本省府（州厅县）人
住址
寄居年

注意二一
此册应于选举期六个月以前造成

公务成绩
学务
公益事务

出身
或举贡生员或某学堂毕业

官阶
文七品以上
武五品以上

资产
营业资本
不动产

姓名　　年　　岁　本　省　　府　州厅县　人　住址　　寄居　　年

注意三

公务成绩　学务　公益事务

此册应于选举期三个月以前宣示公众

出身　或举贡生员或某学堂毕业

官阶　文七品以上　五品以上

资产　营业资本　不动产

姓名　　年　　岁　本　省　　府　州厅县　人　住址　　寄居　　年

注意四

公务成绩　学务　公益事务

此册以一份存案三份申复选监督转报其余每投票所各给一份

出身　或举贡生员或某学堂毕业

官阶　文七品以上　武五品以上

资产　营业资本　不动产

直隶谘议局筹办处编：《直隶谘议局筹办处文件录要初编》，第 24—28 页

本处颁发选举人资格调查表并选举员办事细则札各府直隶厅州文

为札发事，照得本处筹办谘议局详细期限清单，业经札发各属在案。查单内开，九月内应发选举调查员办事细则及选举人资格调查表，现在选举调查员办事细则及选举人资格调查表，业经印就，亟应如期分发，以资应用。惟各州县区域广狭、户口多寡不等，应需选举人资格调查表为数若干，本处无凭确计，兹每州县平均发给选举人资格调查表各六百分，其某属应多，某属应少，即由该府直隶厅州酌量各属情形，损益分配，如实不敷，究应补发若干，准由该府直隶厅州具文来处请领。至选举调查员办事细则，每县发给一分，另给该府直隶厅州一分，以备查考，为此合亟札发，札到该府直隶厅州，即便遵照查收转发具报，勿延。此札。

直隶谘议局筹办处编：《直隶谘议局筹办处文件录要初编》，第28—29页

本处详请督宪拨发各属选举经费文

为详请指拨选举经费事，窃职处办理谘议局选举，遵章以各厅州县办初选举事宜，以各府直隶厅州办复选举事宜。查两次选举，事务殷繁，在在需款，若概令各属就地筹款，恐瘠苦之区因筹措为难，致逾期限。又或摊派民间，别生枝节，皆不足以昭郑重。拟请宪台指拨经费，俾得克期举办。惟顺直幅帜太广，筹款筹（艰）〔银〕不得不严加限制，以节靡费。兹就应办事项一再核减，计初选

举经费每属约需银三百两，复选举事务较减，时期较短，计每处约需银三十两，顺直统共府十一、直隶厅四、直隶州七、厅州县一百五十七，以上两次选举经费约计需银五万两之谱，除京旗及驻防选举经费容俟详细核计，另行具文请拨外，理合先将各属地方选举经费应支款目开呈清单，详请宪台批示指拨，由职处具领分给，事竣之后，核实册报。为此备由具详，伏乞照详施行，须至详者。

附：选举经费开支款目清单

应由初选举经费开支款目：

讲习员旅费、调查员两月公费、投票管理员监察员公费、开票管理员监察员公费、投票所布置及一切杂费、开票所布置及一切杂费。

应由复选举经费开支款目：

讲习所杂费、投票开票管理员监察员公费、投票开票所布置及一切杂费。

督批：详折均悉。此项选举经费银两五万两，候行运司照数暂拨，仰即具领核实支用。此缴。

直隶谘议局筹办处编：《直隶谘议局筹办处文件录要初编》，第29—30页

本处饬领选举经费札各属文

为札饬事，照得本处详请督宪指拨选举经费，拟定各府直隶厅州复选举经费以三十两以内为限，各府厅州县初选举经费以三百两以内为限。蒙督宪批开：详折均悉，此项选举经费银五万两，候行运司照数暂拨，仰即具领核实支用，此缴等因。奉此，查此项经费本当就地筹款，因事关重大，恐各该属以筹款不及，致逾期限，用特详请督宪指拨，不令地方官筹措为难，又以事属创举，选举经费如何开支，各属或未悉原委，兹开列清单，指定款目，以示限制。该府厅州县务当按照所开各项，撙节动用，核实册报，毋得向地方人民捐派为是，至要。所有该

府厅州县应领选举经费，仰即备具印领，饬差来处领取，以资应用，切切。此札。

直隶谘议局筹办处编：《直隶谘议局筹办处文件录要初编》，第31—32页

本处详请督宪奏咨开办直隶谘议局筹办处情形文

为详报事，窃本司、职道等于光绪三十三年八月奉宪台札饬设立谘议局筹办处，并蒙刊发直隶谘议局筹办处木质关防，当即设处开办，嗣奉宪台饬令，静候宪政编查馆奏颁《谘议局章程》，以归画一。兹于本年八月蒙宪台札发宪政编查馆奏定《各省谘议局章程及议员选举章程》、并新定《直隶谘议局筹办处章程》，饬令照章妥筹办理。当经招集本处官绅，按照前项《章程》内开应办事项，悉心筹定办法，陆续详请鉴核施行各在案。现在开办月余，所有职处应办事件，布置略已就绪，亟应汇举办理情形，为我宪台觍缕陈之。窃维筹设谘议局全体办法，约可分为三期，第一期预备一切，第二期实行调查，第三期实行选举。调查、选举两项，可循照原章办理，至事前一切预备，未有明文，应酌量本省情形，拟定办法。查直隶幅员辽阔，筹办谘议局又属创举，头绪纷繁，非得谙悉此事人员接洽于职处与各属之间，遇事必多隔阂，因选本省公正明达士绅二十四人为司选员，先集职处讨论各种章程，兼指授一切办法，然后分赴各府厅州县帮同办理调查、选举事宜，以期呼应灵通，并先期札饬各属选派讲习员前往本府直隶厅州，听司选员讲演《谘议局选举章程》，俾咸晓然于设立谘议局之原因与其办法，各归本属备充选举调查员，以资劝导而泯疑沮。此项司选员已于八月二十日来处讨论，九月初一日分赴各府直隶厅州讲演奏章；各厅州县所派讲习员亦经饬令于九月初十日以前，齐赴本府直隶厅州讲习，此职处办理第一期事前预备之一切情形也。第二期调查办法，业已颁发表式，定于十月初一日起调查选举人资格，限十二月初一日选举人名册告成，明年二月内照章分配议员及初选当选人额

数，三月内宣示选举人名册，四月预备更正各册及颁发投票纸、投票簿、投票匭，以备选举之用，此职处预拟第二期实行调查之大致情形也。第三期选举办法，定于五月初一日行初选举，六月内令各府直隶厅州布置复选举投票、开票等事，七月行复选举，限八月内选举告竣，招集议员来津，至九月而谘议局成立，此职处预拟第三期实行选举之大致情形也。至京旗驻防专额议员调查选举一切事项，与顺直办法间有异同，业经详请宪台分别咨照各都统、副都统、城守尉，查照咨复施行，职处自应一律统筹，随时请示办理，期与顺直议员同时选出，无误谘议局成立之期。若夫应用经费约可分为三类：一职处筹办经费，一各属选举经费，一谘议局购地建筑及开办经费，综计需款约二十万两，应请宪台饬发的款，奏明作正开销，庶经费有著而办事愈无沮滞，实于选举要政裨益匪浅。以上职处办理筹设谘议局一切情形，除第一期预备各事，历经禀呈鉴核备案外，其预定第二、三期应办事件，仍当随时详请核示办理，兹届九月按期实行之际，理合汇详筹办情形，伏乞照详施行，须至详者。

附：初选举投票所办事细则

第一条　每投票区应设投票所一处。

第二条　初选监督应督率投票管理员、监察员于投票期前，按照投票所细则所开事项，妥为布置。

第三条　投票所应将初选举人名册公布众览。

（初选举人名册式，另纸开列）

第四条　投票所应将投票簿置于投票人签字处。

（投票簿式，另纸开列）

第五条　投票所之布置，应分设线路，以示限制如左：

一、入门处。

二、投票人休息处（投票人拥挤时用之）。

三、投票人签字处。

四、发票处。

五、写票处（应分数处，每处置笔砚一具）。

六、贴示章程规则处（设于写票处近旁）。

七、投票处。

八、出门处。

以上各处俱应粘贴红签，令人注意。

第六条　投票管理员、监察员，除《选举章程》第八条、第十条所定职掌外，应分任经理左开事宜：

一、投票人签字及发票，管理员掌之。

二、指示写票并答问，监理员掌之。

三、监察投票并指示出口，监察员掌之。

第七条　投票所应行贴示各事如左：

一、写票须写人名，不准写号。

二、投票应投本属人，不限定投本区人。

三、《谘议局选举章程》第五十五条“废票”全文。

（照录全文）

第八条　投票管理员、监察员于《谘议局章程》第三十三条之投票所启闭时刻中，俱不得偶离职守。

第九条　投票管理员按《谘议局章程》第八条第二项决定投票之应否，收受时除投票簿未列姓名者外，不得擅行拒绝。

第十条　投票所及投票匦之封条并其键钥，管理员、监察员应分任掌管之责。

第十一条　本细则外应行遵守事宜，详见《谘议局选举章程》。

附：投票簿式

（此簿由初选监督查照选举人名册填载各该投票区投票人姓名、年岁、籍贯、住所，同姓者汇列一处。投票人只签一到字）

姓　名	年　岁	籍　贯	住　　所	投票人签字

直隶谘议局筹办处编：《直隶谘议局筹办处文件录要初编》，第32—34页

摘录谘议局选举章程

第五节　投票所

第二十九条　投票所由投票管理员及监察员掌投票一切事宜。

第三十条　投票之日，管理员及监察员均应按时齐集，如有临时不到，应由初选监督派员代理。

第三十一条　投票所周围得临时增派巡警，严查一切。

第三十二条　投票所除本所职员及投票人与巡警外，他人不得阑入。

第三十三条　投票所之启闭，以午前八时至午后六时为率，逾限不准入内。

第三十四条　管理员及监察员应将投票始末情形，会同造具报告，连同投票匦于投票完毕之翌日，移交开票所，并申报初选监督。

第三十五条　投票所自投票完毕之日起十五日以内，一律裁撤。

第三十六条　投票所办事细则由初选监督拟订，呈请复选监督核定施行。

第七节　投票方法

第四十一条　投票人以列名本属投票所之投票簿者为限。

第四十二条　投票人届选举期，应亲赴投票所自行投票，不得倩人代理。

第四十三条　投票人应在投票簿所载本人姓名项下签字毕，方准领投票纸。

第四十四条　投票人每名只准领投票纸一页。

第四十五条　投票用无名单记法，每票只准书被选举人一名，不得自书本人姓名。

第四十六条　投票人于投票所内，除关于投票事宜得与职员问答外，不得涉及私言，并不得与他人接谈。

第四十七条　投票完毕后，投票人应即退出，不得逗留窥视。

第四十八条　投票人倘有顶替及违背定章等事，管理员及监察员得令退出。

第八节　开票所

第四十九条　开票所设于初选监督所在地方，由开票管理员及监察员掌开票一切事宜。

第五十条　开票所自各投票匦送齐之翌日，由初选监督酌定时刻先行榜示，届时亲自到场督同开票，即日宣示。

第五十一条　开票时，准选举人前往参观，若人众不能容时，管理员得以限制人数。

第五十二条　管理员及监察员应将开票始末情形，会同造具报告，于检点票数完毕之翌日，申送初选监督。

所有票纸，应分别有效无效，一并附送于本届选举年限内，由初选监督保存之。

第五十三条　第三十条至第三十三条及三十五、三十六条所定各事项，开票所一律办理。

直隶谘议局筹办处编：《直隶谘议局筹办处文件录要初编》，第34—38页

初选举开票所办事细则

第一条　各厅州县应于本署或附近公所内，设开票所一处。

第二条　开票所之布置如左：

一、开票案。

二、票匦安置处。

三、得票记数案（分列开票案前）。

四、检票案（置记数案后）。

五、旁听席。

第三条　开票时，初选监督应亲临开票所，当众共开。

第四条　开票管理员、监察员，除《选举章程》第九条、第十条所定职掌外，应会同经理左开事宜：

一、管守投票匦。

二、开票唱名。

三、得票记数。

四、记载废票。

五、检集票纸。

六、照料旁听人。

第五条　初选举得票记数，应预印记数单，以备核对。

（得票记数单式，另纸开列）

第六条　得票记数者于开票唱名时，核与记数单姓名符合后，应即高声接应，戳记单内。

第七条　开票时作废各票，应别置一处，以免混淆，并置废票簿登记其上。

第八条　开票当日不得完毕时，或继烛或次日续开，应由管理员酌定当众宣布。

第九条　开票后，检查票数，遇有得票同数者，其名次先后，应由初选监督抽签定之。

第十条　开票后，检查票数完毕时，应将得票及废票数目申报初选监督榜示。

第十一条　本细则外应行遵守事宜，详见《谘议局选举章程》。

附：得票计数单式

（每得一票，在格内捺一选字红戳）

一八〇	一六〇	一四〇	一二〇	一〇〇	八〇	六〇	四〇	二〇		十数/单数	
合										一	
										二	
计										三	
										四	
										五	姓
										六	
										七	
										八	
										九	
										一〇	
	一七〇	一五〇	一三〇	一一〇	九〇	七〇	五〇	三〇	一〇	十数/单数	
票										一	
										二	
										三	
										四	
										五	
										六	
										七	
										八	名
										九	
										一〇	

直隶谘议局筹办处编：《直隶谘议局筹办处文件录要初编》，第38—42页

本处职员衔名、籍贯表

计开：

监　理

直隶布政使司布政使	崔永安	汉军正白旗人
直隶提学使司提学使	卢　靖	湖北沔阳州人
直隶按察使司按察使	何彦升	江苏江阴县人
长芦监运使司监运使	张镇芳	河南项城县人
直隶天津河间兵备道	齐耀琳	吉林伊通州人
直隶天津津海关道	蔡绍基	广东香山县人

总　办

直隶候补道	祁颂威	山西寿阳县人
道员用翰林院检讨	金邦平	安徽黟县人

总检察

翰林院修撰	刘春霖	直隶肃宁县人
分省补用知县	王劭廉	直隶天津县人
前湖南岳州府知府	魏　震	直隶天津县人
候选知府	王振垚	直隶定州人
候选知府	李士伟	直隶永年县人
内阁中书	梁志宸	直隶丰润县人

参　事

直隶补用道	逄恩承	山东胶州人
候选道	王学曾	山西文水县人
候选道	刘体智	安徽庐江县人
候补知县	黎　渊	贵州遵义县人

文牍科

科长	候补知县	黎　渊	
科员	议叙知县	吴兴让	江苏吴县人
科员	拣选知县	齐树楷	直隶蠡县人
科员	拣选知县	仝宝廉	直隶永年县人
科员	候选府经历	姚　鋐	山东历城县人

庶务科

科长	候选知府	李士伟	
科员	廕用知县	李国熙	安徽泾县人
科员	分省补用知县	李长生	直隶高阳县人
科员	补用知县	谢作霖	江苏萧县人
科员	云南即用知县	阎凤阁	直隶高阳县人

直隶谘议局筹办处编：《直隶谘议局筹办处文件录要初编》，第 41—42 页

谘议局选举分配算式

按《谘议局选举章程》应演释者为第二十六条、二十七条、五十六条、五十七条、六十八条。

兹将每条分层分句各演释如左，因欲举例易明，故假设一恰合之数，依此类推。

第二十六条云初选当选人额数，按照议员定额加多十倍。

按，此为全省初选当选人，故十倍于全省议员之数。凡条文中不加各该区字样者，多指全省而言，顺直定额为一百四十名，十倍之，为一千四百名（此外，京旗驻防专额议员若干名，其初选当选人额亦以十倍之）。

又云，每届由复选监督遵照督抚所定该复选区议员额数十乘之，为该复选区

当选人额数，分配与各厅州县。

按，该复选区议员额数云者，督抚以全省议员定额分配于各府及直隶厅州之额数也（其分配之法见六十七条）。该复选区当选人额数云者，即合各属初选当选人之总数也。假如天津府应出议员十四名，十乘之，为一百四十名，其十四名之议员，应于一百四十名中选出。而此一百四十名者，即由各处初选当选而来，其曰分配于各厅州县者，因七属选举人数多寡不同，故须分配也。其分配于各该厅州县之额，即为各该厅州县之初选当选额。

第二十七条云，初选当选人分配之法，由复选监督以该复选应出当选人额数除选举人总数，视得数多寡定选举人，每若干名得选出当选人一名。

按，此算式，假如天津府应共出初选当选人一百四十名，又假设七属共有选举资格者一万四千名，则以一百四十名除一万四千得数为一百，即定为选举人每百人当选出初选当选人一名。

又云，再以此数分除各初选区选举人数，视得数多寡定各该初选区应出当选人若干名。

按，此算式假定如左：

天津县	选举人	二千三百名	百除之得二十三名
静海县	选举人	二千二百名	百除之得二十二名
沧　州	选举人	二千一百名	百除之得二十一名
盐山县	选举人	二千名	百除之得二十名
青　县	选举人	一千九百名	百除之得十九名
南皮县	选举人	一千八百名	百除之得十八名
庆云县	选举人	一千七百名	百除之得十七名

以上除得之名数，即各属之初选当选人额数。

第二十七条第二项云，其各初选区有选举人数不敷选出当选人一名云者，谓有选举人太少之县，则不能如前法除之也。譬如，天津全府应由每百人选出一人，而其中有一县选举人不满百名，则在算术之上谓之不受除，在事实上谓之不敷一名也。

又云，或敷选若干名之外仍有零数云者，盖全府选举人总额由各属选举人合算而来，既有人少不敷之处，即有人多除不尽之处，其不尽之数，谓之零数。若各处皆弃其零数，则不足定额而有余额矣。故又云，比较各初选区零数多寡，将余额依次归零数较多之区选出，此项算式假定如左：

天津县　　选举人二千三百人　　以百除之得廿三

甲　县　　选举人二千二百人　　以百除之得廿二

乙　县　　选举人二千一百人　　以百除之得廿一

丙　县　　选举人二千〇十人　　以百除之得二十（余十人不能除即为零数）

丁　县　　选举人一千零九十人　　以百除之得一十（余九十人不能以百除之即为零数）

戊　县　　选举人二千三百廿人　　以百除之得廿三（余二十不能以百除之即为零数）

己　县　　选举人一千九百八十人　以百除之得十九（余八十不能以百除之即为零数）

就右七属中惟丙、丁、戊、己四县各有零数，其可除之数共有一百三十八人，尚不足二人也。就其零数比较之，则丁之零数九十为最多，己之零数八十为次多，则以其余额二人归丁县与己县各选出一人也。

第五十六条，初选以本区应出当选人额数除选举人总数，将得数之半为当选票额云者。例如，天津县应出当选人二十三名，其本区之选举人为二千三百人，以二十三除之，得一百，以其数折半即为五十，是天津县之初选当选，必得票满五十票，方为及格也。

第五十七条，由初选监督就得票较多者，按照应出当选人额数加倍开列姓名云者。例如，天津县应出当选人二十三人，加倍为四十六人，就被选不及格之姓名中，开列其得票较多者四十六人，令原有投票人就其四十六人中再投票一次，则投票之人数不减，而被选之人数仅以此四十六人为限，无论如何，断无不及格者矣。

第六十八条，以该省议员定额除选举人总数，视得数多寡定若干选举人，得选出议员一名云者。假如直隶议员定额一百四十名，共全省选举人总数十四万人，则一百四十除之，得一千，为每选举人千人中得选出议员一名也。

又云，再以此数分除各复选区选举人数，视得数多寡定各该复选区应出议员若干名。假如天津府有选举人一万四千名，以一千除之，得十四名，即天津府应出议员十四名。其余各府直隶厅州亦均以一千之数除各该府直隶厅州选举人总数，所得之数，即为各该府直隶厅州应出之议员定额，亦即复选当选之额也。

又云，其各复选区有选举人数不敷选出议员一名云者，谓复选区中有不满一千之数而不能除也。

又云，或敷选举若干名之外仍有零数，致议员不足定额云者。因全省选举人总额由各府直隶厅州之选举人数合算而来，其中必不能适为一千可除之数，必有不满一千之零数，若皆弃其零数，则不足定额而有余额矣。故又曰，比较各复选区零数多寡，将其余额依次归零数较多之区选出之也，其算式与第二十七条同。

直隶谘议局筹办处编：《直隶谘议局筹办处文件录要初编》，第43—46页

讨论谘议局章程决疑录

（各种规则清单表册已载者不具列）

《谘议局章程》第三条第一项　办学务或地方公益事务满三年以上，如办学务一年或二年，办其他公益事务二年或一年者，其年限亦可并计作为三年。

第四项　曾任实缺者代理署缺皆是。

第五项　财产五千元以上，若父子兄弟合而有之者，无论若干万，只准一人行使其选举权。资本及产业并计值五千元以上者亦可有选举权，若代人营业者则无之。

财产资格最易放弃，应与讲习员宣演，令其竭力劝导（其不愿填五千元以上之实数者，即填五千元以上五字亦可）。

《谘议局选举章程》第七条第八项　复选当选人执照即议员执照。

第八条第二项　决定投票之应否收受，必投票人不在投票簿者，乃可不收，否则恐有妄为拒绝之弊。

第十一条内　办理选举人员均不支薪水，但可由地方官酌给公费，于选举费内支发。

第十二条内　管理员既无选举权及被选举权，即可用各本县巡官及区官或小学堂教员内不愿行使选举权者为之。

第三十条内　代理投票、开票各管理员者，亦无选举权及被选举权。

第七节各条投票时有应当场宣布者，如写票须写人名、不可写号；初选投票投本县人，不必限定投本区人；复选投本府人，不必限定投本县人之类。另有投票所办事细则订之。

第四十三条内　签字应书一到字。

第五十条内　开票时须唱名核数，另有开票所办事细则定之。

第五十四条及五十五条第五项　第五十四条之对簿不符及第五十五条第五款之不合被选资格，皆为初选当选人，以在选举人名册者为限之据。且《谘议局章程》第三条定明具资格者乃有选举谘议局议员之权，则初选当选人自应在选举人名册，方有复选举之选举权，可无疑义。

第五十八条、第七十五条内 当选人名次表，须由管理员、监察员帮同初选监督造定。

第六十条内　当选应以开票后榜示当选姓名时为确定。

第六十一条内　知会书应由筹办处拟一定式，与呈明书制为联单，呈明时，割而用之，庶为简易。

第七十三条内　第七十三条可照第五十四、五十五条办理者，因五十四条之另册记名并非作废，与复选当选无妨。五十五条五款之不合被选资格，在复选举系指照章不得有或停止被选举权者而言。

直隶谘议局筹办处编：《直隶谘议局筹办处文件录要初编》，第 47—48 页

本处札发督宪选举告示饬令各属一体张贴晓谕文

为札发事，光绪三十四年九月二十四日案奉督宪札开，照得本督部堂恪遵钦限，于天津地方设立谘议局筹办处，饬令遵照定章，综理全省选举事宜，业经详定分期办法，并委派司选员二十四人分赴各属帮同地方官办理选举，其一切应用经费，统由本督部堂发给，不令地方官筹措为难。兹撰就六言告示，合行札发，札到该处，即便分发各属一体张贴晓谕，遵照此札，计发告示一万张等因。奉此，查筹办谘议局详细期限清单，内载九月内各厅州县发初选举告示张贴城镇乡各处，系属误刊，此项应移在二月内办理。此次督宪颁发告示，应在九月内张贴，除分发外，合行札发，札到该府厅州县，即便遵照，标朱添写期日，张贴城镇乡各处，俾众周知，是为至要，切切。此札。

直隶谘议局筹办处编：《直隶谘议局筹办处文件录要初编》，第 49 页

督宪颁发选举告示文

为出示晓谕事，照得选举之制，肇于《周官·询谋》之训，见于《洪范》，旷览中外，参考古今定制，虽有异同，精义原相一贯。我皇太后、皇上励精图治，因时制宜，远酌三代隆规，近采列邦良法，颁明诏于天下，肇宪政之初基，于今年六月二十四日复降谕旨，饬各省限一年内设立谘议局，准由合格人民照章选举议员，公议本省要政，开诚心而布公道，宣上德而通下情，恩沦广被，率土同沾，凡在国民，当知感奋。本部堂恪遵钦限，于天津地方设谘议局筹办处，饬

令遵照定章，综理全省选举事宜，业经详定分期办法，并委派司选员二十四人，分赴各属，帮同地方官办理选举，其一切应用经费，统由本督部堂发给，部令地方筹措为难。兹撰就六言示文，附列于后，俾易周知，仰尔绅民人等，一体知悉，特示。

照得古代国政　原以谋及庶人　现值预备立宪　朝廷下采舆论
各省设局谘议　钦限一年办理　照章额设议员　准尔人民推举
行政操于官长　献议公诸百姓　上德下情宣通　国民咸知感奋
直隶遵旨筹办　规定选举事宜　先行调查资格　继令召集会期
所有选举经费　即由公家筹济　不令捐及地方　尔等毋庸供亿
派员分往各属　专司详细调查　州县举行初选　期在明年春夏
凡尔合格绅民　均得投票选举　复选次第接办　再由府厅监理
各属选册汇齐　额数核定多少　被选者为议员　便是尔民代表
为此晓谕尔等　各自传语乡人　遵照颁发章程　共推本地正绅
勿挟私心误选　勿徇情而滥举　须知将来议员　尔等利害所系
务以忠爱为心　毋以譁嚣为能　协谋地方公益　勉为圣世良民
其余一切条教　自有讲员宣告　务各一体遵照　无负谆谆劝导

直隶谘议局筹办处编：《直隶谘议局筹办处文件录要初编》，第50—51页

筹办谘议局详细期限清单

讲习章程	九月初十日至二十日
各厅州县派讲习员到本府直隶厅州	九月初十日以前
本处发司选员办事规则于各府厅州县	九月初十日以前到
各厅州县派定选举调查员	九月内派定
本处发选举调查员办事细则及选举人资格调查表	九月内到

各厅州县发初选举告示张贴城镇乡各处 九月内

调查选举人资格 十月初一日起

各厅州县调查员会同城董及村正副发选举资格表 十月初一日至十五日

各厅州县调查员会同城董及村正副收选举资格表 十月十五日至二十日

各厅州县调查员复查选举资格 十月廿日至十一月初十日

各厅州县核定选举资格汇造选举人名册 十一月内

选举人名册告成 十二月初一日

各厅州县申送选举人名册于本府直隶厅州 十二月初十日以前送到

各府直隶厅州核定选举人名册申送于总督及本处 十二月内

总督按选举人名册分配议员额数及初选当选人额数饬知各府厅州县并咨报民政部 二月初十日以前

各府厅州县榜示初选当选人并议员分配额数 二月内

各厅州县呈报投票区及投票所开票所地址于各府直隶厅州 二月内

各府直隶厅州核定饬知各该属投票区及投票所开票所地址 闰二月十五日以前

宣示选举人名册 三月初一日

选举人呈请更正名册 三月二十日以前

各厅州县判定更正名册呈词 四月初十日以前

各厅州县保荐初选举投票开票管理员、监察员，呈请本府直隶厅州派定饬知 四月二十日以前

总督咨报选举名册于民政部 四月内

本处发初选举投票所开票所细则并投票纸初选当选人执照于各厅州县 四月初十日以前到

各厅州县布置初选投票所 四月二十五日完毕

各厅州县发投票纸投票簿投票匭于投票所 四月二十五日到

各厅州县布置初选举开票所 四月底完毕

行初选举 五月初一日

投票管理员送投票匭于开票所并报投票情形于初选监督 五月初四日

开票并榜示被选人姓名及票数 五月初六日

初选监督知会初选当选人	五月初七日
开票管理员监查员具报开票情形附送票纸于初选监督	五月初八日
初选监督榜示初选初选人姓名职位给与初选当选人执照并申报复选监督	五月二十七日
本处发复选举投票所开票所细则并投票纸议员执照于各府直隶厅州	六月初一日以前到
各府直隶厅州张贴复选举告示并发所属厅州县张贴	六月初一日以前
各府直隶厅州派定复选举投票开票管理员监察员	六月二十日以前
各府直隶厅州布置复选举投票开票所	六月二十五日完毕
初选当选人齐集复选举区	六月底
行复选举	七月初一日
开票并榜示复选举当选人姓名及票数	七月初一日
管理员监察员具报投票开票情形附送票纸于复选监督	七月初三日
复选监督知会复选当选人	七月初四日
复选监督榜示议员姓名、职衔，给与议员执照并申报总督及本处	七月二十四日
总督咨报议员姓名、职衔于资政院及民政部	八月内
议员齐集天津	八月底
谘议局成立	九月初一日

《大公报》第二千二百三十三号，光绪三十四年九月初七日（1908 年 10 月 1 日），“专件”，第三张，第 1—2 页

直督奏办谘议局筹办处折

奏为遵旨创办谘议局，先行设立筹办处，选派官绅切实经理，恭折抑祈圣鉴

事。光绪三十三年九月十三日奉上谕，朕钦奉皇太后懿旨，著各省督抚速设谘议局，慎选公正明达官绅创办其事等因，钦此。当即遴员选绅，公同研究，豫备调查，粗得要领，专候部颁章程，即行切实兴办，旋于三十四年六月二十四日奉懿旨，著各督抚迅速举办，实力奉行，限一年一律办齐各等因，钦此。仰见朝廷集思广益，实行立宪之至意，臣维宪政初基，造端宏大，各省谘议局近参省议之规模，远储国会之豫备，关系綦要，责任匪轻。直隶地居三辅，风气早开，自叠次恭奉谕旨，群情鼓舞，向治喁喁，自应董劝兼施，以兴要政。窃谓国民程度未齐，提倡不力，则成效难期；组织权限未明，举行太骤，则流弊滋甚；是在折衷允当，一秉大公，庶几去此日之功能，宽异时之责备。现经臣就天津设立筹办处，派藩学臬运四司、天津道、津海关道兼理其事，札委奏调留直补用道祁颂威、丁忧留直道员用翰林院检讨金邦平为该处总办，统筹一切，豫备选举事宜，并由臣手定该处办事章程，分科设课，选任通晓政法官绅，分别派充总检察、参事、科长，以期通力合作，俾克早底于成。又虑通邑大都，智识输灌，办理较易，穷僻乡隅，囿于闻见，遇事恐多隔阂，复饬遴选士绅派充司选员，分赴各属讲演，帮同地方官办理选举，俾使洞晓源流，庶免疑误。业由该处筹定办法，分期任事，曰豫备一切，曰实行调查，曰实行选举，自今年八月讫明年九月成立，次第施行，尚属妥洽。至京旗暨驻防专额议员，定章併归直隶办理，亦经咨照京旗各都统值年旗暨各该管官，照章会同筹办，其建设谘议局屋，必须规制宏整，营造合法，方足耸动观听，淬（厉）〔砺〕精神，并饬该处参考各国省会制度，择地建立，以规久远。该处所需一切经费，已饬司局筹拨，至各属选举经费，应由各该地方自备，虑有迁延，致误期限，一併饬拨济用，均请准其作正开销。除咨宪政编查馆、资政院、吏部、度支部查照外，所有筹办谘议局选委官绅切实办理缘由，恭折具陈，伏乞皇太后皇上圣鉴，谨奏。光绪三十四年九月二十八日奉朱批，该衙门知道，钦此。

又奏，设立调查局及常年经费请作正开销片。

再，上年九月间，承准宪政编查馆咨奏请饬令各省设立调查局，钦奉谕旨咨行，钦遵查照办理等因。查原奏章程，调查局应分设法制、统计两科，一以供编制法规之甄择，一以征统计政要之资料，与宪政编查馆编制、统计二局相为系属，关系至钜，亟应遵旨筹办。当经派委留直补用道汪士元为调查局总办，其科长暨管股委员等，均遵章遴选学习法政、通达治理人员，酌量派充，刊发木质关防，于上年十二月设局开办。旋据该道挈同科长等查照奏定章程，体察本省情形，拟订开办章程暨两科及庶务处办事细则，呈由臣覆核厘定，并经臣通饬司道及府厅州县各衙门，照章添设统计处，其省会重要各局所一併仿照设立，俾与该局承接。惟是事属创始，端绪纷繁，开办之初，自当加意考求，从事预备，迭经该局调取司道及府厅州县各衙门旧有图志，暨各局所章程规则，参互考证，一面查照两科各股事项，拟具办法，分别行文派员次第调查。现宪政编查馆所定表式尚未颁发，所有学部、农工商部、陆军部行查各项表式，均经饬发该局会同主管各该署局，查明填报，仍由臣随时督饬切实经理，按类编订，以期有裨宪政。所需开办及常年经费，由司局筹给，应请作正开支，除分咨宪政编查馆暨各部院查照外，谨附片具陈，伏乞圣鉴训示，谨奏。光绪三十四年九月二十八日奉朱批，该衙门知道，钦此。

《大公报》第二千二百六十一号，光绪三十四年十月五日（1908年10月29日），“要折”，第三张，第1—2页

直隶谘议局筹办处敬告复选举权者

谘议局为立宪之基础，议员为人民之代表。而议员实由复选举出，则此次复选举事宜，其关系之重大可知矣。诸君子之有复选举权者，其责任之重大更可知矣。于是有不能不为诸君子陈述而讨论之者数事。

一曰议员不必以初选当选人为限，且不必以列名于选举名册为限。

按复选举之方法，与考试之复试相似而实异。就考试复试言之，第一次取列者已有第二次被取之资格，故复试所取不能出初次取列之范围。至复选举之初次当选，并非有被选为议员之资格，乃有选举权限之资格也。故复选举时，尽不妨举初选当选之范围以外，并不妨在调查资格之名册以外。在学理上言之，可名为

间接选举，以别于直接选举也。因谘议局章程第五条所载议员资格，但有年在三十岁以上，及第六条第七条第八条之限制，而并无在初选当选人中互选之明文。而复选举投票亦无不列名册作废之明文。章程当如是解释，谘议局筹办处研究数次公同议决，亦皆以间接选举释之也。吾试言间接选举之理由。盖各国之选举有普及选举与限制选举之二种。普及选举者，无论何人，凡本国及岁之男子皆有选举权。限制选举者，除年岁以外，尚必具他种资格。何以用普及选举制度者，必用间接选举之方法乎？因尽人有选举权，则人类不一，势必程度较低者居于多数，仅由一次投票，未必果属真才，故必别求程度较高之人，使之投票，庶几有益。此初选举之投票即所以求程度较高而使之投票者也。故初选之投（禀）〔票〕乃选举得有选举权之人，而非选举议员。初选被选者乃有代表人民行选举权之权，而非为议员之资格也。今诸君子之初选当选者，在立法之意，早视为较高于一般人民之程度者也。各地之选举诸君子，亦即以自己选举之权举而委之，于诸君子，其意若曰：由某某行投票，庶几得良议员矣。其信服为如何耶！其荣幸为如何耶！其责任为如何耶！吾知诸君子必有以仰副立宪之精神而下慰初选举之选举人也。吾所急欲为诸君子告者，不但章程上之解释，而并欲研究章程之理由焉。初选举之所以必以列入名册为限者，因人数既多，漫无稽考，章程既定资格，不得不调查之名册者，即调查之凭据也。既以名册为凭据，则一经确定，势不能随时补入，所以防纷扰也。假使无确定之限制，则今日而请补矣，明日而又请补矣，名册何日而定？名册永无确定之日，则人数无从算起，而选举永不能实行矣。若于名册未列之人亦得投票，则调查之期已过，其人果有资格欤？皆难确知。不但于章程上以人数分配之理不合，且将变限制选举为普及选举矣。此章程上不得已成为之方法，而亦为此次筹办处对于各处知名之士未准请补之原因也。况乎调查员以一二人之精神调查一县之人，既不尽为本地之人，则安能一无遗漏也。且造送名册，属人抄写，遗漏错误，亦所不免。虽有二十日宣示之期，以备本人检阅，得以更正请补之条。然而本人或无暇注意，或过期不及，皆事所难免者也。且调查之期，本人或旅行他处，或疾病事故，未暇报告以至不列名册，其他种种原因不暇详述。由是之故，而学问、名誉、才识、道德之士，未尝无遗漏于名册以外者。若议员必以名册为限，有时众望所归不及列入名册者，因此不得被选，虽志趣高旷之人，原不以不被选为憾事，而于众人心理强加限制，使不得举其平日仰望之人，不亦与选举宗旨相背乎？章程之用意如此，原所以补救名册之遗漏，初非谓名册以外之多高等人物也，并非谓初选当选者之反不如不列名册者也，诸君子当体会其作用斯可矣。

二曰选举权宜重视也。

选举权果何种权利？既无利益之可图，粗视之若无足重轻，然细思之，则此一权利有重大之关系焉。试思谘议局议全省之公益事务，凡地方之利弊兴革、政治之改良，以及将来自治事宜、财政事宜，皆于我有切身之关系，而皆赖议员以为之代表。使议员而称职，则地方蒙其福；议员而不称职，则地方受其害。地方之利害，我身之利害也。曩者未有选举之时，设遇劣绅把持，惟有忍受而已，谁何谁何之贤否，不容置喙，岂非憾事。然曩日之士绅大半取地位，门阀者居多而不能问，众人以为然否。盖因一省之大势，不能家至而户问之，此亦无可如何之事也。自有选举法则，不啻家至而户问焉。是则我昔日所叹息痛恨而无如何者，今乃如愿以偿，岂非绝大之权利乎？苟轻视之，则被人运动，当其初则视此权不甚爱惜，异日有利害关系于一乡者，或关系于我身者，且必自受其祸，悔无及矣。况乎其害或有及于全省者，则为害更不可言矣。或日选举必以多票为当选，而何有于我之一票。议员以多数为可否，而何有于人之贤否。不知多数之票，皆由一票而积，设尽人以为无足重轻而滥举，则必成无意识之选举，其结果尚可问耶？且有时议员之得失相差仅在一票，则所争者只以一人投票为关系，我左则左，我右则右，设我投一违心之票而成此大错，岂非关系至重也乎。推诸将来，议事之时，亦同此理。可否之多寡，仅差一数者往往有之。设有一人之发议，漫不经心，或故出私意，而大局之成败即系于此。可见最不可视为少数者，惟此一之为数，最不可视为轻忽者，惟我一人而已。

三曰选举不可存偏见也。

国之人，有团体者胜，无团体者败。团体大者胜，团体小者败。近人因地理关系而有同乡之名，又因所在之地不同，而同乡团体之大小亦异。对外省则本省人为同乡，对外府则本府人为同乡，对外县则本县人为同乡。既为同乡，则感情亦异。一遇有事，俱偏袒于同乡人，一（邱）〔丘〕之貉，戢戢皆是。此次选举，初选举各于其县行之，票举之人不限于本投票区人；复选举各于其府厅州行之，票举之人即不限于其本县之人，以人才不择地而生，即人才之多寡不能分疆划界而得平均之数。一府厅州中，或此县有而彼县无，或此县多而彼县少，甚赖各属初选当选诸君注意于通省人才而不偏举一县之人，致贻讥于偏狭，抑又有进者同居乡里，性情之不同，见解之各异，爱憎取舍，万不能一。况平时之交际，私事之纠葛，恩怨之私，人情不免，然当投票之际，宜消化成见，而纯然存一为公之思想。设某某之人才未尝不可佩而独于我之私事，不能无憾。当此之际，我不妨举之，何则？我之举某，非所以媚某也。不妨怨目怨，而举自举也。某之被举，非为我经理其私事也，于我有怨，不能移而害公益也。故欲择人而经理其家事者，万不举宿有嫌隙之人。今举人为议员，不必问其于我之感情若何，但问其人之称职与否。苟不称职，虽有交情，置之可也。

四曰选举宜自有主见也。

选举权者不过一，各举所知之权耳。于此一权而徇人，是不啻以我之一权让于无形矣。夫选举本意，原欲求众望所归之标准，投票之际，尽人而徇人，则何得为众望，且贤否二字，最难得其凭据，所我所以为贤否，未必其果确。然则人之以为贤否者，安见其果确乎？同一不确定之贤否，与其徇他人不确定之贤否，不如徇自己之为愈也。天下事不可有自是之见，独此不妨自是者，求合于各举所知之原则而已，无他深意也。或曰有时我不敢自信，则不得不采诸舆论，不知舆论虽在他人，而抉择之权仍操诸我。即有大名之人毁誉各半，而我之所折衷而自定主见者，仍必凭素所信服者之毁誉，以为去取，而不肯与素不信服者之毁誉同其去取。虽曰访自他人，而仍不失我自有之权，此选举之绝不可轻受人运动者也。

《大公报》第二千五百十九号，宣统元年六月初十日（1909 年 7 月 26 日），第二张，“要件”，第 4 页；《大公报》第二千五百二十号，宣统元年六月十一日（1909 年 7 月 27 日），第二张，“要件”，第 3—4 页

直隶谘议局筹办处直隶筹办地方自治总局为照会事

（光绪三十四年四月十九日本处局会详）

督宪遵批覆议自治学员张铭勋等禀请设立地方自治研究社并改订《直隶自治学社汇讲所章程》缘由一案，于五月初六日奉，督宪批开详折均悉改订各节名称规制，均尚妥善，仰候札行自治学员张铭勋等遵照办理，此缴等因，奉此合行录批并将原评原折抄录 分即望查照办理，须至照会者 计粘钞一纸。光绪三十四年十月二十一日为详覆事，窃职处局会详。宪 台遵饬核 自治学员张铭勋等禀请《直隶地方自治研究社简章》并拟订《自治学社总汇处章程》缘由一案，蒙批开详折均悉，学员张铭勋等请在天津地方设立直隶地方自治研究社，讨论自治法理，并为联络各属自治学社起见，其用意诚如来详所云，于自治前途大有裨益。惟各属自治学社皆系士绅组织，专为研究学理，以学社论，自应隶于学司；以自治论，本署部堂。现在扩充天津自治局为全省自治总局，即欲划一规章，为各属总汇之地，何必另立总汇？现当预备时代，各属自治，全赖提倡，必立有上等机关，官绅会力倡办，如自治总局之设，方能统辖全局，逐渐推行。若该学员等所立研究社，名虽有别，其实亦与各属学社相等，其学问程度亦大抵相若，安有总分之可言？若寻常函札讨论本所不禁，何必显分等级，转使该社以外，平分其心。况事属绅办，既无文报之可稽，又无经费之可助，所谓联络已？实际谓之总汇，益觉名实不符。且与自治总局权事相复，似未尽妥。仰再细心核议，总期该学社专心研究，勿事铺张，并应悉遵部定结社章程，谨慎将事，是为切要。此缴，等因。奉此伏查自治学社虽系士绅组织，专为研究学理而造就将来地方议会之人才。实基于此，该总汇处为自治汇讲之所，其性质与部定结社集会律第二十二条教育商农等会相符，而其范围则限于自治，自应隶于自治总局。且该处宗旨只为讨论法理起见，与自治总局权事似无窒碍。惟总汇二字既属不符，应改为直隶自治学社汇讲所，与业经批准立案之自治学社原为一体，核与结社集会律第二十二条，经官批准立案之结社集会相符。谨改订章程二十条，另缮清折，详请宪台鉴核批准立案，并恳饬令该学员应即遵照结社集会律第十九第二十条办理，以昭慎重。所有遵批覆议并改订《直隶自治学社汇讲所章程》缘由，理合具文会详，伏乞照详施行，须至详者，计详呈《直隶自治学社汇讲所章程》清折一扣。

附：直隶自治学社汇讲所章程

（宗旨）第一条　本所以讨论法理事实，使自治学识有同一之进步为宗旨。

（名称）第二条　各属学社分任研究，以本所为互相质证讲演之地，故名曰直隶自治学社汇讲所。

（地址）第三条　本所暂设天津城东南隅马路路东康家大院内。

（组织）第四条　本所社员以事务员、评议员为常职，其余各属自治学社讲员，及现在与将来研究自治毕业学员，皆可来所讨论。

第五条　本所由社员中互选人员如下：一、事务员四人，二、评议员十人。

第六条　本所事务员互推总事务员一人，总理本所事务。

第七条　于本所乐为捐助提倡者，均推为名誉赞成员。名誉赞成员如愿担任本所事务者，经评议员互选，即得为评议员及事务员。

（事务）第八条　本所经常事务分类如下：一、与学社通信研究以互求进步，二、刊行县志并选置关于自治书籍以备研究。

第九条　本所杂志先呈自治总局鉴定然后刊行。

（会议）第十条　各属社会每年定期可举代表一二人到本所会议一次，商订一切改良事宜。

第十一条　会议时以本所总事务员为议长。

（秤费）第十二条　本所经费由社分任。

第十三条　经费除社员分任者外，得收特别捐助。

第十四条　本所事务员均为名誉职，惟从事编辑及任庶务之员得视事之繁简议给酬金。

第十五条　本所出入款项备置清册，社员及名誉赞成员均可随时查阅每×年×登报公告退职及除名。

第十六条　无论事务员及他社员有他事或出省不能在社者，须先期函告退职，其事务员须另举。

第十七条　事务员任事满一年后有不欲再任者，可另举。若社员过半数认其为不称职者，可令退职另举。

第十八条　本所社员中有不显品行或用学社名义自营其私者，由本所核实将其除名。

×则①

第十九条　本所以禀经督宪批准之日为成立之始。

第二十条　本章程如有应行增改之处，须经社多数议决禀经督宪批准施行。

《大公报》第二千一百三十八号，光绪三十四年五月三十日（1908 年 6 月 28 日），第二张“专件”，第 3—4 页

宪政编查馆咨覆京旗谘议局筹办处选举事宜仍宜遵章详细调查文

为咨覆事，准管理京旗谘议局筹办处事务，值年旗王大臣咨称，据本处总办双浚等呈称，职等详细寻绎原章程所载被选举各项资格，外省易于举办，京旗略有不同，拟请将京旗候补候选人员归入曾任实缺一项内，一体选举，并将京旗不同之处逐款声明，请咨行宪政编查馆查核示覆等因前来。查款内所开各节，自系实在情形。惟选举各事皆握要于调查，本馆奏定谘议局章程时，亦知各项资格皆属不易清查，不独京旗难办，外省之府厅州县尤为棘手，故议员选举章程第十七、第十八、第十九等条，皆列调查方法。京旗固属散漫无纪，至办理公益及学务人员当自不少，举贡生员无论是否曾在学堂毕业，除不满二十五岁者外，仍应详查，列入选举簿。五千【元】营业资本，八旗诚属无多，而不动产之土地房屋

① ×则，原文如此。

所在皆是，应仍各宜遵章详细调查，不使漏略，方属妥洽。至旗人在各部院衙门当差官员，本非本省官吏，自不在限制之列，惟八旗官员应以参佐正印人员为限，照本省官吏，停其选举及被选举权，其余无论实缺、候补、候选，但合谘议局章程第三条资格之一者，均得有选举及被选举权，本馆前覆杭州驻防沁电，亦既略同此意。总之，选举事属创始，办法极为繁难，惟有切实调查，方足以昭公允而维选举。相应咨行贵处查照饬遵可也，须至咨者。

《大公报》第二千三百五十七号，宣统元年正月廿三日（1909年2月13日），第二张，“要件”，第4页

又通行各省刊印答复询问谘议局章程分咨备考文

为通行事，光绪三十四年七月十七日，本馆通行奏定谘议局章程文内声明，谘议局关系重要，选举事宜尤属创办，此次所订章程，头绪繁多，条文细密，各省如有疑义，应随时咨询本馆，以便详为解释，俾免歧误等因。嗣据各省陆续咨电，询问各项疑义，业经本馆随时答复各在案。查此项答复，各省自应一律按照通用，免涉纷歧，兹特刊印成本，分咨各省，以备参考。嗣后续有答复，仍随时通知，相应咨行贵 查照，通饬遵办可也，须至咨者。

《大公报》第二千三百五十七号，宣统元年正月廿三日（1909年2月13日），第二张，“要件”，第4页

又咨取各部院现行官制奏案文

为咨行事，照得本馆奏定议院未开以前逐年应行筹备各事一折，业经奉旨，钦遵通行在案，所有本年筹备事宜，其厘订官制一项，系由本馆会同会议政务处办理。查各衙门官制，于光绪三十二年有经总司核定官制王大臣奏定者，有未经总司核定官制王大臣奏定者，嗣各衙门均有自行核拟奏请变通之处。本馆刻届厘订京师官制期限，急待汇考，应请将迭次奏案各检齐十分，于十日内咨送到馆，将来如有续行奏改，亦即随时咨明本馆，以资考核，相应咨行贵 查照办理可也，须至咨者。

《大公报》第二千三百五十七号，宣统元年正月廿三日（1909 年 2 月 13 日），第二张，“要件”，第 4 页

又咨各省调查事件应随时编订送馆不必待统计表式文

为咨明事，光绪三十四年十二月初三日准（东三省总督、奉天巡抚）咨开，省城设立调查局开办情形，前经咨明在案。现据司道及府厅州县各衙门呈报，统计处均已次第成立。惟未奉到颁发表式，所有调查各事，无从填报，咨请速将表式颁发等因。查本馆奏定《各省调查局办事章程》第十条，凡调查局调查所得之件，应按类编订，呈由本省督抚咨送本馆；第十二条统计事项，按照本馆所定表式，饬各衙门添设统计处，分别列表汇送调查局各等语。是调查事件与统计事件，应分两项办理，统计所办事宜，应候本馆颁定表式，而调查所得事件，本兼

法制、统计两项在内，应即随时按类编订，咨送本馆，不必尽待表式，且统计事件，亦须以调查事实为先务。现准各部先后送至表册均系照此办理，除督饬馆员先将核定统计表式克日奏请颁行外，诚恐各省调查局调查事件，或有停待稽延，合即通咨照办，以符原章而免误会，除咨复外，相应咨明贵督抚查照办理可也，须至咨者。

《大公报》第二千三百五十七号，宣统元年正月廿三日（1909年2月13日），第二张，“要件”，第4页

宪政编查馆咨覆顺天府暂由步军统领衙门派总管理员会办选举事宜文

为咨覆事，接准咨称据大、宛两县禀陈，京营地面未能直接，情形隔阂，呼应不灵。所有初选举事宜，拟请咨呈贵馆，援照奏定八旗左右两翼及内外城巡警总厅各派总管理员一人办法，咨由步军统领衙门于京营地面亦遴派总管理员各一人，会同该两县办理各等情。到府据此查所禀各节，委系实在情形，除禀批示并分咨查照外，相应抄录原禀，咨请贵馆查照核办，迅赐见覆等因前来。查本馆原奏不及城外京营地面者，以京营各员所掌多系办理缉捕事宜，至选举之事，以人民赋税为主，乃地方官行政之责，故令该两县专办，以清界限。兹复据称，不能直接办理，事属创始，姑予变通，暂由步军统领衙门亦派总管理员二人会同办理城外京营地面选举事宜，相应咨覆，即由贵衙门径咨步军统领衙门查照办理可也，须至咨覆者。

《大公报》第二千三百五十九号，宣统元年正月廿五日（1909年2月15日），第二张，“专件”，第3—4页

直隶总督杨士骧奏胪陈第一年筹备事宜折

奏为遵章胪陈直隶第一年筹备事宜，恭折仰祈圣鉴事。窃臣恭读光绪三十四年八月初一日上谕，钦奉懿旨，宪政编查馆、资政院会奏单开逐年应行筹备事宜，责成内外臣工依限举办，每届六个月，将筹办成绩胪列奏闻等因，钦此。十二月二十七日上谕，明年以后，应行筹备各事，著内外各衙门按期妥筹、次第举办等因，钦此。仰见朝廷绍述前谟，注重宪政之至意。臣按，宪政编查馆遵设考核专科，自光绪三十四年八月起至十二月底止为第一届，以后每年六月底暨十二月底各为一届，限每年二月内及八月内各具奏一次。查筹备事宜清单内开，筹办谘议局为各省督抚第一年应办之事，业经臣先设筹办处，派员任事，拟定分期办法，认真经理，于上年九月奏陈在案，兹届二月奏报之期，应将该处筹备成绩，详细胪陈，以资考核。该处自上年八月遵照奏章筹办谘议局事宜，于九月初饬令司选员分赴各府直隶州厅讲演章程，再由各州县选派士绅充选举调查员，齐集各该管之府直隶州厅听讲，各归本籍帮同办理选举事宜，其选举经费先由该处通筹垫给，不得丝毫有累民间，致生疑阻。复虑地方官措施或有未当，遂致迁延限期，迭经谕饬，该处檄电纷驰，促令依期举办。其于章程有所误会者，必详为辨正，官绅有未接洽者，必力为疏通，各属部署情形，随时报告，纠其非而奖其是。其间有办事不力者，屡经臣严加训迪，率能振刷精神，一气贯注。现在各属调查、复查、造册均尚照章依限，未误事机。大抵直隶办理选举，与他省情形，迥不相同。京旗暨驻防专额议员，照章皆属直隶兼办，就驻防论，有归密云、山海关副都统者，有归东陵、西陵承办事务衙门者，有归京营左右翼者，加以顺天府、热河二处管辖不一，端绪纷繁，非因应得宜，不能速期蒇事。京旗选举，业由值年旗王大臣奏办，复经宪政编查馆奏明请旨，以顺天府尹充复选监督，兼由民政部内外城巡警总厅、步军统领衙门各派专员会同大、宛两县，办理京师内外城暨京营地面民籍选举调查事宜。按，京师首善，客籍居多，层转较紧，区域亦广，屡经内外协商，同心办理，不分畛域，成绩可期。其他各属人名册，除新设之开鲁、林西两县，地本沙漠，烟户零星，无从举办，余由各复选监督于去腊今正间，一律汇齐，复饬该处逐加考核，其所载资格与章程不合者，概予删除；填注不分明者，复令更正。公益事务一项，如民间公办青苗、水会等事，必其资望较著，始认为合格。财产一项，从前未行登记之法，无从确核，若严查细数，恐习为讳匿者转甘放弃，因于表册但注五千元以上字样，冀无遗漏。

现据已到人名册合计，除驳回删汰外，综核全省，合格者十六万人有奇，一俟京城暨京营地面民籍初选名册造齐，即当统计全省人数，核定分配各府直隶州厅议员及各属初选当选人额数。其京旗暨驻防专额议员，已拟定专额议员调查选举规则及初选监督协办驻防选举规则，分行各都统，各该营届期一律办理，此直隶筹办第一届筹备事宜之详细情形也。此后，自三月起迄九月止，其中宣示选举人名册、行初选举复选举三事，仍饬该处切实分办，不得少有延误。至筹办处一年经费，由臣饬司局筹拨，并饬该处核实动用，毋得虚糜。将来谘议局成立，建筑正式议场，正在饬令该处绘图，估价祇期、规模宏敞、工料坚实、不取侈饰外观，致多糜费。（朱笔）除分咨查照外，所有直隶第一年筹办详细情形，理合恭折具陈，伏乞皇上圣鉴训示，谨奏。宣统元年闰二月十五日奉朱批，该衙门知道。钦此。

又奏设宪政筹备处片。再前准宪政编查馆咨行，遵旨奏设专科考核逐年应行筹备事宜，限每年二月及八月内各奏报一次，等因。臣按，议院未开以前，各省督抚应行筹备各事，造端宏大，条理綦繁，非有总汇纲领之区，不足以资考核而免贻误。（朱批“甚好”）悉心研究，博采群言，拟就臣署中设一专办处所，名曰宪政筹备处，遴派提调科长、科员遵照钦颁九年筹备章程，酌设数科，饬令各按期限专办。本省各主管官厅局所遵办事件，统由该处随时考查，禀由臣分别录功记过，其一切编纂调查核办报告，皆隶于此，务期程督进行，始终不懈，依限兴办，聿观厥成。即以本署原办幕僚，各就所长，分科司掌，并不必另行开支经费。除俟详拟章程，再行咨呈宪政编查馆、资政院查照外，谨附片具陈，伏乞圣鉴，谨奏。宣统元年闰二月十五日奉朱批，知道了，畿辅重地，凡关于一切预备宪政事宜，皆当切实筹办，以期依限无误，俾作各省模范，切勿松懈。钦此。

《大公报》第二千四百十二号，宣统元年闰二月十九日（1909 年 4 月 9 日），“要折”，第 5—6 页；《大公报》第二千四百十三号，宣统元年闰二月二十日（1909 年 4 月 10 日），“要折”，第 5—6 页

直隶总督陈夔龙奏胪陈第三届筹备宪政情形折

奏为胪陈第三届筹备宪政情形，恭折仰祈圣鉴事。窃查直隶筹备宪政第二届成绩，业于上年八月间由前督臣奏咨在案，其后新旧交代为日无多，未及分核成绩，照章会奏。臣莅任以来，接续筹备，力图进行，兹值第三届奏报之期，谨将办理情形，为我皇上详晰陈之。查本届应办事宜，计分八项，除谘议局业经成立，已由前护督臣将通常会始末情形奏报外：

一、为举行资政院议员选举。查满汉世爵，选举前，准陆军部电查，当饬藩司分电各府州迅即查报。嗣据覆称查无此项人员，业经电复陆军部在案。硕学通儒选举前，准部咨即悉心搜访，并行司照章保送。纳税多额选举，当委藩司为监督，旋据详派互选管理员，并拟具办事及互选各细则，均经核饬遵办。惟以为时过促，电商资政院准与展限一月，现已将名册宣示，一俟互选定后，即行咨送资政院办理。谘议局互选资政院议员，已由该局用记名连记投票法互选议员十八人，呈由前护督臣将前列当选人九名，复加选定，发给执照，并造册咨送资政院在案。此举行资政院议员选举之情形也。

一、筹办城镇乡地方自治，设立自治研究所。查直隶前经设立自治研究所，选送学员者一百二十余属，毕业者将近千人，惟僻远州县未经选送学员者尚有二十余属，自应设法普及，以为传习之资。因饬于自治总局内附设直隶自治研究所，令未送学员各属均选送三人入所研究，此外有自费来学者，亦准选送附学，现共有学员二百五十一名，其各属自治研究所续报设立者又有二十处，统计九十九处，其未经成立者，除朝阳、承德两府厅由热河都统督催办理外，余均严饬勒限本年二月以内一律成立。今此推行自治，必以预备为先，前虽拟订自治施行细

则及预备会简章，以调查为著手办法，旋虑调查或有疏漏，复拟订各项调查表，或曰地方自治区域、曰地方公务、曰地方公款、曰地方公产，分发填注，附拟办法，以期周密。惟城镇乡自治系属创举，必须择要试办，以为先导。查清苑县为省会首善之区，已饬令组织城议事会、董事会为各属模范，以利推行而期普及，此筹办城镇乡自治之情形也。

一、调查人户总数。查部章应于第二年十月前彙报一次，除顺天各属照章由顺天府尹查报外，业将报到之滦州等七十四州县正附户数依限填列，总散各表咨送民政部，其未到各属仍饬令迅速填报，务于本年十月以前将户数一律报齐咨部，此调查人户总数之情形也。

一、调查岁出入总数。查部章调查光绪三十四年全省岁出入总数，限宣统元年年底报部，业于上年十二月时，先将司道关局各库三十四年全年出入款目，岁入计二千一百六十五万八千九百九十七两有奇，岁出计二千三百五十七万四千一百三十九两有奇，其中收款则分本省收入、部拨、协拨，支款则分本省支出、解部、协解，并将展转移解重收重支之款，概行删除，编纂总表，电咨在案。所有全省出入大略，已经编列表内，其余应编各衙门局所详细年报，亦饬分别钩稽，赶紧彙编。惟各处年报，间有未齐，已严饬分投催造，一俟彙齐，即行编造咨送，此调查岁出入总数之情形也。

一、筹办省城及商埠各级审判厅。查天津各级审判厅早经奏设，惟于新颁规制，间有未符，已饬查照部章妥拟改良办法。惟筹办审判，首重储才。查天津原设有官吏法政研究所，兼修法政，汛而难精，现为造就审判人才起见，饬令正名为司法官养成所，遴派正佐学员二百余名，专攻中律及现行法规、并各国刑名商诉讼等法暨监狱事务，以为司法人员取材之地。又查刑事案内之检验，于罪名出入极有关系，中国向用仵作并无专门学术，殊非慎重之道，当饬照法部通咨，于天津高等厅内附设检验学习所，招募聪颖子弟四十人入所肄习，以一年半毕业，用备任使。又天津高等、地方两厅，为刑民案内未定罪名及遣押债务之人，设有拘留所，惟创办之初，因陋就简，设备不完，现亦饬改良建筑，以重卫生而恤庶狱。至省城各级审判厅，业于保定城内择定地址，现正参酌京津厅式，妥绘详图，并委员鸠工购料，克期兴造，复饬将开厅事宜，妥速布置，务限本年年内，一律成立。此筹办省城商埠各级审判厅之情形也。

一、创设简易识字学塾。前因未奉部章，饬由提学司拟具试办简章，交由谘议局议决，先在保定、天津各设十处，为各属倡。嗣准学部颁到章程、课本，饬令试验教授，即经通饬遵行。天津近又增设六处，昌黎、沧州、宣化、平泉等处续报设立者渐多，将来计不难于推广，此创设简易识字学塾之情形也。

一、各厅州县巡警，限年内粗具规模。查直隶各属巡警创办在先，本已略具基础，要在淬（厉）〔砺〕精神，随时整饬，以期日起有功。去年通饬将传习所改设教练所，计具报成立者已有七十七处，复饬由警务处严催未设各属，限期成立，并饬厘定奖赏处分等规则，以示信赏必罚，籍资整顿。计现时各属情形，虽一时未能划一，而规模粗具，进步可期，此筹办各厅州县巡警之情形也。

伏维宪政事宜，关系根本至计，北洋为畿疆重地，尤当随时策励，方足以树风声。现计应行筹备诸端，或甫有端倪，而正拟徐图推广，或已著成效而更须勿懈进行。臣以菲才，忝膺重寄，固不敢因循以误事，尤不敢粉饰以邀名，惟有实力实心督率筹办，庶几循途渐进，黾勉图成，以仰副朝廷励精求治之至意。所有依限奏报第三届筹备宪政缘由，除分咨外，理合恭折具陈，伏乞皇上圣鉴。谨奏。

宣统二年二月二十六日奉朱批，该衙门知道。钦此。

《大公报》第二千七百六十七号，宣统二年三月初二日（1910 年 4 月 11 日），“要折”，第三张，第 1 页；《大公报》第二千七百六十八号，宣统二年三月初三日（1910 年 4 月 12 日），“要折”，第三张，第 1 页

督宪恭录札饬创办谘议局切实经理一折已奉朱批文

为恭录札饬事，照得本督部堂于光绪三十四年九月二十五日在天津行辕专弁具奏，遵旨创办谘议局，先行设立筹办处，选派官绅切实经理一折，业经抄折行知在案。兹据差弁赍回原折，于本月三十日奉朱批，该衙门知道，钦此。除分行

外，合行恭录札饬，札到该处，即便钦遵查照。此札。

附：督宪原折

奏为遵旨创办谘议局，先行设立筹办处，选派官绅，切实经理，恭折仰祈圣鉴事。光绪三十三年九月十三日奉上谕，朕钦奉皇太后懿旨，著各省督抚速设谘议局，慎选公正明达官绅，创办其事等因，钦此。当即遴员选绅，公同研究，预备调查，粗得要领，专候部颁章程，即行切实兴办。旋于三十四年六月二十四日奉懿旨，著各督抚迅速举办，实力奉行，限一年一律办齐各等因，钦此。仰见朝廷集思广益，实行立宪之至意，臣维宪政初基，造端宏大，各省谘议局近参省议之规模，远储国会之预备，关系綦要，责任匪轻。直隶地居三辅，风气早开，自叠次恭奉谕旨，群情鼓舞，向治喁喁，自应董劝兼施，以兴要政。窃谓国民程度未齐，提倡不力，则成效难期，组织权限未明，举行太骤，则流弊滋甚，是在折衷允当，一秉大公，庶几程此日之功，能宽异时之责备。现经臣就天津设立筹办处，派藩学臬运四司、天津道、津海关道监理其事，札委奏调留直补用道祁颂威、丁忧留直道员用翰林院检讨金邦平为该处总办，统筹一切预备选举事宜，并由臣手定该处办事章程，分科设课，选任通晓法政官绅，分别派充总检察参事科长，以期通力合作，俾克早底于成。又虑通邑大都，智识输灌办理较易，穷僻乡隅，囿于闻见，遇事恐多隔阂，复饬遴选士绅派充司选员，分赴各属讲演，帮同地方官办理选举，俾使洞晓源流，庶免疑误。业由该处筹定办法，分期任事，曰预备一切，曰实行调查，曰实行选举。自今年八月迄明年九月成立，次第施行，尚属妥洽，至京旗暨驻防专额议员，定章并归直隶办理，亦经咨照京旗各都统值年旗暨各该管官照章会同筹办，其建设谘议局屋必须规制闳整，营造合法，方足耸动观听，淬（厉）〔砺〕精神，并饬该处参考各国省会制度，择地建立，以规久远。该处所需一切经费，已饬司局筹拨，至各属选举经费，应由各该地方自备，虑有迟延，致误期限，一并饬发济用，均请准其作正开销，除咨宪政编查馆、资政院、吏部、度支部查照外，所有筹办谘议局选委官绅，切实办理缘由，恭折具陈，伏乞皇太后、皇上圣鉴。谨奏。

直隶谘议局筹办处编：《直隶谘议局筹办处文件录要第二编》，第1—3页

本处详报督宪围场厅应准作复选区请立案文

为详请立案事，案据调署直隶围场抚民同知傅徵源详称，卑厅自治绅张文彬、曹云汉、王之桢等禀称，窃缘谘议局筹办处札到选举章程，凡直隶州厅无属县者，仍为初选区，其复选区则附于附近之府。我围厅邻于承德，故复选区即附于承德府办理，然据现在情形，围厅可独立为一复选举区者，其理由有四，为我宪台详细陈之。

一、以境域之辽阔也。北界多伦，南界平泉，相距四百余里；东界赤峰，西界丰宁，相距五百余里，周围不下二千里，较关内直隶州厅之疆域，其大倍之。

一、以户口之繁富也。查围厅之户口，约有二万，而其资产以万金计者，不下数百家。

一、以属县之范围久已画定也。我围境未改归直隶专辖以前，已设有隆化县，自黄前宪以西境五乡划清县界，虽其机关未甚完全，而司法官有裁判局，行政官有巡检署，皆由保府直接委人办理。至于调查巡警学堂委员均在其县直接查办，即此次司选员办事表内，亦明列有隆化县之名，较之赤峰州初设之县有荒地而无人民者，大相径庭矣。

一、机关之灵通也。围厅自改隶保府，无间接之故障，而得风气之先，故一切新政觉有起色。观此次选举附于承德办理，筹办处详细期限清单内，开有讲习章程，自九月初十日起，我围厅至九月二十七日始接到承德移文，初行举办，即已延期，恐将来选举事宜，不无迟延之虞。似此情形，可以援直隶厅有属县之例，仿照赤峰州，仍独立为复选举区，庶昭公允而洽舆情。据此，除禀批示外，拟合据情详请宪局查核，俯赐批示，实为公便等情前来。据此伏查，《谘议局议员选举章程》第一章第二条第二项，直隶厅州之本管地方及府之有本管地方者，均作为初选区，直隶厅无属县者，以附近之府为复选区。兹据该厅所称隆化县，既在该厅管辖之下，与直隶厅无属县者自属不同，应准援照直隶厅有属县之例作为复选区，所有隆化县嗣后选举一切事宜，即归该厅随时督率，妥为经理，以期迅速而专责成，除由职处批饬该厅遵照办理外，理合备文，详请宪台查核，立案施行，须至详者。

直隶谘议局筹办处编：《直隶谘议局筹办处文件录要第二编》，第3—4页

本处详覆督宪遵饬核议运司详请芦纲公所拟加增议员额数文

为详覆事，光绪三十四年十月初三日案奉宪台札开，据长芦盐运司详称，案据通纲商人晋有孚等禀称：窃查光绪三十三年十二月间公决《谘议局章程草案》，其第二章第三条载有本局议员均为名誉职，以八十五人为定额，另注前项议员定额中有专属本省商会者三人、芦纲盐务公所者二人等语，并于《章程》末后附载本省商会、芦纲盐务公所选举本局议员规则七条。兹闻资政院奏定《章程》未将芦纲公所叙及，当必以普通章程，未便特别增入。惟事关选举，似宜预为规定，方可实行。缘芦纲为直省财政之大宗，芦商担地方筹款之责任，倘因未定员额，将来当选者不得其人，诚恐全省财政机关，致有隔阂，是以公决章程均经认可。至资政院颁发定章，系为各省而设，惟直省情形与他省不同，量为变通，亦似无妨碍。可否于直省定额八十名外，增加芦纲二额，抑系即由此八十名额内划出二额，均请宪裁，总期与原议符合，俾芦纲公所自行选举，实于直省财政机关大有裨益，为此仰恳俯准详咨，实为公便等情。据此，查芦纲为直省财政之大宗，各商担地方筹款之责任，自应于额内附选芦商二员，以顺舆情而符原议，除批示外，理合具文，详请查核，咨明资政院查照，实为公便等情到本督部堂。据此，除批据详已悉，候行谘议局筹办处核议详覆此缴等因印发外，合行札饬，札到该处，即便查照办理此札等因。奉此伏查，上年十二月直隶公决《谘议局章程草案》，自奉到宪政编查馆、资政院奏定《谘议局章程》之日，业经作废，此次筹办谘议局选举事宜，自应恪遵奏章办理。案《谘议局章程》第三条

第五项所载，本省地方有五千元以上之营业资本或不动产者一语，系以财产为标准，盐商在本地方多系富于财产之人，则有选举权者自必甚多，而将来被选为议员者，当亦不乏其人，且查《谘议局选举章程》并无团体选举之说，若照上年公决草案办理，不特显违定章，势必商会、农会、工艺会、教育会、学会纷纷禀请专设议员，争议将无底止。即以利害论，凡用团体选举者，即不得于本团体外，再有选举权及被选举权，是限制该商等于团体之中，团体外虽有欲选举该商之人，均已爱莫能助，其选举结果，于该商等反有所损，即令以议员二名划为芦纲定额，而会议时须以过半数所决为准，遇有关系盐务事宜二名之议员，断不能违众以为可否，该商等徒受虚名，无益实际，似不必沾沾于业经作废之草案，以致有违定章，应请宪台札饬运司晓谕该商，所请芦纲增加议员之处，碍难准行，以重定章而免歧异，所有遵饬核议长芦盐运司详据通纲商人禀请增加芦纲议员缘由，理合备文详覆，伏乞照详施行，须至详者。

直隶谘议局筹办处编：《直隶谘议局筹办处文件录要第二编》，第5—7页

本处札饬承德府准令园庭庄头等旗附入民籍办理选举调查事宜文

为札知事，案蒙督宪札开，光绪三十四年十月二十四日准热河都统廷咨开，承德府园庭庄头鹰手等旗，拟准令附入民籍办理选举调查事宜，咨请查照等因到本督部堂，准此合行札饬，札到该处，即便查照等因。蒙此合行札知，札到该府，即便遵照办理，此札。

直隶谘议局筹办处编：《直隶谘议局筹办处文件录要第二编》，第7页

本处详请督宪尹宪分咨民政部及步军统领衙门转饬大宛两县办理该管地方选举文

为详请事，窃职处筹办顺直谘议局选举事宜所有章程规则，节经禀明宪台、督宪札发各属饬遵办理在案，现各府厅州县办理初选调查、覆查各事，尚能依期举办，陆续申报。职处惟据西路厅司选员吴庶、常德镇函称，大兴、宛平两县选举调查，至今尚未着手，考其原因，缘京城地面，非该两县令权力所能及，京城隶于民政部之内外巡警总厅，京营隶于步军统领衙门，凡关于地方事宜，该两县令不得民政部及步军统领委派，不敢过问。故此次选举调查，该两县令未敢擅行，以致延滞逾期等情，职处伏思该两县于京城所管地方居住人民合选举资格者甚多，倘因调查未能周及，致令向隅，殊非慎重选举之意。矧谘议局为钦限一年办齐之件，更不容一属稍有参差，致遗缺憾。现距选举人名册告成之期，为日已属无多，大、宛两县尚未办理调查，若不赶紧设法维持，将来恐致有累全局，拟请宪台分咨民政部、步军统领衙门转饬大兴、宛平两县，速行办理所管地方选举事宜，俾该两县得以切实调查，不致再有延缓，致误要政，实为公便。除详请顺天府尹宪、督宪转咨，并俟奉宪台批示后，再由职处札知该两县外，为此备由具详，伏乞照详施行，须至详者。

直隶谘议局筹办处编：《直隶谘议局筹办处文件录要第二编》，第8—9页

本处札催各厅州县申报选举调查造册情形文

为札催事，照得谘议局选举事宜，綦关重要，本处前将办事期限清单札发各属，严饬如期举办，一一具报在案。计自九月以来，已过数期，应办各事，理应随时申报。乃查该厅州县迄无文报到处，殊属不成事体，该厅州县办理选举调查情形究竟如何，本处无凭查悉，仰即将该厅州县办理选举调查、覆查、造册各事宜，从速详确具报，以凭查考。转瞬十二月为申送选举人名册之期，该厅州县倘有延误，本处职司考核，惟有据实详请督宪参办，恐该县不能当此重咎也。合亟札催，札到该厅州县，即便遵照具报，毋延，切切。此札。

直隶谘议局筹办处编：《直隶谘议局筹办处文件录要第二编》，第 9 页

本处札饬各府直隶厅州认真核定选举人名册文

为札饬事，案查本处所发期限清单内载十二月内各府直隶厅州核定选举人名册，汇申于总督及本处，业经通饬各属在案。现已十二月初旬，各厅州县照章应将选举人名册申送本府直隶厅州，惟念各属造册，其中填注，难保无错漏之处，若俟申送到处，再由本处发还更正，往返极费时日，恐致贻误事机。查定章，复选监督有核定各属选举人名册之责，仰该府直隶厅州将所属各州县选举人名册逐细披阅，认真考核，其有不协者，务须即时指驳，从速发还，饬令更正。除函达司选员，属令帮同办理外，合行札饬，札到该府厅州，即便遵照，勿违。此札。

直隶谘议局筹办处编：《直隶谘议局筹办处文件录要第二编》，第 10 页

本处详报督宪开鲁林西两县无从办理选举文

为详报事，案查职处前据赤峰州司选员孟缉熙函称，开鲁、林西两县，地与外蒙古接壤，境域极为荒凉，虽已设官，而诸事多属草创，该处选举事宜，殊觉无可著手等情前来，职处正拟设法核办间，又据赤峰直隶州详称，据试办开鲁县钟倅、试办林西县张令等，以县治新设，烟户萧条，应办选举事宜，现在无从举办，一俟风气稍开，再事遵行各等情，先后申报前来，卑州覆查该两县所报尚属实在情形，拟合据情申请查核等情，据此，职处覆查无异，所有开鲁、林西两县无从办理选举缘由，理合备文具详，伏乞宪台鉴核施行，须至详者。

直隶谘议局筹办处编：《直隶谘议局筹办处文件录要第二编》，第11页

本处札饬乐亭县所送汉军屯旗选举人名册饬令附入民籍一律办理文

为札饬事，案查本处前据遵化州司选员赵震东函称，乐亭县驻有京旗，该旗人恐京旗调查员未能周悉，拟求民籍调查员一律调查，调查后将该旗人另册申送本处，转送京旗谘议局筹办处等情，当经本处允准照办。现据该县申送旗籍选举人名册一分到处，查该旗人屯居乐亭县，若将该名册咨送京旗谘议局筹办处，将来入都投票，殊多不便。卷查武清县申称，该县汉军屯旗拟附入民籍汇造选举人名册，所有投票、开票，亦请随同办理，业经本处照准在案。该县旗籍与武清县事同一律，为该旗人计，可将所送名册汇入该县民籍册内，俟投票

时，亦即随同该县民籍办理，较为便利，为此合行札饬，札到该县，即便查照饬遵。此札。

直隶谘议局筹办处编：《直隶谘议局筹办处文件录要第二编》，第12—13页

本处详请督宪将筹订驻防议员调查选举办法并拟垫发驻防选举经费数目分咨管辖驻防大员文

为详请事，前以直隶全省驻防，照章应于本省议员定额外，设专额三名，并将大致办法详情宪台察核，转咨在案。现山海关、喜峰口、永平府、罗文峪等四处，密云、古北口、玉田县等三处，及保定府、沧州各驻防选举人名册，业经造送前来，职处伏思选举调查，贵于普及直省，驻防当不止此，而全省驻防散居各属，其住在处所，职处无凭周悉。查东西陵承办事务衙门、左右翼稽查大臣及热河都统、密云山海关副都统，均为管辖驻防大员，应详请宪台咨照以上管辖驻防大员，督饬所属，遵章办理驻防调查选举事宜。职处正在筹订此项规则，适奉宪札，承准宪政编查馆电开，各省驻防办理选举事宜，由将军、都统、城守尉就额防旗员中，于投票、开票管理员外，酌派会办选举管理员一员，会同该管地方官办理旗人选举等语，札饬职处遵照办理等因，蒙此，职处遵即按照馆章拟定《驻防专额议员调查选举规则》，又以驻防选举必须地方官会同办理，并拟定初选监督协办。《驻防选举规则》呈请宪台核定后，将此项《规则》印本各种二十分，咨送东西陵承办事务衙门、左右翼稽查大臣、热河都统、密云山海关副都统等处，分别转饬所属及该驻防所在之厅州县，除已送到人名册等处勿庸再行调查外，余均遵照办理。再，驻防办理调查选举事宜应需公费，曾经密云副都统咨取在案，度各处驻防需费情形，大致相同，亟应筹定驻防经费办法，详请宪台咨照。查驻防办理初选事宜，其投票、开票均附入各该地方之初选投票所、开票所，同日举行，其驻防管理员应办之事甚简，需费无多，兹以前发地方选举经费

及致送京旗选举经费数目为比例，酌定每一管辖驻防大员处拟发选举经费银二百两，计七处共银一千四百两，俾转发所属，以资应用。拟由职处汇交天津县遴派妥差，连同驻防选举调查表及人名册，分别赍送。查地方选举经费，度支部不准作正开销，仍令责成各地方官就旧有之款，自行筹措，以期众擎易举等因，业经宪台札饬遵办在案，驻防选举经费，事同一律，此次所发各驻防选举经费，应作为一时挪借，仍请宪台咨明各管辖驻防大员查照，筹还归垫，以重公款。除另札保定府届期兼办驻防复选举外，所有筹订驻防议员调查选举办法，并拟垫发驻防选举经费数目各缘由，理合备文具详，伏乞照详施行，须至详者。

直隶谘议局筹办处编：《直隶谘议局筹办处文件录要第二编》，第13—15页

驻防专额议员调查选举规则

第一条　直隶全省驻防专额议员一切调查选举事宜，应由稽查左右翼事务大臣承办。东西陵事务衙门、热河都统、密云山海关副都统等就所辖各驻防旗员中，遴派品秩较尊者一人为会办选举管理员，会同各该管地方官即初选监督办理，并随时报告谘议局筹办处，以期接洽而免歧异。

第二条　会办选举管理员各于本管内，慎选公正明达旗员一名为调查员，调查该处驻防选举人资格。

第三条　驻防应用之选举人资格、调查表及选举人名册，均由筹办处刊送。

第四条　驻防调查员应按照选举人资格调查表，调查驻防选举人资格，限本年闰二月内一律完毕，将所填资格调查表交各该处驻防会办选举管理员覆核，造具选举人名册二分，呈本管稽查左右翼事务大臣、承办东西陵事务衙门、都统、副都统核定，以一分发回宣示，以一分汇咨总督，照册分配初选当选人额数。

第五条　驻防选举人名册如有错误、遗漏，在宣示二十日以内，本人得向该

处会办选举管理员呈请更正。

第六条　驻防选举人名册确定后，应由该处会办选举管理员分送本处地方官，转发指定之投票所及开票所存查。

第七条　驻防会办选举管理员应将初选监督所照会之驻防投票所，及投票、开票日期牌示驻防选举人。

第八条　驻防初选举之开票所，附于本处地方官所设之开票所，同日举行。

第九条　驻防会办选举管理员应届时到场，监视驻防投票、开票情形。

第十条　全省驻防复选举投票、开票事宜，统附于保定府所设之复选举投票所、开票所，同日举行，惟投票应另设驻防投票匭。

第十一条　本规则未及备载之处，悉遵奏定《谘议局章程及议员选举章程》办理。

直隶谘议局筹办处编：《直隶谘议局筹办处文件录要第二编》，第15—16页

初选监督协办驻防选举规则

第一条　初选监督应在该管境内各投票所中指定一处及投票、开票日期，先期照会驻防会办选举管理员牌示驻防选举人。

第二条　初选监督应饬前条投票所及开票所之管理员、监察员，兼办驻防投票、开票事宜。

第三条　初选监督应先期照会驻防会办选举管理员届时到场，监视驻防投票、开票情形。

第四条　初选监督应另制驻防投票匭、驻防投票簿并驻防开票记数单。

第五条　初选监督应饬令管理监察各员于投票之翌日，将驻防投票情形据实申报，即以移会驻防会办选举管理员。

第六条　初选监督应饬开票管理员、监察员于开票后检查票数，将驻防得票废票数目申报，以凭榜示，并移会驻防选举管理员。

第七条　初选监督应将驻防初选票纸分别有效、无效，另行保存。

第八条　其他事宜均照初选举投票所、开票所细则办理。

直隶谘议局筹办处编：《直隶谘议局筹办处文件录要第二编》，第16—17页

本处详请督宪指拨经费银六万两恳请立案文

为详请事，窃职处事务属创办，需款殷繁，所有处员及司选员薪水公费津贴并刊印章程表册暨一切杂费，统计一年约需银六万两，业经缮具手折，呈蒙宪台批准并遵饬由支应局先行具领京平银三万两在案，伏查此项银两仅敷半年之需，其余银三万两，计至明年正月即须应用，届时是否仍由支应局抑另由他处具领之处，理合详请宪台批示祗遵，实为公便，须至详者。

督批：据详已悉，此项银两明正续需支用，应准仍由支应局暂行拨发，候行该局遵照，仰即届时具领应用。此缴。

直隶谘议局筹办处编：《直隶谘议局筹办处文件录要第二编》，第17页

督宪札饬前用自治局银两应如数拨还以清款目文

为札饬事，据自治总局禀称，窃上年十一月直隶谘议局筹办处设立伊始，经费无著，奉宪台面谕，暂由职局垫拨开办费银一万两，正当即遵饬如数拨解，业

于本年二月十六日详报职局开支经费报销册内，声明在案。现在谘议局筹办处已蒙宪台赐拨的款，而职局经费本属无多，一切开支，颇形支绌，所有职局前经垫付谘议局筹办处开办经费公砝化宝银一万两，折行平银九千九百五十两，相应禀请宪台札饬谘议局筹办处如数拨还，以清款目，实为公便等情到本督部堂，据此，除批据禀已悉该局上年垫付谘议局筹办处开办经费银一万两，现在局费支绌，筹办处已经筹有的款，自应饬令如数拨还，以清款目，候行该处遵照办理具报此缴等因印发外，合行札饬，札到该处，即便查照办理。此札。

直隶谘议局筹办处编：《直隶谘议局筹办处文件录要第二编》，第18—19页

本处移解自治局拨还行化银五千零五十三两零四分八厘文

为移解事，光绪三十四年十二月十二日案奉督宪札开，据自治总局禀称云云，原文见前督札内。查敝处开办伊始，禀蒙督宪批准，暂由贵局垫拨公砝平化宝银一万两，折行平化宝银九千九百五十两，当经照收备用在案。兹奉督宪札饬，如数拨还，自应照办，惟敝处现在经费颇形支绌，先行拨还行平化宝银五千零五十三两零四分八厘，除将余欠之款续行设法归垫、以清款项外，相应备文移解，为此合移贵局，请烦查照核收，见覆施行，须至移者。

直隶谘议局筹办处编：《直隶谘议局筹办处文件录要第二编》，第19页

督宪札饬本处会同藩运两司核议谘议局经费文

为札饬事，光绪三十四年十一月十八日准度支部咨开制用司，案呈内阁抄出直隶总督杨 奏创办谘议局、先行设立筹办处一折，光绪三十四年九月二十八日奉朱批，该衙门知道，钦此。钦遵到部，原奏内称谘议局关系紧要，就天津设立筹办处，由该处筹定办法，其建设谘议局屋，必须规制宏整，营造合法，该处所需一切经费，已饬司局筹拨，至各属选举经费，应由各该地方自备，虑有迟延，致误期限，一并饬拨济用，均请准其作正开销等语。查谘议局所需建局一切经费，自应照准作正开销。惟现在款项支绌，办理各项新政，重在实际，不重在外观，所有该局建筑房屋，观瞻所系，规模固宜宏阔，然亦不可过事铺张，致滋靡费。至各属选举经费，概由司局筹拨，公家财力，实有未逮，仍应由各属就各该地方旧有公款，自行筹备，以期众擎易举。其建造该局，预估工料银两若干，开办、常年一切经费共需若干，在司局动用何款，应令专案声晰报部，并将筹定该局章程，一并送部备案，以凭核办。仍俟工竣，将用过银两实数，造具清册，并保结图式，分送本部及民政部核销，毋得迟延。相应恭录朱批，咨行直隶总督遵照可也等因到本督部堂，准此，应由藩运两司会同谘议局筹办处查照文内各节，会议详办，除分行外，合行札饬，札到该处，即便会同妥议核覆。此札。

直隶谘议局筹办处编：《直隶谘议局筹办处文件录要第二编》，第20—21页

本处详请督宪选举经费仍应饬各地方自筹文

为详请事，窃查职处前具详宪台，以各厅州县办理初选，各府直隶厅州办理复选，所需经费，本应就地筹款，因恐各该属以筹措艰难，致逾期限，用特详请宪台指拨银五万两，发交职处，札饬各属具领应用，每初选区以银三百两为限，每复选区以银三十两为限等情，蒙批此项选举经费银五万两，候行运司照数暂拨，仰即具领，核实支用等因。蒙此当经运司移解到银五万两，查收给发在案。寻蒙宪札内开，准度支部咨开，各属选举经费，概由司局筹拨，公家财力，实有未逮，仍应由各属就各该地方旧有公款，自行筹备，以期众擎易举。其建造该局预估工料银两若干，开办、常年一切经费共需若干，在司局动用何款，应专案声晰报部等因，饬令职处会同藩运两司核议详覆等因，蒙此，查举办各项新政，本应由各地方自行筹款，职处前拟办法，详请宪台指拨的款，发给各初选、复选等区，原为慎重要政、力求迅速起见，现在度支部既不准将此项经费作正开销，惟有将前发各初选、复选经费作为一时挪借，仍责成各该地方官妥筹的款，从速如数缴还归垫，以重公款，为此详请宪台察核，如蒙批示允准，仍由职处通饬各该属一体遵照办理，除建造谘议局应需款若干，开办、常年一切经费共需若干，在司局动支何款各节，俟会同藩运两司妥议后，另行详请核示外，所有初选举、复选举经费，仍应饬各地方自筹缘由，理合备文具详，伏乞照详施行，须至详者。

督批：如详办理，仰即通饬各属，迅速妥筹的款，将该处前发初选、复选经费，如数缴还归垫，以重公款，此缴。

直隶谘议局筹办处编：《直隶谘议局筹办处文件录要第二编》，第21—22页

本处详覆督宪准顺天府据大宛两县请领办理八旗左右翼及京城内外并京营地面选举调查公费文

为详覆事，宣统元年二月初二日案蒙宪札内开，正月十二日准顺天府尹咨开，大、宛两县禀陈京营地面未能直接，所有初选举事宜，请咨呈宪政编查馆咨由步军统领衙门，于京营地面遴派总管理员各一人，会同办理，并请咨饬谘议局筹办处核发选举公费，咨请查照核办见覆等因到本督部堂，准此合行札饬，札到该处，即便查照办理详咨，计粘抄咨单等因。蒙此，正拟详覆间，又据大兴、宛平两县会禀，请领办理八旗左右翼及内外城京营地面选举经费前来职处，查各厅州县办理初选事宜应需经费，业经各发银三百两，以资应用。现奉宪台札饬选举经费一项，度支部不准作正开销，仍令责成各地方官就旧有之款，自行筹措。职处遵即详覆，以前发选举经费作为一时挪借，饬各属如数筹还归垫，以重公款，亦蒙宪台批示，照准在案。是该两县前领经费，尚需筹还，自无从续发。现该两县应需公费，应遵照部饬，自行筹措办理。至京旗选举事宜，系由京旗谘议局筹办处总汇一切，该两县应需办理京旗初选经费，自应禀请京旗谘议局筹办处核发，以清权限，除禀批示外，所有大、宛两县办理京师内外城及京营地面民人选举经费无从续发，暨京旗初选经费，应由京旗谘议局筹办处核发各缘由，理合备文具详，伏乞宪台鉴察咨覆，尹宪查核饬遵，须至详者。

直隶谘议局筹办处编：《直隶谘议局筹办处文件录要第二编》，第23—24页

督宪札饬准宪政编查馆咨豫算决算事项按照预备立宪年限清单依限办理文

为札饬事，光绪三十四年九月二十三日准宪政编查馆王大臣咨开，案查本馆拟订《谘议局章程》，于本年六月二十四日奏奉谕旨允准，旋经遵旨拟议《宪法大纲暨议院选举法》要领并议院未开以前逐年应行筹备事宜，于八月初一日奏奉谕旨颁行，迭经通行咨照各在案。惟《谘议局章程》第六章第二十一条，内开谘议局应办事件，二、议决本省岁出入豫算事件，三、议决本省岁出入决算事件。而逐年筹备事宜清单内开光绪三十五年调查各省岁出入总数、光绪三十六年覆查各省岁出入总数，试办各省豫算决算各等语。查各省谘议局钦奉谕旨，限一年办齐，是于三十五年即应开办，而逐年筹备事宜，试办豫算决算在于三十六年，彼此年限似有不同，惟《谘议局章程》乃总举该局应办事项，所谓豫算决算，系概括权限职任之词，至逐年筹备事宜方定，分年办法，自应遵照此次钦奉谕旨办理，即筹备事宜清单所开豫算决算虽在一年，然必先有豫算，方有决算，不能同年举办，此条亦系总挈办法而言，谓自是年办起，不得因此误会，自应按照清单，于三十五年先将各省岁出入总数由督抚责成调查局详细调查，以便三十六年覆查确实，编定豫算案，交谘议局议决，是为试办豫算之事，次年再行接续试办决算，方于办事次序，不致紊乱。至交谘议局议决豫算事项，应以各本省之地方办事用费为限，国家行政费不在其内，合并声明，相应咨行贵督查照，分别转行遵办可也等因到本督部堂，准此合行札饬，札到该处，即便移行遵照。此札。

直隶谘议局筹办处编：《直隶谘议局筹办处文件录要第二编》，第24—25页

督宪札饬准宪政编查馆电咨寄居异府异县者量予变通选举办法文

为札饬事，十二月十八日承准宪政编查馆电开，查《谘议局选举章程》第二条，初选举以厅州县为选举区，复选举以府直隶厅州为复选区，是选举及被选举人自应各以籍隶各该区者为限，每届选举之期，选举人自应各归本籍投票，此系采用籍贯主义、不得不然之办法，至寄居异府异县者，若不愿回籍，只能照局章第四条寄居人资格一律办理，此事迭据各省电询，业经本馆详细声覆在案，惟各省来电，屡以如此办理于选举人大有不便为言，本馆斟酌情形，自应量予变通，以期便利。今拟凡本省人具有局章第三条资格之一而寄居异府异县者，若于寄居地方确系寄居，且置有产业，准其在寄居地方投票，其寄居年限及产业多少，均可不论。惟须由本人呈请本籍选举监督声明，愿在寄居地方投票，其本籍选举权及被选举权，即行撤销，经批准后，应将批词作为凭证，呈明寄居地方选举监督，乃可归入寄居地方，行其选举权及被选举权。其未经呈明批准者，应仍照本馆迭次电覆，照寄居人资格一律办理，庶于变通之中，仍寓限制之意。至外省寄居人应照本馆明定章程，不得援以为例，即希通饬遵照等因到本督部堂，承准此合行札饬，札到该处，即便通行遵照。此札。

直隶谘议局筹办处编：《直隶谘议局筹办处文件录要第二编》，第26—27页

督宪札饬准宪政编查馆咨京旗初选复选事宜归并顺天府属办理文

为札饬事，宣统元年正月初二日承准宪政编查馆王大臣咨开，本月二十三日本馆具奏，京旗初选、复选事宜，拟请归并顺天府属办理一折，又奏，请饬民政部札令内外城总厅派总管理员会办初选事宜片，均奉旨，著依议，钦此。相应刷印原奏、咨行贵督查照办理可也等因到本督部堂，承准此合行札饬，札到该处，即便查照办理。此札。

附：宪政编查馆原奏

奏为京旗初选、复选事宜，拟请归并顺天府属办理，并请饬下府尹充为复选监督，以昭慎重而期划一，恭折仰祈圣鉴事。窃查臣馆会同资政院奏定《谘议局章程》，内开旗制未改以前，京旗得于顺直议员外，暂设专额十名。又于原奏内声明，本章程未尽事宜，得由各省谘议局拟具草案，呈由督抚咨送臣馆核议办理各在案。兹准京旗谘议局筹办处值年旗王大臣咨称，京旗初选，拟于掌关防官员内，由该旗都统点派一员为初选监督，其复选即以值年旗所设之谘议局筹办处当之，由该王大臣就总办等官内，酌派一员为复选监督，商由臣馆核议前来。查奏定《谘议局选举章程》，专额议员初选、复选，均附于京旗及各驻防相近之初选复选投票所、开票所，同日举行等语，今将京旗初选、复选事宜，统由各该旗及值年旗派员监督，自系为便于选举起见。惟揆之《谘议局选举章程》既多歧异，且选举议员系历久通行，谘议局筹办处系一时权立，监督随时点派，不能定为经制，尤与朝廷变通旗制之意微有不符。惟有将京旗初选、复选遵章附入顺天府及大、宛两县办理，较为划一。又查《选举章程》，复选区域，府以知府，直隶厅州以该同知、通判、知州为复选监督等语，顺天府特设府尹，职分较崇，原不同于直省知府，惟其管辖地方，则仍自为一府，是顺天复选事宜，即应责成府尹，方为妥惬。盖首善之地，体制本宜崇隆，况益以八旗选举，事务繁重，应有大员为之综理，故复选区域允宜定在京师，复选监督亦应使府尹身任其职，以昭优异。日本东京府知事体制，亦视他府知事略殊，而东京府市会仍归东京府知事监督，即其比例，应请将顺天府属各州县选举事宜，以顺天府为复选区，顺天府府尹为复选监督，京城内及城外京营地面人民，应遵章由大兴、宛平两县办理初选，其京旗专额议员按照原定《选举章程》，应附于相近之投票所、开票所举行，自可即以大、宛两县为京旗初选监督，顺天府府尹为京旗复选监督，惟京旗各事，向有该管衙门主持，一旦选举事宜骤以府尹与大、宛两县充为监督，其中情形，不无隔阂，应由京旗谘议局筹办处王大臣，于京旗投票、开票管理员外，在八旗左右翼内每翼各遴派一员，充为总管理员，于初选、复选时，分别会同大、宛两县及顺天府府尹办理。至各省驻防，亦可仿办，但事务较简，由该将军、都统、城守尉就驻防旗员中，于驻防投票、开票管理员外，酌派管理一员，仍会同该管地方官办理，其总管理员及管理员应行会同之处，以旗人选举之事为限，所有颁发告示、执照及知会等事，仍由各该监督专办，以免纷歧而通情势，事关京旗选举及顺属复选区域，自应奏明，请旨遵行，俾昭审慎。其值年旗商请自行派员监督之处，应请毋庸置议。所有京旗选举归并顺天府属，并请饬下府尹充为复选监督缘由，是否有当，理合缮折具陈，伏乞皇上圣鉴训示。谨奏。

再，京师内外城地面人民选举事宜，照章应以大兴、宛平两县为初选监督，查京师内城外城地方，民政部现各设有巡警总厅分区管理，与大、宛两县直辖地方，稍有区别，应请旨饬下民政部札令内外城巡警总厅，各派总管理员一人，会同大、宛两县办理京城人民初选事宜，以期呼应较灵，免致隔阂。其办事权限，拟仍照臣等所奏京旗总管理员与大、宛两县办法，俾归划一，理合附片陈明，伏乞圣鉴训示。谨奏。

直隶谘议局筹办处编：《直隶谘议局筹办处文件录要第二编》，第27—30页

本处札知四路厅顺天府复选事宜归尹宪办理并饬令将人名册及复选经费详送尹宪文

为札饬事，查《谘议局议员选举章程》，初选区以厅州县为选举区，复选举以府直隶厅州为选举区，顺天府所属各州县，照章应以四路厅为复选举区，故本处前定司选员办事地方，顺天府复选举即以四路厅为选举区，业经详明督宪通饬遵行在案。光绪三十四年十二月二十三日，宪政编查馆奏，京旗选举，请归顺属办理，并请饬府尹充复选监督一折内，有顺天复选事宜应责成府尹请饬下府尹充复选监督等语，奉旨依议，钦此。当由督宪承准京旗谘议局筹办处，准宪政编查馆咨行，钦遵在案，是顺天府复选事宜，自应归尹宪办理，所有该厅所属前送之初选举人名册，与该厅前由本处请领之复选举经费银三十两，应一并详送尹宪核收，其顺天府复选，以顺天府为选举区，并奉旨派府尹充复选监督各节，并应通饬所属各州县知照，即日出示晓谕各该邑选举人，俾众周知，是为至要。除分行外，合亟札饬，札到该厅，即便遵照办理勿忽。此札。

直隶谘议局筹办处编：《直隶谘议局筹办处文件录要第二编》，第30—31页

本处详报尹宪饬司选员许中书等四人入都听候指挥文

为详报事，窃职处前详明督宪遴派司选员多名，分赴各属，帮同初选、复选监督办理选举事宜，其顺天一府照章即以四路厅为复选举区，派司选员许中书荣棣赴东路厅地方，范孝廉琛赴南路厅地方，吴庶常德镇赴西路厅地方，朱令培之

赴北路厅地方，业经分别饬遵在案。现在宪台奉旨充顺属复选监督，办理复选事宜，职处所派司选员许中书等各有襄办复选职务，自应入都，听候宪台指挥差遣，除函知该司选员四人遵照，并札饬四路厅将选举人名册及复选经费银两申送宪辕外，理合备文具详，乞伏鉴察施行，须至详者。

直隶谘议局筹办处编：《直隶谘议局筹办处文件录要第二编》，第31—32页

督宪札发谘议局章程及选举章程解释汇钞文

为札饬事，宣统元年正月初二日承准宪政编查馆王大臣咨开，光绪三十四年七月十七日本馆通行奏定《谘议局章程》文内声明，谘议局关系重要，选举事宜尤属创办，此次所订《章程》，头绪繁多，条文细密，各省如有疑义，应随时咨询本馆，以便详为解释，俾免歧误等因。嗣據各省陆续咨电，询问各项疑义，业经本馆随时答覆各在案。查此项答覆，各省自应一律按照通用，免涉纷歧，兹特刊印成本，分咨各省，以备参考。嗣后续有答覆，仍随时通知，相应咨行贵督查照，通饬遵办可也等因到本督部堂，承准此合行札饬，札到该处，即便查收参考，并分别移送转发各属，一体遵照办理。此札。

直隶谘议局筹办处编：《直隶谘议局筹办处文件录要第二编》，第32页

督宪札知京旗设立谘议局筹办处并启用关防日期文

为札饬事，光绪三十四年十月十八日承准京旗谘议局筹办处值年旗王大臣和

硕恭亲王等咨开，本值年旗因举办京旗谘议局筹办处事宜，请刊刻木质关防，于光绪三十四年十月初六日具奏，奉旨依议，钦此。钦遵查新刊关防，现于本年十月初十日开用，相应恭录谕旨，并刷印原奏，咨行贵督查照可也等因到本督部堂，承准此合行札饬，札到该处，即便查照。此札。

直隶谘议局筹办处编：《直隶谘议局筹办处文件录要第二编》，第 33 页

督宪札饬准京旗谘议局筹办处咨所需经费由直隶筹拨文

为札饬事，光绪三十四年十二月初二日，准管理京旗谘议局筹办处事务值年旗王大臣咨开，查贵督咨开京旗办理专额议员调查选举事宜所需经费，由直隶筹备选举经费项下拨用等语，前因京旗谘议局筹办处业经奏明设立，并刊刻关防，惟开办伊始，所费不赀，当即咨行贵督，希为酌拨若干，汇兑来京，并希将直隶派定职员所需公费一切数目咨覆本处，以便参酌办理在案。迄今多日，未据咨覆，相应再行咨催，仍希贵督查照本处前咨，速为酌拨，务于本年封印以前汇兑来京可也等因到本督部堂，准此合行札饬，札到该处，即便遵照办理。此札。

直隶谘议局筹办处编：《直隶谘议局筹办处文件录要第二编》，第 34 页

督宪札饬准京旗谘议局筹办处咨京旗议员选举办法各事文

为札饬事，宣统元年正月二十日，承准京旗谘议局筹办处值年旗大臣和硕礼亲王等咨开，本处总办双浚等案呈准宪政编查馆文开，本馆请将京旗选举归顺属

办理，于光绪三十四年十二月二十三日具奏，奉旨依议，钦此。钦遵抄录原奏，咨覆前来。查原奏内开《京旗专额议员选举章程》应附于相近之投票所、开票所举行，自可即以大、宛两县为京旗初选监督，顺天府府尹为京旗复选监督，惟京旗各事向有本管衙门主持，一旦选举事宜骤以府尹、大宛两县充为监督，其中情形，不无隔阂，应由京旗谘议局筹办处王大臣于京旗投票、开票管理员外，在八旗左右翼内每翼各遴选一员，充为总管理员，于初选、复选时，分别会同大、宛两县及顺天府府尹办理，其总管理员及管理员应行会同之处，以旗人选举之事为限等因，除原奏业经宪政编查馆分行各衙门外，相应摘要，再行知照直隶总督查照可也等因到本督部堂，承准此合行札饬，札到该处，即便查照。此札。

直隶谘议局筹办处编：《直隶谘议局筹办处文件录要第二编》，第 35—36 页

督宪札饬准京旗谘议局筹办处咨京旗选举议员将候补候选人员归入实缺办理文

为札饬事，宣统元年正月二十日，承准京旗谘议局筹办处值年旗大臣和硕礼亲王等咨开，本处总办双浚等案呈，职前以京旗选举，与外省情形不同，拟将候补候选人员归入曾任实缺一项内，一体选举，并将京旗不同之处，逐款声明，业蒙咨请宪政编查馆查核，兹准覆文，内开查该员款内声明各节，自系实在情形，惟选举各事，皆握要于调查，本馆奏定《议员选举章程》第十七、十八、十九等条，皆列调查方法。京旗固属散漫无纪，应仍遵章详细调查，不使漏略，方属妥洽。至旗人在各部院衙门当差，官员本非本省官吏，自不在限制之列。惟八旗官员应以参佐正印人员限为本省官吏，停其选举及被选举权，其余无论文武实缺、候补候选，但合《谘议局章程》第三条资格之一者，均得有选举及被选举权。总之，选举事属创始，办法极为繁难，惟有切实调查，方足以昭公允等因咨覆前来，除通行在京各衙门外，相应知照直隶总督查照可也等因到本督部堂，承

准此合行札饬，札到该处，即便查照。此札。

直隶谘议局筹办处编：《直隶谘议局筹办处文件录要第二编》，第36—37页

督宪札饬准民政部咨建筑谘议局屋应先行立案文

为札饬事，光绪三十四年十二月十五日，准民政部咨开，营缮司案呈准度支部咨称，内阁抄出直隶总督奏，创办谘议局先行设立筹办处一折，光绪三十四年九月二十八日奉朱批，该部知道，钦此。钦遵到部，原奏内称谘议局关系紧要，就天津设立筹办处，由该处筹定办法，其建设谘议局屋，必须规制宏整，营造合法，所需一切经费，已饬司筹拨等因咨行前来。查本部定例，各省土木工程，凡有关报销之案，均须先事咨部立案，工竣方准核销，业于本年九月间咨行各省，遵办在案。今该省建设谘议局房屋有关工程，事前并未报部立案，应请转饬承办之员补行立案，一俟工竣，再将用过银两核实，造具详册，并保结图式，咨送报部核销，以重考核而符定例可也等因到本督部堂，准此合行札饬，札到该处，即便查照办理。此札。

直隶谘议局筹办处编：《直隶谘议局筹办处文件录要第二编》，第37—38页

本处详请督宪将购定谘议局地基立案文

为详请立案事，前遵宪批，购定学务公所地亩，为建筑谘议局之用，当即移会卢提学使靖会同丈量，计东西各宽五十弓，南长六十二弓，北长六十一弓，坐

落在学务公所东南，合地十二亩八分一厘二毫，议定每亩地价银一千两，共计银一万两千八百十二两，业蒙宪台批饬运库拨给职处，于光绪三十四年九月十九日，由职处如数移解，当取学务公所收据存卷，并于该地界内树立石椿，以定界线各在案。查谘议局事关宪政，而购地建筑，尤为筹办之大端。现在地已购定，拟即择日开工，赶紧兴修，以期及早落成，无误期限。除房图绘定后另行详请鉴核外，所有谘议局地基购定并地价交清缘由，理合备文详报，伏乞宪台俯赐立案，并请饬知工程局查照施行，须至详者。

督批：如详立案，候行工程局查照缴。

直隶谘议局筹办处编：《直隶谘议局筹办处文件录要第二编》，第38—39页

本处详请督宪咨送文件录要初编文

为详请咨送事，前奉宪台札开，准宪政编查馆通咨各省设立谘议局筹办处，其筹办处详细章程，由各省自行酌定，仍咨送本馆备查等因，奉此，窃职处自开办以来，夙夜绸缪，时深悚惕。仰蒙宪台训诲，周详办理，渐有端绪，若选派司选员并拟定筹办谘议局详细期限清单及各项规则表册，均已详请批准照办，迩来各省函电络绎，索取职处各项章程、规则、表册，兼有派员到处调查一切办法，爰将开办后所有职处举办事项并紧要文件汇编一册，名曰《文件录要初编》，以资分布，现已刷印完竣，除分发各属饬令随时参考外，谨呈《文件录要初编》五十册，详请宪台查核，并咨送宪政编查馆备查。所有详请咨送《直隶谘议局筹办处文件录要初编》缘由，理合备文具详，伏乞照详施行，须至详者。

直隶谘议局筹办处编：《直隶谘议局筹办处文件录要第二编》，第39—40页

本处详请督宪札委饶道昌龄帮办谘议局工程文

为详请事，窃查职处筹办谘议局建筑事宜，业将购定地基并地价银两数目，详报宪台查核在案。查谘议局工程重大，非得熟谙营造、素有经验者帮同职处部署建筑事宜，不足以资臂助。查有饶道昌龄，于各项工程夙有阅历，拟恳宪台札委该道帮办谘议局工程事宜，月支夫马费银两五十两，由职处支送，以资办公。为此备文具详，伏乞宪鉴俯赐，照详施行，须至详者。

直隶谘议局筹办处编：《直隶谘议局筹办处文件录要第二编》，第 40 页

本处详报督宪委派高倅寿昌充庶务科科员文

为详报事，窃职处创办伊始，业经照章慎选员绅，分派文牍、庶务两科科员，详请宪台批准在案。查庶务一科，事务本繁，现在筹办建筑谘议局，延订德工程师商定绘图、监工一切事宜时，须通晓德文人员随同照料。查有分省试用县丞高寿昌长于德文，堪以派充庶务科科员，照章月给公费银三十两，由职处发给，用资办公。除札委外，理合详请宪台鉴核，备案施行，须至详者。

直隶谘议局筹办处编：《直隶谘议局筹办处文件录要第二编》，第 41 页

（二）顺直谘议局筹办处规章制度

直隶谘议局筹办处章程

第一章　宗　旨

第一条　本处系遵 旨创办谘议局而设，由本省 督宪选派官绅筹办谘议局创设事宜，故名曰直隶谘议局筹办处。

第二章　职　员

第二条　本处应设职员分列如左：

一、总理一员，以官充之，由督宪委派。

一、协理四员，以官绅各二人充之，由督宪委派。

一、总参议、参议，无定额，不论官绅，由督宪委派。

一、起草员四员，以官绅各二人充之，由协理、总参议、参议中公选。

一、司选员，无定额，由总参议、参议中公选，禀请督宪委派。

一、书记员二员，由总协理委派。

一、庶务员二员，由总协理委派。

第三章　职　权

第三条　总理禀承督宪命令，掌管本处一切事宜并指定开会闭会日期，凡开会时为议长。

第四条　协理协同总理掌管本处一切事宜，并于开会时为副议长。如总理因事不能执务时，即由协理依次代之。

第五条 总参议、参议会同总协理公同筹议谘议局创设事宜，并选举起草员、司选员及会同审议决议各事。

第六条 起草员掌拟谘议局一切章程草案并会同审议决议各事。

第七条 司选员于谘议局一切章程决议批准后，由众公选以为选举谘议局议员之预备，分任调查、编制、选举各事。

第八条 书记员掌撰拟一切公牍并检存议案文件各事。

第九条 庶务员掌管本处会计杂务并管理夫役各事。

第四章 办 法

第一节 起 草

第十条 本处为筹议谘议局办法、拟定章程草案，由起草员公同起草，其方法如左

一、每定一种章程，先由起草员撰拟纲目，但起草员以外，对于创设谘议局事亦得投书发表意见，供起草员参考。

二、起草员拟定章程纲目后，由总、协理会集总参议、参议公同酌议，然后由起草员按照所议范围，撰拟详细条文。

三、起草员每拟一种章程脱稿后，由总、协理会集总参议、参议公同审议。

第二节 审议会

第十一条 本会为审议谘议局草案而设，俟起草员编成草案后，由总、协理定期会集总参议、参议公同审议。

一、组织。本会职员除庶务员、书记员外，皆为本会议员。

二、会议次序。本会开会时，先由议长宣布大纲，再由起草员报告草案理由，然后逐条公同审议。

三、假定决议。每条审议后，以到会会员过半数赞成，为决议可否。同数时，取决于议长，但此次议决之案为暂时假定，应交决议会复议。

第三节 决议会

第十二条 本会遵奉谕旨庶政公诸舆论之意，对于审议会议、定谘议局章程草案时，先期由本处广集本省士绅，再将草案复议一次，以为确定决议。

一、组织。本会于审议会会员外并广集本省士绅同为本会议员。

二、会议次序。本会开会时，先由议长报告假定议决草案理由，然后公同逐条决议。

三、确定决议。凡议案以到会会员过半数赞成者为决议可否。同数时，取决于议长，俟全案决定后，详候督宪裁定。

第四节　编　制

第十三条　本处为谘议局议员选举之预备，于司选员中酌推数员，掌管编制事务如左

一、关于选举应用一切详细条规。

二、选举人名簿及选举票方式。

三、其他关于选举各种簿册。

第五节　调　查

第十四条　本处为谘议局议员选举之预备，于司选员中酌推数员，掌管调查事务如左

一、选举人资格、被选举人资格及其人数。

二、选举区及选举场。

三、其他关于选举应行调查事务。

第六节　选　举

第十五条　本处为执行谘议局议员之选举，于司选员中酌推数员，掌管选举事务如左

一、经理选举场事务并招集选举人。

二、分配选举票，察验选举人及检查投票揭票各事。

三、其他关于执行选举事务。

前项人员如不敷用，得临时酌添。

第五章　经　费

第十六条　本处经费由总协理筹画，详请督宪指拨，除应用公费及书记员、庶务员薪水由总协理酌定发给外，其总协理及所有会议官绅概不支给薪水。

第六章　期　限

第十七条　谘议局章程草案自开议日起，限三十日成立，如必须展限，不得过十日。

第十八条　本处于谘议局一切章程决议批准后，除总协理、司选员及详请督宪酌留总参议、参议数员外，其余人员即行解散，但书记员、庶务员不在此限。

第十九条　本处俟谘议局议员任职后，即行详请裁撤。

第七章　附　则

第二十条　本章程以奉督宪批准之日为施行之期，如有应行增删修改之处，应由本处公同决议，详请督宪核夺。

督宪杨批：禀折均悉，所拟章程均属妥洽，惟协理应派四员，并添总参议四员，庶得多数维属，事权更有统宗。假定决议经会员过半赞成之后，其少数会员亦得以合理意见商承总理，先行详院请示，以广采择，其余均即照办。该处应制关防，以昭信用，文曰直隶谘议局筹办处，关防兹随批发给，仰即启用录报，所请委派总协理参议各员，已分别照委，折存此缴。

直隶谘议局筹办处编：《直隶谘议局筹办处文件录要初编》，国家图书馆藏件

《大公报》第一千九百六十九号，光绪三十三年十一月廿九日（1908 年 1 月 2 日），“专件”，第 5—6 页；《大公报》第一千九百七十号，光绪三十三年十一月三十日（1908 年 1 月 3 日），“专件”，第 6—7 页

直隶谘议局筹办处章程

宗　旨

第一条　本处事掌筹办谘议局创设事宜，俟谘议局成立后，即行裁撤。

职　员

第二条　本处事属创办，关系全省要政，应派布致使、提学使、按察使、盐运使、天津道、津海关道监理其事，并委专任职员照章经理，均禀承总督核定施行。其应派职员如左：

一、总办；一、总检察；一、参事；一、科长；一、科员；一、司选员。

总办、总检察、参事、科长，由总督委派；科员、司选员，由本处详请委派。

分　科

第三条　本处分为二科如左：

一、文牍科。撰拟公牍检存文件。

一、庶务科。管理杂务兼司会计。

职　务

第四条　总办商同监理各司道，总理本处一切事宜。

第五条　总检察掌检察关于选举一切事宜。

第六条　参事参预本处事宜。

第七条　科长商承总办，率同本科科员，办理本科事宜。

第八条　科员商承本科科长，分任本科事宜。

第九条 司选员分赴各府、直隶厅州，为该属士绅讲演谘议局选举章程，并帮同地方官筹办初选、复选一切事宜。

分期筹办

第十条 谘议局定限一年成立，所有调查选举等事，应计期分办，预定如左：

一、讲演章程，今年九月初十日起。

一、调查选举资格，今年十月初一日起。

一、选举人名册告成，今年十二月初一日。

一、宣示选举人名册，明年二月初一日。

一、行初选举，明年五月初一日。

一、行复选举，明年七月初一日。

一、谘议局成立，明年九月初一日。

经 费

第十一条 谘议局筹办经费暨各属选举经费，由本处预算，详请总督指拨。

附 则

第十二条 本章程以奉文之日起，为施行之期。

《大公报》第二千二百三十二号，光绪三十四年九月初六日（1908 年 9 月 30 日），“专件”，第二张，第 4 页

司选员办事规则

第一条 司选员办事地方及员额衔名另单定之。

第二条　司选员分赴所派地方讲演谘议局章程及议员选举章程并一切选举办法。

第三条　司选员帮同各府厅州县筹办暨稽查关于选举一切事宜。

第四条　司选员按照所定筹办谘议局详细期限清单，随时视察各府厅州县曾否先期预备、如期举办，并可商请各该本府直隶厅州，督促各属依限办理。

第五条　司选员随时函报各府厅州县办理选举情形于谘议局筹办处。

第六条　司选员于各府厅州县所办选举事宜认为不合定章者，得随时商请更正。

第七条　司选员薪水公费概由谘议局筹办处支给，不得收受一切供应馈遗。

第八条　司选员不得干预无关选举之事，并不得无故擅离职守。

《大公报》第二千二百三十三号，光绪三十四年九月初七日（1908 年 10 月 1 日），“专件”，第三张，第 2 页

选举调查员办事细则

第一条　各厅州县视辖境广狭，于讲习员中酌派若干人为选举调查员，办理该属调查选举资格事宜。

第二条　选举调查员应会同城董及村正副散发选举人资格调查表并解说选举资格。

第三条　选举调查员于散发选举资格调查表时应在表栏外书明交还日限。

第四条　选举调查员应如限收回选举人资格调查表。

第五条　选举调查员调查事项务求详实，如有漏发表式之处，应即补发。

第六条　选举调查员于收回选举人资格调查表后，即按照章程复查所载选举人是否合格，分别编制，送请初选监督核定，不得擅自撤换。

第七条　选举调查员应帮同初选监督造选举人名册，造册完毕后，即行

裁撤。

第八条　选举调查员为名誉职，其公费由谘议局筹办处发交该管地方官酌给。

《大公报》第二千二百三十三号，光绪三十四年九月初七日（1908 年 10 月 1 日），“专件”，第三张，第 2 页

（三）顺直谘议局筹办期间的报刊舆论

津沪谘议局原议章程作废

宪政编查馆通咨各省谘议局毋庸另订规则，业纪昨报。现闻各大臣已核议妥协，所有津沪各埠所议章程，均应作废，以重权限而昭划一。兹将原文录下，为咨行事。本年九月十三日，钦奉懿旨，著各省督抚均在省会速设谘议局，慎选公正明达官绅，创办其事。即由各属合格绅民公举贤能作为该局议员等因，钦此。钦遵在案。查谘议局关系重要，所有选举议员及职掌权限应如何明定之处，宜有详细章程，明定通行各省，以归划一而免异同。本馆现正会同资政院参酌中外，悉心厘订，一俟就绪，即当奏明请旨颁行，以资遵守。现在各省自应毋庸另订规则，致出两歧。相应咨行贵督抚查照办理可也。须至咨者。

《大公报》第一千九百九十二号，光绪三十三年十二月廿二日（1908 年 1 月 25 日），“要闻”，第 3 页

奏订谘议局章程书后

惜　诵

宪政馆、资政院编订各省谘议局章程，试手于去年九月，竭海内高材数十人之学识，历八阅月而后告成，不可谓非吾国四千年来非常之制作矣。海滋鲰生，惟有欢欣鼓舞，蹈德咏仁已耳，夫何敢僭作一辞之赞者？虽然，政治者，天下之公物也，识大识小，各随其诣力之浅深而见智见仁，亦或有补阙拾遗之效。然则尚论而商榷之，固有言责者之天职焉矣。

谘议局之设，将来议院国会之基础也，则夫议员之资格，议事之权限，皆须预为厘定，使与将来之议院国会相成而无相背，此固议者所自言矣。伏读原奏所云，立宪政体之要义，在予人民以与闻政事之权，而使为行政官吏之监察，此真天下为公之至言。呜呼！孰谓我政府而不欲立宪也耶？虽然，既予之以监察官吏之名矣，则必授之以实行监察之事权，而后人民与闻政事之言，不至讬虚名而鲜实效。今者谘议局之设，不过曰言论之汇归而已，且重言以申明之曰：所谓民权者，不过言之权，而无行之权。然则发言而外，议员直无尺寸之柄矣。言之行与不行，仍须听命于官吏焉，何所据而施其监察耶？西人之分议政、行政为二事也，议政重而行政轻，吾国之分议员、官吏为两途也，则议员轻而官吏重，表面同而实际固迥异矣。第六章职任权限，所列议决诸事，于地方议会应办事件，固已详尽靡遗。夫既重其名曰议决，议者，审其利病之谓也，决者，定其方针之谓也，顾名思义，固非仅许其空言矣。且既名为监察官吏矣，则一省之官，上自督抚下及簿尉，无一不在监察范围之内，而后议会之名实，始圆满而无憾。今必使谘议局受制于督抚，则不过有司之附属品耳。虽指陈利弊，亦将有所慑而不敢尽言，遑问其纠举不职也耶。民直之销灭于官权也非一日矣，善为治者，当有以发舒之，但虑其壅遏而不流，不虑其泛滥而无纪也。议者徒见欧西民权之盛，而以律吾国无病之呻吟，斯不亦因噎而废食乎？此本报所未解者一也。

凡模仿他人之制，必熟审夫与吾国情势之异同，而后张弛咸宜，不至有扞格不通之虑。吾国幅员广漠，虽封建之废已二千年，名为一统之朝，而实则疆臣自有全权，各省互殊，风气俨然二十二国之联邦，合而戴一君主也者。政府之对于疆臣也，不过有举错黜陟之权，而实无监督行政之柄，就现象而观之，既非若德之联邦，又非若英之属地，无已其惟美之二十六省，差可比拟也乎。记者尝谓：今日政府与疆臣之关系，仅财政一端而已，政府必多方为吸集之谋，疆臣则竭力为抵制之计，恒视其魄力之强弱，以分竞争之胜负。此外，则吏治也、学务也、警政也、实业也，皆听其自为之计，而中央之力，决不足以统一而部勒之，此事实之万无可掩者矣。是故，居吾国而言立宪，则中央国会犹可少缓，而地方议会必不可稍俟须臾，是固吾国与欧西之异点耳。且夫议会之精义，无君主高拱无为，而国民与政府立于平等之地位而已。吾国之立宪也，自上下下，而非自下上上，它日纵开国会，亦决不肯如欧西之尽去君权，此亦事理之必然者。故蒙以为，宁可缩中央国会之权以益地方议会，但其使地方议会之力足以抵制督抚，而使之不敢肆于民上以纵欲，则立宪之精义已完全而无缺憾矣。如原议第七章、第八章，举召会、解散、监督、裁夺、施行诸大权，皆操之督抚一人，是督抚之资格直上侪君主矣，此本报所未解者二也。

《大公报》第二千一百八十二号，光绪三十四年七月十五日（1908 年 8 月 11 日），“言论”，第 3—4 页

论直隶谘议局筹办期限

自六月二十四日之上谕限定各省谘议局一年成立，而近来各省士绅仍多瞻顾徘徊，一若事之发起于官者，非官吏不足以成其事。呜呼！谘议局者，国民参与政事之机关也，今使国民因循玩愒，坐误时机，致谘议局不克成立，而官吏有所藉口，岂非事之最可痛心者耶？而幸也我直隶之谘议局固已极力筹办，确立基

础，观于此次所定办事期限清单，其条理之详明，虑事之周到，诚不失为各省之先导，而朝廷出治之根本地也。虽然岁月潜流，本无停滞，而人事勤惰，势难强同。以立法者所定之期限，而不能保守法者如期以施行，是固人情之常，不以为怪。但此次谘议局成立期限，关系重要，一有迁就，其贻误前途，实匪浅鲜，吾人言念及此，有不得不为直隶之官吏告，且为士绅勉者，谨略举之。

其奉告于官者约有二端：一为核定选举资格，二为判定更正名册。就第一端而论，原单所定限期，固有五十日之久，然我国官民情形，素不相通，凡居民之职业、财产、出身、官阶，断非地方官所能深悉，今必一一从事考核，岂三五十日之功所能毕乃事乎？万不得已，惟有就大概情形酌中核定，故无论其核定之事实与原人之资格果属相符与否，惟此五十日之限期，在各厅州县所可考查者，不过二十余日，再由各厅州县申送于本府直隶厅州，其可考查之期亦不过二十余日，以数千百人之选举资格，而欲于二三十日之中一一考核精当，苟非素有阅历、处事灵敏者，必不足以胜其任，此吾人所希望于直省之官者一也。更以第二端论之，凡选举人呈请更正之事，必其热心选举，具竞争权利之心，今欲判定其呈词，亦断非含糊了事所能确定其是非者，然选举章程严定判决之期不过二十日，而上诉之期亦如之，假使各厅州县稍有迁延或各府直隶州厅有所反驳，而其间手续之纷繁、道途之阻隔，均所不免，以我国寻常之讼事论之，往往有争之数年不决者，此次关于选举之争执，苟非痛改前习，立予辨明，吾恐二十年之限期必不能了结其事，此吾所责望于直省之官者二也。

其奉劝于绅者亦有二事：一、司选员当勤于职务。此次所派司选员均一人而辖数州县，然以选举事务之繁杂，若以一人之精力分营数处，恐有周顾不及之忧。夫各州县之认真办理与否，既须司选员之查察，而各地方之选举踊跃与否，又赖司选员之讲演，假使司选员之见识囿于一方，或司选员之执务稍近懈怠，吾恐各州既无臂助，遇事推诿，而此一年之中必不能办理就绪，此吾人所劝勉于士绅者一也。二、选举人当热心选举。此次筹办谘议局，为吾民参与政权之嚆矢，而实际能以参与政权者，惟在有选举资格之人，假使有此资格者迟迴观望，坐失事机，恐选举期限一过，而权利即归消灭，吾民虽愚，当不至此。此次调查选举名册，虽有数十日之久，然使于此期限，延不填报，是何异抛弃政权而置国事于不问乎？此吾人所劝勉于士绅者二也。

以上四端，果能如期施行，务求实效，为官者极力提倡，为绅者勉力扶持，行见首善之区，政声卓著，谁曰徒法不能以自行哉。

《大公报》第二千二百三十四号，光绪三十四年九月初八日（1908 年 10 月 2 日），“言论”，第 3 页

谘议局选举章程问答

预备立宪公会 孟昭常 述

问曰：初选举与复选举之目的有别乎？

答曰：有初选举，乃就选举人名册中推出数人作为选举议员之人，非选举议员也。其意若曰，多数选举人同时投票选举议员，恐知识不齐，不能得适当之议员，故先令有选举权之人互相推举，各举其所相信者，委以选举之事，则此初选当选之人，已经过一番挑选，有同等之知识。至复选举投票时，即令此少数初选当选之人选举议员，庶无庞杂之患，此初选举之本意也。复选举乃选举议员，实在得人，其目的自异。

问曰：初选举限于一厅州县之人乎？抑更小于一厅州县乎？

答曰：按章程，以厅州县为初选举区，则自当以一厅州县为限，然一厅州县之中，又分投票区，有多至十区者。或谓当以投票区为限，如一投票区纵广五里，则所举之人必在此五里之内，是又以投票区为小选举区矣，五里之内皆有初选当选人，未始非均平之道。余谓，此种见解有利亦有弊，试述如左。

选举区缩小之利。穷乡僻壤皆有初选当选人，则复选投票时，穷乡僻壤之中，皆有人可与于选举议员之列，其利在普及。

选举区缩小之弊。穷乡僻壤，选举人必少，假如就固有之乡图分划投票区，假如一区之中，止有选举人三五人、十数人，亦必有一当选者出乎其中，则城市之民被其侵占，其势有所不可。若以选举人之多寡分划投票区，则必计每选举人

若干名，可出当选人一名，然后分之，不用固有之区域，则乡民难于记忆，征集烦难，且一有畸零，则难于匀配，其弊一。

如上法，则分区必广。假如每选举人二三十人可出当选人一名，则穷乡僻壤之中，欲满此二三十人之数，稠密者必合十馀里为一区，荒凉者且合百里为一区，跋涉维艰，失事实上之便利，其弊二。

穷乡僻壤之中，每区必出一当选人，在投票人意中，环顾本区果有一当意之人否？盖不可知，强制当选，于事无益，其弊三。

城市之民莫能相尚，乡曲之众易于胁持。初选之时，在本投票区中可以胁持而当选，即至复选投票时，乡人既多，则以乡人劫乡人，亦可以胁持而当选，其弊四。

具以上之理由，则利一而弊四，若求其普及，每区之内果会才德之士，即不限投票区亦未始不可以当选，今既有此异义，要在各地方斟酌而用之耳。

问曰：被选举人以年满三十岁为及格，初选当选人亦必在三十岁以上乎？

答曰：否。初选当选人并非议员，固不必以三十岁为及格也。

问曰：被选举权无资格，则当选人可以出乎选举人名册之外，初选当选人亦可出乎选举人名册之外乎？

答曰：不可。初选举乃推举选举议员之人，正要有选举人资格，不可出乎选举人名册之外也。

问曰：复选举区以府或直隶厅为限，投票之人必举其本厅州县之人乎？抑并可举同府同直隶厅州之他厅州县之人乎？

答曰：复选举以府或直隶厅州为一区，自不以本厅州县为限，且谘议局关系重大，一县之中，恐未必能得一适当之议员，自非通融于他厅州县不可，选举区宜宽，宽则易于得人，以县界自狭其范围，则失之矣。余谓，两县同城，则并投票区亦不宜分划，虽初选举时即两县通举可也。

问曰：复选举可举他府直隶厅州之人乎？

答曰：不可。既设定复选举区，则当限于本区之内，但本省他府厅州县之人，住所在本区，则与本区人一例耳。

问曰：其人在本区内并无住所，而竟当选为议员则如之何？

答曰：此不能认为有效，盖章程既明明规定初选举区制，不可不尊重也。

问曰：初选举以厅州县为选举区，复选举以府或直隶厅州为选举区，假使一人有两住所跨列两区，则如之何？

答曰：此当分别选举与被选举言之。以被选举权而言，两处皆有住所，两处皆举之而皆当选，则其人当然可为议员，不以两处选举而异。或一处当选，一处不当选，则当选之处，亦当然有效。若两处票数皆不当选，则不准并计。此对于被选之办法也。

以选举权而言，选举人自有名册，本可稽查，消灭一处。惟当造册时，两处皆无从关照，本人又不陈明他处另有住所，而两处皆为之列入，则几乎有两投票权矣。然按之事实，仍有限制，盖投票必须本人亲到，不得倩人代，当投票时，止能行使一处权利，其一处则当然抛弃，虽有两权，不能行也。此对于选举权之解决也。

问曰：一人有两住所跨列两区，而适相近，若先后赴两处投票，则如之何？

答曰：两处既相近，则可以审查而消灭其一处，即为审查所不及，则事后易于觉察。觉察时，令其两处投票，皆归无效可也。

问曰：一人有两住所，当造册时，亦有一定之准则乎？

答曰：虽无一定之准则，却可以情理推之，如一系根据地，一系侨居，则以根据地为主。若侨居之处，亦有资产在五千元以上，则侨居之处亦当为之列入，至投票时，听本人自择一处行使权利。若能两处投票，则两处皆当有效，盖有资产则有利害关系，有选举权以为担保，此注意也。

问曰：一厅州县之中有两住所，而适跨有两投票区，则如之何？

答曰：此在汇造选举人名册时，即可排除之。

问曰：复选当选人可以出乎选举人名册之外，则漫无限制，究以何种人为适当乎？

答曰：要知被选举人以何种为适当，须知谘议局议员应尽之职务为何等之职务。谘议局议员之职务，在章程第六章第二十一条，总之，是为一省统筹全局之事，非一州一县之事，必其人之识见足以包举全省，目光能注射全省，心力能周遍全省，乃为适当。能为全省之人谋幸福，则本地人自能同享此幸福也。

又，谘议局议员中有常住员，须常住省城，与督抚直接，此种人才亦不可不预备。又谘议局议员中，有推举资政院议员之望，便当与政府直接，此种人才又不可不预备。

解此，则谘议局议员被选举之资格，可知矣。

问曰：被选举人可以出乎选举人名册之外，于事实上亦有所不便乎？

答曰：有。使投票时各人私其亲故，在选举人名册之外任意填写一人，则其庞杂将不可思议。百投票者举百人，将不能得一多数当选之人，何论贤否，此其不便之甚者也。

问曰：事实上既有所不便，当用何法以补救之？

答曰：虽然，依章程虽可出乎选举人名册之外，亦未尝不可在选举人名册之中。不限资格，乃所以求非常之才，有非常之才，而不列于选举人名册者必少。但使各投票人心知其意，则自无此等流弊也。

问曰：欲选举人心知其意，大不容易，亦有事实上之制限，能令选举人自有抉择乎？

答曰：有。谘议局议员无俸给，但有旅费，每年九月初一日至十月初十，四十日之常会，不可不赴。又有临时会，无一定之期日，无一定之次数，又不可以不赴，必其人平素之职业，与议员之职务，两不相妨，然后可。此所谓事实上之制限也。

问曰：选举资格中，办过学务一项，凡学堂教员皆可算入乎？

答曰：可。其人充当教员在三年以上，亦必有经验，自可取得有选举权之资格也。

问曰：公益事务作何解？

答曰：凡乡团董及各项善举、各项公事之董事，皆可为公益事务。

问曰：章程言，学务及公益事务，须在三年以上著有成绩者，三年之期当继续乎？抑可以间断合前后并计乎？所谓成绩，以何为标准乎？

答曰：合前后并计，亦无不可。请先解释成绩。成绩之标准极难定，愚意以为，每办一事，是系自行告退，并非斥革及溃败决裂者，皆可推定为有成绩。若然，则前后并计亦不妨，如其人曾办某事二年，中间因病辞职，后又接办一年，则并计三年，谁曰不宜。

问曰：学务及公益事务二项可并计乎？

答曰：可。如其人办学务一年，当董事二年，皆未经斥退，亦未溃败决裂，则认为有选举资格可也。

问曰：被参革之宜不有选举权，若其人有他项资格，得有选举权乎？

答曰：有官阶失，而他之资格自在也，除第六条所载八项、第七条所载五项及第八条所定外，并得有被选举权。

问曰：与中学同等之学堂，以何为准的乎？

答曰：凡学科程度在钦定章程高等小学之上，即可谓与中学同等之学堂。

问曰：武举贡生员得有选举权乎？

答曰：章程上不言文举贡生员，应推定为包武举贡生员在内，选举权不嫌其宽，不妨从宽解释也。

问曰：营资本及不动产可并计乎？

答曰：可。如其人有二千元之资本，又有值三千元之田地房屋，其为财产则一，可并计为五千元以上。

问曰：一家有五千元以上之资产，而父子兄弟叔侄同居，而皆在二十五岁以上，则选举权当属之何人乎？

答曰：属之家长。如兄弟共有五千元，则属之兄。若已分析，各人受分之数已不满五千元，则皆失其选举权。然或兄或弟自认为独有五千元，而其兄或弟并不反对，情愿让予者，亦得有选举权。

问曰：一人有他项资格，而又有五千元之资产，因以资产属于其千，令其子亦取得一选举权可乎？

答曰：不可。父子异财，伦理上所不认，且彼已取得一权，足为资产之担保，不得化分为两权也。

问曰：如其父有五千元之资产，而适犯第六条、第七条各项之一，不得有选举权。则以资产属于其子可乎？

答曰：可。其父失一权，其子得一权，仅足为其资产之担保，犹之其父丧失资格，不能保其资产，而其子保之，法律之所予也。

问曰：兄弟二人有一万元以上，或兄弟三人有一万五千元以上，而自称已经分析，作为各有五千元可乎？

答曰：可。但须兄弟同词，不可有一人反对耳。

问曰：客籍寄居之例如何？其法意如何？

答曰：本省人无所谓寄居，虽隔府隔州，离本籍数千里，但系同省，皆与本籍无异，惟外省人乃有寄居之例，虽离本籍止数十里，一隔省则成客籍，且须寄居在十年以上，其例如此。盖谘议局议全省之事，其权利义务皆以省为本位，虽隔府隔州，其为主张本省之权利，负担本省之义务则一。故不问寄居年限，与本地人一律。外省人则不然，以此省之人主张彼省之事，必其利害关系既深且切，然后可享此权利，故寄居十年以上，则立家室、长子孙于斯，不为不久，又有一万元以上之资产在寄居省内，利害不可为不重，如是而后有选举权，其制限严矣。

问曰：寄居人无资产而有他项资格，可取得选举权乎？

答曰：不可。无财产之关系，章程上所不许也。

问曰：办理学务及公益事务，必限于本省何也？

答曰：其人无他项资格，独因此而取得选举权，则必在本省地方负担义务，然后可取得本省之权利也，此余公民必读所谓义务问题也。

问曰：五千元以上之财产，亦限于本省地方，何也？

答曰：为其财产所在，即利害关系所在，故以本省为限，然此层指不动产而言。若营业资本则不然，营业虽在他省，而住所在此省，则仍附著于住所，其利害关系固与其家室为密切也。

问曰：第六条品行悖谬界说若何？

答曰：此界说极难定度立法之本意，当是指排满革命者而言。

问曰：不识文义作何解？

答曰：当指不能自书选举票者而言。

问曰：然教师指何如人而言？

答曰：指教士而言，即俗所称神父者也。若系教民则不在其列。今世界各国文明法律皆予人信教之自由，故无论何种教民，皆与普通人民无异。

问曰：初选当选人与复选当选人之分配若何？

答曰：此可设数以明之。

假如一省共有选举人二万三千六百四十九人，以该省议员总额数百二十人除之，凡选举人一百九十七人，应选议员一人。设有一府选举权人三千三百四十六人，以百九十七除之，知应举议员十六人，是谓复选举当选人额数，于是以十六，十乘之，为一百六十，除三千三百四十六人，为二十人举一人；如一县有选举人为四百九二十人，以二十除之，得二十二人，是为初选当选人额数。

右问答皆有触而发，然尚未尽，以后或更有所商榷，当续述。

《大公报》第二千二百四十三号，光绪三十四年九月十七日（1908年10月11日），“代论”，第2—3页；《大公报》第二千二百四十四号，光绪三十四年九月十八日（1908年10月12日），“代论”，第2—3页；《大公报》第二千二百四十五号，光绪三十四年九月十九日（1908年10月13日），“代论”，第3页；《大公报》第二千二百四十六号，光绪三十四年九月二十日（1908年10月14日），“代论”，第3页

论顺天府不应独立谘议局

（一）谘议局之意义

谘议局者，一省之舆论机关也。故非独立之一省，不能设立谘议局。然何谓独立之一省？其范围当以行政之区划而定，不当以官厅之权限于而定。何则？有官厅之权限虽大，于一省仅可设一谘议局者，如各省之总督是也；有官厅之权限虽等于督抚，而不能设立议局者，如各省之将军是也。我国最上级行政区划，从来分为十八省，自新疆及东三省改设省治，今则分为二十三省。此次所定谘议局章程，虽于全国谘议局应设几所，未曾著有明文，然揆之立法之精神及历史之沿革，固明明应为二十三所而毫无疑义。本章程之第一条，即申明各省谘议局应设于督抚所驻之地，今各省既有一督抚衙门，则各省即应设一谘议局。盖一省之中不能有二谘议局，犹之两省之中不能设一谘议局也。然则，有类似于督抚衙门而并非独立之一省者，如今日之顺天府，亦应特设谘议局乎？据吾辈之所见，窃不敢妄以为然。今日所谓之顺天府者，其官厅之权限，虽与直督并立，而其行政之区划，仍属于直隶范围之内，使顺天府可以特设谘议局，则凡类似于顺天府之官

厅，将纷纷请设谘议局，而其结果必置章程于不顾，而谘议局乃变为任意建设之物矣。

（二）顺直谘议局之意义

顺直谘议局者，乃一省独有之机关，而非两省组合之机关也。顺天府既非独立之一省，则其不能有独立之谘议局，固不待论。然立法者不曰直隶谘议局，而必曰顺直谘议局者，是惟恐置顺天于直隶之外，而特为是以表明之也。今谘议局章程之第二条已明定，顺直议员一百四十名，使顺天府另设谘议局，则必于此一百四十名中再行划定议员之数，彼立法者何不于定章之时，分别规定，而必为此笼统之计算者，岂非明明包顺天于直隶之中，而不愿置顺天于直隶之外乎？且尤可疑者，顺直谘议局中原定有旗额十名，使顺属另行组织谘议局，则此十名旗额将附属于顺天议员中，抑附属于直隶议员中乎？或分属于顺直两局之中而各设其半乎？凡此等疑议，皆立法时所毫不计及，自有顺天谘议局之议，而枝节遂以横生，可知此种议论，皆反乎立法者之意，而欲独行其是者也。

（三）顺直与苏宁不同之点

顺属独立谘议局之议，倡之者原因不一，而其以苏宁为比例，乃一大原因也。按，苏宁向为一省，此次谘议局定章，始分苏宁议员为二，在立法者之意，以为苏宁两属督抚分驻，藩学两司各自分立，是虽为一省之名，而有两省之实，此苏宁分省之制所由定也。今顺天与直隶之关系顾如是乎？直隶有司道各衙门，而顺天无之；直隶有各府之阶级，而顺天无之，顺天府之地位，仅如一府之行政区划，不过以其为皇都所在，故官阶较崇，辖地较广，而其不能为独立之一省，凡稍识治体，类能辨之。更以顺天与苏省较，苏抚之下辖有四府一直隶州，而顺天府之下仅直辖二十四州县，是其官厅之权限虽与苏抚相似，而其行政之阶级实与苏抚不同。谘议局既为一省之机关，且与督抚而并立，彼顺天府之位置虽高，然非督抚之名义，且无行省之组织，其无设立谘议局之必要，又何待论。况立法者于苏宁议员，则分别规定，而于顺直议员则统共计之，不亦可知其用意之所在哉。

（四）顺天府与新设之行省不同之点

凡新设之行省，无论辖地广狭，人口多寡，皆可设立谘议局，如奉天、吉林、黑龙江是也。反之，而虽议建设行省，然其章程未颁，规模未备，则犹不能设立谘议局，如西藏及蒙古是也。今顺天府之位置，既非东三省可比，固不能设立谘议局。然以其属于直隶之范围，较之蒙藏另成治体，不属于行省之下者，又自有别。在蒙藏他日改建行省，即可另立谘议局，而顺天府一日不离直隶之范围，即一日不能组织谘议局。或者以直隶之辖境太广，有添设行省之议，然将来是否以顺天府另行改建，或于保定添驻巡抚，均属未定之问题，今日既在未改省制以前，彼顺天府之不能有独立谘议局，岂非至明之事理哉。

所可异者，顺天府直辖二十四州县，而又不受督抚之监督，似乎权限既经独立，使无谘议局之机关，则各事不免放任者。由是观之，顺天府谘议局之设立，较之他省尤为重要。不知顺天府所以有如此之权限者，不过以其近于皇都，故为是特别之组织耳。然而，此等组织在今日整顿地方制度之时，不妨量予变通，他日或另设行省而裁撤顺天府之制度，或就顺天府而改设行省，均属正当办法，如是则地方制度可以日就完全，而谘议局之设立，亦可依次提议矣。

《大公报》第二千二百七十四号，光绪三十四年十月十八日（1908 年 11 月 11 日），“言论”，第 3 页；《大公报》第二千二百七十五号，光绪三十四年十月十九日（1908 年 11 月 12 日），“言论”，第 2—3 页

三、顺直地方自治

（一）顺天、直隶自治的筹备

天津县议事会通告

启者。本会自上月开通常会，照章以三十日为期。现在已逾三十日，定于十一月三十日为止，即行闭会。此次事属创办，一切应议事件甚多，所有未经议决各件，及续收人民说帖条陈，容俟来年正二月开通常会时，再为筹议。持此布达。

天津县议事会谨启

《大公报》第一千九百七十号，光绪三十三年十一月三十日（1908年1月3日），第7页

于钦使到津

出使德国考查政治大臣于钦使式枚于初一日上午到津，杨莲帅暨司道府县各官及巡警总局、军乐联队等均往河北新车站迎接。闻钦使暂寓督署内，尚需小作勾留，再行起节。

《大公报》第一千九百七十二号，光绪三十三年十二月初二日（1908 年 1 月 5 日），“时事·本埠”，第 5 页

宪政研究会之发起人

北京新立宪政研究会，为多数官绅所组织而成，业经订定章程四十条，刊布同人。创始者为将军溥侗、民政部参议王荃善、学部郎中袁励准、内阁学士文斌及班伟卿太史诸君云。

《大公报》第一千九百七十三号，光绪三十三年十二月初三日（1908 年 1 月 6 日），“时事”，第 4 页

催取调查局人员详册

资政院以各省调查局早经通饬设立，惟迟延日久，尚未一律实行，兹又电告各督抚，务将本省调查局开办日期及该局所用人员履历详册，统限于一月内径送本院以备查核。

《大公报》第一千九百七十三号，光绪三十三年十二月初三日（1908 年 1 月 6 日），“时事·北京”，第 4 页

纪调查局之成立

闻创设调查局，总办为汪观察士元，其会办一差，即由法制科科长翰林院检讨唐太史宝锷、统计科科长候选道李观察熙二员兼充。日前移知巡警总局，遇有调查事宜，应请协同办理。

《大公报》第一千九百七十四号，光绪三十三年十二月初四日（1908 年 1 月 7 日），“时事·北京”，第 5 页

北京会议自治事宜

警厅与督学局日昨会议一切自治事宜，闻已决定自治局成立之后，所有应设之自治员即责成各学区学务董事担任一切，不再选举。业于日昨咨取各学董衔名，以便呈送民政部预备选派云。

《大公报》第一千九百八十六号，光绪三十三年十二月十六日（1908年1月19日），"时事"，第5页

会议自治事宜

闻总劝学所于十六日邀集内外城各警区区长会议一切地方自治及调查学堂各事宜，以期相助为理，藉资联络。

《大公报》第一千九百九十一号，光绪三十三年十二月廿一日（1908年1月24日），"时事"，第4页

设立自治会议所

内城第七区现在筹办地方自治一切事宜，颇形振作。兹特于日新学堂设立会议所，约集该区绅董，按期会议，以便公决一切应行事宜，次第照办。

《大公报》第二千五号，光绪三十四年正月十四日（1908 年 2 月 15 日），“时事”，第 5 页

天津县有选举权者注意

本会办理天津县议事会改选，四乡投票现已毕事。第一区围墙以内投票，兹定于本月二十一、二十二两日，假西马路宣讲所为西路投票所；二十三、二十四两日，假河北宣讲所为北路投票所；二十五、二十六两日，假河东宣讲所为东路投票所；二十七、二十八、二十九三日假东马路宣讲所为南路投票所。每日由早八钟起至午后六钟为投票时间，望津邑有选举权者届时亲到投票所投票，幸勿遣人代替。至六月初一日投票匦一律送交开票所，初二日假袜子胡同议事会会场为选举开票所。是日，由早七钟开票，敬请监督官厅临场监视，凡津邑有选举权诸君可到场参观为盼。此白。

天津县董事会公布

《大公报》第二千五百一号，宣统元年五月廿一日（1909 年 7 月 7 日），第 5 页

天津县镇议事会选举单

天津县议事会、董事会为遵章榜示事。案查《城镇乡地方自治选举章程》第九节“当选决定”第四十三条内开，凡选举以得票较多者为当选；又第四十四条内开，当选人确定后，应即榜示各等因。现镇议事会选举于本月初七日开票竣事，合将当选姓名及得票数目开列于后。

计开：

刘学瀛（一百零三票），齐鼎升（一百零二票），石作藩（五十票），石作琚（四十六票），石蔚文（二十七票），石元士（二十五票），周恒讫（二十一票），李绮元（一十七票），张维淇（一十四票），刘楷（一十四票），石毓藻（一十四票），齐鼎震（一十三票），刘檀（一十二票），石佩文（一十一票），刘学宠（一十票），杜文魁（九票），刘恩源（九票），刘恩汉（八票），李骏声（七票），姚寯藻（七票）。

《大公报》第二千九百五十二号，宣统二年九月十一日（1910年10月13日），第二张，第3页

（二）顺直地方自治文件

天津县议事会禀督宪请接办捐务科藉筹议事董事两会常年经费文

光绪三十三年十二月十五日

谨禀督宪大人案下敬禀者，窃十一月二十五日准自治局移称十一月初十日详复天津县议事董事两会筹给经费一案，二十日蒙宪台批示，准以徐三罚款银五千两拨归两会开办费用，其常年经费，令即按照自治章程第二十八条第三目地方入款之清厘及筹集事由会自筹等因，除自治局扣作前垫开办费银二千两外，并找拨银三千两。仰见我宪台提倡自治，乐观厥成之盛意，议员等遵即公同筹议，佥以董事会常年经费原拟一万六千余金，议事会办公等费在外，委系核实节俭、无可减少之数，遽欲筹集此项巨款，苦于计无所出。查天津自庚子乱后，亏耗殆尽，元气迄未稍苏，加以各项捐税日益加重，自无另设名目取之于民之理。而旧有之地方入款，其大宗者，已皆设有专局经理，其余绅民所经理者，不过小宗入款，办理善堂等事，尚苦不敷。再三计议，筹集之道穷矣。惟就清厘地方入款之中，求一变通可行之策，又必无碍于官，无害于民，期合乎自治之法理，尤顺乎公共之舆情，则以捐务科并入董事会，即以酌减捐务科之常年经费，作为议事、董事两会之常年经费，是毋庸另筹他款，而董事会即能成立，如此略为权变，颇合自治之机关，既一举而两得，亦有利而无害。查日本地方捐税，以营业、家屋两税为大宗进款，其中分国税、地方税及附加税，皆系参事会经收。其属于市者，各区分设役所，所中分项经收，每日收毕，汇存银行；其属于町村者，亦设役所，所中分项经收，每日收毕，汇存银行，并代征收地租与杂税。其役所经营事项甚多，经收捐税特其一端，惟以分项经理，事既清晰，人无旷职。各参事会之经理出款，按期由银行指拨，绝无贻误。其办事情形，凡纳捐及收捐之人，皆事事核实，并无欺诈等弊。各国办法大致相同，此地方自治之所以可贵也。今捐务科所收之房铺各捐，只供地方举办新政之用，确系地方入款，若就入款言之，应由董事会经理，若就出款言之，此项捐款专备巡警、工程、卫生及学堂之用。议事会遵照自治章程第二十八条筹议教育、实业、工程、水利、卫生、道路、市场及巡警费等类，交由董事会办理。是此项捐款本应由董事会经收，以期呼应灵通。天津在联军代管地面之时，首由本地商人承认办理房铺、车船等捐，亦即由商人经理，所用员司多系本地商民。和议既定，交还地面，初则改名工巡捐局，近始改为捐务科，其办事用人，仍循旧例，不过以官为总办督理其事耳。夫以官为总办，实因当时尚无地方自治机关，故不得不循例派委，以总其成。今地方自治既已成立，无论搜剔中饱，清厘弊端，本地人耳目周详，较易为力。即就自治法理言之，地方捐务亦应归董事会经收为正当也。今议事会成立已及半载，而董事会尚未组成，推原其故，实因开办费用尚属易筹，而常年经费颇难为力。今奉自治局核准，两会常年经费应在地方入款项下清厘筹集，议员等思维至再，惟有捐务科经理之一切捐项改归董事会接办，揆之法理，按之事实，最为合宜。每年所入，除指定有案之巡警、工程、学堂等款仍按照捐务科成案如数拨解以重要需外，所有盈余及续行请出各款，专备议事、董事两会常年经费之用。是指定各项用款，既不致因局面变更，稍有蒂欠，而议事、董事两会亦可因清厘入款，资其挹注。再四筹思，实为万全之策。用特不揣冒昧，具禀上陈，伏乞俯念两会关系重要，特予批准，俾克期组织董事会，以期仰副我宪台提振维持、有加无已之意，临颐颢不胜待命之至。肃此禀陈，恭请崇安，伏维垂鉴。

《大公报》第一千九百八十六号，光绪三十三年十二月十六日（1908 年 1 月 19 日），“关于地方自治事宜文件”，第 7—8 页

自治局移天津县议事会文

光绪三十三年十一月二十五日

为移解事。光绪三十三年十一月初十日，本局详复督宪遵批，核议天津县议事、董事两会筹给经费缘由一案。于二十日奉督宪批开如详办理仰即饬遵等因。奉此合将李张氏与徐三涉讼之罚款银五千两拨交贵会，为议事、董事两会开办费用，除扣去本局前经垫付贵会银二千两外，再找拨银三千两，内志成银行现银票一千两，另原存期票银二千两，相应备文移解。为此合移贵会请即查照验收具领，见复须至移者。计移解银银三千两正，内现银票一千两，原存期票银二千两。

《大公报》第一千九百八十九号，光绪三十三年十二月十九日（1908 年 1 月 22 日），“关于地方自治事宜文件”，第 6 页

抄粘自治局详复督宪文

为详复事案，奉督宪批，据天津县议事会禀请筹拨的款，以便开办董事会缘由，蒙批具禀已悉议事、董事两会经费无著，应如何筹给，仰天津自治局核议详复，饬遵此缴等因。奉此伏查，议事、董事两会系以地方人办地方事，其所需费用，自应取给于地方。试办天津县地方自治章程第二十八条第三目，地方入款之清厘筹集事，系由议事会议决交董事会办理，但必两会完备以后，始能著手。天津县议事会初设，董事会尚未成立，似不得不量为补助。伏查升督宪袁前以李张

氏与徐三涉讼之罚款银五千两罚交职局，作为地方经费。拟将该款银五千两由职局拨交天津县议事会，为该会及董事会开办费用，除扣去职局前经垫付该议事会银二千两外，拟再找拨银三千两。一俟董事会开办后，即应按照自治章程，由议事会自筹常年经费，议决后交董事会执行办理。所有遵议筹给天津县议事、董事两会开办费用缘由，理合备文详复宪台鉴核施行，须至详者。

《大公报》第一千九百八十九号，光绪三十三年十二月十九日（1908 年 1 月 22 日），“关于地方自治事宜文件”，第 6 页

天津县议事会上督宪禀文

光绪三十三年十一月十六日

敬禀者。窃前蒙自治局禀准地方自治先行筹办协议、监察三类事项，及应有权限内开协议事项第一目工程重要事件。复蒙升任督宪袁批第三类监察事项，于地方捐务之外，如津埠工巡事务有何利弊，亦可随时纠弹。仰见列宪慎重要工、巩固自治能力之至意，凡属编氓，同深感佩。伏维工程一项，其措施当否，最为地方利害之大源，不独关系民间生计之消长，是以东西各国于一切路矿权利，无不竭力经营。何则？路权所在即主权所在也。国家地方同一比例。近见电车公司在南马路违章加修双轨，业已禀准，无可挽回。若不申明定章，豫为防杜，则他日由双轨而展路线，由展路线而推及四方，所谓定章直同废纸，此中弊害不能不为我宪台缕晰陈之。查电车公司章程第三条内载，围圆以城内鼓楼为规心，其半径线至边界不得过六里以外，第七条载双轨只准筑在宽阔之路，足敷行人往返，如沿河以及北马路，由城之东北隅至北门，又由北门至御河近北浮桥，若在他路以及地内之街道，该车路只准单轨，以及应用叉轨等语。是该路距离之远近，与应筑单轨双轨之处，所开载甚详。证以第五条，始创拟筑车路，经行各路地段，亦甚吻合，并未载有南马路加修双轨明文，乃该公司以第五条之末有倘日后接造

加宽，该公司须另呈图样，请北洋大臣批准，然后兴工一语，遂含混禀请，显系违背定章。夫第三第七两条既曰不得过六里以外，又曰他路以及地内街道，该车路只准单轨及应用叉轨，是明明于所定路线之外，不得率请兴工。今该公司执接造加宽一语，任便禀请，其用意必别有所在，不可不防。假使当时规定章程既准接造加宽，则第三第七两条又何必一则曰不得，再则曰只准，此不可不申明定章，以防该公司之任便禀请，以伸长其路线也。或者曰原定章程既有接造加宽字样，即不能不遂其请也。抑知章程所定接造加宽，无解其为指未成路线而言，或指已成路线而言，皆未明载。要之，接造与加宽，该公司只有请求之权，而核准与否，则须听候北洋大臣批定。然则接造与否、加宽与否，皆北洋大臣之特权，非该公司所能擅自兴工也。特虑该公司巧其文词，以为含混禀准之地步，此不可不预防者也。总之，当日允其修筑电车轨路，已为失计，特以载在条约，无可挽回。今既有章程限制，是我主权之所失，尚有补救之一法，若再听其任便禀请，漫无底止，异日所失，必不可究诘。议员等忝居全津居民代表，不能不思患预防。惟有仰恳宪台饬知电车公司，并行海关道、天津府、工程局，除南马路加修双轨一案既已核准，不便更张外，嗣后无论何处接造加宽，均须援照批准协议事项第一目工程重要事件，先向议事会协议，如果不背定章，无碍地方主权，断不愿故与龃龉，致烦宪台廑系。如未经议事会协议，率行任便禀请，无论已否兴筑，应即遵照津埠工巡事务，亦可随时纠弹之。禀请宪台饬令作废，以保主权。为此不揣冒昧，肃禀上陈，伏乞批行备案，不胜企盼待命之至，专此恭请崇安，虔希垂鉴。

《大公报》第一千九百八十九号，光绪三十三年十二月十九日（1908年1月22日），“关于地方自治事宜文件”，第6—7页

督宪杨批

据禀，电车公司现在南马路加修双轨，该会恐其异日再行添设双轨或展设路线，率行任意禀请接造，不但违背合同，且于利权有失，嗣后该公司无论何处接造加宽，拟请均须援照协议事项第一目工程重要事件，先向议事会协议，如未经该会协议，率行任便禀请，应请饬令作废等情，是否可行，候饬津海关、洋务局会同核议具复，饬遵缴。

《大公报》第一千九百八十九号，光绪三十三年十二月十九日（1908 年 1 月 22 日），“关于地方自治事宜文件”，第 7 页

海关道蔡札天津县议事会文

光绪三十三年十二月十五日

为札饬事。本年十二月初十日，蒙北洋大臣杨批，本道会同洋务局遵饬会议电车公司嗣后如再添设双轨等事，须先由议事会协议，禀请批准，方能实行缘由。蒙批据详已悉电车公司此后无论何处接在加宽等项工程，议事会拟令先向该会协议一案，既经该道等核议，尚属可行，应即如拟照准，惟协议电车路事，获准或驳，仍应禀候本大臣核示批准，方能实行，以昭慎重而免流弊。仰即分别移行遵照缴等因，蒙此除分别咨行外，合将详稿抄粘扎持札到该会，即便查照此札。

《大公报》第一千九百九十号，光绪三十三年十二月二十日（1908 年 1 月 23 日），“关于地方自治事宜文件”，第 7 页

计粘抄详北洋大臣文

为会议详复事。本年十一月二十四日，蒙宪台札，据天津县议事会具禀，以电车公司禀请在南马路加修双轨一案，业经批准，不便更张。嗣后无论何处接造加宽，均须援照协议事项第一目工程重要事件，先向议事会协议，以保主权等情，是否可行，饬令会同核议具复等因。蒙此，职道等查，地方绅权每足以辅官力之不逮。近来各省路矿，外人动辄要求，纠结纷纭，官中颇难对付，一经绅民抗议，事遂转圜，办理容易就绪。电车公司至南马路加修双轨，本为原订合同所不载，此次批准，系属格外通融，特恐该公司狃于合同第五条末尾所称，倘日后接造加宽，须另呈图样，请北洋大臣批准等语，再行援案请求，则路权一失，主权即随之而去，关系匪轻。该会拟请援照协议工程重要事件办法，日后电车公司无论何处接造加宽，均须先向议事会协议，无非欲以牵制之力，作为补救之方。职道等往复筹商，似可照准。惟协议虽由该会核准，须请钧夺。嗣后如议事会议定电车路事，获准或驳，仍须禀请宪台批准，方能实行，则既可以杜外人之狡谋，复不至有民权之流弊，似于地方公事，较有裨益。所有遵饬会同核议缘由，是否有当，理合具文详复宪台查核，批示饬遵，实为公便。再此件系职道绍基主稿，合并声明为此备由具详，伏乞照详施行。

《大公报》第一千九百九十号，光绪三十三年十二月二十日（1908 年 1 月 23 日），“关于地方自治事宜文件”，第 7 页

天津县议事会通知议员书

敬启者。本会按照定章，每年正二月应开通常会一次。惟查年前禀请接办捐务科，藉筹两会经费，曾蒙督宪批行，吴京卿、凌运宪、张道宪、府尊、县尊会同核议，刻下尚未奉复。是董事会一时尚难成立，若照章开通常会，所有议决事件，无人执行，甚属虚耗时日。现拟正月二十日下午两点钟，先开临时会一次，研究刻下应办一切要务，事关本会大局，务请台驾早临，幸勿不到为盼。此达，敬请午安，并贺新禧。

《大公报》第一千九百九十号，光绪三十三年十二月二十日（1908 年 1 月 23 日），“关于地方自治事宜文件”，第 7 页

天津县议事会覆温君世霖函

敬启者，昨接来函，所责甚是。惟敝会办事困难情形，有非会外人所尽知者。既承质问，嗣后自应努力，以副期望。专此布覆，即请公安。

温君世霖来函附后

附：温世霖来函[①]

议事会诸大议员公鉴，兹奉华函，敬悉一是。惟鄙人有不能解决之问题，不能不向诸大议员一质证之。查上年自治局曾拨五千金作为议董两会开办经费，何以董事会至今尚未成立？如以虽有开办经费而无常年经费为藉口，何请接捐务科奉批交议后，官府以日行事件殷繁，迟迟甚久，而贵会并未禀请议覆，竟以董事会无常年的款为词，置不组织，并违章停开通常会议，此鄙人所不解者一也。嗣承巡警督办吴京堂热心提倡，于二月间详请大帅补助贵会，作为两会经费，奉批照准。贵会又以未经指定办法，迟至三月中旬始禀请立案，以万不可稍缓之一事，竟稽延一月之久，此鄙人所不解者二也。如报章所载，吴京堂议详不与贵议事会征收捐务之权，足徵洞悉贵会之无能力也。即如清丈公所，自去岁经学宪饬交贵会接管，而贵会迟将半载，并未接收。此鄙人所不解者三也。来函有云，祗樹园等事统俟了结后，再为公布，究不知内容，有何方略？贵会认为秘密。至仪门西石路，更不知据何理由，亦守秘密。此鄙人所不解者四也。侯家后拆修马路一节，自去年贵会初成时，闻即筹议此事，乃至今已迟至八九阅月之久，并未见只字议覆，开会三四次，久未闻有人议及此事。此鄙人所不解者五也。想诸大议员热心自治，关怀桑梓，遇事自必根据法理，参考事实，此非鄙人所能臆度者也。惟鄙人亦津民之一分子，遇有不解者，不得不于诸大议员前，一请教焉。专此上陈，敬请公安，请祈明示，并希公布。

《大公报》第二千七十六号，光绪三十四年三月廿七日（1908 年 4 月 27 日），“关于地方自治之文件”，第 4 页

---

① 此标题为编者所加。

天津县选举董事会副会长会员公布

选举次序：

一、振铃开会；二、议员就席；三、来宾就席；四、议长请县尊同就席；五、议长报告；六、选举副会长；七、报告副会长当选人；八、选举会员；九、报告会员当选人；十、振铃闭会。

议长报告

今者六月望日，乃吾邑选举董事会副会长、会员之期，会事将成，曷胜欢跃。但吾邑得有今日者，须知吴京卿代筹经费，竭力赞成，并申请督宪批准立案，悉赖列宪提倡补助之盛意，将来官绅一体，办理公益，为立宪之预备，树各省之风声，足为前途预贺。查《天津县地方自治章程》第三章第一节第五十四条，会长一人、副会长一人、会员八人；第五十五条，会长以本县知县兼任之，副会长、会员均由议事会选举任之；第五十六条，前条之选举由议事会议长会同本县知县公开之，副会长之选举由议事会议长、副议长、议员各举一人，不署己名，会员之选举，由议事会议长、副议长、议员各举八人，记于一票，不署己名，但所举不足八人者，听之；第五十七条，副会长以得票多者为当选，但以八票以上为及格，如无及格者时，则重选之各等语。若就原定章程选举，自以会员八人为及额，只因经费不足，是以详明督宪，暂拟选举六人，以便开办。现值各大宪莅止会场，县尊监视一切，津郡绅商士庶先后光临，惟望诸会员各就平日所知之品学优长、热心公益者，无论会中会外各投一票，先举副会长一员，并照变通章程，各投六票，再举会员六人，以便会同县尊，当场分别公开。凡被选人员，应限至本月二十二日来函承认，倘欲辞职，请查照《章程》第二章第十五条，于限内声明，俾再补选可也。

天津县议事会议长报告

天津县选举副会长及报告副会长当选人①

当选副会长：石元士，十五票。

得票人员：

胡家祺（九票），孙洪仪（二票），杨希曾（二票），王劭廉（一票）。

当选会员：

刘恩渠（十二票），陈自彬（十一票），李耀曾（十票），曾振纲（九票），苏兆霱（九票），解元湜（九票）。

得票人员：

李鐄（九票），卢翰章（八票），宋春霖（八票），耿恺曾（七票），刘彭龄（七票），温世霖（六票），苏之銮（五票），杨希曾（四票），赵承恩（四票），周春熙（四票），齐鼎升（四票），李宗政（四票），王新铭（四票），郑文选（三票），赵椿龄（三票），刘恩鸿（三票），石献琛（二票），刘学瀛（二票），周尚文（二票），杨松年（二票），张寿（二票），杨泽濡（二票），孙洪仪（一票），刘梦龄（一票），王观保（一票），赵衡元（一票），韩燮元（一票），么联元（一票），林兆翰（一票），周国恩（一票），元星垣（一票），李骏声（一票），于长藻（一票），吴宝璋（一票），刘作澎（一票），周敬熙（一票），刘春霖（一票），杨恩寿（一票），李悦曾（一票）。

《大公报》第二千一百五十五号，光绪三十四年六月十七日（1908 年 7 月 15 日），第二张，"关于天津地方自治之文件"，第 3 页

① 标题为编者所加。

天津县董事会文件公布

自治总局函：

径复者，接读来函，备悉第十乡选举议员仅有六人，按之人口数目，固属不符。查各省选举，亦有因不足额请示者，宪政编查馆均以宁缺毋滥电复。此后各乡开票，如有举不满额，即可援照办理。此复。顺颂

公祺

直隶筹办地方自治总局启

天津县各乡选举议员当选人名录[①]

第一乡选举议员当选人名票数公布：

刘景岚（三十七票）、房绍奎（二十三票）、孙鹤竹（二十票）、毕奎（一十八票）、张印（一十三票）、李贵卿（一十一票）、崔长福（八票）、贾棠（七票）、李金魁（五票）、孙殿元（三票）、葛兴朝（二票）、于柏恩（二票）

第一乡共投票二百四十二，自得三十七票至一票，共计有效一百六十四票，其写不依式者一十一票，字迹不可辨认者二十七票，不在选举人名册者三十九票，空白一票。

第九乡选举议员当选人名票数公布：

张士畸（二十八票）、石光兴（一十七票）、李作霖（九票）、陈德镕（五票）、赵廷樑（三票）、尚宝昆（三票）、薛振芳（三票）、刘鉴廷（二票）

第九乡共投票七十一，自得二十八票至一票，共计有效七十票，其不在选举人名册者一票。

---

① 标题为编者所加。

再，第二十六乡选举议员十二名，业将姓名票数宣布，兹查议员张恩荣不在选举人名册，应作无效，以得六票之张熙铭递补，合再公布。

第二十二乡选举议员当选人名票数公布：

杨恩寿（三十四票）、王锐（一十四票）、薄襄（一十三票）、温长纶（一十二票）、温长治（八票）、苏元泰（六票）、苏存常（五票）、张发（五票）、左兆榕（五票）、苏存恒（五票）

第二十二乡共投票一百四十一，自三十四票至一票，共计有效一百二十九票，其写不依式者四票，字迹不可辨认者四票，不在选举人名册者四票。

第三十七乡选举议员当选人名票数公布：

萧士铨（一十八票）、田学义（六票）、田玉廷（四票）、刘金桂（四票）、萧鸿儒（四票）、刘增禄（三票）、杨玉科（三票）、杨玉藻（三票）、李棣（二票）、张锡瑞（二票）

第三十七乡共投票五十七，自得一十八票至一票，共计有效五十四票，其不在选举人名册者三票。

第三十乡选举议员当选人名票数公布：

元星垣（二十三票）、李云章（一十五票）、邢家霖（一十三票）、刘毓书（一十三票）、元恩宽（一十一票）、刘秉贵（六票）、李凤岐（五票）、元端纬（五票）、邢世昌（四票）、李万福（三票）、田克振（二票）、王廷桂（二票）

第三十乡共投票一百零九，自二十三票至一票，共计有效一百零六票，其写不依式者一票，不在选举人名册者二票。

第二十乡选举议员当选人名票数公布：

宋鸿宾（七十七票）、庞振邦（七十二票）、韩藻（六十三票）、郑士元（四十三票）、黄金祥（四十二票）、李树培（四十票）、于良聚（三十二票）、王茂林（二十九票）、王秋孙（二十九票）、林辅廷（二十六票）、刘毓鹏（一十九票）、曹鹤龄（一十一票）

第二十乡共投票五百七十六，自七十七票至一票，共计有效五百一十五票，其写不依式者一十三票，字迹不可辨认者三十七票，不在选举人名册者一十一票。

第十四乡选举议员当选人名票数公布：

王聘三（四十一票）、安维祺（一十一票）、宣承绪（一十一票）、安维纲（六票）、安汝骅（五票）、刘金堂（四票）

第十四乡共投票八十七，自四十一票至一票，共计有效七十九票，其写不依式者二票，字迹不可辨认者一票，不在选举人名册者五票。

第二十五乡选举议员当选人名票数公布：

孙平怡（三十票）、陈玉珍（二十四票）、李安会（一十六票）、吕世荣（一十五票）、张金榜（一十三票）、张海涵（一十二票）、赵宗庆（七票）、高志春（六票）、刘进堂（五票）、韩举（四票）、许长福（三票）、王凤安（三票）

第二十五乡共投票二百零一，自得三十票至一票，共计有效一百四十五票，其写不依式者一票，字迹不可辨认者三票，不在选举人名册者五十二票。

又，王世珍得票三十一，杨春泰得票十四，均不在选举人名册，应作无效。

第二十九乡选举议员当选人名票数公布：

方恕明（一十九票）、韩同普（一十二票）、李华（一十一票）、王廷楝（一十票）、刘纯（七票）、刘长湧（六票）、毛际周（六票）、张文彬（二票）、常治平（一票）、范士珍（一票）

第二十九乡共投票九十八，自得一十九票至一票，共计有效八十票，其写不依式者三票，字迹不可辨认者一十三票，不在选举人名册者二票。

第二十三乡选举议员当选人名票数公布：

周作元（七十七票）、邵德成（六十票）、李光第（三十五票）、张廷辅（三十票）、邵毓权（三十票）、王志（二十八票）、杨德祥（二十八票）、周恩恒（二十五票）、王景仁（一十八票）、王官（一十六票）

第二十三乡共投票四百六十七，自七十七票至一票，共计有效四百一十八票，其写不依式者一票，字迹不可辨认者六票，不在选举人名册者四十二票。

第三十三乡选举议员当选人名票数公布：

张嘉田（一十六票）、赵良臣（八票）、李润芝（七票）、李守珍（六票）、柏会贵（三票）、刘禄元（三票）、刘云浮（三票）、李长泰（二票）、李守瀓（二票）、李守孚（二票）

第三十三乡共投票六十，自一十六票至一票，共计有效五十五票，其不在人名册者五票。

第三十二乡选举议员当选人名票数公布：

田祖荫（三十五票）、孟同心（二十七票）、刘湘（一十四票）、高连元（九票）、赵连枝（七票）、张万春（五票）、王麟梦（四票）、高鹏翕（四票）、孟恩举（二票）、高鹏翥（一票）、刘振廷（一票）、高吉卿（一票）

第三十二乡共投票一百三十七，自得三十五票至一票，共计有效一百一十一票，其写不依式者七票，不在选举人名册者一十九票。

第十六乡选举议员当选人名票数公布：

李昌荫（四十一票）、郝溥（一十四票）、张云鹏（九票）、李宝忠（四票）、李宝余（四票）、高祥龄（三票）、张国柏（二票）、郭文富（一票）

第十六乡共投票八十五，自得四十一票至一票，共计有效七十八票，其写不依式者二票，字迹不可辨认者三票，不在选举人名册者二票。

第三十八乡选举议员当选人名票数公布：

曹钧（二十九票）、周树桂（二十二票）、宋恩育（九票）、殷康寿（七票）、郑阶瑞（七票）、刘桂林（七票）、史邦荣（六票）、高崇恩（六票）、王步银（五票）、周维忠（五票）、鲍永善（四票）、李聚昌（四票）

第三十八乡共投票一百一十一票张，自得二十九票至一票，共计有效一百零七票，其写不依式者三票，字迹不可辨认者一票。

第四十乡选举议员当选人名票数公布：

高德芬（二十三票）、徐连陞（一十九票）、璩士英（一十七票）、孙承杰（一十五票）、张允谦（一十三票）、杨平安（一十票）、高学源（七票）、张桂山（六票）、张至濂（四票）、张文明（三票）

第四十乡共投票一百四十三票，自得二十三票至一票，共计有效一百二十五票，其写不依式者六票，字迹不可辨认者四票，不在选举人名册者八票。

第二十七乡选举议员当选人名票数公布：

韩兆箸（三十四票）、李德泽（二十七票）、李德洪（一十四票）、毛学瀛（一十二票）、张涌（七票）、曹尚清（四票）、韩恩福（三票）、邢富久（一票）、王震（一票）、刘树云（一票）、邢廷谟（一票）、张兴德（一票）

第二十七乡共投票一百一十八，自得三十四票至一票，共计有效一百零五票，其不在选举人名册者一十三票。

第十七乡选举议员当选人名票数公布：

赵炳辰（七十票）、张维平（一十票）、吴敏（一十票）、赵立綖（七票）、边铎（六票）、李守琴（五票）、周德魁（三票）、张金瀛（二票）、朱长霖（二票）、王文成（一票）

第十七乡共投票一百四十一，自得七十票至一票，共计有效一百二十一票，其写不依式者三票，字迹不可辨认者五票，不在选举人名册者一十二票。

第三十四乡选举议员当选人名票数公布：

苏式燕（一百一十三票）、张金藻（二十二票）、纪裕成（一十八票）、苏士选（一十六票）、于世钦（一十三票）、刘志瀛（一十一票）、周长景（一十票）、郭友孚（九票）、郑长生（九票）、苏逢春（九票）、韩允明（七票）、张宝鉴（七票）、赵葆元（六票）、苏梦祥（六票）

第三十四乡共投票三百零七，自一百一十三票至一票，共计有效二百八十五票，其写不依式者六票，字迹不可辨认者二票，不在选举人名册者一十四票。

第二十四乡王廷选因年满六十以上，谢绝当选，应以得票次多数韩桂圃递补。

第三乡阎国逊因有职业，不能常住境内，谢绝当选，应以得票次多数范立荣递补。

第三十一乡选举议员当选人名票数公布：

柴鸿举（四十三票）、孙士衔（三十九票）、刘作淮（三十三票）、于汝培（三十三票）、柴永璋（三十票）、刘作澎（一十九票）、柴宗澄（一十四票）、柴子蕃（七票）、张德钟（七票）、刘莲溪（三票）

第三十一乡共投票二百四十四，自得四十三票至三票，共计有效二百二十八票，其写不依式者一票，不在选举人名册者一十五票。

第四乡选举议员当选人名票数公布：

王燮鸣（五十八票）、张元英（五十三票）、韩文锦（四十五票）、刘恩渠（三十九票）、王维廷（三十四票）、刘中起（二十九票）、刘恩龄（二十六票）、刘恩汀（二十六票）、刘光鉴（一十二票）、高振荣（九票）、刘永泰（八票）、张万亨（五票）

第四乡共投票三百九十七，自得五十八票至一票，共计有效三百六十二票，其写不依式者三票，字迹不可辨认者二十七票，不在选举人名册者五票。

第二十八乡选举议员当选人名票数公布：

孙銮（二十票）、孙士鑑（一十八票）、王之麟（一十六票）、李蕴山（一十三票）、丁振国（一十二票）、王开勋（一十一票）、高玉树（一十票）、田富均（九票）、朱仲诚（七票）、朱聚诚（六票）、周景颐（六票）、周恩京（五票）、李士钊（五票）、韩印钰（五票）

第二十八乡共投票一百九十四，自得二十票至五票，共计有效一百六十三票，其写不依式者五票，字迹不可辨认者二票，不在选举人名册者二十四票。

第三乡选举议员当选人名票数公布：

范大义（三十六票）、储义学（一十一票）、孙来安（一十一票）、阎国逊（一十票）、阎振廷（八票）、杨世昌（七票）、杜振先（四票）、王作霖（三票）、范清廉（三票）、储义山（三票）

第三乡共投票一百三十一票，自得三十六票至一票，共计有效一百零五票，其写不依式者二票，字迹不可辨认者十票，不在选举人名册者一十四票。

第二乡选举议员当选人名票数公布：

马椿（五十票）、靳永才（三十票）、田国栋（二十四票）、吴毓德（一十八票）、何兆棠（一十七票）、陈翰卿（一十六票）、刘贵（一十票）、吴玉春（六票）

第二乡共投票二百一十六票，自得五十票至一票，共计有效一百八十四票，其写不依式者一十票，字迹不可辨认者七票，不在选举人名册者一十五票。

第三十九乡选举议员当选人名票数公布：

郑秉符（四十八票）、樊兆鹏（四十票）、孔宪章（一十七票）、冯毅（一十一票）、韩蔚元（六票）、虞荫湉（五票）、樊兆凤（三票）、樊宝谦（三票）、李凌云（二票）、王复礼（二票）、张家林（二票）、王曰政（二票）

第三十九乡共投票一百六十四票，自得四十八票至一票，共计有效一百四十四票，其字迹不可辨认者一十五票，不在选举人名册者五票。

第二十一乡选举议员当选人名票数公布：

卢翰章（一百二十七票）、张嘉钰（九十四票）、刘一健（八十八票）、赵昱元（八十五票）、董春霖（七十四票）、杨凤书（七十票）、穆文敬（六十四票）、孙照钧（六十一票）、夏宗虞（五十票）、胡启源（四十五票）、王福元（四十四票）、赵衡元（三十五票）、陈代恩（三十票）、赵春元（二十九票）

第二十一乡共投票一千一百六十五票，自得一百二十七票至一票，共计有效一千零九十三票，其写不依式者四票，字迹不可辨认者一十五票，不在选举人名册者五十三票。

《大公报》第二千九百八十号，宣统二年十月初九日（1910年11月10日），第三张，“关于天津地方自治之文件”，第2—3页；《大公报》第二千九百八十六号，宣统二年十月十五日（1910年11月16日），第三张，“关于天津地方自治之文件”，第3页；《大公报》第二千九百八十七号，宣统二年十月十六日（1910年11月17日），第三张，“关于天津地方自治之文件”，第3页；《大公报》第二千九百八十八号，宣统二年十月十七日（1910年11月18日），第三张，“关于天津地方自治之文件”，第3页

（三）顺直地方自治规章制度

试办天津县地方自治章程理由书

法制课员 吴兴让 述

天津府自治局鉴定：

本局奉督宪袁谕，筹议地方自治，因开期成会，公议《章程》一百十一条，奉批准试办在案，兹嘱吴课员兴让述其理由，编成是书，匆匆付梓，如有增改，容俟续编。

自治局附识

章程原目

第一章　总则

　第一款　区域

　第二款　住民

　第三款　条例

第二章　议事会

　第一款　组织及选举

　第二款　职务权限及办事规则

第三章　董事会

　第一款　组织及选举

　第二款　职务权限及办事规则

第四章　自治之财政

　第一款　薪水酬金及办公经费

　第二款　自治之经费

　第三款　预算决算

　第四款　处分稽查赔偿

第五章　赒恤及罚则

第一章　总则之理由

此即所谓地方自治之三要素：土地、人民、自治权也。惟区域总从旧制，其有变更境界等事，亦属将来问题，且为国家法律所定，故此试办章程中仅以一二句略之，且第二节为住民，住民中本可分为二种：一为普通人民，一为公民。公民者，有选举权被选举权者也。以法理论，此节住民中至少分定二层：一为普通住民所有之权利及义务，一为公民之资格及其权利义务，嗣以公民二字为我国尚未惯用，而公民权利、公民义务，不能于《章程》中处处解释，于是不用公民字样，而处处列举选举权被选举权，期于一望而知。

选举权被选举权本拟列入第一章第二节住民中，后因先议议事会、董事会两章程，经期成会公决，以选举权被选举权列入议事会章程中，此章总则乃议事会、董事会两章程公决以后所添，不复再改次序，而第一节住民中祇存一条也。

第三节之条例，本无待例举，凡应由条例自定者，皆散见于条文中，故以一条尽之。

条例者，自治权之一也。法律为全国所共遵，故由国家颁发条例，则因风俗习惯及生计状况各有异同，故法律不预定，而但定其范围，且各种管理规则亦必于开办着手之时，方可议订。本章程亦仿此意，而让诸议事会公议，惟条例犹之法律，有共应遵守之性质，故必须公布而后尽人皆知，且与地方人民之权利义务皆有重大关系，故必经官府之批准。

第二章　议事会

第一节　组织及选举之理由

议员之额，当以人口为标准，各国制度，皆有一比例率，得以随时增减其员额。今天津虽有巡警局调查总数，而限于巡警管辖区域，各租界未之及焉。欲补加调查，一时亦未易办，姑援日本府县制人口未满七十万者以三十人为定员之例，拟为三十人，实无一定准据也。

谓以三十人为定额者，指此次试办而言。日本地方议会之议员，皆有比例级数，以便伸缩。一因日本之地方制度为法律，系全国遵守者，各处人口多寡不同，故悬一标准，得令其随时增减。法律不轻易更变，而人口之数，苟不逢奇灾、战争，总属生多于死，故必多留余地，以防窒碍。本章程专为天津而设，与他处无涉，且现已拟试办，非如立法者之仅树标准，故径定人数而不用比例之文。

选举议员用复选举制，较一次选举实觉烦难，然亦有利益，何则？选举之法，宜当众投票、当众公开。而天津四乡辽阔，投票人多，设必令远道而来，则投票之人费时费款，亦势不能以十余万人同时来津，设令在各本乡投票，则公开之日势不能令投票之人尽人目睹，不足以昭郑重公允。本章程为变通取便计，采复选举制，而初选举时，用何方法，拟临时设选举课办理之。

兴让之意，初选举用通融办法，设选举总课于自治局，设选举分课于四乡及围墙以内。围墙以内之分课经理章程中第一区之选举事宜，四乡分课各经理四乡之选举事宜。先推本县法政毕业士绅或现任宣讲员为分课员，会同村正副行初选举投票，投票既毕，即将投票箱带至天津，在选举场公开之，按照《章程》分拣、合拣之，法定为初选举人，然后发通知于初选举当选人，定期开复选举会，如此，则四乡来津者，人数既少，自无费时费钱之苦。

选举制度本有普通选举及制限选举二种。普通选举除妇女、未成丁及有疯痴病者外，皆有选举资格；制限选举则以财产为标准，即以纳税为限者也。凡不纳税者，即不有选举权。我国税则不甚分明，纳税者多不列本人姓名，漫无可稽，且除田产、货物以外，别无他税。以文学、劳力为业者，亦无税可纳，恐于有知识学问之人，反多遗漏，故不列此限制。兴让原拟初稿，别设纳自治经费捐一事，欲以仿日本地方税之意，但此事必在开办地方自治以后，今一切尚未开办，故亦不列入，将来应否列入，当由议事会决之，而鄙意以为断不可少。

纳税既无可凭，故以不仰地方公费赒恤及能自写履历两事为制限，略寓财产上即知识上两制限，日本有不受地方公共经费救助之文，且曾经受救助者，必须经过三年。又有独立之男子一层解者，谓独立二字，必独立构成一户而能自营生活者，今用不仰地方公费赒恤一语，初意亦兼此二层在内，但此不仰地方公费赒恤之人，果能自营生活与否，则不能言矣。夫才识学问，本不必与境遇为正比例，况乎凭藉家荫，常为豪富，各国皆然，凡以财产为标准者，皆不必其自为执业也。世界任何进步只可望才识能力之人，不至贫困、不能自存，斯已足矣。至于天然之境遇，本与才识能力无涉，故必设智识上之制限耳。

自写履历略寓智识上之限制，虽觉太易，然用之选举制尚属相宜，何则？选举人但有选举他人之权，苟非心地糊涂，贤愚倒置，已足收选举之效。我国教育尚未普及，精明强干、素有阅历而不能从事文墨者往往有之，以能自写履历为限，则断无不能之理，至并自己履历尚不能写，则其人可知，亦不能有知人之明矣。且选举时必自写选举票，不能自写则百弊丛生，故以能自写履历为限，亦即为自写选举票之张本耳。

客籍之选举权以其营业或有田地房产在本地者为标准，因其人既有营业及田地房产，则与地方上有关系，且亦必能负担地方上经费，故亦有选举权及被选举权，惟与本籍人不能不少加区别，则历史上之习惯然也。今期成会诸君倡客籍有选举权之说，较从前考试，积习器度，迥自不侔。所谓共有者，自定一人行使之者，因本籍人之选举权不以财产为限，此则以财产为限，一个财产则有一选举权，不问其价格之若干，但须在二千元以上，并不问其所有者几人，亦只一选举权，惟不动产之价值，较营业难定耳。

第八条，在本县境内，一人不得有二选举权。因既以财产为标准，则恐一人而有数营业或数财产在境内，故此处又以人为主体而限制之。

停止选举权，即仿日本停止公权之意。我国虽向无公权之名称，然考试一端，实与公权相类似。考试例须具结，必云身家清白，并无刑伤过犯，亦不吸食鸦片字样，可见，犯此者即不能与考，此与停权之章适合。惟此种限制用意虽善，惜无标准，故本条即本此意，而不用此习惯语。

犯国律载明之刑罚，即刑伤过犯之意。惟刑伤二字，指身体受刑而言，俗所谓板花者，亦即此意。夫刑伤似即过犯之凭据。以我国律例为极端法定主义，虽笞杖之数，悉载于法律，官吏无自由增减之余地。苟不犯罪，决不受刑可知。然以事实言，则大不然。任何酷刑，悉视其官之喜怒以为轻重，而不必问法律之有无明文。尝见忠厚谨慎之官，遇有窃贼供出之党，恐其有拖累诬陷之冤，乃视其板花以为断，不知刑伤之不足为过犯凭据也久矣。反藉此以定冤否，不亦冤之又冤乎？故今以国律载有明文为限，则身体之受刑与否不问，且刑伤但指受刑，而罚不在内。今新章之不用刑而用罚者甚多，故刑罚二字当分而为二。国律包括《大清律例》以外之法律而言，我国向祗《大清律例》一种，且刑事居多。今则法律日增，将来必日益加多，故用国律二字以包括之。

身家二字，上及祖宗、下累子孙。夫以祖宗之不清白，与其子孙何涉？前日之不清白，何不许以改行？甚非奖励世俗之道。且清白二字，亦属空无事实，今改为不正当之营业，而以本身之当时为限。营业二字，必专以此事为业务者，似属较有凭据。然不正当三字，尚觉未妥，欲删去之，又似我国习惯，断不可少此限制；欲列举之，又恐有遗漏，不得已加一小注，云其范围，以条例定之。将来议事会成立后，由地方上人公同商酌，列举某某业为不正当，乃可杜争端耳。

虽然议事会公议条例之时，究以何者为标准乎，实一难问题也。或云在选举权中列有正业之男子一句，则此处可删，然不正当既无标准，则正当亦无标准也。异日从公议订，凡已过之事实及暧昧不明之事，皆不宜轻列。不正当云者，必兼理论上、习惯上二方面而定之。例如衙署差役，世俗贱视，然不得视为不正当，此亦一从公性质，与服官何异？且为社会上不可少之事业，世俗所以贱视者，不过以若辈行为，每假作威福，鱼肉小民耳。然此乃其道德上、心理上之有亏，而非其职业之不良也。又如彩票闱姓，俨然绅商。以性质言之，实为开赌之魁；以流毒言之，实为酿盗之媒。而世俗初不耻之，然则正当与不正当，无定论也久矣。今既云地方自治，则自治权全在地方上人民，其所谓正当与否，全在地方上之认定，既不能一一列举，则不得不用概括之语。若误以心地之不良与夫手段之不正解之，恐今之所目为最尊重、最正大光明者，其心地与手段亦不尽可问，而遑论人民之职业乎？然则此处所谓不正当者，惟赌馆、烟馆、妓馆为无可解，其余必性质上与之相类者，方足列入耳。

失财产上之信用，必以确有实据为断。何者为确有实据？则从尚未清了四字定之，例如亏空公款，则有案可稽其确据固属易，指商家亏倒巨款，亦属尽人皆知之事。至寻常借贷，似不宜列入停权之中，然其为失信用则一也。我国习惯称钱财为细故，不知官视之为细故，有关系人视之则身家性命所在也。观各国民商法，无一不为钱财计，而其保护权利者，尤为细密。我国钱财之案，一经人讼，大半不能如额偿还。所以然者，无民商等法，则官亦无所据以为判断，惟就事论事，循例折扣，甚者受刻剥之名。因此之故，遂以酿不敢索欠之风，而贫民乃大困。何则？借贷为贫民之后路，贫民未必皆不良，而自富者视之，终觉其不稳，与其失财而复获刻剥之名，不如其索重利与抵押也。与其存欠于可危之贫民，不如存欠于可恃之富室也。故贫民借贷难于登天，富者集资易如反掌。甚至甘以金银藏之无用之地，而不敢流通者，富者愈居奇，贫者愈坐困，市面愈不活动，此皆钱财细故四字之影响也。夫一社会上，苟市面流通，虽积蓄空虚，不致待毙；苟市面滞涩，虽〈苟〉积蓄甚富，而无补于事。欲求经济界之融活灵便，于行政上实隐有作用，特与妇人之仁，不免抵触。兹因失财产上信用一项，附论及之。

由上述之理由，则所谓失财产上之信用而尚未清了，虽私人交涉，亦无妨以被欠人为据。苟被欠人不据此章程，则必有情可谅；若被欠人据此章程主张停权，即为有据，不必论其多寡也。盖地方自治，所以谋地方上公共之利益，而于个人之私利害，势不能兼顾。地方人民之信用，与地方市面有间接之影响，藉此维持信用，不为无益。停权原因既毕，自应复权，惟原拟犯国律载明之刑罚句下，加未满一年者一句，因期成会诸君细细研究，以为国律载明之刑罚，情节不同，概限一年，未必公平，故删去此句，而末加公认为情事完结一句，实则此公认二字，于二四五各情事，最为有用。至国律载之刑罚，则于刑罚已满后，而公认其可以复权否也。

因身分而停止者，有二性质。其官幕吏胥，以其职务之性质，与自治不合也。现在之官，皆有官治行政职务，且有监督地方自治之责任，故不得兼办自治。幕与吏胥为补助官吏之人，亦属官治职务，其理由与官同。至已经退职，则仍以普通资格论。惟现字，不专指现任而言，凡在本省当差者，皆在其中。

现为僧道及其他宗教师者，其宗旨与自治不合也。方外清修之人，每不乐与世事，其对于社会上事，平时既不热心，当代人物亦不留意，故于选举上无益。既不为僧道，则仍以普通人资格论可也。

被选举人理当听有选举权者自择之。然初行选举，茫无头绪，不如列一二资格以为标准，其第一种为学问上之标准，第二种为财产上之标准。代人营业，指代人经理该业之全部者而言，非寻常东伙关系也。例如天津所谓掌柜、江苏所谓当手者，此种人经理全部事业，皆有阅历之人，于市面商情知之最悉，使为议员，必有益处。主于掌柜以下，虽不乏才识阅历之人，而每多劳力，无暇来尽义务。第三种为公共事务之标准。自治原为办理公共事务，曾经办过者最合被选举资格。学务本亦公共事务之一端，因近日各地学务为特别注重之事，别有一种办理之人，故分列之。第四种为社会上所推重者。因上列一项以曾字为限，恐尚有遗漏，故以此补之。

客籍之被选举权限制稍多者，与选举权同，其理由详前。

议长、副议长、议员，均为名誉职，不支薪水，此亦通例。议员二字，本可包括议长、副议长在内，因期成会诸君以单用议员二字，恐人误会，故并书之。

议员虽为办理公共事务，然非常年有事者，因其仍可自营职业，故不支薪水。且议员有薪水之弊，往往用不正手段以谋选举，甚至恋恋此职，不复力持公论，冀屡次被选，故各国皆取名誉职制度。

议员既为名誉职，则即为义务，不可不强制之。否则，随意辞职，议事会将有不得成立之势。其第一第二第三固属人情之常，然此外或有不得已事，故而为我辈所未能想到者，势难一一列举，故用此概括的一项，以便临时斟酌。

议员之任期原拟四年，二年改选半数。日本市町村皆六年，每三年改选半数。今公议以议员不过议决责任，无经手办理之责任，不必用改选半数之制，拟用二年任满全行改选之制，再被选者，固属众望所归，然既尽二年义务，自当听其自便，不复再强之矣。

补缺之议长、副议长、议员，届期一律改选，所以使之划一也。不能以一人而乱改选之期。

选举事宜，指一切预备而言。或有应由议事会经理者，今议事会、董事会皆未成立，故暂由自治局代办之。选举课所办，专理选举上事宜者。

选举权与被选举权既有资格，则必须各造一册，此应注意者。可被选举人必然包有选举权，不必兼列两名册也。而此处称为被选举名册，实尚未妥，应称为可被选举名册。盖此时尚未被选也。

被选举名册必公告者，一以备他人之稽查，如有冒报遗漏等情，可以改正增补；一以备选举人注意何人可以胜任也，但不定一期限，期限已满，即当截止，以便举行选举事宜。或曰如尚有虚伪等弊如何？然既有十五日之限，则热心于此者当于期限内为之，苟期限内无人更正指驳，即可推定为无误矣。否则何从而知之乎？至万不得已，则被选举后仍可举发。若其不被选举，听其自然可也。

预领执照，所以防选举之冒滥。然鄙意觉其太烦，且多费用。天津一县，有选举权者约计可得十万人，各与一执照，为费不赀，且发给之时与收回之时，皆非常之烦，故拟即以选举票代之。预发选举票与预发执照同也。入场之验执照而换给选举票，不如径验选举票之易也，如此可省巨款。因众皆以为先发选举票恐有代写之弊，故仍用执照一层，实则入场验票之际，留意其已否写字，亦不甚费事也。

选举分拣之理由，实不得已而为之。因乡间之人选举人少，被选举者之名望，决不如城市中被选举者名望之大，若但用多数当选之原则，恐乡间多落选而尽为城市及大乡村所占，非所以开通风气且恐乡间多觖望，而将来办事或致偏枯，故以人力补救之。但选举总以多众心服为原则，不能全按区域而定。故初选限于四人，其余仍合拣之。若果有众望素孚者，必仍可当选。惟拣票虽系分区，而选举不限于本区人，尽可举他区之人。或因人才缺乏，而得票者不足四人，或竟无之，亦事所不免，故于合拣时补足之。

初选之时，选举人多，故各举一人已足。复选之时，选举人少，若所举人数过少，则恐不满额，且票数之多寡亦甚不易得比较。但原拟各举二十人，意为照额减去三分之一，继改至十人，又改至五人，以屡次讨论恐不足额，故改为三十人，其理由详议事录。

选举固以多少比较，然票同者必不能免，最终用抽签之法，亦不得已也。此不过偶然之事耳。大致住居不辨先后，其居多适又年同者，则甚少耳。

选举票之应作废者，惟第五之自己署名或写号，实即不依式写耳。论理应在选举票上注明或另列一条选举票式，而此处单用不依式写一句足矣。第六之人数过多者，亦即不依式，即若日本则多写者亦有效，但去其后列者耳。

凡选举于公开既毕之日，由选举课通知本人。此兼指初选、复选而言也。当选者有十五条事故，必依限辞职以便预备递升补缺等事。不得当选之事由，即包括失去资格一层。凡当选后云者，自当选以至满任，或在选举前之事由，而发见于当选后，或在已就职后发生，皆可包括。

选举效力之争议，势所不免。今既无一定裁决之处，故以臆为之，略以本省总督当行政裁判之意。

第二节　职务权限之理由

议事会应行议决之事件，只可用概括的规定，今列六项，而用小注以为举例，不得已而为之，实非章程体裁也。

第一，日本有属于议事会权限之事一目，此虽似空文实为包括无遗之一目。盖此处列举，只能举其重大者，其余一切，如本章程所载及将来法律所颁定，或由国家与上官之委任，皆须列此一句方可包括，故此目断不可少。犹之议长代表议事会句，虽似空文，而为章程性质所应行者，今以试办之际，恐人疑为空文无用，故删去之，而另列重大者数事。

本县下级自治团体之设立事宜，其小注云如城镇乡各议事会、董事会并乡长等云云之理由有二：按日本自治团体之成立由国家颁行，地方制裁，酌地方情形，由府县知事具申而内务大臣指挥施行之，是采用相度情形主义，而不采用一律强制主义者。此与他法律性质稍异之点也。今天津县地方自治则依总督之命令而创办，以自治局所拟章程为稿本，而先开期成会与邑之士夫绅商会议，亦即采用相度情形主义之一端。将来下级团体之设立，自应亦采此主义，由县议事会相度情形，较之自治局办理更为真确。何处可先，何处可缓，何处可合，何处可分，必能就民人之能力、财力二者之程度而斟酌之，此其理由一。又按，日本自治团体区域之变更，必由有关系之地方议会议决，今各处团体尚未成立，则别无会议之机关。本县议事会既先成立，则实为有关系之地方议会，且扶植下级团体、使之创立，亦可云本县议事会之义务也，此其理由二。

设立下级地方团体意见书附

设立下级地方团体，为议事会之权限，则将来议事会公议，必有高见，无待本章程中赘言。兹附记意见于此，以备异日参考。

（一）下级团体之机关。地方团体之成立即在设立机关，惟鄙意以形式备而事业不多，则民力困。地方自治之经费必由地方上负担，今乡间程度尚低，未克骤语义务，不如就习惯上所固有者，用简省办法，不致疑惧畏沮。故自治机关宜只设一议事会为议决机关，而以向有之村正、村副名目，为执行机关。议员为名誉职则无多经费，村正村副为向有之机关，则地方上负担不至加重。此最为便利之方法也。

（二）下级团体之区域。地方团体之成立，必以划定区域为要务。县自治有定制可遵，故不待讨论。县以下则无一定界限，宜就能力、财力之程度，与夫地形之便利，利害关系之感情，为分合之标准。大约能力、财力、地形三者程度最宜斟酌，至感情虽为最要之件，而我国乡间至今仍属浑朴，相隔数村便尔不通往来，无所谓感情。苟三者相当而合为一团体，有共同之经营而后生感情，利害关系亦从三者而生，未合以前不识不知而已。至三者不甚相当，姑暂缓之，俟有所观感而后议立可也。

（三）下级团体之章程。下级团体既由县议事会议设，则其章程势必代为议定，而就鄙见所主张，则不能仿照县自治章程，应当另拟一极简之章程试行之。如选举似不必用复选举，法则条文可减去大半。客籍一层亦似无用，其执照一层亦似可省。至执行机关，或仍村正村副名目，或因数村合成而不便用村正村副名目，则可改为某乡正副董至书记、会计等类，可因事之繁简而定其多寡，或由一人兼之，均无不可，若目前无多事业，则姑不设，由乡董自为之，亦无不可。此种皆可随时增加，无甚紧要也。其最为紧要者，莫如乡董之必由选举，必定被选举资格，议事会有监督稽查之权，当与县议事会同一性质，此其最应注意者耳。

又，两机关之职务权限不妨逐一订明，盖幼稚时代尚无解释条文之智识，逐一订明，免致争论，亦不得不然之势也。

又，从公代为判决，可由县议事会为之先，有上级团体亦设立时之一便也。

（四）下级团体之经费。地方自治之事业本无一定范围，既云创办自治，自当兴办一二 事，虽然创办必先有经费，经费必由地方上负担。今之乡民财力固甚不足，知识亦大半短浅，未知自治之为何物，而先责以议务，恐非易事，且就历史上论，一县之中，无论如何必略有公产公款，则有旧日之基础者，多至于乡间，则基础甚少间或有之，亦多牢守旧习，不能骤改。然则，乡间之自治更难于一县矣。按，日本制度，下级团体之经费不足，上级团体补助之。今我国则上级团体且自顾不暇，何能补助？此又其一难也。但当设立之初，尚不在办事之经费，而在设立机关之经费。若能不设董事会，即以村正村副为之，则事尚易举。惟着手之初，先宜调查昔日村正村副之经费若何筹措，今宜改为一定之薪水，作为公共之负担，于民不加多，而事以成，此所谓改良而非增设也。至创办事业之经费，当相度情形而为之，非一时所能预料，亦非各处皆同之通则也。

（五）下级自治之事业。下级团体之经费既如上述，则势难创办多端无已。其就官治行政之委任事务而改良之，差徭其一端也，办之得其法，官有分劳之，人民免不均之苦，亦地方自治之一大效验也。至其他固有事务，必须视其财力与程度为断，非敢云可置之不论也。

第二目，自治事宜之应创应改并其方法。我国虽无地方自治之名，而地方上公共事务则固有之，不必事事创办也。故应创应改并列其小注如教育、实业、工程、水利、救恤、消防、卫生、市场等类云云，不过略举其列。自治事业所办何事应有若干种，本无一定。原拟无此小注，因创办之际，恐漫无着手，故就性质相近者略举之。就天津言之，则此种事业大半已由官办，本亦无须重复，择要兴办。此外尚多，不必拘拘于此数端。或更推广扩充，亦无不可。总之，章程用举例之法，万不能免挂漏也。

第三目，清厘指旧有者，筹集指本无者。

第四目之预算决算为地方上最重要事。详见第四章第二节。

第五目之公款公产及利息者。公款，指现款；公产，指一切动产不动产；利息，指现款或不动产所收之利息，其存储动用，皆当由议事会议决。但按之日本，则元本及不动产皆与利息及动产稍有区别。原拟第五章第三节略定处分之方法，而附以处分捐助指定之款，则以过于严密，删之而存其九十三条。

第六目，董事会副会长、会员被人指摘，应由议事会议决。此即议事会处监督地位之意，故有此权限。其单列副会长会员者，因会长为官则上官监督之，而其他员役不在董事会组织中，即为契约关系，当由董事会监督之。故不列入议事会权限。

议事会为议决机关，只有议决权限，不有执行权限，因此即有交办之权限。

议事会有稽查董事会之权限，乃完全互相监督之意，皆以议事会之名义为之，而经理之者，势必在代表之议长。

每年开通常会二次之理由。因创办之初问题必多，于年初集议一岁应办之大纲，于年终考论一年之成绩，我国公共办事之习惯往往如此，又可为预算决算之期（理由详下），故定为每年二次，一次在正月至二月，又一次在十月至十一月内，亦恰相合。至因而议他事者，不妨延长之。

临时会期，议长、议员皆得提议开会。惟个人应否有请求开会之权，日本无明文，本章已有得受条陈一层，则苟有见及，已可陈述至董事会，会员以与一般人民稍异其资格，初意亦拟得令有请求开会权，继以无所依，拟删。必十日前发通知者，令人预备讨论或先调查者。

会议必系地方上公共之事，自以公开为原则。但亦有宜秘密者，如保全他人名誉，或该事件有伤风俗及有伤地方上名誉者，或恐风声所传易于误会致惊扰疑惧者，皆可禁人旁听。在日本并有不须讨论即可禁旁听之明文。

议长代表议事会，此拘指议事会全部而言，一切之事皆其责任，凡所谓议事会之职务权限虽多应开议而以议事会之名义为之者，皆代表人之责也。

旁听之名义，本不得公然指摘或公然恫吓、引诱等事，原拟有一条，因恐遗漏，故于本章程外另订会场规则，至紊乱秩序，则不得不令其退出矣。

议案范围中者，或因议案而引证他事，皆无不可发议，本为公益，非一己之私，他人不得责备之。即使其发议不公，亦只可于会议中由议员驳之，议员皆不驳之或多数赞成之，则其议即合乎社会心理可知，不能别有所责备，是非本无一定，既以公议多数为决，则多数即谓之是、少数即谓之非可也。如此，所以保全之，使得无所顾忌，力持公论尔。

五十条之理由，在日本则国会中有之，地方议会无明文。此条本所以保全议员，力持公议。我国会议尚属初办，或因一二人力持公议，而挟嫌者故为诬告，借二小事使之不得与议，则公议失其效力矣。但鄙意宜用不得传讯、羁押字样，专指民事上言较妥。

议事录必于议员发议时，随说随录，以备查考，否则过而即忘，故亦必不可少之事。由议长阅订，则当时之言，必存其真，而于重复及无用之文，皆可删节。

议决事由，自应使知县知其结果，并应使地方士人共知之，故以公布为原则。至于应秘密者例外耳。

常设事务所，不过存置文牍、办理之处。议事会中日常事务不甚多，或自择一地，或即附在董事会中，另置一室，亦无不可。盖事务所不过办事之所，不得即谓会之所在。两机关，法理上应当分立，而房屋之在一处，并不相妨，此皆财力关系，无甚出入也。

第三章　董事会

第一节　组织及选举之理由

董事会为执行机关，以当日本市参事会之意。因我国本有董事之名称，故用之。会长、副会长各一人，固不待言。而会员人数本当设范围，得因事之繁简而增减其人数，今定为八人者，期成会中皆以为事之繁简尚在未定，不妨约略定之，因此为试办章程，本可随时修改也。

会长为本县知县者，以知县本为行政长官，而我国地方上事，由知县执行者居多，苟非县官，往往不能得力，此习惯上之理由也。自治之自字，本属于团体自己，非指地方上之人民，则州县官为一地方之执行机关，以之执行自治事宜，亦即代表地方之意，且日本地方制度，府县郡之执行者，亦即府县知事与郡长，盖一方为国家命官，一方为地方代表也。

议员不得为会员者，以议事会有监督之责任，若以议事会中议员兼任董事会会员，是以自己监督自己，与分为二种机关之精神大反矣，故不得兼任。

董事会职员由议事会行选举，与议事会议员之选举不同。因董事会职员须实地执行，不但以名望为重，且须有肆应之才。而议事会议员为一地之高等人物，其知人之明，自较寻常人民为优，故以选举权属之。

董事会职员之选举，有更难于议员者，议员为名誉职，董事会职员为有俸职。名誉职尚非尽人所乐为，有俸职则愿任者居多。惟在议员之公正无私，方可得人。《日本市制》四十四条，市吏员之选举，以市会之议决，得用指名推选之法，与选举议员之法稍异，亦以吏员躬亲执行，必才具较优者方可胜任耳。总之，地方自治，全在议员程度之高下，无论何种方法，不能期其尽善也。

副会长、会员任期皆为四年，而副会长不在改选半数之列，则第一次成立以后，届二年改选会员之期，副会长不改选。至第二次改选之期，当同时改选副会长。照本《章程》五十六条，则同时当行二次选举，再被选者众望所归，均得连任，不限于几次也。

本会成立后，第一次改选半数之时，皆未任满，何人应当改选，苦无标准，故亦用投票之法。由议事会投票者，以议事会隐处监督之地位，非本会之人有所避嫌也。

五十九条之回避，不但防其作弊也。大凡公共事务归于一派，则势力必倾于一派，此党派之通弊也。我国习惯，凡一地方上大姓之户，人口较多，且世世婚姻，而地方公共事务亦惟此数姓占其势力，一由于人多则才能亦较多，一由于势力之倾向也。此外，或骤得科名，乃可厕搢绅之列，此甚非公平之道。今行选举，虽由于众人之所推服，非昔日之久占，然同时为之，则监督分配俨有上下关系，亦大不便，不如避之，所谓例应回避者，照服官回避之例。

副会长、会员皆受薪水，与议事会议员不同，亦通例也。议员所担任，为讨论发议之责，非常年有事者，除去会期，无甚责任，董事会会员则各有专责，为实地执行之人，势不能兼顾他事，故宜受薪水而辞去他职。且董事会与议事会性质各异，议员但选举名望学问之人亦可胜任，会员必有练达之才方可措置裕如，故日本之议员以本籍人为限，而市町村吏员不限于本籍人，其理由以小町村中恐有乏才之虑也，可见执行机关中人与议决机关中人稍有不同。今我国人才不多，凡所谓干练之才，莫不各有执业，欲其辞去己事乃心公务，非给薪水不可。

于任期中辞职，虽不必定有别情，然执行机关轻于易人，事易废滞，故必经议事会之许可，而后得以辞职，且议事会之许可，必于其经理事件有一番调查也。

名誉会员一层，与日本之所谓名誉职员者大异。日本之名誉职员，有权限又有定额列入组织中，此则既无定额又不在组织之中，其理由有二：

（一）因选举之制设定额数，而一地方之才望，决不止适如其数，在惯行选举之处，不得与选，亦属无妨。今则初行选举，热心任事之人渐多，苟不获选，反令热心公益之人变为漠视，亦与自治有碍。且大凡热心公益之人，必愿居当局而不甘居局外，苟当局之事，局外绝不与闻，则无论如何公正，易生嫌疑。况乎习惯上凡地方绅士向得与闻地方公务，故设此名誉职一例，则虽不被选，而热心公益之人亦可发表意见，供人讨论，苟其可用，则下届改选，众望必注意于此人，而选举上获益不少焉。

（二）改选之制，虽可再被选，然连任之事亦属偶然，如其退职以后，即与地方绝无关系，亦觉无谓，或有从前有志未逮之事，无从寄托，有此名誉职，则无论退职之议员、会员，仍可不冷其热心，苟有所见，尚可发表，则于地方公益，大有裨补，而地方上之人物，皆有良感情，因此二理由，故杜撰之。

常任干事与临时干事者，因其事之久暂而言，无甚区别。常任者，永久办理之事，如学务之类，无已时者也。临时者，一时之事，如工程或助赈之类，事毕即止者也。

由副会长指定一人为干事长者，以干事所办之事总其成也，以会员为之者，此种款项及一切报告之事，皆归属于董事会也。

干事于办公经费外得受相当之酬金，办公经费指其因办公所用之款，日本名曰实费办偿，非干事所自得者，故必别有酬金。所谓酬金者，虽与薪水同一金钱，而性质稍异，盖因所办之事而定，不必以年月计也。

第二节　职务权限及办事规则之理由

董事会担任之事务，共列七目。其第三目依惯例或议事会议决应归管理，或归监督之事物依惯例云者，未有地方自治以前，所有公共之事物必有管理或监督之者。董事会，为地方自治执行机关，自应归董事会监督管理，且所谓董事会者，亦仍地方上人为之，则归之董事会，与从前之由绅士经理无异，不过设定机关由公举之人为之，有议事会稽查之，较为公允耳。

其第五目地方官以国费委办之事者，即所谓委任事务非固有事务也，此种经费出之于国家，办法必由官定，纯然代办性质，故不必由议事会议决。

其第七目代表自治团体为诉讼之事者。此之诉讼，既非董事会之事务又非议事会之事务，乃属于团体之事务。日本所谓法人是也，团体不能自为诉讼，故以机关代之，而此处所谓董事会之职务者，指其代表而言，非指诉讼而言也。

六十六条所云前条第二目之事，董事会查有越其权限或违背法令或妨碍地方公益者，得说明理由使之再议，仍两机关互相监督之意。

以董事会之名义担任之事务，自不能由一人主持之，故须开会议决执行之方法、规则。就着手上而言，开议则有共同商酌之益。

开会以副会长为议长者，副会长系专任员，会长本对外代表之人，且于执行着手之方法，事极琐细，非官所熟悉，故此种皆属之副会长。

六十九条之回避，与议事会意同。

七十条之理由与六十六条同。但监督之者不属诸议事会，因执行着手之时，议事会或一时不及调查，即有人知，而议事会开会非易，迟之又久，恐不及止其执行，故属诸会长，会长非合议体且有代表监督本会之责，可立即停止其执行也。论理，停止执行本属行政处分之一，今会长适为官治行政长官，故以其权属之。

会长之职权共列三目，然三目之中皆关紧要。第一目之签布文件，因地方上事吾国习惯必由地方长官出令方有效力，且对外之件必有随时酌夺之权，方可负代表责任。第二目之稽查本会办事成绩则包括更广。第三目之发表意见为会长天然应有之权利，至其他执行上事，皆甚烦琐，非由副会长躬亲不可，知县兼官治事务，不暇为之，且执行之事总以本籍人为宜。

副会长之职权共列八目，凡会中一切事务皆受调度，惟对外事件，如第五目，则仅属会署，即前条之理由也。若第八目，虽亦对外事件，然非躬亲其事之全部者不能当此职务，故以其权属之。

副会长有不得已事故，何者为不得已事故？大约不能躬亲其事至不止一二日者，经多数公认本为责任而设，因第七章中有赔偿等事故，必有负担此责任之人，若不经公认，则无论何种事故，不得辞其责。惟此条之职务权限有二方面性质，不经多数公认，不遵章程为兼理，则副会长固抛荒职守，而会员亦不得辞其责。如副会长私自旅行，数日不到，会员不应膜视之，否则，本有弊窦，故听其犯此条，以为卸责于一人之地耳，此为会员兼有责任之性质一也。又设副会长暴病数日不能自行遵章请人兼理，而会员亦不遵此条为公认，则此数日内之责任不将无所归属乎？然既定为会员，有公认之权，则不为公认及兼理，已为失职，况即于该数日内有弊窦乎？此种责任皆会员全体共负之责任，可知惟多数二字似稍嫌活耳。

名誉会员大半皆有名望或曾被选之人，得到会陈述意见，补助当轴而有志公益者，不至有怀莫达，此设名誉会员之意也。惟议决之原则必由会员，而名誉会员既未列入组织之中，即不得有表决权。干事所办事务，平时以干事长为主管者，故开议时以干事长为议长。

被人指摘，由董事会议决其处分者，以董事会知之较切也。至议决结果真有过失，则照一百七条之罚则办理。解任，有任满解任与事故解任之二者，必查核无异议且后任接收清了，始得解任，此皆为负担责任所必不可少，否则赔偿罚则皆虚设矣。

普通事故由本人自为之，不测事故不得已由他人代为之，而财产上之责任，则九十八条所定由后嗣担任之也。

会计、书记、干事均属副会长监督，故由副会长限期令其照办。而干事所办之事，干事长为主管，知之较悉，故由干事长代办之。

第四章 之理由

载明自定者如书记会计之类，人数不能预定，及其等级亦不能预定者，若董事会副会长会员等之薪水、员数，既有一定数目，亦钜且均系被选就职之人，不便随时议论，故宜预先酌量事情，订于条例。干事之酬金，因所办之事而定，故于议办之际，随即议定，订入专章，则即为该事件之条例矣。

公费二字，仿日本实费办偿之意，因向来所用公费，不甚有一定界说，故略注一二以为例，凡因公所用者皆是。

第五章 自治财政

第一节 自治经费之理由

自治经费，视其所办之事而定。各国有地方税，我国民生日困，未敢骤议，而公款公产向作本地办理公益之用者，自然为经费之一端。所谓不足之时，亦视其所办而定缓急先后。必议事会成立方可议定耳。

第二节　预算决算之理由

日本预算决算无定期，而法文但称预算年度。其所谓一年度者不限定十二个月，故解此年度二字者，至有四学说。我国创办之际，总宜整齐划一，且于习惯亦便，故以正月至十二月为一预算年度，而即借以列入常会之一事。

预算表必九月十五日前交议事会者，以便分送在开会期前也。分送于各议员者，以便各议员调查，然后开会时有所依据。

预备费一项，为备预算不敷及预算未及之琐细开支而设，因物价有变动，或琐细事故，无须由议事会议决者，皆应动用此款。但预备费三字为预算表中一种法定名目，与吾国向称之活支、杂支、零用等名目性质稍异，何则？因预算不敷四字，可见预算表中已有此款项，特其数目短少耳。

决算表在正月内者，因习惯上须十二月三十日清账也，但间有至正月十三日结账者，殊觉不便。兹定为正月内造表，正月至二月议决，取其于事实便利而已。

第三节　处分稽查及赔偿之理由

自治经费以八十五条所列公款公产利息为原则，个人捐助之款为例外。日本有寄附金之名，寄附人自指定者，非得本人许诺，不得议更其用法。所以奖励急公好义之人不违其本志也。地方自治，他种事众基础甚少，惟慈善事业则各处有之，近则学务上亦渐有捐助者，公共款项既由议事会公议，则此例外之款，宜听自由，人类见解各有所偏，孰急孰缓，本无一定。此种捐款虽非委任代办性质，而事实上奖励之术固应如是，不必拘拘于法理也。

预算中费用不得彼此挪用，此既用预算法当然之结果也。大凡挪用之弊，起于无的款指定，始则权宜应付，久之不可收拾。既有一不得彼此挪用明文，则预算表中不能以无著之款列入，而后可保全此条精神。预算费为法定名目者，亦所以为不得挪用之地步也。不挪用并非难事，全在预算时使之处不必挪用之地位耳。我国公款之无可稽考，实由无预算之法，动指无著之款，令人为无米之炊也，不然，以入抵出，何足为奇能哉！

议事会驳斥事项者，就其权限范围内开列细目于预算表中，而经议事会删去者也。议事会所议为应办之大纲，如办某学堂、办某工程、某善举之类。董事会所开预算表中如为某事应用人若干、置物若干之类，仍在议事会议决范围内也。

检查分两次按期检查，本为副会长应尽之责，临时检查则为议事会监督之意，故至少每年一次也。惟按期检查，即习惯上所谓月结是也，然习惯上虽有月结、岁结之例，而月结每不甚注意，其原因，一由于官商款项皆无逐月报销者，或分季或分年，而月结不过自为计算，故不甚重；一由于对外交涉，各处皆无逐月结了之款，亦少一月必完之事，故账目不能逐月划清，此诚非一人一处所能独为，故此处检查只为副会长之责任。副会长为内部总理机关，按月检查，并非对外报销可比。就现在账目逐月清结，则年终决算亦易。或疑太烦者囿于习惯上之办报销也，至邀同通晓簿记一层，原为不甚精计算者而设，不必拘定也。

查出短欠固应填补，而违章支出，如挪用、预支之类，易启弊混，故亦须填补。

赔偿责任本人不能清了，由后嗣担任，并非过刻。例如疯癫之病，亦属本人不能清了之一。设自知亏空或故意作弊而假托疯痴，则赔偿之责无著，而章程之效力消归乌有矣。至贫乏不能自了，或死亡不能自了，亦必有后嗣力能了结之时，能了自应了，章程不得不如是也。

第六章　自治监督之理由

自治事宜属于民间地方上居多，故上级为本府及总督，其余在各官厅权限中，自应监督之。

议事会于预算后提议之件可追加预算，依法令应归地方担任者亦须为追加预算，决算时方可丝毫不爽。

订立条例、新起征收，皆于全境人民大有关系，监督必格外郑重，故不由本府而必由总督批准。

自治行政之成绩，得命报告及调查，此为监督之实质，非空交往来已也。

解散议事会，本属不得已之事，若解散之后不复重举，则机关消灭矣。故同时当命董事会举行改选，一个月内必须召集开会也。

第七章　赒恤及罚则之理由

致伤成病，残废致死，何者系因公，实不易辨，故应由议事会酌量情形。

罚则一节，本未易拟。兹因期成会诸君再三委属，勉拟数条，而强分为二种，其数目年限，亦未知适合否。

议员无故辞职，以退职停权罚之。因议员既属义务，而章程载有辞职明文，不遵章程，是为不尽义务。既经辞职，虽不应辞，亦不强留之。此种不热心之人，留之何益？故即应退职，而此退职与辞职并非一事，辞职不过发表欲退之口思，并非一言出口而责任已卸也。盖辞职为自动的退职，则由议事会退其职。从此即为离去组织，此为被动的。或曰辞职而如以退职之罚，不适如其愿乎？是大不然。凡处罚之目的，在维持公益，不在苦人以难堪。例如重罚百元，豪富视之如敝屣耳。停权十年，独善其身者视之，亦欣然得计耳，此则无可如何者也。至若无故不到会至一年之久，则议事会将不成立，虽不辞职，实与之同。使多数若此，则永不能开会矣，故其罚亦同。

过失须分故意与非故意，故当有轻重之别。此过失包含甚广，若有故意之过失，则于填补赔偿之外加罚。能不即以一罚了也。

故意过失既有确据，则退职停权，以防其再被选耳。

选举之弊，各国尚不能免，亦竞争之结果也。弊之纳贿，尤为恶陋，追款之外并加重罚，亦不为过。惟此条应加与受同科一层，及与而不受一层。此则拟稿时之疏忽也，记于此以备修改。

妨害选举，其手段不一，且有轻重之分，故由议事会于三种罚则范围内议罚，得以斟酌情形也。

《大公报》第二千十五号，光绪三十四年正月廿四日（1908 年 2 月 25 日），“附张（随报附送）”，第 1—2 页；《大公报》第二千十六号，光绪三十四年正月廿五日（1908 年 2 月 26 日），“附张”，第 1—2 页；《大公报》第二千十七号，光绪三十四年正月廿六日（1908 年 2 月 27 日），“附张”，第 1—2 页；《大公报》第二千十八号，光绪三十四年正月廿七日（1908 年 2 月 28 日），“附张”，第 1—2 页；《大公报》第二千十九号，光绪三十四年正月廿八日（1908 年 3 月 1 日），“附张”，第 1—2 页；《大公报》第二千二十号，光绪三十四年正月廿九日（1908 年 3 月 2 日），“附张”，第 1—2 页。

宪政编查馆奏核订京师地方自治章程暨选举章程折并单

奏为核订京师地方自治章程暨选举章程，另缮清单，恭折具陈，仰祈圣鉴事。本年七月二十六日，准军机处钞交钦奉谕旨，民政部会奏拟订京师地方自治暨选举章程缮单呈览一折，著宪政编查馆核议具奏。钦此。旋准民政部将章程咨钞前来，查原奏内称，京师为首善之区，四方辐辏，户口殷繁，所有地方区域、官署阶级，既与各省不同，则关于自治选举等事，自难一律办理，亟应分别变通，另订专章，谨拟就《京师地方自治章程》凡八章一百三十六条、《选举章程》凡七章八十七条，总期制度完密，推行无阻，请饬交照章核议办理等语。查振兴民政为预备立宪之基，而自治一端尤为民政根本，现在《城镇乡自治章程》业经臣馆奏定通行，《府厅州县自治章程》亦正逐细考核，京师为万方表率，向来管理地面各官权限及民情风俗习惯，均与各省迥异，自非如原奏另订专章，不足以资法守而利推行，臣等督饬馆员将原订章程详加考核，于区域之划分、范围之限制，区总各议事会董事会之办法，经费之指项，监督之规制，均称赅备。惟原章第九条，系规定巡警各区设区议事会、董事会之制，查各区有人口较少、财力较绌，专设财力有不及，不设则事有所关，拟准与邻近各区相联合设立一所，以从人情之便。第十六条所载顺天府及大兴、宛平官吏有直接监督自治之责者，不得选举及被选举自治职员一节，查顺天府及大兴、宛平原单，章程并无规定监督明文，应删改为现任京师地方官吏有直接管理地方行政之职者，以符事实而免遗漏。第三十七条，区议事会会议每月二次，恐妨职务，拟改为每月一次，每次三日，使期限有定，既可详议利病且免于他务有碍。第九十三条，总董事会以本地方选民由总议事会选举，正陪各一名，未免人数过少，拟改为正陪三名。第一百二十七条系规定巡警总厅厅丞、各区长为监督及外郊地方自治地方各区监督，惟京城向办自治事宜，有分隶于各衙门而不尽属于巡警总厅、步军统领衙门者，拟加其第五条所列自治事宜，有应隶各衙门管理并由各该主管衙门监督之一项，以清权限而昭慎重。第一百三十二条，各自治监督行文，董事会议事会用札，拟改为用照会，冀可与绅民接洽，其余各条均甚妥协，拟概照原单办理，至《京师自治选举章程》亦经酌为删改，谨并另缮清单，恭呈御览，如蒙俞允，拟即咨行遵照办理。至从前京师官商绅民已办之各种事业，凡在自治章程范围以内、著有成效者，拟请仍令照旧办理，将来续有增加，并准官商绅民一体筹办，俾收众擎易举之效。总之，举办地方自治，重在综核名实，通力合作，乃能规久远而免作辍，诚以自治事宜如学务、卫生等项，既不容自为风气，有一处废置而不行，而公益等捐为集事根基，尤不容有一廛一家之不纳。民治为宪政所经始，京师尤为四方所取，则必宅居者皆能守法，而后可望治理之整齐；必有力者皆肯筹财，而后可期公益之修举。章程所以著自治之格式，而实行尤在精神，否则，奉行参差，诸务延搁，何以重宪政而示天下？应并请饬下该管各衙门，责成认真办理，以副朝廷预备宪政、子爱元元之至意。再，官治与自治，事理相因，关系最密，故地方自治章程与地方官制相为表里，现在拟订自治章程，自应就现行官制，酌量比附，将来官制一律厘订，此项章程及城镇乡地方自治章程，均应酌加修正，届时再由臣等奏明办理，合并声明，所有核订京师地方自治章程暨选举章程，另缮清单具奏各缘由，伏乞皇上圣鉴，谨奏。宣统元年十二月二十四日奉旨已录。

《大公报》第二千七百十三号，宣统二年正月初六日（1910 年 2 月 15 日），第二张，第 4 页

京师地方自治章程

第一章 总 纲

第一节 通 则

第一条 京师地方自治事宜，按照本章程所定，内外城地方由巡警总厅所辖，各区公选合格绅民，归民政部督率办理。

其外郊地方，按照本章程，归步军统领衙门督率办理，仍随时咨报民政部查核。

第二节 区域

第二条 京师地方自治区域内外城地方，以巡警总厅所辖区域为境界。

其外郊地方以京营所辖地面为境界。

第三条 京师地方自治分区之法，内外城地方以巡警区之境界为准。

其外郊地方应就京营地面分区办理。

第四条 巡警区域有更改时，自治区域一并更改。

其京营地面亦同。

第三节 自治范围

第五条 京师地方自治事宜以左列各款为限：

一、本地方之学务。中小学堂、蒙养院、教育会、劝学所、宣讲所、图书馆、阅报社，其他关于本地方学务之事。

二、本地方之卫生。清洁道路、蠲除污秽、施医药局、医院医学堂、公园、戒烟会，其他关于本地方卫生之事。

三、本地方之道路工程。改正道路，修缮道路，建筑桥梁，疏通沟渠，建筑公用房屋、路灯，其他关于本地方道路工程之事。

四、本地方之农工商务。改良种植牧畜及渔业、工艺厂、工业学堂、劝工厂、改良工艺、整理商业、开设市场、防护青苗、筹办水利、整理田地，其他关于本地方农工商务之事。

五、本地方之善举。救贫事业、恤嫠、保节、育婴、施衣放粥、义仓积谷、贫民工业、救生会、救火会、救荒、义棺义塚、保存古迹，其他关于本地方善举之事。

六、本地方之公共营业。电车、电灯、自来水，其他关于本地方公共营业之事。

七、因办理本条各款筹集款项之事。

八、其他因本地方习惯向归绅董办理，素无弊端之各事。

第六条　前条第一至第六款所列事项，有专属于国家行政者，不在自治范围之内。

第七条　京师地方就自治事宜，得公定自治规约，惟不得与本章程及他项律例章程相牴牾。自治规约内得设罚则，以罚金及停止选民权为限，罚金最多之额不得过十元，停止选民权最长之期不得过五年。

第四节　自治职

第八条　京师地方设自治职如左：

一、区议事会、区董事会；二、总议事会、总董事会。

第九条　内外城巡警各区，设区议事会、区董事会各一所，但各区有人口较少者，得与邻近之区合为一所。其总议事会及总董事会，内外城应合设一所。

京营各区，设区议事会、区董事会各一所，其照本章程所定应属总议事会、总董事会权限者，即由各区随时连合协议办理。至应属自治总监督核办事件，由各自治监督会同办理。

第十条　办理自治事宜，应各设自治公所，为议事会会议及董事会办事之地。自治公所，可酌就本地方公产房屋或庙宇为之。

第十一条　内外城各区与京营各区，有彼此相关之事，必须连合办理者，得以协议设联合会办理之。京师地方自治各区与附近地方自治各区，有前项情事时亦同。

第五节　居民及选民

第十二条　凡于京师地方现有住所及寓所者，不论本籍、旗籍或流寓，均为居民。

居民按照本章程所定，有享受本地方公益之权利，并有分任本地方负担之义务。

第十三条　居民具备左列资格者为选民：

一、有本国国籍者；

二、男子年满二十五岁者；

三、居本地方接续至三年以上者；

四、年纳正税或本地方公益捐二元以上者。

居民内有素行公正、众望允孚者，虽不备第三第四款之资格，亦得以议事会之议决作为选民。

若有纳正税或公益捐，较本地选民内纳捐最多之人所纳尤多者，虽不备第二、第三款之资格，亦得作为选民。

第十四条　有左列情事之一者，虽具备前条第一项各款及合前条第三项所定资格，不得为选民：

一、品行悖谬、营私武断，确有实据者；

二、曾处监禁以上之刑者；

三、营业不正者，其范围以规约定之；

四、失财产上之信用，被人控实尚未清结者；

五、吸食鸦片者；

六、有心疾者；

七、不识文字者。

第十五条　选民按照本章程所定，有选举自治职员及被选举为自治职员之权。

以第十三条第三项资格作为选民者，有选举自治职员之权，若不能自行选举者，得遣代理人行之。

代理人以具备第十三条第一项第一、二款之资格，且不犯第十四条所列各款者为限。

第十六条　左列人等不得选举自治职员及被选举为自治职员：

一、京师地方官吏有直接管理地方之职者；

二、现充军人者；

三、现充本地方巡警及兵丁者；

四、现为僧道及其他宗教师者。

第十七条　现在学堂肄业者，不得被选举为自治职员。

第十八条　凡被选举为自治职员者，非有左列事由之一，不得谢绝当选，亦不得于任期内告退：

一、确有疾病不能常任职务者；

二、确有他业不能常居境内者；

三、年满六十岁以上者；

四、连任至三次以上者；

五、其他事由特经议事会允准者。

第十九条　无前条左列事由之一，而谢绝或告退者，得以议事会之议决，于一年以上、五年以下停止其选民权。

第二章　区议事会及区董事会

第一节　区议事会

一、员额及任期

第二十条　区议事会议员以十五名为定额，各区人口有满五万五千者，得于前项定额外增设议员一名，自此以上每加人口五千，得增设议员一名，至多以三十名为限。

第二十一条　区议事会议员由选民互选任之。

区议事会议员选举事宜，照另定选举章程办理。

父子兄弟不得同时任为本区议事会议员，若同时当选者，以子避父、以弟避兄。

若有父子兄弟现为总议事会议员，或总董事会总董、董事，及本区董事会总董、董事者，不得为区议事会议员，但名誉董事不在此限。

第二十二条　区议事会设议长一名、副议长一名，均由职员用无名单记法互选，其细则以规约定之。

第二十三条　议员以二年为任期，每年改选半数，若议员全数同时选任者，其半数即以一年为任满。

前项一年任满之半数，以抽签定之，若全数不能平分者，以多数为半数。

第二十四条　议长副议长以二年为任期，任满改选。

第二十五条　议员及议长、副议长任满再被选者，均得连任。

第二十六条　议员因事出缺至逾定额三分之一者，应即补选。

第二十七条　议长因事出缺，以副议长补之，副议长因事出缺，应即补选。

第二十八条　补缺各员之任期，以补足前任未满之期为限。

第二十九条　议员及议长、副议长均为名誉职，不支薪水。

议长、副议长有办公必需之费用，得给相当之公费，其数目由区董事会定之。

第三十条　区议事会得设文牍、庶务等员，其员额薪水以规约定之。

文牍、庶务员，不限以选民，由议长、副议长遴选派充。

二、职任权限

第三十一条　区议事会应行议决事件如左：

一、本区自治范围内应行兴革整理事宜。

二、本区自治规约，但事关全体通行者，不在此限。

三、本区自治经费岁出入预算及预算正额外预备费之支出。

四、本区自治经费岁出入决算报告。

五、本区自治经费筹集方法，但公益捐之性质，应由京师地方全体担任者，不在此限。

六、本区自治经费处理方法。

七、本区选举上之争议。

八、本区自治职员办理过失之惩戒。

九、关涉本区全体赴官诉讼及其和解之事。

第三十二条　区议事会议决事件，由议长、副议长呈报自治监督查核后，移交区董事会按章执行。

第三十三条　区议事会有监察区董事会执行事务之权，并得检阅其各项文牍及收支帐（账）目。

第三十四条　区议事会遇自治监督有谘询事件，应胪陈所见，随时呈复。

第三十五条　区议事会于地方行政自治事宜有关系各件，得条陈所见，呈候自治监督核办。

第三十六条　区议事会于区董事会所定执行方法，视为逾越权限，或违背律例章程，或妨碍公益者，得声明缘由，止其执行。若区董事会坚持不改，得移交总议事会公断。

若于总议事会之公断有不服时，得呈由自治总监督核断，但京营各区有前项情事时，得径呈自治监督办理。

三、会议

第三十七条　区议事会会议每月一次、每次三日，其有临时应议事宜，经自治监督之通知及区董事会之请求，或议员全数三分之一以上之请求者，均得随时开会。

每届会议应由区董事会将应议事件，距开会三日以前通知议事会议员，其临时会议，事出仓猝者，不在此限。

第三十八条　会议时，议长如有事故，以副议长代理；若副议长并有事故，由议员中公推临时议长代理。

第三十九条　会议非有议员半数以上到会，不得议决。

第四十条　凡议事可否，以到会议员过半数之所决为准，若可否同数，则取决于议长。

第四十一条　会议时，区董事会职员均得到会陈述所见，但不列议决之数。

第四十二条　凡会议不禁旁听，其议长、副议长视为应行秘密者，不在此限。

第四十三条　会议事件有关系议长、副议长及议员本身或其父母兄弟妻子者，该员不得与议。

议长、副议长如有前项事由，照第三十八条办理。议员半数以上有前项事由，因而不能议决者，由议长将该件移交总议事会或邻近之区议事会代为议决，仍照第三十二条办理。

第四十四条　会议时，议员有不守议事规则者，议长得止其发议，违者得令退出，因而紊乱议场秩序致不能会议者，得令暂时停议。

第四十五条　旁听人有不守规则者，议长得令退出。

第四十六条　议事规则及旁听规则由区议事会自定之。

第二节　区董事会

一、员额及任期

第四十七条　区董事会设职员如左：

总董一名，董事一名至三名，名誉董事三名至六名。

董事以区议事会议员十分之一为额，名誉董事以其五分之一为额。

第四十八条　总董以本区选民，由议事会选举正陪各一名，呈由自治监督申报，自治总监督遴选任用之。

第四十九条　董事以本区选民由议事会选举，呈请自治监督核准任用之。

第五十条　名誉董事以本区选民由区议事会选任之。

第四十八、四十九条及本条选举事宜，照另定选举章程办理。

第五十一条　总董董事以二年为任期，任满改选。

第五十二条　名誉董事以二年为任期，每年改选半数，若同时就任者，其半数即以一年为任满。

前项一年任满之半数，照第二十三条第二项办理。

第五十三条　总董董事均支领薪水，其数目由总议事会以规约定之，名誉董事不支领薪水。

第五十四条　区董事会职员任满被再选者，均得连任。

第五十五条　区董事会职员不得同时兼任本区议事会议员，若有由议员当选者，应辞议员之职。

父子兄弟不得同时任为本区董事会职员，若同时当选者，照第二十一条第三项办理。

若有父子兄弟现为总议事会议员，或董事会总董董事，及本区议事会议员者，不得为区董事会职员，但名誉董事不在此限。

第五十六条　总董如有事故，以董事内年长者代理，年同则以居本区较久者代理，若再相同，以抽签定之。

第五十七条　总董董事因事出缺及名誉董事因事出缺，至逾定额之半者，均即补选。

第五十八条　补缺各员之任期，照第二十八条办理。

第五十九条　区董事会因执行各事，有应设各项办事员时，由总董遴选派充，不限以选民，但须经董事会之公认，其细则以规约定之。

第六十条　区董事会得设文牍、庶务等员，其员额、薪水以规约定之。

文牍庶务员不限以选民，由总董遴选派充，或按地方情形，即以本区议事会文牍庶务员兼充之。

二、职任权限

第六十一条　区董事会应办事件如左：

一、区议事会议员选举及其议事之预备。

二、区议事会及总议事会议决各事之执行。

三、以律例章程或自治监督委任办理各事之执行。

四、执行方法之议决。

第六十二条　区董事会于区议事会议决事件，视为逾越权限，或违背律例章程，或妨碍公益者，得声明缘由，交区议事会复议。若议事会坚持不改，得移交总议事会公断，不服者，照第三十六条第二项办理。

第六十三条　总董总理本会一切事件，凡区董事会公文函件，均以总董之名行之。

第六十四条　董事及办事员辅佐总董分任本会一切事件。

第六十五条　名誉董事参议本会应行议决事件。

三、会议

第六十六条　区董事会每月举行职员会议二次，每届会议由区董事会文牍员将本届应议事件，距开会三日以前通知各职员。

第六十七条　会议时，以总董为议长。

总董如有事故，按照第五十六条，以其代理者为议长。

第六十八条　会议时，非董事会职员全数三分之二以上到会，不得议决。议决方法照第四十条办理。

会议时，办事员就该管事务，亦得到会与议。

第六十九条　会议事件有关系区议事会，议长、副议长、议员均得到会陈述所见，但不列议决之数。

第七十条　会议事件有关系区董事会职员本身或其父母兄弟妻子者，该员不得与议，总董如有前项事由，照第六十七条第二项办理。董事、名誉董事全数三分之二以上有前项事由，因而不能议决者，将该件移交区议事会代为议决。

第七十一条　凡议决事件应随时报告区议事会，并呈报自治监督存案。

第三章　总议事会及总董事会

第一节　总议事会

一、员额及任期

第七十二条　总议事会议员以各区议事会议员十分之一为定额。

第七十三条　总议事会议员由各区议事会于议员内互选兼充，其选举事宜，照另定章程办理。

第七十四条　总议事会设议长一名，副议长一名，均由议员用无名单记法互选，其细则以规约定之。

第七十五条　总议事会议员及议长、副议长之任期、改选、补选等项，照第二十三、二十四、二十六、二十七、二十八条办理。

第七十六条　议员及议长、副议长均为名誉职，不支薪水，议长、副议长有办公必需之费用，得给相当之公费，其数目由总董事会定之。

第七十七条　总议事会得设文牍庶务等员，其员额薪水，以规约定之。文牍庶务员不限以选民，由议长、副议长遴选派充。

二、职任权限

第七十八条　总议事会应行议决事件如左：

一、关涉京师地方全体自治范围内应行兴革整理事宜。

二、各区通行之自治规约。

三、本会应需自治经费岁出入预算，及预算正额外预备费之支出。

四、本会自治经费岁出入决算报告。

五、本会自治经费筹集方法及地方全体担任之公益捐。

六、本会自治经费处理方法。

七、本会选举上之争议。

八、自治职员办事过失之惩戒，其惩戒细则以规约定之。

九、关涉本会全体赴官诉讼及其和解之事。

第七十九条　总议事会议决事件，由议长、副议长呈报自治总监督查核后，移交总董事会按章执行。

第八十条　总议事会有监察总董事会执行事务之权，并得检阅其各项文牍及收支账目。

第八十一条　总议事会遇自治总监督有谘询事件，应胪陈所见，随时呈复。

第八十二条　总议事会于地方行政与自治事宜有关系各件，得条陈所见，呈候自治总监督核办。

第八十三条　总议事会于总董事会所定执行方法，视为逾越权限，或违背律例章程，或妨碍公益者，得声明缘由，止其执行。若总董事会坚持不改，得呈候自治总监督核断。

三、会议

第八十四条　总议事会会议每季一次，以二月、五月、八月、十一月为会期，每会期以十五日为限，限满议未竣者，得由议长宣示，展限十日以内。其有临时应议事宜，经自治总监督之通知及总董事会之请求，或议员全数三分之一以上之请求者，均得随时开会。

每届会议，应由总董事会将本届应议事件，距开会十日以前，通知总议事会议员。其临时会议，事出仓猝者，不在此限。

第八十五条　会议时，议长如有事故，照第三十八条办理。

第八十六条　会议议决之方法，照第三十九、四十条办理。

第八十七条　会议时，总董事会职员均得到会陈述所见，但不列议决之数。

第八十八条　会议时不禁旁听，其有应禁旁听者，照第四十二条办理。

第八十九条　会议事件有关系议长、副议长及议员本身或其父母兄弟妻子者，该员不得与议。

议长、副议长如有前项事由，照第三十八条办理。议员半数以上有前项事由，因而不能议决者，由议长将该件移交总董事会代为议决，仍照第七十九条办规。

第九十条　会议时，议员及旁听人有不守规则者，照第四十四、四十五条办理。

第九十一条　议事规则及旁听规则，由总议事会自定之。

第二节　总董事会

一、员额及任期

第九十二条　总董事会设职员如左：总董一名、董事五名、名誉董事十二名。

第九十三条　总董以本地方选民、由总议（选）〔事〕会选举，正陪共三名，呈由自治总监督申报民政部，开单奏请，圈出一人。

第九十四条　董事以本地方选民、由总议事会选举，呈由自治总监督核准，申报民政部任用之。

第九十五条　名誉董事以本地方选民，由总议事会选任之。

第九十三、九十四及本条选举事宜，照另定选举章程办理。

第九十六条　总董、董事及名誉董事之任期、薪水，照第五十一至五十三条办理。

第九十七条　总董事会职员任满再被选者，均得连任。

若总董再被选者，应仍照九十三条办理。

第九十八条　总董事会职员，不得同时兼任总议事会议员及各区自治职员，但名誉董事不在此限。

父子兄弟不得同时任为总董事会职员，若同时当选者，照第二十一条第三项办理。

若有父子兄弟现为总议事会议员或各区自治职员者，不得为总董事会职员。

第九十九条　总董如有事故，以董事内年长者代理，年同则以居本地方较久者代理，若再相同，以抽签定之。

第一百条　总董、董事及名誉董事因事出缺及补缺各员之任期，照第五十七条、五十八条办理。

第一百零一条　总董事会因执行各事有应设各项办事员时，由总董遴选派充，不限以选民，但须经总董事会之公认，其细则以规约定之。

第一百零二条　总董事会得设文牍、庶务等员，其员额薪水，以规约定之。文牍庶务员不限以选民，由总董遴选派充。

二、职任权限

第一百零三条　总董事会应办事件如左：

一、总议事会议决各事之执行。

二、以律例章程或自治总监督委任办理各事之执行。

三、执行方法之议决。

第一百零四条　总董事会于总议事会议决事件有视为应归各区分办者，得以总董事之议决，委任各区董事会办理。

第一百零五条　总董事会于总议事会议决事件，视为逾越权限，或违背律例章程，或妨碍公益者，得声明缘由，交总议事会覆议。若总议事会坚持不改，得呈请自治总监督核断。

第一百零六条　总董总理本会一切事件，凡总董事会公文函件，均以总董之名行之。

第一百零七条　董事及办事员辅佐总董分在任本会一切事件。

第一百零八条　名誉董事参议本会应行议决事件。

三、会议

第一百零九条　总董事会每月举行职员会议一次。

每届会议，总董事会文牍员应将本届应议事件，距开会五日以前，通知各职员。

第一百十一条　会议时，非董事会职员全数三分之二以上到会，不得议决。议决方法，照第四十条办理。

会议时，办事员就该管事务亦得到会与议。

第一百十二条　会议时，总议事会议长、副议长及各区董事会总董，均得到会陈述所见，但不列议决之数。

第一百十三条　会议事件有关系总董事会职员本身或其父母兄弟妻子者，该员不得与议。

总董如有前项事由，照第六十七条第二项办理。董事、名誉董事全数三分之二以上有前项事由，因而不能议决者，将该件移交总议事会代为议决。

第一百十四条　凡议决事件，应随时报告总议事会，并呈报自治总监督存案。

第四章 自治经费

第一节 类 别

第一百十五条 京师地方自治经费以左列各款充之：

一、本地方公款公产。

二、本地方公益捐。

三、按照自治规约所科之罚金。

第一百十六条 前条公款公产以向归本地方绅董管理者为限。

如向无前项所指公款公产，或其数寡少、不敷用者，得由议事会指定本地方关系自治事宜之款项、产业，呈请各该自治监督核准拨充。

第一百十七条 公益捐分为二种如左：

一、附捐；二、特捐。

就官府征收之捐税，附加若干为公益捐者，为附捐；于官府所征捐税之外，另定种类名目征收者，为特捐。

前项附捐数目，不得过原征捐税定数十分之一。

凡以劳力或物品供给办理自治事宜之需用者，得计其相当价值，以特捐论。

第一百十八条 公益捐之创办，由议事会拟具章程，呈请各该自治监督核准遵行，嗣后如有应行变更废止之处，亦由议事会条议，呈请各该自治监督核准。

第二节 管理及征收

第一百十九条 自治经费由议事会议决管理方法，由董事会管理之。

第一百二十条 公款公产之内有系私家捐助，当时指定作为办理某事之用者，不得移作他用。其指定办理之事业，以律例章程变更废止者，不在此限。

第一百二十一条 附捐由该管官吏按章征收，汇交董事会收管。特捐由董事会呈请各该自治监督出示晓谕，交董事会自行按章征收。

第一百二十二条 凡于本地方内有不动产或营业者，即本人不在本地方居住，亦一律征收公益捐。

第三节 预算、决算及检查

第一百二十三条 董事会每年应预计明年经费出入，制成预算表，于十一月议事会会议期内移交该会议决。

议决后，除照第三十二条办理外，应呈报各该自治监督存案，并于本地方榜示公众。

第一百二十四条 预算内除正额外，得设预备费，以备预算不敷及预算各款外临时之支出。若预备费不敷支出者，非经议事会之议决，不得提用他款。

第一百二十五条 董事会每年应将上年经费出入，制成决算表，连同收支细帐，于每年二月议事会会议期内，移送该会议决，议决后，照第一百二十三条第二项办理。

第一百二十六条 凡自治经费出入之检查，分为二种如左：

一、定期检查，二、临时检查。

定期检查每月一次，由董事会总董行之。

临（事）〔时〕检查每年至少一次，由董事会总董会同议事会议长、副议长及议员一名以上行之。

第五章 自治监督

第一百二十七条 京师地方自治，内外城以巡警各区区长为监督，巡警总厅厅丞为总监督，均受成于民政部。各该监督应按本章程，查其有无违背之处而纠正之，并令其报告办事成绩，征其预算、决算表册，随时亲往检查，将办理情形按期由内外城总厅汇齐，会报民政部查核。

其外郊地方自治各区监督，由步军统领衙门派员充之，按照前项所列各节申报步军统领衙门查核，仍由步军统领衙门汇咨民政部存案。

其第五条所列自治事宜，有应隶各衙门管理者，并由各该主管衙门监督之。

第一百二十八条 各区区长有申请，县丞厅丞有申请民政局解散议事会、董事会及撤销自治职员之权，解散或撤销后，应分别按章改选。议事会应于解散后两个月以内、董事会应于解散后十五日以内重行成立。

若议事会、董事会同时解散，应于两个月以内先行招集议事会，所有选举及开会事宜，由各该自治监督遣派官绅代办，应于议事会成立后十五日以内重行成立。

其外郊地方各议事会，步军统领衙门派出之员有申请步军统领衙门解散或撤销之权，其重行成立期限及办法，照前两项办理，并随时咨报民政部存案。

第六章 罚 则

第一百二十九条 自治职员有犯赃私及侵吞挪借款项者，除责令全数缴出外，仍由审判厅按照律例办理。

第一百三十条 自治职员有不受监督者，应酌量情形照第一百二十八条第一项办理。

第一百三十一条 自治职员有以自治为名，干预自治范围以外之事，议事会各员及董事会名誉董事于会议时，停止其到会一次以上、三次以下，或三日以上、十日以下；董事会总董、董事停止其薪水半月以上、二月以下，其情节较重者均除名。

第七章 文书程式

第一百三十二条 议事会、董事会行文各该自治监督用“呈”，彼此互相行文用“知会”，各自治监督行文议事会、董事会用“照会”。

第一百三十三条 议事会、董事会各备木质图记，由民政部核定式样，归自治总监督颁发钤用。

其外郊地方由步军统领衙门颁发钤用。

第八章 附 条

第一百三十四条 本章程自奏明奉旨后施行。

第一百三十五条 本章程如有增删修改之处，得由总议事会拟具条议，呈送自治总监督审查，申报民政部核议，会同步军统领衙门奏明修改。

第一百三十六条 本章程施行细则，由内外城巡警总厅酌定，仍申报民政部存案。

其外郊地方由步军统领衙门派出之员拟订施行细则，申报步军统领衙门核准，仍随时咨报民政部存案。

《大公报》第二千七百十四号，宣统二年正月初七日（1910年2月16日），“专件”，第三张，第1页；《大公报》第二千七百十七号，宣统二年正月初十日

(1910年2月19日)，“专件”，第二张，第5页；《大公报》第二千七百十八号，宣统二年正月十一日（1910年2月20日），“专件”，第二张，第4页；《大公报》第二千七百十九号，宣统二年正月十二日（1910年2月21日），“专件”，第二张，第4页；《大公报》第二千七百二十七号，宣统二年正月二十日（1910年3月1日），“专件”，第二张，第4页；《大公报》第二千七百二十八号，宣统二年正月廿一日（1910年3月2日），“专件”，第二张，第4页；《大公报》第二千七百二十九号，宣统二年正月廿二日（1910年3月3日），第6页；《大公报》第二千七百三十一号，宣统二年正月廿四日（1910年3月5日），“专件”，第二张，第4页；《大公报》第二千七百四十七号，宣统二年二月十一日(1910年3月21日)，“专件”，第二张，第3页；《大公报》第二千七百四十九号，宣统二年二月十三日（1910年3月23日），“专件”，第二张，第3—4页；《大公报》第二千七百五十号，宣统二年二月十四日（1910年3月24日），“专件”，第二张，第4页；《大公报》第二千七百五十一号，宣统二年二月十五日(1910年3月25日)，“专件”，第二张，第2—3页；《大公报》第二千七百五十三号，宣统二年二月十七日（1910年3月27日），“专件”，第二张，第3页

京师地方自治选举章程

第一章　总　纲

第一条　凡选举及被选举资格，按照京师地方自治章程所定办理。

第二条　选举事宜，区议事会由区董事会办理，区董事会由区议事会办理，总董事会由总议事会办理。

第三条　办理选举，应设调查及管理各员，由区议事会总董或区议事会总议事会议长，各就自治职员内，酌派充之。

第二章　区议事会选举

第一节　选举年限

第四条　凡选举议员，每年一次，于议员应届任满三个月前，由区董事会总董预定日期举行。

第二节　选举等级

第五条　选举人分为两级，就选举人内择其年纳正税或公益捐较多者若干名，计其所纳之额，足当选举人全数所纳总额之半者为甲级，其余选举人为乙级。

第六条　选举人有所纳税捐之额介于两级之间者，归入甲级。若两级之间有二名以上所纳之额相同者，以年长之人入甲级，年同者由区董事会总董抽签定之。

第七条　两级选举人分别各选举议员半数，其被选举人不必限定与选举人同级。

若议员全数不能平分者，先按两级各分半数，其所余单数由甲级选举之。

若甲级选举人数少于该级应出议员额数者，除各举一名外，其余额归入乙级选出之。

第三节　人名册

第八条　每届选举，应由区董事会总董派定调查员，按章查取合格人员，造具选举人名册，所有选举人及被选举人均以列名册内者为限，其照京师地方自治章程，仅有选举资格而无被选举资格者，应于本人姓名项下注明。

调查细则由区董事会拟订施行。

第九条　选举人名册应按名记载姓名、年岁、籍贯、住居年限及完纳税捐年额。

第十条　选举人名册，应于选举期两个月以前，依限告成，存放自治公所，宣示公众。

第十一条　宣示选举人名册，以二十日为期，如本人以为错误遗漏，准于宣示期内取具凭证，声请区董事会总董更正，逾限不得再请。

区董事会总董据前项声请，应即日移知区议事会公断。

第十二条　区议事会自接到前条移知之日起，应于十日以内断定准否，若断定准其更正者，应由区董事会总董一律更正，即作为确定。

第十三条　选举人名册确定后，应由区董事会总董保存，如本届选举年限内有当选无效及照章应行补选者，所有选举人及被选举人，仍以列名册内者为限。

第十四条　选举人名册确定后，应分缮副本，申报各该自治监督存案，并发交投票所及开票所各一分备查。

第十五条　宣示选举人名册时，应刊印选举传单，一同公布。其应载事级如左：

一、选举日期。

二、投票所及开票所地址。

三、投票方法。

选举日期，两级应分两日，先乙级，次甲级。

第四节　投票所

第十六条　投票设所于自治公所。

第十七条　投票所由区董事会总董派定管理员掌投票一切事宜。

第十八条　投票所除本所职员及投票人外，他人不得阑入。

第十九条　投票所之启闭，以午前八时至午后六时为率，逾限不准入内。

第二十条　管理员于投票毕后，应将投票始末情形，造具报告，连同投票匦于翌日移交开票所，并报告区董事会总董。

第二十一条　投票所自投票完毕之日起十五日以内，依限裁撤。

第二十二条　投票所办事细则，由区董事会拟订施行。

第五节　投票簿、投票纸及投票匦

第二十三条　区董事会总董应按照投票所投票人数造具投票簿，并按照定式制成投票纸及投票匦，于选举期十日以前，发交投票所。

第二十四条　投票簿应记载投票人姓名、年岁、籍贯及住所。

第二十五条　投票簿应将两级分别两册记载。

第六节　投票方法

第二十六条　投票人以列名投票所之投票簿者为限。

第二十七条　投票人届选举期，应亲赴投票所自行投票，不得倩人代理。

其照京师地方自治章程第十五条第二项特许者，不在此限，但投票时应将代理凭证向管理员呈验。

第二十八条　投票人应在投票簿所载本人姓名项下签字毕，方准领投票纸。

第二十九条　投票人每名只准领投票纸一页。

第三十条　投票用无名单记法，每票只准书被选举人一名，不得自书本人姓名。

第三十一条　投票人应准于选举票附记格内，将所选举人素行如何公正，附记一二事为众论所称道者，并得于附记格内注明所选举人官衔、职业、住所等项，此外不准夹写他语。

第三十二条　投票人于投票所内，除关于投票事宜得与职员问答外，不得涉及私言，并不得与他人接谈。

第三十三条　投票人投票毕应即退出，不得逗留窥视。

第三十四条　投票人倘有顶替及违背定章等事，管理员得令退出。

第七节　开票所

第三十五条　开票所设于自治公所。

第三十六条　开票所由区董事会总董派定管理员掌开票一切事宜。

第三十七条　开票所自投票匭送到之翌日，由区董事会总董酌定时刻，先行榜示，届时亲自到场督同管理员当众开票，即日宣示。

第三十八条　开票时准选举人前往参观，若人众不能容时，管理员得以限制人数。

第三十九条　管理员应将开票始末情形，造具于本，于检点票数完毕之翌日，报告区董事会总董。

所有票纸应分别有效、无效，一并附送报告，届选举年限内，由区董事会之总董保存之。

第四十条　第二十一条、二十二条所定事项，开票所一律照办。

第八节　检票方法

第四十一条　检票时应先将选举票与投票簿对照，如有票数与名数不符，及放弃选举权等事，均应另册记名。

第四十二条　凡选举票无效者如左：

一、写不依式者；二、字迹不可认者；三、不用投票所所发票纸者；四、选出之人不在选举人名册内者；五、选出之人不合被选举资格者。

第九节　当选决定

第四十三条　凡选举以得票较多数者为当选，按得票多寡以次递推，票数同者以年长之人列前，年同者由区董事会总董抽签定之。

第四十四条　当选人确定后，应即榜示，并由区董事会总董具名，分别知会各当选人。

第四十五条　当选人接到知会后，应自知会之日起五日以内答复应选，其逾期不复者，以谢绝论。

第四十六条　一人两级均当选者，应自知会之日起五日以内答复愿应何级之选，其逾期不复者，亦以谢绝论。

第四十七条　前二条以谢绝论者，照京师地方自治章程第十八、十九条办理。

第四十八条　凡应选者由区董事会总董呈由各该自治监督申报自治总监督，给予执照，并由自治总监督汇申民政部存案。

外郊地方，凡应选者，由区董事会总董呈请各该自治监督申报步军统领衙门，给予执照，汇咨民政部存案。

前二项执照，均由民政部先期依式制定，京师内外城交由巡警总厅，外郊地方交由步军统领衙门分别填用。

第十节　选举变更

第四十九条　凡左列各款为选举无效：

一、选举人名册有舞弊作伪情事，牵涉全数人员公断确实者。

二、办理选举，不遵定章公断确实者。

三、照章解散者。

第五十条　凡左列各款为当选无效：

一、谢绝。

二、告退。

三、身故。

四、被选举资格不符，断定确实者。

五、当选票数不实，断定确实者。

六、当选后失其资格，断定确实者。

七、受除名之处分者。

第五十一条　当选无效，如已给予执照，应令缴还，并将姓名及其缘由榜示。

第五十二条　每届选举年限，应行改选议员出缺定额三分之一者，应行补选。

选举无效，一律改选；当选无效，一律补选。

第五十三条　补选以得票最多者补所出缺中任期未满最长者之缺，其余以次递推，票数同者以年长之人列前，年同者由区董事会总董抽签定之。

第五十四条　改选及补选一切应有事宜，均照本章程办理。

第十一节　选举争议

第五十五条　凡选举人确认有左列各款情事者，得提起选举争议：

一、选举人名册有舞弊作伪情事，牵涉全数人员。

二、办理选举不遵定章。

三、被选举资格不符。

四、当选票数不实。

五、当选后失其资格。

第五十六条　选举争议，由选举人申诉区议事会公断，不服者，申诉总议事会公断，仍不服者，呈由自治总监督核断。

外郊地方，应由总议事会公断者，即由各区议事会连合协议办理，应由自治总监督核断者，由各自治监督会同办理。

第五十七条　申诉，除第五十五条第五款外，应自选举之日起三十日以内为限。

第五十八条　落选人员确信得票额数可以当选而未经与选者，得照前二条办理。

第三章　区董事会选举

第五十九条　凡选举总董及董事二年一次，选举名誉董事每年一次，于各该员应届任满三个月前，由区议事会议长预定选举日期，招集议员举行，并呈请各该自治监督亲临或议员监督之。

第六十条　总董用无名单记法选举，以捐票满议员总数三分之一者为当选。

董事及名誉董事用无名连记法分次选举，以得票满议员总数三分之一者为当选。

票数同者以年长之人列前，年同者由议长抽签定之。

若得票无满议员总数三分之一者，应即如法再选，以选出为止。

第六十一条　总董选举完毕后，由议长将得票当选者拟定正陪各一名，开列姓名、履历及得票数目，造具清册，呈由各该自治监督申报自治总监督遴选一名，照会任职，并由自治总监督汇申民政部存案。

外郊地方应呈请各该自治监督遴选一名，照会任职，并由各该自治监督申报步军统领衙门，汇咨民政部存案。

第六十二条　董事及名誉董事选举完毕后，由议长开列姓名、履历及得票数目，造具清册，呈由各该自治监督申报自治总监督核准任用，并由自治总监督汇申民政部存案。

外郊地方，应呈请各该自治监督核准任用，并由各该自治监督申报步军统领衙门，汇咨民政部存案。

第六十三条　总董、董事及名誉董事均由自治总监督给予执照，外郊地方由各该自治监督申报步军统领衙门给予执照。

前项执照均由民政部先期依式制定，京师内外城交由巡警总厅，外郊地方交由步军统领衙门，分别填用。

第六十四条　区董事会选举一切细则，以规约定之。

其选举争议应申诉总议事会公断，不服者呈由自治总监督核断。

外郊地方照第五十六条第二项办理。

第四章　总议事会选举

第六十五条　凡选举总议事会议员每年一次，于议员应届任满三个月前，由各该区议事会议长预定选举日期，招集议员举行，呈请各该自治监督亲临或派员监督之。

第六十六条　总议事会议员用无名单记法选举，以得票较多数者为当选，按得票多寡以次递推，票数同者以年长之人列前，年同者由各该区议事会议长抽签定之。

第六十七条　总议事会议员选举完毕后，由各该区议事会议长将得票当选者开列姓名、履历及得票数目，造具清册，呈由各该自治监督申报自治总监督，汇申民政部，给予执照，并由民政部存案。

第六十八条　总议事会选举一切细则，以规约定之。

其选举争议，应申诉自治总监督核断。

第五章　总董事会选举

第六十九条　凡选举总董事会总董及董事，二年一次，选举名誉董事，每年一次，于各该员应届任满三个月前，由总议事会议长预定选举日期，招集议员举行，并呈请自治总监督亲临或派员监督之。

第七十条　选举总董、董事及名誉董事之投票方法，及当选决定，照第六十条办理。

第七十一条　总董选举完毕后，由议长将得票当选者，拟定正陪共三名，开列姓名、履历及得票数目，造具清册，呈由自治总监督，申报民政部，开单奏请，圈出一人。

第七十二条　董事及名誉董事选举完毕后，由议长开列姓名、履历及得票数目，造具清册，呈由自治总监督核准，申报民政部任用。

第七十三条　总董、董事及名誉董事，均由民政部给予执照。

第七十四条　总董事会选举一切细则，以规约定之。

其选举争议，应申诉自治总监督核断。

第六章　罚　则

第七十五条　以诈术获登选举人名册、或变更选举人名册者，处三元以上三十元以下之罚金。

办理选举人员知情者，处一月以上二月以下之监禁，或三十元以上六十元以下之罚金。

第七十六条 冒用姓名投票者，处一月以上六月以下之监禁，附加五元以上三十元以下之罚金。

第七十七条 以财物利诱选举人、或选举人受财物之利诱、及居中周旋说合者，处一月以上二月以下之监禁，或三十元以上六十元以下之罚金，财物入官，已用去者按价追缴。

第七十八条 以暴行胁迫妨害选举人及选举关系人者，处一月以上三月以下之监禁，或三十元以上百元以下之罚金。

第七十九条 选举人及选举关系人携带凶器者，处一月以上二月以下之监禁，凶器入官。

第八十条 加暴行于办理选举人员或骚扰投票所开票所，或阻留毁夺选举票、投票匦及其他有关选举文件者，处一月以上六月以下之监禁，附加五元以上三十元以下之罚金。

第八十一条 办理选举人员漏泄选举票上之姓名者，处一月以上三月以下之监禁，附加五元以上三十元以下之罚金。

其所漏泄非事实者，罚同。

第八十二条 办理选举人员违法干涉选举人之投票或暗记被选举人之姓名者，处一月以上三月以下之监禁，或三十元以上百元以下之罚金。

违法擅开投票匦或取出投票匦中之选举票者，罚同。

第八十三条 凡犯本则所定各条者，由审判厅审理执行。

第七章 附 条

第八十五条 本章程与京师地方自治章程同时施行。

第八十六条 本章程如有未尽事宜应行增改者，开京师地方自治章程第一百三十五条办理。

第八十七条 京师地方自治开办时，第一次区议事会选举所有办理选举人员，由各该自治总监督会同遴派官绅充之，其外郊地方由步军统领衙门派令官绅办理，均于派定后汇报民政部查核。

《大公报》第二千七百五十三号，宣统二年二月十七日（1910 年 3 月 27

日），“专件”，第二张，第3页；《大公报》第二千七百五十五号，宣统二年二月二十日（1910年3月30日），“专件”，第二张，第1页；《大公报》第二千七百六十号，宣统二年二月廿五日（1910年4月4日），“专件”，第二张，第2—3页；《大公报》第二千七百六十二号，宣统二年二月廿七日（1910年4月6日），“专件”，第二张，第2—3页；《大公报》第二千七百六十五号，宣统二年二月三十日（1910年4月9日），“专件”，第二张，第2—3页；《大公报》第二千七百六十七号，宣统二年三月初二日（1910年4月12日），“专件”，第二张，第3页；《大公报》第二千七百七十二号，宣统二年三月初七日（1910年4月16日），第二张，第3页；《大公报》第二千七百七十三号，宣统二年三月初八日（1910年4月17日），“专件”，第三张，第2页

（四）关于顺直地方自治的报刊舆论

顺直自治为内治之大要①

……查日本明治八年开地方官会议，帝率百官视临，议定全国民会公举法。十一年，又开地方官会议，定府县规则、地方税规则，及编制郡、町、村、区法，至二十三年始开国会，是民会先国会而成。而我国则宜先国会而后民会，何则？日本地方狭小，官与民斯时已有程度，故能骨节灵通。我国则幅员辽阔，民与督抚隔越，督抚与政府又隔越，隔越既多，即壅蔽可虑，故宜先立国会以提挈之。盖一面组织国会，一面分设民会，本固而枝荣，自能一以贯之也。民会者何？即地方自治制度中之府县町村各会。我国官制所定之议事会、董事会是也。

① 标题为编者所加。

伏查预备立宪，惟直隶一省诸事渐举，即地方自治，天津一府已办有端倪，行将推广全省，而他省则仍绝无所闻。如谓人民程度不足，何以直隶独高？如谓办事之人不多，何以直隶独盛？此可见直隶督臣之认真办理，不遗余力，其才力有非他人所能及者。日本之自治也，以源村稻取生出诸村为模范，我国之自治也，可以直隶天津为模范。拟请严饬各省督抚筹办自治，现一年办有头绪，民会成斯国会愈有力焉。此现在关于内治之大要也。……

《大公报》第一千九百九十八号，光绪三十四年正月初七日（1908年2月8日），“附张（随报附送）”，第1页

无财政权之地方团体

（驳捐务科照会天津议事会文）

个人之生活，赖有经济以维持之，团体亦然。团体无经济，失其存在之根据，而别无活动之能力。地方团体者，政治团体之一种，故地方团体之不可无财政权，犹之个人不可无财产权也。然而，个人之财产权赖有法律以保护之，则地方团体之财政权，亦不可无法律以承认之。诚以权利根法律而生，无法律则权利不能存在也。虽然，国家既许地方之自治，未有不予以自治之权力者。既予以自治之权力，未有不许其有独立之财产者。使以为地方团体虽有自治之权，而其财政之权应仍属之于国家，是无异欲将个人之生活而不许其有经济行为也。吾人观于天津所谓地方自治者，得毋类是。

天津自办地方自治，苦无常年经费。今岁议事会成立，乃以议员之多数禀请接办捐务科事，盖所以为地方之财政计者，即所以为团体之生存计。不意捐务科详覆督宪文中竟以试办之初法律未备，自治团体不得遽有征税之权。吾人观其根据之法理、引证之事实，确不能信为正当者。兹不妨一一举之，亦可见其根本上之误谬焉。

原文所谓自治之制度未颁，监督之法则不明者，将以为我国今日无如日本之府县制，故地方团体不能有法律上之人格耶？不知地方团体之有人格，不必于府县制载有一定之明文，虽在府县制未颁之前苟有他种法规可视为自治之根据者，而地方团体之人格即因之发生。日本美浓部博士曰：“府县者，于一方为国之行政区划，而于一方又为有自治权之一个法人，但府县如是之性质，初非依府县制之施行而生，盖虽在府县制施行以前之府县，固已成为法人而有独立自治权之主体者久矣。就其自治之机关，有府县会之特别机关，有征收租税权，有支配费用权，凡此大体于府县制施行后悉无更张。然则所谓府县制者，非新认府县之自治权而与以法人格之地位，不过确认其旧有之自治权及法人格而已。”又曰：“从来之法律上以府县为法人者，并无明文，不过从其他之条项推测而得之，而于新府县制则第二条即明言其为法人也。”（译《府县制郡制要义》第一章、第一节“论府县之性质”）又日本山协玄氏曰：“府县之为法人，非依府县制之实施始承认者，于明治十一年第十八号布告。府县会规则发布以来，既经认为法人而有独立之自治权。不过因旧府县制更扩张其权利之范围，且当时之法律虽未明言其为法人，而于事实上初无所差异也。”（译《府县制郡制论》第一章解释第二条原文）从以上之二说，则府县之为法人，固不必有特别之法律著有一定之明文也。然则，今日所急欲研究者，即我国从来之法律上，果有可视为自治之根据而以府县为法人否？据吾人所推测者，则确认天津县之地方团体具有法人之资格，试举其明证如左。

去岁八月二十三日上谕，著民政部妥拟自治章程，请旨饬下各省督抚择地依次试办，并由该部随时切实稽查，立为考成，勿任空文塞责等语。吾人细绎此次上谕，所谓自治章程者，虽未明言一省之自治或一府一县之自治，而其认各地方有自治之权力，及以民政部为最高之监督机关，义理显明，不待深考者也。且以吾人所主张者，关于一府一县之自治，各省督抚若不背中央政府之法令，应有完全立法之权，况地方自治四字，既已表明于上谕中，则各省督抚所立府县自治法规，未经中央政府之取消废止者，当然有实行之效力。吾人观于天津试办地方自治章程，益信其为一县自治之根据，而非可以一纸空文目之者。且于本章程中有董事、议事会之组织，有预算、决算权之授与，关于自治事宜，并有自定条例之权，是虽无认为法人之明文，而其以天津县为自治权之主体，不难推测而知。至所谓监督之法则，本章程第六章已规定其大概，其详细条目，不妨随时颁布，而不得于未颁布之先，竟否认地方团体之自治权也。

吾人既以天津县为自治权之主体，则其有独立之人格，固不待言。然地方团体为计自身之存在，则不可无一定之经济。故地方团体之财政权，乃与地方团体同时而发生者。虽然使地方团体于征收租税而外，别有维持经济之法则，或谓地方团体虽有财政之权，而不必兼有征税之权，然自吾人观之，各国所谓府县团体，殆无不恃地方租税以为经费出入之大宗，今天津县所有之公款、公产，能有几何？其不敷一县之行政费用，固自瞭然。当此经济困乏之时，而欲为地方自治之计，窃以为地方一日无征税之权，则团体一日不能存在也。使以为地方团体既有财政之收入，至其收入之本源，或出自国家之补助，或酌拨地方之公款，均不妨由国家自定之。呜呼！是不过藉自治之名而行其官治之实耳，何尝为地方团体计哉！

原文又以日本府县知事为参事会长之故，一若地方之财政事务，知事皆可代表而执行之。吾人固不敢谓参事会有独立征税之权，然亦不能认府县知事为参事会而外之人，故府县知事亦不能离参事会而有独立之征税权也。盖府县知事者，虽有执行财政之权，然其执行行为，乃代表地方团体之行为，而非代表国家之行为，且仅代表参事会应有之行为，而非代表参事会而外一切之行为也。使以府县知事可以执行财政之故，遂谓参事会员毫无参预执行之权，是仍不外藉自治之名而行其官治之实耳。

凡言地方自治者，必先定官治与自治之范围。府县知事者，一面为官治行政之机关，一面又为自治行政之首长。原文以我国地方长官之权限大于日本之府县知事，是自其官治之权限而言之耶，抑自其自治之权限而言之耶。如以其官治之权限大于日本之知事，遂谓我国地方征税之权应属于官治之范围，是明明欲藉地方长官之名义，抹煞地方团体应有之实权耳。如以其自治之权限大于日本之知事，遂谓我国之地方长官应置身于参事会而外，操有独立征税之权。吾人未闻各国府县地方团体中有此单独统一之最高机关也。原文既以参事会为执行机关（学者有以为议事机关者），又以参事会长执行之权即参事会执行之权，是明明认府县知事为参事会中之一人，诚如是也，则参事会成立之日即府县知事加入执行机关之日。府县知事所有之财政执行权，即参事会所有之财政执行权也。如是而谓非府县知事不能有此执行权，参事会不能离知事而独行此执行权，是又若以府县知事为参事会而外之一人，何其矛盾之甚乎。

原文又引明治十三年所颁《区町村会法》为日本自治制度之萌芽，而又谓此时之区町村会仅为官厅咨询之机关。作者试一读日本明治十一年七月第十八号布告所定《府县会规则》，彼时所谓府县会者，岂仅为官厅咨询之机关乎？抑为地方团体发生之始期乎？既不明日本自治制度之沿革，而又不审町村自治与府县自治之区别，乃欲引为口实，以阻我自治团体之进步，何其不审至是乎！日本自治制度始于府县而及于町村，彼时官治与自治之界限，事实上固甚明了。所谓府县会与区町村会者，其为地方团体之机关，而非官厅附属之机关，是固一般学者所公认而无俟深辨者也。乃作者不察，竟以彼时之自治制度为答。官厅咨询之制度谓彼时之地方团体毫无对外之权能，其不谙法理，任意武断之处，容有可恕，而其牵强附会，使官厅为揽权地步，罪实难容也。

虽然日本当日之自治法规固非完全无缺者，是亦学者之所同认。然法规之所以不完全者，非谓当日之地方团体未经承认为法人也。地方团体之为法人否，固不必有特定之法律著有一定之明文，是记者所再三言之，兹不赘述。但地方团体既有独立之人格，而欲维持其人格之存在，可以无独立之经济否？原文以为，日本当日关于地方上公共费用仅于一区域内为协议上之分担，吾不知所谓协议上之分担者，果属如何之性质，将以地方团体为私法上公共组合之类耶？抑以地方团体之费用全恃寄附金之收入耶？其所以不得不如是解释者，皆由不认地方团体为法人之故。吾人既认之法人即不得不以当日之团体实有强制征收之权，或者其征收之形式不如今日之完全，然亦不得以此藉口，遂谓当日之法律并未认有团体之收入权也。

（记者属稿未毕，有投函者谓读伯泉、究竟两君对于捐务科稿，钦佩无及。惟原稿系某某所拟，亦一有学问有热心之人，幸勿菲薄视之云云。按，此稿并非伯泉、究竟两君来稿，乃记者之文，其中责任，记者自负之。记者根据法理、参酌事实，发表对于地方自治之意见，固不问拟原稿者为何如人，至于立言之当否，当世明达君子自能辨其是非，亦无俟记者之哓哓也。）

原文又以自治局前者禀定权限文内，其对于地方捐务，亦只有议员监察之权。不知自治局禀定之权限，仅为议事会之权限，而非董事会之权限也。议事会不能有独立征税之权，又何待论。乃原文中一则曰，征收大权断无该会独立担任之理；再则曰，督办司道等亦无交付此项捐务与该会经办之理。一若议事会既不能有此权限，则董事会亦并不能有此权限者，抑知董事会既为执行机关，而自治章程第六十五条第四项亦明明认预算收入之权属于董事会中。不过，董事会一日不成立，则此等权利终属于地方长官。若董事会成立之后，彼地方长官既加入于董事会中而为董事会长，则此等权利概为董事会之权利，而非复地方长官之权利矣。虽地方长官得以董事会长之资格代表而执行之，然是代表董事会之行为，而非代表国家官厅之行为也。故今日地方自治所最切要者，莫如先为董事会之组织。盖董事会一日不成立，则地方财政之权无自而发生。此记者持平之论，非对于捐务科而有所私也。

原文又以常年经费无着，乃仿照日本给与补助金办法，以补不足。案，日本补助金之给与，系因地方固有之财产不足，国家始从而补助之。今原文既明言无基本之财产，又无他项之收入，乃亦欲仿照日本办法给与地方以补助金，吾不知何所取义，乃出此敷衍目前之计也。且凡一团体之存在，必其自身有活动之能力。若仅恃国家之补助以苟延残喘，吾未闻天下有如此之穷法人，全依他人之生活而能生活者，有之，则天津之地方团体是也。

我国财政之紊乱，由来久矣。而其最难整顿且万不可缓图者，莫如国家财政与地方财政之分画。今既日言地方自治，其不可不从清理财政入手，是尤识者之所公认也。然而欲清理地方之财政，必先使地方有财政之权。而欲使地方有财政之权，尤不可不先为董事会之组织。盖董事会为地方行政之枢纽，而整厘财政之重要机关也。董事会一经成立，则向日地方官所有之权利，不得不分配于董事会中；即向日地方官管理之财产，亦不得不分拨于董事会中。不过，我国地方官所管之财产，其性质有属于国家经费者，有属于地方经费者，是尤整顿财政时所宜首先注意而免临时掣肘者也。记者于自治法理虽无所得，而于地方公益有不得不极力主张者，谨贡一言，以待识者之择别焉。

即今日欲组织董事会者，多以无常年经费为辞。而不知董事会一日不成立，则常年经费断难预筹。常年经费之着落，当在董事会成立之后，而必不在董事会成立之前。有识者苟能善自谋之，则幸甚焉。

《大公报》第二千八十六号，光绪三十四年四月初八日（1908年5月7日），“言论”，第2—3页；《大公报》第二千八十七号，光绪三十四年四月初九日（1908年5月8日），“言论”，第2页；《大公报》第二千八十八号，光绪三十四年四月初十日（1908年5月9日），“言论”，第2—3页；《大公报》第二千八十九号，光绪三十四年四月十一日（1908年5月10日），“言论”，第2—3页

再论无财政权之地方团体

（一）再论之原因

本报前数日中登有刘君麟上天津议事会书，刘君根据法理引证法文，对于伯泉君代议事会拟稿加以驳论。刘君之意，必以伯泉君曾习法学，故以法理责之也。乃昨阅伯泉君申辨之词，并不敢以此自居。吾于是不得不捧刘君之文，惋惜久之。盖惜其解人难索也。虽然，记者读刘君之书，反复推考，觉其中意味，非但伯泉君未习法学者莫名其妙，即记者稍事法学，亦有百思不得其解者。记者因数日之前曾驳捐务科详督宪文，而刘君之书又不啻为此文作辨护者，记者对此问题乃不得不以向之驳捐务科者，今复以申告刘君，此记者之言责，有识者当共谅之。

（二）再论之大概

本报前次论文，力主天津之地方团体具有法人之资格，而绝不敢言天津之地方团体已有征税之权利，何也？以前者有法律之根据，而后者无法律可根据也。虽然，国家既认其团体为法人，则必予以独立之财政权，使其团体于征收租税而外，别有财政收入之途。彼既得有生活之本原，自无碍于人格之存在。苟其不然，则法律上虽无特定之明文予以独立之征税权，而凡于此团体有关系者，均不得不起而要求之。要求云者，非第就既有之法律而解释之，乃对于未有之法律而主张立法论也。乃观捐务科详覆原文及刘君之辩护论，均以地方团体不应有法令而外之征税权。呜呼，是何异对于要求立宪者而拒以宪法尚未颁布乎？凡以解释

论而驳立法论者，均不免有如此结果。惜刘君未之辨也。且本国有此法律，乃可从而解释之。本国无此法律，势不得不藉他国之法律，勉强解释之，是真不值一笑而已。夫权利根法律而生，要求权利者，即不啻要求立法也。彼议事会之禀请接办捐务科，虽无可根据之法文，而未尝无可根据之法理。在捐务科既明知其无法文之可据，则答复原禀时，自当据立法论而拒驳之，不应持解释论而拒驳之，是又何待论乎？乃计不出此，竟远引他国之条文以为立论之根据，彼盖明知立法论之不足以制胜，不得已舍己从人，将以箝一县绅民之口乎？记者言念及此，不得不振笔直书，为天津之绅民一辨。

（三）再论之结果

记者主张天津之地方团体具有法人之资格，是为解释论。而记者以天津之地方团体应有征税之权利，是为立法论。解释论之根据，前次论文中已详细言之。惟立法论之根据，尚有待于申明者。即各国地方团体，无不有财政之权，然不必尽有征税之权。但法律上所以无征税之权者，必先具二种之理由：（甲）基本财产充足（英国最下级团体中有之）；（乙）住民无负担力（日本郡之团体是）。自前之理由观之，则法律上不必予以征税之权；自后之理由观之，则法律上不能予以征税之权。然则，法律上应予以征税之权否，固不能自法律之本体以为断，应就地方经济之状况解决之。今试论天津县之经济状况，果具有以上二种之理由否？以前者而论，天津县之基本财产本无可恃，且府县既为上级团体，则其行政费用断非固有财产所能支，此第一理由之不足成立者也；自后者而论，则天津住民之负担一时固难加重，然此次禀请接办捐务科，实非加重县民之负担，不过就其已负担之租税，易一机关征收而已，此第二理由之不克成立者也。夫既无以上二种理由足为反对征税权之根据，然则彼等所踌躇 审顾，惟恐地方有征税权者，将虑士绅之把持公款耶？抑虑商民之抗拒捐税耶？据吾辈所见者，我国官厅之把持公款，必不让于士绅，而商民之抗捐与否，亦必无择于官绅也。况征税者出于责任无定之官厅，必不如有监督机关之团体为可恃。纳税者对于官厅权力之服从，必不如有代表机关之团体为尤切。以上种种，既皆不足虑，然则，彼等所恃为最大之论据而以地方团体不应遽有征收之权者，仍不外开办之初法律未备而已。彼等不仅以我国初办自治，法律上不应有征税之权，且谓日本初办自治，法律上亦并无征税之权。呜呼，是直欲变更日本之历史，欺（朦）〔蒙〕一般之人民，吾恐举国中曾读日本自治历史者，不仅作者一人而已，据记者一人之所见，前次论文业已述其大概，兹不妨再举一例，以实前言。日本地方团体之有征税权，不始于今日之府县制也。据明治十三年四月第十六号布告地方税规则，及同年四月第十七号布告营业税、杂种税规则，彼时自治之制度初立，地方之税则已颁，又何待二十三年之府县制，更何待三十二年改正府县制耶？且考当时府县会之组织，纳地租五元以上者有选举权，十元以上者有被选举权，是当日府县有独立之征税权，无论何人皆不能以否认。而捐务科主稿者，独不之许，抑亦奇矣！彼既不许日本当初有征税之权，因而不许我国今日有征税之权，既不说明不许之理由，但声言无许之之法律，堂堂官厅文牍，竟如此颠倒错乱，朦混人民，复有无识者起而辩护，斯更奇之又奇矣！刘君高谈，法理支离，特见其上议事会书，本无辨〔辩〕论之价值，仅可备闲评之材料而已，记者拟于闲评中，略加补缀，将以备法学家之消闲录耳。

《大公报》第二千一百号，光绪三十四年四月廿二日（1908年5月21日），“言论”，第3页；《大公报》第二千一百一号，光绪三十四年四月廿三日（1908年5月22日），“言论”，第2—3页

驳无财政权限之地方团体论

（驳驳捐务科照会天津议事会文）

汪少堂

法者，人类社会的活动之规则也。即人类为社会之一分子，不可不由之道也。法学者，由同种类之法律现象中，研究共通之元素而以求得关于法律现象之学识为目的者也。其共通元素名曰法理。此法理宜考核各种之现象，本归纳法以求之，非可凭空悬揣者也。其凭空悬揣者，是曰空理。若误以空理为学理，匪特失言，且有足以遗害于天下后世者矣。当今明法理者，虽不乏人，而心醉欧化

者，固未必人人尽知法理也。为舆论之代表者，可不慎哉！前读《大公报》见载有“无财政之地方团体”一论，思想绝高且望治之热心溢于言表，洵当今过渡时代之国家所必有之舆论也。惟惜其所引法理实例，多属个人臆说，毫无何等价值，固不足辨。然此等臆说之力实足逼起各团体间之反动力，为益不足，而为害固最烈也。此吾之所以不敢省记吾一身之嫌疑而不为之辨也。吾不敏，不敢自造臆说为识者笑。请先举法学家所共信之各定义，以为解释之根据而辨明。论者所引之臆说，空理以告世之明达君子，窃闻国家者，在一定领土之上，依统治权之作用而统一人类之团体也。地方团体者，乃国家据法律所创设于一定地方区域内，使行国家之事务，以为生存之目的者也。官厅者，于一定之权限内，对于外部为国家之代表机关也。行政者，在法规范围内保护增进其国家国民之利益之国家活动也。地方行政者，地方团体依法律行使国家所付与之国家事务也。人格者，有为权利义务主体之能力者也。法人者，以法律之力认为有人格者也。官治者，国家于无人格之官厅直接行其事务之谓也。自治者，以在法令之范围内所行之国家事务，为自己之生成目的之公共团体之行政关系也。论者《驳捐务科照会天津议事会文》谓：个人生活赖有经济以维持之，团体亦然。团体无经济，则失其存在之根据，而别无活动之能力一节，是俨然以征收租税为团体之要件也。查定义中并未提及租税，虽德意志学者有以租税加入团体要件之中者，然其说已早为法学家所排斥，欲以之为正当之根据，奚可哉！自治团体之费用，以地方上之租税支办之，固为普通之状态，然亦有由国库支办者，不得因此而谓其非自治也。

如谓国家既命团体行使国家事务，即当然有付此公权力于地方团体之德义上之义务。然是非法律中之问题也。如谓预备立宪之中尚无宪法拘束国家之行动，代表国家之官厅，可依专制国家绝对无限之权力，任意与之，则不与之，亦未尝非专制国家绝对无限之权力也。如谓国家既许试办地方自治，则不当不予以自治之权力。既予以自治之权力，则不当不予以独立之财政权，是预备立宪犹未立宪，过渡时代国家虽无法律，亦必予此权力于无自治制度可凭之地方团体也，岂隶于统治权下之地方团体，于国家进步之秩序中，当然有拘束国家的统治权之力耶？呜呼！何其无忌惮之甚也。不知自治者，依国家法律发生者也，其自体非依分权之制所成立者，故其对于国家之位置，不似封建君主下之诸侯藩政，其于国家事务，彻头彻尾有依国家法律之义务（惟于其团结区域内共通利益事务，自治体可自定其意思，自有其实行之权，是与由国家所分任之事业不同）。财政权，国家之权。财政事务，国家之事务。虽可以国家之意思，依法予之，然非地方团体之要素，故不得以团体自己之意思定之，或强求之也。然则世岂无无财政权之地方团体耶？虽然，论者之言，若在既立宪、既有法律之后，则吾不敢非之矣。若以中国今日尚为预备立宪，无此等法律之时代论之，则虽谓其不知预备立宪时代与立宪时代之区别，吾意论者不能辞也。捐务科照会天津议事会文，吾虽不知其内容如何，然据论者所举自治之制度未颁、监督之法则不明二语观之，则其翼赞自治之心，固已溢于言表，证之论理，证之法理，证之进化之公例，证之中国之时势，皆不得谓其言不当也。其所谓未颁者，非敢谓国家不颁也；其所谓不明者，非谓不能明也。既非不颁、非不能明，则人民之法律思想，果臻于国家所期望之程度，则今日所未颁者，必颁无疑；今日所不明者，必明无疑。此盖由今日国家预备立宪之意思，依论理的推测得者，非敢牵强附会，任意武断。故谓捐务科所主张者，为预备立宪时代正当之意识也。而其意义，实不得谓非法学家所共信者，又何得以疑心谓之，而妄加人以不明法理哉。论者究持何种原理原则，而敢为此定论，抑岂论者果以团体之人格，不依法律发生？于组合团体之时，即具有人格耶？观其所引证之个人臆说，即可验其所持法理之谬。论者固尝自谓其持平矣，何于此点竟与其平素所奉之主义矛盾也？吾甚为论者惜之。原其心，必先有不欲大公、不肯持平之私意横亘胸际而不能去，致有此牵强附会，不顾法理之言也。

又，论者谓各省督抚所立自治法规，未经中央政府之取消废止者，当然有实行之效力一节，似各省督抚已据有立法大权者。我国正当豫备立宪时代，立法机关（国会）虽不完备，然就我国之旧习惯例观之，其权固不在督抚也。论者既不明我国立法权之所在，又不知法律与命令之区别，竟敢以此空理臆说，诋人何其悖也。且取消废止者，乃取消废止从前之认许也，不能以自定之章程作为法规，而谓已经国家之认许也。论者又谓，藉自治之名而行官治之实，其意若深有憾于官治者，岂知此二语实足表明自治之精神耶？特论者之为斯言，其用意有不同耳，请略其意，专就其文字以法理解释之。夫国家之目的，在企图国民全体进步，故个人亦必由物质的、精神的两方面一般发达，盖个人既为国家之一分子，国家系人民个个所集成者，苟个人不发达，则依统计学法则所推定之标准，人必不足与完全国家之发达国民比较，是即今日以后之国家，除为国民一般之发达所行必要之各事业（如裁判制度、警察制度、交通事务、一般教育事务等）外，必更企图充实实力，使各个人各发展其意思，以强固其结合力，以求间接全国家之发达与国力之充实也，是即法治国观念之始基，而行政亦必因之整然不紊。于是遂分其机关之重要者为官厅及自治团体二种，官厅即主权者直接所设之行政机关（直接机关），自治团体即主权者予人格于个人之团体，利用之使其为达国家行政目的之手段，国家之间接机关也。惟自治团体既被国家以法律认为有人格者，自不能不谋其固有之生存发达，是与官厅之仅为国家之机关而无独立之人格者不同。然自国家观之，自治团体之为行政机关，固与官厅无异，且自治体既以处理国家事务之一部为其存立目的，则就其事务之根本上观之，固为国家自治体之事务也。然则自治之观念就形式上观之，虽不可直名之曰官治，若自实质所生效果观之，则谓其为以自治之名行官治之实，当非违反法理之断定也（自治之特征，一即其团体在法律所许之范围内得自由行动，不受他之干涉；一即受国家之监视也。然于经费额之决定并课等之自治程度，各国不同，英国之自治制，其来由最古，公共事务多取自由放任之主义，然于自治制之课税，亦未许以自由之行动。普鲁西于地方自治体虽许其自治，而于募集公债、出卖不动产及决定课税之种类程度，皆不许自治团体自由施设。若法兰西之自治程度范围尤小，仅为因对地方长官之提案，应其咨询所组立之合议体耳。与日本明治初年之府县议会略同）。果今日官吏悉能以自治之名，行官治之实，此固国家之幸事也，又何得妄置自治团体于国家机关之外哉！

论者又疑捐务科照会天津议事会文中，有认我国地方征税之权应属于官之范围之意，遂谓其明明欲藉地方长官之名义，抹煞地方团体应有之实权一节，是论者故意置府县知县于参事会外，以为攻驳捐务科文之口实也。论者谓，捐务科照会天津议事会原文，既以参事会为执行机关（府县参事会以管理府县有财产及营造物为主，故为执行机关，然属府县会之权限之事件，遇有须临时急施者，而府县知事无暇召集之时，则得使府县参事会代议决之，府县议事会又可以属于自己权限之事件，委任于府县参事会。关于此等事件，则府县参事会与府县议会无异，故又可称之为议决机关。若天津之董事会，则纯然为执行机关也）。又以参事会长执行之权即参事会执行之权，是明明认府县知事为参事会中之一人，诚如是也，则参事会成立之日，即府县知事加入执行机关之日。府县知事所有之财政执行权即参事会所有之财政执行权也，如是而谓非府县知事不能有此执行权，参事会不能离知事而独行此执行权，是又若以府县知事为参事会而外之一人，何其矛盾之甚云云。查此节论者，措辞固妙，然此不足为其原文病也。今请以论者之言解释其原文，还质之论者。按，捐务科原文以参事会长执行之权即参事会执行之权，是认府县知事在法律上当然为参事会会长，是明明认府县知事为参事会中不可缺之一人也。故参事会成立之日，即府县知事入执行机关之日。府县知事所有之财政执行权即参事会所有之财政执行权，诚以府县知事于法律上既当然应占会长一席，世既无无会长之机关，是无府县知事即不能成立府县参事会之明证也，如是而谓参事会不能离知事而独行此执行权，岂得谓之矛盾乎？是盖论者先以官吏待府县知事，故疑捐务科之原文，以府县知事为参事会而外之一人也。论者又谓，日本自治制始于府县而及于町村，驳捐务科原文所引证者，谓其不明日本自治制度之沿革，而又不审町村自治与府县自治之区别，诋其不谙法理，任意武断，牵强附会，使官厅为揽权地步，此节自论者之眼观之，似已独具胜著，故其倨傲暴慢之气溢于言表。然以日本自治团体之沿革证之，吾实不能曲谓论者之言为正当也。查日本之府县自治团体，乃发源于藩政者（明治四年七月废藩置县，全国行政区划悉归府县二治，寻于十月定府县官制，十一月发布县治条例，规定县治职制与县治事务章程。顾封建之制虽绝而其余习尚未全除，地方长官之职权尚未明确，明治十一年七月以太政官第三十二号达定府县官职制，始明其对国家之义务，与对地方上之权利。当年七月复以第十八号布告制定府县会规则，于是裁酌地方之事情，依内务卿之决定，渐于府县立自治制之基础。地方长官遂至一面为国家之行政机关，一面又为府县自治体之行政机关矣。天津之自治团体，虽引用县自治之名目，然其实质则全系新创造者，其内容绝似日本之市自治体，惟其参事会长为官吏一层，与日本之府县自治团体无异，且人民较多于日本之市自治体为不同耳。捐务科照会天津议事会文，置市町村于府县自治体前者，盖因文句之组织，不得不首重其性质相同者也。何论者竟以此为诋诽之好证据，至谓其不谙法理，为官揽权，其言虽厉，实毫无何价值也。纵论者果真知日本自治制度之沿革，明府县自治团体与市町村自治团体之区别，亦不足自诩为明法理而不为官揽权者也。盖自治制度之沿革，乃自治制之历史的事实，非法理也。府县自治体与市町村自治体之区别，亦系就事实之现象而言者也，论者竟目事实为法理，然则其不明法理可知矣。虽然，论者固热心人也。

《大公报》第二千一百五号，光绪三十四年四月廿七日（1908 年 5 月 26 日），“来稿”，第二张，第 3 页；《大公报》第二千一百六号，光绪三十四年四月廿八日（1908 年 5 月 27 日），“来稿”，第二张，第 3 页；《大公报》第二千一百七号，光绪三十四年四月廿九日（1908 年 5 月 28 日），“来稿”，第二张，第 3—4 页；《大公报》第二千一百八号，光绪三十四年四月三十日（1908 年 5 月 29 日），“来稿”，第二张，第 3 页

续论无财政权之地方团体

（驳汪君少堂来稿原文登附张）

本馆昨接汪君少堂来稿，驳论记者所为无财政权之地方团体论文，并谓记者所主张者为空理、为臆说，而又以记者为热心人。呜呼！汪君殆误会记者之原文矣。记者所谓于自治法理虽无所得，而于地方公益不得不主张者，岂记者所为论文果有一语不根据法理，而徒为热心家之公益论耶？记者固不敢以法学自命，遂抹煞热心家之空谈臆说，然绝不肯于法学之外，附和热心家之空谈臆说也。汪君试再读记者原文，其所据法律果为凭空之理想乎？其所举学说果为个人之臆断乎？恐汪君自以为法学精通，遂觉他人皆醉心欧化而未必能知法理者也。彼既以此度人，无怪于记者原文多所误会，而其所为驳论亦半涉支离。兹读其来稿，不得不申明前义，藉以促汪君之猛省，勿再贻他人之笑柄耳。

读汪君第一段驳文，而知其所谓法学者，殆除杂录各种之定义外，别无何等之研究。曰法，曰法学，曰国家，曰地方团体，曰官厅，曰行政，曰地方行政，曰人格，曰法人，曰官治，曰自治，此等定义，学者所举不一，记者所见甚多，

固无烦汪君之列举也。今第问其列举之定义，按之今日争论之问题，有何关系？汪君请一就正，法学家其有不哑然失笑者，吾不信也。至谓地方团体定义中，并不以征税为要件，是固然也。然记者原文中何尝以征税权为地方团体之要件乎？记者但谓地方团体不可无财政权，而并未言地方团体必不可无征税权也。汪君于原文之义未能识别，竟混同财政权与征税权为一物，并诬记者以征收租税为团体之要件，抑何粗鄙。乃尔各国地方团体中，固有无征税之权者，然其所以不征税之理由（见前论），并非全恃国家之补助金也。在英国之州会议 The County Council，既由国家给与补助金，并可直接征税于住民；在法国之县 Departenent，既由国库支办其费用，并可分赋于郡会 Conseil darrondissement；即日本之郡，虽亦无征税之权，而受国家之补助，然除有各种之收入外，仍可分赋于町村。夫由国家以补助地方之经费，固无碍于自治之性质。然仅恃国家之补助，果足以达其团体生存发达之目的否？今既无基本财产之可恃，又不能分赋于下级团体，乃仅以为由国家补助其经费，究不背于自治之法理，则是弃社会而欲维持其法理，非能据法理而欲应用于社会也。天下有如此不适社会之法理哉！

然则汪君所恃以为解释之根据，而以今日之地方团体必不可有征税权者，仍不外乎无法律三字而已。不知既无法律，又何从而解释之？无法律而欲强为解释，犹之面壁而走，再进则必仆耳。彼既有此根本之缺限，遂生出三种之谬想：一以为无法律则国家不负德义上之义务，必予地方以征税权；二以为无法律则国家必行其专制之权力，可以不予地方以征税权；三以为无法律则地方不能拘束国家，强求未有之征税权。总此三种谬想，皆由失其解释论之根据，而别不能为立法论之根据也。记者主张今日之自治团体，其不可无征税权者，系立法论，非解释论。前论已详，兹不赘述。然则记者固明知其无法律则不能有征税权，并未言虽无法律而亦应有征税权也。不过，在汪君之意，以为无法律则惟以无法律解释之，而在记者之意，以为无法律不妨以有法律希望之。吾知汪君必曰：此等希望，若在立宪以后，或可达其目的，而在立宪以前，是直无其目的物。何也？专制时代必不能有此等法律耳。呜呼！是则汪君第一根本之误谬，以为专制时代中必不能有自治制度之颁布，即令颁布，亦必无法律之效力也。汪君有此误谬，尚责记者不知专制与立宪之区别，抑亦奇矣。汪君殆未知各国自治制度与宪法颁布之先后，及立宪以前之自治制度，其效力为何如耶？兹不妨一一举之，以资考究。盖不仅为汪君一人计也。

国名	宪法颁行之年	自治制度颁行之年
法兰西	一八七五	一八八四
奥大利	一八六七	一八六〇
普鲁士	一八五〇	一八七二
日 本	一八九二	一八七三
意大利	一八四八	一八八九
俄罗斯	一九〇五	一八八三

就以上所列，比较观之，是各国地方制度有颁行于立宪之前者，亦有颁行于立宪之后者，其立法上之手续虽有不同，而其有法律之效力，则固无后先之异。何以言之？在专制国中，以无立法行政之分，故无法律命令之别。立宪以前之自治制度所以异于立宪以后之制度者，即一则有宪法上之保证，一则无宪法上之保证耳。所谓宪法上之保证者，即立宪国之自治制度，须经国会之协赞，不得以行政上之命令变更废止之。而专制国之自治制度，本无国会之协赞，亦得以行政上之命令变更废止之。然则专制国之自治制度，亦安有法律之效力乎？曰是不然。法律者，国家之意思表示也。专制国之机关，亦代表国家之意思者也。不过，专制国所谓官厅者，但有上下监督之关系，并无权力分配之标准，故欲指何种官厅为立法机关，何种官厅为行政机关，及何种机关所代表之意思为法律，何种机关所代表之意思为命令，记者固有瞠目不能辨者，不知汪君有以教我否？记者因不能辨别之故，乃不得不从广义之法律凭空理而臆断之。曰专制之法律者，乃本于君主之意思，直接间接所定之各种法令也。汪君如以为臆说乎？记者不过少录数行半通之讲义耳。记者既以专制国为有法律矣，则其以专制国之自治制度为有法律之效力，又何待论乎？不仅此也，各国专制时代颁行之自治制度，及至立宪之后国会既开,虽不经立法机关之协赞,亦当然有法律之效力,此何以故？专制国之自治制度本不失为国家之法律也。汪君于法律二字未能辨晰,竟以为立宪时代而后有此法律,未立宪时代必不能有此等法律。噫(嗟)〔嘻〕,何所见之不广也。

专制时代之自治制度，本有法律之效力，既已申明于前。然则我国今日之自治制度，果授与地方以征税之权乎？记者固明认其无之，而未尝强言有之也。惟其无之，则不得不主张立法论，而研究其应有与否，而不得曰惟其无之，则可以主张解释论，并不问其应无与否。当此预备立宪之过渡时代，国家何种之法律皆未备，国民何种之权利皆未定，使仅以无法律则不能有权利为理由，是不过声明专制国之法律仍为专制而已。岂特自治无进步，他事亦安有进步哉？夫立法之权虽在国家，而请求立法之事，人民不妨为之。乃彼既以无法律为理由，吾觉纷纷请求者，亦徒多事矣。记者主张之立法论，亦将从此搁笔矣。

虽然，记者主张地方团体之为法人，固认为已有法律者也。即记者主张之法人，系解释论而非立法论也。然则记者果据何种之法律，而以天津之地方团体为有法人之资格耶？记者既认专制国为有法律矣，斯不得不以君主直接所颁之上谕，及督抚间接所定之章程，以为承认法人之根据。汪君不知专制国之有法律，遂谓记者以团体之法人不依法律而生，并以记者所引之学说实为个人臆断。汪君殆于法学书中涉猎甚浅，并不知记者所引学说果为何种之法理耳。既已不能了解，复不掩其初学法政之面目，竟敢抄录一二定义，妄诋他人，何不自量之甚耶？法人之观念，虽为学者争论之问题，然无论从何学说，断未有俟法律上著有法人二字，始可以法人目之者。法人固须法律之承认也，国家之承认法人也，不必于法律上加以法人之名义，但须于法律上许以自主之权利耳。去岁自治上谕中固明明著民政部妥拟章程，而天津自治章程又系由总督详准民政部者，乃汪君以为团体自定之章程，其误已甚，更以督抚不应有立法之权，而责记者不明我国立法权之所在。然则我国立法之权果何在耶？汪君于立法权上加一大字，若以为非国家之直接机关（君主国会）不能有立法大权者，呜呼！汪君殆不知专制国中本无立法、行政之分，因而无法律、命令之别耶？既不能以君主所定者皆法律，而各官厅所定者皆命令，并不能以中央官厅所定者皆法律，而各省官厅所定者皆命令。然则汪君果持何理由，而以我国立法之权应属何种机关耶？据记者之所信我国君主颁布之上谕及督抚仰承上谕颁行之章程，皆不失其法律之效力，何也？专制国之法律者，本于君主之意思，直接间接所定之各种法令也。

（昨日本论之末，“嘻”字误排“嗟”字，合行更正。）

记者既以去岁之上谕及天津之自治章程为有法律之效力矣，则试观察其法律之内容，以决定天津之地方团体果有法人之资格否？去岁上谕之中虽许地方之自治，而未确定自治权之范围，固不得以为法人发生之根据。然而，此等事项概委之于民政部及各督抚之决定，是亦上谕中应有之意义，非记者凭空理而臆断之也。民政部为全国机关，可直接奉行谕旨，决定全国之内务、行政。督抚为一省机关，亦可间接仰承谕旨，决定本省之各项行政。今试问天津之自治章程果出乎谕旨之范围而已经君主之驳斥乎？抑未经民政部之许可而全由督抚之独断乎？苟其不然，则固俨然承君主之意思，授与地方以自治权，不得误认为团体之自定或督抚之自定，竟以为无法律之效力，不能承认法人也。试更观其章程之内容，所予地方各种之权力，断非无主体之机关所能完全享有者，盖既有董事、议事两会之组织，许其主张自己之意思，复有预算决算诸权利，许其维持自己之经济，更有颁行条例之权，许其对于外部之行为，似此各种之权力，既非国家之官厅所能有，亦非私人之组合所可拟。然则汪君将以何物目之耶？是诚有难以索解者。夫法人者，法律上予以一定之权力，而不必于法律上著有一定之名称。国家者，法人也，而各国并无明定之法文。公司者，法人也，而我国亦无特定之条项，但其所以不失为法人者，以其可以自己之意思，主张自己之权利耳。今天津之自治团体既有以上诸权利，则其有法人之资格，夫复何疑？且专制国既有法律，专制国即可以有法人，不过专制国之法律，无宪法上之保证。因而专制国之法人，亦无宪法上之保证，又安得以其无保证之故，遂疑天津之自治团体不能享有人格哉。

汪君又驳记者原文，有所谓藉自治之名行官治之实者，不知记者为此二语，乃政治上之偶评，非法律上之学说也。汪君不此之辨，竟举其素所服膺之政法陈言，为他人作辩护论，甚至谓我国今日之官吏果能以自治之名行官治之实，此固国家之幸事也。呜呼！兹数语者，在汪君以为得意之文字，而不知益显其轻微之伎俩耳。夫自治团体者，自政治上言之，不为计国家自身之发达。自法律上言之，亦可谓国家行政之机关。汪君既知此断非以其属之官吏，苟非确定地方之自治权，何以能达国家行政之目的？乃既谓其窃自治之名行官治之实，非为国家之幸事，然则各国中何不尽为官治之组织？我国家又何得此自治之名誉乎？或者汪君之为此言并非为国家本身计，乃为捐务科数人计耶？是则非记者所敢知矣。

汪君又以记者原文故意置府县知事于参事会外，以为攻驳捐务科文地步。汪君试再读记者原文，此段立论乃假定之前提而非确定之前提也，前提既属假定，则其论断自非确定者，又何待论！乃汪君以为故意攻击，不知何据。然而记者所以有此假定者，则以议事会之请办捐务科，并非争论地方长官之权限也。乃捐务科文中一再申明地方长官之权限，并谓非府县知事不能有此执行权，参事会不能离知事而独行此执行权。吾不知其命意所在，故不能不作此疑问耳。今汪君不探其实质上之意义，但欲为文字上之辨论，而不知其文字上已有不合论理者，兹列举之如左：

参事会者执行机关也，故参事会有执行权。
执行权者参事会之所有也，故非参事会不能有此执行权。

反之而曰：非知事不能有此执行权，果合论理与否？

参事会长者，代表参事会者也。故参事会之执行权以参事长代表之。
参事会所代表者，参事会之执行权也。故参事会长不能离参事会而独有此执行权。

反之而曰：参事会不能离知事而独行此执行权，果合论理与否？

记者因其论理不明之故，遂举实质上之意义，亦不能明了此困难之所以生，而推定法之必不可少也。汪君不此之辨，竟致以误解，误而曰：参事会不能无会长，即参事会不能离知事而有执行权。夫谓府县知事，法律上当然为参事会长，是固浅明之法理。谓府县知事法律上当然独有执行权，吾未闻此法理也。府县知事固为参事会中必不可缺之一人，然非参事会之执行权尽为其一人所有也。使以参事会不可无会长之故，遂谓非知事不能有此执行权，是二语者，在论理学上既无此联锁法，即以法理而论，乃混同参事会长与参事会为一物，且欲以参事会长独据参事会之执行权也，记者恐有此误，乃不得不作为疑问，以俟解决，并未以官吏待府县知事，即未置府县知事于参事会而外也。汪君欲以是陷我，而反谓记者欲以是陷人也，有是理乎？

且夫封建制度者有害国家之统一，且有害于地方之分权者也。各国地方政治之变迁，多由于诸侯分据，变而为中央集权，又由中央集权变而为地方自治者，岂特日本之历史有然，英、法、德三国之历史殆无不皆然。今汪君驳文中既知地方团体不似封建之藩政，乃又以日本府县团体发源于当日之藩政，一人之言，前后互异，诚有令人难解者。或者彼所用发源二字，含有变迁之意义乎？否则又犯论理上之规律矣。至谓天津之自治团体虽用县自治之名，而其实质全系新创者，既系新创，何以其内容又似日本之市自治体？既系新创，何以官吏为会长一层又与日本之府县无异？既系新创，何以捐务科文中尽用日本之自治制度为此例？凡此种种，皆欲以自己之私意引用他国之法理，其与私意相合者则引为实例，其不与私意相合者则目为新创，故其结果遂不得不变他国之法理强合自己之私意。如所谓天津之地方团体绝似日本之市自治体者，既以为绝似市自治体矣，而又以官吏为参事会一层与日本之府县无异，殊不知日本之府县所以异于市自治体者，其重要之点即在于是。盖府县以官吏为参事会长，其自治权之范围甚狭；市不以官吏入执行机关，其自治权之范围较大。此法律上根本之差异，不得以为既类于府县而又类于市也。即令天津之自治体有似于日本之市者，然按之记者之驳论，亦无甚关系。记者原文之中，但驳捐务科文不应以日本之市町村决定自治之始期，当以日本之府县而定自治始期也。若谓其因文句之组织，不得不首重性质相同者，然则捐务科原文，何不首重根本相同之府县？而竟首重根本不同之市自治体？且并毫不相同之町村而亦杂入其中，是诚有万不可解者。而汪君乃代为曲解之，或者汪君真不知其原文之内容耶？

记者于此有一疑问，即汪君来稿中曾曰：捐务科照会天津议事会文，吾虽不知其内容如何，然据论者所举云云。今又曰：捐务科照会议事会文，置市町村于府县自治体前者，盖因文句之组织不得不重其性质相同者也。自前之言观之，是自认不知原文之内容者；自后之言观之，又似非不知原文之内容者。其赞扬原文之时，则声言不知其内容，但据记者之所言代为解释之；其力辨原文之时，则并其交句之组织亦似曾经推考，举记者所不知者而亦深知之，其中曲折情形，诚非记者所敢预断。但记者于此有不得不质问汪君者，即汪君未辨论此事之先，即自谓不敢省记吾一身之嫌疑云云。异哉！捐务科乃堂堂官署，汪君即代为辨白，又何嫌疑之有？报馆为言论之地，汪君欲有所发表，更无嫌疑之足云。或者汪君与捐务科稍有关系，则更为正当之主张，不得谓之嫌疑。或者与捐务科并无关系，则是欲辨明法理。汪君所谓为天下后世计，恐记者遗害于他人也。然则汪君署以嫌疑二字，果何取义？记者诚有百思不得其解者矣。

汪君所恃以睥睨一切、眩惑世人者，则惟法理二字。彼以为天下最平庸而易知者，莫如事实；天下最艰深而难解者，莫如法理。故一言事实，彼即弃如敝屣；一言法理，彼即奉若至宝。此等观念，在初学法律者固所不免，而汪君则尤甚焉。彼既有此偏见，又将法理二字解为最狭之意义，不知法理者，法学之原理也。而所谓法学原理者，有自社会现象中考究法律现象之原理者，谓之法理学；

有自国家现象中考究法律现象之原则者，谓之法律学。法律学中有根据法律事实而考究成文法之不完不备者，谓之立法论；有第就法律明文而说明成文法之原理原则者，谓之解释论。此二种之研究，皆不能出乎法理之范围，故不得谓解释论有法理，而立法论即无法理也。不过，解释论之法理第限于现行法律之意义及其运用，而立法论之法理乃斟酌于事实与法律之间者。但为立法论之时，并不必著明何者为法律，何者为事实，因此等辨别乃法学者通常之知识，并非为小学教授计也。汪君来稿责记者不明法律事实之区别，彼盖以小学之眼光读记者之论文，记者固不认其咎也。至关于地方自治问题，有从法理上研究者，有从政治上研究者，更有从社会上研究者。记者前次论文虽亦从法理上研究之，然系注重于立法之方面，而不注重于解释之方面，因我国之地方团体除已颁行之自治规则外，别无可以解释之处，故不得不从立法方面多所研究，以计我国自治权之扩张与普及耳。虽间有涉于政治社会方面者，然系立法论根据之所在，凡主张立法论者，无不如是，不得以为混同法理论与事实论也。至于府县与市町村之区别，则固明明为法律上问题，而非事实上问题也。如以为因事实之现象而区别之，则不独府县与市町村有区别，即府县与府县、市町村与市町村，亦各有区别之点。盖法律上所以有此区别者，因府县在法律上其自治权之范围甚小，而市町村在法律上自治权之范围较大，故凡学者论自治团体，皆置市町村于府县之前者，即以此故。汪君不明乎此，竟目法理为事实，然则其不明法理可知矣。虽然，汪君固以法学自命者也。

《大公报》第二千一百五号，光绪三十四年四月廿七日（1908 年 5 月 26 日），“言论”，第 2—3 页；《大公报》第二千一百六号，光绪三十四年四月廿八日（1908 年 5 月 27 日），“言论”，第 2—3 页；《大公报》第二千一百七号，光绪三十四年四月廿九日（1908 年 5 月 28 日），“言论”，第 2—3 页；《大公报》第二千一百八号，光绪三十四年四月三十日（1908 年 5 月 29 日），“言论”，第 2—3 页；《大公报》第二千一百九号，光绪三十四年五月初一日（1908 年 5 月 30 日），“言论”，第 2 页；《大公报》第二千一百十号，光绪三十四年五月初二日（1908 年 5 月 31 日），“言论”，第 2—3 页；《大公报》第二千一百十一号，光绪三十四年五月初三日（1908 年 6 月 1 日），“言论”，第 2—3 页

评论关于天津议事会各大雅往覆辩驳各文件

吕烈鸿来稿 记者附注

天下之公理奚在乎？准其平而已。是否之公论奚在乎？适于理而已。自天津议事会开幕以来，朝野上下莫不倾心注意，诚以自治为立宪之首基。而天津议事会又实为我中国自治之起点，其责任之钜，负担之重，不啻一发千钧。忧时之士早虑其不易成立，倘经外界之攻击，则于展布之机关，必生莫大之阻力，而不能完全其职务。所幸会中诸公皆为一时杰出之法学名家，组织一切，办理尽善，故能就其范围，循其秩序，目配得宜自足，以消外部阻碍于无形，且有得善果之倾向，此不独下走所朝夕馨香顶礼以求之者，近阅《大公报》中先后记载关于天津议事会各文件，如议事会之请愿书、捐务科之照会文、伯泉君之代禀、究竟公之箴议事会文、刘君麟上天津议事会书、伯泉君致刘君麟书、记者之论无财政权之地方团体、汪君少堂之驳无财政权之地方团体论及记者再论续论无财政权之地方团体，往复辩驳，先法理而后事实，最后则悉为名誉之争。

按，记者屡次论文，皆根据事实而谈法理，并未先法理而后事实也。其空谈法理而并不问事实者，则惟刘、汪二君之文。至谓最后驳文，悉为名誉之争，是尤管窥之见，令人噱咀，岂记者所习法学，专为辨驳汪君之论文计耶？以汪君立论之薄弱，记者即驳倒其全文，又何名誉之足云？本报有提倡舆论之责，记者即有主张公理之权，若以为藉此博取名誉，是记者无日不从事于名誉矣，抑何所见之谬耶？记者纵视名誉如生命，然而此等名誉，不过鸿毛而已，焉用其争。

阅者再三反复读之，觉此各件皆与自治之前途有大关系。惟如伯泉君热心时局，乃以未习法理学、不谙法理（二语系伯泉致刘君书中自承认语）之故，公然以无确实根据之臆说，为试办之地方团体争国家未付与之权利，窃恐生无知者之疑义，致使自治团体之名誉不确实，是岂团体之福哉？而记者且逞其笔锋，大张旗鼓攻击刘、汪二君之书，不遗余力，几若法律公理皆可随人辩论而能更改其意义者。

按，伯泉君自谓未习法学、不谙法理，自是率真之语，较之未习法学而貌为深知法理者固有不同。至谓其公然以无根据之臆说争论地方团体之权利，实属欺人之谈。我国今日主张地方自治之利益者，岂必尽能精通法学者乎？地方自治之事，又岂必尽从法理上研究之乎？伯泉君所拟禀稿，固有不合法理之处，然谓其毫无事实上之根据，未免过当。若谓记者攻击刘、汪二君之书，随意更改法理，兹数语者，殆丝毫不通法学之论。法学中有可以随人辩论者，如法文上之疑义及学派上之争点是也；有万不可随人辩论者，如法律上之原则及法学中之通例是也。记者今日所争论者，并非前二种之关系，乃后二种之关系也。兹来稿以为随意变更，不知何据？记者固不敢附和刘、汪二君之说，自误误人。然绝不敢于法学上之原则通例，稍有出入耳。

刘、汪两君更著有驳再论无财政权之地方团体及驳续论无财政权之地方团体两篇，力诋记者不知我国非封建制度，不应取日本由藩政所变之地方团体比拟。略读日本自治体，当时沿藩政时代所既有之权利，后以法律承认之，而使其继续之者甚多。如记者所云，是误认天津新创设之试办地方团体为封建君主下之诸侯藩政云，其辞滑刻更毒于记者之诋汪、刘二君，阅者读其文，觉有伤大雅，近于世俗鄙视见，故劝止之，故阅者对之于刘、汪及记者三君不能不有此最后之忠告也。

按，此段论文果出自刘君之手笔乎？抑出自汪君之手笔乎？或者刘、汪异口同声而吕君更心知其意欤？来稿中既未一一叙明，记者亦不便过事追问。但此段驳论大意，全系无（敌）〔的〕放矢之谈，何也？记者屡次论文，并未以我国今日为封建制度，亦并未以日本封建时代之藩政比拟天津之地方团体。诸君欲以此诬我，请阅本报初二论文自知。至谓日本自治团体多继续藩政时代之权利，尤系不明日本之历史，以致误会日本之法律。日本当封建末造，政权分裂，不覆幕则王室不尊，不废藩则府县难置。故在王政复古时代，全国行政事务皆统一于中央政府，更何论以封建诸侯之权利复授与于府县团体且以法律承认之乎？日本地方团体乃发生于政权统一之后，而非发生于政权统一之前，故其法律上所规定者，皆系统一后国家新授与之权利，而非统一前其团体所继续之权利也。诸君如以为日本法律承认地方团体有藩政时代之权利，恐日本既无此事实，记者必不能有此奇想。至日本之自治历史，其所异于中国者，据记者之所见，实与诸君大相反对。盖日本由封建而变为郡县，必经政权统一之阶级，其自治权之扩张甚难。中国由郡县而进求自治，不必经政权统一之阶，其自治权之扩张较易。反之而以诸君所见者征之，是由封建而变为郡县，地方之政权反大，由郡县而进求自治，地方之政权反小也。其根本上所以有此差异者，则以诸君视封建可以为自治之基础，而记者视封建为有害自治之基础耳。但对于日本历史之观念，虽有此根本之不同，而记者未尝以今日之地方团体视为封建时代之藩政，则固皎然易见。乃刘、汪二君谓记者不知我国非封建制度，且误认地方团体为藩政，不知何所据而云。然是盖两君于愤极之余，既无高尚之学理可以返驳记者，乃不得不捏造此等谬论，藉以自全其体面。不知记者虽至愚，又何致有如此之误谬；诸君虽至巧，又何能掩尽世人之耳目。呜呼！诸君速自返，勿自苦耳。

驳续论无财政权之地方团体。（略谓，记者始终以地方团体应有财政权之主旨，是不明何为财政？何为权利？且不明国家与团体之区别。若谓团体，当然有财政权，则是团体于试办之初即具有土地、人民、政权三大要素，是记者误认团体为国家也）

按，国家与地方团体之区别，及何谓权利，何谓财政，各学者辩论不一，拙著中亦颇有说明。诸君若不瞭然，不妨多备参考。今日之文，限于篇幅，记者不能于各种名词下一一加以解释也。但今日所不能不辨明者，即地方团体之应有财政权，并非因土地与人民之关系，乃根据于政权（自治权）而发生者也。况天津之地方团体固明明以本县之土地为区域，以本县之人口为住民，又何能因试办二字，遂举其所定之区域与住民而亦不承认耶？试办云者，全属政权（自治权）委任之关系，即许其斟酌办理之谓，不得以为试办时政权甚小，试办后政权即大，且不得以试办为暂时办理而不可继续办理之义。然则试办与不试办，又何害于地方团体之自治权耶？至于财政权之应有与否，乃与自治权有不可离之观念。地方团体有应办之事务，即有其必要之经费。国家既许以自治之权力，即不能不许其有财政之收入。不过，其自治权之范围，乃因国家之法令而定，故其财政权之行使，亦不能出乎目的范围而外。诸君试观天津县之自治章程，其所定事务之范围及财政之范围，均瞭如指掌，并非记者之创论也。然则诸君持何理由而以天津之地方团体不应有财政权耶？诸君试详细研究平心论断，勿徒为口舌之争可也。

又谓记者若以上谕为法律，则是不知上谕为制定法律之最高权力。国家有此权力，故能制定法律，此日本所以有钦定宪法之名称也。况读去岁八月十三日上谕中，并未与地方团体以财政权。若如记者所云，是立宪国家有法律，专制国家亦有与立宪国家同样之法律，则国家可不必立宪云。

按，立法之最高权者，即关于立法事项不经特别机关之制定权也，故此等最高权与立法权之区别，必以有立法之机关为前提，不然，举国之法律命令，无非此最高权之发动，别无限制此种权力之形式。故钦定宪法云者，乃对于民约宪法、国约宪法及立宪后他种之法律而言，今我国既无立法机关之存在，又非颁行宪法之上谕，然则此等权力之发动，既不得谓之法律，亦不得谓之勅令，更不得仅以发布宪法之勅语目之。有此种种原因，故不能不从广义之法律而解释之，乃诸君以为上谕非法律，是仍不解记者所谓法律之意义耳。至去岁上谕中虽未有财政权之规定，然而此等事项关系自治权之范围，概委之于民政部及督抚之拟定，是亦上谕中已有之义，并非记者牵强附会之词。诸君若以为如此解释，则专制国将与立宪国无异云云，是诸君据法律上之现象，断定政治上不能进步，非记者之本意也。诸君请详阅记者原文，获益当非浅鲜，不必作此违心之论耳。

按，刘君上天津议事会书，其意专在伯泉君之拟禀，以法律未颁一语为立脚点，自是有法治思想者之口气，惟惜其措辞太难杂，且语语不离伯泉君，略欠忠恕。况记者于四月初十日报中已承认伯泉君之稿为己所拟者耶？虽然，吾于刘君之文，实不能曲非之也。

按，以上所言全系误认伯泉君之稿为记者所拟，故语语讽刺记者，自鸣得意。吕君试再检四月初十日本报，稍加择别，记者所下按语乃申明当日论文，并非伯泉君所拟，何尝承认伯泉君禀稿为记者所拟耶？记者为论文时，并不知伯泉君为何如人，亦并不知伯泉君有何禀稿。因伯泉君登稿之时，记者尚未来津，故虽欲承认其稿而有所不能。诸君误认记者为伯泉君，遂欲以待伯泉君者复待记者，不知伯泉君未习法律，又何足辱？诸君即通法理，又何足荣？诸君竟欲以法理二字使天下热心自治者皆箝口结舌，不敢复言。呜呼！诸君自计固巧，而自误亦实甚焉。法律未颁一语，全系消极的观念，有何法治思想之有？吕君于刘君之文，固不能曲非之，然亦不能不曲庇之也。

按，汪君之驳无财政权之地方团体论，语语悉本前人定义，自非臆说可比。谈法理者，原与谈八比文章者不同，不妨抄录旁人语句，惟惜其所取与地方团体有关系之定义，皆故意攻击记者，不为记者稍留余地，致逼成记者骑虎之势，此皆能谈法理、不明人情之弊也。虽然，如汪君者吾固不能不谓其为热心人也。

按，此段命意实为汪君作体面论，何也？汪君所最不齿于人口者，莫如杂录他人定义，不论科学之种别，不问学说之异同，不顾问题之大小，一概凑合成文，以证明自己之非臆说，而并不知已为他人之唾余。吕君更郑而重之曰：此前人定义，不妨抄录，且以示区别于八股先生，识量诚可想而见，乃竟武断之为与地方团体有关系之定义，岂非掩耳盗铃之计乎？呜呼！以此攻击记者，恐记者并未成骑虎之势，而诸君固已深入虎口耳。虽然，诸君自取之也。

按，记者之论无财政权之地方团体，至于再，至于三，洋洋数万言，询为文章大家，且其所主张者，亦实为预备立宪法律未颁之时代所必有不可缺之舆论。唯惜其不知捐务科为奉法之机关，非立法之机关，至误责捐务科不应以法律未颁一语辞天津议事会之请愿，致生与刘、汪两君法理之争议，实不得谓非记者一时之孟浪。虽然，吾于记者固不能不谓其为明法学者也。

按，捐务科之非立法机关，记者岂不知之，但捐务科既受立法机关之委任，自有主张立法之职权。使谓督宪交议文件，但许其有解释之权，而并不许为立法之论，然则当日何必多此交议之一举？督宪文中又何不申明此旨乎？况议事会请办捐务科事，既非有成案之可援，亦并无法律之可据，则接办与不接办之间，均应为立法上之决定，申言之，即主张接办固应为立法上之理由，主张不接办亦必为立法上之理由，何则？既为立法事项，不能从解释上而断定之也。彼捐务科拟稿者既已不明乎此，诸君复以捐务科非立法机关代辞其失言之责，其责自己之法理，买他人之欢心，曲意逢迎，路人皆见。记者不长于文，不明于法，所可信者，惟此一线之良心耳。记者有此良心，故对于社会，不敢为自欺欺人之语；对于学者，不敢逞一知半解之能。反乎是者，则记者之敌，记者虽无舌敝唇焦，亦必以其卑陋龌龊之心理，一一昭揭于国人。寄语诸君，勿藐视记者之天职耳。

嗟乎！今日中国之病，在于官代民治而不能听民自治。其所由来旧矣。忧国忧民之士起而救之，甫投以地方自治之方法，而二三大雅彼此互相攻击，在有识者因以为请求国家速定法制以便奉行，而在不知者则以为兴破坏主义为争利揽权之嚆矢。仆虽不敏，窃欲辅世长民之君子不以私言小愤而忘公益远谋也。诸君，诸君，其亦深长思之。今之持究以争求宪法中之权利为重要之问题，抑以请求实行立宪为重要之问题耶？仆敢一言以断之曰：不立宪则法律无保障，法律无保障，则不独试办之地方团体无法律上之权已也，欲求地方团体之权利，必于立宪中求之。此吾所以不敢谓捐务科详覆督宪之文为不正当也。诸君，诸君，对于此件其亦可以已矣乎？

记者读吕君此次来稿，本不应再为驳论，因吕君以热心之劝告最后之主张，记者若过事争执，则是自背其宗旨，非特无以谢吕君也。虽然，吕君既知自治之必要、宪政之当行，何以又不赞成记者积极的立法论，而专曲庇他人消极的解释论乎。此记者所极不解于吕君，而又不得不尽忠实之义务再三申明者也。记者对于立宪自治诸问题，纯责政治上、立法上主张积极的进行者。彼捐务科详文中乃伪造他国之历史，力主消极之理论，以实行其把持权利之手段，是固一望而知，不待记者之深言，亦无庸他人之曲辨也。彼所恃以为空言上之后盾者，则彼非不赞成立宪，而地方团体之应有征税权，乃立宪以后之事，非立宪以前之事。他人若争竞立宪以前无保证之权利，不如争竞立宪以后有保证之权利，而彼乃乘此无权利保证之时间，率循其占有权利之本分。吕君体谅人情，无微不至，然欲藉此以杜记者之口，而实不足以服记者之心。记者心口如一，实有不能自已者。盖记者对于预备立宪时代之人民，自有应尽之责任在焉。在不知宪政之当行，而不为者，记者开导之；其知其当为而不为者，记者不能不督促之。在知其当为而无主张之权者，记者深惜之；其知其当为而有主张之权者，记者不得不责备之；在有主张之权而无法以措词者，记者曲谅之；其有主张之权而反诡辞以塞责者，记者惟有痛斥之而已。今捐务科拟稿者果处于如何之地位乎？其为诡辞以塞责又何待疑？然彼之所以不能不诡辞塞责、藉以遮饰一般之耳目者，犹有圣神不可侵犯之理由在焉。其理由维何？记者无以名之，名之曰利害相反，万难照办。诸君苟犹有言乎？记者谨悬笔以待教。

《大公报》第二千一百十六号，光绪三十四年五月初八日（1908 年 6 月 6 日），“言论”，第 2—3 页；《大公报》第二千一百十七号，光绪三十四年五月初九日（1908 年 6 月 7 日），“言论”，第 2—3 页；《大公报》第二千一百十九号，光绪三十四年五月十一日（1908 年 6 月 9 日），“言论”，第 3 页；《大公报》第二千一百二十号，光绪三十四年五月十二日（1908 年 6 月 10 日），“言论”，第 2—3 页；《大公报》第二千一百二十一号，光绪三十四年五月十三日（1908 年 6 月 11 日），“言论”，第 2 页

再评关于天津议事会各大雅往覆辩驳各文件

吕烈鸿稿 记者附注

顷接吕君烈鸿来稿，满纸诬言，攻驳记者，其论法理处尤欠常识。记者若再以长篇之文字答覆吕君，是欲强夏虫以语冰。记者以有用之心力、有限之光阴，不作此无益之事也。虽然，记者既悬笔以待吕君，似不能不有所返答，盖虽不足以开吕君之茅塞，亦可以邀当世之明鉴焉。兹将吕君原文一一加以解释，亦足以见吕君之不谅。

昔昌黎有言，古之君子其责己也重以周，其待人也轻以约，半居旷观天下，窃以为古今人本不甚相远也，不图今世日渐文明，而于自命为主张进化之君子，对于此主义竟有绝对的反对者，阅者前此日长无意捡阅报章，见有关于天津议事会各大雅往覆辩驳各文件，皆一时之杰构，造世之药言，不得不略为评论，为一种济世之方，非敢有所轩轾也。乃不料抵触记者之大著，于拙论亦痛加诋排，呜呼！人必自侮而后人侮之，吾固未尝袒护刘、汪二君之议论，而抵排记者之辩驳也。何居乎？记者若一刻不能自安，而故为是趾高气扬、放言高论，以为今日逞如簧如流之笔舌能箝制天下谈论者之口，推倒一切，非记者莫能为乎？仆虽不敏，不敢恭维也。仆待记者以诚，而记者反饰穷辞以诋仆，仆固不认其咎也。

记者从来执笔无不预存恕道，不过如吕君等之所为，记者不能恕之，何也？吕君等屡次来函，同出一人手笔，墨迹具在，自是自庇其丑铁证。彼既以自己之名义强为他人作辩护，复欲假他人之名义，强为自己作辩护，如此丑行，尚不自知检束，竟敢貌为调和，藉以杜记者之口，且为自己退后地步，乃更以为未尝袒

护刘汪二君而抵排记者，呜呼！以吕君之居心诡谲，不知自爱，既欲袒护捐务科之详文，有不袒护自己之论文者耶？既为捐务科而抵排记者，有不为自己而抵排记者者耶？吕君请自读前次原文，其措语之偏僻，吾不知必如何始为袒护？如何始为抵排也？使吕君果以第三者之资格秉公判断，记者又何必多此一番攻驳？使吕君无容身之地。奈吕君等实以一人之资格甘与记者为难，故来函笔迹出于一人，论文主张出于一说。吕君如果善忘记者，不妨以原函见示。惜哉！吕君欲以此而愚记者，恐记者而外之人亦必不为君所愚耳。

然记者诋人之妙诀，即人谈法理，记者则谓此非谈法理之时代；人谈事实，记者则谓法理不如是也；人举法学家所共信之定义，记者则曰我见甚多，勿烦列举；人从解释论，记者则云此是强为他人作辩护者；人云立法，记者则曰专制国家自有法律，且屡屡劝人读其原文，意以为原文即是成文法典，异日颁布宪政，世界各国当以是原文为标准也。

按，以上所言，全系颠倒记者论文之顺序，而不知记者原文毫无此等疵谬。不过，吕君无从返驳，乃不得不凭一己之私意伪造斯言，以诬记者。如所谓人谈法理，记者则谓此非谈法理之时代，不知记者但谓今之讲求地方自治者，不必专从法理上研究。若记者所主张之解释论与立法论毫未出乎法理之外，记者有何尝以不谈法理力拒诸君耶？又曰人谈事实，记者则谓法理不如是也。异哉，诸君屡次来稿，并未谈及地方事实，记者又何尝有法理不如是之一语？其信口诬裁，至斯已极。又曰人举法学家所共信之定义，记者则曰我见甚多，勿烦列举，此言是也。即记者著述中亦曾举过，但非如是之繁杂，且不必用之今日之问题耳。又曰人从解释论，记者则云此强为他人作辩护者，呜呼！诸君之为他人作辩护，岂独于解释论而见之耶？不过于无可解释处而解释之，愈觉其辩护之勉强耳（理由均见前）。又曰人云立法，记者则曰专制国家自有法律，不知专制国苟不能有法律，又何能主张立法论乎？又安得以自有法律四字？遂谓各种法律皆无须立乎？记者主张立法者，系指征税法令之一部，吕君以为各种法律皆须待至立宪以后，吾不知彼之所谓立法，与记者所谓专制国应有法律二语，如何关合？至谓记者劝人读其原文，是记者恐诸君不解原文之意，致误下支离之驳论耳。今果不出记者所料，通篇驳论，均属截断原文，勉强解释，乃竟谓记者以原文即是成文法典云云，其荒诞不经，令人失笑，又安有辩论之价值耶？

仆今细读记者之原文，至再至三矣，觉无非是咬文嚼字，播弄笔墨，以炫一己之长，东扯西拉，非出一人之手，前后辩驳，各不相侔，仆诚不解记者始终是何主义。岂记者前后判若两人耶？惟记者既存一是己非人之念，则仆岂敢重举前人学说以告记者，致使前人受诬。然记者今既悬笔以待人之辨论，则请先举记者前后矛盾之处以告记者，愿记者细读自己原文，公平解释，毋自命为法学家，以自误误人也。

记者屡次论文，均有一定统系，有识者稍加辨别，自能得其梗概。今吕君以为前后辩驳各不相侔，殆吕君乏识别之能力，故疑原文非出一人手笔耶。吕君若不了解原文，不妨咨询识者，究竟记者为何如人？记者又以何人为代笔？何人又以记者为代笔？此皆可证之事实，非空言所可辨驳者。恐记者并未以两人之身化作一人，而吕君竟欲以一人之身化作数人耳。记者每持一论，无不根据于当世多数之学说，并不问其为前人与今人也。今吕君竟欲假前人二字，恐吓记者，岂不甚奇？吕君于原文之义，既已不能了解，记者虽如何解释，仍属徒劳无益。然犹幸吕君蒙昧如故，故虽无益于吕君，而亦不致误吕君也。

按，四月初八日《大公报》所载“无财政权之地方团体论”第一节，所大书而特书亦即（个人之生活赖有经济以维持之，团体亦然）二语，是记者以法人待团体也。惟记者既以个人比团体，亦知个人有成年与未成年者之区别乎？苟知此种区别，则天津试办之地方团体，纵令国家已经制定法律，认为有人格者亦应为法人之未成年者，不能遽有行使能力，又何待疑捐务科谓不能据交此权于该团体，岂妄议哉？矧国家并未颁定法律，认团体为有人格者耶。记者自谓能谈法理，岂法理果为记者所独创耶？且所谓经济者，乃私法上之权利关系。今所争者，乃公法上之关系。团体无经费以维持之，故捐务科文请拨赢余補助之也。比拟不伦不类，仆绝不解其是何见解。渠意岂谓以此作幪头语，便算驳倒捐务科之第一前提耶？一何可笑。

记者阅此段驳文，益足见吕君之不通法理，而犹不自掩其丑也。夫法人之异于自然人（个人）者，以其为无形之人，法律上本为无能力者。但所谓无能力者，是无行使能力，非无权利能力也。使法人而无权利能力，则不得为权利之主体，又何能以法理称之。故凡称为法人者，无不有其应享之财产权，不过，无论何种法人皆无行使权利之能力，故无论何种法人，皆不可无代表行使之机关。在自然人虽多有能力者，而法人则无一有能力者，故自然人虽有成年未成年之分，而法人则无此等区别。今吕君欲认为法人之未成年者，吾不知法人达于如何高寿，始为成年？岂非法学中之一种笑谈耶？至所谓经济者，乃私法上之权利关系，今所争者，乃公法上之关系云云，则是吕君举经济二字尚不明瞭，何必启齿更与他人胡争？夫经济者，有公经济与私经济之别。私经济者，私人及私之团体（民商事会社）之经济是也；公经济者，国家及公共团体之经济是也。关于私经济之法律行为，私法上谓之财产权之行使；关于公经济之法律行为，公法上谓之财政权之行使。然则所谓经济者，固无论私法上之权利主体及公法上之权力主体，无不赖以维持生存者，今吕君以为比拟不伦，诚不知是何见解？恐吕君但知经济二字仅为私法上之权利关系，而并不知公法上亦有此等关系耳。以如此管窥之见，竟敢妄评他人是非，何不知自爱乃尔。记者第一次前段论文，下语如铸，无论从经济学上、财政学上、法律学上，均无可以攻驳之处。今吕君不辨黑白，遂妄逞其一知半解之能，以为有可攻之余隙，呜呼！吾不知天下最可笑者，果属何事耳。

又，记者既曰禀请接办云云，是拒否与许可，皆为国家之任意行为也。若如记者后论所云请求者，乃请求团体自己之政权，被请求者无论有法律否，皆非与之不可，则此禀请二字之中，是含有强制执行之效力也。果如是，是团体之主张，有强制国家行为不行为之效力也。嗟乎！记者亦国民之一分子，何竟敢为此背逆反常之言论耶？此仆又不解记者是诚何心也。

按，议事会既已禀请接办，则是明明认督宪有准驳之权，而后出于禀请；明明认捐务科非自己之权，而后禀请接办也。今记者所争论者，乃谓其拒驳理由之不当，又何尝谓其无拒驳之权乎？记者所责备于捐务科者，乃谓其不应为此拒驳之理由，又何尝谓捐务科为议事会之所有乎？使谓国家既有拒驳之权，捐务科既非议事会之所有，则捐务科可以任意拒驳，不具理由，然则督宪当日何必使捐务科会议此事？捐务科又何必为此议覆之理由乎？吕君以为记者既反对捐务科之详文，即反对督宪所有之拒驳权，故举记者文中未有之意义，一一代为捏造，如谓记者后论所云请求者，乃请求团体自己之政权，被请求者无论有法律否，皆非与之不可云云。兹数语者，果出自记者之口乎？抑出自吕君之口乎？若记者文中并无此等意义，则是吕君无目，吕君无心，吕君无道德、无廉耻，于恼羞成怒之下，而作此丧心病狂之言，将以毁记者乎？亦适足以自毁而已矣。

记者又举《日本府县制郡制要义》第一章第一节及《府县制郡制论》第一章，解释第二条原文，证明天津试办之地方团体为有人格者。姑不论其所主张者是否与捐务科文之争点，即依所译文句推之，似记者尚未了然。吾实不解记者何以粗鄙如是，竟敢以己所尚未了解之学说，译发报章，与人争理，真乃另具一付肺俯，好大面阔。其译文中不曰从其他之条项推测而得之耶？曰从其他之条项，岂我中国已有此种条项耶？又曰于新府县制，则第二条即明言其为法人云云，岂我中国已有此新府县制耶？又曰府县之为法人，非依府县制之实施始承认者，于明治十一年第十八号布告《府县会规则》发布以来，既经认为法人而有独立之自治权云，岂我中国已发布此种《府县会规则》耶？又岂记者误认天津议事会之试办章程即属此种《府县会规则》而为国家所发布者耶？如此生凑拉杂，记者犹自命为健全之舆论，岂不大奇？殊不知欲以此种译文硬拟作自己言论，又不问其是否自己所主张之意义，则所译虽多，亦奚以为。

记者所译《日本府县制要义》及《府县郡制论》两节，乃恐失原文之意义，故就原文而 直译之。今吕君以为就文句推之，似记者尚未了然。吾不知吕君从何所见，而敢为此推定。恐吕君脑筋如断，目光如豆，骤然见之，若不知其何所云云。是则吕君以自己不能了解之故，而反责他人以不了解，一何可笑之甚。译文中所谓其他之条项者，今天津之自治章程，固明有此等之条项也。所谓《府县会规则》者，今天津之自治章程亦实足以当之。乃吕君以为生凑杂拉，且误认天津议事会之试办章程，异哉！天津之自治章程，岂真出于议事会，抑仅为试办议事会之章程耶？吕君不审其章程之由来及其章程之内容，遂以为非国家所颁布，则不能有法律之效力。吾不知吕君有何权力，能以废止民政部所许可及督抚所制定之自治章程耳？或者吕君果无脑筋，犹之痴人说梦，所谓法律上无能力、无责任者耶？则吾又何敢责之。

初九日，《大公报》记者举去岁八月二十三日上谕证明各地方有自治之权力，是不知上谕仅令试办，初未与以权力，强引上谕作为根据也。记者须知上谕之力，大于宪法，为一国最高权力之表示，非可任记者一人牵强解释者。记者幸勿自欺欺人，甘冒不韪也。

按，去岁上谕既令试办，苟未与以自治之权力，又何从而试办之。若以上谕之力大于宪法，不得认为法律，然在无宪法之国，其上谕之力又大于何种之法律乎？在法令不分之国，其上谕之力更大于何种之法令乎？凡此皆记者所已解释之问题，吕君不能于其解释之理由一一加以返驳，乃更举记者驳倒之理由，持以返驳记者，是不啻以子之矛、攻子之盾，更证明他人所持理由为坚牢不破之物耳。

记者又曰：各省督抚所立府县自治法规，未经中央政府之取消废止者，当然有实行之效力云云，是明明指督抚为立法机关也。如记者所云，则国会可不立，修律大臣、宪政编查馆皆成赘疣矣。煌煌上谕豫备立宪，记者竟敢以一人之私见，谬推督抚为立法机关，抑何狂悖至于此极也。记者如更以此种言论，惑人听闻，阅者必痛诋之不稍恕也。

专制国中并无特别之立法机关，记者亦不敢以督抚官厅即为一种之立法机关。不过以其可以代表国家之意思，且据正当形式颁行之章程，自应有法令之效力耳。今吕君既欲以国会为立法机关，又以修律大臣及宪政编查馆亦可为立法机关，然则，一国之中可以有数种之立法机关乎？国会未成立之前，既有修律大臣及宪政编查馆以为立法机关，然则又何必开设国会，更增加一种之立法机关乎？且修律大臣者，不过一法律起草之长官，宪政编查馆亦不过为政俗调查之机关，今吕君竟误认为立法机关，是于中外政治之大体，尚不能了然于胸。无怪其于记者原文，未能体会，但知痛诋。记者而并无其痛诋之理由，盖仅以自己被驳之理由 而驳记者，不能举记者驳人之理由以为返驳，则是记者并无可以痛诋之处。不过，吕君既欲痛诋记者，亦不能禁之耳。

记者又曰，吾人既以天津县为自治权之主体，则其有独立之人格，故不待言云。是记者自谓可认天津县为自治权之主体也。夫认团体为自治权之主体，许团体有独立之人格者，乃国家之权力、法律之效力也。人即自大，又何至妄称自己有国家之权力、法律之效力，为授权之主体耶？人即不明法理，则何至背谬狂诞至于此极乎？岂记者真丧心病狂，不攻自破，定欲求人非笑之耶？具此等见解，犹诩诩然自命为代表舆论者，仆不为记者之言论惜，仆甚为《大公报》之名誉惜也。

天津县之为自治权之主体，固由国家之所承认。然国家既已认之，即不能禁吾人亦认之，非特不能禁吾人认之也，且无论何人，皆不能不认之。今吕君不认天津之自治章程为法律，故举国家承认之自治权之主体亦绝对否认，且欲使记者亦否认之，吾不知吕君有何权力，敢与国家对执，使国家颁布之自治章程不生法律之效力。似此狂愚无知，又何能再谈法理？盖彼既不知主张立法，又不能甘心奉法，但知趋奉官场，反对舆论，甘为小人而不辞，使记者复以小人之见识与之再校长短，固不特为记者之言论惜，且甚为本报之名誉惜也。

初九日，《大公报》记者谓捐务科文以知事代表执行一语，是置府县知事为参事会而外一人，是记者非但不明法理，且未细按捐务科之性质，故下笔不求甚是，只存一驳人之心，此等议论，虽盈千屡万，仆实不能定其为驳捐务科之文者，抑为赞扬捐务科之文者也。愿记者其亦深思之，勿作模稜语以欺世也。

按，捐务科文中有曰：非府县知事不能有此执行权，参事会不能离知事而独行此执行权，此二语也，记者以其论理不明，故疑其置府县知事于参事会而外也。今吕君改为以知事代表执行一语，是明明更正捐务科之错误，而复铸成记者之错误也。不知记者原文具在，众目共睹，断非可听吕君一人之私意，妄自更改者。吕君又以为记者不明法理，且未细按捐务科之性质，吾不知此等评语从何下来，吕君动辄以人为不明法理，而吾观吕君文中并未有何等高尚之法理，且动辄以人为不明每种之区别，不明每种之性质，而吕君文中亦并未说明何种之区别、何种之性质，或者此等批评已成为吕君之口头禅乎？则是吕君生成之习惯，记者亦不暇责之。至谓记者下笔不求甚是，只存一驳人之心，是吕君毫无是非之辨别，但恨记者之驳捐务科文耳。不知记者对于捐务科文处处平心论定，并无丝毫之偏见。不过，记者所驳论之文，即吕君所赞扬之文，卒之，吕君愈欲赞扬，而记者愈加辩驳，争论至今，吕君之求荣反辱，固不足惜，独惜捐务科拟稿者复屡遭意外之痛驳耳。

记者又谓，捐务科文主稿者不明日本自治制度始于府县而及于町村，后于五月初一日《大公报》又谓此是记者假定之前提，非确定之前提也。前提既属假定，则其论断自非确定者，又何待论云云。嗟呼！此盖记者自白，诬人之铁证也，自今而后驳记者者，知所以待记者者矣。

本报初一日论文所谓假定之前提者，乃指捐务科置府县知事于参事会而外一语，今吕君以为指主稿者不明日本自治制度一语，其离奇之处，出人意外。不知日本自治制度始于府县而及于町村，此乃确定之事实，有何假定之前提，或者此段驳语应置之前段“置府县知事为参事会而外一人云云”以下，吕君因一时神经昏乱，遂不觉先后倒置，而有此最大之误点耶？此亦记者据文义而假定之辞，不知吕君以为然否？且凡谈法理者必先讲究论理，苟论理不明，往往法理亦因而歧误。如捐务科文中所谓非府县知事不能有此执行权，参事会不能离知事而独行此执行权，一若此执行权乃府县知事之所有，而非参事会之所有者，是即犯论理上之规则，同时生法理上之疑问。记者以其置府县知事于参事会而外，岂为无根之推定耶？若捐务科主稿者并未置府县知事于参事会而外，然则当日加此二语之命意果安在耶？如以为是申明府县知事当然为参事会长之义，然而议事会当日禀稿中并未尝以府县知事不当为参事会长也。汪君既欲强作解人，已为记者所辩明。今吕君复解无可解，乃欲以记者推定之辞为诬人之证，不知虽捐务科主稿者出而辩护，亦必先行更正其语病，而后可以启齿。不然，原文存在一日，则记者之推定一日不可少也，岂诬人哉。

仆前谓记者于初十日曾自承认伯泉君之代禀为己所拟者一节，非敢诬记者也。而记者于五月十二日报中，力谓仆不应误认伯泉君之拟稿为记者所拟云，此事虽与法理无关，惟阅者实不愿受诬人之名誉也，兹将四月初十日记者所登载者录出（记者属稿未毕，有投函者谓读伯泉、究竟两君对于捐务科稿，钦佩无及此数语，吾虽不知其果有投函者否，然记者既特书出，是记者已服膺于伯泉君之文也，且后文复赞美之，此明眼者当知伯泉君与记者是一是二也。盖记者当时尚不知有人驳伯泉君，故其言直率无隐）。惟原稿系某某所拟，亦一有学问、有热心之人，幸勿菲薄视之云云。按，此稿并非伯泉、究竟两君来稿（此数语果为前数语之断定耶？何人所问者，重在伯泉、究竟两君对于捐务科稿，而记者仅以此为己稿以对之耶？所问非所答，是记者安心认伯泉之稿为己所拟者，阅者又何敢诬之耶？记者于五月十二日非但不认伯泉君之稿为己所拟者，且云并不识伯泉君为何如人云？是欺阅者乎？是自欺乎？吾真莫名其妙），乃记者之文，其中责任，记者自负之。记者根据法理，参酌事实，发表对于地方自治之意见，固不问拟原稿者为何如人。至于立言之当否，当世明达君子自能辩明是非，亦无俟记者之哓哓也。质之记者，以明阅者不敢效记者之以假定前提诬人，亦足使记者自知其健忘也。

按，伯泉君之稿若果为记者之所拟，虽有不合法理之处，记者亦应当负其责任。无如伯泉君登稿之时，记者实未来津，此自然之事实，记者无从狡赖，吕君亦万难见诬。使记者以自己之文字诿过于人，则是有心规避文字之责任，诚不失为小人之尤，苟其不然，是吕君以小人之心度君子之腹，似此个人道德问题，尚不能以自持，又何能再于法学界讨生活而欲取信于天下耶？吕君非但不信伯泉君之稿非记者之所拟，且并疑当日来函之言，亦为记者所伪造。兹不妨将原函照录，藉以征信于吕君，且以质之来函者，亦足证明此函之真伪焉。

《大公报》主人鉴，谨阅贵报登有伯泉、究竟两先生对于捐务科稿，钦佩无及。惟此事关于地方自治法理，仆素不学，不敢妄加是否。然闻之吴京堂，原稿亦为地方上有学问有热心先生所拟，即前师范速成留学日本毕业生某太守也。谨据以闻，幸勿菲薄视之为荷，某上言。

按，伯泉、究竟两君，并非本馆中人，今来函专致意于本馆，亦未嘱本馆转致伯泉、究竟两君，是明明疑记者之文字为伯泉、究竟两君之文字也。况究竟君对于捐务科稿，并未著有驳文，伯泉君虽有驳文，记者既未之见，又安知来函者专注重于伯泉君之拟稿耶？且本馆接得本函之日，与伯泉君登稿之日，相距甚远。当时记者之文已出稿两日，来函者当亦共见之。乃彼不对于记者之驳文申明前意，而专对于伯泉君申明前意，天下有此情理耶？记者认明来函者，乃对于记者申明之辞，故记者亦覆以数语，申明己意，且辨明当日论文之稿非出于伯泉、究竟两君所拟，此至浅之文义，凡粗通文墨者一望而知，不意吕君竟茫然不解，且疑记者自认伯泉君之稿为己所拟，天下不通文理，以致误会事实者，孰有如吕君者乎？吕君试再将记者原文，询之一二乡塾先生，究竟文中之义，系记者认伯泉、究竟两君之稿为己所拟，抑系记者以自己所述之稿，非伯泉、究竟两君所拟，此最浅近之事实，人人有辨别之知识，即人人可为双方之证人，果记者之诬吕君耶？抑吕君之诬记者耶？均不难立决者也。

十一日《大公报》中记者驳捐务科文，不应作敷衍目前之计，不应仅仿照日本办法给与地方以补助金，语尚平允，惟其不知地方团体试办之初，法律未颁，当地官厅既未奉国家明文，不能交付团体所请求之权利，如更不补助之，则团体将何以维持之耶？仆读记者所著第一编“无财政之地方团体”，观其根据之法理，引证之事实，语多模糊，故直书出以告记者，祈解释之寄语。记者勿遽搁笔，仆欲请教者正多多也。

按，吕君此次来稿，对于记者第一篇论文，攻驳尤甚。吕君盖以为记者初次下笔，缺点必多，故不妨任意拒驳之耶。不知记者后数篇论文之意义，均包括于首篇之中，不过第一篇文义简单，未加解释。故吕君以为语多模糊者，未必无因。然此由吕君于法学中阅历甚浅，故于记者所为之解释论及立法论未能一一体会，且抱定一专制国无法律之陋识，故骤见记者文中竟以天津之自治章程为法律，且以天津之地方团体为法人，鲜有不相顾惊讶，少见多怪，而变成蜀犬吠日之举动也。虽然，记者第一篇文义，业于再论续论中一一解释，今吕君复欲使记者解释之，吾不知其意何居？夫吕君所恃以攻驳记者者，无非记者所已驳倒之理由，吕君所欲使记者解释者，亦无非记者所已解释之问题。然则吕君尚欲请教于记者者果何事耶？吾恐记者刀下之鬼，冤魂未散，复欲以魔记者耳。记者清明在抱，不为邪迷，正无取乎笔符口咒，藉退幽魂。寄语诸君勿再无故缠扰，余之向欲悬笔以待诸君者，今日乃不得不搁笔以避诸君矣。

《大公报》第二千一百二十九号，光绪三十四年五月廿一日（1908年6月19日），“来稿”，第二张，第4页；《大公报》第二千一百三十号，光绪三十四年五月廿二日（1908年6月20日），“来稿”，第二张，第3—4页；《大公报》第二千一百三十二号，光绪三十四年五月廿四日（1908年6月22日），“来稿”，第二张，第3页；《大公报》第二千一百三十三号，光绪三十四年五月廿五日（1908年6月23日），“来稿”，第二张，第4页；《大公报》第二千一百三十四号，光绪三十四年五月廿六日（1908年6月24日），“来稿”，第二张，第4页；《大公报》第二千一百三十五号，光绪三十四年五月廿七日（1908年6月25日），“来稿”，第二张，第3—4页

议事会之责任

自治者，官治对待之名词也。自治日益发达，则官治之范围日益减缩，此各国普通之现象也。自治团体，各学者皆认为一法人，其发表法人之意思，而不受

官治之干涉者，即惟议事会。议事会与参事会同属构成自治团体之机关，而参事会不过有执行议事会议决事项之权能，是议事会者又为自治团体中最重要之一机关也。其机关既如此重要，故其责任亦重，大凡关于府县一定之事务，皆可独立发表其意思。其意思而为一团体之公意也，则自治团体受其福；其意思而为数议员之私意，或受官吏之干涉而发表意思也，则自治团体蒙其灾。原夫自治之始意，因官治之制度不能无疏漏之虞、干涉之苦，于是以其地之人治其地公益之事，立意至为美善。使不具备议员之资格，或赞否毫无定见，或仰鼻息于官府，则不独不能望自治之发达，且恐仍返于官治之旧态矣。

中国官府之权力达于极点，其始本取干涉主义，凡事不许人民之自由，其后因官治之疏漏、秕政之丛生，不能事事干涉之也，于是又取放任主义。自其干涉之一方言之，凡人民饮食起居之末，一丝一粒之微，岁无不在官吏监察防伺之中。自其放任之一方言之，则虽滔天之恶，必诛之罪，官吏或习焉不察，或淡焉若忘，即孟子所谓明察秋毫而不见舆薪也。然自近岁以来，举办各种之新政，不能不稍稍假手于人民，于是官民争权冲突之事，时有所闻，官藉口于人民之程度不足，不欲假以事权，民亦藉口于朝廷提倡自治、予人民以自治之权利，两者相持不下，此其是非，姑置不论，但立宪之风潮澎湃于大陆之中，自治之萌芽又为吾国所素有，今后之中国，其必由官治进而为自治，此无可疑也。虽朝廷未颁完全之自治法令，人民亦不必有完全之自治能力，然立宪必以自治为基础，能力则以磨砻而益进。使吾民而果有自治其地之心，则地方自治之程度进一步者，即官治之权力退一步，一消一长，诚发达吾民自治之思想，减缩官治之范围绝好之机会也。独奈何伈伈伣伣，不为地方计公益，并不为子孙谋久远，坐令官治之权力日益扩张，而笑吾民程度之不足耶！

天津开办地方自治，早于全国，故其自治中重要机关之议事会，亦独为国人所注目。方谓自治一丝之希望，皆发生于此域矣。乃以吾所闻者，则议员之放弃责任也，赞否雷同也，终日无所决议也。视独立发表意思之机关为无足轻重，视地方公益之事如秦人视越人之肥瘠，岂果吾民程度之不足耶？抑别有他之顾忌存于其间也？夫既无完全之自治法令可以依据，又无上级下级之自治机关可以连络，其不足以完固有之责任者，吾岂独为诸公苛责？虽然，当此官治自治递嬗之时代，使诸公能于自治方面多尽一分责任，则国民之受官治之抑压者亦减一分，此吾所以徘徊审顾而不能不大有所望于诸公也。

今日者，吾人不尝大声疾呼以鼓吹国会乎？顾议事会者，国会之小影也。今日议事会之议员，即他日国会之代议士也。若今日一部分之自治行政尚不能完其责任，则他日关系于全国之国会更无论矣。呜呼！诸公乎，其亦有策动己之责任心以担负国务者乎？

《大公报》第二千七十九号，光绪三十四年四月初一日（1908 年 4 月 30 日），“言论”，第 2—3 页

箴议事会文

究竟 来稿

预备立宪，预备立宪，日喧扰于国内，而一般国民复翘首企足，以待宪政之施行。试问宪政立予施行，我国民即足参与夫宪政乎？政府藉口于预备立宪，延此施行之期，国民苟能先预备其资格，先表示其行为，则宪政之行与不行，国民实无所愧于政府。乃我国民之仅知有立宪二字者，竟舍其预备之责任，而进求宪政之施行，是亦不自量之甚焉。

宪政进行，端赖进行中之自治。宪政预备，更赖预备中之自治。原自治之意，以国民公共之意思，谋地方之利益，而负地方之责任者也。然地方自治之组织，其重要机关则议事会，是对于地方而有协商之义务，对于官府而有究诘之权利，虽未足立于立法之地位，而议事会之责任，在各国实为自治之原动力，在我国则又实为预备立宪之导引线也。

是故被选举者当如何？惟日汲汲以无负地方人民之仰望，以无违地方自治之意义。我中国之官治既已久矣，而自治一道，我国民亦莫或闻知。政府专横自肆，国民俯首自甘，委地方一切事务于官府，而不顾纵有疑难，曾不敢相与诘问。今则自治之名词现矣，地方议事之会立矣，愚不知其能否负此责任，能否勉

为其难。若以得被选举为夸耀一方之计，苟且偷安为谢罪官府之地，怙私逞威为维持一身之用，则愚有断不敢附和者。此等现象，愚虽未窥实际，愚虽未专指某地，窃欲就一成立最早之议事会，肩任最巨之议事诸公，而聊贡刍荛焉。

天津为北方通商之中心，且为逼近畿辅之商埠。议事会首先成立，遂为国人注目之烧点。盖天津议事会之效力生，则全国自治之力因而发生，即我国宪政之施行，有所期望。现在中国之法律固未完美，国民自治之能力，固未坚定，特中国之必有自治者，理也势也。议事诸公自当持刚毅之气，而竭力谋画，守坚忍之心，而舍身倡导。何竟模稜成性，两可为怀？对官府而不任干犯之咎，对社会而不任害公之罪，更以为一身之名誉，庶可长保？一己之隐衷，庶可莫露？呜呼！地方之议事会，岂为少数议事诸公而设哉！

吾人之于今日解释法意，有不可尽恃法理以论之者。如议之云者，解决耳，是议事会为图谋公益之法人，而补官府之未逮者也。董之云者，监督耳，是董事会为治理公益之法人，而补议事之未逮者也。天津议事会既已成立，而董事会则仍无著落，岂以为董事无益于地方耶？抑以为董事会无益于议事会耶？客岁自治局会拨给五千金，作为议董两会之经费，而今之仍以迟迟未立者，将以为董之一字，正为议事之监督机关耶？更以为议事会寂然无闻，无人过而督责耶？愚之揣测盖如此，有其心与否，则非执笔者所能定也。

抑更有说者。清丈公所去岁已经学宪饬交议事会接收，而议事会则迟至半载未见接收，是使之为者尚有所不为，则使其自有所为者更无论也。愚观实事，愚论实事，知近来各大宪对于地方自治极意提倡，而国民则自行退后，诚有负于列宪热心自治之苦衷也。议事会之对于社会者何在？对于官府者何在？夫议事诸公既经地方之选举而负一方之责任，多作一分事业即多进行一分宪政，若故延时待日，愚不知立宪之预备，何者为其表示之所在？愚窃观议事会诸公，或有请假终日者，或有远仕他省者，或有开会数次而不到者，竟无人提议此等事体，则议事会纯为秘密之会，而非公法人之团体矣。岂以此为官府之缺分乎？抑以为官场之缺分或可代为虚席乎？噫，今之时果何时哉！议事诸公尚委蛇自安，重违其任，愚对此不禁为议事诸公惜，且为地方自治之前途惜焉。

昔日之中国，压抑民权，国民则守旧不化，所谓立宪及自治，举不知也，遂致外患日深一日，内政日乱一日。此所谓物体上之固体也。今日之中国政府稍予民权，国民则忽涌热血，知有自治之说矣。如天津议事会之发生，而事实则面目依然，此所谓固体变化之液体也。倘日复一日、年复一年，蔑弃责任，长此终古，则后日之中国、后日天津之议事会，势必化为气体不止。以上之喻，虽似稍苛，然与事实、理论二者则诚吻合，非愚忍为此言也，盖愚既为人群之一分子，则利害胥与当世共之，故不得不为此言以警之。

夫议事会为官府及人民之居间体也，若持模稜两可之主见，则误矣。国民自治思想已逐渐发达，而自治能力亦逐渐进步，官府尚许人民诘问，则议事会按之公理，有国民诘问之权，即按之自治章程，亦必有国民诘问之理。何以近日报章所载之上议事会书，不一而足，弗顾指骂，慷慨而谈。议事会诸公则含糊答覆，曾不予以正当之理由，岂以为议事之特别秘密章程有不许国民究诘之条乎？抑以为议事会所办者，皆合正式，毋庸国民究诘乎？噫，我知之矣。议事诸公之意，盖在箝制国民之口耳。我不答覆，则彼必不再饶舌，若径行答覆，则彼必更有制我之术以来攻，则我辈年馀之心计，一日泄露矣。

准是，则愚之为斯文，议事诸公之对于斯文，亦犹是耳。愚为旁观者，而作旁观之文，议事诸公果以愚为旁观者，则旁观之文可不作，议事诸公果以愚非为旁观者，则愚亦为国民之一而作此文。愚作此文，宁愿议事诸公视愚非旁观者，磨砺进行，速定方针，则愚虽负罪于诸公，而于国民之一方面所尽，固已多矣。

《大公报》第二千八十五号，光绪三十四年四月初七日（1908 年 5 月 6 日），“言论”，第 2—3 页

箴议事会文之赘谈

究竟来稿

愚素鲜法政专门学问，间于此而有所论断，其不足探其精微也明甚。然愚关心自治、热望宪政已久，故愚所为言论，于世之所谓法政者，时从闻见中得来，

时从理想中得来。前日愚之箴议事会文，请作如是观也可。愚本不应再行哓喋，第观近日议事会之所行，与夫诸言论家对于议事诸公之恺切，则愚虽欲辞烦琐之咎，避渎犯之罪，又乌乎可！

盖尝闻之进也，退也，中立也，皆吾人行为之准则也。第行为之表示，中立则退，不中立则进，此愚所以谓行为无中立之理焉。意思之发生，或进或退，无从窥测，此愚所以更谓意思有中立之势焉。我国人行为之表示，多依据于意思之发生，然果进退中立三者可并行耶？抑意思与行为无所差别耶惟然？则愚有以知其大误矣，知其别有所见矣。当今之时，忧国诸君起而谋自治之方，进而求立宪之道，志固期事之进而无退也，事固必期其进而不退也。良以进则国可保，退则国必灭，且进可以保种，退可以灭种；进即有利，何害之有？故愚谓退之之策，与中立之见，其足以速一国之亡也则一。再进而求其结果，则中立即退步，二者诚无所区别于其间。愿我忧国诸君其深思之，愿我议事诸公其深思之。

且我国人素以明哲保身、见机而作二语，为金科玉律者也。对于一事，则蹉跎蹉跎，苟延岁月，倘无人起而过问，则所欲为之事，可不作。纵有作为，亦非俟至山穷水尽时而不肯为，亦必拘守事成我受其功、事败人任厥咎之事语。愚不云乎，行为无中立之理，而若人所谓之行为，即愚所谓之意思也；若人所谓之中立，即愚所谓之退步也。然前车既覆，来轸方遒。今之时势，非复前日委缩不前，犹得姑延残喘之时矣。优胜劣败，弱肉强食，几成为东西各国对外之唯一政策矣，又几成为我国人士之口头禅矣。我不先发制人之术，而他国必先我而登矧自治一道，系为谋地方利益起见？系为保国保种起见？犹误认意思为行为，是则愚所大惑不解者也。在自治行为未表示之时而用其中立主见，或可免他人之指摘。今则自治行为既已表示者，如天津之议事会，若仍守中立之说，旁观者亦不相容也。

究竟者反覆思之，知我国人士素无法律思想与自治能力，兼之受官府压制，持倚赖性质，一旦欲脱离官治而自治焉，恐难于洗刷净尽。虽然，居今而谓官府靳予民权，不可也；若谓官府能悉举民权而予之，亦不可也。谓官府之势力犹以昌以炽，不可也；若谓官府能不作威作福，亦不可也。谓举办自治者尚依庇官府，不可也；若谓举办自治者能不畏官府，亦不可也。作一事而有利于社会，则官府之害也；作一事而有利于官府，则社会之害也。由前之说，则官府所责者在举办自治诸公；由后之说，则社会所责者在举办自治诸公。与其为一时之怨府，何如中立不倚，无怨无功之为得。特自治原为社会而非为官府，即官府之责任，亦纯在社会。倘议事诸公猛进猛追，协谋公益，官府将贺之不暇，又何责为？不然，请观诸近来各大宪提倡自治不遗馀力，从可知官府或责或贺之分界矣。

近数日间，愚于议事会之详细行为，虽不可得而见，然据愚之所闻者，窃幸议事诸公之俯从舆论而启执行之机。窃读大公报馆记者驳捐务科稿之根本上解决，而呈进议事诸公执行之用，然则愚名拙作为赘谈也，不亦宜哉！

《大公报》第二千九十九号，光绪三十四年四月廿一日（1908 年 5 月 20 日），“言论”，第 2—3 页

祝董事会之前途

今日为天津董事会成立之始期，记者对于此事觉有无限希望，非常庆幸。一时握笔在手，若有书不胜书者，乃不得不删去芜词，为我天津阖邑之绅民祝曰：自今以后，天津地方政治之良否，不能尽行责备于地方官矣。自今以后，天津地方绅民之政见，可一一实行于董事会矣。盖既有议事会代表一县之意见，复有董事会执行其所议之事项，彼地方官虽可于官治之范围内从事监查，而绝不能于自治范围内过于干涉吾人。观于自治章程之六十五条第二项，所谓议事会议决交办之事，范围甚广，举凡天津一县之教育、实业、工程、水利、救恤、消防、卫生、市场、警察费等事，皆根据于本章程二十八条，董事会得依议事会之议决，一一担任实行。今日董事会既经成立，则以上诸事，地方上应行创设者，概不能依赖地方官，其应行改良之处，亦必不能责成地方官，非特不能倚重地方官也，恐向之依赖地方官、责成地方官者，自今以后，皆不能不依赖董事会、责成董事会矣。呜呼！董事会之责任，既如此其重，然则董事会之可祝，又何待言哉。但于此有一疑问，即董事会未成立之前，以上诸事，皆属于官治之范围，自今而

后，以上诸事果能归入自治之范围否？是则关于董事会根本之问题，吾人不可不力图解决者也。苟此问题一日不能解决，则董事会不过一种之赘疣。吾人今日所以祝董事会者，正不啻所以弔董事会也。然欲解决以上之问题，视乎地方官吏之程度如何，尤视乎天津绅民之程度如何。使官吏能履行天津之自治章程，将以上诸事一一委任于地方，则不失为预备立宪之资格，而天津之地方自治乃有实行之望；使天津绅民能奉行此自治章程，将以上诸事一一自担其责任，则亦不失为预备立宪之资格，而天津之地方团体乃有发达之机，苟其不然，此章程一日不能实行，则董事会适成一种之废物，吾人又何必日言自治？而天津之地方团体又何需乎此有名无实之机关哉？故吾人今日所祝于董事会者，非有所爱于董事员，非有所责于地方官，不过对于天津之自治团体略表希望之意耳！

《大公报》第二千一百五十三号，光绪三十四年六月十五日（1908 年 7 月 13 日），“言论”，第 2 页

选举权为公权乎？为私权乎？

立宪政治者，国民多数之政治也。而国民多数意思之表决，恃有选举而已。选举不可恃，则所谓立宪政治者，殆无异于专制，而其流弊之深，尤有甚于专制者。居专制政体之下，官可卖爵、可鬻差缺，以贿得保举，徇人情，此吾人所深恶痛绝，而汲汲焉要求立宪，思以补救之者。然而，立宪政体之下，其行政司法等官，多由政府之黜陟，其得以循私舞弊，固不待言，而所恃以监督政府，使不致任意妄为者，则惟国民选举之议员而已，假使此等议员亦复贿赂公行，私相授受，吾知专制政体必无补救之术，而谓立宪可以救亡者，适足以自欺耳。况在专制时代，政府之卖官鬻爵，不过数人之专制，而在立宪时代，国民之争权纳贿，适成自由之营业，如是而谓立宪政体较善于专制政体也，岂孰信哉？

夫地方自治者，预备立宪之始基，地方会议之选举，国会选举之小影也。吾

人观于天津之地方自治，鲜有不认为立宪基础，而各省自治之模范者。然一观其选举之内容，未有不惊心落魄，引为我国立宪前途之大障害。当去岁议事会成立，议员之运动，外间已有所闻，然彼时选举之人较多，其被举者果出于运动否？一时不易调查。若此次董事会之组织，其选举者限于数十人，而被选举者亦不过数人，其中孰为运动，孰非运动，一经调查，昭昭在人耳目。颇闻此次开会投票，竟有以父举子、以舅举甥，甚至有以饮食宴会，预先央求说合而运动会长者。呜呼！选举者，各人自由意思之表决也，而其表决之方法，及其表决之场所，均有一定规则，盖所以为杜弊防私计耳。然闻当日议事会之选举，虽有一定场所，而其意思之表决，则在西餐之德义楼。今日董事会之选举，虽亦讬名于议事会场，而其意思之表决，则在于红杏饭庄。异哉！何我国人之好事哺啜，不顾廉耻，竟以其圣神不可侵犯之选举权，抛掷于饮食男女之场，而毫不足惜哉！

选举权者，乃公民对于团体之公权，而非个人对于个人之私权也。使其为个人之私权，则可以交易，可以赠与，可以因亲戚故旧之关系而任意处分。至对于地方团体之选举权，是国民参政权之一种，而预备立宪时代试验人民程度之标准也。今欲以父举子，是误认选举权为相续权；以舅举甥，是误认选举权为亲族权；若更以饮食宴会之故，而为投票之约束，是直以选举权为普通之财产权，可以各随己意，私相交换者矣。在各国法律，对于选举运动之事，处分甚严。今我国对于此等之选举，官厅既置若罔闻，国民亦不愿过问，（营营苟苟）〔蝇营狗苟〕，惟此少数人势利之竞争。呜呼！今日所谓天津地方自治者，果何益于地方？何补于国家？乃此种无价值之当选权，竟有不惜委身屈节以求之者，抑亦奇矣。

《大公报》第二千一百五十七号，光绪三十四年六月十九日（1908 年 7 月 17 日），“言论”，第 2—3 页

论开国会必先立地方自治制

刘宝环 来稿

公民之制，美国则男子二十，无过犯，人人得为之；德则有租三千，纳税十二马克，英则纳四十先令，奥则百金，其余法、意、瑞、荷、琏、挪诸国皆数十金不等，日本则纳六元者得为之。皆取有名誉、无过犯者，许为公民。既为公民，则可被选举为乡县郡国之议员、乡官，亦可自举乡县郡国之议员、乡官。我国今日虽不能即如此办理，而必先确立地方自治制，使国民从事于地方之公务，得政治上之经验，民间实际之识见。地方之事，何者当行，何者不当行，可以瞭然判之，对于上下卓然独立，有完全公民之资格，而后以之当州县会议员之选，国会之后援，庶几不覆其所负，非地方自治而能收如此之效乎？盖国会者，所以监督中央政府之行政者也，而地方自治者，又为国会之后劲者也。国会与地方自治之相倚，犹人身之生，赖乎四肢血管也，四肢血管完全流通，身而后能享其生。地方自治区分合法，国会而后能奏其效用，是言之，则凡无地方自治之国，国会决无术以奏其效力；凡有地方自治之国，国会亦决无术以废其效力。而地方自治诚为预开国会之先着也。然地方自治之施之我国，其形式上之建设若何，实质之养成若何，各国已成之形迹、学者之理论学说施之于我国之利弊若何，又必详细研究。按各国之成迹，以审诸我国之历史风俗习惯，而定其规模，筹其手术，以期有百利而无害。次举公民之制，凡年在二十以上，家世清白，身无罪犯者，许为公民。既为公民，则得举其乡县之议员，得充其乡县府省之议员，享一切国民之权利。不为公民者，不得与公民等，如此则人人发愤而为公民，人人自期而为公民，人人皆好学知耻，而期为议员、为乡官之公民，如此则举全国四万万人进于爱国，进于公益，进于自重，进于勇敢，进于学识，夫而后选举之而为国会之议员，其能排万难，冒万险，以反抗政府，改造政体，而为吾国民造莫大之幸福也必矣。不然者，徒日言开国会而不探本而求，则虽国会即开，吾恐徒费言谈，而毫无所补于国家也。

按，开国会之于我国，今日诚为独一无二之要着。吾草此篇，亦非反对速开国会者。然国会之开，非以其能监督国家之财政，代表人民之舆论欤。而所谓监督之者、代表之者，非在国会之虚名，而在国会议员之能负其责任也。使彼议员者，不知选举权之可贵，宪法、议院之为何事，则虽今日要求之，明日即开之，而亦不过附属政府，为其位置一二私人之地，供其使令奔走之役，而为专制政府之武器而已。且政府更得藉此以涂饰吾民之耳目，而号招于天下曰：此国会也，此尔等抗争数年、要求数年所开之国会也。呜呼！诚如此之国会，其亦何幸福于吾民、补救于吾国也。故吾国民之于今日，必组织一国民的国会而后可，国民的国会者何？即以国民为基础也，以国民为基础，而必政党之人才足而后可。日本变法三十年，而政党人才犹有不足之虑，何况我国。故必于预开国会之数年间，立地方自治制,实行于各地,如日本例,于其明治初年预悬明治二十二年定开议院之旨,俾人民得以讲求宪法之良,斟酌国会立法之例,则人人知宪法之必立,国会之必开,而民气自奋,人才自出,然后举而实开国会,自无窒碍龃龉之患矣。

《大公报》第二千一百六十七号，光绪三十四年六月廿九日（1908 年 7 月 27 日），“言论”，第 2—3 页

保定城议事会开会·藩台凌方伯演说

今日为保定府城议事会开会之期，举定议员，讨论自治行政事务。官绅各界莅会参观，本司躬逢其盛，甚荣幸也。第念我国锐意维新，筹备宪政，地方自治尤为立宪基础，关系最为重要，盖国家政务日繁，故于官治以外，规定自治制度，使地方人民处理其团体上一切事宜，以期适切周到，补助官治之不足。是自治行政乃由国家所委任，应受政府之监督，义理最为明显。保定为省会重地，文物丰富，今幸诸君遵章创办，毅力经营，议事会得告成立，树各属之先声，尤希

议员诸君抱定自治宗旨，将地方上应办事宜，实心规画，勿始勤而终怠，冀收循序渐进之功，上副朝廷求治之殷，下慰桑梓付托之重，是则本司所厚望也。

《大公报》第二千七百七十八号，宣统二年三月十三日（1910 年 4 月 22 日），“演说”，第三张，第 1 页

臬台齐廉访演说

今日为保定府城议事会成立之期，敝人幸预斯会，快睹盛事，深喜诸君热心桑梓，集群策群力，组织一初级自治之团体，以谋地方公共之利益，引起人民政治之思想，为将来县议事会之基础。回思敝人令清苑时，才七年耳，而进步之速如此，此敝人为诸君起敬，并为我国前途贺者也。夫国会成立，必以地方议会为根本，而尤以城镇乡之初级自治为最要，考之各国国会召集，皆在地方议会成立之后。英为立宪最先之国，国会之开，后于地方议会数百年。美当独立以前，即有十三州议会，至数十年后始开国会。日本之市町村会，亦成立于开国会之前三年，盖地方议会即养成国会议员之预备科也。其进行方法约有数端：一曰自立，议员既为人民代表，则责备之刻，希望之奢，则效之速，皆势所必至。孔子言修己，孟子言正己，颜子言克己，皆自立也；有自立之品格，始有自治之精神，为天地立心，为生民立命，不过满立己之量而已。一曰循序，譬如学生，必先入蒙小学堂，使之一切科学，略窥门径，然后可渐进于大学。自治范围以内应办之事，本系个人所应负担，然必先启发其自治知识与能力，次第推行俾有成效可睹，使不至阻力横生。一曰耐烦，当自治制未发达之前，人民对于地方公益之事，每视为与己无关，退处于旁观之地位，仅仅代表数十人负其责任，事体已甚复杂，旁观者或又因而侧目，因而掣肘，种种障碍，（非）〔匪〕夷所思。惟用不辩止谤之法，行实事求是之心，不惮劳，不要誉，动心忍性，始有诚能动物之效。直隶风气之开，较他省为早，诸君以本地方之人，谋本地方之事，情形既甚

熟悉，关系尤为密切，范希文做秀才时便以天下为己任，顾宁人有言：天下兴亡匹夫之贱，与有责焉。诸君自任之重，不让昔贤，从此持之以恒，行之以渐，集思广益，俾人人有政治知识与能力，则县会、省会、国会皆可克期成立，兹特具体而微者耳，况合此邦士庶，尽能自治，尽具法人资格，司法之官大可鸣琴而治，所以补助官治之不及，尤非浅鲜，此更敝人所馨香以祝者也。

《大公报》第二千七百七十八号，宣统二年三月十三日（1910年4月22日），“演说”，第三张，第1页

保定城议事会开会·工巡总局总办叶观察演说

今日为保定城议事会第一会期，鄙人得与斯会，何胜庆幸。夫自治之事，在我国为创办，故往往徒惊其名，而未知其义，自治人员或者视官治为公敌，官治人员或又目自治为侵权，意见成而争端起，因之，自治、官治均有所妨，而于立宪前途大生障碍。不知二者虽分途，而理实则相济为用，其所以便利行政而巩固国本者一也。鄙人供差直省，从事于保定工巡局，与诸君接洽非一日矣，此次比较各处警务，保定列居优等，是足以证保定人民程度之高也，而不才居然冒能办巡警之名，实隐荷诸君子维持之力。虽然巡警者，其性质乃官治行政也，保定城关之巡警隶于省会，尤纯乎为国家官治行政也，而实则与自治行政时时有密切之关系。盖巡警虽属官治行政，而对乎自治，一方面实有不可须臾离者在也。今保定城内议事会成立，行见团体内应办之新政，次第而理，则我保定之可居优等者，将不惟警务，而与警务人员互相辅助，使之益进于美善，亦概可知矣。且鄙人又从方伯之后，办理全省警务，与全省之办理自治者，息息相关。今日议事会成立，为全省城镇乡自治之先导，以诸君之明达，必能知与官治相济为用之义，如能使全省之办理自治与警务者，皆以保定为标准焉，此则祷祀以求者矣。

《大公报》第二千七百七十九号，宣统二年三月十四日（1910 年 4 月 23 日），“演说”，第三张，第 1 页

清苑县黄大令演说

今日议事会遵章成立，鄙人忝知县事，谨从各宪之后来观盛礼，且于斯会负监督之责，宜有一言为诸君告。夫自治之古义，见于朝旨、部章者，至繁且博，不烦鄙人再为征引。鄙人今日所欲言者，请就时势论之。自庚子以后，民智渐开，所谓代表舆论监督政府之报纸，莫不以州县官为众矢之的，鄙人居州县者几二十年矣，亦见作一日官即无一日非怀刑之目，莅繁剧之区，不敢谓百事之无丛脞也；理民刑之讼，不敢谓两造之无枉屈也。兢兢业业，但求于心无愧已耳。抑我朝旧制，服官者必非本省之人，南北之风俗不同，习惯各异，地方利弊，不系于心则已，苟欲稍尽其求治之诚，势不得不商之于本地耆绅。鄙人于光绪二十一二年间初任高邑，彼时即以整顿书院、兴种树艺为劝民之急务，其时京汉铁路甫议修筑，而度其干线，高邑适所必经，以之告乡之士民，辄复疑信参半，盖风气不开也。其后权高阳、迁博野、权清丰，所以为邑之士民告者，亦莫不以是数者为先，亲自策骑晓导，尽力提倡，卒未能家喻户应，至今引为歉然。及庚子兵燹之后，任定兴、围场，凡所以设钱局、植森林、劝学堂、兴工艺等事，莫不与地方绅士商办者，事易举而收群策群力之效也。今来清苑三年矣，所以劝者亦不外此，虽种树之谕屡发，然应之者寥寥，此事收利最大，人咸知之，特昧于远，因狃于近习耳。诸君子今被选为议事会会长、会员，负乡间之众望，匡官吏之不逮，甚善！甚善！第鄙人所深望者，官绅之界，异地皆同戴，翼国家共谋强盛，惟有和衷共济，守先圣诚意、正心、修身、齐家、治国、平天下之训，则地方自治又岂独以今日为嚆矢。诸君子三复斯言，当不唾弃以为顽固者乎？

《大公报》第二千七百七十九号，宣统二年三月十四日（1910 年 4 月 23 日），“演说”，第三张，第 1 页

第二编 顺直谘议局的活动

一、顺直谘议局选举纪事

直隶选举纪事

直隶分配谘议局议员，因京师内外城及京营地面调查手续繁难，逾期已久，兹探得分配确数，赶速登报，以慰热心地方诸君之渴望。

全省初选举人一十六万二千五百八十五名，以顺直议员定额一百四十除之，得一一六一，实一千一百六十一人得议员一名，以此数除各复选区选举人总数，各复选区应得议员额数并应分零数，表列于下：

复选区	选举人总数	除得数	应得议员数
顺天府	二万一千零七十三名	一八一五	十八名
保定府	二万一千二百零二名	一八二六	十八名
宣化府	八千八百六十五名	七六三五	七名分零数一名共八名
河间府	一万二千三百四十七名	一〇六三	十名分零数一名共十一名
正定府	八千一百五十八名	七〇二六	七名
广平府	一万一千一百一十名	九五六九	九名
顺德府	八千九百零一名	七六六六	七名分零数一名共八名
大名府	一万三千一百九十九名	一一三六	十一名
承德府	三千四百九十六名	三〇一一	三名
围场厅	九百五十二名	〇八一九	分零数一名
永平府	一万一千三百九十六名	九八一五	九名分零数一名共十名
朝阳府	三千九百二十五名	三三八〇	三名
天津府	七千一百三十二名	六一四二	六名
赵　州	四千一百六十五名	三五八七	三名分零数一名共四名
深　州	三千六百一十二名	三一一一	三名
冀　州	八千一百二十七名	七〇〇〇	七名
遵化州	三千九百零七名	三三六五	三名
定　州	六千八百七十六名	五九二二	五名分零数一名共六名
易　州	二千五百四十四名	二一九一	二名
赤峰州	五百五十九名		一名
口北三厅	一千零三十九名		一名

各厅州县初选当选人分配之数容再续登

《大公报》第二千四百四十四号，宣统元年三月廿三日（1909年5月12日），“直隶选举纪事”，第5—6页

顺天府初选举

直隶各府厅州分配议员额数，业志前报，兹续探得各处分配初选当选人数，亟登之，以快众览。

顺天府初选举人共二万一千零七十三名，以议员十八名十乘之数除之，得一一七为法分除各初选区选举人，即将各数分别表列如下：

初选区	选举人数	除得数	初选当选人数
大兴县	九百六十二名	八二二	八名
宛平县	五百七十一名	四八八	四名分零数一名共五名
良乡县	二百八十八名	二四四	二名
固安县	一千零六十六名	九一一	九名
永清县	一千零三十七名	八八六	八名分零数一名共九名
东安县	九百八十名	八三七	八名
香河县	四百二十二名	三六〇	三名分零数一名共四名
三河县	二百四十四名	二〇八	二名
通　县	九百十九名	七八五	七名分零数一名共八名
武清县	九百七十一名	八二九	八名
宝坻县	一千零二十七名	八七七	八名分零数一名共九名
顺义县	一千六百六十七名	一四二四	十四名
宁河县	四百七十五名	四〇五	四名
昌平州	一千三百九十七名	一一九四	十一名分零数一名共十二名
密云县	四百四十一名	三七六	三名分零数一名共四名

续表

初选区	选举人数	除得数	初选当选人数
怀柔县	五百六十四名	四八二	四名分零数一名共五名
房山县	二千三百十二名	一九七六	十九名分零数一名共二十名
涿　州	八百六十三名	七三七	七名
霸　州	九百八十五名	八四一	八名
文安县	一千一百六十五名	九九五	九名分零数一名共十名
天城县	六百一十八名	五二八	五名
保定县	一百二十名	一〇二	一名
蓟　州	一千四百五十九名	一二四七	十二名分零数一名共十三名
平谷县	五百二十六名	四四九	四名分零数一名共五名

《大公报》第二千四百五十四号，宣统元年四月初四日（1909 年 5 月 22 日），“直隶选举纪事”，第 5—6 页

保定府初选举

保定府初选举人共二万一千二百零二名，以议员十八名十乘之数除之，得一一八为法分除各初选区选举人，即将各数分别表列如下：

初选区	选举人数	除得数	初选当选人数
清苑县	二千四百五十三名	二〇七八	二十名分零数一名共二十一名
新城县	一千五百四十九名	一三一一	十三名
安宁县	八百零二名	六七九	六名分零数一名共七名

续表

初选区	选举人数	除得数	初选当选人数
定兴县	七百五十名	六三五	六名
唐　县	一千一百三十三名	九六〇	九名分零数一名共十名
博野县	九百七十九名	八二九	八名
望都县	七百四十八名	六三三	六名
容城县	三百六十九名	三一二	三名
完　县	六百二十名	五二五	五名
蠡　县	二千六百六十二名	二二五五	二十二名分零数一名共二十三名
雄　县	九百九十一名	八三九	八名分零数一名共九名
祁　州	一千五百六十六名	一三二七	十三名
束鹿县	二千八百七十一名	二四三三	二十四名
安 州	一千零二十一名	八六五	八名分零数一名共九名
高阳县	一千五百六十五名	一三二六	十三名
新城县	一千一百二十三名	九五一	九名分零数一名共十名

《大公报》第二千四百五十六号，宣统元年四月初六日（1909 年 5 月 24 日），“直隶选举纪事”，第 4—5 页

河间府初选举

河间府初选举人共一万二千三百四十七名，以议员十一名十乘之数除之，得一一二为法分除各初选区选举人，即将各数分别表列如下：

初选区	选举人数	除得数	初选当选人数
河间县	一千八百九十五名	一六九一	十六名分零数一名共十七名
献　县	一千六百七十一名	一四九一	十四名分零数一名共十五名
阜城县	四百名	三五七	三名分零数一名共四名
肃宁县	一千二百三十名	一〇九八	十名分零数一名共十一名
任邱县	一千零五十六名	九四二	九名
交河县	八百二十七名	七三八	七名
宁津县	一千三百六十五名	一二一八	十二名
景　州	一千零二十八名	九一七	九名
吴桥县	一千四百十九名	一二六六	十二名分零数一名共十三名
故城县	六百四十八名	五七八	五名分零数一名共六名
东光县	八百零八名	七二一	七名

《大公报》第二千四百五十六号，宣统元年四月初六日（1909 年 5 月 24 日），“直隶选举纪事”，第 4—5 页

宣化府初选举

宣化府初选举人共八千八百六十五名，以议员八名十乘之数除之，得一一一为法分除各初选区选举人，即将各数分别表列如下：

初选区	选举人数	除得数	初选当选人数
宣化县	九百五十二名	八五七	八名分零数一名共九名
赤城县	四百六十二名	四一五	四名

续表

初选区	选举人数	除得数	初选当选人数
万全县	九百零六名	八一六	八名
龙门县	七百十八名	六四七	六名分零数一名共七名
怀来县	五百八十名	五二二	五名
蔚　州	一千八百二十二名	一六四一	十六名
西宁县	五百十三名	四六二	四名分零数一名共五名
怀安县	七百五十一名	六七七	六名分零数一名共七名
延庆州	一千七百十一名	一五四一	十五名
保安州	四百五十一名	四〇六	四名

《大公报》第二千四百五十七号，宣统元年四月初七日（1909 年 5 月 25 日），“直隶选举纪事”，第 5 页

口北三厅初选举

口北三厅初选举人共一千零三十九名，以议员一名十乘之数除之，得一零三为法分除各初选区选举人，即将各数分别表列如下：

初选区	选举人数	除得数	初选当选人数
张理厅	五百三十九名	五二三	五名
独石厅	二百九十九名	二九〇	二名分零数一名共三名
多伦厅	二百零一名	一九五	一名分零数一名共二名

《大公报》第二千四百五十七号，宣统元年四月初七日（1909 年 5 月 25 日），“直隶选举纪事”，第 5 页

永平府初选举

永平府初选举人共一万一千三百九十六名，以议员十名十乘之数除之，得一一六为法分除各初选区选举人，即将各数分别表列如下：

初选区	选举人数	除得数	初选当选人数
卢龙县	一千三百零三名	一一二二	十一名
迁安县	一千四百十九名	一二二三	十二名
抚宁县	二千二百六十二名	一九五〇	十九名分零数一名共二十名
昌黎县	一千七百八十五名	一五三八	十五名分零数一名共十六名
滦　州	一千三百十一名	一一三〇	十一名分零数一名共十二名
乐亭县	一千九百十三名	一六四九	十六名分零数一名共十七名
临榆县	一千四百零三名	一二〇九	十二名

《大公报》第二千四百五十七号，宣统元年四月初七日（1909 年 5 月 25 日），“直隶选举纪事”，第 5 页

承德府初选举

承德府初选举人共三千四百九十六名，以议员三名十乘之数除之，得一一七为法分除各初选区选举人，即将各数分别表列如下：

初选区	选举人数	除得数	初选当选人数
承德府	一千四百七十六名	一二六一	十二名分零数一名共十三名
滦平县	一百三十四名	一一四	一名
平泉州	一千二百八十七名	一一〇〇	十一名
丰宁县	五百九十九名	五一一	五名

《大公报》第二千四百五十七号，宣统元年四月初七日（1909年5月25日），“直隶选举纪事”，第5页

围场厅初选举

围场厅初选举人共九百五十二名，得议员一名十乘之，得初选当选人十名，分配如下表：

初选区	选举人数	除得数	初选当选人数
围场厅	八百六十二名		九名
隆化县	九十名		一名

《大公报》第二千四百五十九号，宣统元年四月初九日（1909年5月27日），“直隶选举纪事”，第5页

朝阳府初选举

朝阳府初选举人共三千九百二十五名，以议员三名十乘之数除之，得一三一为法分除各初选区选举人，即将各数分别表列如下：

初选区	选举人数	除得数	初选当选人数
朝阳府	一千三百三十六名	一〇一〇	十名
建昌县	一千零四十七名	七九〇	七名分零数一名共八名
阜新县	六百零七名	四六三	四名分零数一名共五名
建平县	六百五十四名	四九九	四名分零数一名共五名
绥东县	二百八十一名	二一四	二名

《大公报》第二千四百五十九号，宣统元年四月初九日（1909 年 5 月 27 日），“直隶选举纪事”，第 5 页

天津府初选举

天津府初选举人共七千一百三十二名，以议员六名十乘之数除之，得一一九为法分除各初选区选举人，即将各数分别表列如下：

初选区	选举人数	除得数	初选当选人数
天津县	二千二百三十一名	一八七四	十八名分零数一名共十九名
静海县	七百五十五名	六三四	六名
沧　州	九百零二名	七五七	七名分零数一名共八名
南皮县	四百十九名	三五二	三名
盐山县	一千零零四名	八四三	八名
青　县	一千三百九十八名	一一七四	十一名分零数一名共十二名
庆云县	四百二十三名	三五五	三名分零数一名共四名

《大公报》第二千四百五十九号，宣统元年四月初九日（1909 年 5 月 27 日），“直隶选举纪事”，第 5 页

正定府初选举

正定府初选举人共八千一百五十八名，以议员七名十乘之数除之，得一一七为法分除各初选区选举人，即将各数分别表列如下：

初选区	选举人数	除得数	初选当选人数
正定县	一千零零九名	八六一	八名分零数一名共九名
获鹿县	五百六十三名	四八一	四名分零数一名共五名
井陉县	四百零一名	三四二	三名分零数一名共四名
阜平县	三百八十六名	三二九	三名
栾城县	二百二十八名	一九四	一名分零数一名共二名
行唐县	七百二十三名	六一七	六名

续表

初选区	选举人数	除得数	初选当选人数
灵寿县	三百九十二名	三三五	三名
平山县	四百三十一名	三六八	三名分零数一名共四名
元氏县	六百二十一名	五三〇	五名
赞皇县	三百五十七名	三〇五	三名
晋　州	八百九十四名	七六四	七名分零数一名共八名
无极县	六百三十名	五三八	五名
稾城县	九百三十一名	七九五	七名分零数一名共八名
新乐县	五百九十二名	五〇五	五名

《大公报》第二千四百六十号，宣统元年四月初十日（1909 年 5 月 28 日），“直隶选举纪事”，第 5 页

大名府初选举

大名府初选举人共一万三千一百九十九名，以议员十一名十乘之数除之，得一一一为法分除初选区选举人，即将各数分别表列如下：

初选区	选举人数	除得数	初选当选人数
大名县	二千六百六十三名	二二一九	二十二名
元城县	二千一百六十名	一八〇〇	十八名
南乐县	一千二百十一名	一〇〇九	十名
清丰县	一千五百四十九名	一二九〇	十二名分零数一名共十三名

续表

初选区	选举人数	除得数	初选当选人数
开　州	二千三百七十九名	一九八〇	十九名分零数一名共二十名
东明县	一千三百八十八名	一一五六	十一名分零数一名共十二名
长垣县	一千八百四十九名	一五四〇	十五名

《大公报》第二千四百六十二号，宣统元年四月十二日（1909 年 5 月 30 日），“直隶选举纪事”，第 5 页

顺德府初选举

顺德府初选举人共八千九百零一名，以议员八名十乘之数除之，得一一二为法分除各初选区选举人，即将各数分别表列如下：

初选区	选举人数	除得数	初选当选人数
邢台县	二千四百八十六名	二二一九	二十二名
沙河县	七百八十六名	七〇一	七名
南河县	八百三十三名	七四三	七名分零数一名共八名
平乡县	九百九十四名	八八七	八名分零数一名共九名
广宗县	六百八十五名	六一一	六名
钜鹿县	一千零二十名	九一〇	九名
唐山县	五百十五名	四五九	四名分零数一名共五名
内邱县	五百八十六名	五二三	五名
任　县	九百九十六名	八八九	八名分零数一名共九名

《大公报》第二千四百六十二号，宣统元年四月十二日（1909 年 5 月 30 日），“直隶选举纪事”，第 5 页

广平府初选举

广平府初选举人共一万一千一百一十名，以议员九名十乘之数除之，得一二三为法分除各初选区选举人，即将各数分别表列如下：

初选区	选举人数	除得数	初选当选人数
永年县	二千六百九十名	二一八六	二十一名分零数一名共二十二名
曲周县	九百五十九名	七七九	七名分零数一名共八名
肥乡县	一千零九十七名	八九一	八名分零数一名共九名
鸡泽县	一千零三十名	八三七	八名
广平县	五百十七名	四二〇	四名
邯郸县	一千二百二十名	九九一	九名分零数一名共十名
成安县	七百三十八名	六〇〇	六名
磁　州	一千八百五十八名	一五一〇	十五名
威　县	五百十一名	四一五	四名
清河县	四百九十名	三九八	三名分零数一名共四名

《大公报》第二千四百六十四号，宣统元年四月十四日（1909 年 6 月 1 日），“直隶选举纪事”，第 5 页

赵州初选举

赵州初选举人共四千一百六十五名，以议员四名十乘之数除之，得一零四为法分除各初选区选举人，即将各数分别表列如下：

初选区	选举人数	除得数	初选当选人数
赵　州	一千一百九十九名	一一五二	十一名
栢乡县	五百零二名	四八二	四名分零数一名共五名
隆平县	六百一十名	五八六	五名分零数一名共六名
高邑县	六百零九名	五八五	五名分零数一名共六名
临城县	三百五十二名	三三八	三名
宁晋县	八百九十三名	八五八	八名分零数一名共九名

《大公报》第二千四百六十四号，宣统元年四月十四日（1909年6月1日），“直隶选举纪事”，第5页

深州初选举

深州初选举人共三千六百十二名，以议员三名十乘之数除之，得一二为法分除各初选区选举人，即将各数分别表列如下：

初选区	选举人数	除得数	初选当选人数
深　州	一千五百十一名	一二五九	十二名分零数一名共十三名
武强县	五百八十八名	四九〇	四名分零数一名共五名
饶阳县	六百六十五名	五五四	五名
安平县	八百四十八名	七〇六	七名

《大公报》第二千四百六十四号，宣统元年四月十四日（1909 年 6 月 1 日），“直隶选举纪事”，第 5 页

冀州初选举

冀州初选举人共八千一百二十七名，以议员七名十乘之数除之，得一一六为法分除各初选区选举人，即将各数分别表列如下：

初选区	选举人数	除得数	初选当选人数
冀　州	二千九百零四名	一六四一	十六名
南宫县	一千八百十八名	一五六七	十五名分零数一名共十六名
枣强县	一千七百五十三名	一五一一	十五名
武邑县	一千一百五十二名	九九三	九名分零数一名共十名
衡水县	八百四十二名	七二五	七名
宁河县	六千五十八名	五六七	五名分零数一名共六名

《大公报》第二千四百六十四号，宣统元年四月十四日（1909 年 6 月 1 日），“直隶选举纪事”，第 5 页

遵化州初选举

遵化州初选举人共三千九百零七名，以议员三名十乘之数除之，得一三为法分除各初选区选举人，即将各数分别表列如下：

初选区	选举人数	除得数	初选当选人数
遵化州	八百三十名	六三八	六名
玉田县	一千一百九十六名	九二〇	九名
丰润县	一千八百八十一名	一四四六	十四名分零数一名共十五名

《大公报》第二千四百六十五号，宣统元年四月十五日（1909年6月2日），“直隶选举纪事”，第5页

定州初选举

定州初选举人共六千八百七十六名，以议员六名十乘之数除之，得一一五为法分除各初选区选举人，即将各数分别表列如下：

初选区	选举人数	除得数	初选当选人数
定　州	四千二百八十八名	三七二八	三十七名
曲阳县	一千五百名	一三〇四	十三名
深泽县	一千零八十八名	九四六	九名分零数一名共十名

《大公报》第二千四百六十五号，宣统元年四月十五日（1909 年 6 月 2 日），“直隶选举纪事”，第 5 页

易州、赤峰州初选举

易州初选举人共二千五百四十四名，以议员二名十乘之数除之，得一二七为法分除各初选区选举人，即将各数分别表列如下：

初选区	选举人数	除得数	初选当选人数
易　州	一千零七十一名	八四三	八名
涞水县	五百二十五名	四一三	四名
广昌县	九百四十八名	七四六	七名分零数一名共八名

赤峰州初选举人共五百五十九名，初选当选人十名。

《大公报》第二千四百六十五号，宣统元年四月十五日（1909 年 6 月 2 日），“直隶选举纪事”，第 5 页

请看谘议局投票期限

五月初一日为直隶谘议局初选举投票之期，自早八钟起至晚六钟止，一日为限。除四乡选举应由各区投票所知照外，所有围墙以内，填写过谘议局调查表诸君，务请届期按照投票时刻，亲临袜子胡同议事会会场内，当面领票，以便照章

选举，幸勿延误。

第一区投票所谨白

谨将所有初选日期投票区所开票地址及投票方法逐项开列于左，庶可按照办理，计开：

一、初选日期。五月初一日行初选举。

二、初选投票区投票所及开票所地址。合县划分八区为投票区，以巡警南北段为第一区，四乡东局为第二区，南局为第三区，西局为第四区，北局为五区，海河一局为第六区，海河二局为第七区，海河三局四局为第八区。第一区投票所设立于议事会、董事会所在之地，四乡及海河各区投票所设立于各巡警局所在之地，海河三局四局之投票所应设立于巡警三局，至开票所设立于本县署内。

三、投票方法遵照定章抄录。第四十一条，投票人以列名本属投票所之投票簿者为限；第四十二条，投票人届选举期应亲赴投票所自行投票，不得倩人代理；第四十三条，投票人应在投票簿所载本人姓名项下签字毕，方准领投票纸；第四十四条，投票人每名只准领投票纸一页；第四十五条，投票用无名单记法，每票只准书被选举人一名，不得自书本人姓名；第四十六条，投票人于投票所内，除关于投票事宜得与职员问答，不得涉及私言，并不得与他人接谈；第四十七条，投票完毕后，投票人应即退出，不得逗留窥视；第四十八条，投票人倘有顶替及违背定章等事，管理员及监察员得令退出。谘议局调查表是由去岁九月填添的，不是今年三月填写的。今年写的是县会改选谘议局，是省会诸位切不可认错。

第一区投票所又注

《大公报》第二千四百六十八号，宣统元年四月十八日（1909年6月5日），“直隶选举纪事”，第5页

顺天府谘议局初选告示

顺天府以谘议局初选在即，爰出示云：查顺天各属选举人名册业已告成，由直隶谘议局筹办处详明督辕，分配议员额数及初选当选人名额数，报经本衙门通饬各属知照在案。查该县共选举人五百七十五名，应出初选当选人五名，除选举人名册由州县前期榜示外，合再出示，为此示仰该处绅民人等，尔等凡系选举榜册有名之人，务须照依定限，各就各区，遵章投票，毋得观望迟延，自弃权利云。

《大公报》第二千四百六十八号，宣统元年四月十八日（1909年6月5日），“直隶选举纪事”，第5页

京旗谘议局筹办处知会左右翼选举员公函

京旗谘议局筹办处日前知会左右翼选举员公函云：兹准各旗送到选举诸君职名，本处已照章按左右翼分札大、宛两县办理初选投票各事宜，并知照各旗分别张贴宣示。查议员选举，事属创始，投票期限恐难周知，兹将左右选举诸君芳名并投票规则分别列单，以备台览，惟愿复选时所得十员皆系公正贤明者，不特上可以共筹国计，且下可以裨益旗族，敝处实有厚望焉。京旗人数无多，初选届期，务祈诸君亲临，是为至祷至盼，特此知会。

投票开票章程如左：

一、投票所暨票匭。左翼设在大兴县城隍庙，右翼设在宛平县嘉兴寺。

一、投票日期自五月初一日起至初三日止，每日自上午八点起至下午六点止，逾时停止。

一、投票人届期亲赴票所自行投票，不得倩人代投。

一、投票人应在票簿内所载本人名下书到毕方领票纸，每人只准领票纸一页。

一、投票只准书被选举人一名，不得自书本人姓名，亦不准书号。

一、投票人于票所内，除关于投票事宜得与职员问答外，不得涉及私言，并不得与他人接谈。

一、投票毕，应即退出，不得逗留窥视。

一、投票人倘有顶替及违背定章，即令退出。

一、票纸写不依式，夹写他事，字迹模糊不可认者，不用票所所发票纸者，及选出之人不合被选举资格各节，均作废票。

一、开票日期定于五月初六日，准选举人参观。

一、当选人确定后应即榜示，由监督具名知会各当选人。

一、当选人自接到知会之日起二十日以内，呈报情愿应选者听候复选，逾限不覆者，作为不愿应选。

一、呈明应选者，由初选监督酌定日期，给与当选执照为凭。

镶黄旗满洲

斌勋副贡　耆勋文生　世谦早稻田毕业　文成度支部笔政　恩启吏部笔政　恩庆候补笔政　熙文度支部笔政　永年骑都尉　文林云骑尉

镶黄旗蒙古

定泰恩监生

镶黄旗汉军

延秀世袭候委散秩大臣　荣恩头等侍卫　斌成头等侍卫　绳格二等侍卫　李润三等侍卫　松岳三等侍卫　奎敬治宜正　惠成治宜正　常安治宜正　禧昌骑都尉　增祺云骑尉　朴奎侍读　存山典籍　存荣中书　德禄中书　保恒外部郎中　普震礼部笔政　懿善度支部主事　铁珊度支部候补主事　张荣骅度支部候补员外　张荣骥候选通判　世镛度支部候补主事　刘粹度支部七品小京官　荣生恩监生

崇善文生 寿昌廪生 松龄学务董事 常福蓝翎侍卫

正白旗满洲

吉安文生 瑞兴文生 隆彬恩监生 俊秀文生 定林大学毕业 绵增文生 重朴恩监生 春林文生 宝善文生 湍多布贡生 成庆翻译生员 魁忠文生 续华文生 重桓恩监生

正白旗蒙古

绪奎办理地方公益著有成绩

正白旗汉军

重佑文生 富和优贡

镶白旗满洲

定安堂长 增林候补笔政 荣昌赞礼郎 荫桓裁缺国子监司业 额图浑开缺右卫城守尉 增廉生员 培珍七品瘾生

镶白旗蒙古

锡钧翰林院学士 世荣翰林院侍讲 魁麟前湖北黄州府知府 兴亮中书 德生恩骑尉 文元赞礼郎 长泰江苏截取知府 文寿骑都尉 锡璋理藩部额外主事 延龄内阁中书 世兴骑都尉 文俊理藩部员外郎 定奎云骑尉 德海二等侍卫 定安廪生 印贵云骑尉 钟佑理藩部笔政 松龄赞引官 峻德工业学堂毕业 存福生员 桂森陆军部笔政 爱绅文生员 清云中书 延清侍讲学士 福学部三等书记官 恩喜云麾使 玉璐理藩部候补主事 诚勤文生员 荣元二等侍卫 瑞明护军参领 常泰副护军参领 广瑞护军参领

镶白旗汉军

王庆珍额外主事 锡光文生员 陈宝璋廪生 杨海清优贡 胡征麟岁贡

正蓝旗满洲

林庄副贡 继锐候补录事 延龄笔贴式

正蓝旗蒙古

文俊陆军部额外主事

正蓝旗汉军

宜桢陆军部主事 官成候补同知 文良理藩部主事 维春贡生 贵闰文生 恒俊理藩部 候补笔政 清盛度支部七品笔政 忠熙陆军部笔政 增祥印务笔政

全寿云骑尉

内火器营正白旗满洲

富明蓝翎长

正蓝旗蒙古

阿凌阿印务笔政

《大公报》第二千四百七十五号，宣统元年四月廿五日（1909年6月12日），“直隶选举纪事”，第5页；《大公报》第二千四百八十一号，宣统元年五月初一日（1909年6月18日），“直隶选举纪事”，第6页

谘议局各区投票所及天津全境投票区各村名录

今将谘议局各区投票所及天津全境投票区各村名开列于后：

第一区，即巡警局南段北段。

南段北段

第二区，即巡警东局，投票所即在东局。

小于庄　欢坨　李明庄　刘快庄　辛侯庄　王串场　万新庄　朱家庄　西堤头　韩盛庄　赵里庄　北程林庄　排地　贯家庄　芦新河　徐家庄　南程林庄　赵家庄　大张庄　小马庄　大举庄　小王庄　南荒草坨　小朱庄　姚家庄　何家庄　于明庄　北荒草坨　李辛庄　孙家庄　张贵庄　范家庄　何家庄

第三区，即巡警南局，投票所即在南局。

徐胡圈　五窑村　八里台　纪家庄　前李七庄　后李七庄　赵金庄　凌家庄　蔡家台　王家台　邓家店　曾家台　辛家院　武家台　前杨楼　后杨楼　贾家台　凌家口　于家店　王蓝庄　高家庄　陈家村　大倪庄　小倪庄　王姑娘庄　边家村　大梨园坨　小梨园坨　小庞庄　王项堤　侯家台　华家庄　杨五庄　马家寺　小刘庄　郭家村　潘家楼　姚家村　张家窝　高家村　董家村　炒米店

古佛寺　赵家庄　周李吴庄　门道口村　张道口村　倪黄庄　周家庄　大任庄　王家村　大寺村　贾家庄　北里八口　南里八口　李富德庄　石家庄　王家庄　大芦北口

第四区，即巡警西局，投票所即在西局。

李家楼　谢家庄　马家庄　杨柳青　碾坨嘴　河南辛庄　河北辛庄　小园　大觉庵　侯家庄　大园　杨家庄　赵家庄　小稍直口　小卞庄　西姜井　东姜井　大稍直口　大卞庄　李家坟　汪家庄　邢家庄　曹家庄　东北斜　中北斜　西北斜　大蒋庄　疙疸村　雷家庄　小蒋庄　王家庄　祁家庄　大梁庄　韩家树　刘家码头　李家房　王家房　锅铁店　青光村　下河头　上河头　中河头　东隄村　扬家河　插房子　西隄村　双口村　高家场　赵家圈　安光村　平安庄　前丁庄　后丁庄　郝家堡　线儿河　前常家堡　后常家堡　徐家堡　大柳滩

第五区，即巡警北局，投票所即在北局。

北仓 丁字沽　宜兴埠　柳滩　霍家嘴　天齐庙　穆庄　唐家湾　郭辛庄　吴家嘴　王家庄　南仓　马家庄　阎家街　刘园　窑窝　丁庄　桃花寺　赵家庄　董薪房　周庄　阎庄　王秦庄　李家嘴　桃花口　屈店街　李家楼　马厂　常家庄　辛庄　赵家庄　小淀　小贺庄　沙家庄　双街村　下蒲口　柴家楼　杨家隄　张家湾　上蒲口　郎园　胡园　汗沟　小街　庞家嘴　刘安庄　赵家庄　前蘇疙疸　后蘇疙疸　张献庄　朱唐庄　孟家庄　小杨庄　大杨庄　刘招庄　马庄　小孙庄　二阎庄

续今将谘议局各区投票所及天津全境投票区各村名开列于后。

第六区，即海河巡警一局，投票所即在一局。

小王庄　佟家楼　小刘庄　西楼　东楼　贺家口　前西楼　黑牛城　杨家庄　小辛庄　掛甲寺　土城　大直沽　小孙庄　后尖山　前尖山　郑家庄　宣家楼　陈唐庄　上河圈　下河圈　杜家庄　吴家嘴　马家嘴　张达庄　汪家庄　娄家庄　贾家沽道　灰堆　小河庄　宋家庄　詹家庄　潘家庄　卞辛庄　黄家庄　芦家庄　北马集　崔家码头　顾家庄　上翟庄　南马集　李家楼　郭黄庄　杨家场

第七区，即海河巡警二局，投票所即在二局。

南羊码头　北羊码头　于家庄　咸水沽　三虎庄　韩城桥　新地　横河外　西小庄　东小庄　前翟家甸　后翟家甸　池家台　东庄　头道沟　周家庄　赵家

庄　三道沟　吴家庄　小王庄　周辛庄　王家场　小郭庄　陆车地　二道沟　十间房　华家园　西泥沽　东泥沽　泥沽嘴　小辛庄　桃园站　小刘庄　唐家庄　上小汀　后三合　下小汀　双港　前三合　西三合　前辛庄　邢家庄　张满庄　下河滩　蛮子营　高家园子　白塘口　城上　后辛庄　上郭庄　王家庄　张家嘴　紫辛庄　泥窝　勾家庄　卧河　窑上　小赵北庄　大赵北庄　田家嘴　苑家庄　潘家庄　秦家庄　上刘庄　下郭庄　四里沽　下刘庄　李家庄　巨葛庄　孙家庄　紫家庄　王四楼　大郑庄　小郑庄　军粮城　高家庄　八里台　大韩庄　大孙庄　中塘

第八区，即海河巡警三局、四局，投票所即在三局。

盘沽　小柴庄　北苑庄　小曾庄　南新房　苏家园　杨苓子　新庄　邓苓子　大高庄　小高庄　葛沽　小殷庄　白马岗　马家园　小刘庄　汪家圈　行宫材　杨惠庄　北辛房　南新房　西大沽　东大沽　新城　芦家嘴　营房村　郝家沽　西黄园　东黄园　南开　郑善沽　小梁庄　大梁庄　小站

《大公报》第二千四百七十九号，宣统元年四月廿九日（1909 年 6 月 16 日），“直隶选举纪事”，第 5 页；《大公报》第二千四百八十号，宣统元年四月三十日（1909 年 6 月 17 日），“直隶选举纪事”，第 5 页

大兴初选举分定各选举区及选举人数

大兴初选举遵章于五月朔日举行投票，各投票所均于先一日回避一切办理选举事宜。兹将分定各选举区及选举人数照纪如左：

内中一区投票所在银闸中一区内，内左一二三区投票所在大佛寺，内左四五区投票所在北新桥红桥外，左一五区投票所在三里河织云公所，外左二三四区投票所在兴隆街药行会馆。其选举人数为张培等一百九十二名云。

《大公报》第二千四百八十三号，宣统元年五月初三日（1909 年 6 月 20 日），“直隶选举纪事”，第 5 页

第一区投票所注意投票

谘议局初选举，前于五月初一初二两日在袜子胡同议事会内投票，兹因投票人数不足，再行展限一天，准于初六日仍在该处投票。凡有选举权尚未投票者，务望届期惠临，万勿不到。是祝。

第一区投票所谨白

《大公报》第二千四百八十五号，宣统元年五月初五日（1909 年 6 月 22 日），“直隶选举纪事”，第 5 页

朝阳府选举详情

朝阳府王太守恩溥莅任之后，一切新政逐次举办。光绪三十四年八九月间接奉热河都宪、直隶谘议局宪札饬选举员办法及期限清单，王太守当即邀集绅董筹拟，刻期举办。九月十一日适值谘议局司选员吕君聘侯到郡，王太守即日札催建昌、建平、阜新、绥东各属选送讲习员来郡，研究选举章程，订于九月十八日就旧设宣讲所地方开讲，至二十二日讲毕，又复讨论二日，王太守每日亲至讲所演说立宪大旨及选举办法，吕君讲演亦具热心。计本郡调查员来讲习者十人，旁听绅士三十四人，建阜各属讲习人数亦颇踊跃，遂派各调查员均赴各该区详细调查，并发给各调查员用誊写刷印之期限清单、办事细则等公文，以便执行。寻于

十一月十八日札委陈参军贡珊充任初选监督，认真督理。王太守又虑朝郡民智尚未大开，调查员或有滞碍之处，凡遇宣讲之日，率绅商各界多方讲演，又于公出及审判之时，时加开导，并刷印告示，张贴城乡各处，以释群疑。是以风声所树，虽乡僻妇孺亦渐知选举之重要，各调查员亦藉之易于着手，其后遂至争选举权者有唐铭等十余名之多可征，风气之日开矣。至十二月中旬，本郡及各属汇送选举人名册，王太守会同司选员详加核校，有不合者驳改至再，然后申报列宪。本年二月间依限申报各区投票所及开票所地址，三月间宣示选举人名榜。是日为王太守邀集学警各界研究调查户口章程之日，由初选监督陈参军亲 名榜张贴于宣讲所地方，悬灯掛彩，备具炮乐，观者如堵，并由王太守及司选员吕君剀切演说大旨，谓选举之关系亟为重要，凡有选举权者投票时不可放弃等情，闻者颇形鼓舞，民情于此大可见矣。司选员吕君又于三月十九日前往建阜各属检查一切办法，四月初九日回郡。惟查绥东系新设之县，较他处办法稍逊，近将届五月朔投票之期，城乡各投票区管理员、检察员业已派定，分赴各该区监理，投票时，凡有选举之权者必能秉公慎选，以副桑梓之望。所有开票后一切情形及当选人衔名，容俟续登。

《大公报》第二千四百八十六号，宣统元年五月初六日（1909 年 6 月 23 日），“直隶选举纪事”，第 5 页

大兴县初选人名单全录

张　培　张蔚瀛　张存善　张继庭　张世堉　张成栋　张国辅　张承恺
张　亿　王仲笙　王　振　王鸿勋　王　霖　王家桢　王　浩　王培镒
王　凌　王荣聪　王　锐　王　德　王海山　王彝铭　王载福　李　堃
李　本　李炳勋　李启泰　李文禄　李宝华　李光荣　李世震　李德润
李文权　赵立棠　赵文玉　赵恩翰　马起龙　马继壎　马文麟　马厚辅

马德明　马礼庭　马文麟　马振麟　刘　济　刘荣魁　刘乙然　刘文祥
刘荣俊　刘开甲　孙庆祺　孙振嘉　孙汝恒　孙允舫　孙宗麟　孙庆廷
孙　进　孙　壮　陈锡恩　陈卿云　陈永升　陈应禧　陈文骧　董锡璋
董毅江　胡　霖　胡永禄　胡喜瑞　娄镇龙　娄厚甫　萧德霖　萧兴远
金子简　金抡元　祝　构　祝　枚　傅维元　傅庆涵　王宗义　王恩培
俞　林　俞志祥　孟学文　孟学思　孟寿康　蔡国器　蔡贵春　宋绍彬
蒋永泉　蒋永林　傅立寿　傅　恕　朱　桐　朱开第　杨宗麟　杨子香
杨第鸿　高宏鼐　吴少斋　吴庆元　邢书田　钱寿祺　沈家麟　林寿泉
韩永泰　梅春泉　周鸣凤　乔佩芳　黄于萱　邵文贵　雷世坤　汤叙典
武肇凤　鲁润山　郭立泉　龚玉金　徐鼎元　薛　凌　载振麟　叶守余
叶宗谦　许筱峰　阎云祥　鲍忠瀚　章文杰　申同揆　郑德霖　田禄生
赵培瑛　余忠铨　李汝霖　闫荣昌　高德培　许寿山　韩九如　沈　枟
郎兆熙　俞藻翔　王蔚臣　王廷华　王岐峰　王秉钧　李文滨　李树铭
李沛恩　刘梦锡　刘同元　刘魁志　陈　升　郑宗麟　袁春钒　黄聘臣
于骏声　周钟瀚　邢显亭　乔凌九　阚茂堂　王世彬　王继杭　王庆恒
王士孚　李国璋　李光辅　陈　峻　陈　壎　陈光宪　朱桂华　胡　濂
隋鼎臣　吴　训　吕峻山　赵沣皋　白宗礼　洪　鼎　徐　森　韩珍山
冯恩龢　孙腾甲　孙严守　顾忠辅　任锡庚　蔚如清　郑翰宗　邵宗纶
卢光耀　刘练智　丁　浩

《大公报》第二千四百八十八号，宣统元年五月初八日（1909 年 6 月 25 日），第二张，“直隶选举纪事”，第 3—4 页

天津县谘议局议员初选举

谘议局议员初选举已于初六、初七两日开票，计有效票数一千五百三十六

张，无效票数七十一张，按章核算，以得四十一票者为合格，兹将得票合格八人姓名及票数开列于后：

李士铭九十五票　孙洪伊九十票　刘钟霖五十九票　杨希曾五十一票　穆文敬五十一票　石元士四十六票　卢翰章四十六票　王劭廉四十一票

查天津县初选当选人数，额定十九人，除以上及格者八人外，尚欠十一人，照章于此次得票较多者，按所欠人数加倍开列姓名，就所列姓名再行选举。兹订于初十日上午八点钟起至下午六点钟止，凡此次曾经投票者，应届期各就各区投票所复行投票，投票之时，照后开姓名中酌量选举一人，万勿不到是要。兹将初十日应举姓名开列于后：

苏式燕原得三十八票　齐鼎升原得二十九票　轧春瀛原得二十八票
宋鸿宾原得二十七票　孙鸿宾原得二十七票　胡家祺原得二十六票
李耀曾原得二十五票　杨恩寿原得二十五票　周景颐原得二十二票
刘孟扬原得二十票　温长纶原得二十票　范从周原得二十票
杨培之原得二十票　王贤宾原得十八票　林兆翰原得十六票
温世霖原得十五票　穆兴俊原得十五票　刘恩林原得十五票
赵炳麟原得十四票　韩金榜原得十四票　赵炳辰原得十三票
王新铭原得十三票

再初十日投票后，准于十二日上午八钟仍在原处开票，届期即望到所参观是幸。

监查管理员谨白

《大公报》第二千四百八十九号，宣统元年五月初九日（1909年6月26日），"直隶选举纪事"，第5—6页

京师大、宛两县及左右翼各旗初选举事宜

京师大、宛两县及左右翼各旗，现已将初选举事宜办理完毕，兹将各种情形备纪如左：

八旗初选举投票所，左翼定于大兴城隍庙，右翼设于嘉兴寺。城隍庙地方颇为狭窄，且已于庙内设立大宛选举办事处，故又将八旗左翼投票所改移于前圆恩寺广慈庵庙内。又宛平县所属各选举区已投票事毕，刻宛平县于署内设立西城总开票所，惟所谓西城者为宛平各区之谓，右翼各旗不与焉。

又顺天府札行大兴县云，为饬知事，准京旗谘议局筹办处咨开，据本处总办双浚详称，准顺天府文开，查宪政编查馆奏定京旗专额议员以大兴、宛平为初选举监督，顺天府为复选举监督等语，是京旗投票区按左右翼：一在大兴，一在宛平，其开票之区照章只设一处，或附大兴，或附宛平，咨请筹定前来，当经本王大臣公同酌定，所有京旗开票之区，应即在于大兴县，相应咨覆转饬等因。到府准此合亟札行，札到该县，遵照办理，将所办情形随时具报以备核办。

又初六日为开票之期，宛平所属票匭均于初四日送至本县，总开票所即于初六日开票，准选举人入内参观。大兴县亦于初六日开票，是日所定秩序甚为清晰，兹将所订次序探纪如左：

一、京旗；二、京营；三、内外城五区；四、南北乡五区

《大公报》第二千四百九十一号，宣统元年五月十一日（1909 年 6 月 28 日），“直隶选举纪事”，第 5—6 页

京师初选举揭晓

谘议局议员初选举再行选举办法各节，业经登报公布，于本月初十日投票、十二日开票。计八区，共投有效票数九百九十三，无效票数二十四。兹将二十二人姓名票数开列于后：

苏式燕（八十四票） 齐鼎升（八十三票） 刘恩林（七十三票）

胡家祺（六十七票） 杨恩寿（六十七票） 王新铭（六十一票）

宋鸿宾（五十七票） 刘孟扬（五十七票） 温世霖（五十五票）

范从周（五十四票） 赵炳麟（五十二票） 轧春瀛（五十票）

李耀曾（四十五票） 韩金榜（三十七票） 温长纶（三十三票）

周景颐（三十票） 孙鸿宾（二十九票） 林兆翰（十八票）

王贤宾（十四票） 杨培之（十四票） 赵炳辰（十一票）

穆兴俊（二票）

以上前十一人为初选当选人，合第一次当选八人，共得十九人。后十一人为候补初选当选人。

《大公报》第二千四百九十四号，宣统元年五月十四日（1909 年 7 月 1 日），第 6—7 页

八旗得票人数

左　翼

吉安（八票）、锡钧（四票）、文良（三票）

锡光、富和、林庄、定林、绪奎、宝善、朴奎、松龄（厢白蒙）、荫桓、寿昌，各二票

额图浑、文成、恩启、恩喜、荣昌、文林、增廉、松龄（厢白蒙）、富明、荣生、延清、定安（厢白蒙）、保恒、诚勤、世谦、继锐（正蓝满），各一票

右　翼

文海、桂升、锡林、讷钦布、善懋，各四票

乐缓、硕隆盛、祥俊、达恒、积廉，各三票

景凌、托仁布、丰伸、恩隆、文敏、恒隆，各二票

祥瘢、广林、保贵、德斌、崇龄、文福（正黄）、文福（正蓝）、阿洪阿、桂端、桂森、文彬、通顺、瑞良、崇庆、丰盛额、庚绪、德钰、玉连、国硕、桂昌，各一票

《大公报》第二千四百九十四号，宣统元年五月十四日（1909 年 7 月 1 日），第 6—7 页

大兴得票人数

大兴南北乡五区得票人数

金搢卿（一百票）、张鸿光（六十九票）、高永祥（六十四票）、陈树楷（六十四票）、宋景润（五十九票）、阎镯纯（五十二票）、石成玉（四十五票）、安则泰（四十票）、王喜亭（三十二票）、杨德谦（三十票）、高保真（二十六票）、王润泉（二十一票）、张麟阁（二十一票）、张鹤龄（二十票）、赵永斌（十七票）、赵广桐（十五票）、王煦（八票）、沈廉臣（六票）、甲起鹏（五票）、吴辉（五票）、郝文元（五票）、刘佐臣（四票）、赵作梅（五票）、申广仁（四票）、靳礼（三票）。

侯廷翰等四十名，各得一票。

内外城各区得票人数

孟学文（八票）、孙壮（七票）、王亿（四票）。

周鸣凤等十人，各得三票。

朱桂华等十九人，各种二票。

杨魁志等四十七人，各得一票。

未列入册者刘焕等二十二人。

左营得票人数

张雨田（三票）、王明（二票）。

周荣等十七人，各一票。

北营得票人数

张德镇（三票）、寇铭（二票）。

陈馀智、王虎臣，各一票。

《大公报》第二千四百九十四号，宣统元年五月十四日（1909 年 7 月 1 日），第 6—7 页

宛平初选举揭晓

宛平县境内外城京营四乡初选举办理完毕，兹将得票人数照纪如左：

赵桂芳（八十六票）、陈纪元（十一票）、崔畏三（十一票）、韩宝璜（十票）、崔师范（八票）、刘鸿庥（七票）、张万龄（七票）、钱德泉（七票）、韩国光（六票）、郭芹（六票）、李茂龄（六票）、贾汝训（六票）、黄殿举（六票）、王毓堂（五票）、王德海（五票）、张万有（五票）、祝椿年（五票）、卜庆（五票）、顾英（五票）、庞寿昌（五票）、吴堃绍（四票）、王肇桓（四票）、崔甲三（三票）、王治人（三票）、李潢（三票）、张万英（三票）、王鹤汀（三票）、王锡九（三票）、王殿荣（三票）、尚永明（三票）、李廷璋（三票）、张毓书（三票）、包德昌（三票）、张盛林（三票）、屠启元（二票）、王肇元（二票）、马成麟（二票）、刘启超（二票）、桂年（二票）、顾德鄰（二票）、康士铎（二票）、陆震华（二票）、周祥钰（二票）、赵鸿恩（二票）、马文涛（二票）、包荣诰（二票）、刘致祥（二票）、赵松龄（二票）、张凤（二票）、周文选（二票）、贾濬（二票）、王海（二票）、邓贵（二票）、陈如山（二票）、赵建邦（二票）、何廷梁（二票）、王肇睿（二票）、丁殿安（二票）、刘廷霖（二票）、巴会清（二票）、殷计震（二票）、杨凤桐（二票）、星恩鸣（二票）、袁太珍（二票）、殷计瑞（一票）、宋岳龄（一票）、勾得禄（一票）、贾培之（一票）、董德海（一票）、邓振明（一票）、邓连魁（一票）、李文彬（一票）、李海聚（一票）、魏金桂（一票）、解大勇（一票）、刘曰泰（一票）、赵桂林（一票）、侯白兰（一票）、张彬（一票）、李庆纲（一票）、于复盛（一票）、单文秀（一票）、刘恩恭（一票）、李惠芳（一票）、李庆沄（一票）、尹天桢（一票）、张鸿宾（一票）、殷文煜（一票）、尹廷珍（一票）、刘广成（一票）、贾汝谦（一票）、苏蓝田（一票）、姜玉（一票）、刘建润（一票）、李桐（一票）、何承惠（一票）、韩森（一票）、李鹤鸣（一票）、季永如（一票）、冯永和（一票)、周福林(一票)、陈殿元(一票)、贾文明(一票)、沈富(一票)、佟文斌(一票)、刘兆麟(一票)、高瑞祺(一票)、王振平(一票)、王国镛(一票)、杨世震(一票)、李崇光(一票)、张明厚(一票)、邱炳堃(一票)、张文衡(一票)、周森(一票)、张德辉(一票)、李文玉(一票)、胡春山(一票)、许叶熙(一票)、林范之(一票)、许叶鋆(一票)、顾德保(一票)、俞述培(一票)、陆寿彤(一票)、李廷瑛(一票)、叶毓文(一票)、苗桂馨(一票)、黄德琨(一票)、穆文熙(一票)、刘燕贻(一票)、史人延(一票)、李绍寅(一票)、李恒顺(一票)、于懋谦(一票)、陈信治(一票)、王怀义(一票)、陈元(一票)、崔永训(一票)、张梦龄(一票)、周廷荣(一票)、刘清钰(一票)、李春台(一票)、侯广文(一票)、殷计哲(一票)、张珍(一票)、徐维清(一票)

以上共选举票四百零五张。

册内无名者:

崔卫(三票)、崔永贞(一票)、王松山(一票)、崔永桢(一票)、崔永珍(一票)、崔眀三(十二票)、范宝昌(一票)、李福荫(一票)、王俊烈(一票)

移于大兴册内计算者:

孙壮(三票)、丁浩(一票)

姓名涂改者:

李世英、李茂龄、崔畏、李绍辰、徐长沛

空白二票,总废票十八票。

《大公报》第二千四百九十五号,宣统元年五月十五日(1909年7月2日),第5页

保定省城谘议局初选举揭晓

保定省城谘议局选举区及初选当选人照录如左：

北街商务总会、第一局区张登一局三区王盘附、第四局二区大庄二局三区东石桥附、第三局二区魏村四局一区南大冉附、第一局二区大李各庄四局三区阳城附、第二局一区臧村二局二区大阳附、第三局一区大汲店三局三区薛庄附

本月十一日在大慈阁续行投票，被选人员如左：

王金城（四十九票）　赵寿昌（三十七票）　张国浚（四十九票）　张金鉴（四十九票）　樊榕（四十六票）　崔寿荣（四十六票）　张鹗（九十票）　杨耀桢（四十九票）　董文源（四十三票）　刘毓桐（四十二票）　谢琪（三十九票）　王祖祚（三十五票）　吴鼎昌（三十五票）　姚蓉镜（三十三票）　阎清江（三十三票）　孙鸣皋（三十一票）

按议员之资格，凡剥夺公权者皆不能被选。就以上数员中已被参革者，竟有一二员不知何故亦经被选。

《大公报》第二千四百九十五号，宣统元年五月十五日（1909 年 7 月 2 日），第 5 页

东安县初选举揭晓

东安县初选举已于十二日开票，查当选人数额定八人，除无效票外，按章核算以得三十八票为合格。兹将得票合格八人姓名及票数开列于后：

张培纪（九十八票） 曹克祗（八十五票） 郭鸿文（八十五票） 李文林（八十票） 杨毓枬（六十七票） 马钟琇（五十九票） 侯叔封（五十七票） 邢奎璋（四十四票）

《大公报》第二千四百九十八号，宣统元年五月十八日（1909年7月5日），第5页

宁津选举界之怪现状

宁津办理选举，自调查后，即人言啧啧，谓某某办理调查人必能被选，及投票期近，风声愈大。邑廪生李国簪派任选举监察，据奏定章程第十二条，办理选举人员，除监察员外，不得与于选举人及被选举人之数。致函邑侯，求电达筹办处请示，不允，往复函商四日未决。李无如何，投书而去。书云：顷蒙函复，敬读一悉，所论似属完善，然以生意见，窃疑有大谬不然者监察。之所以有选举及被选举者，非因惜其人格，不忍褫夺其应有之权利，盖欲防办理者之弊窦；非使有被选举权者监察之，恐有不实不尽之处，不足以取信于众人。监察者，监察办事之人，非监察投票之人也。不然者，调查有人投票管理，有人开票管理，又有人将何所用此监察人员哉。况办理选举之人，惟调查之弊为最甚，结党营私在所不免，既不能无遗又不能无滥，有本有选举权而竟不得选举权者，则不应有权而竟得选举权者以为荣矣，故为甲所调查者必承情于甲，为乙所调查者必蒙恩于乙，类聚朋从，以恩报恩。调查而有选举权，又何必多设此无谓之监察哉！来函又云：调查名册，六个月以前一律告成，是调查员于六个月前亦一律卸责，窃又以为非是。六个月以前告成者，调查之事，至调查员之责，非至议员既定后不能卸也。若谓不然，设开票后查出有名册舞弊情事，其咎将谁任之？（下略）再者，生所以力争之于事前者，欲令争端暗消于无形。若待开票后再议，则事属已成，恐于大局有关。此生所以辩之不厌求详也。是不是处，尚讦酌核，书上不报

及开票后票数足额者五人，一为双城厅训导王六德，系已有实缺人员；其余四人，张书元、郑希周、张涵清、安丽青，则果为众口沸腾之调查员也。此四人者，始而上府厅讲，继而办理调查，旋又监察开票，卒乃得多票以被选，一时大动公愤，有候补当选数人具禀自请注销。略云似此不合文明格式之选举，何异儿戏？生虽不才，耻于列名云云。现由该县专人来津请示办法矣。

《大公报》第二千四百九十九号，宣统元年五月十九日（1909年7月6日），第5页

大兴县补行选举

大兴县初选举已经揭晓，得票人数早经详志本报。兹以得票人数未满定额，照章应行再选，爰通饬后列各员略云，查初选定额，大兴县应出当选八名，乃于本月初六日开票，仅有满五十九票以上者五人当选，尚缺三名，自应照章将得票较多者开列姓名，再行选举。除内城中一区得票不满三票者毋庸再选外，合亟通饬内外城各区管理员、监察绅士并原有投票人等一体知悉，务于十九日在投票地方即就后开姓名，再投一次，以期足额而免向隅，毋得自误。应选人员及原得票数列左：

内城左一二三区：

孟学文原得八票　阎凤鸣原得三票

内城左四五区：

王亿原得四票

外城左二三四区：

孙宗麟原得三票　张存善原得三票

外城左一五区：

孙壮原得七票　傅庆涵原得三票　张宗麟原得三票

《大公报》第二千五百二号，宣统元年五月廿二日（1909年7月8日），第5页

宛平县补行选举

宛平县初选举监督宣示云：为晓谕事。照得本县初选于五月初六日开票，业经得票姓名总数榜示各投票所，准县属应出当选人五名，必须满四十票以上方为及额。除赵桂芳一名票数满额外，尚缺四人，自应遵照宪政编查馆《议员选举章程》第五十七条办理，就得票较多者，按照应出当选人额数，加倍开列姓名，再行投票，以期足额。无如内外城京营得票较多者，亦不过十票，即加倍开列姓名，亦均在四乡，而城营地面殆无一人。以京师为人文荟萃之区，知识通敏，名誉素著，必不乏人，而声气隔阂，团体不固，至于如此，殆非本县所逆料也。今定自十九日在原投票所再行投票，限三天办完。前次三票以上者，一律榜示，尔等有选举权者，务就榜内择其才德兼懋，可代表一县者，共表同情，庶此次开票不烦再举矣。

三票以上者备列如左：

陈纪元　崔畏三　韩宝璜　崔师范　刘鸿庥　张万龄　钱德泉　韩国光　郭芹　李茂龄　贾汝训　计瑞　黄殿举　王毓堂　王德海　张万有　祝椿年　卜庆顾英　庞寿昌　吴绍堃　王肇桓　崔甲三　王治人　李潢　张万英　王鹤汀　王锡九　王殷荣　尚永明　李廷璋　张毓书　包德昌

《大公报》第二千五百二号，宣统元年五月廿二日（1909年7月8日），第5页

王子贞之争选举权

职衔王骏烈日昨陈明初选监督谓：该员前已列诸荐剡，未知因何撤去等语。经宛平县批示云，查选举投票簿内并无该绅姓名，所以此次开票，该绅得有一票，照章扣除。至谓前列荐剡，未知因何缴去，事隔两任，无案可查，仰即知照可也云云。

《大公报》第二千五百二号，宣统元年五月廿二日（1909 年 7 月 8 日），第 5 页

顺天东安县补行选举

顺天东安县本于五月初一日投票，只有二人当选。又于初十日再投，又得十三人当选，合初次二人，共有十五人。本县应八人当选，尚有七人候补。兹将两次名单录登如左：

初次得票名单：

曹克祇（八十五票）、邢奉璋（四十四票）、马钟琇（三十七票）、郭鸿文（二十九票）、张培纪（二十六票）、杨毓枬（二十二票）、马鸿翱（十八票）、马元煦（十四票）、扈天锡（十四票）、赵国枬（十四票）、黄万荣（十四票）、侯叔封（十二票）、李文林（十二票）、侯明诚（十票）、陈毓琦（九票）、张汇泉（九票）、何绍武（九票）、李福谦（八票）

照章核算，三十八票当选。

二次投票人名单限定十六人：

张培纪（七十二票，合初次二十六票，共九十八票）、郭鸿文（五十六票，合初次二十九票，共八十五票）、李文林（六十八票，合初次十二票，共八十票）、杨毓栴（四十五票，合初次二十二票，共六十七票）、马钟琇（二十二票，合初次三十七票，共五十九票）、侯叔封（四十五票，合初次十二票，共五十七票）、马元煦（四十二票，合初次十四票，共五十六票）、张汇泉（四十六票，合初次九票，共五十五票）、何绍武（四十二票，合初次九票，共五十一票）、扈天锡（三十五票，合初次十四票，共四十九票）、陈毓琦（三十六票，合初次九票，共四十五票）、马鸿翺（二十五票，合初次十八票，共四十三票）、侯明诚（三十一票，合初次十票，共四十一票）、李福谦（二十七票，合初次八票，共三十五票）、赵国栴（十八票，合初次十四票，共三十二票）、黄万荣（十一票，合初次十四票，共二十五票）

《大公报》第二千五百五号，宣统元年五月廿五日（1909年7月12日），第5页

霸州初选举和补行选举事宜

据霸州来函云，该州于五月初一日举办初选举，州牧谕令各就本区行初选举，并发给茶水费银五元事，在初办人皆照章自由选举，得票多数者皆不及五十六票之数（得五十六票者为合格），故此次投票无效。月之初七日，该州复出票传集各区，续行选举，令于十三日统归城里传习所举办。票中谕示（系责人以自甘暴弃选举权等语）。至十三日到州者九百余人，皆以为仍是自由选举，不意投票处张贴榜示一纸，开列者系现充选举调查员王树棠、师范汉文教习田心泉（兼充官钱局总办）、劝学总董张文田、巡警董张瑞年（策城人，前充官钱总办）、司选员张铭勋、调查员黄魁山（前充巡警教习）、顺天南路农业学堂监督

崔炳、两等学堂学董陈瀛、调查员曹汝濂、武生胡善元、拔贡田鸿年、廪生韩应琚及马树屏、徐树桐、阎彬、梁汝赓等十六人，榜后并有州尊署印（章程第五十七条，当选人不足定额，就得票较多者，加倍开列姓名，令原人复行投票）。然此十六人内有得票较少者，而此外得票有颇多者竟不列榜。投票时，州尊在座监督，并有十六人内之王树棠、张瑞年、张文田、黄魁山及吴会等，各大声喧示只许写在榜者十六人，外虽投写百票，亦作废纸。写票时，王树棠等循环监督，迫令乡民投写榜中限定人数，偶有违者，辄夺笔抢票（现时荣某方写一姓字，吴某将票夺去，不令写）。投票者本多乡曲愚氓，于宪政办法茫无所知，当此时州尊临莅，又加以王树棠等之督迫，一时乡民甚形恐惶，不知所措，以致皆失自由选举之真相。是日独策城村未到，至十五日伊区到州，在劝学所自行另投。此等选举投票法，不但可笑，实属有碍宪政之前途焉。

《大公报》第二千五百六号，宣统元年五月廿六日（1909 年 7 月 13 日），第 5 页

热河朝阳府选举揭晓

热河朝阳府办理选举详情，已纪前报。兹经初选监督陈参军及各管理员、监察员于五月初六日在郡城内文庙开票所认真检查票数，计初选当选人三名：

杜维新得一百零八票　　孙廷楷得七十四票　　王兰香得七十票

当即榜示。又查照章程，按府中当选人十名，加倍择选得票较多者二十名，用誊写版刷印多张，颁给各区之有选举权者，每人一分，以备五月十一日重选之期，就二十名内投票，以昭慎重。寻于五月十五日开票，计重选得票当选人十名，即日榜示前七名作为当选人。

计开姓名票数：

姜迺豫得一百二十七票，鲍生春得一百一十五票，孙贻谋得八十六票，徐中

繡得八十三票，沈鸣诗得八十票，沈芝得七十一票，齐凤林得六十八票。

以上当选人前后十名，均于日内发给知会书。

候补当选人三名。计开姓名票数：

王玉树得六十七票，宋鸿逵得六十四票，王自元得六十票。

《大公报》第二千五百七号，宣统元年五月廿七日（1909 年 7 月 14 日），第 5 页

宛平第二次选举得票人数

宛平县二次选举各节已纪本报，兹将昨日开票所有得票人数及票数详纪如左：

崔琨三（六十二票）、贾汝训（三十六票）、李茂龄（十九票）、刘鸿庥（十八票）、庞寿昌（十六票）、祝椿年（十六票）、郭芹（十五票）、陈纪元（十三票）、崔甲三（十二票）、计瑞（十一票）、薛宝璜（十一票）、黄殿举（十一票）、张万有（十一票）、王锡九（十票）、崔师范（七票）、王肇桓（六票）、钱德泉（六票）、韩国光（六票）、吴绍堃（六票）、张万英（六票）、张毓书（五票）、李潢（四票）、卜庆（四票）、顾英（四票）、王毓堂（三票）、李廷璋（二票）、王殿荣（二票）、王鸿汀（一票）、王治人（一票）、包德昌（一票）、刘焕（一票）

共计三百二十六票。

赵桂芳等二十七人共得四十五票，因二次选举榜内无名，例应扣除其票作为无效。

《大公报》第二千五百八号，宣统元年五月廿八日（1909 年 7 月 15 日），第 5 页

易州谘议局选举事宜

易州谘议局选举事宜，前经州尊札委署理吏目薛溶君为初选监督。薛君留学日本，素谙法理，此次办理选举，甚合规则，今初选告成，特将两次举行投票开票，决定初选当选人姓名、资格，开列于左。

计开：

初次投票初选当选人二名，以实在投票总数核算，得四十五票者为合格。

赵均亨，西区，生员，年五十九岁，得五十六票

宋廷揄，南区，岁贡，年五十二岁，得四十八票

再选投票初选当选人六名，以实在投票总数核算，得三十八票者为合格。

张德生，东北区，丙午年充警董，年四十一岁，得八十七票

陈云官，中区，举人，年三十二岁，得六十五票

刘桂芬，西北区，家资五千元以上，年四十七岁，得六十二票

郭云鹏，中区，生员，年五十岁，得五十票

张玉田，南区，生员，年四十四岁，得四十一票

王辅仁，南区，优贡，年三十二岁，得四十一票

候补当选人一名

贾国宾，中区，生员，年三十七岁，得四十票

《大公报》第二千五百十二号，宣统元年六月初三日（1909 年 7 月 19 日），第 5 页

第二次选举天津县议事会议员初选当选人姓名票数

分拣八区，共三十二名：

第一区：李士铭（二百九十七票）、刘鸿翔（一百零一票）、刘孟扬（八十七票）、李培（八十票）

第二区：刘光锡（九十四票）、孙殿元（七十七票）、马椿（七十五票）、吴毓德（七十四票）

第三区：赵椿龄（五十二票）、陈忠（四十三票）、张玉田（三十二票）、韩永立（二十四票）

第四区：石元士（三十八票）、邱作山（三十票）、齐鼎升（二十三票）、高春第（二十票）

第五区：杨恩寿（二百零五票）、温长纶（一百九十八票）、李宗政（一百二十一票）、穆文敬（八十九票）

第六区：孙鸿宾（七十三票）、杨雯（五十三票）、刘嘉璘（五十二票）、杨春泰（四十三票）

第七区：孙士衔（一百十八票）、范士珍（九十七票）、刘作澎（九十一票）、范从周（七十一票）

第八区：苏式燕（一百零七票）、萧士铨（八十九票）、胡云龙（五十六票）、刘凤墀（五十票）

《大公报》第二千五百十三号，宣统元年六月初四日（1909 年 7 月 20 日），第 5—6 页

大兴县再选揭晓

大兴县前因初选得票人数不足，因照章举行再选，兹已揭晓。其得票人数及票数照纪如左：

金搢卿（一百票）、张锡光（六十九票）、高永祥（六十四票）、陈树楷（六十四票）、宋景澜（五十九票）、高保真（一百八十四票）、王喜亭（一百四十七票）、石成玉（一百三九票）

《大公报》第二千五百十八号，宣统元年六月十一日（1909 年 7 月 27 日），第 5 页

宛平县初选确定人数

宛平县初选事宜，现已办理三选事毕，确定当选者五人，造册申送顺天府预备复选，兹将当选人照纪如左：

赵桂芳、崔畏三、李茂龄、刘鸿庥、贾训

《大公报》第二千五百二十一号，宣统元年六月十二日（1909 年 7 月 28 日），第 5 页

顺天府各属暨京师八旗定期举办复选

顺天府各属暨京师八旗初选举，业已办理完备。兹顺天府特为筹办复选事宜，出有示云：照得顺天各属暨京师八旗选举议员，经宪政编查馆奏明，由顺天府尹充复选举监督，即经钦遵在案。兹照案定于七月初一日举行复选，是日民籍投票，初二日旗籍投票，初三日开票。除分别咨行外，合亟出示晓谕，为此示，仰各属初选当选人等知悉。尔等初选当选人务各携带原领当选执照，按期来本衙门报名，以便发给票纸，照章办理，如无当选执照，定行扣除云云。办法如左：

一、投票开票均在本府。

一、七月初一日民籍投票，午前八点至十一点、午后二点至六点为投票时间。

一、初二日旗籍投票时间与民籍同。

一、初三日民籍开票。

一、初四日旗籍开票。

一、初十日颁发执照。

《大公报》第二千五百二十一号，宣统元年六月十二日（1909 年 7 月 28 日），第 5 页

易州西陵承办事务衙门所辖驻防初选举[①]

易州初选告成，曾志前报。兹闻西陵承办事务衙门所辖驻防初选举，照章由地方初选监督协办。前因恭办大差，调查稍迟。上月望后，牌行到州，经州尊张小松直刺札委吏目薛溶君照章协办。薛君，留学人员，于选举法投票开票规则深知讲求，此次会同初选会办主事宝润君筹拟办法，昨初八日在州城劝学所开票，官绅并集，礼式整齐，穆穆彬彬，颇具满汉融和之象，兹将决定初选当选人姓名、资格录列于左：

计开：

决定初选当选人十名，以实在投票总数核算，得四票者为合格，其得票同数者，照章以抽签定次序。

李景芳，年三十九岁，镶黄汉，易州驻防生员，得十七票

玉麒，年四十四岁，正红满，易州驻防生员，得十二票

世英，年三十一岁，正黄满，高等学堂毕业生，得十一票

尤敬臻，年四十四岁，镶黄汉，易州驻防生员，得六票

增明，年四十九岁，正白满，曾任义务教员五年，得五票

梅鸿廉，年五十岁，镶黄汉，易州驻防生员，得五票

尤文渊，年四十一岁，镶黄汉，易州驻防生员，得四票

瑞升，年四十五岁，镶红满，管理私立学堂四年，得四票

关裕昇，年三十一岁，镶黄蒙，易州驻防生员，得四票

文忠，年三十四岁，正白满，曾充义务教员已满三年，得四票

候补当选人一名

① 标题为编者所加。

尤文浩，年四十五岁，镶黄汉，易州驻防生员，得四票

《大公报》第二千五百二十七号，宣统元年六月十八日（1909 年 8 月 3 日），第二张，第 3 页

具说帖办理选举员刘锡彤

为恳请澈究匿函，以维自治而证品谊邪正事。窃彤前承贵会照会，约办议事会改选事务，当以地方公益，允为专任四区（杨柳青警局一二区之属地）、五区（北仓警局一二三区之属地）选举员，经理该四、五区之调查表与初选举执照事件，暇则并兼办第一区（南北段属地）选举，分赴各警局调查事宜，其填表换照各事，皆有警局董事等所经手，彤初不过劝办而已。彤初选当选，突有齐维新者，函缴第一区（即南北段之属地）初选执照十纸于议会，并请议长转交以嘱举不及等语，诬蔑议会，遂交董会查办，董会则于本月十一日登报招齐维新来会，面谈，以凭根究。乃齐逾五日不到，已一面由董会以匿函诬人核覆，一面登报宣布。盖此段公案之曲直是非，彤固已得不辩而辩之要旨矣。但彤容忍之，固是知我者亦应共认为是。然特恐世之不解夫选举者，愈滋疑虑，鄙弃夫选举者愈肆讥评。在彤，誉我不足为荣，毁我不足为辱，悠悠之口，所关尚小。倘后之类如齐维新者，愈出愈多，生自治种种之碍力，则所关岂浅鲜乎？是以恳乞贵会详细调查，齐果为谁？是否诬蔑？以分黑白。齐函果确，彤当照章认罚。倘齐函尽诬，或假齐维新之名以济阴谋，逞其含沙射影手段，揆之法律，亦当有科以反坐之理。如果查无其人，实属诬告，亦请由贵会剖析公布，以昭核实而表行谊，即呈候核议施行。须至说帖者。

说帖敬悉，本会前已登报公布，招请齐君维新来会，逾期未到，查原函并无住址，遍查各区选举调查表，亦并无其人，本会业经照章认作匿名。惟因执事系本会办理选举员，拟再公布招请齐君来会，务期水落石出。兹据陈述，一并公

布，如齐君仍前匿迹，则齐君原函即认为无效。在执事亦可不辩自明矣。此答。

《大公报》第二千五百三十三号，宣统元年六月廿四日（1909 年 8 月 9 日），第 4—5 页

曲阳县严加申饬办理选举各人①

曲阳县举行初选举时，各选举区张有初选监督示谕，查奏定章程，现充小学堂教员者，只有选举权，并无被选举权。兹将现充本县小学教员并现充外省外县教员者，开列于后，一并停止其被选举权，仰即知照云云。该县举人张嗣堪以此种办法与定章不合，五月二十六日已据情禀呈该管定州直隶州衙门，恳请照章改选，并一面向谘议局筹办处禀请核办。近由筹办处宪批云，据禀已悉，该县办理选举，误以初选当选为被选举权，实与定章不合。该举人研究有得，所陈甚是，本应饬令改选，以符定章。惟查章程第九十一条，凡选举诉讼事件，初选应向直隶厅州衙门呈控，又第九十条，凡呈控应自选举之日起三十日以内为限，如该举人奉到批示后再向该直隶厅州呈控，则期限已逾，且距复选日期为日无多，若令改选，势恐不及。兹由处札行该县，将办理选举各人严加申饬，以警将来，庶不致一误而再误也。此缴。

《大公报》第二千五百四十一号，宣统元年七月初二日（1909 年 8 月 17 日），第二张，第 4 页

① 标题为编者所加。

京师八旗暨顺天各属宣示复选举章程

八旗顺属复选日期，已纪本报。兹已宣示章程于顺天府，其略如左：

为出示晓谕事。照得京师八旗暨顺天各属选举，照章以本府尹为复选举监督，业将复选日期分别咨行晓谕在案，所有选举人等应守规则，合行逐条晓谕，为此示，仰各该选举人遵照后开条规办理，毋稍违误。

一、复选举人以各初选举当选人为限；二、复选举被选人不必拘定在初选人名册，亦不必拘定各初选当选人，但系复选区内本籍或者籍已满十年之年在三十岁以上之男子，果属合格，毋论有无资财，均可以举；三、选举人均将平日所知实系公正贤能、明达干练之士绅，照章投票，不得瞻徇情面，妄举劣绅；四、选举人宜各抒所见、各举已知，不得劝诱他人票举已名，亦不得受他人引诱，联合劝举某人；五、选举人届期务一律到所，不得倩人代替；六、凡入所投票，须有初选当选执照；七、到所须于投票簿自己姓名之下书到，方准领取票纸；八、票纸每人只领一张，如笔误或墨污纸破，必将废票交还，方准再行换票纸；九、票内只书被选人姓名，不准书号及其他字样；十、如有疑难，准向管理员质问，惟不准喧哗滋闹；十一、非关于投票事项，不准与管理员互相问题；十二、进退示定路线，均须鱼贯出入，毋得四散闲游；十三、以上章程如有违背者，照章罚办，决不宽贷。

《大公报》第二千五百四十一号，宣统元年七月初二日（1909 年 8 月 17 日），第二张，第 4 页

顺属（及八旗）复选举开票之秩序

顺属及八旗复选举业已举行投票，兹凌大京兆特将开票秩序划定，统于初三日开票，其秩序探纪如左：

一、顺属南路厅各州县。

二、北路厅各州县。

三、西路厅各州县。

四、东路厅各州县。

五、京师八旗。

六、密云驻防。

本月初一日为直隶谘议局复选举之期，当日天津府属当选者共计六名、驻防一名：

李士铭（天津人）、张曾扬（南皮人）、刘福田（静海人）、刘树鑫（沧州人）、陈甫杰（青县人）、孙洪伊（天津人）、廉璋（驻防旗人）

其候补议员三名、驻防一名，亦照纪如下：

胡家祺（天津人）、杨希曾（天津人）、贾恩绂（盐山人）、安亮（驻防旗人）

其余各属复选当选人尚未申报来津，容俟探访明确，即行登录。

《大公报》第二千五百四十四号，宣统元年七月初五日（1909年8月20日），第4—5页

保定府属复选当选人名录

吴德镇（九票，新城）、刘续曾（九票，安州）、李榘（八票，束鹿）、王法勤（八票，高阳）、宋××（八票，祁州）、翟士杰（六票，博野）、阎凤阁（七票，高阳）、齐谢楷（七票，蠡县）、仇××（七票，雄县）、孔宪章（七票，满城）、王锡泉（七票，蠡县）、王丹桂（七票，束鹿）。

孙玉峰（七票，蠡县）、崔谨（六票，祁州）、田西河（六票，清苑）、张冠卿（六票，束鹿）、石之梅（五票，清苑）、张照坤（五票，束鹿）。

保定府属驻防复选当选人名录：

长海（三票）

保定府属复选候补当选人名录：

苏毓琦（拟选五作为候补第一，清苑）、刘骏书（廿九票，安肃）、梁廷华（十六票，安州）、吴鼎昌（十五票，清苑）、王履泰（十四票，定兴）、田汝霖（十一票，满城）、申丙炎（十一票，清苑）、赵奉三（四票，唐县）、张书元（四票）。

保定府属驻防复选候补当选人名录：

玉璞（二票）

《大公报》第二千五百四十五号，宣统元年七月初六日（1909年8月21日），第4—5页

正定府复选当选人名录

正定府复选当选人名录：

康景昌、彭国栋、吕邦宪、商佑、李景蓉、马立中、窦文光

《大公报》第二千五百四十五号，宣统元年七月初六日（1909 年 8 月 21 日），第 4—5 页

宣化府复选当选人名录

宣化府复选当选人名录：

袁华林、徐寿光、王国彦、贾睿熙、李恩泽、薛潭、王吉士、聂作宾、（口北三厅）张秉鉴

《大公报》第二千五百四十五号，宣统元年七月初六日（1909 年 8 月 21 日），第 4—5 页

赵州复选当选人名录

赵州复选当选人名录：

王赓汉、刘远琛、路其昌、田启瑁

《大公报》第二千五百四十五号，宣统元年七月初六日（1909年8月21日），第4—5页

京师复选举揭晓

京八旗专额议员十名、候补议员五名，顺天府准宪政编查馆奏定，以顺天府尹充复选举监督，兹经遵照定章选举如额，所有议员姓名及得票数目，于初四日列榜宣示，其员数如左：

专额议员十名：

李景芳（五票）、世英（四票）、祥俊（三票）、锡林（三票）、吉安（三票）、林庄（二票）、文成（二票）、乐绂（二票）、文敏（二票）、文福（二票）

候补议员五名：

丰伸、富和、桂升、积廉、荣昌

《大公报》第二千五百四十六号，宣统元年七月初七日（1909年8月22日），第5页

密云驻防复选揭晓

顺天府于初三日举行密云驻防复选举，兹于初四日宣示云：照得密云驻防专额议员二名，又应取候补议员。前准密云副都统咨会，附入京师，由顺天府尹充复选举监督。兹经照章选取足额，合将专额议员列榜为此示，仰一体遵照。

专额议员二名：

连祺（三票）、定禄（三票）

《大公报》第二千五百四十六号，宣统元年七月初七日（1909 年 8 月 22 日），第 5 页

顺属复选举揭晓

顺属复选举现已开票，顺天府以此次所举五票以上者尚未足额，爰出草榜先行宣示。兹将得票者题名如左：

李兰增（八票）、赵书云（七票）、高书官（六票）、张慎诒（六票）、王邦屏（六票）、郝鸿周（五票）、曹克祗（五票）、杨蔚林（五票）、萧启荣（五票）、张庆熙（五票）、张铭勋（五票）、王汝焕（五票）、张铭光（五票）、略一。

《大公报》第二千五百四十六号，宣统元年七月初七日（1909 年 8 月 22 日），第 5 页

顺属复选之再选

顺天府宣示云：顺天府属议员专额十八名，今开票检察，得票在五票以上者仅十四名，尚缺四名，应遵定章，将得票在二数以上者列榜晓示，定于初四日上午十二点至五点，再由各选举人投票一次，即于当日开票，期于取定，尔等务各依时来所投票，毋得自误。应投票之选举人列左：

侯体纲、张瑞年、刘永瑞、徐荫春、陈树楷、姚口唐、刘元芝、徐寿仁、赵天朗、陈书铭、陈兆奎、周庆榜、李搢荣、李芝、王楷、孙学海、宁世恩、张文联

《大公报》第二千五百四十六号，宣统元年七月初七日（1909 年 8 月 22 日），第 5 页

永平府复选当选议员

永平府复选当选议员十名：

谷芝瑞（临榆）、胡学海（迁安）、范光国（滦州）、张炳麟（昌黎）、祖兴绪（抚宁）、张肇隆（乐亭）、齐桂棻（昌黎）、聂丹书（抚宁）、李津舟（卢龙）、傅圻（卢龙）

顺德府复选当选议员名录

顺德府当选议员八名：

韩育仁（平乡）、张廷钰（南和）、张瑞云（钜鹿）、郝士元（邢台）、乔培茂（任县）、路克让（邢台）、田尔砚（商邱）、吕昭祥（唐山）

广平府复选当选议员名录

广平府七名：

王庚堂（永年）、宋植（永年）、路尔修（曲周）、王培心（鸡泽）、王宾圭（磁州）、郑长善（邯郸）、张作梅（肥乡）

河间府复选当选议员名录

河间府十一名：

张汝桐（河间县）、贾文龙（献县）、刘春霖（肃宁）、杨篆之（献县）、高奎照（交河）、张书元（宁津）、马荣筹（东光）、刘祖桷（吴桥）、刘锴（故城）、籍忠寅（任邱）、冉汉文（河间）

遵化州复选当选议员名录

遵化州三名：

张凤瑞、刘际熙、丁宗峄

易州二名：

王辅仁（易州）、马汝典（广昌）

《大公报》第二千五百四十七号，宣统元年七月初八日（1909 年 8 月 23 日），第 4 页

易州复选当选议员名录①

易州属举办复选事宜，已于七月初一日早在州城劝学所投票、开票，兹将决定复选当选人录登于左：

复选当选人二名：

王辅仁（易州优贡生，第一次投票得五票）、马汝典（广昌县附生，第二次投票得十四票）

候补当选人一名：

宁发科（广昌县廪生，第三次投票得十五票）

---

① 标题为编者所加。

《大公报》第二千五百四十八号，宣统元年七月初九日（1909 年 8 月 24 日），第 5 页

深州复选当选议员名录①

深州被选议员三名：

张凯（本州）、王庆临（安平）、田益锟（饶阳）

《大公报》第二千五百四十八号，宣统元年七月初九日（1909 年 8 月 24 日），第 5 页

大名府复选当选议员名录②

大名府十一名：

徐莲峰（开州）、刘钺（东明）、李培真（长垣）、谷连升（南乐）、郭方刚（开州）、朱培仁（清平）、呼九泽（元城）、姬治（元城）、张之桂（大名）、崔润之（长垣）、王振铎（长垣）

《大公报》第二千五百四十八号，宣统元年七月初九日（1909 年 8 月 24 日），第 5 页

① 标题为编者所加。

② 标题为编者所加。

广平府复选当选议员名录[①]

广平府补登二名：

赵宜修（永年）、张同佩（磁州）

《大公报》第二千五百四十八号，宣统元年七月初九日（1909年8月24日），第5页

定州府属被选议员名录

王振垚（定州）、李清源（深泽）、宋震坤（定州）、彭堃（曲阳）、么立祥（定州）、陈洪范（曲阳）

《大公报》第二千五百五十号，宣统元年七月十一日（1909年8月26日），第5页

① 标题为编者所加。

冀州被选议员七名

王廷烛（枣强）、高俊浵（冀州）、李谐韺（冀州）、董德馨（衡水）、刘寿山（南宫）、于邦华（枣强）、贾玉铎（武邑）

《大公报》第二千五百五十一号，宣统元年七月十二日（1909 年 8 月 27 日），第 5 页

承德府被选议员三名

张其密（平泉州）、高锡恩（承德府）、罗存瑛（承德府）

《大公报》第二千五百五十一号，宣统元年七月十二日（1909 年 8 月 27 日），第 5 页

京旗驻防常驻议员选举拟用融和满汉选举法

京旗驻防常驻议员前经督宪电请宪政编查馆核定专额，即由该议员十七人中互选二人，俾免遇事掣肘各节。该议员等咸未认可。兹届选举之期已近，当有正

蓝旗满洲副贡、师范毕业生林庄，西陵易州厢黄旗生员李景芳，候补道丰伸，赞礼郎祥俊等提议，值此融和满汉时代，不宜有此界限，当场公决，不认由十七人中互选，拟用普通办法，以示大同。昨已陈请直督电请宪政编查馆，即将前案取消。

《大公报》第二千五百五十一号，宣统元年七月十二日（1909年8月27日），第5页

天津县董事会致自治局函

敬启者，现届天津县议事会第二次选举议员到会之期，查议员内有列谘议局议员当选者，能否兼充县议事会议员，现无章程可据，应请查取定章，示知办法，以便遵行。专此奉询，恭候赐覆，顺请钧安。

天津县董事会谨启

《大公报》第二千五百五十一号，宣统元年七月十二日（1909年8月27日），"直隶选举纪事"，第5页

顺直谘议局举定资政院议员①

顺直谘议局于昨十八日选举资政院议员时，护督崔方伯暨学宪、运司、关道

① 原题为"议员举定"，今据内容改定标题。

等及督辕幕府金邦平太史，均各先后莅会，各议员依次竭见毕，当由正议长阎君凤阁报告。此次选举用记名投票法，每人一票，共举十八人，正副议长均有选举权及被选举权。兹将当场公选九人衔名录下：

刘春霖（肃宁、翰林院修撰），齐树楷（蠡县、举人），王德勤（高阳、生员），李榘（束鹿、翰林院庶吉士），于邦华（枣强县、廪生），籍忠寅（任邱、举人），张铭勋（霸州、生员），陈树楷（大兴、贡生），吴德镇（新城、翰林院编修）。

《大公报》第二千六百四十八号，宣统元年十月二十日（1909 年 12 月 2 日），“本埠”，第 5 页

顺直谘议局选定资政院议员补志

顺直谘议局于昨十八日选定资政院议员九人，已纪本报。兹将候补十名续录于下：

谷芝瑞（临榆、翰林院编修），崔谨（祁州、举人），孙洪伊（天津、生员），胡家祺（天津、举人），张凤瑞（丰润、举人），张锡光（大兴、贡生），李搢荣（武清、廪生），聂丹书（抚宁、贡生），高奎兴（交河、举人），刘续曾（安州、举人）

《大公报》第二千六百五十号，宣统元年十月廿二日（1909 年 12 月 4 日），“本埠”，第 2—3 页

藩宪榜示纳税多额议员选举人名单

钦命直隶等处承宣布政使加十级纪录二十次凌为宣示事，照得此次选举资政院纳税多额议员，业经藩司详奉督宪陈派定管理员遵章办理，并经电请资政院展限，以三月初一日为举行互选之期，由本司分饬各府厅直隶州及分咨京、津、保商务总会，迅选合格人员，造具名册，于正月内到司，以凭遴取纳税较多者二十人为互选人，如期互选在案。兹据各属及保定商务总会等先后保送富绅来津，除其中有不合定章或并未填注税率者，毋庸置义外，就所送富绅合格者八十人中，经管理员遵章比较，纳税最多者二十人为互选人，由天津商务总会缮折呈请核定前来，本司覆核无异，自应照章宣示。为此示，仰后开诸富绅即便知照，务于三月初一前往天津商务总会听候本司到场监督举行互选，望勿迟误，特示。

杨希会（天津县人），纳税总额银二十九万六千五十三两、洋二百五十元

张炳（同上），纳税总额银十八万六千四百二十六两、洋一百廿一元、钱三千六百八十七千

郭骏卿（同上），纳税总额银十三万八千一百四十八两

华学淇（同上），纳税总额银十一万九千六百三两

石元士（同上），纳税总额银十万四千四百五十两

李其光（同上），纳税总额银九万一百八十两

窦荣光（同上），纳税总额银八万三千一百二十一两

王晋熙（同上），纳税总额银七万九千一百二十两

高振镛（同上），纳税总额银七万三千四百三十六两

华松年（同上），纳税总额银五万九千五百一十九两

穆云湘（同上），纳税总额银五万七百七十五两

刘向先（同上），纳税总额银四万七千六百三十八两

陆寿恒（同上），纳税总额银四万一千八百三十四两

刘铭新（任邱县人），纳税总额银三万二千六百三十四两
张祖绶（天津县人），纳税总额银三万二千两
李赓绅（同上），纳税总额银三万五百七十四两
宋保熊（同上），纳税总额银二万六千七百六十四两
黄中伦（同上），纳税总额银二万六千七百两
邹廷廉（同上），纳税总额银二万三千两
黄宝贤（同上），纳税总额银二万六百八十四两

《大公报》第二千七百四十九号，宣统二年二月十三日（1910 年 3 月 23 日），第二张，第 4 页

直隶谘议局联合会之会员表

各省谘议局拟开联合会，兹将已到京之会员名号、籍贯、住址列表于下：

姓　名	字号	籍贯	在京住址
阎凤阁	瑞亭	直隶	崇文门内船板胡同义兴局
王振尧	古愚	同上	松筠庵后院
梁庭华	子春	同上	西河沿平安客栈
王邦屏	辅三	同上	同上
张汝桐	韶樵	同上	同上
丁宗峄	孟邻	同上	同上
孙洪伊	伯兰	同上	李铁拐斜街国民公报馆
汤化龙	季五	湖北	同上
陈登山	芷皋	同上	同上
郑万瞻	云衢	同上	棉花上六条中书郑宅
谭延闿	组安	湖南	张相公庙街法部左宅

周煦埏	汝林	同上	同上
庆　康	锡侯	吉林	南锣鼓巷福祥寺胡同本宅
萧　湘	秋恕	四川	永光寺中街路西民政部曾寓
方　贞	干周	河南	米市胡同中州会馆
李良才	桐轩	陕西	骡马市高升店
梁善济	伯强	山西	西河沿代郡馆
李　素	位斋	同上	国民公报馆
李文熙	缉菴	四川	西河沿五斗斋
窦以珏	子瑾	安徽	顺直门东太平街云宅
吴赐龄	荫久	广西	国民公报馆
武支康	焜南	安徽	排子胡同凤阳会馆

《大公报》三千一百五十号，宣统三年四月十一日（1911 年 5 月 9 日），第二张，第 4 页

二、顺直谘议局议事日程和议事规则

宣统元年顺直谘议局议事日表

（宣统元年）九月初三日下午一时开会：

一、提议公举议事细则修正员；二、提议电致宪政编查馆争公文体制；三、选举议事细则修正员。

初四日星期休会。

初五日下午一时开会：

一、议《议事细则委员会规》。

初六日下午一时开会：

一、议《议事细则委员会规则》；二、举全局委员长；三、举法律委员九人。

初七日上午九时开会：

一、选举庶政委员十九人。

下午二时开会：

一、选举财政委员十九人。

初八日下午一时开会：

一、选举陈请建议委员七人；二、选举审查资格兼惩罚委员七人；三、选举各部委员长及理事。

初九日下午一时开会：

一、续议《议事细则》；二、续选法律委员长及理事。

初十日下午一时开会：

一、续议《议事细则》。

十一日星期休会。

十二日下午一时开会：

一、提议直隶良乡等四十六州县厅粮租改为征银案。

十三日下午一时开会：

一、提议调查户口规则案。

十四日下午一时开会：

一、续议调查户口规则案。

十五日下午一时开会：

一、续议调查户口规则案。

十六日下午一时开会：

一、提议筹设识字义塾案；二、提议整顿巡警事件。

十七日下午一时开会：

一、财政委员报告审查粮租征银案之意见书。

十八日星期休会。

十九日下午一时开会：

一、提议粮租征银案请遣代员莅场。

九月二十日下午一时开会：

一、提议请求巡官区官薪俸照章归国家经费。

二十一日下午一时开会：

一、提议改良田房税契章程以除弊便民。

二十二日下午一时开会：

一、提议典当田房税契宜奏请减免以惠穷黎。

二十三日下午一时开会：

一、提议请求关于新政之控案认真办理实究虚坐以维持新政之进行。

二十四日下午一时开会：

一、提议请求嗣后凡劝学总董、警务总董、巡官及自治职员若因公被控时，必俟审查明确，然后撤差归案讯办，不得于未撤差时遽行传讯，使与个人同跪法堂，以重法人资格。

二十六日下午一时开会：

一、提议春秋两季贫民出口宜推广火车减价，以为实边之计。

《大公报》第二千六百二十二号，宣统元年九月廿四日（1909 年 11 月 6 日），专件，第三张，第 1 页；《大公报》第二千六百二十三号，宣统元年九月廿五日（1909 年 11 月 7 日），专件，第二张，第 4 页

顺直谘议局第二届常年会开会志盛

昨日下午一钟，顺直谘议局开第二次通常会。除该局全体议员齐集外，督宪陈制军率同藩、臬、运三司并巡警、劝业两道，以及天津府县绅商各界，均各先

后莅局。所有开会礼节单及督宪演说词，兹特分列于下：

一、入座顺序。

议员入座（第一次铃），来宾入座（第二次铃），大帅入座（第三次铃）。

二、开会礼节。

议员与行政官相向行俯首礼。

报告开会（书记长），大帅演说，议长演说，议员演说，茶会，闭会。

附：督宪演说词

今日为谘议局第二次开会之期，又为本部堂第一次会晤全体议员之日，凡职任权限，章程具在，无俟赘言。夫立宪政体，首重议政机关，以参预立法诸务。谘议局代表一省之舆论，指陈一省之利弊，是舆论消长、利弊兴除，胥有赖焉。以本省人议本省事，见闻较确，损益较明，但习惯相仍，更张匪易，有适于此而不适于彼者，有发其端而难竟其绪者，是在通筹兼顾，两方察视，则调查为要。本省庶政，并举繁兴，义务所关，计画宜审，盖增加事件，逐渐扩充，有为前此所无者，有待后来赓续者，是在斟酌盈虚，以作准备，则担任为要。本部堂于去年谘议局议决呈请各案件，详加覆核，其中深悉情形，洞中肯綮，业已分别照行，兹复将应行提议谘询各案件，札行到局，诸君必能悉心妥议，实力研求。然尤望广征博采，竭虑殚精，总期切实可行，以裨助本部堂之所不逮，抑更有进者。现值时事阽危，朝廷锐意立宪，筹备期以九年，将来议会大开，谘议局即为议会之预备，所盼诸君淬（厉）〔砺〕精神，以一省为实验之地，广储能力，共济艰难，上以助地方政治之设施，下以导人民智识之发达。本部堂有厚望焉。

《大公报》第二千九百四十三号，宣统二年九月初二日（1910年10月4日），“本埠”，第5页

顺直谘议局第二届常年会议事日表

九月初五日第一次会议

总督交议案五件：一、自治经费案（一读会）；二、各属筹设图书馆案（一读会）；三、缩短禁烟限期案（一读会）；四、府厅州县地方自治章程施行细则案（一读会）；五、各属单级教员讲习所经费案（一读会）。

九月初八日第二次会议

总督谘询事宜四件：一、试办租税征收事务处事件（一读会）；二、整顿积谷事件（一读会）；三、预筹警务、备荒经费事件（一读会）；四、改良地方土货事件（一读会）。

九月初十日第三次会议

审查委员会报告五件：一、自治经费案，财政委员报告（二读会）；二、各属筹设图书馆案，庶政委员报告（二读会）；三、缩短禁烟期限案，庶政部报告（二读会）；四、府厅州县地方自治章程施行细则案，法律委员报告（二读会）；五、各属单级教员讲习所经费案，庶政委员报告（二读会）。

九月十一日第四次会议

委员会报告六件：一、自治经费案，财政委员报告（二读会延议）；二、缩短禁烟期限案，庶政委员报告（二读会延议）；三、各属筹设图书馆案，庶政委员报告（二读会）；四、府厅州县地方自治章程施行细则案，法律委员报告（二读会）；五、各属单级教员讲习所经费案，庶政委员报告（二读会）；六、申覆整顿积谷案，庶政委员会审查报告（二读会）。

九月十二日第五次开议

委员会报告七件：一、自治经费案，财政委员报告（二读会延议）；二、缩短禁烟期限案，庶政委员报告（二读会延议）；三、府厅州县地方自治章程施行细则案，法律委员报告（二读会延议）；四、各属单级教员讲习所经费案，庶政委员报告（二读会延议）；五、各属筹设图书馆，庶政委员报告（二读会）；六、申覆整顿积谷案，庶政委员会审查报告（二读会）；七、申覆警务、备荒案，法律委员会审查报告（二读会）。

九月十五日第六次开议

一、缩短禁烟期限案。（二读会延议）

二、府厅州县地方自治章程施行细则案。（二读会延议）

三、各属单级教员讲习所经费案。（二读会延议）

四、审查试办租税征收事务处事件案，财政委员会报告。（二读会）

五、审查交议各属筹设图书馆案，庶政委员王邦屏拟稿。（三读会）

九月十七日第七次开议

一、各属单级教员讲习所经费案。（二读会延议）

二、审查试办租税征收事务处事件案，财政委员会报告。（二读会）

三、改良地方土货事件案。（一读会）

九月十八日第八次开议

一、复议应摊路款加收盐捐请一律改归民股案。（一读会）

二、复议良乡等四十六厅州县粮租案。（一读会）

三、复议良乡等四十六厅州县粮租改为征银案。（一读会）

四、复议征银解银案。（一读会）

五、复议府厅州县设立理财所案。（一读会）

六、陈请警务长区官薪俸仍应归国家经费以便行政而图改良案。（一读会）

七、请巡警款饷应以裁绿营饷银拨充以苏民困而图改良案。（一读会）

八、再上改良田房税契以除弊便民案。（一读会）

九月十九日第九次开议

一、议决交议各属单级教员讲习分所经费案。（三读会）

二、第二次审查交议缩短禁烟期限报告书。（三读会）

三、陈请直隶纺纱厂案。（一读会）

四、盐价改为满钱呈请更正案。（一读会）

五、整顿盐务陈请书。（一读会）

六、请饬矿政调查局将已开各矿分别列表建议书。（一读会）

七、再行陈请整顿顺天警务案。（一读会）

八、关于农工商业各项学堂局所宜统归官督绅办以兴实业草案。（一读会）

九、请严禁盐商借外债以引地作抵案。（一读会）

九月二十二日第十次开议

一、申覆试办租税事务处案。（三读会）

二、申覆谘询改良土货事件，庶政委员会拟稿。（二读会）

三、审查厅州县设立理财所，法律委员会拟稿。（二读会）

四、陈请警务长薪俸仍应归国家经费，以便行政而图改良案，庶政委员会审查。（二读会）

五、再上陈请移建大宛两县县治案。（一读会）

六、再上陈请设立永定河防议事会案。（一读会）

七、重议改良田房税契案。（一读会）

八、禁止缠足案。（一读会）

九、严禁盐商借外债以引地作抵案。（一读会）

九月二十三日第十一次开议

一、再上陈请移建大宛两县县治案。（一读会）

二、再上陈请设立永定河防议事会案。（一读会）

三、禁止缠足案。（一读会）

四、严禁盐商借外债以引地作抵案。（一读会）

五、裁撤关卡、剔除积弊、以苏商困而裕税源案。（一读会）

六、清厘各属教育费以均负担案。（一读会）

七、提议渔业公司名实不符，应循名核实以期整顿案。（一读会）

八、裁撤卫生局归并警务公所，卫生科謄出之款举办贫民工场案。（一读会）

九、提议将北洋客籍学堂、两江公学协款拨还，以为筹设教育总会案。（一读会）

九月二十四日第十二次开议

一、申覆自治经费案，财政委员会报告。（三读会）

二、申覆谘询土货案，庶政委员会报告。（三读会）

三、缩短禁烟期限案，法律部委员会报告。（二读会）

四、覆议应摊路款加收盐捐一律改归民股案，财政委员会报告。（二读会）

五、覆议良乡等四十六厅州县粮租案，财政委员会报告。（二读会）

六、为盐价擅改满钱违法害民，请严札运司转饬各属一律行用市钱，以恤民艰而弭隐患案，财政委员会报告。（二读会）

七、覆议整顿顺天巡警案，庶政委员会报告。（二读会）

八、提议振兴各项实业案，庶政委员会报告。（二读会）

九、清厘各属教育经费以均负担案。（一读会）

十、提议渔业公司名实不符，应循名核实以期整顿案。（一读会）

十一、裁撤卫生局归并警务公所卫生科謄出之款举办贫民工场案。（一读会）

十二、提议将北洋客籍学堂、两江公学协款拨还以为筹设教育总会案。（一读会）

九月二十五日开第十三次会议

一、覆议厅州县设立理财所案，法律委员会报告。（三读会）

二、为盐价擅改满钱违法害民，请严札运司转饬各属一律行用市钱，以恤民

艰而弭隐患案，财政委员会报告。（二读会）

三、覆议整顿顺天巡警案，庶政委员会报告。（二读会）

四、清厘各属教育经费以均负担案。（一读会）

五、提议渔业公司名实不符，应循名核实以期整顿案。（一读会）

六、裁撤卫生局归并警务公所卫生科賸出之款举办贫民工场案。（一读会）

七、提议将北洋客籍学堂、两江公学协款拨还以为筹设教育总会案。（一读会）

九月二十六日开第十四次会议

一、审查禁止缠足案，法律委员会报告。（二读会）

二、督部堂札发田房税契章程。（一读会）

三、提议移民垦荒呈请指拨的款奏咨立案文。（一读会）

四、提议恪遵奏案清理差徭痛除积弊以苏民困案。（一读会）

五、裁撤卫生局归并警务公所卫生科賸出之款举办贫民工场案。（一读会）

六、请求援案奏裁热河各属兵米以苏民商积困案。（一读会）

七、取缔吏役及狱官禁卒并改良办法案。（一读会）

八、禁止行销各省彩票暨倒闭商号开彩渔利案。（一读会）

九月二十七日开第十五次会议

一、缩短禁烟期限案，法律委员会拟稿。（三读会）

二、为盐价擅改满钱违法害民，请严札运司转饬各属一律行用市钱，以恤民艰而弭隐患案，财政委员会报告。（三读会）

三、审查禁止缠足案，法律委员会报告。（二读会）

四、督部堂札发田房税契章程。（一读会）

五、提议移民垦荒呈请指拨的款奏咨立案文。（一读会）

六、提议恪遵奏案清理差徭痛除积弊以苏民困案。（一读会）

七、裁撤卫生局归并警务公所卫生科賸出之款举办贫民工场案。（一读会）

八、请求援案奏裁热河各属兵米以苏民商积困案。（一读会）

九、取缔吏役及狱官禁卒并改良办法案。（一读会）

十、禁止行销各省彩票暨倒闭商号开彩渔利案。（一读会）

九月三十日开第十六次会议

一、关于顺天警务侵夺权限呈请更正案。（三读会）

二、审查按年推广地方教育增筹经费说帖报告。（二读会）

三、提议移民垦荒呈请指拨的款奏咨立案文。（一读会）

四、提议恪遵奏案清理差徭痛除积弊以苏民困案。（一读会）

五、裁撤卫生局归并警务公所卫生科膡出之款举办贫民工场案。（一读会）

六、请求援案奏裁热河各属兵米以苏民商积困案。（一读会）

七、取缔吏役及狱官禁卒并改良办法案。（一读会）

八、禁止行销各省彩票暨倒闭商号开彩渔利案。（一读会）

十月初一日开第十七次会议

一、呈请资政院坚持原议，收回开平矿产速平公愤案。（一读会）

二、裁撤卫生局归并警务公所卫生科腾出之款举办贫民工场案。（一读会）

三、请求援案奏撤热河各属兵米以苏民商积困案。（一读会）

四、取缔吏役及狱官禁卒并改良办法案。（一读会）

五、禁止行销各省彩票暨倒闭商号开彩渔利案。（一读会）

六、提议开州长垣民埝改为官隄理由书。（一读会）

七、严定地方官考成案。（一读会）

八、调查民教、拟重申教案，令地方官遇有民教涉讼，务依法审办以息争讼而弭隐患案。（一读会）

九、良乡等四十九厅州县偏担学务经费陈请奏销案。（一读会）

十月初二日开第十八次议会

一、议决开平矿产亟宜完全收回以保本省利权案。（一读会）

二、禁止行销各省彩票暨倒闭商号开彩渔利案。（一读会）

三、复议开州长垣民埝改为官堤理由案。（一读会）

四、严定地方官考成案。（一读会）

五、调查民教、拟重申教案，令地方官遇有民教涉讼，务依法审办以息争讼而弭隐患案。（一读会）

六、良乡等四十九厅州县偏担学务经费陈请奏销案。（一读会）

七、改正府厅州县插花地以便自治行政案。（一读会）

八、实行强迫教育案。（一读会）

十月初三日开第十九次议会

一、陈请督宪咨呈外部限制官商擅押公产以借外债案。（二读会）

二、实行强迫教育案。（一读会）

三、核实驿站支销酌提中饱以归自治经费案。（一读会）

四、兴办地方林业以维财政案。（一读会）

五、筹办城镇乡地方自治切实筹备法并章程。（一读会）

六、自治与各属自治直接行文陈请书。（一读会）

七、禁革厅州县衙门供应上级官厅以清赔累案。（一读会）

八、为捏报警费故违警章陈请书。（一读会）

十月初四日开第二十次会议

一、督院札覆议决交议自治经费案。（会议）

二、督院札覆交议单级教员讲习分所经费案。（会议）

三、严定地方官考成案，法律委员报告。（二读会）

四、调和民教案法律委员报告。（二读会）

五、裁撤卫生局腾出款项举办贫民工场案。（二读会）

六、呈请督部堂分别征办不实行本局议案之各州县案。（二读会）

七、提议分杀黄河水势案。（一读会）

八、提议试办开东长硝城局案。（一读会）

十月初六日开第二十一次会议

一、裁撤卫生局賸出之款举办贫民工场案。（二读会）

二、呈请督部堂分别惩办不实行本局议案之各州县案。（二读会）

三、请援案停止热河各属发商采买兵米，以免商民赔累，至驻防兵米请援旧章照数发给本色案。（二读会）

四、恪遵奏案清理差徭，痛除积弊以苏民困案。（二读会）

五、提议分杀黄河水势案。（一读会）

六、提议试办开东长硝碱局案。（一读会）

七、围场厅请裁撤屯垦、改设厅治陈请建议书。（一读会）

十月初八日开第二十二次会议

一、清理各属教育经费以均负担案。（二读会）

二、审查直隶渔业公司名实不符，应循名核实以期整顿案。（二读会）

三、自治总局与各属自治会直接行文案。（二读会）

四、直隶现办预算四十九厅州县偏担学费、亟宜设法另筹，以重财政而苏民困案。（二读会）

五、取缔胥役规则。（二读会）

六、陈请察哈尔财政处越境设卡扰害商民案。（一读会）

七、提议热河学堂、警务改归绅士经理以符定章而期进步案。（一读会）

八、各州县新政用款宜均匀分拨、核实稽查、俾免偏枯弊混阻碍进行案。（一读会）

九、各州县所办新政诸多粉饰欺蒙，陈请认真查察严惩虚妄以重民信而维新政进行案。（一读会）

十、开矿地方办理巡警、财政宜责成本地方官，不宜使外官侵越案。（一读会）

十月初九日开第二十三次会议

一、自治总局与各属自治会直接行文案。（二读会）

二、直隶现办预算四十九厅州县偏担学费、亟宜设法另筹以重财政而苏民困案。（二读会）

三、取缔胥役规则。（二读会）

四、覆议移民垦荒详细办法，并请分年筹拨的款文。（二读会）

五、陈请察哈尔财政处越境设卡扰害商民案。（一读会）

六、提议热河学堂、警务改归绅士经理以符定章而期进步案。（一读会）

七、各州县新政用款宜均匀分拨、核实稽查、俾免偏枯弊混阻碍进行案。（一读会）

八、各州县所办新政诸多粉饰欺蒙，陈请认真查察严惩虚妄以重民信而维新政之进行案。（一读会）

九、开矿地方办理巡警、财政宜责成本地方官，不宜使外官侵越案。（一读会）

十月初十日开第二十四次会议

一、裁撤卫生局腾出款项作为全省教育费案。（三读会）

二、清理教育经费以均负担案。（三读会）

三、审查预算报告书。（一读会）

四、实行取缔冗员案。（一读会）

五、提议禁止抽吸烟卷案。（一读会）

六、拟加纸烟税捐归地方行政经费并普禁彩票案。（一读会）

七、公举董事建议书。（一读会）

十月十一日开第二十五次会议

一、推广林业案。（一读会）

二、覆议各属漏规仍充地方自治经费、不便拨充州县公费案。（一读会）

三、督部堂陈札行议决裁减五处师范设立单级教员养成所案。（会议）

四、督部堂陈札复关于农工商业、各项学堂、局所宜统归官督绅办、以兴实业案文。（会议）

五、质问巡警道何故将各州县巡警区域一律改为五区。（会议）

六、请裁密云驻防禁烟经费以节虚糜并责成十六佐佐领各负责任而期久远断净之议案。（一读会）

七、为县官违法诸事不办呈请严密查办案。（一读会）

八、为实行实究虚坐陈请书。（一读会）

十月十三日开第二十六次会议

一、审查地方行政经费预算之报告。（会议）

二、督部堂陈札行覆议厅州县设立理财所案文。（会议）

三、督部堂陈札行议决裁减五处师范、设立单级教员养成所案文。（会议）

四、督部堂陈札复关于农工商业各项学堂局所宜统归官督绅办、以兴实业案文。（会议）

五、质问巡警道何故将各州县巡警区域一律改为五区。（会议）

六、请裁密云驻防禁烟经费以节虚縻并责成十六佐佐领各员责任而期久远断净之议案。（议会）

七、为实行实究虚作陈请书。（一读会）

八、设法维持全省警务案。（一读会）

九、改良各厅州县劝学所教育会案。（一读会）

十、取消借款陈请书。（一读会）

十月十六日开第二十八次会议

一、议决提倡妇女天足案。（三读会）

二、取缔吏役规则案。（三读会）

三、复议关于农工商业各项学堂局所宜统归官督绅办、以兴实业案。（二读会）

四、再请严札运司转饬各属一律行用市钱以恤民艰而除隐患案。（一读会）

五、设法剔除盐商卖盐短秤积弊案。（一读会）

十月二十日开第二十九次会议

一、呈请督部堂惩办不实行公布本局决议案之州县文。

二、督部堂陈札复议决恪遵奏案清理差徭、痛除积弊以除民困案文。

三、督部堂陈批呈预算册内公债事件已否借妥、抑归何项拨用文。

四、督院札行准度支部咨覆预算经费、饬再核减六分部平、不准援免文。

五、督部堂陈札准度支部咨本局经费切实核减并扣六分部平文（附原咨）。

《大公报》第二千九百五十二号，宣统二年九月十一日（1910 年 10 月 13 日），第二张，第 3 页；《大公报》第二千九百五十三号，宣统二年九月十二日（1910 年 10 月 14 日），第二张，第 3 页；《大公报》第二千九百五十四号，宣统二年九月十三日（1910 年 10 月 15 日），第二张，第 3 页；《大公报》第二千九百五十七号，宣统二年九月十六日（1910 年 10 月 18 日），第二张，第 3 页；《大公报》第二千九百五十九号，宣统二年九月十八日（1910 年 10 月 20 日），第二张，第 3 页；《大公报》第二千九百六十一号，宣统二年九月二十日（1910 年 10 月 22 日），第二张，第 3 页；《大公报》第二千九百六十六号，宣统二年九月廿五日（1910 年 10 月 27 日），第二张，第 3 页；《大公报》第二千九百六十七号，宣统二年九月廿六日（1910 年 10 月 28 日），第二张，第 3 页；《大公报》第二千九百六十八号，宣统二年九月廿七日（1910 年 10 月 29 日），第二张，第 4 页；《大公报》第二千九百六十九号，宣统二年九月廿八日（1910 年 10 月 30 日），第二张，第 4 页；《大公报》第二千九百七十二号，宣统二年十月初一日（1910 年 11 月 2 日），第二张，第 4 页；《大公报》第二千九百七十四号，宣统二年十月初三日（1910 年 11 月 4 日），第二张，第 7 页；《大公报》第二千九百七十六号，宣统二年十月初五日（1910 年 11 月 6 日），第二张，第 4 页；《大公报》第二千九百八十号，宣统二年十月初九日（1910 年 11 月 10 日），第二张，第 4 页；《大公报》第二千九百八十一号，宣统二年十月初十日（1910 年 11 月 11 日），第二张，第 4 页；《大公报》第二千九百八十二号，宣统二年十月十一日（1910 年 11 月 12 日），第二张，第 4 页；《大公报》第二千九百八十三号，宣统二年十月十二日（1910 年 11 月 13 日），第二张，第 4 页；《大公报》第二千九百八十五号，宣统二年十月十四日（1910 年 11 月 15 日），第二张，第 4 页；《大公报》第二千九百九十号，宣统二年十月十九日（1910 年 11 月 20 日），第二张，第 4 页；《大公报》第二千九百九十四号，宣统二年十月廿三日（1910 年 11 月 24 日），第二张，第 4 页

宣统二年顺直谘议局临时会议事日表

（宣统二年）十月二十七日下午一钟开第一次会议

一、督部堂陈札复复议自治经费案。（一读会）

二、督部堂陈札复议决清理全省教育经费案。（一读会）

三、新政筹款、行政官宜负责任案。（一读会）

四、实行普通宣讲以开民智案。（一读会）

五、请饬各厅扫除上下推诿积习意见书。（一读会）

六、陈请整顿初等学堂以立自强之基础案。（一读会）

十月二十八日下午一钟开第二次会议

一、督部堂陈札复议决关于顺天警务侵夺权限呈请更正案文。（会议）

二、督部堂陈札复议决交议各属单级教员讲习分所经费案。（会议）

三、督部堂陈札复质问巡警道违背议案擅改警区案文。（会议）

四、请饬各官厅扫除上下推诿积习意见书（陈甫杰提议）。（一读会）

五、陈请整顿初等学堂以立自强之基础案（杨蔚林提议）。（一读会）

六、创办纸艺公司以兴实业而挽利权案（梁廷华提议）。（一读会）

十月二十九日下午一钟开第三次会议

一、创办纸艺公司以兴实业而挽利权案。（一读会）

二、督部堂札复议决热河学堂警务照章选用本地士绅案文。（会议）

三、督部堂札复议决设法剔除盐斤短秤、掺土积弊案文。（会议）

四、督部堂札复议决推广林业案文。（会议）

五、督部堂札复议决良乡等四十九厅州县偏担学费、亟宜设法另筹、以重学

务而苏民困案文。(会议)

六、督部堂札交续借公债案件文。(会议)

十月三十日下午一钟开第四次会议

一、督部堂札交续借公债案件文。(会议)

二、督部堂札行陈请设立永定河防议事会文。(会议)

三、关于新政筹款及建议去弊事件，应据法人名义无须绅士出名案。(二读会)

四、提议巡警道违法宜呈请督宪查办案。(一读会)

五、筹备宪政拟从州县久任入手案。(一读会)

六、陈请推行通俗教育以开民志而维宪政之进行案。(一读会)

七、革除铁路积弊案。(一读会)

十一月初二日下午一钟开第五次会议

一、督部堂札复议决提倡妇女天足案。(会议)

二、督部堂札复议决厅州县设立理财所案。(会议)

三、复议设法剔除盐斤短秤掺土积弊案。(二读会)

四、提议巡警道违法宜呈请督宪查办案。(一读会)

五、筹备宪政拟从州县久任入手案。(一读会)

六、陈请推行通俗教育以开民志而维宪政之进行案。(一读会)

七、革除铁路积弊案。(一读会)

八、改良征收外庄粮银办法以免良民赔累案。(一读会)

十一月初四日下午一钟开第六次会议

一、督部堂札交续借公债案。(一读会)

二、复议设法剔除盐务短秤掺土积弊案。(二读会)

三、革除铁路积弊案。(一读会)

四、改良征收外庄粮银办法以免良民赔累案。(一读会)

五、预备新政备荒底款案。(一读会)

六、催办各府厅州县自治督宪宜负完全责任案。(一读会)

七、请于滏阳河一带设立沿河警局以除弊保商裕国便民建议案。(一读会)

十一月初六日下午一钟开第七次会议

一、议决各属地方官遇有士绅请呈筹款去弊应行晓谕等事件，不得据私人名义案。(三读会)

二、复议设法剔除盐斤短秤掺土积弊案。(一读会)

三、复议良乡等四十九厅州县偏担学费亟应设法另筹，以重学务而苏民困案。(二读会)

四、复议自治经费案。(二读会)

五、各州县巡警区域一律划为南北东西中五区，殊多滞碍且于定章不符，请饬巡警道迅行更正案。(一读会)

六、革除铁路积弊案。(一读会)

七、改良征收外庄粮银办法以免良民赔累案。(一读会)

八、预备新政备荒底款案。(一读会)

九、催办各省厅州县自治督宪宜负完全责任案。(一读会)

十、请于滏阳河一带设立沿河警局以除弊保商裕国便民建议书。(一读会)

十一、奏设京师顺直学堂陈请拨款书。(一读会)

十一月初八日下午一钟开第八次会议

一、提议巡警道违法宜呈请总督查办案。(二读会)

二、各州县巡警区域不得一律划为五区案。(二读会)

三、限制派阅官报以除民累而维宪政案。(一读会)

四、改良征收外庄粮银办法以免良民赔累案。(一读会)

五、预备新政备荒底款案。(一读会)

六、催办各府厅州县自治督宪宜负完全责任案。(一读会)

七、请于滏阳河一带设立沿河警局以除弊保商裕国便民建议书。(一读会)

八、奏请京师顺直学堂陈请拨款书。(一读会)

九、再请设立永定河防议事会案。(一读会)

十一月初九日下午一钟开第九次会议

一、督部堂札复复议应摊路款、加收盐捐一律改归民股案。(会议)

二、督部堂札复议决取缔吏胥规则案。(会议)

三、督部堂札复议决裁撤关卡、剔除积弊、以苏商困而裕税源案。(会议)

四、改良征收外庄粮银办法以免良民赔累案。(一读会)

五、预备新政备荒底款案。(一读会)

六、催办各府厅州县自治督宪宜负完全责任案。(一读会)

七、请于滏阳河一带设立沿河警局以除弊保商裕国便民建议书。(一读会)

八、奏请京师顺直学堂陈请拨款书。(一读会)

九、再请设立永定河防议事会案。(一读会)

十一月十一日下午一钟开第十次会议

一、限制强派州县包销官报以舒民累案。(三读会)

二、陈请革除铁路转运公司包揽商栈、捏扣运费及各栈票房卖票之弊案。(二读会)

三、整顿初等小学堂以立自强之基础案。(二读会)

四、预备新政备荒底款案。(一读会)

五、催办各府厅州县自治督宪宜负完全责任案。(一读会)

六、请于滏阳河一带设立沿河警局以除弊保商裕国便民建议书。(一读会)

七、奏设京师顺直学堂陈请拨款书。(一读会)

八、再请设立永定河防议事会案。(一读会)

九、提议清理藩库案。(一读会)

十一月十二日下午一钟开第十一次会议

一、呈请缓办公债文。(二读会)

二、督部堂批答质问预算册内岁入条项疑义书。(会议)

三、审查札交宣统三年预算案。(报告)

四、督部堂札覆裁撤卫生局腾出款项作为全省教育经费案。(会议)

五、督部堂札覆清理教育经费案。（会议）

六、督部堂札覆裁撤关卡、剔除积弊、以苏商困而裕税源案。（会议）

七、提议清理藩库案。（一读会）

八、整顿畿辅乡学以期收实效而裨大局案。（一读会）

十一月十三日下午一钟开第十二次会议

一、督部堂批答质问预算册内岁入条项疑义书。（会议）

二、审查札交宣统三年预算案。（报告）

三、改良寄庄外庄征收办法，以免赔累而弭讼端案。（二读会）

四、催办各府厅州县自治，自治总局不负责任，请督宪严加责成以免贻误案。（二读会）

五、申覆谘询再请迁移大宛两县县治案。（一读会）

六、复议取缔吏役规则案。（一读会）

七、督部堂札覆裁撤卫生局腾出款项作为全省教育经费。（会议）

八、督部堂札覆清理教育经费案。（会议）

九、督部堂札覆裁撤关卡、剔除积弊、以苏商困而裕税源案。（会议）

十、提议清理藩库案。（一读会）

十一、整顿畿辅乡学以期收实效而裨大局案。（一读会）

《大公报》第二千九百九十九号，宣统二年十月廿八日（1910 年 11 月 29 日），第二张，第 3 页；《大公报》第三千号，宣统二年十月廿九日（1910 年 11 月 30 日），第二张，第 3 页；《大公报》第三千二号，宣统二年十一月初一日（1910 年 12 月 2 日），第二张，第 3 页；《大公报》第三千八号，宣统二年十一月初七日（1910 年 12 月 8 日），第二张，第 3 页；《大公报》第三千九号，宣统二年十一月初八日（1910 年 12 月 9 日），第二张，第 3 页；《大公报》第三千十一号，宣统二年十一月初十日（1910 年 12 月 11 日），第二张，第 3 页；《大公报》第三千十五号，宣统二年十一月十四日（1910 年 12 月 15 日），第三张，第 2 页；《大公报》第三千十六号，宣统二年十一月十五日（1910 年 12 月 16 日），第三张，第 2 页；《大公报》第三千十八号，宣统二年十一月十七日（1910 年

12 月 18 日)，第三张，第 2 页

顺直谘议局第三年第二次临时会开会补志

顺直谘议局于昨二十四日下午一钟开第三年第二次临时会，已纪昨报，兹将是日开会秩序补录于下：

（一）议员入座（第一次铃）；（二）来宾入座（第二铃）；（三）大帅入座（第三次铃）；（四）议员与行政官相向行俯首礼；（五）议长报告开会；（六）大帅演说；（七）来宾演说；（八）议长演说；（九）茶话；（十）闭会。

并闻该局每次开会，所设旁听各席，现为防疫起来见，暂行不设，以杜传染而重卫生。

《大公报》三千七十七号，宣统三年正月二十六日（1911 年 2 月 24 日)，第 5 页

顺直谘议局第三年第二次临时会议事日表

正月二十九日下午一钟开第二号会议

一、督部堂札覆议决缓办公债案。(一读会)

二、提议轻州县负担，以除地方之害案。(一读会)

二月初二日下午一钟开第三号会议

一、提议酌提预算案节存银两抵补四十九厅州县偏担学费以昭以允案。（一读会）

二、陈请筹办直隶纺纱厂，以兴实业而挽利权案。（一读会）

三、天津县议事会知会为改选违章文。（一读会）

四、天津县第一区议事会议员选举不遵定章，照章公断，应作无效陈请书。（一读会）

五、提议清理各属杂税行费暂行办法案。（一读会）

六、再行陈请作速设立河防议事会，预防侵吞积弊案。（一读会）

七、提议革除禁粮出境粃政案。（一读会）

二月初三下午一钟开第四号会议

一、提议革除禁粮出境粃政案。（延议）

二、提议卫生局分防之处，用法强制，有害地方，亟宜疏通以弭祸患案。（一读会）

三、提议卫生局溺职殃民，亟宜改良案。（一读会）

四、提议整顿初小学堂，以固教育基础案。（一读会）

五、再请开州长垣黄河民埝改为官堤案。（一读会）

二月初四日下午一钟开第五号会议

一、提议改良过割办法以除积弊案。（一读会）

二、剔除热河全属诉讼积弊案。（一读会）

三、清河县之弊政陈请书。（一读会）

四、捏报警费故违警章陈请书。（一读会）

五、整顿钱粮陈请会。（一读会）

六、河岸救险陈请书。（一读会）

七、对于差徭议案补助方法意见书。（一读会）

二月初六日下午一钟开第六号会议

一、革除无故禁粮出境一任胥役藉端勒索积弊案。（二读会）

二、覆议试办宣统三年地方行政经费岁出预算案。（一读会）

三、提议丰宁县粮捐改归森吉图税官征收，巡警粮饷银亦由森吉图捐局拨款开支案。（一读会）

四、提议实行预备巡警案。（一读会）

五、陈请厅州县长官筹办新政，非违法受贿，不得于任期内无故更调以碍新政之进行案。（一读会）

二月初七日下午一钟开第七号会议

一、覆议试办宣统三年地方行政经费岁出预算案。（延议）

二、卫生局分防之处，用法强制，有害地方，亟宜疏通而弥祸患陈请书。（二读会）

三、卫生局溺职殃民亟宜改良陈请书。（二读会）

四、筹提煤税捐前经批准后复取消，求照原案拨款陈请书。（一读会）

五、革除清苑县驿站草豆积弊，以便分配差徭陈请书。（一读会）

六、设法维持地款请收糜费从公建议书。（一读会）

二月初十日下午一钟开第八号会议

一、筹提煤税捐前经批准后复取消，求照原案拨款陈请书。（一读会）

二、革除清苑县驿站草豆积弊，以便分配差徭陈请书。（一读会）

三、设法维持地款请收糜费从公建议书。（一读会）

四、拨发糈米存款设局平粜而维兵食陈请书。（一读会）

五、任用学务职员宜加慎重案。（一读会）

六、据实声明陈请书。（一读会）

七、提议实行尚武以造就本省国民充兵资格而备紧要防卫案。（一读会）

八、推广巡兵以防外患意见书。（一读会）

九、整顿巡警认真教练而挽危局意见书。（一读会）

二月十一日下午一钟开第九号会议

一、督部堂札行陈请筹办纺纱厂以兴实业而挽利权案文。（会议）

二、提议文安胜芳镇官斗抽用拟仍归本地办公案。（一读会）

三、挑挖洺河陈请书。（一读会）

四、提议民有矿产官家不得强行收买，宜照章让出以保本省利源而维小民生计案。（一读会）

五、再提议热河学堂警务案。（一读会）

《大公报》三千八十一号，宣统三年正月三十日（1911 年 2 月 28 日），第二张，第 3 页；《大公报》三千八十五号，宣统三年二月初四日（1911 年 3 月 4 日），第二张，第 4 页；《大公报》三千八十六号，宣统三年二月初五日（1911 年 3 月 5 日），第二张，第 4 页；《大公报》三千八十七号，宣统三年二月初六日（1911 年 3 月 6 日），第三张，第 3 页；《大公报》三千八十九号，宣统三年二月初八日（1911 年 3 月 8 日），第二张，第 4 页；《大公报》三千九十号，宣统三年二月初九日（1911 年 3 月 9 日），第三张，第 3 页；《大公报》三千九十三号，宣统三年二月十二日（1911 年 3 月 12 日），第二张，第 4 页；《大公报》三千九十四号，宣统三年二月十三日（1911 年 3 月 13 日），第二张，第 4 页

宣统三年顺直谘议局议事日表

九月初四日上午九钟开会

一、选举各会委员。

九月初五日上午九钟开会

一、续行选举各会委员。

九月初六日下午一钟开会

一、广励开垦交议案。（一读会）

二、筹设地方物产会交议案。（一读会）

九月十一日下午一钟开第四号会议

一、广励开垦交议案。（一读会延议）

二、筹设地方物产会交议案。（一读会延议）

三、陈请通饬各厅州县创办民团以靖地方案。（一读会）

四、禁止烧锅烧酒案。（一读会）

五、陈请开铸银元以救市荒案。（一读会）

九月十二日下午一钟开第五号会议

一、广励开垦交议案。（一读会延议）

二、筹设地方物产会交议案。（一读会延议）

三、禁止烧锅烧酒案。（一读会）

四、停办各属议员讲习所案。（一读会）

九月十三日下午一钟开第六号会议

一、府厅州县地方自治施行补则交议案。（一读会）

二、拓充棉业办法交议案。（一读会）

三、筹设水上警察谘询案。（一读会）

四、筹设感化院谘询案。（一读会）

五、豁免差徭以均负担而除积弊兼弭官绅争执案。（一读会）

九月十四日下午一钟开第七号会议

一、豁免差徭以均负担而除积弊兼弭官绅争执案。（延议）

二、审查广励开垦案报告书。（二读会）

三、添设渔业警察以保护权利案。（一读会）

四、为设立永定河防议事会陈请资政院提议书。（一读会）

五、陈请府厅州县巡警费统归自治预算范围以期入款出款归于划一案。（一读会）

六、各府厅州县议事会议长及参事会参事员宜暂订常驻规则并酌定公费数目案。（一读会）

九月十六日下午一钟开第八号会议

一、筹设地方物产会办法审查报告书。（二读会）

二、为设立永定河防议事会陈请资政院提议书。（一读会）

三、陈请府厅州县巡警费统归自治预算范围以期入款出款归于划一案。（一读会）

四、各府厅州县议事会议长及参事会参事员宜暂订常驻规则并酌定公费数目案。（一读会）

五、陈请资政院弹劾变通旗制处案。（一读会）

九月十八日下午一钟开第九号会议

一、拟定各属宣布罚款办法案。（一读会）

二、革除衙署官价买物之弊案。（一读会）

三、省城女师范增设各属专额案。（一读会）

四、推广小学堂体育办法以振尚武之精神案。（一读会）

五、改正府厅州县插花地以便自治行政案。（一读会）

《大公报》第三千三百二十二号，宣统三年九月初七日（1911 年 10 月 28 日），第二张，第 4 页；《大公报》第三千三百二十七号，宣统三年九月十二日（1911 年 11 月 2 日），第二张，第 3 页；《大公报》第三千三百二十八号，宣统三年九月十三日（1911 年 11 月 3 日），第二张，第 3 页；《大公报》第三千三百二十九号，宣统三年九月十四日（1911 年 11 月 4 日），第二张，第 4 页；《大公报》第三千三百三十一号，宣统三年九月十六日（1911 年 11 月 6 日），第二张，第 4 页；《大公报》第三千三百三十二号，宣统三年九月十七日（1911 年 11 月 7

日），第二张，第4页；《大公报》第三千三百三十四号，宣统三年九月十九日（1911年11月9日），第二张，第4页

三、顺直谘议局规章制度

顺直谘议局议事细则

第一章 总 纲

第一条 本规则遵照谘议局章程第四十五条规定呈请总督批准公布后，皆须一律遵守。

第二章 开会、散会、休会、中止及延会

第二条 会议时间自午后一时起至五时止，但议长得临时酌量变通。

第三条 议员须于开议以前齐集会场向书记处报到。

第四条 每次会议有全体议员半数以上到会，即行开议。如议长、副议长均有事故，不能到会时，得公举临时议长代理。

第五条 议事之始有应行报告事件，先由议长报告然后宣告开议。议长宣告开议前，无论何人不得就议事发言。

第六条 每日议事毕，由议长宣告散会。若已届散会之时而于竞争事件尚未议毕者，议长得宣告延会或展长时间。

第七条 会期中，议长得酌量休会，但不得逾三日。

第八条 议长宣告散会、延会或中止后，无论何人不得就议事发言。

第三章 议事日表

第九条 凡应付会议事件及其次序并开议之日期，应编为议事日表。

第十条 议事日表编列之次第，先总督提出案，次谘议局提出案，次本省自治会及人民陈请建议事件。

第十一条 议事日表，议长须预行分配于各议员。

第十二条 每会议终，议长须宣告下次之议事日表。

第十三条 会议时如有到会议员十人以上，因紧急事件主张先议或议长自认为紧急者，得临时表决更张议事日表。

第十四条 议事日表所载应议事件，如于指定之日不能会议或会议不能终结者，议长当再定日表，但不得变更他未议事件之次序。

第四章 委员会

第一节 通 则

第十五条 谘议局为慎重议事起见，得设置委员组织委员会以审查讨论谘议局委托之事件。

第十六条 委员分为三种如左：

一、全局委员；一、常任委员；一、特别委员。

第十七条 委员之审查讨论，不得涉于谘议局委托事件之外。

第十八条 委员在委员会对于同一事件，得数次发言。

第十九条 委员会须另选举委员长，整理委员会之会议及保持秩序。

第二十条 委员会议事以到会委员之过半数决之，可否同数，则取决于委员长。

第二十一条 委员长如欲自与讨论之列，可在委员中指出代理者，使临委员长之席。

第二节 全局委员

第二十二条 全局委员以全局议员充之，公举全局委员长一人。

第二十三条 全局委员长之选举，用无记名投票法，得票最多者为当选人。

如票数相同，以抽签定之。至议长副议长不在本条被选之列。

第二十四条　全局委员长有事故时，由委员会推临时委员长代之。

第二十五条　全局委员会由议长或议员十人以上发议，不用讨论，以谘议局之决议开之。

第二十六条　全局委员会非议员三分之一以上出席，不得开议。

第二十七条　已决议开全局委员会，当即时开会。如议决不即时开会，议长当预定开会日期，载于议事日表。

第二十八条　开全局委员会时议长当退席。

第二十九条　开全局委员会时，委员长之席以书记长之席充之。

第三十条　委员中有临时提议者，得三人以上赞成，即可作为议题。

第三十一条　全局委员会不得自行议决规则。

第三十二条　议事毕，委员长请议长复席，并报告其结果于谘议局。

第三十三条　全局委员会不得自行延会，倘议事不能终局，委员长当请议长复席，将议事之经过报告，再由议长定开会日期，载于议事日表。

第三十四条　全局委员会如有违谘议局章程，紊乱议场之秩序者，议长不待委员长之请，得自行复席解散之。

第三十五条　如有全局委员会不得议决之事件发生，委员长当退席请议长复席。

第三十六条　在全局委员会，以书记行书记长之职务。

第三节　常任委员

第三十七条　谘议局于每次会期之始设置常任委员。

共分五股如左：

一、庶政委员十九人，主审查庶政兴革之事。

二、财政委员十九人，主审查预算决算案及一切财政之事。

三、法律委员九人，主审查本省单行章程规则及关于法律之事。

四、陈请建议委员七人，主审查自治会或人民陈请建议之事。

五、审查资格兼惩罚委员七人，主审查议员资格及会议时惩罚事犯之事。

第三十八条　各股常任委员以无记名连记投票法，由众议员互选之得票最多数者为当选人。如有二人以上同数者，则以抽签定之。议长副议长及全局委员长不在前项被选之列。

第三十九条　因特别事项，故致委员有缺员之时，以得票次多数之候补者补充之，无候补者当再行补缺选举。

第四十条　被选为委员者，无正当事故不得辞职。

第四十一条　各股委员长由本股委员以无记名投票法互选之，得票最多数者为当选人。如有二人以上同数者，则以抽签定之。

第四十二条　各股委员会以无记名投票法，由委员中互选一名或数名为理事，使掌委员会议录及其他文书之事。委员长有事故，则经理事为之代理，其所掌之事，得使书记代之。

第四十三条　委员长及理事之选举，当以其结果报告谘议局。

第四十四条　各股委员会会议日期，如谘议局不为指定，则委员长定之。

第四十五条　委员会不得于谘议局会议中开之，但得谘议局之许可，不在此限。

第四十六条　两股以上对于同一事件须协议审查时，得由该数股之同意，开联合委员会。其日期由该数股之委员长协议定之。开会时须推定临时委员长及理事各一人。

第四十七条　开委员会时，议员之外禁人旁听，但由该会之议决，亦得禁止议员旁听。

第四十八条　委员会非委员半数以上出席，不得开议。

第四十九条　议员对委员会审查之事件，得陈述意见。

第五十条　委员会得请求议长向各衙署局所调取关于审查事件之文卷。

第五十一条　委员之审查毕，当作报告书，由委员长交由议长提出于谘议局。依委员会之决议，委员长得以口述报告，但谘议局得请其以文书报告。委员长经委员会之决议，得将其报告付托于他议员，拟改付托于理事或他委员。

第五十二条　委员会有应事修正案时，与报告书同交议长。

第五十三条　除议长认为秘密之事件外，凡委员会之报告书，当印刷分配于各议员。

第五十四条　谘议局得限期使委员会为审查之报告。

第五十五条　委员会无故迟延报告，谘议局得另行选任。

第五十六条　在委员会欲将以少数被弃之意见提出于议长者，如有到会委员三分之一，得将其意见书与委员会之报告同行提出。

第五十七条　委员会当作委员会议录，记载出席者之姓名、表决之数、议决之要领及其余重要之事件，由委员长及理事署名保存于谘议局办事处。

第五十八条　议员有求阅委员会议录及其他文书者，如于审查无碍，得许可之，但不得携出谘议局之外。

第四节　特别委员

第五十九条　谘议局特别事件发生应行审查之时，经议员议决，得选举特别委员，其员额临时决定。

第六十条　特别委员由议员中以无记名连记投票法互选之，得票最多者为当选人。如有二人以上同数者，则以抽签定之。但经谘议局之议决，得不用互选使议长指定。

第六十一条　谘议局付托于特别委员之事，如有相与连系之事件，可一并付托之。

第六十二条　谘议局受特别委员报告之后，如应行覆查者，得再将该事件付托于同一委员或其他委员。

第五章　议员资格之审查

第六十三条　议员对他议员之资格有异议者，当作揭告书及副本署名送交议长，议长以其揭告书付之审查资格委员，将副本送达被告议员，定日期，使具答辩书。

第六十四条　被告议员如能证明因事变及疾病不能于定期内呈出答辩书，议长得再定日期使其呈出。

第六十五条　议长受被告议员之答辩书，则付之审查资格委员，限以时日，使审查之。

第六十六条　被告议员如不能于定期日内呈出答辩书，审查资格委员得径行报告审查之结果。

第六十七条　委员认为必要之时，得径由议长将原告议员及被告议员召齐质问。

第六十八条　委员既将审查报告提出于议长，议长分配于各议员，付之会议。

第六十九条　被告议员在谘议局得自行辨明或托他议员辩明，但不得与于表决之数。

第七十条　谘议局议决以为不合资格者，得由议长宣告除名。若决议以为被诬，应议决处原告人以相当之罚则。

第七十一条　审查资格之手续，适用委员会规则。

第六章　议　事

第一节　提　议

第七十二条　凡议员提出议案，须具案附以理由，经赞成人署名，送交议长，议长于开议前二日印刷分配于各议员。

第七十三条　凡议员提议，因事之轻重，分别规定赞成人数如左：

一、普通之提议，须有三人以上之赞成。

二、省略读会之要求及开全局委员会之提议，须有十人以上之赞成。

三、修正之提议、惩罚之提议，须有二十人以上之赞成。

四、修正预算案之提议，须有三十人以上之赞成。

第二节　读　会

第七十四条　读会分为三次如左：

第一读会　定议案之应否付议。

第二读会　已决为应行付议之案，由议员各出其意见讨论修正之。

第三读会　大体既已表决，仅就其文字斟酌之。

第七十五条　每读会时由书记将议案朗读，但议长亦得因便宜使省略之。

第七十六条　第一读会于议案分送各议员后，必须隔二日开议，但紧急事件不在此限。

第七十七条　第一读会将议案朗读后，总督或其遣代员及发议者，得申明其旨趣。议员如于议案有疑义时，得请总督或其遣代员及发议者说明之。

第七十八条　前条之手续毕，如系重大议案，当付之委员会。凡付委员会之议案，须俟报告后就大体讨论之，以定应否开第二读会。凡未付委员会之议案，即就大体讨论以定应否开第二读会。

第七十九条　凡决定不开第二读会者，其议案即行废弃。

第八十条　第二读会须于第一读会后，隔二日行之。但议长得谘询议员，减短时日，或与第一读会同日举行。

第八十一条　第二读会前，议员对于议案得提出修正之议，将修正案提出于议长。

第八十二条　关于委员会修正之报告，不待赞成，可作为议题。

第八十三条　第二读会既毕，议长得便宜将议案付托委员整理、修正已决议之条项及字句。

第八十四条　第三读会须于第二读会后，隔二日行之。但议长得谘询议员，减短时日，或与第二读会同日举行。

第八十五条　第三读会当将全体之可否议决。

第八十六条　第三读会除更正文字外，不得作修正之提议，但发见〔现〕议案中有互相窒碍或与现行法律违背，有提必须修正者，不在此限。

第八十七条　议案之必须经三读会者，以总督提出之议案及预算决算法律等案为限，然遇其他之议案有议员十人以上之请求，经议长许可者，亦得付之三读会。

第八十八条　读会完毕，议员有听不明了者，有五人以上之请求，议长得使之再读，但以第一读会为限。

第三节　讨　论

第八十九条　欲对议事日表所载之议题发言者，得于会议开始前，将其姓名及赞成或反对之意旨，通告书记。

第九十条　书记须依前条通告之次序，载入发言表，议长当讨论之始，依发言表指名反对者使首发言，次使赞成者反对者交互发言。不应前项之指名者，失通告之效。

第九十一条　未通告者欲请发言，须俟通告之员发言毕，起立请议长许可。有二人以上起立请发言者，议长须使先起立者发言，同时起立者，则由议长指定发言之先后。

第九十二条　凡延会或议事中止，议员有发言未终者，得于再行讨论时继续发言。

第九十三条　对于议题之发言，须临演说席行之，但特承议长之允许者，不在此限。

第九十四条　议长无论何时得使发言者临演说席，但一议员对于同一议题在演说席发言不得至二次。

第九十五条　委员长或报告者为辨明其报告之旨趣，得发言数次；总督之遣代员为辩明议案及提议之旨趣，得发言数次。

第九十六条　因资格被人申立异议及被人告有惩罚事犯之议员，不得于会议时朗诵意见书，但为引证文书章程者，不在此限。总督之遣代员及委员长或报告者得朗诵理由及报告书。

第九十七条　议员欲质问到会官长或其遣代员，须请议长通知。

第九十八条　议长欲自与讨论时，须请副议长代理，退临议席。

第九十九条　讨论不得涉于议题之外。

第一百条　讨论终结由议长宣告之。

第一百一条　讨论既已明了，虽发言未尽，议员有提出讨论终结之议者，有二十人以上之赞成，议长可谘于众议员，不用讨论决之。

第四节　修　正

第一百二条　有发修正议案之议者，当具案提出于议长。

第一百三条　议员提出之修正案与委员会提出之修正案，其表决顺序以属于议员者为先。

第一百四条　同一议题而提出数种之修正案时，由议长定表决之顺序，议员如有异议，待有赞成之人，则不用讨论决之。表决之顺序以远于原案者为先。

第一百五条　已成立之修正案，非经谘议局之承诺不得撤回。

第一百六条　修正案全行否决当取决于原案。

第一百七条　修正案及原案皆不得过半数之赞成时，议长认为不可废弃者，得使委员特起该案再行会议。

第五节　表　决

第一百八条　凡表决于讨论终结之后，议长认为必要时，宣告行之。

第一百九条　议长欲行表决时，须宣告应行表决之问题。

第一百十条　议长宣告表决之问题后，无论何人，不得就议题发言。

第一百十一条　非现在议场之议员，不得与表决之数。

第一百十二条　凡表决酌用起立法或投签法。用起立法时，议长使以问题为可者起立，计其数目，宣告可否之结果。如议员对于其结果有异议者，即改用投签法。用投签法时，设签二种，一以表可，一以表否，用无记名投之。

第一百十三条　议长须宣告表决之结果。

第一百十四条　关于议员本身及亲属之议案，该议员不得与表决之数。

第一百十五条　议员不得请更正自己之表决。

第七章　议事录速记录

第一百十条　议事录记载左列事项：

一、关于开会闭会之事项及其年月日时。

二、开议、延会、中止及散会之月日时。

三、每次出席议员之总数。

四、出席官长之姓名。

五、议长及委员报告之事件。

六、已交会议之议案题目。

七、提议者之姓名。

八、决议之事件。

九、可决及否决之数各若干。

十、本局认为必要之事件。

第一百十七条　议事录每次编成后，议长阅定，交书记宣读，公认无讹，由议长或整理本日会议之副议长及书记长或其代理者署名保存于办事处。

第一百十八条　议员对议事录所载事实如有异议，议长当使书记答辩议员，不服其答辩，议长可不用讨论，取决于众议员。

第一百十九条　速记录记载议事一切言论，但有按照谘议局章程第四十三条，认为违章之发议，不必记载。

第一百二十条　演说议员于速记录誊印分配后之翌日，得请更正字句，但不得更改演说之旨趣。

第八章　质　问

第一百二十一条　关于谘议局章程第二十六条，事件对总督行质问时，须由谘议局作质问书，呈请总督批答。

第一百二十二条　议员对于总督之批答如有疑议，得再由谘议局作质问书，呈请说明理由。

第一百二十三条　因总督批答之结果或不得批答时，议员欲就质问事件提议者，有三十人以上之赞成，即可作为议题。

第九章　陈请建议

第一百二十四条　陈请建议者须具书署名、盖印并注明籍贯、职业、官阶及年岁，若不能自署名讬他人代署者，代署人当附记缘由，署名盖印，违者概不受理。

第一百二十五条　法人之陈请建议，代表者署名，盖法人印章。

第一百二十六条　陈请建议须有议员为介绍，介绍之议员当于书面署名盖印。

第一百二十七条　议员对于陈请建议事件，请谘议局急行审查之时，议长可不用讨论，取决于众议员，限时日付之陈请建议委员。

第一百二十八条　陈请建议有数人同具一书者，当将姓名连署之，由首列者盖章。

第一百二十九条　谘议局应摘具陈请建议事由，及其人姓名、籍贯、职业，并介绍议员姓名，列为书表。陈请建议书表应依次印刷分配于各议员。

第一百三十条　陈请建议委员于审查之结果，从左之区别报告谘议局：

一、应付会议者。

二、无须付会议者。

第一百三十一条　陈请建议委员于应付会议之事件，当作特别报告书，附以意书。

第一百三十二条　陈请建议委员认为无须付会议之事件，报告后一星期内，议员无要求付之会议者，即作废弃。

第一百三十三条　陈请建议书虽付之会议，亦不朗读，但议员有要求朗读者，不在此限。陈请建议事件之已经否决者，不得于本会期中再行提出。

第十章　请假辞职

第一节　请　假

第一百三十四条　议员如有事故，数日不能出席者，须具请假书说明事由，请议长许可。

第一百三十五条　有因公务及疾病，或不得已之事故，一时不能出席者，应开具请假书理由，呈出缺席届书。

第一百三十六条　请假不得过七日，但有疾病及不得已之事故，不在此限。

第一百三十七条　假期已满，仍有事故不能出席者，当再具请假书说明理由，预定日数，请议长许可。

第一百三十八条　若不行前数条之手续，认为无故不到会者，应限日停止其到会。

第一百三十九条　已得请假许可之议员，假期内如复出席时，即失请假许可之效。

第二节　辞　职

第一百四十条　关于议员辞职事，按照谘议局章程第十九条及第二十条办理。

第一百四十一条　议员辞职须具辞职书送达谘议局，如有认为不敬无礼之语，议长得将其辞职书交惩罚委员审查之。

第十一章　惩　罚

第一百四十二条　在会议中有惩罚事犯之时，议长得中止会议或使犯者退出议场。

第一百四十三条　在委员会有惩罚事犯之时，委员长须请于议长处分之。

第一百四十四条　有惩罚事犯时，议长须付惩罚委员审查之。惩罚委员对于惩罚之事件，应开秘密会议。

第一百四十五条　惩罚委员不认为惩罚事犯时，得将其秩见提出于议长，交由众议员决定应再付审查与否。

第一百四十六条　议员有不服议长之制止或取消之命令者，议长得作为惩罚事件，付惩罚委员审查之。

第一百四十七条　凡违抗谘议局之命令，或侮辱议长，及按照章程第四十三条被停议至三次者，得停止其到会。

第一百四十八条　停止到会不得过十日。

第一百四十九条　被停止到会者如系委员，即作为已经解职。

第一百五十条　被停止到会者在停止期内如入议场，议长立命其退出；如不从命，当行必要处分，再付之惩罚委员。

第一百五十一条　谘议局既议决惩罚，议长公开会议宣告之，但议长认为应行慎密者，得不用宣告。

第十二章　警察及议场秩序

第一节　警　察

第一百五十二条　议长指挥守卫及警察官吏施行谘议局内部警察权。警察官吏由总督派出，受议长之指挥。

第一百五十三条　守卫司议场内之警察职务，警察官吏司议场外之警察职务。

第一百五十四条　谘议局内防危害、谋清洁等事，守卫监理之。

第一百五十五条　在谘议局内部如有重罪轻罪之现行犯者，守卫及警察官吏得逮捕之，以请议长之命令。但在议场时，不待议长之命令，不得逮捕。

第二节　议场之秩序

第一百五十六条　议员入议场时不得著一切略服或作奇异服装。

第一百五十七条　议员在议场时，须依编定席次入坐，不得掺乱。

第一百五十八条　开议及休息时均由议长振铃，但休息时间不得过十五分钟。

第一百五十九条　会议时有迟到早退者，须先向议长申明事由，不得任意出入。

第一百六十条　会议时不得吸烟、饮食。

第一百六十一条　会议时除参考书外，不得阅读新闻纸及他项书籍。

第一百六十二条　会议时不得闲谈、喧噪，妨害他人之静听。

第一百六十三条　讨论问答皆当向议长席次，发言不得互相应对。

第一百六十四条　一人发言，他人不得嗤笑及私发可否之声。

第一百六十五条　凡互相辨论时，不得涉及个人本身。

第一百六十六条　休息时不得聚集议坛。

第一百六十七条　散会时，议长退席后再依次退席。

第十三章　停会闭会

第一百六十八条　依谘议局章程第四十七条之规定，谘议局至于停会时再开会之际，得仍继续前会之议事。

第一百六十九条　谘议局已届闭会，所有议案及陈请建议之未决议者，次会不复继续之，但因总督之指示或经本会之同意，得于谘议局闭会之后，使常驻议员继续其审查。

第十四章　谘议局与资政院、总督、自治会之关系

第一百七十条　资政院、总督谘询之事件，又自治会争议之事件，得不付会议而于全局委员会讨论之。

第一百七十一条　谘询事件之答复，由书记依全局委员会讨论之结果，具申覆书交议长，由议长再付委员会朗读之。判断自治会争议之断决书亦同。前项之朗读毕，由书记发送之。

第一百七十二条　与他省争论之事件，如为被动时，须将所受取他省之函牍印刷配付于议员，付之会议。总督所提出之议案亦如之。

第一百七十三条　关于紧要之议案，议长得嘱书记长直接送达于总督。

第一百七十四条　送呈议案或他种文件于总督时，当请督院发给收到书，保存于办事处。

第一百七十五条　谘议局议决之事件，无论总督允准公布施行与否，当发交官报分别公布登载之。

第一百七十六条　谘议局章程第三十条，经资政院议定后照行之事项，依前

条之规定公布之。

第十五章 附 则

第一百七十七条 本规则以谘议局成立后为施行之期。

第一百七十八条 本规则未尽事宜，应由谘议局随时修改增订之。

《大公报》第二千六百五十五号，宣统元年十月廿七日（1909 年 12 月 9 日），第 6 页；《大公报》第二千六百五十六号，宣统元年十月廿八日（1909 年 12 月 10 日），第 6—7 页；《大公报》第二千六百五十七号，宣统元年十月廿九日（1909 年 12 月 11 日），第 7 页；《大公报》第二千六百五十八号，宣统元年十月三十日（1909 年 12 月 12 日），第 6—7 页；《大公报》第二千六百五十九号，宣统元年十一月初一日（1909 年 12 月 13 日），第 5—6 页；《大公报》第二千六百六十号，宣统元年十一月初二日（1909 年 12 月 14 日），第 6 页；《大公报》第二千六百六十一号，宣统元年十一月初三日（1909 年 12 月 15 日），第 5—6 页；《大公报》第二千六百六十三号，宣统元年十一月初五日（1909 年 12 月 17 日），第 6—7 页；《大公报》第二千六百六十四号，宣统元年十一月初六日（1909 年 12 月 18 日），第 6 页；《大公报》第二千六百六十五号，宣统元年十一月初七日（1909 年 12 月 19 日），第 6 页；《大公报》第二千六百六十六号，宣统元年十一月初八日（1909 年 12 月 20 日），第 5 页；《大公报》第二千六百六十七号，宣统元年十一月初九日（1909 年 12 月 21 日），第 6 页

顺直谘议局旁听规则

第一条 本规则遵照谘议局章程第四十五条议定，呈请总督批准并公布之。

第二条 本局会议凡公开时，特设旁听席如左：

一、外国交际官旁听席。

二、官长旁听席。

三、公众旁听席。

四、新闻记者旁听席。

第三条　本局特制旁听券分给旁听人为入场之执据，但其额数以满旁听席之席数为限。

第四条　外国交际官有请旁听者，依总督之知会议长，得限其员数，将旁听券呈由督院转致。

第五条　官长有请旁听者，依其所属官厅或局所之知会，议长得限其员数，将旁听券送交该官厅局所。

第六条　公众有请旁听者，须于开议前由本局议员介绍于议长，议长得酌量旁听席数给与旁听券。

第七条　新闻社有请旁听者，各给与旁听券一枚。

第八条　旁听人到会场时，由书记验券指入旁听席，无券者不准入场。

第九条　旁听人入场，不得携带仆役及危险器物。

第十条　在旁听席者须遵守左列各项，违者议长得令其退出：

一、衣履务须整洁。

二、不得闲谈喧笑。

三、不得饮食吸烟。

四、不得于会议时任意游行。

五、对于议员之言论不得表示可否。

六、无论何时不得阑入议席。

第十一条　凡旁听人于议会中概不许与议员周旋。

第十二条　议场禁止妇孺旁听。

第十三条　凡会议时有照章应禁旁听者，议长得令旁听人退出。

《大公报》第二千六百六十八号，宣统元年十一月初十日（1909 年 12 月 22 日），第 6 页

各省会议厅规则

第一条　各省督抚应于署内设立会议厅，会议全省之行政事务。

第二条　会议厅以本省督抚为议长，其下分设两科：

一、参事科；一、审查科。

第三条　参事科以左列各项人员承充：

一、司道及府厅州县官；一、各局所总办；一、督抚奏设之幕职。

以上各员均由督抚遴派。

第四条　审查科以左列各项人员承充：

一、司道及府厅州县官；一、通晓法律人员或现任司法官。以上两项人员均由督抚遴充。

一、本省士绅。本项人员，由谘议局按照督抚所定员数，加倍公推，呈请督抚覆选派充。如该局所公推者系谘议局议员，应开去议员之职。

第五条　两科人员，由各督抚酌量该省事务之繁简，规定额数。惟审查科人员应于本章第四条所载三项资格中，按照总额，各选三分之一充任之。

第六条　两科人员除司道外，不得兼充。

第七条　两科人员每届三年遴选一次，选定后由督抚开列各员衔名，咨送宪政编查馆暨资政院存案。

第八条　两科人员至少须过半数住在省城。

第九条　参事科应办事件如左：

一、凡特旨交议事件及各部咨商事件，遇督抚谘询时，由本科条议。

一、本省行政事件，照章不经谘议局议决者，由本科议决。

一、本省单行章程提交谘议局以前，先由本科核订。

第十条　审查科应办事件如左：

一、本省谘议局议决议案，呈请督抚核夺施行者，应交本科审查。

一、行政审判厅未设以前，所有行政审判事件，暂归本科处理，仍俟此项法规规定后，再行开办。

一、关于本省单行章程规则及督抚衙门训令等项，经本科审查，如有与国家现行法令（牴）牾之处，得呈请督抚核办。

第十一条　各省原设之宪政筹备处，专办筹备事宜。其关于第九条所列各项，悉划归参事科办理。

第十二条　谘议局议决案件，经审查科审定应行公布或更正施行者，呈请督抚照章办理。其尚待详议者，呈请交局复议，如该局所不应议决者，即具理由书，呈请行局，声明不交复议。

凡经该科审查之毋庸交议事件，如谘议局尚有待申之义，得由该科推选一二员到局，以资质问。

第十三条　会议日期由督抚指定，分别召集两科人员，届期到厅会议。

会议时，须有在省会员三分之二到会，始得开议。

第十四条　每开会时，应行会议事件及其次序，由督抚宣布分交两科人员办理。

第十五条　两科会议，以到会员过半数之同意为议决，呈候督抚核夺施行。

第十六条　两科人员中，如有对于本科会议事件与本身利害有关系者，应即回避，不得与议。

第十七条　所有每次应行会议事件，除督抚认为应行秘密外，得公布之。

第十八条　两科人员均为名誉职，不支薪水。惟通晓法律及本省士绅两项人员，得由督抚酌定公费。

第十九条　所有会议细则以及常年会期之长短，由督抚各就本省情形，详细具拟，并将细则报明宪政编查馆暨资政院存案。

《大公报》第二千九百三十二号，宣统二年八月二十日（1910 年 9 月 23 日），“要件”，第二张，第 3 页

四、顺直谘议局开局纪事

（一）顺直谘议局开局纪事

致本会函

径覆者，顷由督署转到宪政编查馆复电云，歌电悉，地方自治职员，准其兼充谘议局议员，惟不得充该局议长、副议长及常驻议员。此复。等因。特此奉覆。顺询台祺。

直隶谘议局筹办处启

《大公报》第二千五百五十二号，宣统元年七月十三日（1909 年 8 月 28 日），第 6 页

解决谘议局章程要电汇录

直督致宪政编查馆电

宪政编查馆鉴，据谘议局筹办处禀称，《选举章程》第五十七条规定，初选当选人不足额时，就得票较多者，照应出当选人额数加倍开列姓名，再行投票。至复选举当选人不足额时，如何办理，则无明文，是否按照五十七条办理？抑按初当选选人自由投票，又议员出缺，照章以复选候补当选人列前者递补。若复选当选人仅足额而无候补当选人时，应否再行投票选出候补当选人，以备补缺之用？再复选当选人名次是否统全省编列，抑就各复选区编列？以上数端，亟须解决，乞示复饬遵。桐养

宪政编查馆覆直督电

天津制台鉴，养电悉，复选当选人如不足额，所有再选办法，均照选章第五十七条办理。又复选时得预选候补当选人，业于本年三月十七日电复苏抚，照办在案。至复选当选人名次，应就各复选区编列。此覆。宪政编查馆勘。

《大公报》第二千五百六十五号，宣统元年七月廿六日（1909年9月10日），第6页

直隶谘议局临时会期

督宪札发召集谘议局临时会常年会告示云：为照章召集，先期谕告事。案查宪政编查馆会奏《各省谘议局章程》，内开谘议局会议期分常年会及临时会二种，均由督抚召集。常年会每年一次，自九月初一日起至十月十一日止；临时会于常年会期以外，遇有紧要事件，经督抚之命令，均得召集各等因。本年九月初一日为谘议局开办之期，所有议长、副议长及常驻议员互选细则暨议事规则、旁观规则，并办事处办事细则，照章系由谘议局议定，其书记长、书记系由议长选请督抚委派，均应先期准备，庶届正式开会，乃有轨辙可循。查本省谘议局议员等业经举定，本部堂应照章召集议员，自九月初一日起齐集天津谘议局议场，举行开会礼式，其先期准备各事，均关紧要。本部堂并定于八月十六日召集谘议局临时会，应令各议员届时齐集议场，照《谘议局章程》第十条第三项，投票选举假定议长一人、副议长二人，暂行提前按章准备，以俟九月会期举行正式互举。除咨呈宪政编查馆查照，并饬筹办处预备议场外，所有九月初一日召集谘议局常年会，并先期于八月十六日召集临时会各事宜，仰谘议局议员暨全省士民人等一体遵照。特谕。

《大公报》第二千五百六十七号，宣统元年七月廿八日（1909 年 9 月 12 日），“本埠”，第 6 页

直隶谘议局开局预备会纪事

昨日开谘议局预备会，原定于午后一时开会，因静候午帅驾临，迟至二时三十分始（遥临）〔摇铃〕入座，幸本日事甚简单，故散会亦甚早。兹将开会顺序照录如下：议员入座第一次铃，来宾入座第二次铃，大帅入座第三次铃，议员起立行谒见礼两揖，谘议局筹办处总办述开会辞，大帅演说，议员互选假定议长副议长，假定议长代表谘议局全体答辞，茶话，闭会。本日到会议员共计一百三十七名，先由筹办处总办金太史略陈开会大旨，次则午帅演说如左：

今日开会大旨，已由筹办处总办详述，盖一切从前规画，按章准备办法，皆为九月初一开会正式会，实行谘议局章程地步。故今之开会，为上下交通，人民与闻政事之大关键。在会诸事，凡所应负之责在即从此始，即应尽之义务，亦从此起，此地方之福，士民之幸，千载一时之盛举也。今之世界无无宪法之国，宪法通义，大率行政之权在官吏，言论之权在庶民。论者动谓吾辈政治隔阂，由于庶民不能上书言事，人民无言论权所致。要之，吾国通弊不在人人无言论权，而在人人无责任心。惟无责任心，故无政治思想，家族以外视同秦越，地方公益淡漠相遭，甚至纳税当兵视为国家制度，不知为人民义务，以致数年来有官治无自治，而官吏得人，则坐享其成，不幸而不得人，则亦不知所谓辅助。诗之言曰：邦人诸友莫肯念乱，盖深为无责任之国民，慨乎，其言之也。故本部堂对于今日之会，首以发起人民责任心为主。人人有责任心，则对于政治之得失，乃视为一身一家之得失，且一切言论乃能根据事实，具有代表众意资格。直省地大民众，民智未尽开，地利未尽辟，地方要政，如实业、如教育、如财政，均宜切实研究，力求进步，窃愿诸君于言论范围内事皆引为责任范围内事，有责任乃有热心，有热心乃有事功，如此则言论机关乃为有效。至于谘议局一切规则以及办事细则，均为今日会内应议之事，尤宜筹画尽善，详细讨论。盖慎于谋始，乃可善于为继，此则本部堂愿与在会诸君共勖者矣。

午帅演说既毕，遂选举假定议长一人、副议长二人。议长当选者为阎君凤阁（六十七票），副议长当选者为齐君树楷（四十七票）及李君榘（四十五票）。当第一次选举时，金总办报告以前宪政编查馆曾通电各省，凡议长当选，须得到会议员过半之票数，今阎君尚缺一票，是否可通融办理，作为当选，当由全体议员公认，即以阎君为议长。及选举副议长时缺票虽多，亦即援阎君之例，不再改选。此当日选举情形之大略也。选举既毕，即由假定议长述答午帅之辞，亦照录如下。

谘议局未开正式会，今日蒙大帅召集为先期预备会，开此会宗旨皆大帅维持谘议局之深意。因我国立宪以谘议局为始基，事属创举，一切规则议案既无成法可循，一省议会又与各立宪国地方议会体制不同。大帅虑遽开正式会法规未备，又迫于期限，议员不克完其应尽之职务也，故先召集此会，使预为筹备。既开会，即须维持秩序，故照章票选假议长、副议长。本议员经同人票选，承乏一时，虽自顾材能薄弱，仰体大帅提倡之意，于暂时义务，未敢过溺。况直隶此会，实有深幸者。我国议定立宪，实自大帅奉旨出洋考查宪政始，将来中国为法治国，大帅即为创定宪法之伟人，今幸谘议局将成之际，大帅来督斯邦，故一切提撕而保持者，必较他省为尤力。今又蒙临会谕示，晓以义务，勉以共存责任心，所属望于议员者甚厚，而其所规戒者尤切中人情之要。本议员职虽假定，承此提示，亦愿偕诸议员竭十数日之力，详慎规定，俾固始基，期无负朝廷与闻政事之意，用副大帅提倡宪政、爱我士民、维持此局之热诚。

议长述答辞毕遂摇铃散会。

（昨日，本纪事第一行将摇铃二字误作遥临，合亟更正）

《大公报》第二千五百八十五号，宣统元年八月十七日（1909 年 9 月 30 日），第 6 页；《大公报》第二千五百八十六号，宣统元年八月十八日（1909 年 10 月 1 日），第 6 页

顺直谘议局开局成立会纪事

昨日为顺直谘议局成立之期，仍假河北李公祠行开局礼，并选举议长、副议长。兹将开会次序照录如左：

议员入座第一次铃，来宾入座第二次铃，大帅入座第三次铃，报告开会，宣读上谕，全场肃起，恭听大帅演说，谘议局筹办处总办报告筹办大概情形，议员互选议长、副议长，议长代表谘议局全体答辞，议长报告常驻议员互选规则，摄影，茶话，闭会。

本日议长当选者为阎君凤阁，副议长当选者为王振垚及谷芝瑞二君，但因选举手续牵延，故散会甚迟，所有一切情形不及备录，明日再行补登。

本日午帅到会演说，其辞如下：今日谘议局正式开会，朝廷诰诫于上，以期上下一心，共臻上理；人民欢欣于下，共得指陈利弊，通情达隐，甚盛典也。查谘议局会章，凡召集开会，应先期由议长将会议事件预行通知各员，以为议事之准备。惟此为召集开会之第一次，特于今日将本部堂所备议案，另行札饬会议，其遵照定章，由谘议局自行草具议案，亦得照章提议。自今以后，凡属谘议局应议条件，均当赓续研究，互相讨论。诸君当尽立言责任，本部堂当尽裁夺施行责任，此官绅相资为治一大机关也。惟吾国议会为数千年来创举，即各国法学大家对于议会，亦必以人民有政治知识，普通教育普及为断。吾国自去年六月二十四日以来，由预备而调查，由调查而选举，由选举而开会，无纷扰，无违抗，竟能全国一致，诚不可谓非宪政前途幸。惟本部堂默察大势，垂念方来，窃有为诸君言者两端：一、地方与国家不可分视也。自讲国家，学者以国家为有机体，凡国家之发达，必以省府县之发达为衡，于是注重地方自治之说起，自治不能无经费，而地方税与国家税乃必细为分析，其实地方自治对国家行政言之，其本体仍系国家行政，地方与国家实为一混合物。谘议局为地方议会体，代表一省舆论，所以图省治之改良，人民初练习政治，为措理地方起见，即易偏于地方一面。明年为调查地方税期，调查之后，凡国家行政费之扩充，海陆军费之增加，属于国家税者，人民有加重负担之责，政府有编入预算之权，议会为承上启下枢纽，假使其时第知有地方，不知有国家，是直与人民第知有身家，不知有地方同一比例，穷其流弊，是析二十一行省为二十一国也。此宜留意者一也。

一、宜守秩序谨权限也。此次谘议局章程，凡为法理所规定者，一方面有畀与权，又一方面有限制权。如参与立法，定章所与也，然单行规则非全国法权也，议决本省权利存废，定章所与也。然法律所定，与奉旨允准者，皆不准议也。其界限至严，其分别至微，稍一不慎，侵轶范围，横恣溃决言论之权，因而暂止。尚有复行召集之期，行政动机因而阻滞，必有一发难收之患。伏读八月三十日上谕，兹届九月初一日各省招集议员开议之期，用特重申诰诫，务各恪遵前奉懿旨，勿挟私心以妨公益，勿逞意气以紊成规，勿见事太易而议论稍涉嚣张，勿权限不明而定法致滋侵越。大哉！圣谟虑患深远，凡属人民自宜共体。惟吾国习惯，去法治国尚远，一切言论向无界说，颇闻各省预备议案有不知谘议局为地方议会，而涉及国家者，有法律上认定之岁出而轻议减消者。由此以推，不独国家统治之机关不能完全，即地方自治之能力亦由活动，世界危险之事，盖无过此者也。

近日，《泰晤士报》载日本伊藤之言，谓欧陆各报宜注意中国立宪。中国民间要求甚切，将有绝大扰乱，以内讧起外患。此诚忌我者之言，然究之各国宪法，有由强迫要求而得者，有多一次冲突遂多一次修正者。若吾国所处地位则舍平和进行、遵守规则，断无达目的之方法。此宜留意者一也。总之，时至今日，非上下一心不足以图存，非循序渐进不足以成事。本部堂受朝廷委任，为人民谋乐利，诸君受人民责任，为地方谋治安，要其会归，皆以兴盛吾国家而已，愿我在会诸君和衷共济，体念时艰，同虑忠爱，毋分畛域，毋背规程，毋放弃义务，此四十日中郡国利病悉心讨议，本部堂当虚心以听，采择施行。其有逾越权限，违背法律者，本部堂亦当懔遵八月三十日上谕，遵章实行监督。异日者上下议院如期成立，国力日进，人民程度日高，诸君其勿忘今日。

午帅演说既毕，遂由筹办处总办报告如左：

今日顺直谘议局成立开正式会，筹办处之职务得以告竣。此一年中所有一切筹办情形，择要掇举数端，为在会诸君报告之。

查《谘议局章程》，我直省实于光绪三十三年十月设筹办处，公议草案，正待核定施行，适奉光绪三十四年六月二十四日之明谕，颁发宪政编查馆奏定《谘议局及议员选举章程》，并由宪政编查馆通咨各省设谘议局筹办处，限一年内筹办成立。本处遂于去年八月遵章开办。此次筹办选举事宜，其得力处约有两端：

（一）派司选员分赴各属襄理一切；

（一）详定期限清单，按期督饬各属依限办理。

查《谘议局章程》，理绪繁密，索解不易。办理选举，又无成案可循，各属每艰于措手，得司选诸君襄助一切，随时匡救，始无违章逾限之虞。此次选举告成，司选诸君厥功为伟，至期限清单，将一年内应行筹办各事宜，分别配匀，划为数期，随时考察，各府州县乃不得因循延宕，致滋贻误。

自去冬督饬各初选举区办理调查资格一事，各属情形尚称安谧。惟开鲁、林西二县以地本沙漠，县治初设，烟户零星，无从举办，经赤峰州详报前来，本处业已详院存案。其调查最困难者，莫如大、宛两县所管京师内外城暨京营地面，该处系巡警总厅及步军统领衙门所辖，大、宛不能自行派员调查，故延至本年二月，巡警总厅及步军统领衙门派员会同大、宛两县调查员，始得著手。各属办理选举应需经费银两，本处恐各地方官筹措为艰，爰拟定数，每初选区发银三百两，复选区发银三十两，统计共需银五万两。详请前督宪杨指拨的款，并乞奏明作正开销。当蒙批准饬由运库领银五万两以资转发，嗣因度支部不准作正开销，蒙督宪札据藩司详覆，应由各地方官自行筹还。已由本处详请督宪通饬各属径解运库归垫以清款目。谘议局工程现在尚未完工，业与包工人定于明年七月初五日落成，除购买地基用银一万二千两外，此项工程原估银十二万两，嗣因遵照部饬将议场改为圆式，又加银三千两，共十二万三千两。现在本处已遵章裁撤，所有谘议局工程应派员接管，已详请督宪批示矣。

筹办处报告之后，遂选举正副议长。当日被选诸人，已纪前报，兹将议长代表全体答辞照录如左：

今日为顺直谘议局开正式会之第一日，亦即我全国谘议局共成之第一日。自八月十六日蒙大帅招集为预备会，指示一切内部规则，均经会场审订，略有规模。今开正式会，又蒙开诚布公，重加训勉，戒上下壅阏之敝习，示官民相辅之良规，举立宪国美备型模，统括于数言之内。诸议员益晓然于伟人措置有始有终，宪政之成胥，大帅一手扶植矣。大帅维持此局，实欲谋地方公益也，议员等被选举来与斯会，亦欲谋地方公益，宗旨既合，将来诸议员仰提倡之意，详为筹议，用达下情。大帅亦必能体众志为宏施，造福生民，上副朝廷庶政，公诸舆论之旨，是我省之兴利除弊，我国之转弱为强，皆将于此会基之矣。本议员材学空疏，过蒙推选，际此盛会，聆大帅之訏谟，敢代表同人，共以宪法之成为祝。

答辞宣读既毕，遂摇铃散会。

《大公报》第二千六百号，宣统元年九月初二日（1909 年 10 月 15 日），第 6 页；《大公报》第二千六百一号，宣统元年九月初三日（1909 年 10 月 16 日），第 7 页；《大公报》第二千六百二号，宣统元年九月初四日（1909 年 10 月 17 日），第 7 页；《大公报》第二千六百三号，宣统元年九月初五日（1909 年 10 月 18 日），第 5—6 页；《大公报》第二千六百四号，宣统元年九月初六日（1909 年 10 月 19 日），“本埠”，第 6 页；《大公报》第二千六百五号，宣统元年九月初七日（1909 年 10 月 20 日），第 6 页；《大公报》第二千六百七号，宣统元年九月初九日（1909 年 10 月 22 日），第 6 页

议长津贴

直隶谘议局各员津贴，督宪端制军昨已拟定。议长月薪一百五十两，副议长一百二十两，常驻议员七十两。至书记长及各议员之旅费尚未核定，不得而知。

《大公报》第二千六百二号，宣统元年九月初四日（1909 年 10 月 17 日），“本埠”，第 6 页

直隶谘议局议案预备会会期议定

昨闻直隶各绅耆假坐河北三条石直隶地方自治研究总所内，开直隶谘议局议案预备会议。定每星期日及星期三日为会期，调查本省应兴应革、属于谘议局应办事件，按期研究，以供采择提议。

《大公报》第二千六百二号，宣统元年九月初四日（1909 年 10 月 17 日），“本埠”，第 6 页

休会原因

直隶谘议局原定章程，九月初一至十月十一，四十日内，本系例会之期，兹因初二日各议员欲在河北吴楚公所办事处讨论选举委员会事宜，暂行休会一天。

《大公报》第二千六百二号，宣统元年九月初四日（1909 年 10 月 17 日），“本埠”，第 6 页

筹议会章

闻昨初三日，谘议局各议员议及委员会之章程、权限及与各衙署局所往来文件之体裁。按诸宪政编查馆定章，谘议局对司道以下之衙署所用呈文，多有与天津县议事会现行者不合，拟于日内即电商各省谘议局，裁定取决。

《大公报》第二千六百四号，宣统元年九月初六日（1909 年 10 月 19 日），“本埠”，第 6 页

关防仍旧

直隶谘议局正式、通常二会，业已先后开办，惟该局关防尚未蒙督宪刊颁，现在所有来往文件，仍暂用谘议局筹办处关防，以昭信守。

《大公报》第二千六百五号，宣统元年九月初七日（1909 年 10 月 20 日），“本埠”，第 5 页

因雨不到

谘议局原定章程，例会仅四十日。此四十日中，尚有礼拜、休会数日，兼之事属创举，局中一切办事规制，尚须筹议，是以总督交下之议案及谘询士民之请愿、提议各节，未免事繁时简，虽有续延十日之定章，各议员宜如何奋勉，孜孜讲求以补，惟日之不足，乃昨初五日天气微雨，道途稍有泥泞，其中竟有数人不到，按诸定章，未稔合否。

《大公报》第二千六百五号，宣统元年九月初七日（1909 年 10 月 20 日），“本埠”，第 5 页

会员选定

直隶谘议局刻正组织委员会一节，已纪前报。兹悉，法政委员会应选者为刘殿撰春霖、李太守渠、胡君家祺、孙君洪伊、于君邦华、王君法勤、籍君忠寅等九人，全局委员则为齐君树楷云。

《大公报》第二千六百八号，宣统元年九月初十日（1909 年 10 月 23 日），“本埠”，第 5 页

旅费核定

谘议局议长月薪一百五十金，副议长一百二十金，常驻议员七十金各节，早纪本报。兹悉，各议员旅费拟按每百里三两计算，寻常议员旅居费每日二两肆钱，书记长每月五十两，书记二十两，清书十二两，并闻财政委员近日办理预算，估计每届例会、一次临时会，二次约需经费银十万两有奇。

《大公报》第二千六百十一号，宣统元年九月十三日（1909 年 10 月 26 日），"本埠"，第 6 页

谘议局议事纪事

直隶谘议局自九月初一日开正式会以来，未及旬日，已将八月十六日经督宪召集临事会后半月中所拟全局办事章程三百数十条，每日逐条研究，议决通过。闻自昨日起，即行开议督宪交下之议案及谘询各事件。

《大公报》第二千六百十一号，宣统元年九月十三日（1909 年 10 月 26 日），"本埠"，第 6 页

拟展会期

昨闻谘议局各议员议及此次开幕创始，研究局内办事章程，需时方长。原定章程，四十日例会及续延十日，为期甚短，于谋画进行，难期完备。拟即联合各省谘议局，公电宪政编查馆，宽假限期，俾得办事从容，克收实效。

《大公报》第二千六百十二号，宣统元年九月十四日（1909 年 10 月 27 日），“本埠”，第 6 页

议员辞薪

谘议局议员胡家祺、李士铭二君，以世居天津，情愿不支旅费。当经各议员议，拟陈请议长阎君凤阁，即将此款捐助直隶宪政研究会云。

《大公报》第二千六百十二号，宣统元年九月十四日（1909 年 10 月 27 日），“本埠”，第 6 页

谘议局纪事·公事文件体制

直隶谘议局因宪政编查馆定章，谘议局对于司道以下之衙署局所往来公事文件，均用呈文，与天津县议事会现行者不合，曾致电各省争议画一一节，已纪本报。兹悉，日前接得山西、奉天、安徽等省谘议局来电，均谓司道以下各衙署局所，宜用照会，至决议与否，尚不得知。

《大公报》第二千六百十三号，宣统元年九月十五日（1909 年 10 月 28 日），“本埠”，第 5 页

顺直谘议局议员助费

谘议局议员、盐商李子香君日前特捐助谘议局议案预备会经费洋三十元，数虽不多，然亦可谓热心公益矣。

《大公报》第二千六百十三号，宣统元年九月十五日（1909 年 10 月 28 日），“本埠”，第 5 页

开会详情

直隶谘议局各议员对于本省民贫财匮，异常注意。佥以国计民生关系非浅，故昨特委议员孙君洪伊约请本埠各行商董，假河北自治总所筹议调查一切捐税苛复及关卡留难之情形，以便呈请督宪大加整顿。是日，到者数十人均表同情，末复由孙君谈及印花税一事，关于国会之势力及组织海军之利害，旁伸曲引，详细剖解，听者肃然。时至五钟闭会各散。

《大公报》第二千六百二十九号，宣统元年十月初一日（1909 年 11 月 13 日），“本埠”，第 5 页

拟展会期

谘议局各议员近以该局开始成立，一切规模草创需时，兼之地方上兴革事件，诸多待议。原定例会四十日，为时未免太促，闻已决定于日内呈请督宪，按照宪政编查馆定章延长期限，以期有裨治理云。

《大公报》第二千六百三十二号，宣统元年十月初四日（1909 年 11 月 16 日），“本埠”，第 5—6 页

请减契税

顺直谘议局前议减免典当田房税契一案，各议员研究累日，佥谓此事有百害而无一利，徒扰小民，无益国家，刻已公决通过，实行请减矣。

望治孔殷

谘议局各议员近日多有接得父老来函，告愬官绅扰累之痛苦，并有陈请建议者。该局虽格于章程，碍难事准议，然小民望治于谘议局者，其情亦可谓甚殷矣。

《大公报》第二千六百四十三号，宣统元年十月十五日（1909 年 11 月 27 日），“本埠”，第 5—6 页

力争兼差

宪政编查馆原定章程内，有常驻议员不准兼差一条。顺直谘议局早经公决认可，乃昨日该局议场中，竟有三四议员力争常驻议员可以兼差之说，不知其意何居？

《大公报》第二千六百四十八号，宣统元年十月二十日（1909 年 12 月 2 日），“本埠”，第 5 页

照章闭会

顺直谘议局拟请再延会期一节，不克实行，定于今日由护督崔方伯率同阖属官员到局举行闭会礼。至常驻议员，则定于二十三日选举。因二十一、二两日乃孝钦显皇后及德宗景皇帝忌辰故也。

《大公报》第二千六百四十八号，宣统元年十月二十日（1909 年 12 月 2 日），“本埠”，第 5 页

议员怪相

谘议局某某两议员对于常驻议员一事，竭力运动，尽人皆知。兹闻昨复秘密聚议，务期达到目的。因之，一般稍顾大局者，无不鳃鳃恐惧，盖以其行为乖谬，势必有害全局进行也。

《大公报》第二千六百四十九号，宣统元年十月廿一日（1909 年 12 月 3 日），“本埠”，第 5 页

闭会详情

顺直谘议局于昨二十日照章举行闭会式，已纪本报。兹闻是日除护督崔方伯暨学臬两司、道府各宪及金邦平太史等与会外，并有南马路直隶自治研究所学员百余人到会参观。首由护督演说，略谓：今日为闭会之期，诸君平日颇受辛劳，局中一切秩序又极完好，欣喜何似。然尤有所盼望者，诸君回乡后务将贵局进行情形报告父老，俾众周知，使起信用之心，并望诸君随时考察地方利害，择其最关重要者，以备议案而资改良，勿忘此旨，地方幸甚，国家幸甚云云。次由金邦平太史演说，谓：鄙人今日得备来宾之列，荣幸奚似。奈毫无预备，愿尽一言。诸君既任议员，则在言论界为舆论之代表，甚望诸君回乡后，于言论之集会、结社、出版、看报各事，极力提倡。盖以诸君负一方之重望，提倡一切必易为力。更有请求于诸君者，现在地方自治。

《大公报》第二千六百五十一号，宣统元年十月廿三日（1909 年 12 月 5 日），“本埠”，第 4 页

谘议局纪事·谘议局所刊关防

谘议局所刊关防，闻系木质包锡，长约三寸、宽约二寸。文曰：顺直谘议局之关防八字，并闻该局经费预算每年十万余两，均由藩库支用，作正开销。

《大公报》第二千六百五十三号，宣统元年十月廿五日（1909 年 12 月 7 日），“本埠”，第 5 页

再议力争官纸案

顺直谘议局前曾呈请督宪俯顺舆情，速行裁撤北洋官纸印刷局一节，业经督宪陈制军札覆该局行知商务总会，所有官中通用品十一种，由官颁发格式，准予商家印售在案。兹悉谘议局接此札覆后，特开协议会公决此案，欠妥之处尚多，仍拟日内上书力争。至据何种理由，容访续登。

《大公报》第二千八百十四号，宣统二年四月二十日（1910年5月28日），第5页

议局壮观

顺直谘议局刻已全工告竣，拟日内迁入各节，已纪昨报。兹将该局议场作词探录如下：（一）总督座；（二）行官座；（三）正副议长座；（四）演说台速记座；（五）议员座；（六）报馆旁听座；（七）特别旁听座；（八）普通旁听座。此外一切铺陈非常华丽，全局电灯计共七百余盏，气炉一百五十余个。

《大公报》第二千九百二十七号，宣统二年八月十五日（1910年9月18日），“本埠”，第5页

谘议局选举会员

顺直谘议局自初一日行开会式后，初二、初三两日选举庶政部、财政部、法律部、陈请建议部、审查资格部、各委员会会员会长，尚未提议他事。

《大公报》第二千九百四十七号，宣统二年九月初六日（1910 年 10 月 8 日），“本埠”，第 4 页

电文汇录

昨闻顺直谘议局迭接各处关于预算案来电，兹特汇录于下：

资政院电谘议局，鉴悉咨询，度支部覆称已通电各省，将地方行政经费送交局议，并将预算全册送供参考。其厘定岁入，俟划分国家、地方税后，方可交出。

又，资政院电谘议局，本年试办明年预算，于各省报告岁入数目，有多少不符或有遗漏数目，望各述所知，查明电覆，一面详细申覆，以便参考。

又，福建来电，谘议局得院电，暂开议待岁入云。

《大公报》第二千九百七十四号，宣统二年十月初三日（1910 年 11 月 4 日），“本埠”，第 6 页

电请协争

顺直谘议局昨接广西谘议局来电，内云：部为桂省借款二百万两，办矿务局。以官办各矿均失败，且国会未开外债，万难认借，已电院取销，乞即协争等语。该局据此，已于议场研究协争方法，一面电覆广西谘议局，一面电请资政局取销。

《大公报》第二千九百七十四号，宣统二年十月初三日（1910 年 11 月 4 日），“本埠”，第 6 页

预算案已交

各省谘议局争议宣统三年预算案，风潮颇大。顷闻直督陈制军日昨已将全省预算案卷宗送交顺直谘议局，该局以兹事关系重大，特交财政部委员会及审查部、法律部三部审查，然后再行核议。

《大公报》第二千九百七十四号，宣统二年十月初三日（1910 年 11 月 4 日），“本埠”，第 6 页

争矿甚力

日来顺直官绅对于争议开平矿务一案，异常注意，昨闻谘议局开议此案，曾由议员贾君恩绂报告此案历史，并将所拟呈请资政院坚持原议收回开平矿产、速平公愤之书稿，于当场宣读，经众讨论裁决，日内即行缮递。

《大公报》第二千九百七十四号，宣统二年十月初三日（1910 年 11 月 4 日），“本埠”，第 6 页

借款不认

闻有谘议局某议员，因政府息借美款一事，为数太巨，值此国会未开之时，滥用侵蚀，在所不免。昨特建议拟一面电请资政院质问政府此款之佈用法，一面电请各省谘议局速电资政院力行监督。

《大公报》第二千九百七十八号，宣统二年十月初七日（1910 年 11 月 8 日），第 6 页

谘议局内乱

谘议局副议长某君因无故除名，心不甘休，特在督辕据情诉讼。业经札行该局核办，将来结局如何？尚难悬拟。

又，永平府议员某某四君同时辞职，闻该局现拟竭力挽留。

《大公报》第二千九百七十八号，宣统二年十月初七日（1910 年 11 月 8 日），第 6 页

再求国会

顺直谘议局接奉天谘议局来电一道，文曰：谘议局鉴，奉天危迫，牵动全局，非即开国会，万难救亡。敝局已电院约各省协争，乞一致。盼覆。

又，同日接四川来电，文曰：奉电约再争国会期限，赞否？祈复。蜀局。

《大公报》第二千九百八十六号，宣统二年十月十五日（1910 年 11 月 16 日），“本埠”，第 6 页

禁绝有效

顺直谘议局议决明年腊月底实行禁绝本省烟店吸户一案，本埠各土庄裕泰恒等号颇表同情。日前，特联合同业诸君研究辅助此案进行办法，已有规模，不日即上书商会，陈请谘议局及资政院，实行之期，想必不远。果而，则我国商界之道德，诚属可嘉矣。

《大公报》第二千九百八十六号，宣统二年十月十五日（1910 年 11 月 16 日），“本埠”，第 6 页

辞职被留

顺直谘议局永平府议员李津舟、胡学海、齐桂棻、范光国四君同时辞职一节，刻经该局议长议员等多方挽留，业已照旧任事矣。

《大公报》第二千九百八十六号，宣统二年十月十五日（1910 年 11 月 16 日），“本埠”，第 6 页

质问详情

顺直谘议局公决，照章请督宪到局，质问公债一事，已纪前报。兹悉日前督宪因在病假中，曾委运司张振芳都转代表到局。开会后，首由各议员质问督宪借债，奏章声明为省城商埠设立审判厅，并各路初级师范学堂及改良军镇，大致谓军镇既归陆军部，改良费自应该部承认，各路初级师范需款三十万，督宪业于正月出奏，指定以上二款，皆无僭公债，至审判厅为国家行政，该费人民岂能担任？运台答以此次公债，为占住藩库中饱三十万及运库三十五万、永平盐务余利十五万各款而办，盖恐部中提去。且审判厅需款一百七十万，无法筹措，不能不借用公债。议员问以此为占八十万之款，而担负审判厅经费一百七十万，孰利孰害，且原奏但指省城商埠而言，查此数处审判厅已经成立，常年经费不但数万，又有每年司法收入可以接济，亦无须另筹。运台答以此系大帅据臬台所报，本道尚不知其详。众议员请大帅饬臬台开一清单交查，运台认可。议员又问，抵补还债之藩库三十万中饱之款，由何年发生？曾否部中有案可据？且未经袁项城筹抵公款以前，此款作何开销？运台答以藩台凌方伯当知其详，亦请将此款历史开一清单交查。又问，据以上质问各节，此公债可以不必起募，当大帅出奏时，何以模糊若此？运台答以此大帅不过为占住此八十万款不为部提去，以备不时之需。议员谓，大帅此举殊错。值此国家税、地方税尚未划清之时，倘公债借后，此款若划归部中抵补无着，那时又当如何？且此款或归国家，或归地方自有，水落石出，当在不远，何用占为？就上所论，督宪含糊奏准，是为朦君，不交局议，是为欺民。立宪时代，岂宜如此？此项公债，万不能认。运台答以业经出奏，恐难挽回，如诸君此时承认，将来所有此款出项，当交局议，亦不致滥用也。各议员未加可否，惟请藩臬将单交来，再议。迨至闭会时，已钟鸣五下矣。

《大公报》第三千七号，宣统二年十一月初六日（1910年12月7日），“本埠”，第5—6页

议案通过

顺直谘议局调查巡警道劣迹四款，及本县胡大令被鲜货行经纪杨锦波禀控纳贿等案，经调查详备，会场通过，于昨呈请总督察核。将来督宪如何解决，尚不得知。

《大公报》第三千十三号，宣统二年十一月十二日（1910 年 12 月 13 日），第 6 页

谘议局经费

顺直谘议局常年经费，统共八万三百八十九两，计分议长及常驻议员公费三万七千五百七十六两，书记、夫役薪工五千二百六两，旅居费、旅行费一万七千六百十两，杂项用款一万一千五百八十五两，例会展限费三千一百二十六两，临时会薪金一百二十两，临时会旅费一万七十二两，临时会杂项三百两云。

《大公报》第三千十六号，宣统二年十一月十五日（1910 年 12 月 16 日），第 5 页

议案难决

顺直谘议局本届通常会议裁撤卫生局一案，闻督宪陈制军交会议厅官绅审察时曾谓，卫生局总办屈道永秋办理多年，最要都为海口验疫，数年来中外相安，倘一旦裁撤，恐生交涉，故该厅之官幕皆本此意，竭力争议。惟民选议绅则大不认可，咸谓倘将来屈道荣升或遭不韪，卫生局别委他人，岂中外便能失和乎？更谓警务公所既有卫生科，则扫除等事可归该科管理，至海口验疫事，无妨特立验疫局，归交涉局管辖，如此办理，事权既不乖谬，而每年又可省数万元金钱，以惜民力，理势明顺，莫此为甚。无如官界不论是非，坚持其议，故士绅一面虽获胜利，闻谘议局对于此案，根据非裁不可之理由坚持到底，至将来如何结局，尚难预料。

《大公报》第三千三十三号，宣统二年十月初三日（1911 年 1 月 3 日），"本埠"，第 6 页

议案公决

顺直谘议局日昨提议，卫生局分防各处，用法强制，有害地方，亟宜疏通以弭祸患案，又提议卫生局溺职殃民亟宜改良案。闻此案之提议及赞成者，多永平七属之人，盖因该处临近边墙，略有染疫者，一经卫生局之防治，多与习惯不合，故觉难堪耳。是日并有某议员于会场报告卫生局种种苛暴情形，并云山海关文茂栈死人，传闻有活埋之说，讨论良久，公决将该两案合并陈请督宪核夺。

《大公报》三千八十七号，宣统三年二月初六日（1911 年 3 月 6 日），“本埠”，第 6 页

公债实行

督宪陈制军拟借公债一案，业经谘议局通过照行，惟须绅商自由承认，不得稍有强迫，更不得将该票售诸外人。兹闻督宪已有由此公债款中拨给百万开办纺纱厂之消息，未知确否。

《大公报》三千八十七号，宣统三年二月初六日（1911 年 3 月 6 日），“本埠”，第 6 页

开会争矿

顺直绅民为开平矿案事，于昨初八日下午特假谘议局会场开会，筹商办法。是日，到者除谘议局全体议员及本埠绅商各界二百数十人外，尚有京保士绅数十人，开会后，公推谘议局议长阎君凤阁为临时议长，报告开会宗旨，并维持秩序。次由滦州官矿局协理、大学堂监督、督署会议厅议绅王君劭廉，将开平矿案始末情形，由庚子年张燕谋将该矿断送外人及被前督袁项城奏革，饬其赴英涉讼，并历任直督及本省京官士绅连年与英人力争挽救情形，报告约二钟之久。复由谘议局议长阎君凤阁报告，该局成立以来即以全力挽救此案，及大众宣布张燕谋回护前失、从中破坏此案之情形，又由滦州官矿顾问矿师、唐山洋灰公司经理李希明君及滦州官矿总局经理黄阶平君，详述开平矿务之获利富厚及国权土地之

关系，并受各绅关于该矿各事之质问，逐条解释答复。又由井陉煤矿总办、督辕幕府直绅李伯芝君提议宗旨办法，以便大家讨论研究。时至六点半散会，尚有多事未毕，公决初九日再延会一日。

《大公报》三千九十一号，宣统三年二月初十日（1911年3月10日），“本埠”，第6页

延会纪闻

顺直各绅民为力争开平矿案事，于昨初九日仍在谘议局延会一日，下午二钟开会，首由议长阎君凤阁登台，对众讨论，大致谓该矿业经督宪与本省京官士绅派人赴伦敦英外部磋商，该国已许我国备款赎回，在我国官绅已属煞费经营，不为不善，乃张燕谋为回护前过起见，竟尔密奏，破坏全局，致直省官绅数年经营化归乌有。故全省绅民对于张燕谋，感情非常之恶。惟最终研究办法，仍拟上书政府，转向英国交涉，并由绅民集款备赎，且此款已筹有把握。至案中详细情形，事已十年，极为冗杂，殊难详记，当经议场上公推滦矿协理、大学堂监督王君劭廉，井陉煤矿总办李君士伟，谘议局副议长王君振垚，谘议局议员贾君刘绥、苏君镜韩，资政院议员齐君树楷六人为起草员，又推谘议局正议长阎君瑞庭、副议长高君静清、督署会议厅议绅韩君缄古、资政院民选议员刘润琴、殿撰李舫渔、太守籍亮侪、孝廉保定商会总办孙君子文、滦矿顾问矿师唐山洋灰公司经理李君希明、长芦通纲商人李君幼香九人为评议员，又举定王劭廉、阎瑞庭、刘润琴、李舫渔、孙子文、赵幼梅、贾恩绂、李子久、李伯芝、王竹林、韩缄古诸君为上书代表，又公决以起草员全部、评议员全部、代表全部及谘议局长驻议员全部、督署全议厅士绅全部，共为筹议员筹议此案进行，各事口务所即假谘议局内，并闻该书共作三分，一呈都察院代表，一呈外务部，一呈直督。

《大公报》三千九十二号，宣统三年二月十一日（1911 年 3 月 11 日），“本埠”，第 6—7 页

禀揭无效

去年顺直谘议局禀揭巡警道舒观察种种违法事，业由督宪陈制军札委藩宪会同提法司查办在案，兹据藩、法两司查复详文中有云：本司等一再详查，并无违法确据，惟舒道任事极勇，而情伪或未尽知，用人稍偏，而公事尚无遗误，现在该道交卸回籍，应否毋庸置议等语。经督宪批以据详查明，巡警舒道违法各节，均无确据，自应毋庸置议，候札行谘议局查照，惟闻谘议局以藩、法两司所查办者，按照该局原呈各种违法事件，尚多遗漏，并有含糊错误之处，议拟日内再行呈请督宪查办云。

又一消息，该局此次再请查办者，系因各州县士绅近来纷纷函向该局质问之故，未审确否？

《大公报》三千一百十一号，宣统三年三月初一日（1911 年 3 月 30 日），“本埠”，第 5 页

核减预算

顺直谘议局核议本省预算，每年应行裁减二十余万两一案，业已呈经督宪陈制军核准照行。

《大公报》三千一百十二号，宣统三年三月初二日（1911 年 3 月 31 日），“本埠”，第 5 页

民困稍苏

顺直谘议局月前临时会，决议核减州县担负以苏民困一案，内容有司道委员查办各州县例差，计十一项，每年约八九十人。各州县于此八九十人之供应规费，为数颇巨，虽直接出自州县官，而间接实出自人民。现此案呈经督宪交会议厅审查，允将此项陋规一律删除，此后凡有奉差查办州县各事，皆由所委衙门酌给川资，不准州县供应分文，以免扰累。是此弊一去，非惟州县之福，实亦地方之福也。

《大公报》三千一百十二号，宣统三年三月初二日（1911 年 3 月 31 日），“本埠”，第 5 页

剔除旧弊

谘议局议决典卖田房税契，归由地方自治机关办理各节，已屡纪前报。兹悉，此事最扼要处所，有旧日房地经纪一律革除，嗣后凡典卖田房，除每百两纳税银九两，官契纸每张银四钱，再加谢中费，成三破二外，余无分文花销，且契纸上写银价者，投税以银，写龙元价者，投税以龙元，写钱价者，投税以钱，不准仿照旧日官吏折合取巧办法。说者谓此事为谘议局议案中之最有效力者，其言诚然。

《大公报》三千一百十二号，宣统三年三月初二日（1911 年 3 月 31 日），“本埠”，第 5 页

先事调查

顺直谘议局对于筹办纺纱厂一事，业经举定常驻议员张馨吾、苏镜韩、丰润县劝学总董赵江望诸君，先赴上海调查，约四月初十前后起身，并持有本省劝业道咨文，以便投谒江苏劝业道代为介绍。

《大公报》三千一百三十六号，宣统三年三月二十七日（1911 年 4 月 25 日），第 6 页

反对借债之通电

直隶谘议局以度、邮两部此次大借外债，损失权利甚巨，实为亡国之媒，谘议局有代表舆论之责，有监督财政之权，今部输入如此巨债，不令国民预闻，若不速筹对付方法，后患不堪设想。因特电致鄂局，征集意见，以便协力进行。兹将两局往来电文录下：

湖北谘议局鉴，千六百万磅外债，闻已签押，应如何补救，望覆。联合会在即，贵局主任通信望速电各局，预筹一切。直局叩。

鄂局覆电：直隶谘议局外债，属存亡问题，应在联合会筹对付法，各局覆电均准四月朔到京，望早布置。鄂

《大公报》三千一百四十一号，宣统三年四月初二日（1911 年 4 月 30 日），“本埠”，第 5 页

税则划清

本省国家税地方税，业经财政局划分，每年归入地方税者三百九十八万五千五百余两，所有各项厘金及烟酒等税，亦均划入地方税中。谘议局对于此事，曾索阅草稿，极多满意，已由财政局呈由督宪咨部查核。

《大公报》第三千一百四十三号，宣统三年四月初四日（1911年5月2日），“本埠”，第5—6页

直隶盐商之大蠹

长芦运使张镇芳都转升任湖北提法使，顺直谘议局以本省盐商拖欠洋债为数甚巨，恐后任办理稍欠妥善，贻累全省人民。且此事虽非国际交涉，而张都转维持办法尚称周致，华洋商人亦无异议。故特开协议会公决质问，督宪陈制军略谓：如督部院承任各盐商所欠洋债，与直隶省人民无涉，可听张都转升任而去，否则应请该都转将此事办理完结，不至贻害全省人民，及督宪奏准张都转将此事办理完结再赴新任，已屡纪昨报。兹调查关于此事之要素如下：

（借款之动力）运司信任盐商大借外债，几至牵动大局，其动力为该运司之干儿黄口口，即所谓黄四爷者，闻除所得盐商酬报外，格外讹索，为数尤巨。

（黄四之宠任）黄四于数年前本一无赖，自认张运司为义父后，言听计从，异常亲暱。

（黄四之气焰）黄四自去年买得一知府头衔，居然自号大人，凡有求于运司

者，无不仰其鼻息，窥其意旨。尝向人曰：若辈无黄四爷能一日活乎？盖即指借债言也。

（黄四之受礼）今春其母寿日，贺祝者虽行拜礼，黄不之顾，受各商之礼至万余金，其他蟒袍、翎管等事，不计其数。其最厚者为永七盐务某委员送海龙外褂一件，价值数千金。

（黄四之权力）北洋向无海军祠，闻此次之建设海军昭忠祠，黄之无形主动力居多，盖因其兄曾充海军炮兵，数年前因病身死，欲附祀也。闻海军部以值此国库支绌、海军需款之际，不欲糜款建祠，然部议无效，刻已开工矣。

（黄四之党羽）黄四之党羽，除永七盐务中人占大多数外，余者多在津得意之州县。

总之，以上各节，人言凿凿，颇不虚谬。然所幸本埠拖欠外债之少数盐商，虽略受亏累，经盐商全体维持，尚于大局无碍，惟黄四为长芦官绅之大蠹，可断言也。

《大公报》第三千一百四十五号，宣统三年四月初六日（1911 年 5 月 4 日），第二张，第 2 页

弹劾案重提

顺直谘议局二次弹劾前巡警道舒鸿贻一案，业经督宪札委布政、提法两司及巡警道秉公查复各节，已纪前报。惟闻各司道至今尚未入手查问，意在延宕。故谘议局日昨协议会，曾筹商对待此事办法，至详情如何，尚不得知。

《大公报》三千一百五十九号，宣统三年四月二十日（1911 年 5 月 18 日），“本埠”，第 5—6 页

底事不发

顺直谘议局对于组织纺纱厂一事，前曾举定常驻议员张馨吾诸君持藩宪公文分赴上海、湖北、河南各处，调查一切，并拟定上月初一日起行。嗣因此项公文虽经谘议局屡次函催，迄今藩宪尚未发出，故该局议长阎君凤阁昨特谒见督宪陈制军质问不发公事之理由，至督宪若何答覆，尚不得知。

《大公报》三千一百七十四号，宣统三年五月初六日（1911 年 6 月 2 号），“本埠”，第 5 页

注意交涉

顺直谘议局副议长王古愚、高静涛两君，对于电车连次轧人一事，颇为注意。日昨特谒巡警道宪探询交涉一切详情，以便筹拟对待方法。

《大公报》三千二百七十九号，宣统三年七月廿三日（1911 年 9 月 15 日），“本埠”，第 5 页

局电志闻

顺直谘议局昨接湖南谘议局来电，略谓联合会齐集在即，此次除陈请皇族不宜充内阁大臣问题外，应以共争四川乱事为前题云。

《大公报》三千二百九十四号，宣统三年八月初九日（1911 年 9 月 30 日），“本埠”，第 5 页

关心民食

顺直谘议局议长阎君凤阁以本年直省灾祲迭告，秋收甚薄，粮价之贵为向所未有，秋间如此，冬春可知。昨特面谒督宪，请即行文山西陆抚，暂驰该省粮禁，一面由该局函恳山西谘议局俯念顺直人民之穷蹙，从中极力主持，以惠邻封，此目的若果达到，造福吾民，诚非浅鲜。

《大公报》三千二百九十七号，宣统三年八月十二日（1911 年 10 月 3 日），“本埠”，第 5 页

电询乱耗

顺直谘议局因外间喧传湘粤两省亦有革党起事之风说，特于昨二十六日电致该两省谘议局问讯一切，虚实情形，至复电如何，俟闻再录。

《大公报》三千三百十二号，宣统三年八月廿七日（1911 年 10 月 18 日），“本埠”，第 5 页

直省设备

顺直谘议局正副议长阎凤阁、王振垚、高俊浵因鄂省乱事，昨特赴督辕晋谒，探询一切。是日正值督宪政躬欠适，未能接见，遂委交涉使王叔鲁司使到该局道歉，并报告本省兵事设备之策画，计大名府一带驻兵五营、广平府一带驻兵四营、万全县一带驻兵四营、津保一带即以本省之混成协防堵，并向关外调兵十营，以备分扎要隘。

《大公报》三千三百十二号，宣统三年八月廿七日（1911 年 10 月 18 日），“本埠”，第 5 页

预遏乱萌

顺直谘议局以本省退伍兵约有万人，除编入混成协外，余数不少。本省为近畿省分，值此荒乱之际，赋闲无事，最为可虑。拟全数征募成军，分布各要隘，以资扼守而免肇乱。昨已开会协议，讨论办法。

《大公报》三千三百十二号，宣统三年八月廿七日（1911 年 10 月 18 日），“本埠”，第 5 页

谘议局经费

近来本省各州县议、参事会，均已次第成立，其会员公费之多寡及会中经费之奢俭，情势不一，争端自多。兹特调查谘议局本年七月份经费报告，亟录如左，以备参证。

计公费银二千一百六十两（计正议长一，每月公费一百四十两；副议长二，每月每人公费一百一十两；常驻议员每人每月六十两），又薪金二百九十两（计文牍、书记、会计、庶务等员每月之薪金），又工食一百零四两（计夫役听差等之工食），又火食七十五两，购置什物三十九两零，纸笔邮电等消耗二百二十七两零，统计二千八百余两，所有通常会、临时会之议员旅居旅行等费，尚不在内。

《大公报》三千三百十三号，宣统三年八月廿八日（1911 年 10 月 19 日），“本埠”，第 5 页

是否从匪

顺直谘议局正副议长阎凤阁、王振垚、高俊浵诸君，日前因事谒见督宪陈制军，谈及湖北谘议局正议长汤君化龙事，据督宪云，报传汤君从匪，恐不甚确，果真从匪，亦被迫胁，非得已也。又云当武昌失陷时，该议长及议员等曾向党匪中力争保证大清银行及藩库等事，督宪此说想系得之传闻，确否尚不得知。

《大公报》三千三百十四号，宣统三年八月廿九日（1911年10月20日），“本埠”，第5页

电讯乱事

顺直谘议局日前致电广东、安徽、湖南三省，文曰谘议局鉴，鄂事急，贵省情形如何，祈示覆。直局闻除湘电，当日未通，皖粤两省亦无覆电。

《大公报》三千三百十五号，宣统三年八月三十日（1911年10月21日），本埠，第4页

请弛米禁

顺直谘议局以兵荒饥馑、粮价贵昂，不但小民生计维艰，且恐于治安有碍。日昨阎、王、高三议长特为谒见督宪，请咨恳东三省总督开弛三省粮禁，以济民食，业蒙制军允如所请，大约不日可见实行。

《大公报》三千三百十五号，宣统三年八月三十日（1911 年 10 月 21 日），本埠，第 4—5 页

开会改期

顺直谘议局照章本应初一日开通常会，因是日议员未到半数，故又改期，于初三日再行开会。

《大公报》三千三百十八号，宣统三年九月初三日（1911 年 10 月 24 日），“本埠”，第 5 页

谘议局开第三届常年会①

昨日顺直谘议局开第三届常年会，除督宪请遣交涉使代表莅局外，其余海关道陈、劝业道孙、巡警道叶、天津道洪、禁烟局总办苏、自治局督理林、井陉煤矿总办院幕李及府县尊，均行到局。由各议员与行政官相向行俯首礼，议长阎凤阁报告开会毕，首由交涉使代大帅演说，略谓谘议局之设，历三载于兹矣，时艰日亟，举凡推行新政，以为立宪之筹备者，较前更迫，今日之会，盖第三届之会也，其局章应议事项，而为本省力所能行者，本大臣既列为交议、谘询各案，先期提出，以俟诸君之集议。各君为舆论所推重，立于代议地位，且经两届之经验，备悉本省情形，其必能切实研究，发为说论，以为裁夺之资。顾时方多事，庶政之应兴举者何限，又必熟察夫，夫财力之盈虚，时事之缓急，使坐而言者即可起而行，斯代议足以取重，而兹会乃不虚行也，诸君其勉之。次由议长阎凤阁、副议长王振垚、议员曹克祇相继演说，大致谓本届通常会较诸往年不同，以兵荒饥馑，万般棘手，加以本省防务各事，尤宜处处致意，本局为一省舆论代表，诸事须以镇静，维持大局，我辈实有专责云云。

《大公报》三千三百十九号，宣统三年九月初四日（1911 年 10 月 25 日），“本埠”，第 5 页

① 原题“谘议局开会”，今标题为编者所加。

要电录登

顺直谘议局以此次湖北乱事，政府有借助外兵之耗，昨特电致内阁，其原文云：内阁王爷中堂钧鉴，川鄂乱事相继而起，风响所及，全国惶骇。近又传闻有借助外兵之说，此事若果实行，则国家主权将受外人干预，后患不堪设想。朝鲜、埃及、波兰之已事，可为寒心。务望审定方针，保持大局，以救危亡而系人心。冒死上闻，无任惶恐。

顺直谘议局叩

《大公报》第三千三百二十三号，宣统三年九月初八日（1911 年 10 月 29 日），“本埠”，第 5 页

粤省安电

顺直谘议局对于鄂省乱事，月前曾电询广东谘议局，该省景况如何，延至本月初七日始接该局覆电，其文为：谘议局鉴，粤安。粤局。卅。

《大公报》第三千三百二十四号，宣统三年九月初九日（1911 年 10 月 30 日），“本埠”，第 5 页

要电照登

顺直谘议局昨接资政院来电云：谘议局诸公鉴，自鄂省变起，乱事蔓延，凡我谘议局诸公，辛苦艰难，勉强支持，本院同人，殊深悬系，本院开院之始，已当危急之秋，同人以势迫救亡，论心探本，举凡年来我国民历次请愿而不得之改良内阁、协赞宪法等事，不惮苦口上陈以焦头烂额之急计，本月初九日奏奉谕旨，于院议之组织责任内阁不用懿亲、宪法先交院议、悉赦政治党人三折，皆蒙裁可，业已通告各省，想悉周知。朝廷俯徇本院之请，即俯徇通国人民之请，而且特诏罪己，德音恳挚，可为与民更始、切实改革之确据。现在政体已立，政本已定，一面拟由本院商请政府，于肇事地方，奏请朝廷明降谕旨，表示不欲用兵力平内乱之意，同时，本院对于宪法问题，拟采用英国君主立宪主义，仍用成文法规定，并先提出重要信条，奏请即日宣布，正在商榷中，贵局诸公有何意见，从速复院，以便公同会议，抑本院更有进者。此次武汉及各省兵民之变，本以改良政治为宗旨，至种族革命、社会革命二说，大都由于群情过望，激而出此，实则揆之公理大势，不但兵连祸结，难保治安，抑恐牵动外交，转速实祸。凡我爱国之臣民，谅所不取，尚祈贵局徧行通告各团体及华侨中公举贵局之参议员，痛加谕诫，共维秩序，以安人心而固国本，大局幸甚！资政院蒸叩。

该局旋即覆电，略谓：来电敬悉，宪法非国会不能协赞，为各国之通例，敝局以为宜先由贵院编订《暂行选举法》，奏请速开国会，然后再议宪法。不然，现在时局危急，已大非昔比，若仓促竣事，转不足以服天下之心，是平乱而反以召乱，值此间不容发之际，尚望贵院审慎将事，以救危局，不胜幸甚！直局叩。

又致各省谘议局电云：谘议局鉴，顷接资政院电，谓该院奏请协赞宪法，已蒙裁可。现拟采用英国君主立宪主义，仍用成文法规定，征求敝局意见，此想系通告各省之电，已蒙尊鉴。敝局以为，宪法乃国家根本问题，非国会不能协赞，为各国之通例，现在时局危急，已大非昔比，此次上谕并无召集国会一事，已为国人所缺望，若由该院独行协赞，恐转不足以服天下之心，欲为目前收拾人心之计，宜先由该院编订《暂行选举法》，奏请速开国会，然后再议宪法，使天下人心能聚于一，即可消弭祸乱，此为关系存亡紧要问题，已电该院力言此议，贵局倘以为然，望即协力电争。直局。真。

《大公报》第三千三百二十八号，宣统三年九月十三日（1911年11月3日），“本埠”，第5页

谘议局提议各州县办理民团以防土匪等案纪事①

昨日，顺直谘议局提议各州县办理民团以防土匪案，业经通过，呈请督宪核准。惟各州县办理此事，非议、参两会不可，故又主持呈请督宪停办自治职员讲习所，俾得各职员回县开会，从速组织此事。

又，是日该局应议督宪所交之筹设地方物产会等案，议员等佥谓此等不急之案，在平时既无可议之价值，应将切要者提出讨议。遂又主张值此风声鹤唳之际，民团尚未成立，巡警有保卫治安之关系，惟饷糈甚薄，议拟酌加巡警饷糈云。

又议永定河道及盐运司违法舞弊等案，有主张质问者，有主张弹劾者，又有谓督宪袒护属僚，屡陈无效，此次应陈请资政院者，至最后若何解决，尚不得知。

《大公报》第三千三百二十九号，宣统三年九月十四日（1911年11月4日），“本埠”，第5页

① 原题“谘议局纪事”，今标题为编者所加。

顺直谘议局提议于年前将资政院改为国会等案纪事[①]

顺直谘议局有提议于年前将资政院改为国会者，迨至细加研究提议，条件太多，势难作到，以故罢议。

又禁止烧锅造酒以济民食案，刻亦尚未通过。

《大公报》第三千三百三十号，宣统三年九月十五日（1911年11月5日），“本埠”，第5页

乱事汇闻

顺直谘议局议长阎、王二君对于上海失守警信，昨特上院面询督宪，据云，革军虽于南市起事，然并未扰及各国租界，已被官兵弹压平静等语。

又传闻安徽革军亦于是日起事，及询电局，答云，安庆至今尚能通电，确未失守。

又顺直谘议局因日来外间纷传有晋兵东窜，石庄、深州、赵州、定州均已失守之说。昨曾函询，督宪复函云：径复者，来函阅悉，晋军仍在娘子关，并未东窜，占据石庄，实系谣传，特此奉复。附保定来电，现闻固关乱兵仅四百余人，炮位两尊，彼势业已涣散，特闻云。

又闻山东独立、德州机器局失守一说，实系传闻之误。惟该省第五镇军人，

① 原题“谘议局纪事”，今标题为编者所加。

程度高尚，不愿自残同胞，亦望政治改革而已。

《大公报》第三千三百三十一号，宣统三年九月十六日（1911 年 11 月 6 日），“本埠”，第 5 页

议案作罢

顺直谘议局昨日开会，议及资政院起草决议宪法事，讨论良久，有谓刻间之资政院万不能代表全国人民意志，拟即电询各省谘议局及内阁资政院不认此等办法，又有谓现在之大局、中国前途，政体或变为君主立宪或民主共和，其权者非各省谘议局及京师之资政院所有，至重大信条十九条能否满革军之望，尚在不可定之列。前途茫茫，此事可以罢议，遂即中止。

《大公报》第三千三百三十二号，宣统三年九月十七日（1911 年 11 月 7 日），第 5 页

电文汇录

顺直谘议局昨接资政院来电，谘议局鉴：昨院照滦军队奏请实行政纲，拟具信条十九条，已奉旨准誓庙颁布。院意，盖欲免种族残杀之祸，尊重人道，保全中国。不意上海来电，据称汉口北军残杀，惨无人理，全院痛愤。前日，本院提出请降谕旨，不以兵力平乱，即已预防及此，现在惟有拟请颁发内帑，交由汉口公举正人查明情节，分饬袁世凯，将军官按律治罪，以谢天下。仍速饬前军，刻

日休战，总冀中国不至有分裂、仇杀之惨，至于宪法信条，实以事机紧迫，稍纵即逝，故特先行奏请颁布，以立始基。将来起草全部宪法，自应征集全国意见，一面已奏请速开国会，先由本院将《议院法》《选举法》拟定，尊处于《宪法》《议院法》《选举法》有何意见，务望赶速电达，或举员到京开联合会，表示意见，俾有遵循，无任迫切，资政院全体议员。寐。

又，该局同日接上海商会来电云，谘议局鉴，沪民军得阖市安。

又接吉林谘议局来电，谘议局鉴，真电已经全体协赞，电院力争，吉局。删。

又接黑龙江来电，谘议局鉴，真电之感（按，此文颇难解），敝局赞成。黑局。翰。

《大公报》第三千三百三十三号，宣统三年九月十八日（1911 年 11 月 8 日），“本埠”，第 5 页

谘议局理宜过问

自有革军占领天津之消息后，本埠人心异常慌恐，迁移远避者有之，张惶失措者有之，盖疑官革两军将有大战也。昨闻有人询及本埠官场之心理，除巡警道叶观察主张不走亦不死，力任保卫治安，俾人民生命财产不受损伤外，督宪陈制军则主张，如大股革命军欲占天津，吾力有所不逮，则让之，小股者，吾则决一死战。此外，镇署、运署各设大炮数尊，每至夜间十一钟，该署附近便断绝交通，该处居民莫不异常惶骇，除一面禀请督宪外，并一面陈请城议事会及绅商保卫团，恳请该署暂撤武备。又闻张怀芝军门曾向人言，职权所在，誓必决一死战，司道同寅有劝其遵照谕旨，勿以兵力对待，且新募之勇，乌合之众，饷糈又薄，果欲一战，岂不徒糜军械而伤生灵，且庚子条约，近津屯兵，尚且不能，何况剧战？否则，恐招外人干涉，则大局更不堪设想等语，军门均弗之顾也。以故

一（斑）〔般〕舆论，有希望革军可以不必在津起事者，有希望张军门不战者，人杂言庞，殊堪危虑。总之，天津有战事与否，当以庚子条约有效无效为定，虽主持条约者在各国，然当此时局危迫、人心惊慌之时，不闻销耗吾民膏血之最高言论机关，所谓顺直谘议局者，有何主见？

《大公报》第三千三百三十六号，宣统三年九月二十一日（1911 年 11 月 11 日），“本埠”，第 5 页

丰议员之伟举

顺直谘议局议长阎君凤阁昨在议场演说，略谓北洋各省，山西已属革军占领，山东业经独立，东三省向少余款，目下协济政府者，仅有直隶、河南两省，供给恐为日或久、不易支持等语。各议员闻之默然，故有京旗议员丰君伸主持电请内阁，赶即组织共和政体，以保大局之伟举云。

《大公报》第三千三百四十号，宣统三年九月二十五日（1911 年 11 月 15 日），“本埠”，第 5 页

谘议局之为难

顺直谘议局昨接上海来电，请派专员赴会组织国会一事（原电登本日要闻），颇觉为难，闻拟于今日邀集各界人员开一大会，以便公同决议。

《大公报》第三千三百四十二号，宣统三年九月二十七日（1911 年 11 月 17 日），“本埠”，第 5—6 页

上海电请派员赴会

顺直谘议局接上海来电云，谘议局公鉴，鄂起义兵一月以来，各省响应。现在光复已有四省，尚无结合办法，外交迫逼，对外举动，急须统一。本日得沪各领事消息，列强有即日派兵规画之说，旧政府垂倾，新政府未立，益以向来国际关系艰难万端，此时对付，稍一不慎，便肇大祸。各省既设政府，应各派代表，仿美国独立后第一、二次会议，速筹结合，即将来国体、政体，根本计议，亦有联络之基。而目下国际交涉，尤为亟亟，联合之地，一时以上海为便，现由江苏、浙江两省公同发起，临时国会派雷奋等莅沪，专候各省公议，并公推伍廷芳、温宗尧二君专为临时外交代表，以便与外交团正式交涉。此事务恳公认，事机已迫，祈即日公举员来会，倘所举之员未能即到，或先电致贵省在沪人士，加以贵处委任，令其暂行代理，俾得早日筹商，以维危局，祈赐电复，不胜迫切待命。通信处暂定上海西门江苏教育总会，并闻江苏都督府代表雷奋、沈恩孚，浙江都督府代表姚桐豫、高尔登叩。

《大公报》第三千三百四十二号，宣统三年九月二十七日（1911 年 11 月 17 日），“要闻”，第 5 页

巨款何用

直隶陈制军拟借公债三百二十万，业经谘议局承认，并闻此项公债用途，除编练本省混成协动用四十万两外，余则办理纺纱厂及教育实业一切地方行政，惟近来革命事起，新政停办，未知此项巨款，又将消纳于何处？

又，去年成立之今年地方行政预算经费若干，亦不知移作何用，事关地方财政，未悉谘议局保安会亦能过问与否？

《大公报》第三千三百四十八号，宣统三年十月初三日（1911年11月23日），“本埠”，第5页

检查财政

顺直谘议局昨日开会，筹议检查本省各衙署局所财政一事，业经全体赞成，公推起草员，不日可见实行。

《大公报》第三千三百五十一号，宣统三年十月初六日（1911年11月26日），“本埠”，第5页

检查邀准

顺直谘议局议长、保安会会长诸君昨曾上院谒见陈制军，谈及检查本省财政事，已经制军允许，举人分投各处，任便检查。该局会定于日内即派人实行矣。

《大公报》第三千三百五十三号，宣统三年十月初八日（1911 年 11 月 28 日），“本埠”，第 5 页

捐款交局

天津县城董事会为移交国民捐存款，请酌夺办理事，曾经移顺直谘议局一函，略谓：敬启者，顷准城议事会函开，据议长并总董报告，直隶保安会刻已组织成立，需款孔殷，拟将本会所存国民捐款，提取作为该会支用等情，当经核议，此项国民捐范围较广，本会实无处理之权，公同决定，拟请将此案卷宗并存折，一并移送顺直谘议局酌夺办理等因，准此，当查敝会接管之国民捐款，向在志成银行存储，其原有存折，截至本年九月分计本息两项，共有公砝化宝银八千六百二十七两二钱五分，并经敝会将当日承办人诸葛锡祜等诸君约请到会，具述前因，颇得多数赞成，理合将志成银行存折一扣，及捡取前国民捐局之广告，并前试办县董事会覆国民捐局之原函，另纸抄出，派敝会庶务戴君敏生面呈察阅，以资接洽，希即酌夺办理，并希见覆。专此，顺请

公安！

《大公报》第三千三百六十一号，宣统三年十月十六日（1911 年 12 月 6 日），“本埠”，第 6 页

检查员有人

顺直谘议局直隶保安会公决检查本省财政，业蒙督宪允准，兹将调查各绅姓名探录于下：

藩库：孙子文、刘亚卿；

财政总汇处：张馨吾、王子彬、张退菴；

关道：孙子文、王卓甫、曹静涛；

运库：王少莲、丁孟邻、吴鼎臣。

《大公报》第三千三百六十二号，宣统三年十月十七日（1911 年 12 月 7 日），“本埠”，第 6 页

辞职声明

顺直谘议局因资政院议决借债案，曾电请该院将本省民选议员取消，已志前报。兹闻该局并函至本省民选议员，责令辞职，惟李君榘、籍君忠寅二人实已早经辞职，接局函后，即复函声称：昨奉来函，因资政院议决借债案，责令辞职，惟某等前因反对借债及本院违法、政府违宪等事，已与各省同志议员联名辞职，事在接到赐函之三日，固无待贵局之责备也，特此声明。

《大公报》第三千三百六十四号，宣统三年十月十九日（1911年12月9日），“本埠”，第5页

扣押军火

传闻顺直谘议局接某处来电，言某国洋行运大批军火，约值三百万，今日由秦皇岛上岸，祈急设法扣留云云。

《大公报》第三千三百六十四号，宣统三年十月十九日（1911年12月9日），“本埠”，第5页

函件离奇

顺直谘议局昨十八日曾接十七日北京邮函一件，兹特探录于下。

字示顺直谘议局知悉：

朝廷颁布信条，革党仍倡乱不已，以至国家不得已而用兵，军人不得已而丧命，此时北省士绅正宜维持信条，补助军队，庶全国不至糜乱。今政府因诸事需款，帑藏空虚，不得已而借款，资政院议员尚知大局，多数赞成，乃不意该局议员等拍南人之马屁，阻挠借款，实堪发指。今与尔等约，倘兵饷不给，兵士哗溃，一定先割尔等之头，食尔等之肉也。先为告明，尔其候之。毅军全体军官告。

信面只写天津顺直谘议局议员全体公启，及由直隶缄等字样，并无戳记图章。

《大公报》第三千三百六十五号，宣统三年十月二十日（1911 年 12 月 10 日），“本埠”，第 6 页

质问公债

顺直士绅检查本省财政一事，已见实行，惟督宪所开各衙署局所清单，未将公债一项列入。现各绅既照单查毕，公债款并无收入支出，殊为疑惑。昨闻已由顺直谘议局暨直隶保安会上书质问督宪，未悉若何答复。

《大公报》第三千三百六十七号，宣统三年十月廿二日（1911 年 12 月 12 日），“本埠”，第 6 页

电拒借款

顺直谘议局因政府刻又商借大宗外债，昨特电致上海会议代表张、谷两君，设法抵制。兹将原稿录下：

三洋泾泰安栈张鼎臣、谷九峯鉴，京政府派人赴武汉议和，乞探两方条件见覆。又闻政府拟借两宗巨款，一向汇丰、汇理、德华、万国四银行先借两兆，以全国进款作抵，并许监督财政；一派法人布亚尔赴法借一万万，以京汉铁路作抵，旬日间必成，速商外交诸公抵制。直议局。皓。

《大公报》第三千三百六十九号，宣统三年十月廿四日（1911 年 12 月 14 日），“本埠”，第 5 页

议案作罢

顺直谘议局昨日开茶话会时，有某议员提及，近畿五百里之旗地，当国朝初入关时，所谓跑马占圈者，此地于人民多所滋扰，弊害甚深，于地方行政尤多窒碍。拟告武昌和议提出，作为条件，当经公决，此事应俟和议议定政体后，作为国会议案，则可归武昌和议条件，未免小题大做，遂作罢。

《大公报》第三千三百七十号，宣统三年十月廿五日（1911 年 12 月 15 日），“本埠”，第 5 页

陈请违例

青县议、参事会陈请顺直谘议局挽留该县某令一案，该局各议员佥谓，以人民挽留地方官，久干例禁，本局亦无此项陈请权利，惟该县议、参事会竟以此等干禁之事陈请，尤欠斟酌。

《大公报》第三千三百七十号，宣统三年十月廿五日（1911 年 12 月 15 日），“本埠”，第 5 页

陈请挽救

自督宪陈制军札复顺直谘议局议案，准人民组织保卫社后，赵州绅士王裕德等遂公举该州增生张松龄创办，惟因年景歉收，财力奇窘，特为权宜之计，就往年保甲所置之土枪、土炮，随时应用，所需火药，特商该绅等拟就附近碱地炼硝配置，以图省费。当以事关例禁，未敢擅行，正商禀该州牧裁夺施行间，乃该州某牧轻信谣言，竟指张松龄为私制硝药，传案看押。现在该州绅民王裕德等联名陈请顺直谘议局为之挽救，业经该局复函，如果调查确实，定行力为辩护。

《大公报》第三千三百七十二号，宣统三年十月廿七日（1911 年 12 月 17 日），“本埠”，第 5 页

陈请案件解决从缓

顺直谘议局近日连接各州县陈请旗地扰民案，不下数十件，闻均俟和议有成，大局安定后，方能解决。

《大公报》第三千三百七十三号，宣统三年十月廿八日（1911 年 12 月 18 日），“本埠”，第 6 页

辩正前函

顺直谘议局前接毅军军官来函，痛骂该局阻挠借债事，已纪本报。兹闻该局昨又接得该军一部分军官来函，略谓前报纸载毅军全体军官恫吓之函，乃系亲贵所指使，少数无智识之军官熏心一时利禄，所出无智识之举动也，吾辈既不赞成。吾国债巨难偿，已将破产，若再借巨债，以供挥霍，则国家之亡可立待也。存亡之变，间不容发，贵局反对借债，实为卓见，钦佩无（既）〔极〕，望坚持初见，勿为虚言所挠。万一若辈有此野蛮举动，吾辈定以大义晓谕众兄弟，先斩若辈，以谢天下等语。

《大公报》第三千三百七十三号，宣统三年十月廿八日（1911年12月18日），"本埠"，第6页

答复存款

顺直谘议局质问督宪陈制军纺纱厂存款一节，兹悉督署会议厅议绅张馨吾、张祝昇诸君曾在会议厅谈及此事，据司道答以此款现存于北京、上海两处大清银行，万不致有误需用云云。

《大公报》三千三百七十六号，宣统三年十一月初二日（1911年12月21日），"本埠"，第5页

议案未决

督署会议厅对于顺直谘议局呈请革除积弊案中之减免差徭、革除州县均摊、不准官价采买、剔除陋规种种害民案，已开四次会议，惟官场议员到者居多，本省议绅仅到张馨吾、张凤瑞二人，势力薄弱，未能解决。虽各议绅多谓实行立宪之时代，自以除弊为第一要义，此等有害于民、无益于国之弊政，若不剔除，何以示大公于天下等语，严相诘问。然官场议员坚持其种种不正当之理由，多方设词，是以迄今尚未通过。

按，近来资政院之议案，朝廷无论如何受损，均委曲承认，明颁谕旨，盖不如此不足以言与民更始也。乃顺直谘议局之革除积弊案，直省官吏因不利于已，竟驳弃无效。不知该局尚有第二次力争之能否？

《大公报》三千三百七十九号，宣统三年十一月初五日（1911 年 12 月 24 日），“本埠”，第 6 页

（二）顺直谘议局调查报告

编辑报告

顺直谘议局议员张馨吾、赵江望、苏镜韩三君分赴上海各处调查纺纱厂，业

已事毕回津，刻正编辑报告书，以便该局本届通常会议决，设立筹办纺纱厂事务所，并公推干事，组织一切进行方法。

《大公报》三千二百八十七号，宣统三年八月初二日（1911 年 9 月 23 日），“本埠”，第 5 页

报告书赴刊

顺直谘议局已将议员张馨吾诸君此次调查南省纺纱报告书，付诸刊印，以备研究。

《大公报》三千三百十三号，宣统三年八月廿八日（1911 年 10 月 19 日），“本埠”，第 5 页

拨款备用

顺直谘议局因本省公债业已募齐，至由公债款下提出一百万两，归绅民办理纺纱厂一节，拟即日呈请督宪拨存银行，俾免又为他事占用。

《大公报》三千三百十三号，宣统三年八月廿八日（1911 年 10 月 19 日），“本埠”，第 5 页

纱厂总数

近据顺直谘议局派员调查纺纱事，报告中国全境共有纺纱厂二十八处，兹将各厂地址及名称照录如下：

（上海）怡和、老公茂、瑞记、华盛、三太、恒丰、裕源、裕涌、振华、公益、文成、同昌、鸿源、上海（此系厂名）

（宁波）通久、源和丰

（武昌）武昌（此系厂名）

（苏州）苏纶

（无锡）业勤、振新

（杭州）通益公

（绍兴）通惠公

（通州）大生

（太仓）济太

（崇明）大生

（江阴）利用

（漳德）广益

（香港）怡和

《大公报》三千三百十九号，宣统三年九月初四日（1911年10月25日），“本埠”，第5页

纱厂之预算

顺直谘议局对于组织纺纱厂一事，非常致力，兹将创设预算帐，略探录于下：

计全局成本以一百万两计算，购买地皮，略计需银七千两，建筑房厂十三万两，引擎、锅炉、纺机及电汽等器，需银三十五万两，开办费（计安装机器、购备一切家具、传习工人及其他种种）需银六万两，预计约共需银五十四万七千两，下余四十五万三千两云。

《大公报》第三千三百二十三号，宣统三年九月初八日（1911 年 10 月 29 日），“本埠”，第 5 页

调查一览表

本省催办自治各员绅，已于昨日分途就道，探悉谘议局曾将去年通常会之议案应加调查者，即托各员代为调查，兹特附录于下：

一、定州陈牧出示有凡宣统元年以前典当地亩须一律补税之文，未审他州县情形如何，祈即代抄告示。

一、各属盐价，有随市面行情不卖满钱者，祈调查共若干处。

一、各州县实业有可提倡者否，祈调查。

一、各州县请愿国会同志会，祈竭力组织。

一、矿政调查局派员到处抽收煤税，如宣化、怀来、保定、房山、曲阳各产

煤等州县，究系如何抽法？

一、各属学警自治以及各局所经费，或有的款，或临时摊派，或由地亩加捐，每年岁入若干、岁出若干，务请将办法之善否及盈亏之确数，调查实在，祈即函报本局。

一、各属旧有牛、驴、骡、马及一切杂税，为数甚巨，而解省最少。请代为详细调查，以便汇齐备核。

一、各属新增杂税杂捐归地方办公用者，其征收数目及归何项动用，请代查。

一、各属公款公产尚有隐而不报者，祈代为清查。

一、各属烟酒分局，每局统辖若干处。

一、所辖境内烧锅若干家。

一、酒捐办法，分认捐、包捐两种。每属认捐、包捐烧锅各若干处，其捐银数目各若干（以宣统元年为依据）。

一、烟酒税有交银者，有交钱者，有交铜元者，务分别注收。

一、各地方应兴实业（林业、矿业、渔业、工业）等类。

一、各地方政治上之利弊。

一、各属商会是否成立。

一、各地方钱法如何，是否行用铜元。

一、各属征收钱粮之习惯法。

一、各地方官是否实行谘议局议案。

一、改良警务案。

一、设立简易识字学塾案。

一、改良统计处案。

一、剔除诉讼积弊案。

一、剔除盐务积弊案。

一、四十六州县未议覆征银一案，各地方官是否仍照旧例。

《大公报》第二千七百九十二号，宣统二年三月廿七日（1910年5月6日），第5页

糜款详数

顺直谘议局以本埠卫生局虚糜过巨，议拟归并巡警公所卫生科一案，已纪前报。兹经调查，该局每年经费二万七千二百八十余两，内有官厕每年用款三千八百七十余两（以本埠寥寥数十官厕，每年经费至三千八百余两之多，可谓笑话）。又该局附设防疫科每年经费二万八百七十余两，又扫除科每年经费七千九百九十余两，又北洋防疫医院每年经费五千一百三十余两，又大沽防疫医院每年经费五千七百五十余两，又唐山防疫医院每年经费四千五百六十余两，又北塘防疫医院每年经费一千六百五十余两，又营口防疫医院每年经费二百七十余两，又秦王岛防疫医院每年经费六百零六钱，按以上总数为八万二千一百五十四两三钱零。值此财政竭蹶、生计艰难之时，该局用款如是之多，若果款不虚糜，功归实用，吾民勉力担负，自无间言。然以本埠论，除见苦力若干打扫街道外，别无表见。呜呼！新政累民，此其一也。

《大公报》第三千十号，宣统二年十一月初九日（1910 年 12 月 10 日），第 5 页

库款详数

督宪陈制军允许谘议局保安会士绅所请，着各衙署局所将存款开列清单，以备检查。兹将关库及财政总汇处实存款数，探录于下：

关库截至九月止，存银五十四万二千七百四两五钱七分。

内计：

裕丰票存库白银五十万四千二十九两五钱二分。

百川通存行化银二万两，合库白银一万九千二百四两九钱一分六厘。

志成信存库白银六千九百二十四两一钱九分六厘。

正金存行化银一万三千六十五两三钱四分，合库白银一万二千五百四十五两九钱三分八厘（此中似有脱落）。

内除垫款银四万两，实应存银一百三十六万六千一百二十九两一钱九分六厘。

内计：

直隶省银行存银一百三万六百八十余两。

正金银行存银八万六千七百余两。

信成银行存银一万五千三百余两。

交通银行存银四千二百余两。

同泰裕存银十六万五千九十余两。

志成银行存二千两零。

裕源银号存银九十余两。

德成厚存银九千五十两。

藩库存银五千三百余两。

大德恒存银四万七千二百余两。

《大公报》第三千三百六十二号，宣统三年十月十七日（1911 年 12 月 7 日），“本埠”，第 6 页

（三）顺直谘议局议案汇编

顺直谘议局议案汇编凡例

一、本案照谘议局章程共分三种，用专折缮写，盖用关防而另备公文呈送。

一、议决案，面署顺直谘议局议决案，内署议决某事案，起用案查案照等字或单用案字　末用为此公同议决呈候公布施行，如议定不可行者用呈候更正施行。

一、申覆案，面署顺直谘议局申覆案，内署申覆某事案，起用与议决案同，末用为此公同议覆呈候裁夺施行。

一、陈请案，面署顺直谘议局陈请案，内署陈请某事案，起用与前同，末用为此公同会议陈请裁夺施行。

《大公报》第二千六百九十五号，宣统元年十二月初九日（1910 年 1 月 19 日），第 6 页

呈议决总督交议申覆总督谘询各案文

为呈覆事。案查本局于宣统元年九月初一日奉前督部堂端凡开照得谘议局为采取舆论之地，业经照章选举合格议员，经本部堂先期召集到津，定于九月初一日举行第一次通常会，所有应议事件自应照章办理。查局章第二十一条内开谘议局应办事件共十二款、第二十五条内开。第二十一条所开第一至第七各款议案，应由督抚先期起草，于开会时提议，除第二三款外，谘议局亦得自行草具议案等因。惟本年未及试办预算决算之期，除第二三款无从提议外，其余事件应择要陆续提议。兹将议案三件、谘询事宜二件，分别编号，另单抄录，先行交议。为此合行札饬札到该局，即便照章办理。凡经议决之件，并仰即行呈候裁夺，以便遇有应行覆议事件，得于会期内再行交议。此札计发议案三件、谘询二件并附折表各等因。奉此遵即编入议事日表，公同讨论，切实研究，总期实际可以推行，而法律不至违碍。庶不负朝廷谆谆求治之至意。

况现值预备立宪时代，百废俱举，庶政待兴，必设施力求改良，方上下日形亲密。兹承交议及谘询各件，诚为当务之急，但其中办法有未便遽事更张者，有尚宜略加修正者，反覆研求，期臻完备，业于会期之内，一律议决。遵查奏定谘议局章程第二十二条，内开谘议局议定可行事件，呈候督抚公布施行；第二十三条内开谘议局议定不可行事件，得呈请督抚更正施行各等语。前项案件既经议决，自应遵章办理，除将各原案分别说明理由，加具按语，另折缮呈外，所有本局前奉交议谘询各案，公同议决，及申覆各缘由，理合呈请护督部堂查核，照章公布施行，实为德便。为此备文具呈，伏乞照呈施行，须至呈者。

计呈送：

议决交议四十六厅州县粮租案清折一扣；

议决交议调查户口规则案清折一扣；

议决交议筹设简易识字学塾案清折一扣；

申覆整顿巡警案清折一扣；

申覆清理差徭案清折一扣。

《大公报》第二千六百七十六号，宣统元年十一月十九日（1909 年 12 月 31 日），第 5 页；《大公报》第二千六百七十七号，宣统元年十一月二十日（1910 年 1 月 1 日），第 5 页

顺直谘议局呈本局议决各案文

为呈请事。案查本局自本年九月初一日奉前督部堂端，召集全省议员开第一次常年会。开会之后，当由各议员讨论通省利病，研究行政方法，凡关于本局职任权限以内事件，无不各抒所见，公论折衷，以期弊绝风清、治臻上理。开会期内，先将交议及谘询各案件一律分别议决外，复遵奏定谘议局章程第二十五条所规定，由本局自行草具议案，其事以本省权利义务为限。而在本局权限内者，共十四案，亦于本会期间一并议决，除另折缮呈外，所有本局遵章草具议案、公同议决缘由，理合呈请护督部堂查核公布施行，实为公便，为此备文具呈，伏乞照呈施行，须至呈者。

计呈送：

议决裁减新拟五处师范设立单级教员养成所以推广小学教育案（清折一扣）。

议决限期速办地方自治并派专员催办案（清折一扣）。

议决应摊路款加收盐捐请一律改归民股案（清折一扣）。

议决剔除盐商积弊案（清折一扣）。

议决改良警务案（清折一扣）。

议决府厅州县设立理财所案（清折一扣）。

议决裁撤热河所属各府州县乡约乡长牌头等差以清积弊只留屯长而归实用案

（清折一扣）。

议决控案须认真办理实究虚坐以维持新政之进行案（清折一扣）。

议决剔除诉讼积弊案（清折一扣）。

议决改良田房税契以除弊便民案（清折一扣）。

议决挑浚滹沱河及引滏入运事不可行案（清折一扣）。

议决免除田房牙纪以去弊害案（清折一扣）。

议决全省开办矿务，准与通知以备查核而防冒滥案（清折一扣）。

议决改良府厅州县统计处办法案（清折一扣）。

《大公报》第二千六百九十五号，宣统元年十二月初九日（1910 年 1 月 19 日），第 6 页；《大公报》第二千六百九十六号，宣统元年十二月初十日（1910 年 1 月 20 日），第 6 页

顺直谘议局议案第一会期通过录

议决案（十七件）

议决交议四十六厅州县粮租案。

议决交议调查户口规则案。

议决交议筹设简易识字学塾案。

议决限期实行地方自治并派专员催办案。

议决裁减新拟五处师范设立单级教员养成所以推广小学教育案。

议决改良警务案。

议决厅州县设立理财所案。

议决全省开办矿务准与通知以备察核而防冒滥案。

议决剔除诉讼积弊案。

议决改良府厅州县统计处办法案。

议决应摊路款加收盐捐请一律改归民股案。

议决剔除盐商积弊案。

议决挑浚滹沱河及引滏入运事不可行案。

议决改良田房税契以除弊便民案。

议决免除田房牙纪以去弊害案。

议决裁撤热河所属各府州县乡约乡长牌头等差以清积弊只留屯长而归实用案。

议决控案须认真办理实究虚坐以维持新政之进行案。

申覆案（二件）

申覆谘询整顿巡警案。

申覆谘询清理差徭案。

陈请案（九件）

陈请巡官区长薪俸应以裁绿营饷项拨充以便行政而图改良案。

陈请整顿顺天警务案。

陈请设立永定河防议事会案。

陈请筹办直隶纺纱厂案。

陈请本省谘议局对于顺天行政权限应如何办理以谋统一案。

陈请旗籍议员请化除畛域取消京旗驻防常驻议员专额案。

陈请移建大兴宛平两县县治案。

陈请革除蒙盐专卖病民案。

陈请奏免典当田房税契以惠穷黎案。

以上共计二十八件，其仅经一读会或二读会作废者均不计。

《大公报》第二千六百六十二号，宣统元年十一月初四日（1909年12月16日），第6页

顺直谘议局呈本局陈请各案文

为呈请事，窃维国体之巩固系乎政治，而政治之发达基于人民，必下无不通之情，始上收设施之效，东西立宪诸国，大抵皆然。我国实行宪政，各省先立谘议局，以为采取舆论之地，予人民以与闻政事之权，薄海内外，感戴同深。遵查奏定《谘议局章程》第二十一条所载第一至第七各项，谘议局有议决权，但皆以本省为限，自是地方会不易之办法。惟查行政部分有表面似属国家，而利害直接本省者，正复不少，各国于此事，皆许地方会以请愿之条，若非据实指陈，恐积弊未能尽除，地方上终难收实效。恭读光绪三十三年九月十一日上谕，有该局有条陈事件，准其一面禀知该省督抚，一面径禀资政院等语，而谘议局章程亦有收受陈请建议之条，是于限制逾越之中，仍广开献替之路。本局议员等谬被选举，言责非轻，凡关于国计民生诸大端，但有所见闻，何敢嗫嚅自缄，上辜朝廷旁求之意，下失舆情代表之资，故自本年九月初一日开会起，集思博采，凡有于本省利害关系事件，在本局议决权限内者，均已公同议决，另文呈送。其于表面似属国家而弊害直接本省者，共计提出八案，果能一并改良，力求进步，下得享乐利无穷之福，上亦获好恶同民之休。顺直为首善之区，尤宜先树风声，以为各省矜式，除将各案另折缮呈外，所有本局提出陈请事件，急宜改良缘由，理合呈请护督部堂裁夺施行，实为德便。为此备文具呈，伏乞 照呈施行，须至呈者。

计呈送：

陈请巡官区长薪俸应以裁绿营饷拨充以便行政而图改良案清折一扣；

陈请设立永定河防议事会案清折一扣；

陈请移建大兴宛平两县县治案清折一扣；

陈请革除蒙盐专卖病民案清折一扣；

陈请奏免典当田房税契以惠穷黎案清折一扣；

陈请整顿顺天警务案清折一扣；

陈请本省谘议局对于顺天行政权限应如何办理以谋统一案清折一扣；

陈请筹办直隶纺纱厂案清折一扣。

《大公报》第二千七百七十号，宣统二年三月初五日（1910 年 4 月 14 日），第 5 页

顺直谘议局公布文件

敬启者，本局去年会期内议决剔除盐商积弊并诉讼积弊二案，业经呈奉督宪批准，通饬遵行，自宜生法律上之效力。迄今数月，不知各属官吏是否实力奉行，拟请各团体就近切实调查，倘有仍沿旧习，尚未改良之处，得由各团体将弊害情形，具书陈述，径送本局呈请查办，以期弊绝风清。但所陈事件，务须指明确据，万务稍涉含糊，或生违碍，是为至要。兹将督批照录奉上，敬祈贵会逐款调查有无从前之陋习，分别具覆为荷。奉上本局规则五种暨陈请建议书式一纸，望查收备览。肃此，顺颂

公安！

附院批二件。

顺直谘议局谨启

《大公报》第二千七百八十七号，宣统二年三月廿二日（1910 年 5 月 1 日），第二张，第 4 页

议案汇纪

谘议局通常会为期已迩，所有督宪交议案五件及咨询案四件，兹特探录于下：

交议案为：自治经费、各属筹设图书馆、缩短禁烟期限、府厅州县地方自治章程施行细则、各属单级教员讲习所经费。

谘询案四件为：试办征收租税事务处事件、整顿积谷事件、预筹警务备荒经费事件、地方土货改良事件。若何公决，届时访明再录。

《大公报》第二千九百三十号，宣统二年八月十八日（1910 年 9 月 21 日），“本埠”，第 5 页

顺直谘议局第三届通常会交议案件

顺直谘议局本届通常会，所有督部堂交议案件及谘询案件，兹特探录于下（交议案）：

广劝开垦案。

筹设地方物产会案。

府厅州县地方自治施行补则案。

拓充棉业办法案（谘询案）。

筹设水上警察案。

筹设感化院案。

按，顺直为畿辅重地，值此百端待理之际，而所交之案，止于如此，无乃以其不足与谋大计欤。

《大公报》三千三百十七号，宣统三年九月初二日（1911 年 10 月 23 日），“本埠”，第 5 页

顺直谘议局宣统三年七月份常驻议员议案汇录

顺直谘议局本年七月份常驻议员协议事项，兹特探录如下：

博野县议事会为警务长吞款陈请书。

又，交河县议事会为盐斤市钱仍遵原示办理陈请书。

又，通州议事会为盐斤改用市钱、官长有意压搁、请照章维持、以苏民困陈请书。

又，东光县孟庆源等为恶绅堵坝、违旨殃民、恳速拯救陈请书。

又，各属差徭仍未分配案。

又，满城县范蔚林等为实行限制强派包销官报陈请书。

又，蠡县议参两会为慎储差徭存款及公款公产办法陈请书。

又，曲周县议事会为刘令纳贿违法、恳行查办陈请书。

又，朝阳府沈芝为劣绅违法纳贿恳行查办陈请书。

又，固安县议参两会请办河防并速济灾黎陈请书。

又，议员张之桂、王庚堂为既膺法官、照章辞职书。

又，吴桥县议事会函陈禁烟棘手、实因邻境输入、无法查禁陈请书。

又，行唐县议事会函陈盐务积弊并询部颁砝码事件。

又，博野县议事会为警务长吞款卖赌种种违法请检同前案一并查办陈请书。

又，分配差徭并无标准、该局拟定三七办法。

又，经批驳宜如何办法事。

又，井陉县议事会呈请更正全境字样知会文。

又，获鹿县议事会为正定县加征粮银陈请书。

以上各案均经该局协议会通过议决，呈请督宪，分别札饬办理。

《大公报》三千三百十八号，宣统三年九月初三日（1911 年 10 月 24 日），“本埠”，第 5 页

顺直谘议局第三届通常会议案汇录

顺直谘议局本届通常会各议员提议案件，兹特探录如下：

运司侵夺权限、盐价擅改清钱、呈请弹劾更正案。

又，添设渔业警察以保护利权案。

又，改良征收国课案。

又，实行校外教育以为小学之补助案。

又，巡警道札饬各属设立警察会议、警务公所亦应添警务会议、以通上下机关案。

又，豁免差徭以均担负而除积弊兼弭官绅争执案。

又，剔除州县班房滥押积弊案。

又，拟请各州县缓设劝业员、所有兴办实业宜照章归自治会办理、以节约经费案。

又，整顿田房税契案。

又，酌提牲畜杂税额解余款设立军民工厂案。

又，严定地方官施行议案之考成、实行黜陟以促新政之进行案。

又，严饬直省沿边地方官遇蒙民涉讼案件、破除畛域并查禁家丁差役勒赃情弊、以固蒙藩而维大局案。

又，取缔华洋棉商高价收买以保小民衣食之源案。

又，州县因案罚款、不得任意浮销案。

又，明定公布程式及施行期限以促议案之实行案。

又，东光县范家堤善后建议书、推广箕柳建议书。

又，请巡警道严饬各州县警务公所添设暗查委员认真查访是否尽职、有无弊害案。

又，禁止烧锅造酒案。

又，改派劝学员、优定小学教员薪水以兴办单级教授案。

又，府厅州县议事会议员选为参事会员应即补选及府厅州县议参两会职员、城镇乡议董、两会职员不得同时兼任文牍、庶务等职案。

又，关于张运司违法纳贿案。

《大公报》三千三百二十号，宣统三年九月初五日（1911 年 10 月 26 日），“本埠”，第 4—5 页

顺直谘议局议案补志

顺直谘议局日前开会，提议取消资政院民选议员事，已纪昨报。兹闻是日尚有人提议，拟将纺纱厂之款改办民团，各议员佥以该款尚未检查，有否难定，即有亦难更动，又胜芳镇因被水灾，陈请该局为之请赈事，公决为之呈请督宪设法赈济。

《大公报》第三千三百六十一号，宣统三年十月十六日（1911 年 12 月 6 日），“本埠”，第 6 页

（四）顺直谘议局报告书

顺直谘议局上宪政编查馆争公文体制书

宪政编查馆钧鉴。敬启者。前接督院转寄贵馆电示，于谘议局往来公文体式虽略有更定，然仍主持用“札”、用“呈”，较之原咨无大出入。窃谓谘议局之价格照贵馆章程所定，与督抚本立于对待之地位，若可以受督抚之札饬，是于督抚交议之案，已当遵照勿违。何以第二十三条所定谘议局议定不可行事件，有呈请督抚更正之权；第二十七条所定督抚有侵夺谘议局权限或违背法律等事，谘议局又有呈请资政院核办之权，是则遵定章而督札成具文，遵督札而定章成虚设，二者并行，于法律上两失效力，令谘议局何所适从？此其不可解者也。谘议局为法人，议长、副议长为法人代表，其资格原从谘议局而生，非离谘议局而独立。

电示谓，督抚对局言者用札，对议长、副议长言如系京堂翰林则用照会，是离谘议局与议长为二，使法人资格反不若一私人之重，而私人资格反因代表法人而轻。推其流弊所极，必至志节高尚者不肯入谘议局而后已，此又不可解者也。然此犹可曰谘议局当幼稚时代，非推重督抚之权不可。若对于司道领衔之局处一概用“呈”，则又何说？以今之局处而言，大概为督抚直辖之机关，本无分乎高下，故其总办无论为道为府，苟以局处之名义来往公文皆用平行。今谘议局由民选而成，与隶属于督抚者已别，而对于司道领衔之局处，反不如各局处之自相往来者得用平行，是使代表全省之谘议局坐失其价值，又何能以监督行政之得失，此其不可者一也。

司道者，官制之名称；局处者，法人之性质。以司道而入局处，则当以法人之性质从事司道之资格，便不能发生。若对于他局处可以用“移”，而对于司道领衔之局处必须用“呈”，是混局处与司道为一，则凡以京堂翰林之入谘议局而为正副议长者，与司道领衔之局处何异？准此以推，督抚对于谘议局亦当以京堂翰林视之，不能用札。何电示于彼，则分而为二，于此则又混而为一，此其不可者二也。

天下事名义之起，皆由对待而生，不能两歧。札者，本以上行下之词；呈者，本以下奉上之词。凡对于我用“札”者，则我对之必当用“呈”，此名义之相对待，无所疑议者也。若谓谘议局隶属于司道，则司道亦当用札，不当用照会；若谓不隶属于司道，则司道既用“照会”，谘议局又何缘而用“呈”？揆之于名义对待之说，实不相符，此其不可者三也。

谘议局为全省议决之机关，凡一省地方行政属于督抚范围之内者，皆为谘议局议决之范围，与商务总会之专属于一事者，相差奚啻倍蓰。而今之商务总会，对司道例用移交，久为部章所规定，何全省议决之机关，反不得于一商会同科，此其不可者四也。

况以直隶而言，各项局所林立，几无一非司道领衔，谘议局职权所定，与各局所又无一无密接之关系，若必处处用呈，是使谘议局数十日殚精竭虑所议决者，皆将俯首待命于各局所号令之下，而职权所定皆将尽失其效力，此其困难情形，谅早为贵馆所洞鉴。然各省纷纷电争，号呼求救，而贵馆总未有确当之解决者，岂不以已有正式咨行，碍难更动乎？窃谓此不足为虑。贵馆所咨行者，手续也；章程所定者，法律也。以法学之义言之，手续不能违背法律，而法律则可以变更手续。况贵馆咨文并未经入奏，今即驰一纸之书，略加改正，只一转移间事，于贵馆所定章程毫无妨碍。而各省事实上所获利益，已复不尠，不然，则谘议局一举一动皆有束缚，不能自展之势积而久之，势必局促辕下，不敢动一公文而后已。此想非贵馆立法之本意也，左右踌躇，不能嘿尔，谨再拜奉书以闻，倘能俯赐矜察，准予改定，则直省幸甚！天下幸甚！不胜迫切屏营待命之至。肃请勋安，只祈垂鉴。

顺直谘议局议员同叩

《大公报》第二千六百三十二号，宣统元年十月初四日（1909 年 11 月 16 日），“要件”，第二张，第 4 页；《大公报》第二千六百三十三号，宣统元年十月初五日（1909 年 11 月 17 日），“要件”，第二张，第 3 页

禀请督宪取消常驻议员专额意见书

本年九月初七日，宪政编查馆覆直督电，直隶专额议员较他省为多，应准其变通办理，举常驻议员二人，他省仍不得援以为例云云。在督宪之意，以为常驻议员原以议员十分之二为定额，直隶专额议员十名、驻防七名，人数较他省为多，倘合省票选而无当选之人，则畸重畸轻，未免有向隅之叹，故不如设定专额，以限制为保全。似此委曲求全之苦衷，议员等亦何敢多赘，惟公同讨论，意见相符。窃以为有不可者四端，谨条列如左：

我国自一败于日本，再败于联军，兵威不振，国势浸微，至近日列强协约告成，而我国瓜分之祸愈急。当此之时，正宜同仇敌忾，共济时艰，何得畛域显分，自速祸败？此关于大局之不可者一也。

旗制与宪政，原属不能并立。我孝钦显皇后、德宗景皇帝有见于此，故特设变通旗制处，以便逐渐裁撤。庙谟深远，薄海同钦。况谘议局为宪政萌芽，亦即为实行立宪之初步，倘于此而仍设有专额，则不惟无以慰两宫在天之灵，而宪政前途亦必因之而生阻碍，是东亚完全立宪大帝国终无发现于世界之一日。此关于宪政之不可者二也。

我朝自定鼎以来，因行政机关未谋统一，以致三百年来满汉问题迄今未能融化。现在开办谘议局，全省绅民萃于一处，感情融洽，畛域全消，正宜协力同心，共维时局，此不独谘议局之幸，实国家之幸；亦不独一省之幸，实全国之幸也。若一设专额，则界限分明，适足惹起种族之观念，恐此后国民之团结力益形薄弱，而外人且将利用此以为进取之机。此关于融合满汉之不可者三也。

宪政编查馆覆电云他省不得援以为例。夫既曰不得援以为例，则非普通之办法可知；既曰他省，则惟直隶一省可知。若他省皆无专额，而我直隶独有之，是他省绅民皆能团结一致，而我直隶独不能也。何他省文明程度之独高，而我直隶之独低耶？此关于全省名誉之不可者四也。

以上数端，仅就议员等管见所及，敬为诸大议员缕析陳之，是否可行，仍祈公同讨论为盼。

提议人：林庄　祥俊　丰伸　李景芳

《大公报》第二千六百四十二号，宣统元年十月十四日（1909年11月26日），“专件”，第二张，第3—4页

同志会请各团体电约各谘议长入都定计书

时事艰危，当涂庸蕙，法、俄、日相继迫胁，已各表得意之态度，此后之咄咄逼人，又不知已，英法俄日耶，锦绣江山，任人刀俎，吾民真死无葬身之地矣。然而，扶危定倾，是赖非常之人，济屯出险，断难安坐而致计，惟有要求各省议长入都协争，一举而三善备焉，请缕陈之：

第一，可以破政府轻视国民之习见也。自去腊资政院下场，政府党完全立于优胜之地位，而民气已残，同时，温世霖又获发往新疆之重谴，而民气益残，于是政府视人民直蝼蚁之不若，虽百般哀号呼吁，而彼仍一笑置之，内政之阘茸如故也，外交之疲软如故也。此无他，彼盖深信其权力犹足以专制国家人民而已。今若萃各省谘议局之议长奔走都门，则政府必幡然于吾民之未可轻量，心理稍变，种种方面，必有一番活动。此一善也。

第二，可以动外人尊重国民之观念也。自去年请愿国会、鸦片废约两问题发生，外人对于我国民，大有士别三日、刮目以待之概。然以中国时局而论，其有类于国会、鸦片两问题者，且什百也，设皆漠然无所动于中，则吾民之国家思想厚薄若何，吾民之责任能力强弱若何，外人必有以窥其隐矣。夫小胜而喜，良将所耻，一哄之举，壮夫不为，今若得各省谘议局议长联袂而起，攘臂而争，则外人知吾民之热心毅力，方兴艾未，始不稍戢雄心，相戒开衅，此二善也。

第三，可以定吾民最后自立之方针也。百足之虫，至死不僵，以扶之者众

也。我国疆域之辽廓，种族之庞杂，语言山川之梗阻，恒老死不相往来，向有散沙之喻。此在竞争时代，虽内治不至十分窳敝，外患不至十分迫切，犹不适於生存，而况种种亡国之惨象，纷现于眉睫之间，皆吾民之身受痛苦者，现政府之不足以托命，夫人而知之矣，而犹束手吁嗟，不思早自为计，甘牺牲四万万人之生命财产，供二三枢要之玩弄，断送而不之惜，是尚有人心耶？谘议局者，一省人民之代表机关也，议长者，又代表机关之代表也，聚各行省代表机关之代表于一堂，即不啻聚四万万同胞于一堂，因而共谋最后自立之方针，必切实而有力，此三善也。

总之，此次各议长之行止，实关系吾国之存亡，何以言之？盖各议长既谨以一电警告政府，已非拯溺救焚之举动，而电文又极简单，匪特不足以耸动政府，而自外人视之，益见吾民之能力与政府之能力，亦一与一之正比例而已，设非趁此机会，奋发一行，则民气扫地，祸不旋踵。同人等所为，眷眷怀顾而不能自已也。伏翼贵团体发起电约，各谘议局议长准于三四月间齐集京师，决定救亡大计，至于提议之条件，进行之秩序，期在诸议长抵京后，共同商権，非同人等所敢擅拟，嗟乎！乱离瘼矣，邦人诸友，不遑启处，此其时乎？此其时乎？臆饰下忱，统希亮察。

北京同志会干事孙洪伊等公启

《大公报》三千一百五号，宣统三年二月廿四日（1911 年 3 月 24 日），“来函”，第 6 页

五、顺直谘议局预备议案

补助禁烟

孙洪伊

鸦片之毒我中国，今已数十年矣。我政府知其为灭种亡国之媒，首倡禁烟之议，得全球各国之赞成，并欲合力以减少此世界之毒品。于是，万国禁烟会开于上海，而我国政府亦与英人订约，限期十年，一律禁绝。自泰西一千九百零八年起算，岁减印度鸦片进口之数，禁止鸦片遂为我国维新之一大问题。使不能践十年禁绝之期限，不独英人借口要求损害赔偿，而我国行政之无能力，亦将普白于天下，其危险实有不堪设想者。自此问题发生后，筹议禁烟方法者，一曰禁种，一曰禁吸。欲贯彻禁种主义者则曰：宜平其价，而使之贱；欲贯彻禁吸主义者则曰：宜增其价，而使之贵。以吾国社会情状言之，禁种之法，行政官之权力已优为之，惟厉行其禁已耳。禁吸之法，则不能不待于他法之补助，而补助之方法，惟使烟价贵而烟费巨，使吸者日陷于困难，自有非常之效力。拟凡本省各厅州县卖烟之户，分上中下三等，加以营业税；吸烟之人分上中下三等，加以吸烟税，皆作为地方款，充作本厅州县戒烟社及戒烟工艺所经费，于征收之中寓惩禁之意，亦与文明税法相合。其税逐年增加，贫人无力上税而犹私自吸烟者，则勒人戒烟，工艺所教以粗浅工艺，俾得戒烟后并有营业之技能。执行此法之机关，有地方议会者，则由地方议会协同巡警主之；未有地方议会者，则专以巡警主之。入手之始，先造吸烟人名册，所收之款不得移作他用。盖吾入口税为条约所限，必与外人协定，欲加增烟税，必有多少之困难，且未必能得外人之允许。惟税之于卖烟铺户、吸烟人民，则为吾国内政，非外人所能干涉。其税作为地方税，且限于禁烟之用，限满后易于截止，不至如国家行政经费须另筹抵补。如今日之鸦片税款复成一不可解决之问题，其法简而易行，其效速而且巨，此我谘议局所宜提议及之者也。

《大公报》第二千六百十二号，宣统元年九月十四日（1909 年 10 月 27 日），第二张，第 3 页

强迫改良私塾为简易识字学塾

吾国竞言教育已近十年矣。国家提倡于上，士绅奔走于下，而强迫教育不独不能实行，抑且不敢倡言，其故何也？一曰师资缺乏，一曰经费困难。夫此两者，既不可以猝办，不求一过渡权宜之法，恐再阅数十年亦无能行强迫教育之一日，教育普及终无可期。以仆所闻见，村庄无论大小，未有无私塾者，若能皆使改良，百家之村，子弟学龄及格者不过四五十人，一学塾亦略足以容之。其学费由学生担任，并无待于地方公款。夫私塾既能改良，即无一而非学堂，子弟皆有学可附，即不难实行强迫。且今日之所宜急者，非必受完全普通教育之人，在国民皆能识字，其改良之法，不必过求完备。查宪政编查馆因预备立宪，奏准各省设立简易识字学塾，其定章为成年之人而设，仆窃以为，教成年之人，不如利用之以为小学普及之基础，拟饬令各厅州县限一年以内，将境内所有私塾，一并改良课程，更名简易识字学塾。其进行方法，一面设立简易识字学塾、传习所，一面选派巡行教员亲临其地，为之指导，略给津贴以资提倡。届期由本区该管劝学员考核之，如有未经改良，或改而不善者，皆勒令停学。能略备小学课程者，即命名为初级学堂。学塾课程规则，由教育总会定之，以识字为主义，略参以单简浅近之普通学，如此则三数年后，迨地方自治团体一体成立，酌定学龄，以实行

强迫教育，当非必不可能之事也。或曰教育之道，必求完全，始能造成高尚之国民。今第以识字为主义，不既违反于教育原理乎？不知过渡时代，固未可以执一论也。夫今日所办之小学堂，视欧米教育之完全，固望尘不及矣。而一学堂常年经费，多则数千元，少亦三数百元。教师多者十余人，少亦必有二人。欲以此为模范，使学堂普遍于国中。试问今日之财力，今日之师资，能乎？否乎？吾知主张此说者，亦必知其不能矣。与其因噎废食，何如稍与变通。况一国有大多数识字之人，较之一国仅有极少数普通知识完全之人，其国民之程度孰高孰下，其国家之势力孰强孰弱，稍读各国历史者，当知其在此而不在彼也。且仆所主张者，非谓学塾既已改良，则学堂可以不设。一方面改良学塾，以求教育之普及，一方面推广学堂，以谋教育之完全，不独不相防害，而直接间接且有多少之助力。改良私塾，即所以助长学堂于所谓教育学理者，有相成无相背也。主持教育诸巨公，类皆知有学理，不知时变，此谘议局所应速自为谋者也。

《大公报》第二千六百十三号，宣统元年九月十五日（1909年10月28日），第三张，第1页

督宪袁札饬提学司专设简字学堂文

为札饬事，照得教育普及必先统一语言，而文字与语言相为表里，故开通多数人智识，但求简易，无取艰深。前据大学堂学生何凤华等禀请试办官话字母，业经饬令保定蒙养及半日试行在案。查奏定学堂章程学务纲要第三十四条，内开各国言语，全国皆归一致，故同国之人，其情易洽，实由小学堂教字母拼音始，兹拟以官音统一天下之语言，故自师范以及高等小学堂均于中国文一科内附入官话一门等语。查此项字母取首善京音为准，实为统一语言之利器。上年两江督部堂在江宁省城设立简字半日学堂，教授官话字母。天津近畿巨埠，易于学习京

音，亟宜仿照专设简字学堂，俾辗转传习，即不通文字之人，亦得通信纪事之益，与定章统一语言之宗旨相辅而行，应由提学司转饬学务总董林绅兆翰、卞绅禹昌妥议筹办，其师范暨各小学堂应如何附入课程、一律学习，由该司通饬遵行，合行札饬，札到该司，即便查照办理。

《北洋公牍类纂》卷十，学务一，第5—6页

扩充师范学堂

简易识字学塾为教育普及之起点，然社会之进化必有阶级，教育之进化亦必有阶级。教育完全之希望不可以一日无，即教育完全之预备不可以一日缓，则师范学堂尚焉。虽然，若但知吾有师范学堂，而于一省师范需要之数漫无统计，甚或见一二师范毕业生偶无相当之学堂以位置之，遂傲然曰吾省之师范既已不可胜用，此无待详密之调查，试约略言之，当有怃然而失望者。天津、保定两处师范学堂，其学额仆虽知不甚悉，而除外省人附学者外，约不过两千人。直隶一百四十余州县，每州县平均四五百村，每村学堂一所，每学堂教员一人，统而计之，必有教员六七万人，乃略足敷用。本省师范学堂学生仅不过两千人，五年毕业一次，得师范两千人，必阅五十年，乃得两万人。再阅五十年，乃得四万人，无一人老病废弃或中道改业者，须阅一百五十年，乃足供一省学堂需要之数，而犹日日言教育普及，日日言完全教育，乌知其必不能也。拟于天津、保定两师范学堂外，每府州各设师范学堂一所，各堂学生额数须在五百人以上，合之天津、保定两学堂，必使各州县每年平均能得毕业生十人，随时毕业即随时添招，完全师范以外，仍设速成一班，不独可应急需，且使限于年岁境遇，不能学完全师范之人，不至有无术求学之憾。抑或限于经费，各府州师范学堂不能同时并立，先将天津、保定两师范学堂学额增广至两倍以上，他府州之已经设立者，亦并加以扩充，亦未始非权宜之策也。或以猝增学额，学生恐难招致为虑，吾闻之北洋师范

学堂开学招考时，报名者既两千人矣，今年考录优贡拔贡，报考者亦四五千人矣，陶而成之，皆师材也，勿谓彼已老腐，不屑教诲，一时之人才，自应为一时之用，成就之浅深高下，是固无可如何。必曾受高等普通教育乃足以学师范，然则高等普通之学，又谁与教之也？况此后高等小学毕业者日益加多，分年录取，更当不至乏人。或又以广增学额，学款难筹为虑。以此国民生存之根本，国家命脉之所关，应无论如何困难，亦当勉为筹措。况闻之本省各局，所有一局所之开支，每月至三万两者。本年谘议局既以裁并局所为入手之方，凡所节省之款，即以兴办各种重要之学堂，暂勿张皇他事，则此款或尚不至无着也。

《大公报》第二千六百十四号，宣统元年九月十六日（1909 年 10 月 29 日），第二张，第 3—4 页

商务 · 实业

今日为铁血竞争之世界，实即经济竞争之世界。而发展经济者约两大端：曰实业，曰商务。经济不裕，一切皆无可为。治一国有然，治一省亦何独不然。然而以商务言之，组织一银行也，需款若干万；以实业言之，成立一公司也，需款若干万。国家财政支绌，人民生计困难，安得有此大宗资本？纵或起公债、加捐税，竭全省之力以图之，亦不过兴办一二事而止耳，于一省全局之影响甚微，不幸失败，危险尤甚，是将如之何而可乎？曰求勿近功小利，为企业根本之预备而已。

一、兴办实业学堂

一、矿业学堂；

一、农林牧畜水利垦务学堂；

一、高等工业学堂；

一、初等工业学堂；

一、航业学堂；

一、(鱼)〔渔〕业学堂。

专门人才缺乏，此我国各种事业不能发达之第一原因；财政困难，犹其次焉者也。使一省之中而有矿业人才数百，则矿业何患其不兴？有农林牧畜水利人才千百，则农林牧畜水利何患其不盛？他如航业、(鱼)〔渔〕业皆可以此类推。然欲求实业人才之增多，必先谋实业教育之发达，欲谋实业教育之发达，必先谋实业学堂之扩充。吾省自办理新政以来，此种学堂亦略有筹画，惜未能注全力以图之耳。今若因其基础而光大之，尤易为力，收效可计日而待。拟由谘议局呈请学务公所，将此种学堂并为开列，其已设者酌给津贴，增广学额，未设者另筹经费，速为创立。矿业学堂，学额必在五百人以上；农林牧畜水利学堂，学额必在千人以上；航业、(鱼)〔渔〕业学堂，学额必在百人以上；高等工艺学堂，学额必在五百人以上；初等工艺学堂，学额亦必在千人以上。虽所教育者未必皆能成才，而以稍知学问之人从事于各种各事业，较之未尝学问之人，其为效当不可以道里计也。

一、扩充商业学堂

一、高等商业学堂；

一、中等商业学堂；

一、初等商业学堂。

吾国商业不振，实由于商才之不足，而欲培养商才，则必兴商业教育。今以吾省之大，仅有天津公立中等商业学堂一所，无论其规模，狭隘也。而在吾国今日使第有中等商业学生，实无往而能适用。欲为远大商业之先，觉其学既有所不足，仅为卑近；商业之执事，其心又有所不甘，终亦坐废而已。拟于天津设立高等商业学堂一所，以教商业高深之学问；于各内地设立初等商业学堂十数所，以教商场浅近之技能，而天津公立之中等商业学堂，加以补足费而扩充之，以为升入高等商业之预备。商业之教育既兴，决战于世界之商场，或当冀幸其万一。不独个人生计攸关，直为国家存亡所系也。或疑高等商业学堂恐无程度相当之学生，未易收教育之效果，是殆不然。今天津公立中等商业学堂毕业诸生，无学可升，傍皇歧路，既应速谋升级；况普通中学堂学生毕业者既已日多，若不导以专门实业，中途辍业，亦正可虑，安见高等商业学堂之不能遽办也？

一、设实业试验场及工艺传习所

一、农林畜牧试验场；

一、手工传习所。

自提倡实业之论兴，试验场及传习所亦已稍稍设立。而其目的及所组织之方法，与仆所主张者微有不同。旧所成立之试验场及传习所，仅就一种事业或一部分之人，教以应用之技能而已。仆所提议者，以此为一省人民交换智识之中枢，而用以促一省实业工艺之进步者也。盖吾国之农林畜牧，尚未达于科学时代；吾国之工艺，亦未及于机器时代。今日国民之所急需者，惟在有普通之性质，而吾国下等社会智力之所能为者耳。夫社会主义将来必盛于吾国，虽今日言之，未免近于早计。然使普通之实业、工艺不能发达，虽有极大之实业公司，虽有极精之制造品，而社会不平之现相，亦必相随而立见，贫民生计安可以不注意乎？仆所谓普通之实业，工艺不必其皆奇技异能，亦不必其皆新法，虽极细微寻常之事，但使此地之所有而彼地之所无，此人之所能而彼人之所不能，既无一非社会贫民之所必要。昔日交通未便，人自守其一隅，无由互相交换，故先民之所能者，久而不免衰歇，一地之所产者，今或至于绝种。吾国实业工艺之不进步，其大弊皆坐于此。拟于天津或保定设极大之农林畜牧试验场、手工传习所两处，为一省人民交换智识之所，广求二十二省旧有之实业、工艺及先贤废坠之遗法，泰东西单简之新法，以为试验传习之材料。生徒之额，分配于各厅州县，令其选送。试验农林畜牧者，取之于经验之老农；传习各种工艺者，无嫌于稚弱之妇孺。一厅州县选送四五人，酌定期限，稍有所得，即可遣归，再选四五人易之，务令继续不绝。食宿费由本厅州县担任，必使一地之所有者，可以遍于各地；一人之所能者，可以授于众人。如此，则不及十年，一省之实业工艺，当有非常之进步，贫民一人之生计，一国财产之总殖攸关，愿勿以事轻易举而忽略视之也。

一、设立实业调查会

一、调查路矿；

一、调查农林畜牧水利（鱼）〔渔〕业。

西人各种事业，皆以调查为起点。彼国人民俱有一种调查之学问，个人足迹所至，无不有以报告于社会。至于各种专门学会及一切企业会社，尤以调查为专务焉。我国人既乏于调查之知识，此类报告从来罕见，而又无专任调查之各种团体，故每欲有所兴作，不能辨其真相，不免因而疑阻。即首事者确有所见，不能博社会之信用，孤立无助，集款甚难，亦徒唤奈何而已。吾省一二年内，关于大宗实业，无论为本省所公有，抑为一团体所私有，必应有所兴起，为人民辟生利之途，而一省之实业，何者可为，何者不可为，何者应先，何者应后，为某种事业应有若何之资本，为某种事业应用若何之方法，一切茫然不知，而欲昧昧以从事，必至无可措手。即或尝试一二，其不失败者鲜矣。虽然，一言调查，则又有难焉者。个人之报告既不可得，而欲组织一团体，需费甚巨，又非个人所能担任，吾国之所谓实业家者，惟知坐享其利，设令出巨资以供志士之消费，吾知其必不肯为也。既为本省谋实业之预备，则不妨仰给于本省之公款，拟请官绅合体，组织一实业调查会，总理、协理以官任之科长、科员，及普通会员则以绅充之，其经常费、临时费皆以本省公款开支，凡调查所得，酌定一机关报，随时公布之。如此，则一二年后，或起公债，或出股票，或用公款，以兴办一二大宗实业，不至茫无措手，而亦必易于集事，此振兴实业入手之第一关键也。

《大公报》第二千六百十五号，宣统元年九月十七日（1909 年 10 月 30 日），第二张，第 3—4 页；《大公报》第二千六百十六号，宣统元年九月十八日（1909 年 10 月 31 日），第二张，第 3—4 页；《大公报》第二千六百十八号，宣统元年九月二十日（1909 年 11 月 2 日），第二张，第 3 页

西北边殖民

一、创立殖民垦牧学堂

一、发起西北殖民调查会

蒙古、伊犁、新疆为国家西北之屏藩，近年以来为俄人所窥伺，已隐伏瓜分之导线。筹边之策，固非一省权限所能及，而巩固国防，挽回危局，凡我国民皆无可委之责，况以筹边言之，则为国家固土宇，以殖民言之，实为本省开财源。

有殖民地者，其国富；无殖民地者，其国贫。一国有然，一省亦何独不然。殖民西北之策，首在垦牧，次乃商业。蒙古近边之地，如张家口以外，其垦务已渐次兴办。伊犁、新疆路虽稍远，而吾直人在彼营商者，已实繁有徒，我直人殖民西北，并非一无基础，光大前人之事业，保卫国家之安危，非我辈之责而谁责也？彼开始经营者，势力微弱，无大力以盾于其后，故其效未甚著。若能以一省之力图之，不过数年，必有伟大之成绩，内地人民财产之总殖，亦必骤增数倍，此直隶人民之外府而开 凿之，以济生计之穷，为今日惟一之急务也。虽然，欲从事于此，一则须预备人才，一则须调查实况。今年北京有殖边学堂之设，其规画甚为远大，然闻其学额，不过二三百人，且其宗旨虽在开边，未必专注垦牧。而开学之始，学生皆由京师招致乡间朴质耐劳之士，所得当亦无多，拟如本省有款可筹，应自行组织一学堂，以造成殖边垦牧人才为主，抑或不能，可筹给经贴，要求北京殖边学堂增广学额，其学生由各厅州县自行选送，或一人或二三人，教育此种学生之法，亦并请其更定，一面发起西北殖民调查会，天气、土性、物产、人情，何处宜于垦，何处宜于牧，蒙古诸藩应若何处置，伊犁新疆各地应若何交通，必皆成算在胸，乃能进行有准。其调查之责，原可附之于实业调查会，而不能不别为一组织者，诚以此种大业，非一省所能担任，且西北殖民关于中国全局，亦非一省之所得私有，应联合山东、河南、山西诸省共图之，则调查之责，亦应联合山东、河南、山西诸省共任之，由直隶发起通知三省之谘议局，求其同意，各举调查会员，应用经费由各省自行要求本省行政长官筹给，众擎易举，务期数十年后西北之发达，一如内地，固我国家之屏藩，裕我国民之生殖，此我辈必负之责任而不容稍卸者也。

《大公报》第二千六百十九号，宣统元年九月廿一日（1909 年 11 月 3 日），第二张，第 3 页

改良商会

自我国家鉴于商战不利，惧将无以自存于生计竞争之世也，于通商大埠以及诸内地有商务总会分会之设。如我直隶，北京、天津、保定各已设有总会，其他诸内地亦间有设立分会者，宜乎！商界之气象一新，虽不能遽胜于世界商战之场，亦必寖寖乎日有进步也。乃窃观吾省各地自设有商会以后，以视夫未曾设有商会以前，于各地商业界之前途，殊不见有何等之起色，而商业之衰退较之数年前更有甚焉。此固为世界商战之潮流所迫，非一二区区商业团体所能为力。而商业界人材乏远大之学识，商会组织法之有缺点，则固不能为讳者焉，于无可如如之中，谋补助改良之策。

一、应添聘顾问员

自白圭计然之不作，而贱商之主义兴，先贤商学，久成绝响，近虽鉴于世界大势，提倡重商主义，而商业学堂未立，商界人材类皆未尝学问，其为商会议员者，虽间有开通之士参议于其间，亦非专门商学，故一切布画皆无关于远大，问以商法宜若何预备，商税宜若何改良，土货何以能辟消场，外货何以减其输入，金融界之运用如何，实业界之关系如何，以及商界种种之大问题，无一人能知其要。譬如盲者指途，安在其能有济也？拟令京津保三处总会各添聘商务顾问二人，以深通商学、曾在外国商业大学毕业者为当选，一以学问，一以经验，两相合而谋商业之进步，其效果必当有以异于前所云云也。

一、添聘调查员

西人商会无不有商业之调查员，凡各货出产之盛衰，制造之良贱，价值之低昂，销路之广狭，以及人情之好尚，风俗之异宜，进口出口数目之盈绌，前日今日货品之异同，无不详为调查，以报告于会中之商董，统计之，比较之，讨论之，并取而揭诸商报，以昭示商民。故凡涉足商场者，皆能先事绸缪，随时措置而不致误其趋向，此商战之所以常用制胜也。今外来之商力已如万丈潮流侵入内地，而彼则昭昭，我则昏昏，欲不败退而日蹙也难矣。仆窃谓，今欲于商战剧烈之世界崛起而争一席之位置，非致力于调查不为功，拟请由各商务总会商同各商务分会，于本国以内商务繁盛之区，各聘定调查员一二人，除每日有例行之调查报告外，并责以临时报告外国之各大商埠，并聘我国人之在彼经商者一二人为调查员，其报告之法亦如之，皆以有学问经验者为当选，调查之法务求详密，必使一地有一地之调查，一业有一业之调查，一时有一时之调查。凡调查所得，皆以登诸商报或由商会发刊分布。所需调查员之聘金，由津京保总会及各分会协同担任。吾知我商业前途之发达，必肇基于此矣。

一、添聘检查员

吾见今日之商会，他无所事，惟以调和债务之争讼为专职。而其调和之方法，一用调停主义，经商会几次处议，而后其结果，债权者必至受损，债务者反有护符，商界信用坠地，与维持商业之宗旨适成一反比列。他会仆不深知，此弊要以天津为甚，或且颠到是非、淆乱黑白，设有帐目轇轕，因循含混，阅三数年之久，会议至数十次之多，而不肯为公平之解决。为议员者各有职业，与争讼者类皆亲友，此等流弊，固无足怪。然直道不能行世，奸人因而生心，商业根本之道德，竟由此模棱之商会断丧尽矣。风气日坏，后患方深，根株于个人之心理者甚微，影响于商界之全局者甚大，而瞶瞶者方以此颂德商会，吾不知其何心也。拟令商会添聘检查员数人，专任检查帐目，有争议者必速为清算核实，议员评议必以检查员所定者为张本，抉破其诡诈之隐，消释其侥幸之心，既可免当事之拖累，并以杜议员之瞻循，冥冥之中，维持商业道德必当不少。勿谓其事甚微，其影响可及于全商界也。至于整理调查事件，并可以检查员司之，然必为有给之职，勿徒高言义务。以上三者，言乎改良，虽有未尽，苟能行之，不得谓非补救商会之要著也。

《大公报》第二千六百二十号，宣统元年九月廿二日（1909 年 11 月 4 日），第二张，第 2—3 页；《大公报》第二千六百二十一号，宣统元年九月廿三日（1909 年 11 月 5 日），第二张，第 3 页

立法·申明定章

《谘议局章程》第二十一条第六项，议决本省单行章程规则之增删修改事件，一省绝大之立法权既明明以予我民矣，使或不能实行，岂非自行放弃乎？失此监督行政官绝大之关键，则谘议局亦将失其效力。虽然，欲实行此项章程，则其应有之手续，不能不预为筹及也。仆闻之，法有二类：一曰法典，一曰单行法即章程规则。法典者，规定一国公同之行政，颁之天下，使共遵守者也；单行法，即章程规则，规定官府一时一地一事单独之行政，适用于一局部者也。今吾国法典尚未颁行，而即已事言之，法之制自朝廷者，其根本之主义尚在治民；法之制由官吏者，其根本之主义惟期便事。主义在治民者，虽有不善，尚知有民之一方面；主义在便事者，总极详明，惟知有官之一方面。官府之所主张，必违反于吾民之所主张，而立法之人即行法之人，更非奉行故事可比。吾民水深火热，日甚一日，时若愁叹而不可终日者，虽其原因匪一，亦半由此类之法阶之厉也。今既以协议之权予之吾民，必非行政官之所愿，即明知定章不可违，而讳莫如深，苟有便于已私者，自定法而自行之，犹必肆行其专制，况聩聩者并此谘议局权限而茫然不知乎？待其颁定以后，吾民憾其不便，谘议局始起而反抗之，何如早为申明而预防之也。拟于谘议局开议之始，即申请督宪，凡本省单行规则增删修改或现行起案，应由督宪批准者，必经谘议局议决乃得施行。申明固有之职权，以为实行之准备，官府知为定章所限，不能不受其范围，亦以消其猜忌之心，而吾民既得之权利乃愈巩固。至于现行之单行章程规则，并请督宪饬令各行政官厅及一切局所，并详录一份送谘议局备查，捐税一项，亦可照此办法。此谘议局开办后必不可少之手续也。

《大公报》第二千六百二十二号，宣统元年九月廿四日（1909 年 11 月 6 日），第二张，第 3 页

行政·扩充法政学堂

法政人才为吾国今日之要需，此尽人之所能知矣。在官者乏法政人才，无在而非维新之阻力；在下者乏法政人才，不能成一巩固之团体。其影响于一国之前途甚大，其影响于一省之前途亦甚大，欲得法政人才，必先兴法政教育。虽然，教育亦岂易言哉！司法独立为收回领事裁判权之预备，为巩固国权之第一著。然以司法一端言之，一县之内总计地方审判区判审皆极单简之组织，必需十八九人，而辩护士辈尚不在内。我直隶一百四十余厅州县，必需二千八九百人。今直隶保定、天津两处法政学堂，约不过五百人，五年毕业一次，必其人皆为司法之用，须阅三十年，乃略敷应用之数。司法独立之始，必不能即臻完善，迨为外人所信用，又须阅十数年，是则领事裁判权必在四十年后乃能以议收回，中国不既亡乎！此类人才固必须政府为之预备，然以中国土地之大，需才之多，若不省自为谋，而必倚赖于政府，恐政府之力亦将有所不逮矣。且仕途庞杂、吏治日坏，则急需行政之人才；财政困难，清厘 匪易，又急需经济之人才，而民间政容，更无论矣。使于五六年后，有一班新人才以为旧人才之代，吾知一切行政必倏然而改观。故预备法政人才，为国家根本救治之法，亦一省根本 图治之方也。闻天津法政学堂以造就法律人才为宗旨，应令增广学额至千人以上；保定法政学堂以造就政治人才为宗旨，应令增广学额至千数百人以上，并设经济专科，破除省界，混合官绅，凡在学堂者，除去歧异之名目，使有同等之资格，虽将来官制改革，其权在中央政府，而数年以后，本省之人才既众，新官制亦当已实行。即或不然，由本省要求政府试行试验判任之法，未必其不吾许也。此非今日之事，可无庸预言之也。且法政学堂之设，一方面造成官吏，一方面造成选民，而为一堂之枢纽，以转移一堂之风气者，全在监督今之法政学堂，并以官吏主之，更调频仍，宗旨歧异，而一切官场之故习，必濡染学生于不觉之中，而其毒终不可拔。不独造选民不成，即造官吏恐亦非新世界之官吏也。况学额既增，经费亦涨，官吏铺张扬厉于经济问题，亦有多少之困难，拟请此两学堂皆选深通法理、品学卓著之绅士，以为监督。非谓绅之必愈于官也，以吾国人之心理言之，主任者之地位不同，则潜移默化，于冥冥之中必有不可思议者，勿以一人之关系甚微而轻忽视之也。

《大公报》第二千六百二十六号，宣统元年九月廿八日（1909 年 11 月 10 日），第二张，第 3 页

直隶法政学堂章程

（学堂设于保定省城）

第一章　总　纲

第一条　本学堂以改良直隶全省吏治，培养佐理新政人材为宗旨。

第二条　本学堂专招募直隶候补人员，不拘班次、小大，苟合第八条所定资格者，可入堂肄业。

第三条　本学堂设于藩署附近，以便藩司随时稽查督励，堂中重要事宜，由监督就近会商办理。

第四条　本学堂既为培养吏才之地，自当研究各种政法学理，而于本国律例约章尤宜豫为讲求，以期适于实用。

第五条　本学堂因目前中国政法专门教员无多，故专门各科讲义暂请日本教员担任，其豫科中之普通学科及正科中之中国律例等，仍用本国教员讲授。

第六条　本学堂因学员年齿较加，毕业年限又复短促，不能先习日语以为听讲之豫备，故于日教员所任学科，一律延聘精通日语人员为之通译，以收速成之效。

第二章　学员额数及资格

第七条　本学堂招取学员，每年以一百二十人为定额，因讲堂狭隘，暂分两班教授。

第八条　凡具有左列资格，经第二十五条录取者，皆得为本学堂学员：

一、本省候补人员。

二、年在四十五岁以下。

三、文理明通。

四、不染嗜好。

第三章　分科及年限

第九条　本学堂肄业年限定为豫科半年、正科一年半，共计两年毕业。

第十条　豫科以补习普通科学为主，兼授东文东语，以为浏览东籍之用，正科则专习中外政法专门各学科。

第四章　课程及授课时间表

第十一条　豫科中应授学科开列如左：

伦理学，历史（世界史、地理、世界政治地理），算学，教育学，论理学，法学通论，经济原论，东文东语，体操。

第十二条　豫科授业钟点，每星期以三十点钟为限，其各学科课程表如左。

学科钟点：伦理学二，世界历史四，政治地理三，算学四，教育学二，伦理学二，法学通论三，经济原论三，东文东语四，体操三，合计三十。

第十三条　正科应授学科开列如左：

大清律例，大清会典，交涉约章，政治学，宪法，行政法，刑法，民法，商法，国际公法，国际私法，刑事诉讼法，民事诉讼法，裁判所构成法，应用经济，财政学，警察学，监狱学，统计学，中外通商史，东文东语，演习裁判。

第十四条　正科授业钟点，每星期亦以三十点钟为限，其各学期课程表如左：

第一期，学科钟点：本国律例四，会典二，政治学三，宪法三，民法要论三，刑法总论三，国际公法二，裁判所构成法二，应用经济三，中外通商史二，东文东语三，合计三十。

第二期，学科钟点：本国律例三，交涉约章三，行政法三，民法要论三，刑法要论三，商法要论三，国际公法二，刑事诉讼法四，财政学三，演习裁判三，合计三十。

第三期，学科钟点：本国律例二，交涉约章二，行政法三，商法受论三，警察学三，监狱学二，国际私法二，民事诉讼法五，统计学二，财政学三，演习裁判三，合计三十。

第五章　学年学期及休业

第十五条　本学堂以每年年假后开学至年终散学为一学年，中分两学期，年假后开学至暑假为第一学期，暑假后开学至年终为第二学期。

第十六条　本学堂每年休课日期开列如左：

一、年假。自十二月二十日至正月二十日。

一、暑假。自五月二十五日至七月初十日。

一、皇太后万寿、皇上万寿、孔子诞日。

一、端午、中秋日。

一、每月星期日。

第六章　入学退学及告假

第十七条　本堂学员入学期每年二次，定于年假及暑假后开学时，但于第一年级有缺额时，亦准随时补入。

第十八条　凡欲入本堂肄业者，须于入学考试前三日亲到本堂填明志愿书，其格式如左：

志愿书（学员　姓名　现年　住所　原籍　官阶　今愿入直隶法政学堂肄业，自到堂之后谨当恪遵堂规，不敢自弃，如有中途辍业等情，所有已领津贴及膳费等银，当全数缴还，以符定章，须志愿书者　光绪　年　月　日谨具）。

第十九条　凡学员一经入堂，不准中途无故退学，如有违背此项章程者，当追缴已给津贴及膳费等项，以示惩处。

第二十条　凡学员中如有沾染嗜好、品行不端或荒废学业、不堪造就者，由监督审定，使之退学，其情节较重者，更禀请总督分别记过。

第二十一条　学员在堂，平日不得无故旷课，如有要事必须告假者，须呈请假凭单于监督，注明事故及期限，以备稽查。请假凭单式如左：

请假凭单（今有　　科学员　　　因　　　请假　　日准于　月　日　时回堂　　光绪　年　月　日）。

第二十二条　学员告假，常事每月不得过三天，如有婚丧、疾病等事故必须告长假者，届时呈明监督通蚀办理。

第七章　供膳及津贴

第二十三条　本学堂因房舍无多，所有学员概不寄宿，惟每日供学员早膳、午膳各一餐，免因食事往返，延误功课钟点。

第二十四条　本学堂学员皆系有职人员，不能无仰事俯畜之累，每月每员应由本堂筹给津贴银若干，以示体恤。

第八章　考　试

第二十五条　学员入学之初，须应入学考试，合格者始得录取入学，其考试科目如左：

史论一篇；时务策一道。

第二十六条　每逢学期及学年之终，于放假一星期前，就所习各学科命题考试，学年考试不及格者，仍留原班补习，不准升级。

第二十七条　评定考试分数，以百分为满格，平均不及六十分，分算一科不及四十分者，皆为不及格，惟平均已及六十分而分算仅一二科不及四十分者，准其就该科目请求覆试。

第二十八条　考试分数由本科教习评定，与平日功课积分合算，如平日功课八十分而考试得六十分者，以七十分计算，余仿此类推。

第二十九条　考试分数由监督汇齐，分别次第填明成绩表，附卷统呈总督鉴核。

第三十条　凡考试时，学员非有疾病，经医生证明及在告假期中，不能回堂者，不得藉端规避，如因疾病或告假，未及考试，或虽经考试而缺有科目者，准其于次学期或次学年之初呈请定期补考。

第三十一条　第二学年年终考试及格者即为毕业，一律给与毕业证书。

第三十二条　学员品行一科应如何考验之处，谨遵奏定章程办理。

第九章　奖　励

第三十三条　学员中如有学业优长，品行端正，足为同学表率者，由监督随时褒奖，其褒奖之法分二种，一、由监督分别出具切实考语，报呈总督嘉奖鼓励；二、给与奖品。

第三十四条　本堂学员毕业后，奖励分为三等，由监督会同藩司填明等第并毕业证书，择期敬请总督临堂行毕业式，所有毕业证书均由总督亲颁，再行定期颁布奖格。

一、一等奖尽先署理本班繁缺，二、二等奖尽先署理本班简缺，三、三等奖分别差委，四、道府二班届时议定奖励章程。

第十章　管理员、教员员数及其职任

第三十五条　本学堂所设管理员、教员名目及员数如左：监督一员，提调一员，日教习三员，华教习及通译三员，书记二员，会计一员，体操教习二员。

第三十六条　监督会同藩司专任延聘教员、酌定课程、总理全堂用人行政一切事宜。

第三十七条　提调禀承于监督专管全堂学员出入、接待来宾、指挥使役并管理图书馆一切事宜。

第三十八条　教员分任本堂所定各学科课程，无论何人，须一律受监督之节制。

第三十九条　书记专任文札、禀稿、信件及收发图书，会计专任收支出入等事，俱受监督、提调节制指挥。

第十一章　图书馆

第四十条　本堂设图书馆，购备书籍、报章，专供学员、教员研究参考之用。图书管理另有条规。

第十二章　附　则

第四十一条　本章程自禀准颁布日起，即为实行之期。

第四十二条　本章程专就现在情形而设，其有规画未周之处，谨参照奏定章程办理，其堂内管理条规，应由监督随时厘订施行。

第四十三条　本学堂俟毕业人数足敷委用时，即行停办，或归并北洋法政大学堂办理。

第四十四条　本章程如有应行修改之处，由监督会同藩司修改，禀请总督核准施行。

奉朱批：览，钦此。谨将拟订《直隶法政学堂管理条规》缮具清单，恭呈御览。

附：堂内通则

一、本堂起寝均有定时，春分后晨六点钟起，晚九点半钟寝；秋分后晨六点半钟起，晚十点钟寝，起寝时均以摇铃为号。

二、每日授课时间自八点钟起至午后四点钟为率。

三、按本堂管理员、教员、学员人数，制朱墨名牌悬之堂内，到堂时，由本人将名牌墨面取挂向外，出堂则易以朱面，务使本人是日在堂与否，一目了然。

四、堂内宜以清洁为主，由管理人分任检查，检查分两种：一，常时检查，由提调间日行之；二，临时检查，由监督临时行之。

五、凡学员每日入堂，除逢典礼日应衣公服行礼外，平日均有一律定服。

六、凡学员入堂时均不得自带仆从，本堂预备公役以供使唤，如有不服指挥之处，可随时陈明提调，量其轻重分别斥革。

七、凡学员每日到堂，均入学员休憩室就坐，无论风雨及有无兼差，总须于开课前十五分钟到堂，否则以旷课论。

八、学员在堂见各项办事人员均须致敬。

九、凡堂内各项条规均宜分贴各处，在堂人员宜各分别遵守无违。

附：讲堂条规

一、讲堂以内皆为教习权限所在，学员上堂后，一切须遵教员命令。

二、每次上下讲堂，均以鸣钟为号。

三、每次课毕，各休息十分钟。

四、学员上下讲堂均须鱼贯而行，且认定坐次，不得凌乱。

五、每日上下午各点名一次，如有旷课学员，即记入点名册内，按月汇报监督。

六、学员在讲堂除应用笔墨、讲义外，不得携带他物。

七、教员上下堂时，学员均须起立致敬。

八、凡授课时，学员非经教习许可，不得自离坐次。

九、学员听讲时，均须一律端坐肃静，不得自相言语，凡有疑难之处，可于质疑时诣教习处问难（定每日功课毕后一小时为质疑时）。

十、讲堂设有痰盂，无论何人不得随时吐沫，即纸片亦宜投入纸簏，不得任意抛弃，且不得吸烟用扇。

十一、学员在讲堂时，遇有外来参观人员，应否起立致敬，听候教员命令。

附：考试场条规

一、凡考试除带笔墨外，不准携带他物。

二、除对监场官有所质问外，不得互相谈话及笑语嘈杂。

三、未经监场官许可，不得擅自离位及出堂。

四、不准窥视他人之答案。

五、交卷后即趋出，不准留连。

六、交卷逾限者不录。

七、学员在试场如有不遵规则之处，监场官得告诫之，倘仍不遵从，监场官得令其出堂。

附：图书馆及阅报室条规

一、本堂所备各种图书报章，专为学员研究学问、周知时事起见，无论何人，概不借出。

二、图书馆除本堂教习、学员及管理员可随时入内阅览外，他人不得擅入。

三、凡入图书馆阅书者，须在该馆所设阅书簿内将本人姓名及所阅何书登记，记毕请收发图书员照簿发书，阅毕仍缴原处，不得携出堂外。

四、学员欲在图书馆取书至讲堂参考者，照上节办理。教习同。

五、图书馆所设各种图书报章，阅者均须加意珍惜，如有污损，须由取阅者照价赔偿，收发员不先声明，查出即由收发员赔偿。

六、本堂各项图书，遇有彼此同需一部者，应以先后为定。

七、图书馆内不得大声谈笑，免扰他人。

八、图书馆内不得吃烟、吃茶及随时吐痰。

附：接待所及休息室条规

一、本堂接待所专为接待来堂参观宾客之地，他人不得擅行出入。

二、本堂休息室分二种：一，教习休息室，专为各科教员公共休息之处，及接见宾客之地；二，学员休息室，专为各学员休息之处及接见宾客之地。但功课未毕，无论教员、学员均不得见客。

附：食堂及盥所条规

一、本堂饮食均有定时，春分后晨七点钟早膳，十二点钟午膳，晚六点钟晚膳；秋分后晨七点半钟早膳，午膳、晚膳时如前。

二、上食堂时均以摇铃为号。

三、食堂内置有痰盂，在坐者不得随地吐沫及吸烟。

四、盥所为公共盥洗之处，各学员食毕，先后就盥，不得凌乱。

附：浴室条规

一、本堂设有浴室，俾随时入浴，以重卫生。

二、入浴时间，春冬二季两星期一次，自二点钟起至四点钟止；夏秋两季一日一次，自四点钟起至八点钟止，巾胰自备。

附：病室及医官条规

一、本堂病室即就保定官立医院之养病室为病室。

二、本堂医官即以保定官医院之医官兼充。

三、学员如在讲堂发病者，申告教习；如在休憩室及散步时发病者，申告监督，一面请医师诊察，一面函告该员家属，或送医院调治，或自愿回寓医治，均听自便。

四、学员无家室在省，倘罹病于旅舍、会馆者，即由该舍馆使役立刻来堂报告，以便本堂遣医官往视，或就该处诊治，或送医院调理，以病之轻重为断。

五、学员罹病时，无论在何处，均听医师指授。

六、学员罹病时，本堂医官诊治者，其诊断书应逐日呈明监督，以昭慎重；其在医院者，由监督每日派员调查，或亲往视。

七、学员罹病或遇有不测，除由监督电知该员家属外，一面报告巡警局，请派员前往验看，及点收行李，一面禀请总督分别发给抚恤银两，以示体恤。

附：使役条规

一、本堂所有使役即经派定，各有专事，不得凌乱懈惰。

二、本堂所有各项使役，无论在堂在外，均著一律号衣，以便认识。

三、本堂所有使役见各科教习及诸位学员时，均须一律敬立。

四、如各科教习及诸位学员在讲堂时有客来会者，均须请在各休憩室就坐，非候下堂，不得回话。

五、门房设有门簿三本，凡每日来堂之客及会各科教习诸位学员之客，均须分别登记各项门簿。

六、本堂各处均设有电铃以代呼唤，铃响即须前往，不响不许入内。

七、伺候各位学员，无论官职大小，有无差委，一律勤慎恭顺。

八、平日不许饮酒及食大烟、赌博等事。

九、无论日夜，不许招闲杂人等入大门以内坐卧。

十、使役有事出堂，均须禀明提调，不得私行出门。

十一、本堂大门每夜于十点钟时上锁，非有要事，本夜不许再开。

十二、所有使役规则十二条，如有犯者，立即分别轻重，斥革不贷。

《北洋公牍类纂》卷三，吏治一，第26—30页

北洋法政专门学堂章程

（学堂设于天津，丁未七月开课）

第一章　总　纲

第一条　本学堂谨遵奏定分科大学章程，设于北洋天津地方，为教授高等法律、政治、理财专门学术之地，故定名曰北洋政法专门学堂。

第二条　本学堂以造就完全政法通材为主旨。

第三条　本学堂仿现在京师大学堂办法，定豫科三年为入正科之阶梯，正科分政治、法律两门，其年限则较京师大学堂减短一年，亦各定为三年而增加其课程钟点，计先后六年毕业，毕业后拟论酌照分科大学奖励，给予出身。

第四条　本学堂为造就目前政法急需人才起见，附设简易一科，分行政、司法两门，以教直隶地方绅士及外籍有职人员，一俟两班毕业人才略备，即行停办。

第五条　本学堂除简易科本国教员不足偶用外国教员，不能用通译传达外，无论正科豫科凡用外国教员讲授者，一概不用通译，使学生直接听讲，以节钟点而收实益。

第六条　豫科正科皆以每年暑假后开学至翌年暑假前散学为一学年，每学年分两学期，自暑假后至年假前为前学期，自年假后至暑假前为后学期，简易科学期应如何分算，于第四章下另有专条。

第七条　本学堂每年放假日期开列如左：一、年假，自十二月二十日至正月二十日；一、暑假，自五月二十日至七月初十日；一、万寿及先先师诞日；一、

端午及中秋日；一、每月星期日。

第二章　豫　科

第一节　学生资格及额数

第八条　本科每年招考学生二百名，著为定额。此项学生须年十六以上、二十五以下，中国文理通顺，曾读经史且略具普通知识者，经二十一条考试录取之后，始准入学。

第二节　课　程

第九条　本科应授学科开列如左：

伦理学、中国文学、日文日语、英文英语、德文德语、法文法语、中外历史、中外地理、算学、理化博物、辩学、法学通论、经济原论、体操。

第十条　本科授业钟点，每星期以三十六钟点为限，其各年级课程表如左：

第一学年：伦理学一、中国文学三、日语十二、英德法语六、历史三、地理二、算学四、理化博物二、体操三，每星期共计卅六钟点。

第二学年：伦理学一、中国文学三、日语九、英德法语八、历史三、地理二、算学四、理化博物三、体操三，每星期共计卅六钟点。

第三学年：伦理学一、中国文学三、日语六、英德法语十、历史三、地理二、辩学二、法学通论三、经济原论三、体操三，每星期共计卅六钟点。

第十一条　前条课程表中日文日语为将来听讲所必需，故学生人人均当注重，其余英、法、德三国语言文字，由学生于入学之初任意选定一国，不必兼学。

第三节　入学及退学

第十二条　本科入学期每年一次，于暑假前定期招考录取者，一律于暑假后入学肄业。

第十三条　欲入本科肄业者，须于每年招考期内至本堂学务课报名，静候考试。报名时须具履历书一份、照像片一张，录取后须再具誓约书及保证状各一份，其各式如左：

甲、履历书式（各书状用纸由学堂印刷预备，以归一律）

履历书

姓名　年岁

三代

籍贯

本籍住所

在津住所

出身及官阶

曾经肄业学堂

曾经肄习学科

右具履历是实，光绪　年　月　日　姓名　谨具印

乙、誓约书式

誓约书

学生姓名　　年岁

今蒙贵学堂录取入豫科肄业，所有堂中一切章程自当遵守，无违此约。

光绪　年　月　日　姓名　谨具印

右呈　北洋政法专门学堂监督口

丙、保证状式

保证状

本人姓名　　　年岁　　　省　　　府　　　县人

右开学生　蒙　贵学堂取入豫科肄业，愿保证该生在堂中无积欠学膳经费及玷辱学堂名誉等事，须至保证书者（附记住址及职业）

光绪　年　月　日　保证人姓名　谨具印

右呈北洋政法专门学堂监督口

保证人须身家确实可靠，现住天津本地者，保证人日后如有变故或移出天津地方，该生须另觅妥人作保。

第十四条　本科学生人数不满定额时，亦可于每学年之始由本学堂出示招考，收录程度相当者，编入各本班随同肄业，应此项编入考试者报名时及录取

后，应具书状与前条同。

第十五条　本科学生原为将来入正科地步，故非正科毕业未便令其中途轻易退学，即真有疾病或其他不得已事故欲求退学者，亦须约同保证人具理由书于本堂学务课，允否静候监督批示遵行。

第十六条　本科学生有遇以下所列六事者，得由监督审定，使之退学：一、品行不端者，二、荒废学业者，三、两次学年考试不及格者，四、两期不缴学费或膳费者，五、不遵本堂章程命令者，六、身膺痼疾难胜学课者。

第四节　学费及膳费

第十七条　本科学生每月须缴学费三元，三个月合缴一次每次应缴九元，由本堂会计课分四期，于二、五、八、十一月初旬五日内征收。

第十八条　本科学生务于前条所定期限内将学费缴纳清楚，倘有积欠至二期以上者，应照第十六条第四项所定处理。

第十九条　本科学生每月应缴膳费五元，按第十七条所定期限随学费上缴，倘有积欠，与前条处分同。

第二十条　学生已交学膳费而中途因事退学者，其余款概不退还。

第五节　考　试

第二十一条　本科入学考试定于每年暑假前举行，其考试科目如左：

国文，试以经义史论各一篇。

外国文，试以日、英、德、法浅近文法或翻译，作者以一国为限。

数学，试以笔算例题。

以上三种科目以全作为上，其未习外国文及数学者不做，亦听。

第二十二条　本科编入考试视各年级学生不满定额时，于每学年之始举行，须照既授功课程度出题考试，务使无躐等之弊。

第二十三条　每学期及学年之终，应就既授功课考验学生成绩一次，学年试不及格者仍留原级补习，不准升级。二次考试不及格者，应照第十六条第三项所定办理。

第二十四条　学生非有疾病经医生证明及在告假期中早离本堂者，学期学年考试时不得藉故规避。

第二十五条　学生因前条所定事故，学年未经考试或虽考试而缺有科目者，准其于次学年之初呈明本堂学务课，候监督批准定期，就所缺科目补行考试。受此项考试者，须先纳补考费二元。

第二十六条　本科第三年学年考试及格者即为毕业，一律授予豫科毕业文凭，准即升入正科，不必再行考试。

第二十七条　评定考试分数以百分为满格，平均不及六十分、分算一科不及四十分者，皆为不及格，惟平均已及六十分而分算仅有一、二科不及四十分者，准其就该科目请求覆试。

第二十八条　学年考试分数既定，酌定前列数名为优等生，由监督酌与利益如左：一、免次学年全年或半年学膳费，二、受领名誉褒状，三、受相当之奖赏品。

第二十九条　学生品行一科应如何考验之处，谨遵奏定章程酌量办理。

第三章　正　科

第一节　学生资格及额数

第三十条　本科所收学生每年以二百名为定额，须本堂豫科毕业生或程度与之相当而经 第四十条考试录取者，始准入学。

第二节　课　程

第三十一条　本科分政治、法律两门，由学生于入学之初自由选定，兹将各门学科开示如左：

政治门：大清会典、大清律例、政治学、经济学、财政学、社会学、行政法、民法、宪法、刑法、商法、国际法、裁判所构成法、警察学、地方自治制论、选举制论、统计学、簿记、商业通论、外国语。

法律门：大清会典、大清律例、法理学、政治学、宪法、行政法、国际法、民法、刑法、商法、刑事诉讼法、民事诉讼法、裁判所构成法、登记法、监狱学、警察学、经济学、财政学、统计学、外国语。

第三十二条　本科两门授业钟点，每星期均以三十二点钟为限，其各年级课程分别列表如左。

政治门课程表：

第一学年：政治学三、比较宪法三、大清会典二、大清律例二、民法要义

三、刑法总论二、经济学原理三、货币论二、最近世界政治史二、国际公法四、外国语六，每星期共计三十二钟点。

第二学年：政治学史经济学史二、比较行政法六、中国法制史经济史三、大清律例二、商法要义三、财政学三、应用经济学三、银行论二、社会学二、国际私法二、外国语四，每星期共计三十二钟点。

第三学年：政治哲学生业进化论二、地方自治制论三、选举制论国库制度二、警察学商业通论二、外交通义外国贸易论二、财政学三、应用经济学三、外交史二、中外通商史一、国际先例财政史二、统计学二、簿计学二、实习二、外国语四，每星期共计三十二钟点。

附注：本科目第二年起再分政治及经济两专攻科。专政治者，第二年省习中国经济史、经济学史，第三年省习生业进化论、商业通论、国库制度、外国贸易论、财政史；专经济者，第二年省习中国法制史、政治学史，第三年省习政治哲学、选举制论、警察学、外交通义、国际先例诸科目。

法律门课程表：

第一学年：法理学三、政治学二、比较宪法三、大清会典二、大清律例二、民法四、刑法总论三、裁判所构成法一、经济学原理二、国际公法四、外国语六，每星期共计三十二钟点。

第二学年：罗马法一、比较行政法三、历代刑律考二、大清律例二、民法五、商法六、刑事诉讼三、财政学二、国际私法二、刑法各论二、外国语四，每星期共计三十二钟点。

第三学年：外交史法律哲学一、比较行政法三、各国法制比较二、警察学二、监狱学二、商法六、国际先例登记法二、民事诉讼法六、统计学一、现行租界会审制度一、诉讼实习二、外国语四，每星期共计三十二钟点。

附注：本科至第三学年略分国法及国际法两科，注重国法者省外交史及国际先例，注重国际法者省法律哲学及登记法。

第三节　入学及退学

第三十三条　本科俟第一班豫科生毕业即行开办，开办后仍以每年暑期后开学时为入学期。

第三十四条　本学堂豫科毕业生升入本科肄业者，须另具誓约书及保证状，其式如左：

丁、誓约书式

誓约书

豫科毕业生姓名　　年岁　　今愿升入　贵学堂正科政治门（或法律门）肄业，所有堂中一切章程自当遵守，无违此约

光绪　　年　　月　　日　　姓名　谨具印

右呈北洋政法专门学堂监督口

戊、保证状式

保证状

本人姓名　　年岁　　籍贯

右开学生　今蒙贵学堂许入正科政治（或法律门）肄业愿保证该生在堂中无积欠学膳费及玷辱学堂名誉等事，须至保证者（附记住址及职业）

光绪　　年　　月　　日　　保证人姓名　谨具印

右呈北洋法政专门学堂监督口

保证人资格及易人一节，与豫科同。

第三十五条　豫科毕业生升入本科，人数不满定额时，在第一年开学前应许与本堂豫科毕业生程度相当者前来报考，唯须受第四十条考试录取后，始准一体入学。

第三十六条　照前条所定，欲入本科肄业者，须于入学考试前到本堂学务课报名，报名时须具履历书一份及照像片一张，录取后须再具誓约书及保证状各一份，其履历书、誓约书、保证状各式，应分别照第十三条及三十四条定式填写。

第四节　学费及膳费

第三十七条　本科学问程度日高，学堂一切授业费用较豫科时骤觉增巨，故入本科后每月应增收学费一元，合四元之数，以示区异。

第三十八条　本科学费三个月合缴一次，每次应缴十二元，一年分四期，照第十七条所定期限交会计课收纳。既缴费而中途退学者，与第二十条同。

第三十九条　本科住斋学生应缴膳费一节，均照豫科办理。

第五节　考　试

第四十条　本科于豫科卒业生入学，本无庸考试，此种入学考试，乃专为本

科定额未满时别收程度相当学生而设，故仍定于正科第一年开学前举行，其考试科目程度，应视本堂豫科毕业生所习过者出题考试，其应试科目如左：国文，日文日语、英德法文及语（作者以一国为限）、中外历史、中外地理、笔算代数、平面几何、辩学、法学通论、经济原论。

第四十一条 本科学期及学年考试均照第二十三、第二十四、第二十五三条所定办理。

第四十二条 本科毕业考试除第三学年既经出题考试外，应加论文一种试法。

第四十三条 论文由学生就三年中所学有心得者，自由设题，作论一篇，至少须以一万字为率，不满一万字者，以未作论。

第四十四条 论文题目既经选定，须于本学年考试前二月报明本堂学务课。

第四十五条 论文以精博能发挥己意为主，故于其作文时毫不加以监制，唯豫示一交卷日期，逾期不交者，其卷虽佳，不复收纳。

第四十六条 论文考试分数仍作一门，分数照第二十七条算法评定，其余各门分数均照第二十七条及第二十九条评定办理。

第四十七条 本科学年考试酌取前列数名为优等生，应与利益与豫科同。

第四十八条 本科毕业考试合格者，授予毕业文凭，除照第三条一律奖给出身外，其考列最优等者，应呈明北洋大臣，请分别议奖，以示优异。

第四章 简易科

第一节 毕业年限及学期

第四十九条 本科定一年六个月毕业，分为三学期。其计算法，譬如正月开学，则自开学至暑假前为第一学期；七月开学，则自暑假后至年假前为第二学期，由此类推，无得错乱。

第二节 学员资格及额数

第五十条 本科分行政、司法两门，行政门定学额一百五十名，教直隶地方绅士；司法门定额一百名，教外籍有职人员。

第五十一条 直隶地方绅士及外籍有职人员，经第六十二条考试录取后，皆准入本科肄业，唯年逾四十五岁者，概不收录。

第三节 课 程

第五十二条 本科行政门以养成地方自治人员为主，司法门以养成谳局人员及律师为主。兹将两门学科分列如左：

行政门：大清会典、大清律例、政治学、经济学、财政学、统计学、卫生学、警察学、地方自治制论、选举制论、法学通论、国际法、宪法、行政法、刑法、民法、商法、裁判所构成法、户籍法、辩学、历史地理、日语日文。

司法门：大清会典、大清律例、政治学、法学通论、经济原论、宪法、行政法、刑法、民法、商法、国际法、刑事诉讼法、民事诉讼法、裁判所构成法、财政学、警察学、监狱学、统计学、辩学、地理历史、日语日文。

第五十三条 本科两门授业钟点，均以三十点钟为限，其各学期课程表分列如左：

行政门课程表：

第一期：政治学三、比较宪法三、大清会典二、大清律例二、法学通论三、刑法总论三、经济原论三、辩学二、世界近世史三、政治地理二、国际公法二、日语日文二，每星期共计三十钟点。

第二期：比较行政法四、大清律例二、民法要义四、刑法各论二、商法要义二、国际公法二、裁判所构成法二、中外通商史二、应用经济学三、财政学二、统计学二、卫生学一、日语日文二，每星期共计三十钟点。

第三期：比较行政法四、地方自治制论三、选举制论二、民法要义二、大清律例二、商法要义四、警察学三、国际私法二、货币银行论二、财政学二、户籍法二、日语日文二，每星期共计三十钟点。

司法门课程表：

第一期：法学通论三、政治学三、比较宪法三、大清会典二、大清律例二、刑法总论四、国际公法二、经济原论二、辩学二、世界近世史三、政治地理二、日语日文二，每星期共计三十钟点。

第二期：比较行政法二、民法六、大清律例二、刑法各论四、商法四、刑事诉讼法四、国际公法二、裁判所构成法二、财政学二、日语日文二，每星期共计三十钟点。

第三期：比较行政法二、大清律例二、民法二、警察学三、监狱学三、民事诉讼法六、商法二、国际公法二、应行租界会审制度二、统计学二、实习二、日语日文二，每星期共计三十钟点。

第四节　入学及退学

第五十四条　本科须俟第一班毕业，再开新班，故入学期不能前定，临时应由监督定期布告。

第五十五条　凡外籍有职人员欲入本科肄业者，须于入学考试三日前到本堂学务课报名，报名时应照第十三条甲号书式开具履历书一份、照像片一张，考取后再具誓约书一份，其格式如左：

己、誓约书式

誓约书

学员姓名　　年岁　　　今愿入贵学堂简易科　　门肄业，所有堂中一切章程自当遵守，无违此约

光绪　　年　　月　　日　　姓名　谨具印

右呈北洋政法专门学堂监督口

第五十六条　凡入本科之地方绅士，须由各府厅州县保送来津，经六十二条考试合格者方准入学。至此项学员应由地方官考选或由劝学所公举，及每县应派定若干人，均俟临时酌定办理。

第五十七条　凡地方绅士由各处保送来津应考者，须于试期三日前到本堂学务课填写履历书，录取后应再具誓约书，格式俱同五十五条。

第五十八条　本科所取学员人数不满定额时，在第一学期开学三月以内，凡有职人员愿入堂随班肄业者，应不拘省界，使应第六十三条考试合格者，一律取录入学。其试期前到本堂学务课报名时，除具第五十五条所定书状外，应添具保证状，其格式如左：

庚、保证状式

保证状

本人姓名　　年岁　　籍贯　　官阶

右开学员　今蒙贵学堂取入简易科司法门（或行政门）肄业，愿保证该员在堂中当一律恪守定章，不致有玷辱学堂名誉等事，须至保证者（附记住址及职业）

光绪　年　月　日　保证人姓名　　　谨具印

右呈北洋政法专门学堂监督口

保证人资格及易人一节，准豫科办法。

第五十九条　本科学员除膺痼疾、万难就学外，中途呈请退学者，概不允准。

第六十条　本科学员遇有下列六事者，由监督审定，使之退学：一、品行不端者，二、旷废功课者，三、两次学期试验不能升班者，四、不遵本堂章程命令者，五、沾染嗜好者，六、应缴学膳费而两期不缴者。

第五节　学费及膳费

第六十一条　本科绅士一项，学员所有学费、膳费一概免缴，外籍有职人员每月应缴学膳费数目办法，悉准豫科各条。

第六节　考　试

第六十二条　本科入学考试于第一期开学前举行，应试科目如左：史论一篇，时务策一道。

第六十三条　本科临时入学考试在第一期开学三月以内随时皆可举行，应试科目与前条同。

第六十四条　本科学期考试，准用第二十三、二十四、二十五三条中学年考试条项。

第六十五条　本科第三学期考试及格者即为毕业，一律授与毕业文凭，视其名次高下请北洋大臣分别奖励。

第六十六条　本科考试评定分数应照第二十七、第二十九两条办理。

第六十七条　学期考试定前列数名为优等生，由监督酌与利益如左：一、受领名誉褒状，一、受领相当之奖赏品，一、应缴学膳费者免次学期全期或半期之学膳费。

第七节　傍听员

第六十八条　本科为本郡现有常职人员而愿附学者谋便利起见，特设傍听员，此项人员额数，一以本班讲堂容人多寡为定。

第七十条　傍听员于本堂定章，除讲堂规则应与学员一律遵守外，其余各章皆可通融办理。

第五章　管理员及教员

第一节　管理员、教员名目及员数

第七十一条　本学堂应设管理员、教员名目员数如左：

监督一员、教务长一员、正教员未定、副务员未定、学务官一员、掌书官一员、庶务长一员、文案官一员、会计官一员、杂务官一员、斋务官一员、监学官未定、医官一员，以上正副教员及监学官员数，与学生人数多寡及学堂事务功课繁简均有关系，应俟临时酌定。

第七十二条　前条所举各职员，除监督由北洋大臣札委充当外，其余各员均由监督量材延聘委用，惟聘用外国人员，应以教员为限。

第二节　管理员、教员之职务权限

第七十三条　监督总理全堂用人行政一切事宜，并得随时厘定本堂应行规律，对于局外兼有代表本学堂之权。

第七十四条　教务长禀承于监督，管理全堂功课及学生入学退学考试等一切教务事宜，并兼理图书、仪器、标本添置存储各事，正副教员、学务官、掌书官皆属之。

第七十五条　正教员担任各种专门学科，副教员襄助正教员教授各种学科，正副教员无论本国人及外国人，均当随时与教务长商酌施教，并一律归监督节制。

第七十六条　学务官禀承于教务长，专管关于学生入学、退学、考试一切教务。

第七十七条　掌书官禀承于教务长，专管图书、仪器、标本收发存储一切事务。

第七十八条　庶务长禀承于监督，管理堂中教务、斋务职掌外一切事宜。文案官、会计官、杂务官皆属之。

第七十九条　文案官禀承于庶务长，专掌本堂中往来文札、禀稿、信件拟稿及存案一切事务。

第八十条　杂务官禀承于庶务长，专司本堂银钱出纳、豫算决算一切事务。

第八十一条　杂务官禀承于庶务长，经理本堂中厨务人役、房屋器具，及文案、会计职掌外一切杂务。

第八十二条　斋务长禀承于监督，整饬斋舍、监查学生起居兼管理学堂卫生事宜，监学官、医官皆属之。

第八十三条　监学官禀承于斋务长，考验学生行检邪正及功课勤惰，学生有不守本堂规律及旷废学业者，纠正而督劝之，并掌检查学生食宿、被服一切事务。

第八十四条　医官禀承于斋务长，掌诊治疾病暨学堂一切卫生事务。

第三节　职员会

第八十五条　监督至少每月需邀集本堂中管理员及教员开会议一次，以谋公益而通情意。

第六章　斋　舍

第八十六条　本学堂设有斋舍，供各科学生居住。

第八十七条　本学堂豫科学生无论何人皆须住斋，正科简易科学生学员确有碍难情形不能住斋者，须得监督允许后，方准在外食宿。

第七章　图书馆

第八十八条　本学堂设有图书馆，藏储中外各种有关政法书籍，以供学生参考之用，凡本堂管理员及教员亦得随时取用所藏书籍，以资研究。图书管理另有专章。

第八章　附　则

第八十九条　本章程所未备载之处，悉照奏定章程办理，其管理琐细规条，应由监督随时厘定。

第九十条　本章程如日后有应加修改之处，须经职员会决，议请北洋大臣核准后，始得改正施行。

《北洋公牍类纂》卷三，吏治一，第36—46页

请办理各种新政必用专门人才

学而后仕，未闻仕而后学，吾古人既已言之矣。况办理各项新政，尤必需用学问，经验其犹次也。仆所提议扩充各种学堂，即以造成专门人才为主义，然不豫杜其倖进之门，则聪明才俊之士稍有凭借，即不能无所希望，安肯抛弃其时力以攻苦求学乎？况办理各种之新事业，参用无学之旧人才，依违牵制，腐败更甚，前车已可鉴矣。拟请本省各项新政，如审判、巡警、电报等类，及仆所主张之各种学堂、调查会等类，凡已设有专门学堂者，或已有游学归国者，自总办以下，必选任专门人才，无以空疏无学之候补府道杂厕其间，此维新之第一要著，而不可轻忽视之者也。盖国家用人之柄最足以转移风气，北洋自维新以后，需才孔亟，大开倖进之门，巧宦之徒视为捷径，夤缘奔竞，相习成风，气节日偷，廉耻道丧，小之为行政之毒，大之为亡国之由。欲挽此弊，固非一途，然专门事业必用专门人才，虽不能尽绝根株，而运动之范围亦狭。且中国先贤之言治也，以人治为主义，泰西明哲之言治也，以法治为主义，两者虽若相反，究之，无法不足以为治，徒法亦不能自行。使非其人则法亦虚设，外人谓中国变法，惟改换其一二之名目，颁布数条之章程，而其内容则无何等之变动，以此决中国变法之不能成。所以致此之由，皆在有用人之责者，以调和新旧为主义，不能确定其取任之范围。岂知旧人才一日不去，则新法制一日不能实行也，惟必用专门人才乃可渐除此弊。今日中国之所行者，无一非救亡之政策，奈何犹瞻循顾忌，而必循前轨也，或曰学堂出身之人才，资格不足，阅历太浅，其不能胜任愉快，恐较旧人才为尤甚。呜呼，是亦不思之甚矣！夫今之所谓资格者，不过几品之头衔耳；今之所谓阅历者，不过官场之故习耳。其学既足用矣，虽缺于此，抑岂遂为人才病乎？提倡专门人才以为求学劝，与仆前所主张者，实一贯之政策也。

《大公报》第二千六百二十七号，宣统元年九月廿九日（1909年11月11日），第二张，第3页

自治·开办自治研究总所

吾国人之言自治。嚣嚣然已数年矣。城镇乡议董会章程既已颁行，厅州县议董会章程亦将宣布，国家提倡之者未尝不至，乃观于吾民，一方面有不觉索然气尽者。世惟文明之民族能造文明之社会，人民有自治之能力，斯有自治之效果。今则搢绅耆老未受普通教育，任择一事而皆非所通；编户齐民并无共同观念，与谋一业而悉不我助。比年以来，立学堂、设警察，已历有明征矣。今乃以自治，各种文明事业日召乡人父老而与之谋，即使勉强赞成，以未尝学问之人当待学而成之任，形式虽具，精神毫无，虽有自治之名，并无自治之实。况闻此而骇怪反走者，更比比然乎。直隶自治，一线生机全在自治传习所，今虽未能实行，少数人脑识中尚知有自治二字，惜毕业者仅有三班，遂尔中止。今自治局虽亦曾提议遵照部章开办自治研究总所，而闻所禀请者，范围甚狭，仅为各厅州县未送入自治传习所者，补其缺遗，其为效亦微矣。各厅州县虽有自治研究分社，然多名不副实，且其教授之法亦未易美善也，拟请遵照部章，自治研究总所作速开班，肄业者仍按以前办法，分配于各厅州县选送，俟至少须再开四五班，必至研究无人，乃为停止。此实行自治入手之第一著，而必不容已者也。

《大公报》第二千六百二十八号，宣统元年九月三十日（1909年11月12日），第二张，第3页

天津府自治局禀筹设地方自治研究所暨派员宣讲自治法理编辑白话讲义文并批

敬禀者，窃卑府等前蒙宪谕，设立天津府自治局，业将开局日期及调派各员绅衔名禀明在案，嗣奉批示，饬将未尽事宜随时禀报等因。仰见宪台勤求上理，百度维新，莫名钦佩。窃维立宪之基础，始于地方自治，而地方自治之基础，始于人人皆有普通之智识，事关创举，利害得失所在，苟缙绅之间不能心知其意，每至阻力横生，事倍而功半。查天津府城学堂林立，风气早开，故奉诏预备立宪之日，无不欢呼踊跃，各绅董拟设立宪法讲演会，以为四民提倡，而乡间绅耆或以距城稍远，于地方自治制度多未谙悉，至静海、青县、沧州、南皮、盐山、庆云六属，士风笃厚，亦能讲求新政，惟法律智识尚多未尽开通，卑府等现拟在天津初级师范学堂内筹设地方自治研究所，选送天津各属品学较优，富于经验而孚于乡评之绅董，入所研究讲习，除天津城已设讲演会之绅董，人多地近，不用另筹房膳外，其四乡绅董拟选送八人，静海、沧州、青县每属选送八人，南皮、盐山、庆云，地稍僻远，每县拟送六人，由卑府等筹给每人每月房膳费银六两，以示优待之意。该所教习，拟派曾经毕业法政专门者为正讲员，毕业法政速成者为副讲员，以四个月为毕业，毕业之后，由卑府等查取研究学理，已有心得者，将成绩列表呈候宪台核定，以备发回原籍，帮同地方官办理自治事宜，则将来一切新政，自可推行无阻矣。再，法政速成毕业之员绅，可否亦令一律在所研究，以期所造益深，储为有用之才，除已派入自治局及发审公所各员绅无庸支给房膳费外，其余在津各绅亦拟一律月给房膳费银六两，以示体恤。另据员绅名单，附呈钧览。至此次经费，拟先由卑府等垫支，所有筹设地方自治研究所各缘由，是否有当，理合具禀陈明，伏祈宫保批示遵行。专肃，恭叩勋安，伏乞垂察。

敬再禀者，前于拟呈自治局开办简章内，禀准由职局选派员绅先在天津府城宣讲自治法理，现在教育尚未普及，识字之民尤稀，故目前于宣讲一事，似属暨关紧要，而宣讲尤以本地绅士能操土音者为合格，兹已选派法政速成毕业回国之直隶举人高振鋆、赵宇航、步以韶、附生高振祎充宣讲员，先就天津府城已设之宣讲处，轮日讲演地方自治之法理及利益等事，此外四乡陆续推广并编白话讲义，月出一册，由局印送，以期家喻户晓，风气普开。所有职局业经派员在城宣讲并编白话讲义各缘由，知关宪廑，合并附陈，耑肃，恭叩勋安，伏祈垂督。

督宪袁批：禀单清折均悉，自奉明诏预备立宪以来，法政之学，凡官绅士民无人不当讲习研究，以副预备之实。该府所拟筹设地方自治研究所及办理各法，均属妥善，至宣讲自治法理及编辑白话讲义，尤为开通社会之要举，惟法学精深，常人不能尽解，而专门名词尤非谚语所能迻译，或失之文，或失之俗，皆非所宜，应如何斟酌尽善之处，仰饬该讲员等悉心讨论，总以多数之人易于领解为要。此缴。

《北洋公牍类纂》卷一，自治一，第1—2页

天津府自治局禀准筹设自治研究所规则

第一条　本所附属于自治局研究地方自治之学理法则，以普及各属实行无阻为宗旨。

第二条　本局调集本府七属选派士绅为研究学员，法政速成毕业官绅为研究讲员，以便共同研究。

第三条　本所研究以四个月为一期，每期由督理于研究讲员中选派出讲。

第四条　本所除选派定员外，有法政专门及热心自治者随时订请讲演。

第五条　研究学员之外，另设傍听席，凡愿听者可先行来局报名，注册存记。

第六条　研究所科目如左：一、自治制，二、选举法，三、户籍法，四、宪法，五、地方财政论，六、教育行政、警察行政，七、经济学，八、法学通论。

第七条　研究学员于第四月终，由督理就所研究各门出题试验，将成绩列表，禀候宫保核定。其旁听学员实有心得，呈请与试者一律办理。

第八条　本所功课时刻、听讲名簿以及一切未尽事宜，由庶务员随时公布。

附：寄宿舍规则

第一条　本寄宿舍附设府学，即请府学教官照料。

第二条　凡住本舍之学员应遵守本舍之规则及府学教官之训示。

第三条　凡欲入舍者，须到自治局报明，由本局汇送附学，听候指定住屋。

第四条　凡住舍之学员悉系体面士绅，应予优待，惟文庙重地，住舍学员亦宜格外谨慎，以昭郑重。

第五条　凡住舍学员有故请假出外时，须陈请府学教官，得其许可。

第六条　每日早起应在六点半钟，至十二点吃中饭，六点半钟吃晚饭，十点钟就寝，就寝后一律熄灯。

第七条　每日视住舍人数之多寡，按照定时开饭，过时不候，亦不另备客饭。

第八条　本舍雇用仆役二人，专司洒扫并应学员使令等事，如仆役不从，使令者应请由府学教官处置。

《北洋公牍类纂》卷一，自治一，第2—3页

六、顺直谘议局议案

顺直谘议局议决案·议决交议四十六厅州县粮租案

案查良乡等四十六厅州县改为征银一案，经议员等累日讨论，佥谓此案关系重大，筹议稍有未当，非病官即病民，若不从根本上着想，终无由解决。但如原案所议，施之目前，推之将来，有不可行者三焉。

一曰征银征钱转变无定，不能划确定之界限也。国家定例征收粮租俱系用银，而民间行使则系制钱，故完纳粮租，名为完银，是系银钱并征，而纳钱者且居多数。但纳钱非由于征钱，不过因行使之便而用之。前此良乡四十六厅州县，酌提制钱四百文作为学费，即于征银折钱数内提之，名为征钱，只系官场沿用之名词，其实仍征银也。查光绪二十八年原奏内有云，折征制钱在二千七百余文及二千八九百文之多，又云折价较多之良乡等四十六厅州县，又云折征制钱在二千四百文以上。既言折征则仍系征银，可知苟为征钱，何复言折，今该州县等乃请改为征银，本系征银，何所谓改，且既言改为征银，又谓零星小户随市价交钱，各属封粮。零星小户约居十之八九，是改名征银，实仍征钱，名实之间，惝恍不可捉摸，徒授胥吏以欺侮小民之柄，此其不可行者一。

一曰改复征银之名，而折合少有不符，适所以启讼端也。国家币制未定，以银折钱，以钱易银，市价随时涨落，而征银折钱之处，名为按市价折合，其实未有不高出于市价之上者。前升任藩司廷厘定章程，即以其折合之浮收太钜，因稍示以限制。今该四十六厅州县等纷纷以征银为请，实欲破坏此限制。此限制一破，则市价每日有涨落，其折合之价，即可随意为低昂，而弊窦潜滋，其纷扰将不可胜言，盖既昭昭。然改名征银，则乡民之狡黠者，携银呈交，其平色之争，当无已时。若零星小户之折钱，则向例皆每日由钱肆呈报市价，复由地方官自定为征价，证之现时征银折钱之九十八州县，其征价适与市价符合者甚尠，乡民何知，惟一任户书吏胥随意折合而无可如何。故近年因折价浮收而兴讼者，已层见叠出。今夏，蠡县张令祖厚每银一两按制钱二千四百文征收，乡民兴讼半年，幸经藩司严饬，遵照奏章不得逾于二千之数。蠡县固征银折钱者，今该四十六厅州县，即使改为征银折钱，果遵照奏章办理，恐亦与现时征收所得之数无异，若遽更易前此奏章，则市价与折价之争，全省人民方睊睊疾视，势必至接踵而起，而讼端无时或息矣。此其不可行者二。

一曰九十八厅州县亦宜遵照奏章办理，不可破坏成案也。查廷藩台通饬有云，九十八厅州县折征在制钱二千文以下者，及一千九百文以下者，均照旧章征收；又云如有不肖州县，巧立名目，藉端浮收，及浮报银价，多取钱余情弊，一经查出，或被告发，即行从严参办。又前督部堂裕告示，谓由司通饬各厅州县，一体遵照办理，自本年下忙为始，应征粮租遵照此次奏定章程，各州县不准于定章外借端浮收，今若谓原系征银，无庸置议，别九十八厅州县于四十六厅州县之外，恐致破坏前此奏章，任意增加折价。此其不可行者三。

有此三不可行，而地方官如实有赔累，既不能酌筹津贴，又不能免解盈余，令各州县枵腹从公，亦岂可为长策？窃以为补救赔累与整顿征收，当分为二事，不可浑而为一，各宜从根本上解决，不可枝枝节节而为之。所谓根本上之解决者，欲补救赔累，必须查明各项陋规，通盘核算；欲整顿征收，必待划一各种币制，广铸通行。然此二者皆难刻日成功，而地方官又迫不容待，议员等公同筹议不得不暂为补苴之谋，对于赔累有救济之法二：一曰清赔累之源，一曰究赔累之实；对于征收有整顿之法二：一曰预定征收货币之种类，一曰渐设存汇粮租之机关。

曷谓清赔累之源也？我国官俸与办公经费混而不分，各州县只给俸廉，办公已敷用，而俸廉之内，则又有摊捐之款，有扣抵之款，既无以自养矣，又有上司节寿之费，委员供应之费，种种剥削，何一非州县赔累之源，如能一概免除，各州县之困苦自能轻减，若但于粮租 征收上求之，恐去题愈远，愈难有济，此事实之显而易见者也。

曷谓究赔累之实也？近年虽银价稍涨，果按制钱两千征收，余利虽减，尚不至遽言折阅。且各州县陋规亦不一种，杂税有之，各行有之，豆草车价有之，种种名目，皆其进款，若不问所得之正当与否，但于赔累处计算，亦须统合乘除，乃能知其确数。若仅就征粮一项之为赔累，所谓不揣其本，而齐其末也。即论征粮，有有例耗者，有无例耗者。有耗者亦有一正一耗，及一二三等差别，其倾镕火耗等项，亦少则数分，多则四钱四分，未能一律。若不为统合计算，遽以征收陋规减少而定为赔累，觉名实未符，各州县实不易综核也。

曷谓预定征收货币之种类也？征收上之有例耗、倾镕、火耗者，皆缘币制未定之故，国家亦知其弊，已降明诏制定币制，只以议论不一，铸造需时，亦不能遽除积弊，前既病民今又病官，势不能不思变计。查一两银币虽未颁行，而市上通用龙元宝已不少，纵未能遍于全省，其流通州县已居多数。本年浙江巡抚增□奏加收税契、酌议银洋折价一折，内载浙江司局各库收纳通用银币，每一元五角作库平银一两，历办如斯。此法行之浙江，讵不可行之直隶；行之税契，讵不可行之征收粮租。应由督部堂奏明请旨，将各州县之通使银元处所征收粮租，俱按浙江银洋制钱与库平银折合数目计算，解交度支部，亦俱用龙洋交纳。凡一切例耗、倾镕、火耗，既无所用，俱行免除。其未经通行银洋之各州县，以渐改征银洋，其学费一项，因行使银元，盈余无出，则另筹的款，以重教育。当货币未制定之时，先行札饬各州县征收银元，切实办理，所谓预定征收货币者此也。

曷谓渐设存汇粮租之机关也？查各国租税有征收机关，有存汇机关。征收一事，不特司法官不能兼理，即行政官亦不能兼理。我国行政、司法官制尚未分设，征收机关姑不具论，至于存款，州县尚有库房，汇款则无适当处所。查各国国家遍设银行，租税之存汇，俱由银行经理，各地方无银行者，有代理银行行之，无解费、部费、纸张、饭食等项。今我国银行尚未普设，然各州县虽至僻极瘠地方，亦有一二殷实银行，择定一处，以司租税收纳汇拨之事，于事实既甚便利，于银号存而未解之时，亦足以资一时之周转，诚能妥订规则，共为信守，亦未有不愿受委托者。有此机关，则一切解费、部费等项概予免除，并由督部堂咨部查照。如此种机关不能同时并设，亦可以逐渐举行，试行无弊，再一律普办。所谓渐设存汇机关者此也。

查各州县赔累，在征收上，亦因各耗各费不能减免，如此办理，银价已轻减许多，加以救济赔累、整顿征收，各设方法，各图补救，不使病官，亦不使病民。当此清理财政、预备立宪之时，如能分别札行，并奏明办理，既于现时情势不甚隔绝，自不难渐次试办，行见直隶一百四十余州县，上下相安，官无赔累之虞，民间之负担且因之稍减，而亦无不均之患矣，为此公同议决，呈候公布施行。

《大公报》第二千六百七十八号，宣统元年十一月廿一日（1910 年 1 月 2 日），第 5—6 页；《大公报》第二千六百七十九号，宣统元年十一月廿二日（1910 年 1 月 3 日），第 5 页；《大公报》第二千六百八十号，宣统元年十一月廿三日（1910 年 1 月 4 日），第 5 页

汇录督院陈札复谘议局各案文·札复呈复交议良乡等四十六厅州县粮租征银案

为札复事，据顺直谘议局呈复交议良乡等四十六厅州县粮租征银一案，业由前护督部堂先行札复在案，兹经本督部堂详加复核，议案所称此案关系重大，筹议稍有未当，非病官即病民，自是持平之论，惟原案所虑三不可行，自当预筹防维之策，实则详晰审度，均有勿庸过虑者，为说明理由如左：

一、原案征银征钱转变无定一节，查光绪二十五年前督部堂裕据升任廷藩司详称，因银价日落，钱价日涨，良乡等四十六厅州县折征地粮，有每两多至二千七八百文，请自是年下忙为始，每正银一两连耗杂等项减为折征二千文，嗣后银价续有涨落，再行酌中核定，奏准在案。现在银价大涨，良乡等四十六厅州县征不敷解，赔累难支，自须设法补救。查地粮例系征银，如该州县征收本色，自属名正言顺，至虑征银征钱转变无定，此次定章，俟奏报时当于折内声明，此后永远征银，不得复因银贱，折征钱文，以杜取巧。是一经改征，永无更变，此不必

虑一也。

一、原案改复征银之名，而折合少有不符，适以启讼端一节。地粮征银，大户均可交纳本色，其零星小户，仍须折钱交纳者，由官按照市价核定出示，务与向来邻封、征银之邻封州县不相上下，以示公平，如敢任意高抬，滋为民害，一经告发查实，立即分别撤参。有此防维，自无流弊。此不必虑二也。

一、原案九十八厅州县宜遵照奏章办理，不可破坏成案一节。查前奏本已声明，将来如银价大有涨落，再行查看情形，奏明办理。现在银价大涨，良乡等四十六厅州县如仍照前折征制钱，实在不敷报解，是以援案改为征银。此外，九十八厅州县未经改章以前，自应仍照旧章征收，何能任意增加折价，自干咎戾。此不必虑三也。

至原案所称对赔累救济之法，一曰清赔累之源，一曰究赔累之实，皆指州县出入款项而言。查前准度支部咨行清理财政章程第二十七条，由清理财政局调查各处情形，一面酌定公费，一面提出各款项规费，除津贴各署公费外，概归入该省正项收款等因，本已通行饬查在案，所以通筹出入，原欲使牧令得以自给，方能尽心民事，自应俟清查就绪，然后一律改革，此时未便遽议。又所称对于征收整顿之法，一曰预定征收货币之种类，一曰渐设存汇粮租之机关。查各属征解粮租，为国家维正之供，所有司库岁支、陵工俸饷并旗绿各营饷糈，皆赖此款拨发，向以宝银足色搭放，由来已久。今若改为银元、银角，不特各营未必愿领，且北省乡内银元尚少，若必令以银元交纳，尚须赴津省购买，亦非便民之道。至于由钱店解司，辗转迁延，既恐有误要需，且偏僻州县，安必皆有殷实号商领解大宗正款？向来钱粮责成州县，且难保不亏欠侵挪，动烦参处。若银号钱店倒闭时闻，设竟亏欠正供，谁任其咎？号商志在营利，此项粮租，为数甚钜，未必皆能汇拨，若无解费，于何取偿？以上各端，事实上均多窒碍。总之，本督部堂初莅是邦，于百姓皆有赤子痌瘝之谊，于吏民并无此厚彼薄之分，所以郑重踌躇者，良以牧令赔累较深，需次人员安有多金供此亏耗？必至廉介者亟思引避，不肖者别图取盈，转非地方之福，故为牧令计，即所以为地方计，且俟清理州县出入一有实数，自当通盘计画，另筹良法，此时惟有仍照交议原案，将良乡等四十六厅州县粮租改为征银，以资补救，应由该局复加筹议，呈候核夺施行。为此札复谘议局查照，须至札者。

《大公报》第二千七百六十三号，宣统二年二月廿八日（1910 年 4 月 7 日），第 5—6 页

顺直谘议局议决案·顺直谘议局议决交议调查户口规则案

第一章　调查总纲

第一条（原文）　调查户口事宜，悉遵奏定章程办理，此项施行细则，系就地方情形参酌拟订，以民不繁扰而事易举办为主，仍与奏章相辅而行。

第二条（原文）　调查户口，遵章先查户数，查户之时即可查口，所有人口数一并提前调查，以期迅速而归简便。

第三条（增）　调查户口时，须由地方官先期刷印白话告示，分贴各村镇，并传集各村村正副，将调查户口之理由，详细讲解，令各就该村通行传谕，以期家喻户晓。

按，调查户口，本属立宪国第一要政，但民智未开，骤然举行，未免惊疑，致滋纷扰。必先使愚民了然于心，庶几逐渐推行，能收事半功倍之效。

第二章　调查职员

第四条（增）　由总监督选派本省绅士若干人为催办调查员（约七八州县一人），分行各州县会同地方官催办调查户口事宜。

按，各项新政均由地方官监督，往往因事务繁难，精神未能专注。上年办理谘议局议员选举时，派司选员，分赴各属，按期举行，业经著有成效。此次调查户口，似宜援用其例，但当此百端待举，专因一事，遣派多员，不第钜款难筹，亦恐人材缺乏。查此次实行地方自治议案内，设有催办一员，如蒙核准，拟请俟自治局选定后，由总监督另行加札委派，兼充此项催办员，以节经费。

第五条（原第三条）　调查户口事项，由地方官总司其事，各区设调查长

一人，各段设调查员数人。

第六条（原第四条）　定章，巡官长警皆有协同调查之责，原以此项要政与巡警有密切之关系，故为此规定。今定调查事务，一律责成巡警会同办理。

（改第二项）将来调查户口完竣，即将各区段调查职员及催办员一律裁撤，而以调查后管理事项，专属地方自治职，其自治职未成立以前，暂属巡警（故管理一章，暂定为巡警责任），此系因款项支绌，照章略为变通。

按，调查后之管理，各国均有户籍吏，司其事务。其户籍吏即由地方自治职兼任，我国自治机关尚未完备，暂归巡警办理，亦属一时权宜之计，俟各属自治成立后，自应按照职权划清界限。

第三章　调查职守

第七条（增）　催办员掌讲明调查手续，按期催促进行，并随时将调查情形申报于总监督之事。

按，清查户口，久已视为具文。此次欲详细调查，若非讲明手续，严定期限，仍恐敷衍因循，致蹈前弊，故欲实力进行，必须遣派专员催办，并将调查一切情形，随时申报，以凭稽核。

第八条（增）　调查户口监督，掌督责各区段调查职员实行调查，并将户口总册及调查情形，会同催办员申报总监督之事。

按，奏定章程第五条，以地方官为调查户口监督，而本细则原案于监督职守，未有规定，故增此条。

第九条（原第五条）　调查长及各区巡警局，掌覆核区内各段户数、口数册，察其有无错漏，及汇齐各段户数、口数总册申报地方官之事。

第十条（原第六条）　调查员及各段巡警派出所，掌分任各段调查户口事务，及其他特别记载之件。

第十一条（原第七条）　调查户口后，凡属于调查之件，事类甚多，应如何经理，详见第七章。

第四章　调查区域

第十二条（改原第八条）　调查户口暂就各属巡警区为区，区各分段，每区设调查处一所，每段设调查分处一所，但巡警区域有于调查不甚适当之处，得由地方官会同绅董酌其情形划分之。

按，本细则原案，每区有调查长，而无调查处，故拟增设。又查，奏定章程第八条，应以地方自治区域为调查户口区域，今就巡警区域，本属暂行办法，但各地方巡警区域有于调查不甚适当之处，故依部章，酌量划分。

第二十三条（原第十九条）　乡民有不知调查意义、作用，有所疑问，须明白晓告，以释其惑。

第二十四条（原第二十条）　调查时遇有应行询问之件，该户无男子或有男子而不能为正当之复答者，可向邻右或村正查询，不得含糊了事。

第二十五条（原第二十一条）　调查时有妇女闲言，无关本事者，不必理会。若妇女多端诘问，亦宜明白解释。当告语时，面貌宜庄，口气宜和谨。

第二十六条（原第二十二条）　调查户数，宜挨次顺查，并即查明户主姓名，当时记注，以免遗漏。

第二十七条（原第二十三条）　编钉门牌，若民户奇零参错，不能强归一致者，编钉时只可整数（如一至十之类）参差，不可号数错乱。

第二十八条（原第二十四条）　户主无论在家在外，皆应照实填写。

第二十九条（原第二十五条）　民户如家无成人，仅有寡妇，抚养幼孩未及成丁，其户主姓名仍将该幼孩填写，惟名下旁注一幼字，并另册登载明白。

第三十条（原第二十六条）　民户家无成人，并幼孩亦无，仅留寡妇一人或数人，其户主姓名择其诸妇中最尊属而年长者填写，并另册登载明白。

第三十一条（原第二十七条）　凡空闲之户规，无人居者，一律编钉门牌。

第三十二条（原第二十八条）　调查户数，无论商店、寺庙、庵观、学堂、教堂，均一律编钉门牌、户主姓名一项。商店则填其店东或司事，寺庙庵观则填其住持，学堂则填其堂长或董事，教堂则填其在堂料理之人。商店如有眷属住店与民户查口票同注，如无眷属，仍将各佣工姓名籍贯填明；学堂除堂长教员，系常川住堂，应据实填注外，其余学生概各归本户填注，仍将堂内学生总数附记；寺庙庵观如有徒子佣役，据实分别填注；教堂如有眷属同住，亦按查口票填注，其余凡住堂之人，均须据实分别填注；调查公私营业各项工厂，应按照部颁表式填注。

第三十三条（原第二十九条）　凡二户以上同往者，按照定章第十一条办理，其中有伯叔兄弟业已分爨，而数代同住难分先后，及人口之数有两户适相等者，则以家世之最尊而年长者为正户，余为附户。

第三十四条（原第三十条）　调查口数，民口有不晓写字者，可详细分类问明，代为填写。

第三十五条（原第三十一条）　调查户数，难保无宕延隐匿不以实告者，应多方解释，不厌烦碎，毋得轻加以恶言厉色。

第三十六条（原第三十二条）　调查口数时，按照定章第三十条，应注意第二项，略为类别如左：

一无业游民，二搏徒痞棍，三烟户优伶，四开设妓寮。

余四项外，如有实系著匪惯贼，查探明确者，亦可另册暗记。

第三十七条（原第三十三条）　每户查口票填注完毕，即给予调查证，并告知该证如何关系，不可涂抹毁失。

第三十八条（原第三十四条）　调查各员如不遵章办理报告，申报不实，及有不法情事，除照定章第三十二条、三十四条处理外，调查长、调查员得随时撤退更换，巡官、长警分别按律从重惩办。

第三十九条（原第三十五条）　人民有不受调查各项情弊，该调查职员应将详细情形具报地方官，按照定章第三十三条办理，该调查职员不得擅自处罚。

第四十条（原第三十六条）　调查簿册区分种类填写时，不可潦草，其户数口数尤须细校无讹，若有舛误，必至纠葛，凡充是任者，概宜细密从事，今将簿册种类略具于左：

一、每段户数总册；二、每段口数总册；三、每区户数总册；四、每区口数总册；五、每段民户迁移表册；六、每段民户生死、婚嫁、承继、来往表册；七、每区民户迁移表册；八、每区民户生死、婚嫁、承继、来往表册；九、调查时特别事项登记册；十、户口特别登载册。

第四十一条（原第三十七条）　调查事项除遵定章及本规则办理外，如有窒碍难行之处，随时由地方官参订申报。

第七章　调查后之管理

第四十二条（原第三十八条）　初次调查户口完竣以后，一切关于调查之事暂由巡警专任，巡警派出所料理各段之事项，各区巡警局统理区内各段之事项，今将巡警派出所及巡警局应行料理之事项，类别如左。

巡警派出所料理事项：

一、料理户口变动随时记载之件；一、料理关于段内调查一切登载簿册之件；一、料理段内一切报告之件；一、收受民户迁移呈报之件；一、收受民户生死、婚嫁、承继、来往等事呈报之件；一、收受民户代绝户呈报之件。

巡警分局料理事项：

一、收受各段巡警派出所各项报告之件；一、汇报各段户数口数总册之件；一、总核区内一切登载簿册之件。

第四十三条（原第三十九条）　调查户口完竣，民户有迁移等事，遵照定章第十五条办理，其中有应细为规定者，略具如左：

一、民户迁移有由此区段迁往他区段者，有由他区段迁入此区段者，须于未迁之前三日具报于旧管区段之巡警局或巡警派出所，既迁之后三日，具报于新管区段之巡警局或巡警派出所，其或迁移，虽在旧管区段内，亦须依限呈报。

一、民户迁移后须将调查证随同呈报书，缴销于旧管区段巡警局或巡警派出所，另在新管区段巡警局或巡警派出所领执调查证。

一、巡警分局、巡警派出所收受民户迁移呈报书后，须查核属实，无有别项情节，方可将旧调查证收回，另填查口票，给予新调查证。

一、民户有分居另立门户者，仿此办理。

第四十四条（原第四十条）　调查户口完竣，民户有生死、婚嫁、承继、来往等事，遵照定章第二十二条办理，其中有应细为规定者，略具如左。

一、生死。该户无论何人均须据实呈报，若系户主身故，应查明新户主为何人，以便改注。

一、婚嫁。娶自何处，嫁往何处，一一注明。至于人口之数，必有增减，应将该口数册改定。

一、承继。有自别户来承继者，有往别户承继者，有承继而不移动者，一一注明，登载口数册。

一、来往。来往时期，并往去之地方、住址，均须一一查明登记。

第四十五条（原第四十一条） 调查证每月由地方官发给巡警局，由分局发给巡警派出所，每月更换若干张、新发若干张、收回若干张，均须一一切实登载，以昭核实。

第四十六条（原第四十二条） 收受民户呈报等件，不得留难及妄索丝毫费用，如有犯此，应按照本律从重惩罚。

第四十七条（原第四十三条） 民户有一家死亡，经邻右亲族代报后，将其调查证缴销。

第四十八条（原第四十四条） 民户有收养弃儿义男等事，应令据实呈报，并将该身分、来历、籍贯、年岁，一一查明登载（此项入特别事项登记册内）。

第四十九条（原第四十五条） 调查后，须时时查对门牌号数有无移换更改。

第五十条（原第四十六条） 调查后民户虽无别项变动，仍不时抽查核对。

第五十一条（原第四十七条） 调查后，凡旅居茶馆均宜时时查视，旅居寄宿之人更宜加意查察。

第五十二条（原第四十八条） 调查后有迁移及生死各项情事，该民户逾限未来呈报，经查知属实，当即派员前往追问。如一时忘记，毋庸深责；若委系有意延匿，应据实禀报地方官核办。

第五十三条（原第四十九条） 人民有丁户俱绝、无家可归，如系安分良民，应就近觅地妥为安置，若素行不善者，宜严加防检。

第五十四条（原第五十条） 定章第二十四条，户数册每两月编订一次，口数册每半年编订一次，各巡警局应于每两个月杪，将户数册截止一次，在十日内将各段户数总册汇报，六个月将口数册截止一次，在二十日内将各段口数总册汇报，毋得逾限。

第五十五条（原第五十一条） 特别登载簿册，每月申报一次，其或事关紧要、不在调查范围以内者，应另行禀报。

第五十六条（原第五十二条） 调查后必须经理得人，庶不致复蹈保甲故习。凡巡官、长警等务宜细心认真办理，如有敷衍从事、不尽不实者，定即从严究办。

以上各条，于原文或增或改或仍其旧，实就现在情形谋适用之法，为此公同议决，呈候公布施行。

《大公报》第二千六百八十一号，宣统元年十一月廿四日（1910年1月5日），第5页；《大公报》第二千六百八十三号，宣统元年十一月廿六日（1910年1月7日），第5页；《大公报》第二千六百八十五号，宣统元年十一月廿八日（1910年1月9日），第5—6页；《大公报》第二千六百八十六号，宣统元年十一月廿九日（1910年1月10日），第4—5页；《大公报》第二千六百八十七号，宣统元年十二月初一日（1910年1月11日），第5—6页；《大公报》第二千六百八十九号，宣统元年十二月初三日（1910年1月13日），第5—6页

顺直谘议局议决案·议决交议筹设简易识字学塾案

查简易识字学塾，乃宪政大纲逐年筹备之事，自应急为筹设。惟设立之法，宜酌城与镇乡之情势，预定标准，令其有所遵循，庶乎繁盛之区，不敢徒事敷衍，而贫苦之处，亦不能借口推诿，此城镇乡设立之法，宜预为规定者也。其设塾之费，虽云所需无多，然现在各处劝学所于旧有学堂之款，犹筹措不遑，如再分筹及此，恐徒托空言。拟仍令地方官谕令绅董，就地筹措，但各学堂有款可拨者，自不在此限，他如教员宜参用传习之法，课本须以部颁为限。而创办之初，地方官绅尤必先将学塾之章程及利益，在稠人广众之中详为讲演，使深知此项学堂之便利，庶皆勇于倡办，乐于向学，以收迅速举办之效，余如原议。兹就以上所议，谨拟条文，并述理由如下：

一、宗旨（原文）　使国多识字之民，以补教育之不及为宗旨。

二、处数（原文）　按照辖境大小、民户疏密酌定。

三、设立（增）　城镇须专设一处或数处，以为倡导，各乡可附设于小学

堂内，其未立学堂之村庄，须另行专设。

按，城镇人户稠密，四民丛集，款项易筹，学生易招，教董亦易得其人，故宜专设，以为各乡之倡。至各乡设立初等小学，款项缺乏，教董无人，已成通病，今又设此项学塾，筹款固难，而得人尤难，不如附设于小学堂内，一切地址、器具，均易为筹备，教董既可资熟手，学生毕业后亦便于升阶，用款、用人，两有裨益。其未立学堂之村庄，不得以向无学堂，籍口推诿，惟既名简易学塾，亦不必拘定学堂形式。

四、教员（改原第三条）　凡劝学员、宣讲员、教员、管理员、已经传习之师范生、改良之塾师，均可任用，但前项人员如不敷用时，可由劝学所招集粗通文义者传习选充。

五、功课（改原第四条）　教授功课，均须用部颁课本，但于识字以外，须添授珠算、心算，以便日用。

按，照学部筹备清单，于本年创设简易识字学塾，并颁发课本，既经学部奏定，自应预颁课本，以符定章。且此项学塾时限甚短，犹须课本相当，方收实效。若仅教其识字，不授以算数，其日用营业之间，尚多困难。部章虽专定识字，果能于识字时限以外，兼授以浅近算数，应亦部章所许也。

六、学生（原第五条）　凡年长失学之愚民，或已在工厂商店之学徒，寒畯无力，不能入初小学之子弟，均可入学，不收学费。

七、年期（改原第六条）　部编课本共分三种，分为一二三年学完。今先办一年班，以便试行，再依次添二年三年等班。其资质聪明学生可成一班时，由经理人酌量情形，缩短期限。

八、时限（原第七条）　或日或夜，每次上课不过二钟时间，其农隙夜学酌加钟点。

九、经费（改原第八条）　创设费及教员津贴、课本纸笔杂费，由地方官设法谕令绅董筹措。

按，各地方学款大概充裕者少，若再拨充，此项经费恐小学更难支持，必须另行筹措，庶学塾成立以后，不至再蹈有名无实之弊。然若以此事听绅董自办，恐其权力甚微，致生阻害，仍宜札饬地方官督同绅董认真筹措，以耑责成，方不至贻误部章创设之期限。

十、成绩（原第九条）　学年毕业时，务使识字，并须能讲能写，由省县视学总董考查，列入考成表。

十一、出路（原第十条）　毕业后欲入小学堂者，按其程度略加补习，与简易小学同一升阶，其急于谋生者，听将来试行强迫教育，准予免除义务。

此外，讲演一事，亦创设时之要图，然不合列入简章，拟于简章实行之际，请通饬各州县，务使认真讲演，令人易知易晓，为此公同议决，呈候公布施行。

《大公报》第二千六百九十号，宣统元年十二月初四日（1910 年 1 月 14 日），第 5—6 页

顺直谘议局议决案·顺直谘议局申覆整顿巡警案

按巡警为国家行政之关键，以保地方人民之治安。我直省自振兴警务以来，屈指将届十年，各州县之认真举办者，固不乏人，而其中之敷衍因循者，亦所在多有。若不亟为整顿，不惟不能为人民消除危害，增进幸福，恐行政上亦终无活动之一日。其整顿之法，按各州县所有之现象，诚如原谘，以划一收款酌并区域为要。圜查警款收入一事，自定为随粮带征，多数州县已经实行，此自属不易之制。惟查未曾照行之二十六处及顺天各属，其中固有可行而尚未实行者，急宜一律仿行，然亦有因地粮不能普及而势难仿行者，即如有旗屯等地之各州县，必按现种之地亩摊捐，其负担方能平允。若强以随粮带征，是使有粮之地独任纳款，而种旗屯等地者，可以幸免。夫欲谋划一之方，而致民户有输纳不均之弊，此非策之善者。使必欲事权统一，惟有令各分区按照现种地亩任款汇交总局，或亦一整齐之法，否则，不如姑听其便，俟地粮一律普及时，再谋画一，亦至便之道。至于裁并区域一节，诚有如原谘，所谓困难情形，但此在一半年前，事固如此，现今各处区董因筹款维艰，已自知区域虽多，虚縻无益，倡议裁并者亦复不少。如此，则上级行政，亦惟酌定一区域多寡之数，大约少者在五区以上，多者在十

二区以下，再严定时限，札令地方官委任自治预备会，酌量本地情形详细筹画，局所设于适中之地，区董须用公举之法，则实行裁并当亦非难，且此时自治区域又在分划之中，若通饬各属官绅，令其统学警自治等区，悉心筹画，当必能关联分划，大收将来行政便利之效，而先时争执畛域之见，亦庶乎可泯矣。为此公同议覆，裁夺施行。

《大公报》第二千六百九十一号，宣统元年十二月初五日（1910 年 1 月 15 日），第 6 页

督院陈札复谘议局议决各案文·札复申复谘询整顿巡警案

为札复事，据顺直谘议局申复谘询整顿巡警一案，业经前护督部堂先行札复在案，兹经本督部堂详加复核，查划一收款自以随粮带征为最宜，应饬警务处于明年开办，全省警察会议时，由处会同全省警务人员，调集各属收款办法，择一最宜之法，参合拟订，再行详候本督部堂核定施行。至酌并区域，该局原议，谓上级行政酌定一区域多寡之数，大约少者在五区以上，多者在十二区以下，所议数目，揆之各属现在情形，颇为适中之数，应即如议办理，并由警务处札饬各州县，查明凡有在十二区以上者，悉令如数裁并，以祛散涣之弊，除分行外，为此札复谘议局查照，须至札者。

《大公报》第二千七百八号，宣统元年十二月二十二日（1910 年 2 月 1 日），第二张，第 4 页

顺直谘议局议决案·顺直谘议局申覆清理差徭案

按承谘询清理差徭一事，谓官查绅查均有困难，诚属现今实在情形，但官查一面无从得悉，而绅查一面至今仍迟迟未报者，一则由乡民知识未开，一则由办理或未能尽善。兹谨就原谘附抄调查差徭办法一章，酌定其条文，加以按语，说明理由，开列如左。

调查差徭办法

第一条（原文）　调查差徭，由自治总局函嘱各属劝学所及自治研究所，招集各该属自治劝学各员，按照第二条所定资格，公同票选。差徭调查员，大治七人，中治五人，小治三人，函由自治总局加札委派。

第二条（原文）　差徭调查员须家道殷实，且于乡间各事有经验者，方为合格。

第三条（改）　调查差徭，由自治总局选派催办调查员（约七八？县一人），协同各属差徭调查员，商议办理。

按，议覆调查户口及议决限期速办地方自治案内，均有派员催办一项，此次调查差徭，拟由自治总局加札兼充此项催办，以节经费。

第四条（改）　差徭调查员派定后，由劝学会同自治研究所按照本属区域分区，订期招集各村村正副，谕以办法大意。

第五条（增）　调查之始，宜由督宪发贴告示于各城镇乡，以昭郑重而祛疑惑。

按，调查差徭原为严剔中饱起见，但民智未开，骤然举行，恐滋疑惑，拟请督宪颁发白话告示，遍贴于各属城镇乡，俾众周知，并可防慑吏胥等阻挠舞弊，且得实在情事。

第六条（增）　热河地方调查差徭一事，请由督宪转咨都统严札各属仿照内地一律办理。

按，热河地方地处边隅，调查差徭，尤难举办，近来丰宁、平泉州两处，屡因此事致起风潮，若非由该处都统严行催办，恐任意迟延，难收实效，拟请督宪转咨该处都统，严行催办，并由自治总局派员督催。

第七条（原第五条） 差徭调查员每到一区，于该区村正副齐集后演说。督宪原奏（原奏印发每调查员一纸）内除积弊、苏民困并清查后酌予减免，仍旧归官，划归地方各要义，即饬各村村正副，将各本村所出差徭名目，并各项所出数目，具册实报，如有未尽明了者，限五日内查明补报。

第八条（原第六条） 差徭调查员于村正副册报后，如查有招集未到，或到而未报，或报而疑有隐蔽者，须逐往各村设法询实。

第九条（原第七条） 差徭有奉票按村科取者，宜通查每年出票若干，每票上中下各村出钱若干，再统合全属，计其确数。

第十条（原第八条） 差徭有不须现时出票，但按旧惯成分摊派各村者，宜分查某村几成、某村几分，再统合全属，计其确数。

第十一条（原第九条） 差徭调查员于差徭查明总数后，应分别详查各差徭内向来官用若干、吏得若干、地保得若干，逐项按表填明确数。

第十二条（原第十条） 差徭调查员于各本属有特别差徭，及前因某事摊派，现无其事，仍行摊派者，应特别详记。

第十三条（原第十一条） 差徭调查员遇有本属差徭曾经尽数或抽、或提归公益，禀藩学两司备案，或备案而未实行抽提者，须将原数、提数、余数并所归系何项公益，分别开列。

第十四条（改原第十二条） 差徭调查员于差徭及关系差徭各事项表册缮清后，应函告自治总局照并缮二份，一存本属自治研究所，一报本省谘议局。

第十五条（改原第十三条） 差徭调查员于报告差徭事项时，应遵照督宪原奏知照劝学所、巡警局、自治工艺等公所，将本属地方现年已出或应出学款若干、警款若干、各项公益费用若干，一并报告自治总局外，另备一份报本省谘议局存查。

第十六条（原第十四条） 差徭调查员于调查差徭各项时，不得混入杂税，以清界限。

第十七条（原第十六条） 差徭调查员遇有吏胥借端寻隙者，无庸自与理论，得由该调查员径行函告自治总局核办。

第十八条（原第十七条） 差徭调查员应确守调查范围，不得干涉差徭以外之事。

第十九条（改原第十八条） 差徭调查员若纯用义务，实不能责以踊跃从公，宜酌给车马费，以资补助。

按，此项经费不巨，可由自治总局札令地方官，商同各属劝学所或自治研究所，设法筹给。

第二十条（改） 调查差徭，宜用随查报、随清理之办法，以昭大信而收实效。

按，各属差徭，种类、数目互有不同，调查后究竟如何分配，碍难划一。拟每有报齐之处，随时由自治总局调取各该地方官申报文册，与调查员报局数目对照，除将调齐数目移知谘议局存查外，着即秉公核拟分配办法，呈请督宪裁夺、札饬遵行，庶各属新政可速行举办，而免官民之疑阻。

第二十一条（改原第十九条） 调查差徭应以此次新章奉札之日起算，三个月毕事。

调查防弊方法

一、凡吏胥依差徭为生活者，亦属本地人，一与之谋，百弊丛生，即有与为亲故者，须严防之，勿使有累一己名誉。

一、各村差徭经理人及地保等，不无借端肥己者，调查时宜防其蔽混。

一、各村正副狃于故智，一闻调查，或冀倖减免，或恐著为定例，必故意以多报少，此为普通习惯，宜慎防之。

以上所拟诸条，于原文或删、或改、或增、或仍其旧，实参以现在情形，谋所以速办之法。为此公同会议，呈请裁夺施行。

《大公报》第二千六百九十二号，宣统元年十二月初六日（1910年1月16日），第6页；《大公报》第二千六百九十三号，宣统元年十二月初七日（1910年1月17日），第6页；《大公报》第二千六百九十四号，宣统元年十二月初八日（1910年1月18日），第6页

顺直谘议局陈请文件·
本局代呈涿州各属恳请作速分配差徭以杜吏胥舞弊文

为呈请事，案据房山县自治研究所所长梁镛、自治预备会会长王邦理、副会长普泉、涿州自治预备会会长张星楼、会员高振声、良乡自治研究所所长游从恂等禀称，为陈请事，据顺直谘议局申复前督宪端咨询清理差徭案，内开调查差徭办法修改第二十二条，调查差徭，宜用随查报随清理之办法，以昭大信而收实效等语。曾蒙前护督宪崔批开，查增改各节，尚属妥协，应即照办，俟自治局将表册汇报到后，由本衙门札行该局查照办理等因。奉此，绅等窃思，敝州县等自去年四月间，曾蒙自治总局函嘱劝学所及自治研究所调查差徭并须选调查员函，由局宪加札委派。绅等以差徭查清以后，多半籍为自治经费，积弊早清理一日，即自治早实行一日，争尽义务，踊跃从公，业于八月间调查完竣，赶造各事项表册，缮清呈报自治总局核夺。敝州县尊等亦曾造具清册，申报藩宪，至今已经五六月矣。新政之诸凡待举者，日紧一日，不意自治之经费，全待措于今年，而今年之差徭，已由胥吏预支于去岁，其不与者，即以抗差之罪恫喝之，故尚未尽数支取者，不过少数之村庄。新政未举，而的款已无，上宪虽有派员督促之方，各县岂有无米为炊之计。绅等因思敝州县等于清查一节，早已报竣，而自治之分配，尚无信期，理应静候自治总局秉公核拟分配办法，呈请督宪札饬遵行后，再按划归地方之款项，兴办自治。奈绅本存静候之心，而胥吏竟为预支之计，是不候上宪之分配而任意支使，以为侵公自肥之计。阻挠新政，莫大于是。伏思既有去年清查一节，则自治经费，半倚此项为著落。今岁之差徭，不等往年无名之浮费，绅等以新政待举，需款者甚多，本拟预借差徭兴办自治，而本州县官吏每以未经分配，借端阻挠，因思贵局申复清理差徭案内，有随查报随清理之办法，本州县等于差徭一节，又查报在先，拟请由贵局申请督宪札饬自治总局速为分配，以便施行。一面通饬各州县，于未经分配之先，勿任胥吏预支侵没，以息风潮而维自治，实为公便等情，当由本局议员王邦屏介绍前来，据此查收受本省陈请建议事件，系谘议局职任专条，据情代陈，历经本局循办在案。此次清理差徭办法，业由本局议决呈奉批准，兹据前情，自应照案转呈，恳请督部堂俯念清理差徭为筹备宪政张本，迅赐札饬自治总局，于各属报查差徭表册到局后，随时照章分配，详请裁夺，并恳通饬各属于报查差徭未经配定之先，不准胥吏预支，致滋弊窦，实于宪政前途大有裨益。所有涿州各属，呈恳作速分配差徭，以杜吏胥舞弊缘由，理合据情转呈督部堂查核，为此备文具呈，伏乞照呈施行，须至呈者。

二月十九日奉督部堂陈批，来牍阅悉，候行自治总局查照办理。此复。

《大公报》第二千七百六十八号，宣统二年三月初三日（1910 年 4 月 12 日），第 5 页

直督札复谘议局文件公布·督部堂陈札知分配差徭事宜文

为札知事，前据该局呈据房山县自治研究所所长梁镛等陈请速为分配差徭一案，当经批复在案。查此事关系重要，必须官查绅查互相对照，方能著手分配。兹复由本督部堂分札藩司、自治总局随时将官绅所查表册，参互印证，妥为分配，并饬先行会拟清理办法，尅日详覆，以凭核定。除分行外，合行粘抄札稿札知，为此札行谘议局知照，须至札者。

计抄发札稿一件

为札饬事，据顺直谘议局呈称据房山县自治研究所所长梁镛、自治预备会会长王邦理、副会长普泉、涿州自治预备会会长张星楼、会员高振声、良乡自治研究所所长游从恂等禀称，为陈请事，据顺直谘议局申覆前督宪端谘询清理差徭案，内开调查差徭办法，修改第二十二条调查差徭宜用随查报随清理之办法，以昭大信而收实效等语。曾蒙前护督宪崔批开，查增改各节，尚属妥协，应即照

办，俟自治局将表册汇报到后，由本衙门札行该局查照办理等因。奉此，绅等窃思敝州县等，自去年四月间曾蒙自治总局函嘱劝学所及自治研究所调查差徭，并须选调查员，函由局宪加札委派。绅等以差徭查清以后，多半藉为自治经费，积弊早清理一日，即自治早实行一日。争尽义务，踊跃从公，业于八月间调查完竣，赶造各事项表册，缮清呈报自治总局核夺。敝州县尊等亦曾造具清册，申报藩宪，至今已经五六月矣。新政之诸凡待举者，日紧一日，不意自治之经费，全待措于今年，而今年之差徭，已由胥吏预支于去岁，其不与者，即以抗差之罪恫吓之，故尚未尽数支取者，不过少数之村庄，新政未举，而的款已无，上宪虽有派员督促之方，各县岂有无米为炊之计？绅等因思敝州县等于清查一节，早已报竣，而自治之分配，尚无信期，理应静候自治总局秉公核拟分配办法，呈请督宪札饬遵行后，再按划归地方之款项兴办自治，奈绅等本存静候之心，而胥吏竟为预支之计，是不候上宪之分配，而任意支使，以为侵公自肥之计，阻挠新政莫大于是。伏思既有去年清查一节，则自治经费半倚此项为着落。今岁之差徭，不等往年无名之浮费，绅等以新政待举，需款者甚多，本拟预备差徭，兴办自治。而本州县官吏每以未经分配，借端阻挠，因思贵局申覆清理差徭案内，有随查报随清理之办法，本州县等于差徭一节，又查报在先，拟请由贵局申请督宪札饬自治总局，速为分配，以便施行。一面通饬各州县于未经分配之先，勿任胥吏预支侵没，以息风潮而维自治，实为公便等情，当由本局议员王邦屏介绍前来，据此查收受本省陈请建议事件，系谘议局职任专条，据情代陈，历经本局循办在案。此次清理差徭办法，业由本局议决，呈奉批准。兹据前情，自应照案转呈，恳请督部堂俯念清理差徭为筹备宪政张本，迅赐札饬自治总局，于各属报查差徭表册到局后，随时照章分配，详请裁夺，并恳通饬各属于报查差徭未经配定之先，不准胥吏预支，致滋弊窦，实于宪政前途大有裨益等情，当行该自治总局查照办理，兹据该自治总局详称，查此案前奉前督宪杨札知，定为官绅查办法，官查由林道学珹会同藩司办理，绅查饬由职局选派各属公正士绅，认真调查，详报查核，以资印证。当经拟具调查办法并各项报告表式，详蒙批准，通行在案。一年以来，据各该士绅等先后具报到局者，共计七十八处，正在分府分州赶造总册，先行呈报间，遵奉前因，伏以清查差徭，职局仅有派令士绅调查之责，查清以后，其与官查者是否相符，及应如何分配之处，或酌予减免，或仍旧归官，或拨归地方，事关重要，职局未敢擅拟，仅当查照原案，据实详覆，仰求宪台俯赐查核，实为公便。除将调查各属总册另行呈报外，理合备文具详，伏乞鉴核施行等情到本督部堂，据此查，清理差徭一案，系前督部堂奏准筹办，先后官绅合查入手，札饬该司、自治总局分派员绅，妥为调查，以资印证，并饬拟具办法，详候核定在案。方今新政繁兴，民力凋敝，此项差徭，皆属民脂民膏，岂容久任胥役中饱，自应迅速详查，随时清理，庶几地方要政，得所藉手，不至重累吾民。其绅查表册，已报过半，所有官查情形，应由该司迅即查报，并会同自治总局，随时将官绅所查表册，参互印证，妥为分配。仍先行会拟清理办法，尅日详覆，以凭核定，是为至要。除札知谘议局并行外，为此札饬，札到该司，即便遵照办理具覆，勿延，切切。特札。

《大公报》第二千八百五号，宣统二年四月十一日（1910 年 5 月 19 日），第三张，第 2 页

顺直谘议局呈督院文·呈请本局申复清理差徭案第十四、十五两条另缮送局各节不可删去案文

为呈请事，案查本局于宣统元年十一月二十日，奉前护督部堂札开，为札覆事，据顺直谘议局申复谘询清理差徭一案，到本护督部堂据此查增改各节，尚属妥协，应即照办。惟第十四条并照缮二份，及第十五条此外并另备一份等语，均应删去，俟自治局将表册汇报到后，由本衙门札行该局知照，除咨呈热河都统暨行藩司林道及自治局查照办理，为此札复谘议局查照，须至札者。等因。查奏定谘议局章程于第二十二条内开谘议局议定可行事件，呈候督抚公布施行。第二项内开前项呈候施行事件，若督抚不以为然，应说明原委事由，令谘议局复议各等语，是定章之于议案，已极形慎重。前本局申复清理差徭一案，既经议决，如认为可行事件，自应照章公布施行，即间有不以为然者，亦须说明原委事由，交令

本局复议。乃查前护督部堂札复案内谓第十四条并照缮二份及第十五条此外并另缮一份均应删去，是未经本局复议，又未说明原委事由，即将原案条文取消，揆之定章，似未符合。伏查原案第十四条及第十五条并报本省谘议局存查之意，盖以清理财政以差徭为大宗，调查各属学警工艺各款，以现年已出或应出数目为根据，本局有监察本省财政事宜之责，于地方情形较自治总局略为熟悉，此次令各地方并报一份，当分配差徭时，可以补自治总局之所不足，倘不先为调集，则各属差徭及各公款原来情形，不能预悉。设自治总局分配或与地方不甚相宜，又地方因公款事宜不时争议，本局将无所依据，随时分判。况各属分报本局，用力省而成功易，若自治总局汇报到后，再由督部堂札行本局，中间几多辗转，势必过需时日，殊觉迟滞，有碍进行，为此恳请督部堂俯念清理差徭事关重要，仍照原议办理，以资考核而昭详实，所有前护督部堂札复，未说明原委事由，碍难遵照缘由，理合备文，呈请督部堂查核，照章更正施行，须至呈者。

《大公报》第二千七百十三号，宣统二年正月初六日（1910年2月15日），第三张，第3页

顺直谘议局议决案·议决裁减新拟五处师范设立单级教员养成所以推广小学教育案

案查吾国筹办教育已近十年，而近数年来各厅州县之初等小学堂不惟不见扩充，而反日形退步者，何也？考其所以然之故，虽亦半由于筹款之难，而师资缺乏，实为一大原因。议者以各处师范传习所及省师范毕业生，率皆无可位置，遂谓教员已足敷用，不知此乃教员与学堂程度不相当之故，非已足敷用之故。大概由师范毕业者，多不欲就各村小学，由传习毕业者，各村小学多不欲聘请，而每县又只有一官立高等小学，累年不见其多，而师范生之毕业者，且日增一日。以累年不见多之学堂，畀以日增一日之师范，其何能以相容？此欲整顿小学教育，

非另造程度相当之教员不可。查直隶共百五十余州县，每州县以三四百村均算，即每村设学堂一所，每学堂需教员一人，统而计之，必有教员六七万人，乃足敷用。以省城师范生较之，其相差尚不啻倍蓰，而今乃只以教高小而不能教初小之故，遂至人浮于事，求尽义务而不得。前者，提学司亦虑及此，札饬各厅州县之师范传习所改为简易师范学堂，计诚得矣。乃各厅州县尚未设齐，而自去年忽变方针，又有令各厅州县一律停办之命。夫其所以令各厅州县停办者，盖谓各处师范已经有余、不能胜用故也；而其所以有余、不能胜用者，仍如前所言，一则由各村初等小学不见扩充，一则由程度不相当、各村不欲聘请之故，若因此即欲停办，是因噎废食，而学堂将永无进步之一日。近者又有筹办完全师范之议，欲于全省中择地设立五处，由督署拨款，以为开办经费，闻已与前督宪议定，尅日兴办。夫教育必求完全，其说本无可訾议，设立完全师范之说，凡一闻其言者，谁不乐为赞成？然社会之进化，必有阶级，若需求与供给不适，终迟滞不能进行教育之进化亦然。当此过渡时代，不先求一权宜适当之法，急急讲完全，是社会之需求者在此，而吾之供给者在彼也。信如提学司所拟，其不适于现时教育者，约有数端，谨将理由备述于左，而附其办法于后。

一、毕业后教员之分配不敷也。完全师范如将来作为高等小学之教员，则现今省师范之毕业者，已绰有余裕，何必再行改造？如作为初等小学之教员，则必须五年后方能毕业，而现今初小之嗷嗷待哺者，将何以处之？且查其办法约合三十余州县共立一处，第一年始招生二百，以五年毕业计之，一州县数百村，仅分得教员六七人（此就一学堂而言，即五学堂同时开办，而其不敷用仍如故），值此小学教员缺乏已极之时，又无他相当之教员可以藉助，而欲恃此五年后寥寥无几之教员，为振兴教育独一无二之妙策，其何能有济？此其不可者一也。

一、学生毕业后不甘就本职也。现时教员之缺乏，不在高小而在初小，今完全师范之名，虽高初皆可并教，而其事实上则仍归初小居多。查各州县之初等小学，其教员之薪费，多者不过五六十金，少或三四十金，以如此区区无足爱惜之薪金，而欲请常期完全毕业之教员，使果可得者，而前此师范生亦不至于赋闲，而今之五处师范亦不必急急设立。然而卒迟徊顾虑而出于此者，岂不以有鉴于前日之弊，而欲从新改良乎？吾恐此完全师范生毕业后，其不屑就各村初小者，犹如故也。即谓提学权力可以强迫，而前者师范毕业，亦曾以功令召其尽义务矣，而求多金、走外省者，比比皆是，盖其程度较州县之教习既优，必抑之使就乡村小学，为事势所万难办到。以五年之力，数十万金之所造就，而其结果乃仅仅如此，于乡里小学，究有何裨益？此其不可者二也。

一、设立时相当之教习难得也。吾国设立学堂几近十年，除国文、经学、历史可由中国教习讲授外，其轨范的科学、物质的科学，仍须聘用外人，即强由中国讲授，其学生之知识理想，必较外人讲授者，相差远甚。今设此五处师范，计需教习百人上下，如尽聘外人，则止此数十万金，何能敷用？如暂用中国人，则前此师范生之毕业者，既不适于初小之用，又何能强之再造初小教员乎？此其不可者三也。

有此三不可，然则欲谋教育上救急之法，其将何术以处之？曰欲改良教育，必先问其所受之弊如何；欲去其所受之弊，必先问其所急需者如何。今之教育所急需者，一言以蔽之，曰单级教授而已矣。单级教授者，对多级而言，聚全校程度不齐之儿童编为一级，而一级之中又分为数班，于同一时间、以同一之教员授之，以各班级应授之学科，其法至为便捷，而最宜于乡间穷瘠之小学。日本近市町村多改用此法。今吾国小学既无款可办多级，而学童又程度不齐，欲为简而易行之法，莫便于此。顾此，非可于省会立数处，即可造就全省府厅州县应需之教员也。而欲于全省府厅州县各设一处，则又非有公家巨款不能成立。查提学司所筹五处师范，计需银七十余万两。此七十余万两者，以之办五处师范，既昭然不适于用，为众所周知，而一转移间，分之于各府厅（府厅均以辖地面者为限，下同）州县，则全省教育可以立有起色，然则何惮而不为？今谨拟其办法如下：

一、完全师范，俟小学程度较高后，万不可少，若全行裁去，亦非所以统筹将来之道。今拟于保定及天津暂设二处，而以其余三处之经费，为分别办理造就教员之用，名曰单级教员养成所。

一、单级教员养成所宜分为二种：

甲、总养成所设于保定或天津；

乙、分养成所设于各府厅州县。

一、单级教员总养成所，宜招生二百人，计敷直隶百五十七府厅（府厅不辖地面者不计）州县之用而止，教员宜每班聘用外国一人，毕业以一年半为限，其招生之资格有二：

甲、省师范一年以上毕业，确有根柢者；

乙、中学有三年之程度，文理优长者。

一、单级教员分养成所，各厅州县各设一处，即以总养成所毕业生为教员，招生之数，计敷本府厅州县之用而止，毕业以一年为限，其招生之资格有二：

甲、师范传习所或简易师范毕业，确有根底者；

乙、高等小学毕业及中学有二年之程度，年逾二十五岁以上，文理优长者。

一、此二种养成所，即以完全师范所裁去之款项为经费，计原拟五处师范，共合银七十三万五千两，每一处合银十四万七千两，除暂设二处用银二十九万四千两外，尚余银四十四万一千两，以之为二种养成所经费，适足敷用，列表如左：

单级教员养成所		
总养成所一处		四八五〇〇
		四四一〇〇〇
分养成所	一处	二五〇〇
	百七十五处	三九二五〇〇

从右表观之，其办法之容易与否，瞭然见矣。以上所拟，谨就现在情形，略筹大概，至其详细章程，尚待提学规定。或者谓养成所只以二三学期毕业，与前之师范传习所及简易师范何异？不知前之所以无效者，以所学非所用之故。今单级办法，即应社会之要求而设，且令各毕业者皆得入所讲习，其程度高下，自与前判然不同。或者谓养成所之名，非部章所有，恐为所驳斥，不知此乃救一时之急需，不得不然。日本教员养成所不一而足，何尝为文部所规定？况完全师范尚有二处，五年毕业后可得一千人，而其陆续毕业者，即可陆续再招，其所得，当不止此数。即将来小学程度较高后，则此项教员或一律裁去，或再入完全师范学习，均无不可，何尝有弃彼取此之意？以日本言之，强迫教育已实行，而通国只有寻常师范七处，今以吾国一省，不及日本小学之教万万，而乃欲于旧有师范外，更设完全师范五处，贾虚名而受实祸，贤者所不取也。但师资既得，而乡间小学若不为之设法整顿，则教员之毕业者，又将如前此之投闲置散，无可位置。近数年来，各州县之小学，若有若无。其未设立者，不闻推广；其已设立者，或

渐形消灭，虽劝学所及劝学区亦皆次第设画，而因循敷衍，举前数年创办学务者之苦心，尽付流水。目睹天津一隅而不见全局，谅非仁人君子之所出也。为此，将裁减完全师范，设立单级教员养成所，以推广小学教育缘由，业经公同议决，呈候公布施行。

《大公报》第二千六百九十七号，宣统元年十二月十一日（1910年1月21日），第6页；《大公报》第二千七百号，宣统元年十二月十四日（1910年1月24日），第5页；《大公报》第二千七百三号，宣统元年十二月十七日（1910年1月27日），第6页；《大公报》第二千七百四号，宣统元年十二月十八日（1910年1月28日），第5—6页

汇录督院陈札复谘议局各案文·札复议决裁减新拟五处师范设立单级教员养成所以推广小学教育案

为札复事，据顺直谘议局呈称，议决裁减新拟五处师范，设立单级教员养成所，以推广小学教育一案，业由前护督部堂先行札复在案，兹经本督部堂详加复核，查设立完全初级师范一案，业经前督部堂端于九月内奏明筹办，奉旨交本督部堂核复具奏，按建设初级师范为学部、分年筹备条内宣统元年应办之事，并经声明初级师范学堂可联合两府或三府共设一处等语，自应遵照办理，该局议案亦深知完全初级师范为将来必不可少，拟于保定、天津暂设两处，所见甚是。查直隶近来新政繁兴，款项支绌，端前部堂原议分设五所，需款至七十余万，实非财力所能胜，惟事关分年筹备，若过加裁减，不独于部议不符，亦于就学不便。兹定于保定、天津、滦州、顺德分设四所，每所二百五十人，学额经费仍与该局所拟两处之数大致相同，业经遵旨复奏。至养成单级教员一节，为各国小学教授之良法，自应行司仿办。惟养成所名目为部章所无，应候咨部核定，一面由提学司派员前赴日本调查，将来先设总养成所，以为各属分所之先导，惟初级师范分设

四所，所需经费，各司局罗掘殆尽，仅勉筹三十余万，此项分所经费，将来必须就地酌筹，另案交由该局妥议。为此札复谘议局查照，须至札者。

《大公报》第二千七百六十五号，宣统二年二月三十日（1910年4月9日），第5—6页

顺直谘议局议决案件·议决限期速办地方自治并派专员催办案

按，逐年筹备宪政单内开厅州县及城镇乡地方自治一事，自筹办以讫成立，皆以五年为期。在宪政编查馆为统筹全国之计，自不得不立限销宽，与边僻省分留一余地。若顺直为首善之区，凡百要政，均宜早观厥成，以树风声。况地方自治亦试办有年，自光绪三十二年前督部堂袁奏明试办，先于天津设天津府自治局，拟定试办天津县地方自治章程，是年七月成立议事会，次年七月成立董事会，又一面派各属士绅赴日本调查，一面饬各属设立自治学社，两年以来，规模立具。前督部堂杨奏遵章筹办地方自治一折，曾将此事声明在案，是顺直各属于自治一事，已经大半实行，其未经实行者，亦早储有能办自治之人才，以之实力举行，无虞不济。所难者惟在经费一节。然查顺直各属差徭，经前督部堂杨奏请查清以后，即籍以为筹备地方自治之款，是自治经费亦非毫无着落。有自治之人，又有自治之款，而各处犹皆迟迟未办者，特以期限宽缓，庸懦官绅遂得以藉口推诿，若不为严定期限，督催办理，恐转瞬五年期满，而自治之未能实行者如故，其何以资各省之模范而促宪政之进行？此速办之法所以不可不预筹也。谨议办法有二：

一、严定实行期限也。欲实行自治，第一着必先办自治研究所，以造就人才，此固不易之顺序。按，顺直百五十余州县，前照《直隶筹办地方自治总局章程》设立自治学社，至本年春呈报成立者，已有五十余处，嗣后遵照部章，

名称改为自治研究所，现在各州县陆续呈报成立者，已有百处左右，查逐年筹备单开，自治研究所应在本年内设立，今已设者固居多数，而未设者约尚有数十处，现届年终只有两月，若限年内设齐万难办到，事实所限，似不妨稍为宽展，令于年内筹划妥善，至一律办齐之期，则限在明年二月，倘再逾此限，实难再为宽假。

第二着办法即组织自治预备会，以作筹办机关。预备会办齐之期，应在研究所毕业之时，凡自治毕业者皆可被选为会员，其素有自治学员早能成立之处，无论何如，最迟者亦不得逾明年十月。筹办机关既立，则厅州县会之选举，城镇乡区域之分划，以及各地方自治经费之筹备，再有一年，固可措置裕如。然则，至宣统三年年底，厅州县与城镇乡之议、董两会，皆可一律成立。盖以一地方之人治一地方之事，不必待尽有深远之学识方能著手，但使早办一日，则人民政治思想早发达一日，而自治能力亦早增长一日。诚于一二年内，全省百余州县之自治机关均使成立，于筹备宪政一切之设施，必大有裨益。

一、遴派专员催办也。按，去年筹办谘议局时，以慎重成立期限，特选派司选员巡行督催，故得如期举办，不误要公。地方自治视谘议局选举之事，更觉加倍繁难，设专委之地方官绅，恐难筹办得宜、不误期限。如自治研究所应于年内设齐，现已有万不及办之势，其明验也。况各处官绅明达者，虽不乏人，而庸陋顽愎者，亦复不少，筹办之际，非于事理不明，即多好为自用，所谓官绅之冲突，城乡之意见，规章之误解，皆在所不免，苟无人为之释疑解纷，恐歧误百出，欲收自治之效，反阻自治之机。故宜由筹办地方自治总局，遴选本省深通自治制度或曾习法政之士十数人，分派各处，认真催办其自治应办事宜内如调查选举等事，照章应定细则之处，即责成自治总局与该员等详悉妥订，使之按期催办呈报，庶州县以有人稽查而不至推诿，绅士以有人奖助而乐于从事，而定期速办之效可以实收矣。所有严定实行期限及派员催办各缘由，业经公同议决，呈候公布施行。

《大公报》第二千七百十五号，宣统二年正月初八日（1910 年 2 月 17 日），第 5 页；《大公报》第二千七百十六号，宣统二年正月初九日（1910 年 2 月 18 日），第 6 页

天津府自治局督理凌守福彭金检讨邦平禀定开办简章

第一条　宗旨。本局以准备地方自治为宗旨，故名曰自治局，暂设于天津府署，所有章程均参酌各国制度，准以本地民情风俗，先由天津府属办起，随时详请督宪核夺。

第二条　分课。本局分课治事，委用员绅，各司其职，不假手胥吏，以期洗除积习。分课如左：

甲、法制课（掌考订章程）。

乙、调查课（掌关于调查地方户口、风俗、教育、生计等事）。

丙、文书课（掌办文牍及编辑白话讲义等事）。

丁、庶务课（掌庶务、会计及收发文书）。

第三条　设员。本局员绅并创办之始，事权必须分明，仪节概从简略。委用员数如左：

甲、督理二员。

乙、参议三员。

丙、法制课员三员。

丁、调查课员二员。

戊、文书课员二员。

己、庶务课员二员。

庚、书记无定。

第四条　研究。本局调集留学日本法政学校毕业官绅入局，研究地方自治事宜，藉资练习，如确有心得，即派往天津城厢四乡各处实习试验，办有端绪，即详请督宪派往各属，会同地方官办事。

第五条　集议。本局随时函邀天津府属著名绅商集议自治事宜，以备采择施行。其因有事不能到者，可具书投送本局，各抒所见，以期集思广益（集议之地，现暂借用公园学会处）。

第六条　宣讲。本局选派员绅在天津府属已设宣讲处，讲演自治法理及利益等事。此外，四乡暂就巡警分区讲演，月编白话讲义一本，由浅入深，务期家喻户晓。

《北洋公牍类纂》卷一，自治一，第1页

试办天津县地方自治天津府自治局拟定选举规则

第一条　于本局设选举总课，于左开各地设选举分课：

一、围墙以内设分课。

二、四乡按巡警总局分局所在，各设分课，并置投票箱。

第二条　选举总课课员以本局全体职员兼任之。

第三条　选举分课课员各一人并以区内各村之村正副为分课照料员。

第四条　选举总课之职务如左：

一、公告选举日期地址。

二、制印资格式纸、选举执照及选举票。

三、分造选举人名册及被选举人名册。

四、公告被选人名册。

五、审察更正增补。

六、第一次选举拣票核数注册。

七、通告第一次当选人。

八、照料复选举事宜。

九、造复选举名次表。

十、通告当选本人。

十一、审定辞职升补。

第五条　选举分课课员之职务如左：

一、招集本区各村村正副说明宗旨及办法。

二、讲演选举之利益及方法。

三、按照本规则第七条以下办理选举。

第六条　照料员之职务如左：

一、分给各种式纸、票纸。

二、帮助课员举行选举事宜。

第七条　凡资格式纸经本人填注后，由各照料员收齐，汇交分课，由分课送交总课。

第八条　选举总课将前条式纸分别订成选举人名册及被选举人名册，其被选人名册即发交各分课榜示，并发给选举执照。

第九条　选举执照由村正副于选举期前交选举人收执，届日选举人携带执照，亲往分课之选举场换领选举票，当场书写，投入票箱。

第十条　各处之选举员、各分课课由，邀同照料员于定期内行之。

第十一条　选举票箱于投票完毕，由各分课员带回总课，择日公开之。

《北洋公牍类纂》卷一，自治一，第16页

顺直谘议局议决案件·议决应摊路款加收盐捐请一律改归民股案

案查津浦铁路借洋款兴修，由直东苏皖四省招股筹款，十年后归还。直隶计地摊款合银七百万两，以招股匪易，经前督部堂杨据直隶绅士、民政部右丞刘彭年等禀请，奏准长芦行销直隶食盐每觔加价四文，提充路款，作为股本，以二文归商，以二文归民，由公司发给股票，作为永远财产。十年之后，铁路所进余利，按股照付，归商者付给该商，归民者付给各州县本地绅民，以备地方办理公益之需。一俟十年期满，洋款还清，即将此项加价停止，以纾民力等情在案。窃揆原奏之意，盖以路政急要，集款维艰，按盐觔加价于民，所损无多，而众擎可以济事。又以此项作为股本，使出钱者享有利权，诚于国计民生，虑之至周且密，惟此项股本一半归商一半归民，则窃以为一时变通之方，而非永久可行之道，有不得不亟议更正者。查各国盐制，日、土、奥、意皆系专卖，德、法、和兰生产税、关税并课，美、秘、葡、俄仅课关税，彼此轻重不同，要皆人民对于国家之义务，未有取财于民而分惠于商者。又查此项加捐作为股本，半似各国之间接税，半似株式会社，然所谓间接税者，虽征之于商，而商人仅由物价取偿，不能复由国家分利。至株式会社，则系纯乎集股，惟出财者始有股权，今加捐之数悉出于民，而股本余利半归商，有此尽义务、彼享权利，纳税集股，皆无此例，此不合于公理者一也；股本之利归民者，备办地方公益之需，归商者则入其私橐，是出资者永无一钱利息之收入，而不出资者乃获莫大无母之子财，此不合于公理者二也。

若谓加捐之款皆由商收，经手之劳宜有酬报，则所加者盐价而非盐引价，虽增而收价之手续与前无殊，无劳之可言也。若谓加价之后，盐必滞销，将以股本之利抵其亏折，则向来盐制各属，皆系专卖，民欲不食其盐，别无从买，且即向他属购买，其加价亦同，则销盐之数，不能因而减少，无亏折之可言也。况食盐一项，为人民之日用品，本不宜过于重征，自甲午庚子以后，偿赔款、济军饷、抵药税，大率取给于盐价，所征已不为少，民力非必能堪。然所以相安无事者，诚以国家与人民有密切之关系耳。此次加捐，若纯为济公之用，民虽凋敝，犹必竭蹶输将，今以全省二千万人无贫无富无贵无贱之脂膏，半归百数十家盐商之利，数十年之后，使彼坐享数百万金之股权，小民何知安能默认。近来各属人民与盐商为难，聚众闹盐之案，层出不穷，其原因固甚复杂，要多由盐价增高所致。若更以所加之价，补助商人私产，其仇视之意，必且日深，此又事势之显然可见者也。以理言之，则如彼，以势言之，则如此。得失利害，不辨自明。查前督部堂杨原奏内，有其责任为全省人民所共担，其权利亦应为全省人民所共享等语，是权利义务不可不均，公理所存，早蒙衡鉴，其以股利分归商民者，不过据绅士之请，援豫案之例，暂为变通办理耳。今者谘议局成立，为全省人民义务权利两方之代表，凡有偏枯之弊，宜有以损益而取其平。所有加收监捐、摊作路款一案，事关大局，不敢有所置议，惟股利半归盐商一层，不合事理，拟请督部堂奏请将此项加捐所得铁路股利一律改归于民，仍备地方办理公益之用，以昭公理而洽舆情。为此公同议决，呈候奏请更正施行。

《北洋公牍类纂续编》卷十一，“鹾政二”，第37—38页；《大公报》第二千七百二十号，宣统二年正月十三日（1910年2月22日），第二张，第4页；《大公报》第二千七百二十一号，宣统二年正月十四日（1910年2月23日），第二张，第4页

汇录督院陈札复谘议局各案文·札复议决应摊路款加收盐捐一律改归民股案

为札复事，据顺直谘议局议决应摊路款加收盐捐一律改归民股一案，当经前护督部堂先行札复在案，兹经本督部堂详加复核，议案所称加捐之数，悉出于民股，本余利半归商有，此尽义务，彼享权利，股本之利归民者，备办公益，归商者，入其私橐，是出资者无一钱之益，不出资者获莫大之财各等语。查前督部堂杨奏明，监斤加价四文，以二文归商，二文归民，本已权衡至当，且他省同此办法，事关奏案，未便遽更原议。况体察商情，加价愈多，官盐愈贵，官盐贵，则民必食私。去年销数骤滞数万道，是其明证。于是设法维持，以顾销数，设十六处缉私分局，每年经费十余万两，较前大增。直省盐价向较山东为大，此次直省又复加价，而山东分文未加，以致直省邻东引岸盐价不平，亦于销路大受影响，商人售盐以钱，交款以银，各州县银根有限，现在银价涨至三千以外，揆厥原因，未始非盐店买银过多所致，且银钱搬运，周折颇多，脚力汇费，亦当并计。由此而言，加收盐捐，商人既受损失，亦复不无微劳，若一律改归民股，商人种种亏耗，固难弥补，倘令民间设局收捐，势必不胜其烦，亦断无此办法。况商人公议章程第六条，有十年内股票官利无论若干，仅充本省地方公益之款，京津各

设一局，将来应作何项公益，及若何筹办，临时彼此会商，以期妥善等语。是该商等亦知热心公益，究非尽饱私橐。总之，商民皆当体恤此案，原议既极平允，商情又复为难，未便更章，转致偏倚。为此札复谘议局查照，须至札者。

《北洋公牍类纂续编》卷十一，"鹾政二"，第38—39页；《大公报》第二千七百六十号，宣统二年二月廿五日（1910年4月4日），第二张，第3页

运司详明津浦铁路加价交款章程八条文并批

为详明事，窃查前奉前宪台札准度支部咨开，直督奏津浦铁路招股不易，请将长芦行销直隶食盐每斤加价四文，提充路款，自系为路政要需起见，亦与豫省加价成案相符，应暂准如所奏办理，行司迅速核定加价日期，通饬各属一体遵照，并将交款章程妥议详办等因。当经本司拟定于三月初一日一律照加，办就告示，通饬各属遵照，并将交款章程谕饬纲总议复。兹据纲总商人杨俊元等禀称，窃查津浦铁路加价，于本年三月初一日一律照加，所有各商交款一切办法，已与津浦铁路公司商议允协，订立章程，以昭信守。至三月初一日以前，各商领引本，应概免加价。惟因公司股本不敷，关系本省路权及民人利益，与他项加价不同，商等拟即量为变通，按照领引日期，分别补缴加价，以尽义务。他项加价不能作为比例，除将章程抄呈外，理合具禀陈明，伏乞恩准备案，实为公便等情，据此，除批示外，理合照录章程，具文详明宪台查核，为此备由具呈，伏乞照详施行。

长芦直岸盐商公议交付津浦铁路加价章程八条

第一条　每斤加价四文，由商人易银呈交，拟照长芦成案，按领引数目包交，每引银一两二钱。

第二条　每年分五月、十一月两季呈交，年终时再以五百五十斤作包，查照

各府一年钱盘，拉合计算，除一两二钱外，不敷之数，由各本商于年终如数补足（查宣统元年十一月所交，计每引交库平银一两四钱四分九厘三毫，银价每两按制钱一千五百文核计，加色每两按制钱十八文核计，每年春运做盐，至十一月底交银，库平每百两比津公砝大三两三钱，合并声明）。

第三条　今年商人领引在奉到邮传部文以前者，免其交纳此项加价。

第四条　在奉到邮传部文以后，至奉到度支部文以前领引者，核算应银若干，补缴一半股票，俟再领引时，将本商所得一半股票交出，贴给民股。

第五条　在奉到度支部文以后至三月初一日以前领引，交纳一半现银，所得此项股票，仍作为商民各半。

第六条　十年内股票官利，无论若干，尽充本省地方公益之款，京津各设一局，将来应作何项公益，及若何筹办，临时彼此会商，以期妥善。

第七条　此项加价，每届交款时，由商人直接交付公司，以省周折，如有延误日期，即行改为呈交运库，请由运宪按期催提汇解，以重路款而免延误。

第八条　此项加价系为保全本省路权并为本省百姓均霑利益，与他项加价不同，是以商人情愿变通办理，他项加价不得援以为例。

附　则

长芦盐商前由大清银行借款五十万两，购买津浦铁路债票，以新增加价每引一两四钱，每年包交七十万两，余款项下，按年按数提拨归还，约计四年当可还清，俟还清后，仍将新增加价余款按年如数拨归。津浦铁路购买股票所有股东应得利益，与现银入股者一律享受，以昭公允而符定章。除另禀运宪备案外，特附章程之末，以便遵行。

《北洋公牍类纂续编》卷十一，“鹾政二”，第35—36页

顺直谘议局议决案件·议决剔除盐商积弊案

（顺直谘议局议决剔除盐商积弊案）

按，盐之为物，社会普通日用之必需品也，近以库款支绌，抵补正供，始将盐价迭次加增，事关国家经费，自未敢骤议轻减。而各盐商之舞弊营私，若不亟图改良，以安民业，恐民气愈激愈烈，日后将不堪设想。其所以激变之故，约有数端。查盐商卖盐本有定秤，而盐商概不遵守，每卖盐一斤，只给十三四两或十二两不等，计全省人口约三千三百八十万有奇，以每人年食盐五斤计算，每斤亏短二两，合制钱五文，每人年受制钱二十五文之亏，统计全省所受亏数足有五十余万两之巨，而积习相沿，盐商遂视此为当赚之巨款。且行使钱法各属不一，每钱百文或有九二、九四、九六、九八等类，要皆随市面行使，而盐店概索满钱。近日行使铜元，以向有活秤活价之习，又复无厌苛求，任意低压折扣，至于所卖之盐，原质本甚洁白，一入盐店，便搀合污秽之物（如面汤、净脸水、土灰、碎席之类），恶劣不堪，一介乡愚，何敢过问？偶有忍不能忍，凭理争论者，伊等仗恃官商，擅作威福，非喝令巡役毒打，即揪送官衙惩办，暗无天日，莫此为甚。且盐店巡役，类多无赖之徒，名为缉私，实与盐贩互相表里，任意讹诈，甚或使盐贩负盐于前，而巡役追踪于后，择乡民可讹之户，故掷之，以诬告善良，非纳贿即行送官。至河间、东光一带，且有盐巡衙役，狼狈为奸，以查私淋为名，至各村挨户搜查，借端讹索，激成控案者，地方官关于规费、情面等事，亦不肯认真究办。似此种种恶习，任意欺压小民，虽愚懦无知，又何甘受此商蠹而不一较乎？是以小则据理要求，大则忿起暴动，妨害治安，牵掣大局，虽惩办其首要，非不足震慑一时，而全体忿恨不平之气，或不旋踵而又起。本年夏间，永平各属抢盐，殷鉴不远，而抚宁又滋事矣。小民各有身家，谁愿以身尝试，而盐务之作弊，实迫于人无可如何，此其咎不在民而在商，失此不治，恐挽回补救，益无其时矣。谨条列改良办法，并具理由如左：

一、再有以上所列舞弊违法等事，如人民不能上达时，准请求地方自治会代为申诉。

按，以上罗列弊端，人民受亏甚巨。现在地方自治团体次第设立，盐店如再有此等舞弊违法事项，但有确据，应准人民据实请求代与申诉于地方官，以昭公允。

一、盐店须入商会。

按，盐务无论官办、商办，无非营业性质。旧习，各属城镇盐商屹然独立，不与他商联络，所以事事得自为风气，现各城镇奉部章次第设立商会，盐店亦须入会，以资联络。况入会后，即与他商立于平等地位，随时研究防弊改良，并可收相互维持之益。

一、府厅州县须按四季张贴盐政白话告示于城乡镇。

向例，盐政告示止在盐店张贴，小民于盐务情形，鲜有知者，因疑生忌，因忌生事，殊属可虑。嗣后，应由地方官按季张贴白话告示，于保商安民之道，实两有裨益。

以上所举数端，虽非清理根本之图，然尚足以救一时之弊，拟请札行盐运司转饬各州县，认真改良，痛陈盐商积弊，以便民生而遏乱萌，全省人民幸甚，大局幸甚。为此公同议决，呈候公布施行。

《北洋公牍类纂续编》卷十一，“鹾政二”，第11—12页；《大公报》第二千七百二十四号，宣统二年正月十七日（1910年2月26日），第二张，第4页

督宪（部堂）陈札复本局议决剔除盐务积弊案

为札复事，据顺直谘议局呈议决剔除盐商积弊一案，当经前护督部堂先行札复在案，兹经本督部堂详加复核，所陈积弊，如短秤、掺土及巡役讹索、栽赃，本干例禁，历经饬由运司通饬各州县随时查察，并示禁在案。应再由司出示，以

后如敢再犯以上情弊，应准由被害之人自行申诉，以凭传讯严办，所请由自治会代诉之处，查不在宪政编查馆奏定自治章程权限之内，碍难照行。其盐价概用满钱，前据该局呈诉曲阳县盐商营私舞弊等情，当以此案前据运司查明，卖盐向收满钱，并非格外索底等因，札行在案。铜元卖盐，亦经该前司详准，比照制钱合银之价，定为两种价目，均应照案办理。其盐店须入商会，各属按季张贴盐政告示，均属可行，自应行司照办。为此札复谘议局查照，须至札者。

《北洋公牍类纂续编》卷十一，“鹾政二”，第12—13页；《大公报》第二千七百八十七号，宣统二年三月二十二日（1910年5月1日），第二张，第4页

顺直谘议局陈请公布·
呈请督部堂转饬盐商售盐收钱应照各属本地市钱交易文

为呈请事，案查本局代陈曲阳县盐商德兴义营私舞弊亟应剔除一案，宣统元年十二月十六日奉督部堂批开，来呈阅悉，查前据曲阳县自治员彭恩龄等来辕具禀，当查此案，前據运司委员查得各属盐店售卖盐觔，向例均收满钱，并非格外索底，自应仍照向章办理。曲阳等处官绅所请提充自治经费，均毋庸议，并令通饬，示谕遵照等因，通纲既皆一律，该县岂能独异？所请仍不准行，业经榜示在案，希即查照，此缴，等因。奉此，查盐商售盐，使用钱项，向随本地市面情形，各属本不一律，前曾面陈，业蒙洞鉴。兹经本局切实调查，如定州、望都各处，向皆不收满钱，其未经调查各属，似此者亦应不在少数。前此运委查复各节，显系仅据盐商一面之词，蒙混具禀，已可想见。伏思食盐为物，属民生日用所必需，东西各国大半皆归国家专卖，商人无从垄断于其间。我国向归商办，而货币使用逐处不同，该商等所称例用满钱，不知据何明文而执此说？倘法律未曾规定，自应斟酌各地情形，从其惯习。况盐商缴课买银，亦随市钱交易，民间出钱购盐，何得格外居奇？且际此民食维艰，即向例果收满钱，尚宜酌量裁减，以

苏民困而示体恤，似未便仅据盐商捏报，遂定为价格准绳。为此再行缕陈，伏恳督部堂逾格恩施，准予通饬各属盐商，嗣后售盐收钱，概随本地习惯，不得特占优权，以适符营业之性质，既于该商纳课毫无损失，而于小民生计大有裨益，造福一方，实无既极。所有恳饬盐商售盐收钱，应照各属本地市钱交易缘由，理合备文，呈请督部堂查核，为此备文具呈，伏乞照呈施行，须至呈者。

《北洋公牍类纂续编》卷十一，“鹾政二”，第28页；《大公报》第二千八百二号，宣统二年四月初八日（1910年5月16日），第二张，第3页

督宪陈批答

宣统二年三月二十三日奉督部堂陈批答：此案前据运司委员查得各属盐店售卖盐觔，向例均收满钱，并非格外索底，是以批饬仍以照向章办理。兹据呈称，切实调查，如定州、望都各处向皆不收满钱，其未经调查各属，似此者亦应不在少数，前此运委查复各节，显系仅据盐商一面之词，蒙混具禀，如果属实，尚复成何事体？候行运司再行确切查明，核议详夺，此缴。

《北洋公牍类纂续编》卷十一，“鹾政二”，第28页；《大公报》第二千八百二号，宣统二年四月初八日（1910年5月16日），第二张，第3页

曲阳县郑令在中禀本县盐商德兴义因加收底钱拟请宽其既往以本年为始将所收底钱按引提充自治经费文并批

敬禀者，窃于宣统元年四月二十九日据卑县自治员副榜彭恩龄、法政员举人陈洪范、贡生陈宗器、王荫南、韩振德、廪生田荫棠、庞金镜、孟凤冈、增生刘庭槐、刘涵垚、附生牛光宇、卢联奎、刘会文、甄濂、甄际庚、王之政、孙检、田兆年、刘榕、孟凤梧、吕景芳、吕锡福、甄文魁、张尚宾、监生甄瀛禀称，为盐商舞弊，私索底钱，吁恳按年核数，提充自治经费，以资挹注事。窃维盐为民所必食，钱为市所通行，裕国便民，无有如盐商者。钱随市面，价由官定，叠次盐觔加价，均经奏议允行，传谕民间，指拨充公。我曲附属定州，壤接阜平、行唐、新乐、唐县，共食芦盐，钱亦相同，每百制钱缩底四文，行使概按九六。不料自庚子年后，我曲盐商德兴义行销食盐，陡索满钱，乘兵燹消亡之日，正该商垄断之时，钱按百数，勒令食户补底四文。回溯咸同年间销盐，秤斗兼用，每觔仅售制钱二十五文，每斗重二十斤，合售制钱五百文，彼时盐价颇廉，尚无补底之说，今则盐价倍加，反要满数之钱，额外之吞噬无厌，地方之膏血已枯，在彼营私罔利，计固甚得，而曲民何辜，受此荼毒，伏思盐斤加价，均奉上宪传谕，独此四文之补底，从未宣播民间，究不知提归何项，充作何用。计自光绪二十七年起私收，至今已逾八载，我曲额引每年销数二千九百余包之谱，按年核引，按引核钱，勿谓勺水拳石，莫补高深，而由一而十，由十而百而千而万，更仆数之，已寖成巨款。所最可怪者，该商常自榜其门曰：公平交易，裕国便民，试问每百中索补底钱四文，果公平乎？果便民乎？如曰公平，何以别项贸易悉遵九六之章，独该商不随市面？如曰便民，我曲凭帖盛多人皆以一吊凭帖作一吊使用，独该商于一吊之外，索加制钱四十，乃犹为之自解曰：盐商奉公，不与别商相埒，但以盐商而论，凡芦盐引销之地，如定州，未闻有此补底，即阜、行、新、唐四邑，其数亦系九六，何我曲盐商竟有此每百四文之贴补，小民忍气吞声，已非一日，实有敢怒而不敢言之况。所谓裕国者安在？而便民者又安在也？现值预备立宪诸款待筹，物力维艰，搜罗已尽，此项每百私索之四文，与其饱填欲壑，何如提入公家？况以本地之财作本地之用，洵属名正言顺，为此联名具禀，伏乞不避嫌怨，按年按引，彻底查追，以充自治经费等情，据此查卑县地面，凡买卖出纳，向按九六制钱行使，即每年上下两忙，民间以钱完纳地粮亦照九六征收，积习相沿，非伊朝夕，故自官吏以迄商氓，从未敢范围稍越。盐商承办引岸，其平日运销盐斤，宜如何遵照引地行用通例，随时价收钱，以示公道。虽迭奉通饬，销盐必须足斤足价云者，以盐斤关系税课，故价额最忌参差，非谓因有足价二字，即可概收足钱，希图影射。盖足价与足钱，字面既迥乎不同，文义亦显然各判，乃该盐商德兴义竟于卑县通用九六钱数之外，辄敢巧立名目，以每百文破格加收底钱四文，实属嗜利病民，败坏鹾政。就地访察，众口雷同。该副榜请将卑县盐商德兴义历年所加底钱，按引彻底查追，提充自治经费之处，系为剔厘中饱起见，所禀不无可采。惟据称按年按引查追一节，究竟事近烦扰，况自加收底钱以来，从未闻有人出而反抗，默察民情，心虽未尽乐从，事却成为固有，更何必于久经习惯之余，遽行捐弃，但任令徒饱私囊，不特无此情理，且恐加收为日愈久，民间积怨愈深，铤而走险，必有激成众怨、环而攻之之一日，是为该商计，亦甚属可危，卑职忝膺斯土，商务则固宜竭力维持，民情亦必须悉心审度，庶使两得其平，免贻商民口实。现拟宽其既往，应自本年为始，责成该盐商德兴义将每百文加收之底钱四文，查照每月所销引数、钱数，提充卑县自治经费，如此一变通间，在该盐商以取诸民者还之于民，不过代为经手，与价额、国课毫无所损，而公家得此补助，裨益实非浅鲜，且民间从此末由藉口，必能各相安于无事矣，利商利民，无逾于此。除由卑职谕令该盐商德兴义遵照外，理合禀请查核立案，肃此，恭请钧安。

督宪那批：据禀已悉，仰运司查核明确，拟议办法，并将历年加收底钱四文作何支用，一并详复核办。禀抄发，此缴。

《北洋公牍类纂续编》卷十一，“鹾政二”，第26—28页

顺直谘议局文件公布・议决盐价擅改满钱违法害民请严札运司转饬各属一律行用市钱以恤民艰而弭隐患案

案查食盐一物，为民生日用所必需，近因库款奇绌，迭增定价，小民无敢抗违者。诚以国课所关，虽竭蹶尤可免从。乃盐商不知体朝廷不得已之苦衷，竟至弊窦丛生，日甚一日，任意剥削，小民之脂膏有限，讵能堪此荼毒？故近日屡酿风潮，使不亟除此弊，以稍安民心，后患何堪设想！本局前为盐价擅改满钱，迭次代曲阳、定州绅民陈请更正，奈一再力争，不但已勒满钱者未能革除，即他属旧用市钱者亦一律改为满钱，非徒无益，而又害之，此本局之天职有亏，所日夜引为咎心者也。查曲阳士绅原呈内称，该县盐价，向照市面九六钱行使，自光绪二十六年间，乘兵乱之际，始强行索底。当时，因官无暇顾，民不聊生，故忍受而未曾控诉。至宣统元年四月间，经该县自治员彭恩龄等具禀，该县请提盐底，充自治经费，当经该县郑令据情详蒙那督部堂批司查核，明确拟议办法，并将历年加收底钱，作何支用，一并详复核办。旋经运司遵饬核明，一面详复督宪，曲阳盐商卖盐索底，已令禁止，一面发札行县，据各处既通行九六市钱，均不补底，该商另索底四文，殊属不合，应即行禁，以昭公允等因。该县即出示晓谕，盐价仍照九六市钱行使，该盐商不得不勉强从命，将底撤消。然贪心未已，至十一月间，乘端督宪与崔护督宪交替之际，该商网总不知若何朦胧禀复，忽颁运宪转蒙护督宪之批示云，既由司委员查明向收满钱，非格外索底，自应仍照向章办理。此案无端而翻，如山倒海倾，人心为之骚动。旋由本局据情代为陈请，蒙批，仍以运司前次查复为据。伏查运司既云向例均收满钱，何前蒙那督宪严札后，亟令禁止，且满钱果属向例，何此次改收满钱，又须通饬，前后情节，实太离奇。又查定州原呈内称，定州市面，向用九六、九八等钱，购盐亦然，于今年正月间忽改收满钱，呈经本局代请更正，蒙督宪一再饬司委查，乃观司委前后禀词，一味模糊，袒商抑民，谓向例均收满钱，并不格外索底。又称询问民间，谓现在均收满钱，夫既云向例，又云现在，语固矛盾。且现在云者，必从前不收满钱而现在则收满钱，何以又云向例均收满钱，此委员昧心之语，而不自觉其抵牾也。又称从前子店有收售市钱、交纳满钱者。收售云者，子店对于民间之交涉也；交纳云者，子店对于总店之交涉也，即以向例论，亦当指民间出价买盐之向例，不能指总店对于子店收入之向例也。又称从前收售市钱，皆因子店从中取巧，希图获利之故，此语更觉支离。夫获利者，盐店也，非小民也，盐引畅销，子店因受直接之利，总店亦受间接之利，同享其利，故相与安之，利商便民，即为善法，亦复何求？又云从前收售市钱分量，未必能足，此语尤为背谬。查委员奉札查办，只观现象，何以知其从前收售满钱分量不足，此无他，捏造收市钱之弊，以掩其收满钱之罪也。试问该盐商既系营业性质，子店乃商人之分售处也，自有稽查之责，子店分量不足，大干禁例，该总店何以扶同隐匿，剥削小民？又称从前收售市钱，皆属个人之私情，夫民间凭钱买盐，何私之有？子店凭盐谋利，何情之有？若谓该盐商惯行为私，又安知总店之账簿？所谓满钱者，非因私出于后来之改造者也。统观该委等前后禀复，无非袒护循词，运宪以盐司大员，竟不察是非，偏听该委员等一面之词，忽而禁满钱，忽而添满钱，翻云覆雨，命令纷歧，实难索解。且此案经本局议员切实调查，从前行用市钱者甚多，经此次运宪通饬，各该盐商无不喜出望外，勒索满钱，即就正定府十四处而言，从前除栾城、赞皇而外，其余均行用市钱，而今一律通札改为满钱矣。窃谓谘议局之设，原为兴利除弊，兹经本局代请，不惟一处之弊未除，而乃祸及全省，是反不如无谘议局时，弊害尚不至普遍也。忆自通饬满钱后，各处民情骇异，使长此不改，下情终莫能伸，从此愤而寻衅，激而生变，皆在意中。去岁永七之祸，可为殷鉴。此本局所不得不言，而尤不敢不言者也。拟请督部堂体察情形，严札运司，转札各属盐商，无论从前是否满钱，一律改照各处市钱行使，以恤民艰而弭后患，大局幸甚！盐商幸甚！为此公同议决，呈请公布施行。

《大公报》第二千九百九十六号，宣统二年十月廿五日（1910 年 11 月 26 日），第三张，第 2 页

严札各州县遵行督宪札复批准整顿盐务各议案

顺直谘议局于去年决议整顿盐务各案，多经督宪核准，札谕照行，乃各盐店不但不遵，且自去年始又复按照满钱收价，故该局日前提作议案，会场通过，呈请督宪核议。昨经札复，略谓据呈已悉，查盐价应用满钱、市钱，各照向来行用办理，并由盐店将部定砝码悬挂门首，以便较量，酌设岗兵，以便稽查各节，均系本大臣核准施行之件，业行运司、巡警道通饬遵办在案，各属自应一体遵照。据呈奉文，迄今时逾数月，诸种弊端，依然如昨，殊属不成事体，候行该司道严札各州县，从速出示晓谕，以清弊窦而甦民困，此批。

《大公报》三千八十六号，宣统三年二月初五日（1911 年 3 月 5 日），“本埠”，第 6 页

顺直谘议局议决案件 · 议决改良警务案

案查推办警务，今已数年，各厅州县固亦有办理得法、稍获裨益者，而空耗巨款、毫无成效者，实不少，概见此其废弛之原因，至为复杂。尝查原订章程及迭次宣布之规则，有入手即已错误者，有随时急宜变更者，有原章所有而至今未施行者，有因一二州县生事，遂通饬各州县照改，因噎废食，亟宜规复旧章者，若不速筹积极之改良，恐益不免为人所诟病，兹特择其至要者言之。

一、禁止赌博，仍宜照章责成巡警不必待禀请派差持票以防流弊。查禁止赌博，系风俗警察之要图，而暗与匪通，为到处胥差之通弊。直隶自创办巡警以

来，虽无大效，而赌盗之风或觉稍息，惟是前此一百四十余州县，偶有因巡警程度尚低，不免一二为抓赌滋事者，且赌风既息，则胥吏向所恃以为生活者，一旦断绝，因亦多方诋毁。遂由地方官禀请前故督杨札令，凡聚赌之处，该局区须密报地方官，必待派差持票，会同捕击，而赌风遂又日炽一日。盖各州县衙署班捕差役无不暗与赌盗相通，尽人皆知，果若所言，是特授此辈以放纵庇护之机，而为开一绝大之利源也。故近来详查各州县情形，竟有聚赌在巡局左近，而该巡官区长方且熟视之而无可如何，拟捕捉则获违章之咎，欲往报则有漏泄之虞，迨至偕差持票往捕，其赌匪已早远飏，或有先派巡警伺察而后密禀者，偶遇赌匪反抗、不服滋事，而地方官则又以违章擅捕责之，该匪等遂益无忌惮。故近年所谓禁止赌博者，已徒成虚语，而赌匪且遍地皆是，盗匪亦因以潜滋矣。窃思教练所开办巡警之程度稍高，拟请仍照旧章，凡聚赌之处，即专责成巡警，实行禁止捕击，不必待会同差役，果使巡警有横生枝节者，被控属实，此自宜严究重惩，以儆其余，似未可因噎而废食也。

一、变通军械收存规则，宜分配应用以收捕盗之实效。查巡警章程订有使用枪枝细则，而巡逻规则亦有携带枪枝专条，盖巡警既有捕盗之责，防身御贼，枪械在所必需，乃自去年或有巡兵用枪误伤人命情事，而警务处惩羹吹齑，遂札行各州县，俾将所领军械，统归总局收存，俟有需用，再行领取，此殆为慎重人命、预防流弊起见。惟是各局区之相距，约皆有十里、数十里之遥，而警兵之防夜梭巡，尤难定每日所遇何事，果使有著名盗匪奉命勦捕，此固可先期领取，其他若截路穴壁，诸匪大抵皆于巡逻防守时，猝然相遇，若置而不顾，其巡警为溺职，若即起捕拿，则张空拳何以从事？即使其地距总局较近，似可以闻耗再领，然一往返之时，诸匪已饱所欲而去，似绝非设巡警卫地方之本意也。况枪械搁置不用，难免锈滞之虞，警兵练习未深，不无生疏之失，前或有持分给枪枝不给子弹之说者，此若使盗匪侦知，恐皆将视巡警如儿戏，其尚何以能捕贼？欲收实效，莫若仍归复旧章，使各州县将所领枪弹皆分配各局区，由各巡官区长管理，暇则借资练习，及巡逻防夜时，使按照使用法，则持以为捍御之具，惟须使州县巡警总办及该管巡官区长负其责任，并严加约束，倘有因公误伤者，宜援例办理，至其违法滥用者，则重惩不贷。此外，如自卫、卫人及捕匪，皆许照章应用，此巡警乃不同于虚设也。

一、教练所限期办齐，宜选择学兵使有切实担保，勿但用旧募之巡兵。查巡警之良莠不齐，多由创办伊始，乡人皆以旧日之兵丁目之，不肯充当，而地方官又但以多为贵，故各乡董所任用，虽亦不无良民，而无赖之尤实居其多，盖亦欲其获有正业，不再为非也。其后虽迭次奉札裁汰，但乡董之良善者，不敢过于得罪其人，而恶劣者方且利用之，使为我用，自前年复加入退伍兵等，而巡警益少善类矣。然前此仍属无意识之用舍，犹之可也，近奉通饬各州县教练所，使于八月办齐，乃至今成立仅七八十处，其余尚未创设者甚多，显系抗札不办。此按九年宪政预备表，恐终不能如期奏续，似宜限定于明年正月一律开办，否则，治该地方官以延缓之咎。近阅警务处所拟教练所办法，仅就现有之警兵抽换而教练之，此大不可。盖巡警之关系于民生利病，至为切近，倘用非其人，则民间必有身受之祸，此于招生时似宜按照警务处所定资格，慎选良民子弟，皆使有切实保结，然后入学，而旧兵之曾经传习或有与此资格相符及著有成绩者，固亦可精择详察，但不能定以抽换之法，否则必至空耗时日与财力，养成许多素不安分之流，而终不能格其非心，虽使稍知警章，亦适足以济其恶而已，恐巡兵之程度终无继长增高之一日也。

一、办理警务人员宜分别奖赏，以生其希望而资鼓励。查京津保等处，其巡长巡兵皆分为数等，以劳绩迁升，又有加饷减饷等激劝之法，而巡官区长勤劳卓著，则常优予拢擢，故其人皆自勉励。惟外州县之巡长巡兵，前本由各村董募兵给饷，巡官几无权更调之，故大半无此办法。至巡官区长之奖励，虽亦有奖札功牌，而其人多系本地学生，故亦难因成绩而擢升于他处，而以新进能贡媚于诸乡绅及地方官之前者，或转借口于义务之名，不论前任巡官功过，且皆能取其位而代之，此最不平之事也。夫天下人未有无可希望而自然勤苦奋勉者，乃直隶之下级警务人员，竟似有罚而无赏，盖警务学生毕业多不由警务处派用，惟能自通于本处地方官者，始得受一差，其供差有效者，又无法定之升阶，若无效则撤差，追缴文凭，或径行治罪，罚则至为严刻，至长警则更若几微无可希望，故往往有任事之初，劳心殚力，以希图名誉，而此差又愈尽心力者，愈易取怨，及日久而几微无所利，则亲友交责，将有自悔其从前之多事者，此若不详定警务人员功过及奖励之规则，恐终不能望有进步也。

一、改订点验规则，凡稽查等差，必限定曾习法政与警学人员。查直隶警务办法，警务处每年必派人点验一二次，盖恐有缺额及捏报不实之情事也。然各州县之捏名巡警，指不胜屈，不过俟委员将到，始临时招集，或命各村董觅人暂时顶替，军械衣帽亦皆另有点验时之特别预备，此为各州县之通弊。夫巡警之程度，断不能仅恃一时点验判别其优劣，此尽人皆知者。若只谓点验人数，不过为初创办时之手续，绝未有巡警业已办齐，乃每年特派稽查，只问数目，并不默察其成绩者。闻去年警务处亦拟实行，尝加派学生一二人，使随诸稽查偕行，各自禀覆，但此非十分认真及有心攻击者，恐所禀复终不能优劣悬殊太甚。与其多此一行，徒使为学生掣肘，何若即以学生为暗查，俾分行于各州县，自能得其真际，况公既拟一律改用教练所学兵，则从前成数，似更不必过拘，或先行奏请，或声明到部，一俟教练所学生毕业，当再陆续补足前数，至现在之兵，则各区但使足敷马巡及巡逻之用，即无虑其缺乏，惟是巡警之职务权限，与地方官至为密切，往往有巡警之所为，在未熟警章者，以为侵权，而深明法政与警学者，则以为尽职，使稽查等若非此道中人，恐所禀覆，必不免淆乱黑白，此警务处点验稽查等差，皆宜急图改良者也。

一、核定官绅功过，宜明定赏罚，以专责成而杜藉口。查推行警务章程，动则于各衙署胥吏差役之行为，不无妨害，故地方官对于巡警，非其人至明察与巡官善迎合者，往往多恶劣之感情，而警务上又未有一定之考成，故第言其外观可也。若欲实行巡警之职权，未有不敷衍推诿者，即如娼赌二事，向皆视为胥吏之生活，而巡警则须管理与禁止之；盗匪匿处向皆与捕役相通，而巡警则须驱遣而搜捕之，其地方官之袒下者无论矣，即良吏或亦有持吏胥未裁，新章难尽实行之论者，今已皆知其有所妨害矣。故如教练所之设立，已奉部章限六月内一律办齐，而至今尚未成立者甚多，其无款可筹者，尚觉有所藉口，乃若随粮带征之州县，本有余款，而亦借辞延宕，及警务处严札催办，非委过于巡官，即卸责于本地绅董。考警务章程，警董但有经理款项之责，即使本地别有他故，果何碍于地方官之行政？惟是警董之事，亦有急宜改良者。当巡警创办伊始，皆赖伊等筹款，故有多至十人、数十人者，其巡官、区长常不免被所左右，兹凡已有常款者，似急宜令公举一二人为总董或副董，其余概令辞退，果使其人生有弊端，抑或无故被人诬陷，皆详订专章，立有限期，务令地方官立与辩明，实究虚坐，而重惩之。盖因地方官不肯实心任事，每好利用本地士绅之互相攻击，谓事不易办，以为一己卸过之地步也。此与实力推行者，似皆宜考核功过，取以与其他功过互为抵销，实行赏罚，以昭激劝，则地方官当自觉责无旁贷矣。

一、巡逻站岗规则宜限期严札实行，并添设马巡，使一兵得一兵之实用。查警务处章程，各州县巡兵，除城关镇集必须站岗外，自余庄村巡警本不必站岗，亦绝不能敷站岗之用，只有实行巡逻而已。但前此创办伊始，皆由各村董自行集款募兵，即散在于本村，其巡官区长几不能自由添减调遣，故少有不安分者，即不免滋生事端。自今春警务处饬令集合于一处，皆受区长管理，虽已少觉改良，而实行巡逻者，仍属甚尠，于是兵集此村而彼村或终日不见一兵，乡民已早同声怨望，一旦有事，则蜂拥而来，其恶几如差役之下乡无异。故直隶报部，初系六万余兵，今已裁剩两万余，而乡民终觉其多且扰者，盖无论散在于本村与集合于各区，皆未遵照警章实行，少有成效故也。查警务处站岗巡逻规则，仍未尽完善，此似宜严札，急图改良，俾各州县巡官区长务将各本区巡逻路线，限于年内，一律画齐，列为巡逻表呈报。至斟酌各庄村相距之远近，当如何酌设分所，如何登记盖戳，其区与区互通声气，则必设马巡补助，以资联络，皆订为详细规则，限于明春一律实行，其地方如仍有以护勇马兵捏充马巡者，则处以违章捏报之咎。若此，则巡兵不足用者，固无妨酌添，其多者自当按区裁汰，庶各州县巡警乃可一兵获有一兵之用也。

一、巡警人数宜按照各区巡逻道里之远近，裒多益寡，酌定确数，以防冗滥之弊。查承议谘询事件内有划区一节，诚以各州县区域大小不同，巡警多寡不一，故难立有一定之标准，现已议定每州县多不得过十二区，少亦划为五区，其区域较大者宜多设分所，则巡兵之确数，似可按照巡逻路线，以足敷分布往复梭巡为准。至预备昼夜替换者若干人，预备市集站岗及特遣派者若干人，皆待各州县画定巡逻表呈报后，由警务处酌中核定，除有特别原因现尚不易变更之州县不计外，其不足者可即令添加，而兵多者亦可裁撤，以减轻人民之负担。至马巡之多寡，尤须定有确数，此似宜以州县大小及庄村之疏密为准。查前此创办伊始，地方官无所取裁，或令按庄村出兵，或令按地亩养兵，其所定之数，皆未必适当，故各州县人民之负担不均，而其兵之劳逸亦不等，其散在本村者，惟日供诸乡董驱使。即今集合于各区者，亦几终日无所事事，而聚赌聚饮之风，转不免时有所闻，若不急早改良，各按其村庄疏密，酌定一确数，窃恐兵多兵少，终无定衡，则兵少者难获实效，而兵多者耗费不赀，乡民亦实有所难堪也。

一、警务上之职务权限，宜严饬遵照颁定规则实行，不得少有陨越。查警务上职权之混淆，由于各地方创办伊始，仅设一二巡官至四乡募兵，州县官皆视为地方公义，专责成于各村长乡董，推其意，殆与昔年办保甲乡团无异。其后添派区长，虽加以总办之名，顾多不以属官待警务中人，惟出则召之以壮观瞻，入则视为前此之团保而已，及一旦有事，尤多苛待。即如去年张令因巡兵与护勇口角，竟饬锁拘巡官到案，任邱县吕令竟不禀明上宪，擅自追缴巡官文凭，他若巡警拘获人犯送案，本有定章，乃巡官与赌徒过堂，区长与窃匪对质，层见叠出，此中虽不无一二巡官区长之过误，但职权所在。恐以后将皆畏缩不敢任事，而不顾职权，妄为攙越者，莫甚于警董。查其职权，本以筹备经费、稽查收支为专责，若无故过事干涉，固显干例禁，但其人则未识大体，惯好调和讼事者居多，故稍涉讼端，则受人请托，设法关说，多方要挟，已屡见不一。其尤甚者，如借端滥罚，诬人行窃等事，大抵皆此辈驱使所为。地方官方且利用其人，而巡官区长遂亦视之无可如何，至其本职权内所谓管理经费，每月须逐条开列，榜示通衢者，全省百四十余州县，其实力奉行者，殊不多觏。此似宜按照颁定职务权限规则严饬，互为保守，有侵越者，由警务处查知，或被人告发，官则撤任撤差，绅则严惩以儆效尤，亦所以重行政官之职守也。

一、改良警务研究所，于课程外讨论办法，并使各地方定期会议，以图实效。查巡官区长，非初在警务学堂毕业，即系出洋学生，少年盛气，初著手即欲尽执法理，以见诸施行，于实际诸多不合，此地方官所藉口也。前警务处有鉴于此，使于未派差之前，在所研究数月，意非不善，惟所研究闻仍系各种课程。夫课程者，由理想而生者也，而实行则须随时势为转移。研究员已受课程于学堂，何必再为温习，但实行上之手续，参酌警章，有及时即可施行者，有一时未便施行者，有便于此而不便于彼者，按照各地汇报之情形，以为将来实行之预备，乃可获研究之实效。又如各州县警务会议，本订有专章，而实行者甚尠。我国行政司法未分，地方官诚有不能兼顾者，惟查自创办新政以来，其人不肯提倡新政则已，苟肯提倡新政，则每日接见学董、警董及自治员绅，几乎应接不暇，与其在官庭日事周旋，徒滋疑窦，曷若赴各所订期会议，一秉大公？似宜限定各州县于星期某日赴警务，星期某日赴学务，星期某日赴自治，不过半日工夫，凡各该人员必须到局，有事则互为研究，除特别事件外，不许随时入署晋谒，既可免一时偏听之惑，亦可免双方晋接之繁。其他本地士绅关于某项，如欲有所陈请，亦可声明到会，公同研究办法，则地方官既可节劳于新政之进行，诚裨益匪浅也。

以上数端，或为本章程所有而向未实行，或为本章程所无而急宜添设，即所言诸弊，各州县不必皆然，而患此者正复不少，谨拟改良办法十条，除村董自行敛钱募兵之各州县尚未易一律施行外，其余皆可限定期限，札令警务处督饬认真推行，待至宪政编查馆九年预备表所谓粗具规模之年限，或可少有成效。为此公同议决，呈候公布施行。

《大公报》第二千七百二十七号，宣统二年正月二十日（1910年3月1日），第二张，第5—6页；《大公报》第二千七百二十八号，宣统二年正月廿一日（1910年3月2日），第6页；《大公报》第二千七百二十九号，宣统二年正月廿二日（1910年3月3日），第6页；《大公报》第二千七百三十号，宣统二年正月廿三日（1910年3月4日），第6页；《大公报》第二千七百三十一号，宣统二年正月廿四日（1910年3月5日），第三张，第1页

督院陈札复谘议局议决各案文·札复议决改良警务案

为札复事，据顺直谘议局呈议决改良警务一案，业经前护督部堂先行札复在案，兹经本督部堂详加复核。

一、禁止赌博，仍照章责成巡警，不必待禀请派差持票一节。查现在各属巡警程度业已较前稍高，且开办教练所，普行教练，当不至仍蹈旧辙，应准规复旧章，凡拏赌之事，即责成巡官，不必再偕同差役，致多曲折。惟拏赌后，应立即禀报总办，以凭核办，且不得携带枪械，以免别生事端，如遇非常赌犯，必须携带枪械以资防卫时，仍应先时禀明总办许可后，方得携带。

一、变通军械收存规则宜分配应用一节。所议甚是。惟事属军火，关系重

大，不得不严定责成，应如所议，将子药仍照旧章分配，各局区责成地方官及巡官、区长等，按照警务处禀定巡警使用军械规则实行管束，倘有滥用酿事者，除将误事之巡官长警等分别照章惩办外，仍将该牧令详请严参，以为玩视军火者戒。除由警务处通饬各牧令派遣巡官、警董按月分往各局区抽查汇报，以资考核，另由警务处订立抽查枪弹专章，详候核定。

一、教练所限期办齐一节。查教练所系奉部章设立，现据各属报告，已经成立者仅有七十五处，其未设立之州县，应由警务处限期严催，一律开办，不得再行延缓。至招生宜有切实保结，而旧兵之曾经传习，或与此资格相符及著有成绩者，亦可补习任用，自系为增高巡警程度，郑重巡警人格起见，应即如议办理，由警务处严札各属遵照实行。

一、办理警务人员宜分别奖赏一节。查警务处前曾订有处分规则，惟奖赏实与处分互相为用，自应由警务处迅速厘订奖赏规则，详候核定颁行。

一、改良点验规则，凡稽查等差必限定曾经习过法政与警学人员一节。查警务处查验各属巡警，本分稽查、暗查两项，现在明习法政与警学人员日见增加，自宜广为录用，以资整顿。除暗查一项，警务处本系均用警务学生，毋庸置议外，稽查一项，此后应由法政、警务两项人员中尽先派充，其富于经验、通达时学者，亦可拔尤慎取，以宏造就。

一、核定官绅功过，宜明定赏罚一节。查此议系实行赏罚、以昭激劝起见，自应照办。警务处既订有处分及奖赏规则，应即严札各州县并及警务人员按章实行，其处分警董一层，其处分规则中尚未有规定，并即由警务处妥定专章，详候核定。其裁减警董一层，亦由警务处体察各属情形，酌量减少。其地方官功过与他功过互相抵销一层，亦可照行，候行布政司查照办理。

一、巡警站岗规则，宜依限严札实行并添设马巡一节。系为推行集合办法，亟应如议办理，应由警务处将巡逻站岗规则再行严札各州县，并饬各属将巡逻路线表迅速画齐呈报，并饬将酌设分所及登记盖戳各事，由各属拟定细则，详由警务处核办，其添设马巡一层，应俟各属将巡逻路线表及各种细则详报后，由警务处详察各属情形，随时酌量办理。

一、巡逻人数，宜按照各区巡逻道里之远近、裒多益寡，酌定确数一节。应俟各属将路线呈报后，由警务处体察情形或增或减，酌量核定。

一、警务上之职务权限，宜严饬遵照颁定规则实行一节。应由警务处将所订职务权限规则严饬各属遵照，务令各守职权，不得稍有侵越。所云巡官与赌匪过堂，区长与窃匪对质，此事虽不多见，亦宜预为防范，以重警员资格，应由警务处严札各州县，力除此弊。其警董不得干涉行政权一层，定章本已綦严，应由警务处随时访查征办。

一、改良警务研究所，于课程外讨论办法一节。应由警务处将研究所规则重新规定，减少各门学科，增加讨论，以为实行之预备。其警务会议，本订有专章，应由警务处通饬实行，除分行外，为此札复谘议局查照，须至札者。

《大公报》第二千七百九号，宣统元年十二月廿三日（1910年2月2日），第二张，第4页；《大公报》第二千七百十号，宣统元年十二月廿四日（1910年2月3日），第二张，第4页

顺直谘议局议决案件·议决厅州县设立理财所案

窃维行政各有常年之经费，而理财贵有独立之机关。查直隶各厅州县自办学堂、巡警等新政以来，因帐目不清，财政淆乱，致兴讼狱者，不可胜数。推其原因，盖由办事之人兼任理财，存款用款归于一手，其不肖者出入自由，固易于营私舞弊，其贤者嫌疑莫辨，亦或受谤招尤。且讼狱一兴，无论其行政上成绩如何，罔不窒碍横生，阻其进步，欲祛此弊，非清理权限，使财政独立不可。查日本地方制度，各府县有出纳吏专司财政，本地方各项行政经费皆由出纳吏经理，其行政各机关不任理财，用款时以三联单法向出纳吏支取。揆其立法之意，盖为行政理财各负专责，不至以出纳之得失，累及事业，其便一。专设理财机关，可以稽察各机关用款之当否，使不致舞弊，其便二。有此二便而无一害，诚属意美法良，兹拟略仿其制，厅州县各设理财所一处，专司财政，凡本厅州县学堂、巡警、自治等各项行政之款项，皆属之，其出纳存储，一仿日本办法，以谋统一之

便，而除丛弊之端。谨拟简章十七条，拟请通饬各厅州县遵照试办，其各项行政，尚未筹有底款，无财可理者，准其缓办，以防操切之弊。所有拟设厅州县理财所缘由，业经公同议决，呈候公布施行。

《大公报》第二千七百三十二号，宣统二年正月廿五日（1910年3月6日），第三张，第1页

理财所简章十七条

第一条 厅州县各设理财所一处，为经理财政之独立机关。

第二条 本所之经理以厅州县财政为主，以城镇乡财政为坿。

按，各处情形不同，无论厅州县或城镇乡，其款皆总汇于一处而后分配者，如亩捐等皆是有城镇乡之款，皆自筹自用者，如各村自行摊派者皆是；其先总而后分者，可皆由理财所经理，其各城镇乡自筹自用者，则不便遽然强迫，使之交出，至于厅州县之款，则必须由理财所经理。

第三条 凡本地方各项新政之款项，皆由本所经理。

按，地方字即依前条解释，以厅州县为主，以城镇乡为坿。

第四条 本所内应设员司额数、职务、任期及任用之法如左：

理财员一人。由自治预备会公举，禀请地方官委派，任经理出入之事，月给薪水，其数目由自治预备会议定，任期一年，可以连任。

董事四人以上。任用法与理财员同任，会同理财员，经理出入之事，名誉职，不给薪，但可酌量情形，议给车马费，任期与前同。

司事一人。由董事与理财员商同任用，任登记帐目及杂务，月给薪水，其数目由自治预备会议定，无定任期。

第五条 于本地方，择官钱局或殷实银号铺商一二家，为存钱之所，凡各新政机关之款，皆存其中，理财所惟存底簿，不存银钱。

按，各项新政，底款多寡不同，彼此恒不愿混合，兹可暂仍其旧，分别存储。以后如须彼此通融，应俟自治预备会与各机关协议。

第六条　凡财政出入，用三联单办法，以资对照而便稽核。

按，三联单办法，凡入款时，先由纳户一面将数目报明理财所，一面存储银号或官钱局，再由银号填写执照三份，一交纳户，一报理财所，一作本银号存根。凡领款时，由用款机关（如学堂、巡警局等是）填写执照三份，一报理财所存储，一交理财所签印后转付银号取钱，一作本机关存根。

第七条　各新政机关，于额支款项，按月领取；于活支款项，临时领取，不得于本机关存钱。

第八条　凡届入款之时，纳户有迟滞不纳者，由理财所呈请地方官催缴，其间由绅董经手者，则知会绅董催缴。

第九条　凡领款时，如理财所认为滥支者，得说明理由，全部驳回或驳其一部分。其领款者若认为必要时，亦可详述理由，再行请领。

按，将来地方自治成立，预算决算实行之后，理财所可以据预算为标准。现在预算未办，惟有分别额支、活支。其属于额支者，早经官绅公认，理财所不得扣留；其属于活支者，则须由理财所详细审察，但此等审察，以有弊、无弊为界限，苟非确认为有弊者，不得扣款不发，致误新政进行。

第十条　理财员对于领款如有疑义时，须经董事会议，然后发款，其无疑义时，则发款后，随时报告。董事但遇须会议时，应即速知会，不得迟延致误。

第十一条　每月终，由理财所将本月内各项出入，分类列表，报告地方官及自治预备会各一份，每半年将各项款目分类照四柱体例贴示，以供众览。

按，将来议事会成立后，每年提出预算决算，自可周知。现在既无预算、决算，惟有用此等办法。

第十二条　理财所对于各新政机关，有随时稽查其用财之权，如查有弊端，应呈报地方官并报告自治预备会。

第十三条　凡各项领款已经理财所认可发出者，其领款正当与否，理财所应负其责任。

第十四条　理财所应受地方官并自治预备会之稽察，惟平时无论官绅，不得侵其办事之权。

第十五条 理财所惟经理财政，不负筹款之责，其对于各项新政之底款，亦无分合损益之权。

第十六条 各地方理财所，或专设一处，或附设于劝学所、巡警局、自治研究所等处，皆听其便。

第十七条 凡厅州县内新政已有底款者，须遵照此章设立理财所，其尚无财可理者，暂缓设立。

《大公报》第二千七百三十三号，宣统二年正月廿六日（1910年3月7日），第二张，第4页；《大公报》第二千七百三十四号，宣统二年正月廿七日（1910年3月8日），第二张，第4页

汇录督院陈札复谘议局各案文·札复议决厅州县设立理财所案

为札复事，据顺直谘议局议决厅州县设立理财所一案，当经前护督部堂先行札复在案，兹经本督部堂详加复核，查地方经费本应由地方团体经理，现各属地方自治尚未成立，不能不暂设机关，以为统一之地，故各属屡有禀设公费局、筹备所、公议局、公务局者，其用意正与该局略同。惟统核简章有于事实上宜求周密，于法制上宜留余地者，如第四条设员任职，现今已经设有议董事会之地方，财政自可由董事会经理，无庸设立理财所。其议董事会未经成立之地方，得由自治预备会组织设立，其预备会尚未成立以前，即由地方新政各机关中公推专员办理。惟现当经理款项之任者，如警董、学董、监督、堂长之类，若被选为理财员及董事，应令其辞去本职，以杜管钱兼用钱之弊。惟原定董事，系名誉职，应酌改为有薪，庶较易于得人。第六条用三联单办法甚善，但存款用款均宜详计专条，不宜附见于按语之中。又按语内纳户自纳，不知指何种收款，若向由地方官经收之款，一旦改令自纳，不但道途辽远，有所不便，恐人民程度尚未遽能如

此。且理财所径向人民征收款项，困难之处尤多，应再从长计议。第七条，额支活支，似即可试办预算，凡各种机关应需经费，均须于先一年冬间，分别拟定预算表，呈由地方官核准后发交理财所，按月支发。其决算由地方官核销后，亦发交该所检查备案。至于预算之法，以额支之款，列入预算表中之经常岁出，按月支领。其活支之款，不如每一事得设若干预备费，按月另报，不与额支相混。其临时支用，应仿追加预算之意，凡有特别事宜，用款至若干数以上者，必须地方官核定，然后理财所得以照发，如此，则经一次预算，用款便有范围，于慎重地方公款之意，更觉周密。第九条按语，是于地方自治成立之后，仍经理地方公款，恐于厅州县自治章程抵触。今厅州县自治章程虽未颁发，然必令董事会经理地方公款，则可从城镇乡自治章程类推而知之。盖经理地方公款之机关，不能在自治机关之外者，法理然也。当此厅州县自治章程未颁之际，欲求改良整顿之法，宜就该议案所议，作为地方自治之基础，以理财所代举董事会收发之职。凡地方公款出纳，一律归其经理，俟厅州县自治章程颁发，各属自治会成立以后，其收发之职，部章所颁，必别有规定，或由议事会公推，或由董事会选任，皆当遵章办理，分别移交，如此，则既不负该局议案之热心，而将来厅州县自治先有此基础，及章程颁发，立可遵行，尤为便利。至议案所定理财所之权限、责任及办事方法，均应详细拟订，其余各条正文，亦觉简略，宜加周密，方可实行，为此札复谘议局查照，须至札者。

《大公报》第二千七百六十二号，宣统二年二月廿七日（1910年4月6日），第5—6页

顺直谘议局议决案件·议决裁撤热河所属各府州县乡约乡长牌头等差以清积弊只留屯长而归实用案

案查热河各府州县向有乡约、乡长、牌头等名目，每县各有乡约二三十名不

等，每乡约辖乡长四五名，每乡长又辖牌头十数名，每牌头各管数村不过百余家。原置此项差役，本为呈报地方命盗打伤等案，并分牌敛集差徭。设立之始，层层节制，立法非不甚善，奈积久弊生，此数种人皆假公差之名，或借端苛敛，或指官诈财，其尤黠者，更交通吏胥，无所不为。故此数等差务，初皆正人膺充，继以其所行卑污，为人所轻贱，殷实正人遂不肯膺充，而地棍博徒、佻薄无业之流，乃夤缘而进。其得差也，或以钻营，或以贿买，及其办事，自非极力剥削，不足以偿其失而满其欲，地方之害，相沿已久，虽上下交恶而无可如何。前热河都统锡清帅裁汰口外差徭，如考棚、草炭等陋规，已裁去数种，若辈办事题目较少，宿弊稍清。近年举办巡警，命盗等案，乡牌报官，必须协同巡局，此项即可饬巡警专任。惟事既无多，而一县中犹留此乡约、乡长、牌头数十百人，营营逐逐，终是有害无益。且现值调查差徭，此辈从中阻挠，尤难得悉确数。查口外警章，各村皆有屯长一人，如口裹村正副之类，此后乡约等所敛差徭，即由屯长敛集，交巡警局彙齐，转呈官府。至词讼传案对户等项，即责成屯长担任，凡乡约、乡长、牌头尽属无用，即可全行裁撤。一县中去此数百营私舞弊之人，实系有益于下、无损于上之举。以上各节，业经公同议决，呈候公布施行。

《大公报》第二千七百三十五号，宣统二年正月廿八日（1910年3月9日），第5页

顺直谘议局议决案件·议决控案须认真办理实究虚坐以维持新政之进行案

案，实究虚坐，律有明文所定，本极公允，必如此认真办理乃足以警贪顽而惩刁风，若判实不究情虚不坐，必使贪劣之夫、刁恶之辈，益复肆无忌惮，而热心公益之正人，必至于灰心。盖被控既实，则被控者必贪劣之夫，而控之者必热心公益之正人也；控者情虚，则控人者必刁恶之辈，而被控者必热心公益之正人

也。近来各属创办新政，一二人作事，必有多人从旁攻击，一禀辄写数十人，甚至攻讦之禀有此名，保护之禀亦有此名，此中显有捏造，乃司法者持和平主义，置之不理，实固不究、虚亦不坐，至使正人遭诬控，则奉身而退，贪黩无耻之徒，愈有所恃，而为侵吞把持之计，以致各处新政，不坏于劣绅贪官，即坏于无赖讼棍之手，即如法政学堂吞款一案，审查确实，亦不究治，继之者谁复有所忌惮？此实不究者之弊也。又如枣强吴玉沆等本系无赖讼棍，诬控学董警董，缠讼经年，继容不治，致刁恶之辈闻风兴起，影响及于邻近州县，此虚不坐者之弊也。诸如此类，不可枚举，以致各处新政，日见腐败，绝无进步。拟请申明实究虚坐之律，严札各处，认真办理，庶乎前途少一阻碍，而新政可望进行。为此公同议决，呈候公布施行。

《大公报》第二千七百三十八号，宣统二年二月初二日（1910 年 3 月 12 日），第 5 页

顺直谘议局议决案件·议决剔除诉讼积弊案

案查我国诉讼积弊已达极点，现值预备宪政时代，凡可以为民请命之处，自应设法改良，认真厘剔，上副朝廷立宪之至意，暨列宪整顿吏治之苦衷，爰拟剔除诉讼积弊条项如左：

一、限制搁压案件。

按，诉讼为鸣冤伸理之举，随诉随讯随结，律例本有明条。近查各属控案，有积月累年不得一讯者，欲离案则恐传唤不时，欲息讼又干自由，起灭之咎，耗财费时，重以胥吏百端需索，冤抑未伸，每至破家荡产，言之殊堪痛息。应著所有控案，如搁压不结，委系门丁书差从中舞弊者，准由原被于本属议事会呈递说帖，恳代据情申诉，其议事会未成立以前，由自治预备会代之。

一、严禁苛罚。

按，自改轻刑，律例订罚金，就案情之重轻，定数目之多寡，律例严明，讵容任意出入。查各属每假罚金之例，虽户婚田产等案件，有罚逾数百元、数百金者，应请申明定章，严禁苛罚。

一、改良管理押犯规则。

向归班管押人犯，虐待之处，擢发难数，甚至擅加刑具，恣意勒索，兹拟援照审判厅现行管犯规则，置司法巡警若干人，凡被押候讯各犯，专责成此项巡警看管，不准班役过问。

一、减免各种规费

按，通常讼费，如呈状纸费、代书写呈费，应限定划一数目（呈状纸费，拟定不得过制钱五十文）、（代书写呈费，拟定不得过制钱三百文），若差传驴马费、班役饭食费，理应删除，其差人工食，宜由署自给，凡在票被传之人，均不得滥行需索，至报到具结和息等规费，亦应一律删除，以清勒索刁难之弊。

一、讯理案件，宜临期牌示某案某人来堂候讯

向时讯理案件，专恃差役临时传唤，实予胥吏等蒙混刁难之柄，改为临期牌示，其弊端自可杜绝。

一、呈禀批词须随时张贴，每届一月，仍将已结未结案件，添注案由，列榜宣示一次。

于署外设置张贴批示处，兼责成岗警看守。

一、谘议局章程第二十八条，本省官绅如有纳贿及违法等事，谘议局得指明确据，呈候督抚查办。此次剔除诉讼积弊并改良办法，非有稽查，恐无效果。本案议决呈请施行后，拟由谘议局随时调查，庶可冀收成效而免徒事空文。

以上数端，有虽经列宪札饬而各州县迄未遵行者，有破除成例从新拟订者，为此公同议决，呈候公布施行。

《大公报》第二千七百三十八号，宣统二年二月初二日（1910 年 3 月 12 日），第 5 页；《大公报》第二千七百三十九号，宣统二年二月初三日（1910 年 3 月 13 日），第 5 页

督部堂陈札复本局议决剔除诉讼积弊案

为札复事，据顺直谘议局呈议决剔除诉讼积弊一案，业经前护督部堂先行札复在案，兹经本督部堂详加复核，查改置司法巡警、划一讼费各节，前经法部奏定各级审判厅章程，均已议及，诚为良法美意。惟各属审判，尚未改良，若遽议施行，必多窒碍。如开州曾经试办讼费，旋因日久弊生，禀经前督部堂杨批准革除，可为前车之鉴。即司法巡警，亦漫无教育者所能充任。以上两节，应俟各处审判厅成立后，再行照办。至牌示传讯日期一节，有利无弊，事属可行，与限制压搁、严禁苛罚、改良押犯、减免规费、张贴呈批各节，均应由臬司通饬各属，一体遵办，以甦民困。除分行外，为此札复谘议局查照，须至札复者。

《大公报》第二千七百八十七号，宣统二年三月廿二日（1910年5月1日），第二张，第4页

顺直谘议局议决案件·议决改良田房税契以除弊便民案

案查近年田房税契征收方法，弊端最多，病民最甚，即以光绪三十年藩司所改定章程而论，凡置买田房以钱立契者，每制钱一千作银一两，而征收税银则又仿照征粮折钱交纳，其税银一两者折交制钱两千，反复折合，每百吊制钱之契价，必须按二百吊计算，举向之征税合附加之中学费并计之，名为四分九厘五者，民间之所纳已加倍，其数成为九分九厘矣。今照新定部章征税九分，若仍照此例征收，则民间之所纳必实成为十八分，又加以牙纪中用，按章给与百分中之

五分，是民间置买田房，每百吊钱之契价，必须出二十三吊之费用，况官纸有费，契尾有费，书差额外之浮收，百般之需索，尚不在此数。虽谓置买田房皆系富民，而价费既重，凡置产者必将合其用费而并计之，不肯轻易购买，其受害之处仍在贫民。若不设法剔除，是国家加一分正课，书吏必加两分陋规，其影响于国计民生者，曷可胜计？部章谓每银一两折钱若干，并准照该省现办章程办理者，自是未悉本省折征弊实情形耳。国家加筹税银，原系万不得已之举，岂复忍用此方法，长此盘剥小民，何以供官吏之中饱乎？且征税方法系本省单行规则，自为谘议局权限所及，拟请札行藩司转饬各州县，凡置买田房，其以银立契者，遵照宣统元年九月二十九日浙抚奏准之案办理，税契九分合大洋一角三分五厘，其零找之钱，按市价核算，并准州县解司一元五角抵作库平银一两，惟须一律收纳龙元，零找者按市价计算，不得少有抑勒。其以钱立契者，按照光绪二十五年旧章，以钱计税契价，制钱一千即征收制钱九十文，至所有各项费用，皆从一成公费项下支取，其余耗银及折征等弊，并各项陋规，应一概删除，则国家虽增加税额，庶不至专供官吏之中饱而适成病民之举也。反复讨论，除弊便民，裨益匪浅，为此公同议决，呈请公布施行。

《大公报》第二千七百四十号，宣统二年二月初四日（1910 年 3 月 14 日），第二张，第 4 页

顺直谘议局陈请公布·陈请奏免典当田房税契以惠穷黎案

案查典当田房，向不税契，自上年本省迭颁税契之令，由一分六厘五又加学费，虽有功令，徒与牙役以诈索之柄，木得实收。今部章又加至六分，恐累民愈甚，实行愈难。试说明其理由如左：

一、查税之原理，系由买卖而生，田房之典当，乃因贫民银钱缺乏，出于借贷又恐不足取信，势不得不以田房作质。是典当之田房，乃借贷抵押之物，与买

卖不同，似不得一律征税，此其不可者一也。

一、查凡典当之田房，原不能禁人赎回，设若今年典当明年赎回，此一年中，田则有子种、肥料、人工等费，房则有整理修葺之费，设遇荒年，或再生他变，其原本已暗行亏折，若勒令纳税，是出钱之主不但不能够获利，并恐亏本，谁径肯贸贸为此？势必致使贫民欲行典当，终苦于贾用不售，而负欠之债累然，将终身不能清偿。其为患不堪设想。此其不可行者二也。

一、查典当田房，原系贫民调剂一时生活之计。他日稍有积蓄，仍期赎回，今一概征税至六分之多，再加以牙用书吏等费，合计七分有余，由是置主必故低其价，以偿所失。典出之贫民，因贱价不足调剂生活，必至双典为卖，因一朝之困乏，致终身之失业，此后贫者将益贫矣。此其不可者三也。

一、查本年六月间藩宪札饬各属，凡典当地亩，除王公府内自行催纳租税外，凡经地方官代为征收之旗地，无论或推或当，均一律税契等语。按旗租地亩，其征收租价，远过民粮，久为农民之苦累。往往有减价求售而亦无敢购置者，若更责以典当税契，由旗租之累民，益视势不至免价求售不止。其不可者四也。

以上数端，皆民间实受其害之情形，如恐民间以卖作典，希图省税，光绪三十年藩属所定税契章程，令典当田房一律改用官纸一条，已足杜绝此弊。况民间置买田房，欲作为永远事业，谁肯以买价写典契，是狡黠者得借口为赎回计乎？总之，此项税契章程，实于贫民生计，大有妨害。所有请求奏请免此项税契各缘由，业经公同会议，呈请裁夺施行。

《大公报》第二千八百十号，宣统二年四月十六日（1910年5月24日），第三张，第2页

顺直谘议局议决案件·议决免除田房牙纪以去弊害案

案查田房牙纪一项，原为防民间隐漏田房税契而设，乃自设有牙纪，刊诸官纸，而牙纪遂自以为在官人役，不惮百出其计以需索乡民饱其欲，则多方成说，一觖望则全体破坏，于是民间之一买一卖，胥视牙纪左右之力以为衡，而牙纪之权力愈张，而民间之弊害亦愈甚，此犹后也。殷富之家广购田房，虽千金万金之钜，彼以借欠若干，曲为隐匿，迨小户甫经置产，即数千数十千之微，辄指为匿契不税，控官受罚，以长其威吓愚民之气焰。是下而病民，上而病国者，莫牙纪若也。今欲除此弊，非去牙纪不可。惟牙纪可去，牙用尚在，而买卖成说，又不能必无其人。且各属自兴办新政以来，其于牙用项下，提归公用者，亦复不少。若不斟酌各处情形，概将牙用随牙纪一律免除净尽，似于置产筹款二者，均有不便，况隐匿偷漏国税攸关，亦不容不施以补救之策。谨妥议酌中办法四条，开列如左：

一、牙纪裁去后，由各村绅董村正副公举一二公正之人，作为本村成说中人，旧日牙纪概不准用。该中人倘有舞弊情事，一经村人举发，除照章议罚外，仍责成村正副绅董另举妥人接充。

一、牙用向例按百分之五计算，此百分之五，牙行应得二分五厘，代笔者应得二分五厘。今既裁去牙纪，成说田房，概归中人办理，将代笔之二分五厘仍归中人使用，其牙纪所得之二分五厘，向有提归公用者，可一仍其旧。如向不用此款者，即出示晓喻，尽予免去。倘有已革牙纪仍暗中把持者，准人民随时控告，立予严惩。

一、纳税为人民应尽之义务，若一任人民偷漏而不设法以补救之，恐于国课大有妨碍。兹拟各村举定中人后，由自治会领取官纸，其无自治会者，暂由劝学所办理，按照各村中人领取张数登记帐簿，以凭核对，并应由衙署将官纸发交自治会或劝学所。

一、中人领取官纸，须由自治会或劝学所盖用戳记，嗣各村购地后，缴验契纸，按照应提款项核算清结（如向不用此款者，不得议提），其应税之契，即由自治会或劝学所盖用验讫戳记，再由该中人或置主等持契自行投税。

以上四条，系按照已经实行官契纸之处，设法除弊。若有未曾实行并不从此项筹提款项者，可一仍其旧。为此公同议决，呈候公布施行。

《大公报》第二千七百四十五号，宣统二年二月初九日（1910年3月19日），第5—6页

顺直谘议局议决案件·议决挑浚滹沱河及引滏入运事不可行案

案查正定府李守映庚拟于正定城南滹沱河北另辟河道，附近村庄以其有害，相率劝止。嗣藁城县与晋州禀请裁深湾浚以兴航业，下游之献县、文安、大城、青县、静海、天津绅民先后赴督辕具禀，沥诉妨害情形，当蒙札委林守际康前往查勘，而林守又改拟于滹沱河南筑长隄一道，上起平山，下至献县，于隄南取土，另为一河道，治河循此而行，由献县城西与滏阳河合流，东出完固口，经献县、交河、河间，下至青县城南饱家嘴村入运河，而仍以通航业为词。夫航业能兴与否，姑勿细论，即使能兴，亦只为一方面开贩运之捷径，而不计及十数州县之大害，殊非权衡轻重之道。顾或者谓此事出于藁城人民之请求，非官家之本意。今访诸晋州、藁城议员，佥云滹沱之水于该处并无大害，其原动之力亦不发于晋州、藁城之绅民，即藁城十三村愿具乐从甘结者，因不欲另辟新河，姑迁就以从此说，此亦出于无可如何之计。查安平县滹水尚属顺轨，惟自同治十一二年以后，刷淤无定，南北迁徙，其间二三十里已淤至八九尺之高，无论盛涨之时不能防制，即水落之后，一昼夜间坍至一二里之遥，或挑或浚，均难获益，此安平一带不便之情形也。献县城西，滹沱新河向无南岸，水涨时河南之四十八村虽一

片汪洋，而水落时即可扶犁种麦，今若引治入滏，与滹沱仅隔一隄，而滹水汹悍异当，难保不越隄而过，即挟滏治以入滹沱废河，亦万难容受。议者又拟于滏阳入子牙之口，建筑洋闸，滏水涨则启闸泻水以入子牙，滹水涨则闭闸阻水以免上淤，果如此，则同时并涨又将何以处置？且果挑滹沱废河，则上起献县、下至青县，此河隄南之水更何所宣泄，此献县一带不便之情形也。河间、深泽、正定、交河、吴桥、青县、沧州、静海、天津，均属滹沱、滏阳、子牙流域，互相研究，不但不愿引治滏之水通入运河，且不欲挑浚滹沱，徒形劳动，惟饶阳县境近年以无大雨，河身渐渐淤平，约计三十余里，当夏日雨盛之时，水从平地流行，被水者固属不便，然使稍加挑浚，旋亦淤平，于事究有何济？此非统上下游浚深加宽，不能永久相安。若仅为上游数十村谋补救之方，使下游州县不无危险之害，实非所以统筹全局之道。

查光绪七年，史道克宽开挖饶阳新河，使滹沱直入子牙河，而青、静、文、大、任、雄、保定、天津八州县迭为泽国，文、大、青、静其害尤烈，六七百村水深丈余，淹没二十余年之久。况子牙河下游形势今更不同于昔，子牙河至瓦子头以下，与东淀仅隔一隄，东淀向由韩家墅入海，自受永定河浸灌，韩家墅上下沙淤层叠高至二三丈，入海之路遂至闭塞，东淀之水宣泄无地，竟将第六堡地方格淀隄（即千里长隄）冲决两口，即由决口入子牙河，并流入天津红桥，以达于海。近年以来，东淀、大清河与子牙河幸不甚汹涌，而瓦子头桥下之水，每至倒流，殆亦大清河并入所致，倘伏秋大汛，源源而来，又有永定河、潞河倒拖于下，必不能容，不惟子牙河东西两岸决口，即东淀之水，壅遏不行，则霸州、武清、东安、文安等县，亦必大遭水患，治河从低处入手，诚不刊之论。所谓必统筹上下游全局，然后再议挑浚者此耳。至欲引滹水以归治滏，为害尤多。查同治八年曾文正公督直，因滹沱改道北行，各属被水，欲设法修治，当将治滏河道剀切奏陈，如果可与滹相通，文正公当早筹及，何至反复焦思，迄无良策，且所谓引入运河者，更属闇于地势之说。运河虽有靳官屯减河，当春夏之交，小站稻田需水，开闸放水及河水暴涨，岌岌可危，反闭闸不泄，盖恐其稻田受害也。若再以滹沱治滏诸水引入其中，焉有不溃决者？则滹沱之害，又将度运河而东矣。若就地势而论，青县城南之地较低，于运河之底，引低就高，决难流行。总之，滹沱河水挟沙最多，旋浚旋淤，向来不通舟楫，挑冶入滹入运，徒糜钜款，均不相宜，踌躇再四，似不若悉仍旧，尚可相安。为此公同议决，呈候更正施行。

《北洋公牍类纂续编》卷二十，“水利”，第13—15页；《大公报》第二千七百四十一号，宣统二年二月初五日（1910年3月15日），第5页；《大公报》第二千七百四十二号，宣统二年二月初六日（1910年3月16日），第5页

藁城县陈令汝贤禀挑挖滹沱河旧道以兴航业而利商民暨胪陈梗概办法请派员覆勘文并批

敬禀者，窃据卑县绅士冯汝堂等禀称，为恳恩转禀实行挑河以兴航业而苏民困事。窃滹沱河为患数州县，历年已多，河无正身，水行地上，泛溢五六里，河滩、民地皆成泽国。职等世居案下，滨河为家，久殷望洋之叹，愧无治水之方。去年侧闻井陉矿务局有挑河转运之议，日夜引领延望，冀速施行。嗣李府尊派委测绘生前来勘线，不由滹沱河旧道，另勘民地，自正定城南至案下、固营、黄庄、康村等处出境，以达无极。按，案下所竖标记之处，尽系藁邑膏腴，舍旧谋新，两河并注，不惟妨害民田，且恐愈滋水患。今闻帅宪痌念民隐，毅然作罢。职等闻命，感激万分。惟新河不开，而旧道仍望疏浚，但使挑出河身，束水归槽，河有正流，宣泄既畅，自无泛滥，即或盛涨出槽，亦决不至如从前之横流数里，况航业已通，商务日盛，地方可渐即兴旺，不独藁城一隅食德无穷，即沿河数州县，亦皆沾感，职等身家所系，盼望尤殷。是以不揣冒昧，联名公禀，并呈送乐从甘结十三张，敬乞转禀，早日实行，实为恩公两便等情前来。据此，卑职查滹沱河发源山西，经平山、井陉、获鹿、正定而至藁城，递经无极、晋州、深泽、安平、饶阳、衡水，与子牙河合流而达天津。正定以上、深泽以下，皆有河身，只中游一百五六十里，河无正流，漫溲地上，每届盛涨，其流域约宽六七里，河滩、民荒各地悉沦泽国，沿河州县皆苦其害，而藁城流域最长，受害尤烈。卑职去冬抵任后，随时留心按段调查，每于下乡之便，辄迂道河干，周勘形

势，复证以绅民之所陈说，数月以来，考究确实，谨略陈梗概，以备采择。

一曰畅水势。水行沙上，淘刷成槽，南溜紧则沙移于北，北溜紧则沙移于南，而溜势旋折之处，往往积沙如堤，或纵或横，激湍横溢。今若顺水挖河，裁湾取直，俾水克归槽而流能就下，宣洩既畅，自无刷沙移沙之患。

一曰利器用。全河浮沙厚积，若用土器挖河，则锨镢未出水，而挖起之沙已复随流而涣，程功甚缓，糜费尤多。惟用挖河机器船分水漉沙，挑挖自易，溯流上驶，来往数周，只要挖出河槽，便可开运，随运随挖，则旧积之沙，不难逐渐荡除，新积之沙亦可随时淘抉，岁修有具，永无淤垫。

一曰乘便利。购地开河，发官价则民不乐从，按民价则为数过巨，弊端百出，怨雠横生。今若挑挖旧河，顺水勘线，无庸逐段购买，省费甚巨，即或裁湾取直之处，必须掘地新开，而河滩半系私荒，取求亦易着手，因势利导，就水成渠。官府无压力之加，民间有乐从之实，事半功倍，莫善于此。

一曰握全美。自来筹办一事，必兼筹利害。独此滹沱河之在今日，有水而不能行船，水来即泛溢数里，百姓未蒙其利，只受其害，今若筹款挑浚，以兴航业，西北货物可由水道逕达天津，利一；商货畅行，沿河居民就水觅食，盗窃之风可减，利二；水有归束，不至泛滥，民荒皆可播种，日后必可升科复粮，利三。办得一分，商民即受一分之利益，地方即减一分之宿害。在矿局行所，无事不过，善为自谋，而沿河数州县实已普食其福，利己利人，有百利而无一害，端推此事。卑职仰沐宪恩，摄篆斯邑，似此利国便民之事，未敢缄默不言，上负宪台兴利除害之苦心，况既据该绅等披沥哀求，卑职职司牧民，敢不据情上达，谨将管窥所及，摭拾上禀，并另缮清折附呈甘结，梼昧之见，是否有当，伏希大帅查核俯赐，派员复勘，以顺舆情而兴溥利，是为公便。肃禀，祗叩钧安，伏乞垂鉴。

《北洋公牍类纂续编》卷二十，“水利”，第5页

挑挖滹沱河办法

谨将挑挖滹沱河办法通筹全局，敬陈管见，伏乞宪鉴。

一、滹沱河上起平山、下达衡水，合子牙河流而至天津。自平山下经获鹿，至正定城南为上游，全游皆有河身。自正定城南下经藁城、无极、晋州至深泽城南为中游，全游皆系平地，两岸宽约六七里，河水紧靠南岸，水枯时宽约一里，水涨时宽约二三四里不等，近年来水皆未到河北老岸。自深泽城南下经安平、饶阳、衡水是为下游，全游皆有河身，水足行船，开冻后，天津货船可到深泽城下。综计全河形势，上下两游，略事挖深，便可行驶小火轮，只中游一百五六十里须新开河槽，顺水挖河，沙松工易，挖下五六尺便得胶泥，挖起泥沙，即以培岸，日积日厚，复栽椿筑埽，以固堤根，多种柳树，以卫堤岸，岸渐坚固，自无冲刷之虞，水有归束，永无泛溢之患，两岸民田受赐不少。

一、此次挖河本为行船起见，与防堵水患者有别。款少，但挖深河槽，取足行船而止，其修堤培岸各节，可分年为之，只要货船通运，商业日即盛兴，地面日臻热闹，沿河州县已自沾感无穷。至挑河后，河水能不泛溢固好，即使仍旧泛溢，而此数里之河滩地，本系年年在水中，民亦无怨，况宣洩既畅，水溜归槽，决不至如从前之泛溢，其理甚明，是谓办好则得全美，办不好亦无一害。

一、滹沱河为数州县之害，历年已久，两岸河滩、民地已同废土，今若顺流勘线，束水归槽，沿河居民靡不愿意，既省购地之费，亦无阻力之生。河成后，多消纳一尺水，民地即少淹一尺，百姓即多得一尺之地利，不费之惠，实为无穷。

一、挑河，随运随挑，向无一劳永逸之善策。即使经费充足，亦不能过求完备，因势利导，随事补苴，筹定岁修，自臻美善。

一、勘河只能在河道中求河线，不可在民田中求河线。滨河民田，久成泽国，民已失地利不少，今又新开一河，而旧河仍泛溢如故，一害未除，又生一害，骚扰实甚。

一、铁路运货价昂，久为商贩所苦，若滹沱河通运，则西北往来货物皆由水道，可夺火车之专利。

一、筹办津正转运，只有挑浚滹沱旧道，为费省而工易。此外，如挑磁河、清水河皆须毁坏民地，购价不赀，招怨尤众，不办则已，办则惟此一道为完全之策，既顺民情又省经费。办好，百姓蒙其利；办不好，亦不至增其害。而商业盛旺、货物流通，亦为沿河各州县兴利之一善举，望拿定主意，毅然为之，善政美名，流传远近，不独本局省火车运费已也。

督宪杨批，禀折并甘结均悉，候札委史守善诒前往详细复勘，妥议禀办。此缴。

《北洋公牍类纂续编》卷二十，“水利”，第6页

林守际康禀复遵饬查勘滹沱河情形暨酌拟三策请示文并批

敬禀者，窃卑府前奉前宪台札开，据藁城陈令、晋州夏牧禀挑滹沱现行河道，以兴航业而利商民等情，饬令前往复勘，妥议禀办。正在束装起程、驰往勘议间，复蒙札饬，以续据静海吴令及大城、静海等县绅民并天津县议事会禀，据刘绅恩晋等多以挑挖滹沱河道必致贻害下游等词，联名公禀，或呈递说帖，饬即详细查勘，通盘筹画，并案妥议，禀复核夺各等因。卑府遵往滹沱河详细履勘情形，勘得正定、藁城、晋州、无极、深泽、安平、饶阳、献县、河间、大城、交河、青县、静海、天津十四州县境内，原河宽狭、浅深不一，间有淤成平地之区，缘滹水本是浑流，易淤善汕，性与黄河、永定相埒，春夏之交每至断流，此次前往，正在伏前，汛水初发，大雨滂沱，淤泥没胫之时，未能细勘，沿途所见，河身断、港岔支，残堤形迹犹存，正定以西，原有峦冈高阜约束，不致为患，正定以东，平原一片，到处漫流，北高则南徙，南高则北迁，数千年来未尝

或异，其流域之宽广，南迄南北泊，北抵东西淀，纵横五六百里，皆为昔日滹水经行之道，每逢盛涨，水高寻丈，宽至数里或数十里，拔木坏城，横流遍地，田园庐墓，宛在水中，其猛悍不驯之性如此。卑府尝考史志掌故，滹沱之名，《禹贡·水经》不载。《禹贡》曰：恒卫既从滦源，问答云：恒即槐水，在曲阳东流入唐县，卫水在灵寿县。《畿辅地图记》云：卫水发源灵寿，当时恒卫二水均合滹沱北行，故称既从。又曰：黄河北流至大陆，播而为九，同为逆河入于海，大陆即今南北泊，南泊又名巨鹿泽，北泊亦称宁晋泊，逆河在今静海县地，《县志》作泥河，班固叙《禹贡》，以滹为徒骇，今滹、滏、子牙所行之道，即禹之旧迹也。《周礼·职方》曰：滹沱，呕夷，滹沱之名始见于此，通作滹沱，虖池、虖勺、虖多、恶池、恶沱、恶驼、呼池、呼沱，音同字异。呕夷即滱水，又名唐河，亦与滹合。夏商周时，黄河北流，挟漳、滏、滹、唐、沙、滋等水，依太行恒山而行，北会大清、永定等水，由章武入海。章武即今天津地，定王五年，河徙黎阳，宿胥口，东行入海，其漫决之流，仍归禹时旧迹。《汉书·地里志》，滹沱发源代州卤城县，东流由三合入海，过郡九行一千三百四十里。卤城即今山西代州繁峙县地，三合即今天津府青县地。武帝立苑囿于滹沱，筑金隄褰瓠子导河北行，河间各属皆在九河之间，王莽时，河决魏郡，复东行入海，北渎遂空，光武帝渡滹沱在今深泽县地。明帝开大白渠，上起蒲吾，引冶入泊，以济漕运，使冶不与滹通，蒲吾在今平山县地。献帝就饶河凿平虏渠，下抵沧州，亦为通漕，饶河在今饶阳县地。魏明帝凿白马河，引滹入衡，即今饶阳、武强、衡水地。唐太宗时，滹水汛滥，漂没民居，始议筑隄。汉唐以前，滹之经流在正定城北，其支流仍与黄河漫决之水合而北趋。五代时，滹之经流移至正定城南，夹滹筑垒，为守御计。宋代始设防河卒，疏凿各河通漕，兼限戎马足迹，复引滹以淤田，从此水高而田亦遂高。天圣间，滹决正定曹马口，冲正定南关，坏城西南隅，庐舍荡然，居民死者甚众。此后堵而复决者不知凡几。元元贞初，闢冶河另为一流，滹水十退三四，此后塞而复闢者数次，致引滹沱入冶为患。至正间，坏武强城，遂封滹沱河神明。明永乐时，坏深州城，始迁今治。万历间，滹水南北并流，冀州西南关漂没。元明之世，居民屡筑小隄，曲为之防，总不足以御盛涨也。国朝顺治、康熙年间，滹向东南大徙，经正定、栾城、赵州、宁晋、藁城、晋州、束鹿、深州、武邑、冀州、衡水、武强等境，由束鹿百尺口会滏。雍正四年，平地水深寻丈，加封河神，复议闢冶入洨。乾隆十八年，由晋州洲头村徙经束鹿、深州、衡水、武邑、武强等境会滏。嘉庆六年，水入深州城，文籍漂尽。同治七年，滹向东北大徙，经藁城、晋州、无极、深泽、安平、饶阳、献县、河间、肃宁、任邱、霸州、保定、文安、大城、静海等境，每逢大水，平地深至五六尺及丈余不等，而当年赈济蠲缓，书不胜书者也。卑府又周谘博访，滹水来源有名者五十九支，冶河来源有名者二十一支，滹、冶两水在平山城北十里，汇成巨流东行，每数十年一大徙，徙于南多入泊，徙于北多入淀，亦有数年一小徙，或一年而数徙，忽一股分数岔，数岔又分数十岔，且水势就低，一过而坑窪淤平，再过而平陆增高。同治七年以前，流向东南行，入于滏阳河，倒漾为患，以后东北行，入于文安，窪满而始出，时值兵燹之后，又遇旱荒，官民无力修筑隄防，任其迁徙，历十三年之久，迨至光绪七年始挖献县新河三十三里，北岸一面出土成隄，挽滹全归子牙而河间等九州县得免水患。其时子牙河身宽不及十丈、深不及一丈，幸有高屋建瓴之势，水不停留，自估修东西两隄以后，子牙河槽愈刷愈觉宽深，卑府详查滹水现行之道，河无正身，水行地上，诚有如藁城陈令所禀者。一入正定，浩瀚奔腾，忽南忽北，诚有如晋州夏牧所禀者。当滹水初归子牙时，河身浅窄难容，隄未修培高厚，津、静、青、大等邑常被水患，诚有如该三县绅民所禀者。上年李守映庚奉委查勘此河，拟在正定之召同曹马口引滹就柏棠滋河道沟，另挖新河经正定城南、藁城县北、无极南境、深泽县北境，至安平东南境之韩家铺，仍入现行滹河，计长二百三十里，估需银百万两，所竖标记，间有占用膏腴之地，此民情所以不顺也。据藁城、晋州所禀，如现行河道挖深，水克归槽，行舟有利，此两邑沿河居民所以愿具甘结也。天津静海、大城绅民虑及挑挖直河，子牙不能容纳，难免淹浸此三邑，绅民所以极力阻止也。又据藁城陈令原禀内称，拟用挖河机器船挑挖滹河一节，卑府查得滹河消涨甚速，且挟泥沙，若用机器船挑挖滹河，必致前挖后淤，易进难退。该令禀内又称，挑挖旧河，无庸逐段发给地价一节，卑府查得乾隆以后，滹水所行之道，原未发给地价，但目下情形不同，未可举以为例。禀内又称，开冻后，天津货船可到深泽，略为挖深，便可行驶小火轮一节，卑府查得每年开冻后，陵汛之水不及一月便消。迨夫春末夏初，每致断流，若行轮舟，必致浅搁。原禀又称，椿栽筑埽，以固隄根一节，卑府素知河工出险，不得已而用椿埽，乃救急之计，从未闻未出险时通工先筑埽段，且未计及岁修需款甚巨也。又藁城、晋州两邑，原禀并称此河挖深三四尺至五六尺即得胶土一节，卑府查得，此河土性层沙层胶，各处厚薄不匀，必须逐段挖坑，按地实验，方有把握。又据天津静海、大城绅民禀称，此河由大陆泽奔流至河南界，再折而北，断不可开直河，贻害下游一节，卑府查得，此河数千年来南入大陆泽而极，所云河南界者，在大陆泽之南，地势南高北下，岂能逆流而上河南界耶？该绅民又称，光绪二十二、三年，静海第六堡格淀隄决，大清河水并入子牙，水势顶托有害彼等一节，卑府查得，子牙河百余年前由大城县子牙村分两股以入东淀，维时尚未修筑格淀隄，所有永定、大清、子牙南北运之五大河合而为一，亦无第六堡村名。考其村基正在东淀水中，今格淀隄决入子牙，是借清删浊，有大利而无大害，已将子牙河槽冲刷，宽深胜于十余年前数倍。至子牙之断流，实因去路过于通畅所致也。窃维水之为患，黄河为大，滹沱次之，自古迄今，黄有三变：北也、南也、东也，滹性亦然。黄既可隄，滹宜仿行，现时滹行中道，东入子牙，其北本有残隄，以致逗留南行，其南地窄人稠，有村落数千，水患频仍，甚殷殷望治，卑府详考群书，而知滹沱向无疏浚成案，欲求一劳永逸，惟有引冶入泊，不与滹通，并于滹河南岸筑隄，此为上策。所虑工程浩大，需款更巨，今拟就滹现行湾曲，加筑隄防，师束水攻沙之法，上起平山，下至献县，中经正定、藁城、晋州、无极、深泽、安平、饶阳等境，长约三百余里，于南岸增筑大隄一道，即在隄南取土成河，以洩沥水，北岸本有残隄，可就者修补整齐，卑薄者加培高厚，两隄宽高相距远近，当以盛涨足资控卫为衡，隄成之日，隄身为道，密栽柳株杂木，以固隄根，将来地亩涸复，必多有裨国计民生，诚非浅鲜。至滏冶两河下口应否建闸，临时再酌，此为中策。或仅引冶入泊，疏浚平山、正定、获鹿、栾城等境故道百余里，即以所出之土坚筑御滹大隄，庶几两河分流，经费无多，此为下策。卑府博采舆论，始知该官绅等各就其地，各切其利害而言。上游者曰：挑挖原河，水克归槽，不致泛滥为患，毋筑隄防，盖欲利用浑水以肥地，但未虑及挖而复淤，徒糜工费也。下游者曰：滹河既挖深通，必致水势奔腾而下，灌注子牙，而子牙不能容纳，漫溢为灾。殊不知今之子牙，业已宽深，与昔情形不同也。今上下两游官绅各执一词，盖未亲历其境，通筹全局，无非各顾一隅之见耳。卑府开导再三，终难融洽，应否兴办之处，仰祈宪台钧裁。所有奉饬查勘滹沱河酌拟三策，并呈图说缘由，管窥所及，理合禀陈大帅察核施行，实为公便，专肃具禀，恭请勋安，伏维钧鉴。

护督宪崔批：禀图并另禀均悉，藁城陈令、晋州夏牧前请挑浚滹沱现行河道以兴航业，该守详稽载籍察勘情形，以滹水本是浑流，易淤善汕，迁徙靡常，向无疏浚成案，献县、大城、静海、青县、天津、文安，东安、武清、霸州等州县官绅，亦以滹沱开挖直河，于下游大有妨碍，纷纷禀诉，应即毋庸兴办。近年滹水并不为灾，沿河州县岁多中稔，该守所拟三策，不特开办经费难筹，且既筑隄身，岁修防汛，款又从何而出，似可均从缓议。至滹沱既不挑河，其滏河下口亦即不必建闸，候行赈抚、水利两局会同核议，饬遵具复。此缴。

《北洋公牍类纂续编》卷二十，“水利”，第8—11页

顺直谘议局议决案件·议决全省开办矿务准与通知以备察核而防冒滥案

（顺直谘议局议决全省开办矿务准与通知一案文）

案查矿务为大利所在，关于国计民生者甚重，措施失当，则弊混多而利权即失。我国因新法未通，藏富于地，外人之豪夺巧取者，计亦百出不穷。前如山西之福公司案、安徽之铜官山案，事后竭全力争之，仍不免损失。顺直全省矿产亦富，开采未多，外人久思攘取，如临城煤矿、井陉煤矿，初皆中国人开办，当事者稍有疏虞，今半落外人之手，无能挽回，故保护矿产之法，与其事后争执，利权已亏，不如先事防维，为正本清源之计。查农工商部《矿务新章程》，清查矿地，考核矿商，慎重探矿、采矿执照，又使各省分立矿政调查局，设矿务议员，所以保护各省矿产者，法至详备，惟思由官厅保护，尚恐差役勾串蒙蔽，致奸人仍得冒滥其间，终遗后患，不如辅以本省绅民，地理既熟，矿商之或诚或伪，资本之充实与否，皆易悉其底蕴。谘议局固绅民之总会也，查《章程》第二十一条，谘议局有议决本省权利存废之责，矿产固本省权利之重者，拟请督部堂咨农

工商部并饬矿政调查局立案，凡商人请开直隶矿产，其已批驳者，固毋庸计，其可以允准者，即须知会谘议局，以备查核，果确无冒滥，并不背部章者，无论何商，谘议局无不照章认可。如此慎审从事，庶足辅矿政调查局之不及，用以重本省矿产而保利源之外溢。为此公同议决，呈候公布施行。

《北洋公牍类纂续编》卷十八，“矿务一”，第1页；《大公报》第二千七百四十六号，宣统二年二月初十日（1910年3月20日），第二张，第4页

督院陈札复谘议局议决各案文·札复议决全省开办矿务准与通知案

为札复事，据顺直谘议局呈议决全省开办矿务准与通知一案，业经前护部堂先行札复在案，兹经本部堂详加复核、议决大旨，为慎重本省利源起见，正与农工商部新章相合。直省幅员辽阔，耳目难周，甚愿有熟悉本省情形之官绅，据所见闻，随时陈述，嗣后如有呈请办矿者，其清查矿地，考核矿商，发给探矿、开矿执照，皆为行政范围之事，是矿政调查局专责，自应遵照部定章程办理。惟一经核准，应由矿政调查局详请本督部堂札知该局，以备察核。如果确有冒滥、不符之处，准由该局呈请本部堂札行矿政调查局复查，以重利源而清权限，除行矿政调查局遵办并咨明农工商部查照外，为此札复谘议局查照，须至札复者。

《大公报》第二千七百五号，宣统元年十二月十九日（1910年1月29日），第6页

直隶矿政调查局详矿务新章所载条款内有恐日后遇事误会者请转咨核定文并批

为详请转咨事，案查前因矿务新章第八款所载，修改旧矿商章程期限，是否自奏准实行之日起，业经职局详请转咨核示在案。兹查尚有应预为请示者，正章第十款中国人民曾违犯法律者、僧道及各教会教徒以其教为业者，均不得有开矿权利。查犯罪有轻重之等差，此等违犯之人，必罪至何等以上，方不准其办矿？至天主、耶稣两教是否在僧道各教会之内，其奉教华人而未充教堂执事者，应否准其开办？又正章第二十四款，呈请开矿执照之人不能合格，或所领之矿地别有违碍，不能准给执照，或别有可疑之处，可令其呈具保单。此项保单是否以银担保，抑或以人担保？又正章第四十八条，凡矿产装运出口者，无论其为矿苗之原质，或提淘之粗胚，或制炼之净质，须按海关税则交纳出口税，凡机器料件装运进口为办矿之用者，亦须按海关税则交纳进口税。此项矿产未经到口之先，及进口后运入内地，经过内地关卡，应否抽收税厘？办矿机器进口之后，复运入内地，应否完交税项？又附章第五条，呈请开矿执照之禀，必须谨遵矿务正章第二十四款所载，照具正副两件，送呈该处矿物委员及该省矿政局查核，所请勘矿之地，由总局饬知地方官查核禀覆合格者，详禀本省督抚批准，即行照章填给勘矿执照，再饬该处矿务委员即于副禀标明收禀之日期，备录督抚及总局批准全文，盖印发还原禀人收执。此项印信，系由何处盖用，如指矿务委员而言，应否由总局刊刻关防发给应用，抑即盖就近地方官之印？又附章第六条，内称所勘之地，无论官地民地，当批准时，矿务委员务须批明勘矿人所掘之地，应在所准勘矿界内，无论横直宽深，不得逾官尺三十尺以外，此项官尺应否由部颁发？又附章第八条，倘业主或其代表人与领有勘矿执照人所商未协，该勘矿人可向本地矿务委员具禀声请，并具保禀单以备津贴，业主赔偿损失两项用费，该委员即将勘矿人所禀之事知照该业主，尽两个月内可以来局申诉不允之故，如业主并无事故，期内不来申诉逾期即作已经允许论，且于期满以后，该委员应即妥定办法，如须妥订保单数目，即应按照所估之数妥定，惟不得逾于实应津贴赔偿之数。查估计之法，应按该地受损多寡为定衡，一经估定，究应按估数若干成填入保单？又附章第十三条，凡禀领开采矿章第十一款内乙字之矿质者，若在民地界内，该处委员或本省矿政局应自收禀之日始，于十日内行知该矿地业主该矿地业主，应自奉谕之日起，尽一个月内即须声明或愿自办，或因何故不允具禀人办理，如该业主欲留为自己开採之用，矿政局即可酌定期限，饬令该业主应在期内兴工开採。查业主既遵谕声明情愿留为自己开採，所给期限究应酌定若干日？又附章第十四条，地面业主如已得受津贴赔偿，给予允许勘矿字据，自总局发给勘矿执照，准予别人履勘之日起，于一年期内决定自办，该业主应偿还该勘矿人所用之工费，设使两造不能互相妥商工费之数目，即按本附章第三十九条所载公断之法办理。至业主已得受勘矿人付给之津贴赔偿银两，应否一并发还？以上数款，拟请宪台转咨农工商部，分款核定，俾得有所遵循，职局系因恐日后误会起见，是否有当，理合具文，详请宪台俯赐查核，转咨农工商部核覆饬遵，实为公便。为此具呈，伏乞照详施行，须至册者。

督宪杨批：据详，矿务新章所载条款内有恐日后遇事误会者，请转咨核定等情。查所称正章第十款僧道及各教会教徒以其教为业者，均不得有开矿权利，究竟天主、耶稣两教是否在僧道各教会之内？查两教在中国向不准贸易，矿章所指各教自在其内。又称附章第五条，请呈开矿执照之副禀盖印发还，应由何处盖用印信？查此项印信自系盖用局印。又附章第六条，勘矿人所挖矿地，无论横直宽深，不得逾官尺三十尺之外，所谓官尺自系指工部尺而言。以上各节应无庸咨请部示，仰即酌量删改，另行妥拟，详候核咨。缴。

《北洋公牍类纂续编》卷十八，“矿务一”，第1—3页

矿政调查局详矿务新章条款恐有误会请再转咨核定文并批

为详请转咨事，案查前因矿务新章第八款所载修改旧矿商章程期限是否自奏准实行之日起，业经职局详请转咨，核示在案。兹查尚有应预为请示者，正章第十款中国人民曾违犯法律者不得有开矿利权，查犯罪有轻重之等差，此等违犯之人必罪至何等以上，方不准其办矿？又正章第二十四款，呈请开矿执照之人不能合格，或所领之矿地别有违碍不能准给执照，或别有可疑之处，可令其呈具保单，此项保单，是否以银担保，抑或以人担保？又正章第四十八款，凡矿产装运出口者，无论其为矿苗之原质，或提淘之粗胚，或制炼之净质，须按海关税则交纳出口税；凡机器料件装运进口为办矿之用者，亦须按海关税则交纳进口税。此项矿产未经运到口岸之先，及进口后运入内地，经过内地关卡，应否抽收税厘？办矿机器进口之后，复运入内地，应否完交税项？又附章第八条，倘业主或其代表人与领有勘矿执照人所商未协，该勘矿人可向本地矿务委员处具禀声请，并具保单，以备津贴业主、赔偿损失两项用费，该委员即将勘矿人所禀之事知照该业主，尽两个月内可以来局申诉不允之故，如业主并无事故，期内不来申诉，逾期即作已经允许论，且于期满以后，该委员应即妥定办法，如须妥计保单数目，即应按照所估之数妥定，惟不得逾于实应津贴赔偿之数。查估计之法，应按该地受损多寡为定衡，一经估定，究应按估数若干成填入保单？又附章第十三条，凡禀领开采矿章第十一款内乙字之矿质者，若在民地界内，该处委员或本省矿政局应自收禀之日始，于十日内行知该矿地业主，该矿地业主应自奉谕之日起，尽一个月内，即须声明，或愿自办，或因何故不允具禀人办理，如该业主欲留为自己开采之用，矿政局即可酌定期限，饬令该业主应在期内兴工开採，查业主既遵谕声明情愿留为自己开採，所给期限究应酌定若干日？又附章第十四条，地面业主如已得受津贴、赔偿，给予允许勘矿字据，自总局发给勘矿执照，准予别人履勘之日起，于一年期内决定自办，该业主应偿还该勘矿人所用之工费，设使两造不能互相妥商工费之数目，即按本附章第三十九条所载公断之法办理，至业主已得受勘矿人付给之津贴、赔偿银两，应否一并发还？以上数款，拟请宪台转咨农工商部，分款核定，俾得有所遵循。职局系因恐日后误会起见，是否有当，理合具文，详请宪台俯赐查核，转咨农工商部核覆饬遵，实为公便。为此具呈，伏乞照详施行，须至册者。

督宪杨批：具详并另呈均悉，仰候转咨农工商部、外务部核覆饬遵。缴。

《北洋公牍类纂续编》卷十八，“矿务一”，第3页

督宪杨准农工商部咨覆矿政调查局预为请示各款札饬该局遵照文

为札饬事，光绪三十四年三月初一日，准农工商部咨开，接准咨称：据矿政调查局津海关道蔡绍基详称，矿务新章有应预为请示各款，理合具文申请，分咨外务部、农工商部查照等情，除批示并分咨外，相应咨明请烦查照核覆，以凭饬遵施行等因前来。查来咨内开正章第十款中国人民曾违犯法律者不得有开矿利权，查犯罪有轻重之等差，此等违犯之人，必罪至何等以上，方不准其办矿等语。查此条所谓违犯法律，自应专以私罪论，惟违犯法律之人，其所为之事，未必皆经官家判定罪名，似难断其罪至何等，但此等人既不准其办矿，应确查其人品行来历有无妨碍矿务，如职员素行贪污，声名狼藉，商民有招摇撞骗、作奸犯科情事，皆系有妨矿务，即为法律所不容，如调查有据，应不准其办矿。

一、来咨内开正章第二十四款，呈请勘矿执照之人，或不能合格，或所领之地别有违碍，不能准给执照，或别有可疑之处，可令其呈具保单，是否以银担保或以人担保等语，查开矿执照、保单系以银担保，此项保单亦应以银担保，至保单银数，应按照资本多寡、矿业大小，随时酌定，惟不得逾于开矿保单之数。

一、来咨内开正章第四十八款，凡矿产装运出口者，无论其为矿苗之原质，

或提淘之粗胚，或制炼之净质，须按海关税则交纳出口税，凡机器料件装运进口为办矿之用者，亦须按照海关税则交纳进口税，此项矿产未经运到口岸之先，及进口后运入内地，经过关卡应否抽收税厘，办矿机器进口之后复运入内地应否完交税项等语。查矿产出口，遵照海关税则交纳出口税，内地厘卡概免重征，曾经本部专案奏明，通行照办。现在新章亦言按海关交纳出口税，并无内地厘卡应交厘税之文，应照奏章交纳出口税。此外概免抽收，至进口矿机料件运入内地是否完交税项，应查照各项机器料件进口一律办理。

一、来咨内开附章第八条，业主与勘矿人所商未协，该勘矿人可向矿务委员处具禀并具保单，以备津贴、赔偿。该委员应即妥定办法，如须妥计保单数目，即应按照所估之数妥定，惟不得逾于实应津贴赔偿之数，查估计之法，应按该地受损多寡为定衡，一经估定，应按估数若干成填入保单等语。查估计之数，既不能逾于实应津贴、赔偿之数，应即以此数填入保单。

一、来咨内开附章第十三条，开矿若在民地，该业主声明欲留为自己开采之用，矿政局即可酌定期限，饬令该业主应在期内兴工，查业主即声明情愿留为自己开采，所给期限究应酌定若干日等语。查此条既言酌定期限，应由矿政局体查情形，分别矿业大小、开采难易，随时酌定日期，故章内未列定限。

一、来咨内开附章第十四条，业主已得受津贴、赔偿，于一年内决定自办，该业主应偿还该勘矿人所用之工费，至业主已得之津贴、赔偿银两，应否一并发还等语。查此项银两，系属勘矿费用，既业主决定自办，应将此款一并发还。

一、来咨内开新章所载以教为业者不准其办矿，拟请量为区别，嗣后如有天主、耶稣两教中人禀请办矿，但非在教堂执事及售卖教书之类者，即不指为以教为业，果系身家殷实，不问其奉教与否，一律准其办矿等语。查此条所拟办法，略事变通，与章内词意尚无违背，惟教民办矿，实不免有教堂出而干预，及暗附洋款等弊，应否照此区别，当俟外务部核覆办理。至勘矿应用官尺，请由部颁发各节，应俟本部定准后，一体颁发，相应咨覆贵大臣查照，转饬遵照可也等因到本署大臣，准此合行札饬，札到该局，即便遵照。此札。

《北洋公牍类纂续编》卷十八，“矿务一”，第3—5页

直隶矿政调查局详筹议实行矿务新章办法文并批

为详请转咨事，案奉宪台札开，九月初四日准农工商部咨，光绪三十三年八月十三日本部会同外务部具奏核议矿务章程一折，本日奉旨依议，钦此。相应恭录谕旨，刷印原奏章程，咨行贵督钦遵查照。至此项章程宣布施行日期，应俟本部酌定，再通行查照可也等因到本署大臣，准此，除分行外，合行札饬，札到该局，即便查照，此札。计发《矿务章程》二本，旋奉札开，光绪三十三年九月二十八日准农工商部咨，光绪三十三年九日十四日本部具奏拟定《矿务章程》施行日期一片，本日奉旨依议，钦此。相应恭录谕旨，刷印原奏，咨行查照，钦遵办理。查此次奏定矿章既经颁发，定期施行，所有全省矿务，自应饬令矿政调查局遵照新章妥筹办理，并所有应令旧商遵办事宜暨应用各项表谱账册格式，以及应行筹备各项事宜，均应早日拟妥，送部查核，以重矿政，即希贵督查照，迅速办理可也等因到本署大臣，准此，查此案前准农工商部来咨，业经刷印章程，分行在案，兹准前因，除分行外，合行札饬，札到该局，即便遵照，妥筹办理，此札。计抄单各等因，奉此遵查农工商部原奏内开，按照新章，各省应行预备事宜，均须在定期施行之前，次第布置周妥，届时方能一体遵行，拟自本年八月十三日奉旨之日起，限定六个月算，至明年二月十三日作为宣布施行日期，由部通行各省钦遵查照，并将应行筹备事宜，遵章妥速办理，务于奏定施行日期之前，先行报部查核，以重矿政等因，自应钦遵妥办。遵查正章第二条内载各州县境内如需派设矿务委员，即由该议员遴选妥员，详由本省督抚咨报农工商部核准施行。又附章第一条内载各省矿政局应就本省产矿之区，酌派委员，分理矿务。所派委员归总局节制，凡有呈请勘矿开矿各执照之禀者，该委员应照定章经理其事，凡正章附章所定委员应办各项，执事均应遵办各等语，是实行新章应先以遴派矿员为入手。第查直隶地蕴五金，星罗四境，而柴煤小矿，尤为无地无之，若逐处均派委员，不特一时无此多材可供任使，且矿利尚未大开，局费难期宽裕，所有薪资局用，既不能取求于额外，势必至仰给于官中，是未能生利而先有分利之虞，殊非长久之计。职道等悉心筹议，拟请凡系直省产矿最广之区，已开著名之矿，如开平、临城等处，酌委专员驻扎办理，其余有矿各地，即以该处地方官兼充，或由地方举一廉正绅董暨同城佐贰充当，一切事权，悉惟新章是守，俟矿利大兴，再派专员办理，藉以节縻费而辟利源，愚昧之见，是否有当，除将应用各项表谱账册格式妥拟，另详请示外，理合具文，详请宪台俯赐查核，训示遵行，并乞转咨农工商部立案，实为公便。为此备由具呈，伏乞照详施行，须至册者。

督宪杨批：据详已悉。矿务新章以遴派矿员为第一要义，嗣后凡遇外人合股开办之矿务公司，无论大小，均须遴派官员督理。若全系华股、以土法采办者，即可照拟，以该处地方官兼充，或由地方官公举廉正绅董暨同城佐贰等充当，仰即另行妥议，具覆核夺。缴。

《北洋公牍类纂续编》卷十八，“矿务一”，第5—6页

直隶矿政调查局详遵拟矿商各种单册式样并请查核咨部文

为详情转咨事，案奉宪台札开，光绪三十三年九月二十八日准农工商部咨，光绪三十三年九月十四日本部具奏拟定矿务章程施行日期一片，本日奉旨依议，钦此。相应恭录谕旨，刷印原奏，咨行查照，钦遵办理。查此次奏定矿章既经颁发，定期施行，所有全省矿务，自应饬令矿政调查局遵照新章，妥筹办理，并所有应令旧商遵办事宜暨应用各项表谱账册格式，以及应行筹备各项事宜，均应早日拟妥，送部查核，以重矿政，即希贵督查照，迅速办理可也等因到本署大臣，准此，查此案前准农工商部来咨，业经刷印章程，分行在案，兹准前因，除分行外，合行札饬，札到该局，即便遵照，妥筹办理，此札，计粘单等因。奉此，职

局遵即按照矿务新章各条款，将应用单照五种、册式二种分别拟定。至办矿各商需用账簿一节，查各处矿商记载矿事，各有习惯办法，若由局拟一定式通饬遵填，恐于商情不便，尤恐所拟之式过于疏略，则记载不能详备，过于复繁，则登注又不能简明，莫若饬令各矿商自新章实行之日起，每月将所记流水帐簿、矿业物件并红账簿、分理处办矿用费并净矿数目簿、各户往来总账簿照缮一分，呈局查核，职局俟其到齐，择其记载简易而详明者，厘定一式，通饬各商遵守，似较由局悬拟一格，强之相从者易于率由，庶不致有扞格参差之弊，而部章益昭整饬矣。愚昧之见，是否有当，理合将单册七种各二分具文详请宪台俯赐查核训示，并祈转咨农工商部查照，实为公便。为此具呈，伏乞照详施行，须至册者。

督宪杨批：据详已悉。候咨农工商部核覆饬遵，单册分别存送。此缴。

《北洋公牍类纂续编》卷十八，“矿务一”，第6页

顺直谘议局议决案件·议决改良府厅州县统计处办法案

窃维统计之法，纲纪庶务，弥纶万有，施之财政，尤为预算决算之基础。但恐办理不善、蒙混遗漏、影射挪移诸种弊端，因之而起。查各厅州县统计处章程，本系官绅合办，不但藉此以融合官绅意见，抑亦可得地方庶政及一切财政之真象也。近来各属设立统计处，率用旧年书吏，改头换面，藉以搪塞上司，抑或派一绅士承其名，而仍用书吏办其事，更或空文捏报，实迹毫无。总之，官长惧上司之剔除中饱，绅士之议提陋规，故出此鬼域行为，致使地方之财政不清，而官绅之猜疑愈甚，现正筹办城镇乡地方自治，调查财政为第一要务，因公同决议改良统计处办法四条，呈候公布施行。

一、统计处经理人宜公举公正绅士二三人，分担其责，并请官派妥员一人，和衷共济，以符官绅合办向章。

按，府厅州县统计处办法，由官派佐杂或得力之幕友一人，兼委派公正士绅

一二人或三四人，官绅合办。立法未尝不善，但绅士由官委派，不若公举，易于得人，兹公同拟订，各属统计处，除仍照章官绅合办外，所用绅士，应概由公举，以昭慎重。

一、无论现充书吏与旧充书吏之人，不得干预统计处之事。

按，凡事一假书吏之手，无不弊端百出。各属统计处为新政重要机关，应严禁其干预统计处之事。

一、统计处宜择地设立，不得立在署内，致多不便。

按，衙署重地，绅士不便时常居处。查各属统计处附设在署中者，十居七八，应一律设在署外，以防种种流弊。

一、统计处表册于呈报上宪外，宜另备二份，一存于该县自治机关，一报本省谘议局，以备存查。

按，预算决算为谘议局暨各该属自治机关应有之权限，有统计处册报以备存查，可得一切庶政暨财政详细之根据。

《大公报》第二千七百四十六号，宣统二年二月初十日（1910 年 3 月 20 日），第 5 页

督院陈札复谘议局议决各案文·札复议决改良府厅州县统计处办法案

为札复事，据顺直谘议局呈议决改良府厅州县统计处办法一案，业经前护部堂先行札复在案，兹经本部堂详加覆核、议决大旨，原系注意于财政，按各属统计处照章应办之事，如财政、外交、军政、司法、教育、实业、交通，分门别类，事极繁多，此项报告大半依据于案卷，如移设署外，于调查案卷，均属不便，诚以行政报告，不能与行政机关分而为二也。且各属统计处设在署内，需费较省，若于署外择地设立，则经费加增，既难责之于州县，而款属行政，又难责

之于地方。至第一条，统计处选任绅士由官委派，不若公举，易于得人，应如所议办理，推举定后，应仍由地方官委任，申报直隶调查局加委，以专责成。第二条，统计处书吏不得干预，应饬由各属承办员绅经理。第四条，各属报册多备三分，自可照行，惟分送本省谘议局一分，应呈由直隶调查局核明彙呈，本署转发该局存查，除行直隶调查局通饬遵办外，为此札复谘议局查照，须至札复者。

《大公报》第二千七百五号，宣统元年十二月十九日（1910 年 1 月 29 日），第 6 页

顺直谘议局陈请公布文件·陈请本省谘议局对于顺天行政权限应如何办理以谋统一案

案照本省谘议局既称顺直，则谘议局章程第二十一条所载各项权限，自包括顺天一并在内，无可疑义。查第二十二条所载谘议局议定可办事件，呈候督抚公布施行。又第二十五条所载各款，议案应由督抚先期起草。又第二十六条所载谘议局于本省行政事件如有疑问，得呈请督抚批答。又第二十八条所载，本省官绅如有纳贿及违法等事，谘议局得指明确据，呈候督抚查办各等条，所谓督抚者，在直隶省自指总督一人而言，所谓公布施行、先期起草、批答疑问、查办违法纳贿者，自是总督一人应有之权限。惟对于顺天一府，别设府尹，与总督立于并行之地位，若遇前条各项关于顺天者，概请总督一人执行权力，既不完全，遇事每多阻滞，若兼请府尹执行，其驻扎处所，本不同城，局章既未规定办法，亦难昭划一，况谘议局常年会会期仅四十日，临时会会期仅二十日，若待往返咨商，为期甚促，势必至一事不办，而后可至。热河所管承德各属，与顺天情形略同，事关谘议局对于行政官长办事统一手续。为此公同会议，呈请奏请施行。

《大公报》第二千八百十六号，宣统二年四月廿二日（1910 年 5 月 30 日），第三张，第 1 页

督院陈札复谘议局议决各案文·札复陈请本省谘议局对于顺天行政权限应如何办理以谋统一案

为札行事，宣统元年十月二十八日，承准宪政编查馆王大臣咨开，准咨开据顺直谘议局陈请，本省谘议局对于顺天行政权限应如何办理以谋统一案，到本护督部堂据此查谘议局对于顺天、热河行政权限，局章尚无规定明文，除先行札复谘议局外，相应咨呈贵馆主核，示复施行等因。前来查顺直谘议局以后开会时，热河都统及顺天府府尹应即各派委员列席，与闻议案，以期接洽。凡遇有关于顺天府与热河各属议决施行之议案，应由直隶总督会商热河都统及顺天府府尹，核夺办理。若虑往返咨行，为期甚迫，则在开会期内即可以电文相商。如江苏谘议局设在江宁，该局亦时电商苏抚之事，并未闻有不便情形，希即转饬办理，相应咨复贵督部堂，查照饬遵可也等因。到本督部堂承准此，除咨行外，为此札行谘议局查照办理，须至札者。

《大公报》第二千七百八号，宣统元年十二月二十二日（1910年2月1日），第二张，第4页

顺直谘议局陈请公布·陈请移建大兴宛平两县县治案

窃维谘议局之设，以指陈通省利病，筹计地方治安为宗旨。顺天大、宛两县之利病，以移建县治于城外为最要之问题。县治不移，举一切政治均难措手，对于各项新政尤属空谈。盖州县为亲民之官，而大、宛两县则无暇亲民，非尽为县

官者之不善，县治所居之地势使然也。两县治皆在城内，而所管地方皆在百数十里外，所谓京城地面及围城数十里之京营地面，亦属大宛两县者，不过徒有空名，警务则属于内外城两厅，学务则属于督学局，词讼则属于审判厅，地方自治在京城为市政，民政部已定为专章，非两县所能干涉。即如此次谘议局选举，奏归大、宛两县办理者，对于京城卒无效果，是其明证。其余所有之事，不过供顺天府暨各衙门之委任，并一切历代相沿之弊政而已。然以在京城之故，举职务以外之奔走酬应，纷至沓来，胥谓集于亲民州县之一身，实有日不暇给之势。况所属地方皆在百数十里外，虽极勤民之官，亦属无可如何。案牍委之幕僚，词讼听于委员，循行故事，日求苟免于地方，民事鲜有过问者，是以名为首善之区，而盗贼之横行，讼案之委绩，其不治独为全国最。近年新政日兴，虽各地方程度不齐，均有效果，大、宛两县迭经上官之催促，终属空文。以学务言之，两县至今其于应管乡镇，并无官立学堂一处，在京虽各有高等小学，然既收客籍学生，与两县人民毫无关涉；以警务言之，大兴拟设巡警总局，在京在乡两有窒碍，因此屡作屡辍，终难实行，宛平有鉴于此事，其遂甘自守拙，推诿而不为；以自治言之，议事董事、各会官绅，必有聚合处所，方能施行。今大、宛两县其于此事，其窒碍情形，较学务、警务为尤，其更苦无从着手，然则大宛两县治之不便于所管地方既如此，无益于京城又如彼，是移建县治于城外，自属必要之事。惟一言移建，究应设在何处，是又为极应研究之一问题也。详察地势人情，大兴县治以京南黄村镇为最宜，应将自西便门至卢沟桥铁道以南属于宛平之一小部分划归于大兴，而宛平县治以京西北海甸为最宜，应将京北属于大兴之小部分分划归于宛平。如此一转移间，则土地既各连为一片，于人情风俗习惯利害，无不相同，且均为繁盛适中、重要之地，又有火车可通往来，便利官绅，既易联络。对于旧政，则听讼、缉捕既易为力；对于新政，则学务、警务、自治亦无往而不宜。官无废事之虞，民无难通之隐，况海甸近宸居游息之地，人烟稠密，设宛平县治既便于拱卫，而黄村依附南苑西南隅，已经开垦，设大兴县治，亦便于查察而尽管理之责。由是言之，移建之说，莫有便于此者。或谓顺天府为行政官厅，虽学务、警务、裁判，京城俱有专官，其余各项行政以及东西陵大差诸有待于委任。如大、宛两县移居城外，责将谁归？不知顺天府署内有治中一官，承办其事，名与是正相符合，既无旷官，又无废事，且官阶较两县为崇，居中而理，于势尤便。主于东西陵大差，百年而不一遇，近且屡奉谕旨，丝毫不扰累。民间无多，无可筹措，不知仅为迁移衙署，需款无多，旧章移建县治，必需修城建庙，自近日政治之趋势观之，无用之城池及一切迷信之庙宇，均可无庸再建。即孔庙一节，两县向随尹宪拜谒，未专设学，当今虽移治，亦可无庸更设。况两处均有官地、官庙，改建衙署，旧基可因。其余应用各款，每县不过数千金已足，区区之数，何足计较？此又无可虑者也。总之，移建县治，有百利而无一弊，反之，则有百弊而无一利。为此公同会议，呈请奏咨施行。

《大公报》第二千八百七号，宣统二年四月十三日（1910 年 5 月 21 日），第三张，第 2 页

督院陈札复谘议局议决各案文·札复陈请移建大兴宛平两县县治案

为札行事，宣统元年十一月二十九日，准顺天府尹咨开，宣统元年十一月二十一日，准贵前护督部堂咨开，据顺直谘议局陈请移建大兴宛平两县县治一案，据此除札复谘议局外，相应咨呈核复，计抄议案一件，等因。到府准此，查谘议局所陈各节，关系县治移建，自应饬令该两县体查情形，究系有无窒碍，妥议具复，再行核咨，以昭详慎，除札行外，合先咨覆贵督部堂，请烦查照可也，等因。到本督部堂准此，为此札行谘议局查照，须至札者。

《大公报》第二千七百八号，宣统元年十二月二十二日（1910 年 2 月 1 日），第二张，第 4 页

顺直谘议局陈请文件·
陈请巡官区长薪俸应以裁绿营饷项拨充以便行政而图改良案

案查光绪三十二年政务处奏遵旨议覆巡警部一折，所裁绿营饷项，每年腾出，尽数拨作巡警要需，业经奉旨依议在案。夫以裁绿营饷项，全数筹办巡警，其款亦不敷用，若但以充巡官区长薪俸，则固绰有余裕。查直隶绿营饷项，除历经裁节外，尚有五十二万余两，此五十二万余两之数，除去应归驻防兵等数项外，归绿营者尚有三十八万二千八百余两。查筹办巡警章程内，其筹设巡官，每县虽以四人计算，区长，每县虽以十人计算，然现在各州县巡官一二人者居多，其至三四人者甚少，平均计之，每县不过二人，今按二人计算，全省百五十七处，共需巡官三百一十四人，照每人月俸十五两、马乾八两，合计银二十三两计算，每月共需银七千二百二十二两，全年共需银八万六千六十四两。其区长各属，多寡不等，今平均每县按十人计算，全省应有区长一千五百七十人，每月俸乾，姑以十四两计算，月共需银二万一千九百八十两，全年共需银二十六万零三百七十六两，统两项合计，每年共需银三十五万零四百二十四两。若以绿营三十八万余两之数拨充此项经费，即闰月年分亦可敷用。此系光绪三十二年奉旨依议事件，若遵照办理，不惟使行政便利，并可使警务改良。盖巡官区长原属国家行政官吏，其薪俸若出自地方，则长官调派，必多掣肘，因之人才与地位往往不能适宜，警务亦难图进步。外洋各国于此项人员薪俸，皆使出于国家经费，盖由于此。又查清理财政章程第十四条，国家行政经费系指廉俸等项，是部定章程，官吏之薪俸，全划归国家经费。巡官区长既为国家行政官吏，受国家行政支配，既无绿营一项，亦宜从部拨款，以符定章。况裁绿营饷项归巡警要需，已明明奉有谕旨，且其数又适足敷用，一转移间，于国家地方实裨益甚大。为此公同会议，呈请裁夺施行。

《大公报》第二千七百七十五号，宣统二年三月初十日（1910 年 4 月 19 日），第 5—6 页

汇录督院陈札复谘议局各案文·札复陈请巡官区长薪俸应裁绿营饷项拨充以便行政而图改良案

为札复事，据顺直谘议局陈请巡官区长薪俸应裁绿营饷项拨充以便行政而图改良一案，当经前护督部堂先行札复在案，兹经本督部堂详加复核，直隶绿营庚子后实存二万六千余名，支饷四十三万余两，历经节次裁撤，统计节省银二十万两左右，尽数拨充常备军额饷之用，经前督部堂袁奏明有案，现存各营均有防护责守，未能遽裁，将来裁节之款，仍应查照前案办理，不能截归地方之用，亦未便从部拨款，所请碍难准行，为此抄粘奏案，札复谘议局查照，须至札者。计抄发奏案一件：奏为裁节绿营兵饷以赡常备新军，恭折仰祈圣鉴事。窃查前准军机大臣字寄，光绪二十七年七月十三日奉上谕，各省制兵，积弊甚深，耗饷颇钜，亟宜严行整顿，汰弱留强，著各直省督抚悉心规画核实，厘剔所有各省原有之绿营，裁去十之二三，腾出饷需，报部候拨等因。钦此。臣于是年十月间到任，因查直隶制兵历年抽拨裁减，较额设所去已多，且其时天津地面尚未收回，该处镇协各营弁兵均未归伍，应领饷糈司库亦未拨放，与完善省分情形不同，尚难遽议裁减，请俟洋兵全退，再行妥筹议办，于是年十二月间奏明在案。现计收回天津已将一载，事局大定，本省常备军练成一镇，需饷甚钜，筹拨为难，本应将绿营制兵全裁，腾作新军额饷，惟念直隶幅员辽阔，兵燹以后，伏莽犹多，巡警尚未设齐，弹压须资兵力，科布多年例换防，兵丁又须按期派往，自应权衡缓急，分别裁留。查直隶制兵现计实存马步守各兵二万六千余名，无闰之年应支饷米乾折等银四十三万余两，内除守护陵寝之马兰泰宁二镇内外标各营外兵丁，又妙高峰汛有看守醇贤亲王园寝之责，河防营兵平时修工、临汛抢险，均关重要，未能遽裁，应仍发给全饷，容再妥筹办法，并各捕盗营内四路厅，业经就饷，改练巡

警，其张独多三厅及热河承德府，能否仿照改练另行办理外，其余督标、提标，通永、天津、正定、大名、宣化五镇，并分防各营马步守兵共一万六千余名，照项章应支饷米乾折七八成实银二十四万余两，小建按日核扣，遇闰之年应分别冬春夏秋，及大小建，加银一万六千七十余两不等。臣详加查核，天津镇左右城守三营，葛沽一营，通永镇并通州协山永协各左右二营，北塘一营，以上共十一营，当庚子之变，纷纷逃避，岂容再令入伍糜饷，自应悉数裁撤。此外，督标、提标，正定、大名、宣化三镇，并分防各营及津通两镇所辖各外汛，应请就现在兵数各裁一半，即于本年六月以前一律裁齐，每年可节省银一十四万余两。查制兵饷项，前于二十七年前，督臣李鸿章因乱后司库匮乏，奏明减半支放，此次裁节之款，应按全数核算，其余裁存之兵，嗣后即发半饷，又可节省银五万余两，统计节省银二十万两左右，遇闰之年又加节省银一万六七千余两，尽数拨充常备军额饷之用。惟本年所裁各兵，上半年连闰已发折半银三万五千余两，实可拨用银十七万余两，其自来年起即照节省全数拨用，一转移间，腾出旧有之饷，以赡新练之军，期副朝廷汰弱留强、修明武备至意，除饬藩司查明详细数目另行咨部外，理合恭折具陈，伏乞皇太后、皇上圣鉴训示，谨奏。光绪二十九年闰五月初七日具奏，本月十三日奉朱批，该部知道，钦此。

《大公报》第二千七百五十一号，宣统二年二月十五日（1910 年 3 月 25 日），第二张，第 3 页

顺直谘议局陈请公布文件·陈请筹办直隶纺纱厂

（顺直谘议局陈请筹办直隶纺纱厂案文）

窃查中国工艺不兴，利权外溢，洋纱进口，尤为我国一大漏卮，欲谋抵制之方，则设厂纺纱，在所难缓。近来江苏、湖北、河南等省，皆已先后设立，独直隶尚付阙如。查我直为产棉之区，织业又极发达，若不设法组织，何以挽回利

权？兹有侍讲学士李士钤、监察御史史履晋等协同议员，组织纺纱厂筹办处，合议集赀百万，创设一厂，特以资本过钜，当此风气未开，一时恐难招集，议员等公同商定，即由筹办处出名，向四省铁路招股公司于直隶盐斤加价存储项下，先借用银五十万两，作为开办之费。现已措商妥协，拟即订期筹备开厂。俟将来股款招齐，能将此款归还，固属甚善，否则，或办有成效，逐年所得利息，陆续归补借款，其余全用作本省公益事件。设若资本损失，势不得不预筹一接济之法，免任事者多生顾虑，拟请于盐斤加价十年定限以外，公议展限一年，以便偿还此款。如此，则在负担者所感苦痛无多，而于直省实业前途，大有裨益。只以事关盐价展限，理合预为声请立案，除筹办简章、另候缮清呈阅外，为此公同会议，呈请核夺施行。

《大公报》第二千八百十六号，宣统二年四月廿二日（1910 年 5 月 30 日），第三张，第 1 页；《北洋公牍类纂续编》卷二十二，“工艺”，第 14 页

汇录督院陈札复谘议局各案文・札复陈请筹办纺纱厂案

为札复事，据顺直谘议局陈请筹办纺纱厂一案，当经前督部堂先行札复在案，兹经本督部堂详加复核，所请筹办纺纱厂，自系为振兴实业、挽回利权起见。惟盐觔加价，期以清还洋债，关系至为重要，应否动用，自是能否筹还为断。查该局所拟三端，除加价展限，事关奏案，将来能否核准，尚未可知。况体察现时情形，民食艰难，商情疲滞，亟盼早停，以甦积困，应无庸议外，其余二端，该局以股款如能招齐，即将此款归还，否则办有成效，逐年将所得利息，陆续归补借款。查招款能否踊跃，成效能否预期，均以该厂办理能否得法为衡，究竟该局于各处及本省情形已未切实调查，应用原料，本地是否适宜敷用，将来销路是否可期通畅，固定资本统需若干，流通资本亦须预计，所得利益如何分配，所借本款如何分还，均应通盘筹画，列表呈核，以期周密。事关路款、清还洋债

要需，尤应格外慎重，即为该厂前途计，亦宜妥为筹维，必须确有把握，方可实行。应由该局复加妥议，呈候核夺，为此札行谘议局查照，须至札者。

《大公报》第二千七百六十号，宣统二年二月廿五日（1910 年 4 月 4 日），第二张，第 3 页；《北洋公牍类纂续编》卷二十二，“工艺”，第 14 页

顺直谘议局陈请公布文件·陈请整顿顺天警务案

案查警务一端，为国家图治之要需，是以各国行政，以教育为根本，以法律为纪纲，以财政为命脉，而尤必亟亟于此者，良以整人民之秩序，保社会之公安，不容或缓也。自近年以来，推行警察不遗余力，立专部、设警道，故各省警务逐渐可观，而尤以直隶为全国冠。惟直隶警务虽较他省为优，而顺属二十四州县中，除霸州、涿州稍有规模外，其余各属有屡经滋事者，有旋办旋裁者，有有名无实者，有尚未开办者。推原其故，一由于直隶全省警务处划顺天各属于范围之外，所有提倡整顿诸端，概置不理；一由于顺天独立，警务处虽有总办、提调各名目，既未认真办理，又未实行稽查，是以各州县观望因循，人自为政，以致各属警务甚形复杂，流弊丛生，赌风、盗风至今犹炽，倘长此不已，非惟近畿之百姓难获治安，亦且于立宪前途大生阻碍。拟请咨商顺天府尹设法筹办，俾顺天警务与全省归于一致，抑或仍就顺天所设之警务处，改派妥员，认真办理，并仿照直隶警务处，参用本地士绅，公同规画，实力稽查，以期达完全立宪之目的，俾顺属人民不致有向隅之叹。则顺天幸甚！直隶全体幸甚！为此将整顿顺天警务，并参用本地士绅各缘由，公同会议陈请，裁夺施行。

《大公报》第二千八百十六号，宣统二年四月廿二日（1910 年 5 月 30 日），第三张，第 1 页

汇录督院陈札复谘议局各案文·札复陈请改良顺天警务拟请咨商设法筹办俾顺天警务与全省归于一致案

为札行事，据顺直谘议局陈请改良顺天警务，拟请咨商设法筹办，俾顺天警务与全省归于一致等因一案，当经前护督部堂先行札复在案，兹经本督部堂与顺天府尹往复咨商，顺直警务未归划一，本非完善办法，查奏定各省官制通则清单，内开各省应设巡警道，专管全省巡警、消防、户籍、营缮、卫生事务。现在直隶巡警道未设之先，顺属警务应先由警务处统筹办理。惟顺直各属警费情形不同，应如何酌剂，以期适宜之处，统责成该处通饬行查，酌拟办法，详候核夺施行。嗣后凡关于顺属警务事件，并应分详顺天府尹，以备察核，除分行外，为此札行谘议局查照，须至札者。

《大公报》第二千七百六十四号，宣统二年二月廿九日（1910年4月8日），第6页

顺直谘议局呈督院文·呈请札复本局前送各项议案收回成命案文

宣统元年十二月初二日

为呈请事案，查本局呈送本年通常会议决申复陈请各项议案缘由，于宣统元年十一月二十日奉护督部堂崔分案札复各等因。奉此当经本局逐件披阅，大概未曾说明原委事由，径转饬各局所官厅核议详夺，恭读之余，不胜骇异，本宜静候

核办，惟事属定章，权限所关，手续一有舛误，实际必多困难，不先立正当之根基，断难得美满之结果，不揣冒昧，敬为督部堂覙缕陈之。查议案性质与通常事件不同，凡关于行政诸事，如系执行机关发表一人之意见，固赖周谘博访，以质公论而昭审慎，若议案之发生乃集合全体绅民之意见，为舆情之代表，其议决也，已度越群言，折衷壹是；故其裁夺也，亦惟行政上最高机关得判断其可否，若令局所官厅核议，则是以全体总汇之意见，反见绌于一二分职治事者之手，使议案之性质全失，此不可不辨者一也。

又查奏定《谘议局章程》第二十二、三、四各条所规定，凡谘议局议决可行及不可行事件，无论公布更正或交局复议，其权仅限于督抚，纵有争执，亦惟资政院有核议之权，无各局所官厅得核议谘议局议案之说。且考东西立宪各国，凡议院提出议案，惟君主一人有裁可之权，政府尚不得干涉，我国预备立宪，既于各省先设谘议局，则核议谘议局议案之权，自应只限以督抚一人，若以核议之权分予之各局所官厅，则是谘议局与各局所官厅相对待，而督抚反处于中立调停之地位，既违我国定章，又非各国通例，此不可不辨者二也。

不寗惟是，查谘议局议案属于本省兴革事件者居多，凡平日行政上之弊害，无不恺切指陈，以期弊绝风清，造全省人民之幸福。若令各局所官厅核议，则凡利官病民之事项，势必多狃故见，不肯改良，不特将来官绅冲突愈激愈烈，恐于国家事实上亦大受影响，此不可不辨者三也。

议员等再四思维，实难默尔，故于宪旌莅任时，面陈一切，业蒙洞鉴，仰见督部堂锐意维新，痛除积习之至意，凡在绅民，同深感佩，兹当径情披沥，恳请查照定章，收回成命，以清权限而免纷争，实于宪政前途大有裨益。为此备文具呈，伏乞照呈施行，须至呈者。

《大公报》第二千七百十三号，宣统二年正月初六日（1910年2月15日），第三张，第3页

顺直谘议局陈请文件·陈请设立永定河防议事会案

（顺直谘议局陈请督宪陈设立永定河河防议事会案文）

案据沿近永定河各州县议员等条陈该河积弊，拟请援浙江塘工成案，设立永定河防议事会。当经开会公议，以该河向有专官，而积久弊生，工程腐败，以致数十州县水患频仍，时受其害，应请设立河防议事会，为指陈利弊之机关。查永定河附近京畿，于国计民生大有关系，虽每至伏秋两汛，水涌沙淤，素称难治，然果能实事求是，弊绝风清，断无不能修治之理。只以官治既久，上下营私，自官长以及兵丁，以作弊为应享之权利，甚至以险工决口为升官谋利之阶，以筑坝兴工为舞弊弄权之地，而不知数百万生命、数十万国帑，即悬于此。积弊相沿，官与民之利害，竟成反比例。若无地方特别机关，将其中之利弊，随地指陈，恐河防愈坏，糜款愈多，民情愈苦，殊非治河保民之道。惟河工利弊，非关系密切者，不能知；筹议河防，非素有阅历者，不胜任此项。议事会拟设议绅三十人，由沿河各州县中公举，由议绅中互选议长一人、副议长二人，请由督部堂札派，以昭慎重。关于本河工程及一切款项，统由本会稽查，而督催河工人员及修河护险等事，仍由河道主持，以清权限。本会常年经费，即提沿河隙地租款，化私为公，并不动用河工正款，除将该河积弊逐条指陈，并拟《河防议事会简章》，另单呈鉴外，所有援案请立河防议事会缘由，业经公同会议，呈请裁夺施行。

谨将永定河积弊各项，条陈如左：

一、粮饷。各汛把总、外委食大粮，河兵食小粮。大粮每月银一两七钱，小粮一两二钱。道署发饷时，大粮克扣四钱五分，小粮克扣四钱，此为道署上下内外人等所得。尤奇者，夫役书差办喜丧事，摊派各食粮出分礼，亦由饷内克扣。

一、购料。每垛价银四十两，道署扣四两，汛官扣七两，购料人尚须染指，堆垛外实中空，道台验垛时，则须纳费于收工及道台之仆从，近二年改为过称，其弊在用小称锤。

一、土方。每方价银三钱，层层剥削，雇夫仅用京制钱二百文。实到工者约九分之二。今年土工最钜，各汛官盈余亦最丰，四五千、三四千金不等。加宽堤身，以原有之一丈报八尺，如加宽二丈，稍见新土，即可交工方价，皆入腰囊矣。

一、私租地亩。堤内外十丈地，理应养柳护堤，各汛官私自租于河兵承种，每亩令交租京制钱四百文，把总、外委种地有不交租者，堤外十丈外，仍有闲地，汛官亦令纳租于己。

一、私役皆兵。各汛官衙署内，跟班、车夫、更夫、厨役皆食河兵之饷，一切工作皆拨河兵应用。

一、私有苇地。堤外有苇坑者，本汛汛官据为已有，如用苇绠，另请款购之。

一、椿料不实。抢险下扫，白昼工作，夜则将椿削去半截，将料偷去。实到工者不过十分之三四。如料垛报废，变价仅得二十分之一二，余则官与兵平分秋色矣。

一、铺兵盗树。堤上三里一铺，看守兵管树，堤身养树，年年栽之，而故令其不活旧树极力剪穿之，盖衙署与兵分劈柴枝，皆于此取之，甚至有兵求恩赏，官以树为赏品者。

一、故意作险。河性善淤，一有淤积，则冲击横生，挑淤则可免此。各汛利于有险故绝不挑淤，盖有险方能购料，购料实一大利源也。

一、不遵功令。筑堤初意，原拟取河心之土以培堤，河愈深，堤逾高，庶可免害。治河者，只为利计，不为河计，故年年长堤而不挑河，旧章，桑干时，速浚中洪，裁湾取直，以畅水道，款四千余金，百数十年，未闻有此工程。

一、文报不实。每年陵汛，折奏言，险工异常危急，幸督率河工人员抢护平稳。道署例详督宪，即据以入奏，其实陵汛未尝有抢护事也。

一、侵吞数目。永定河岁修经费十三万余两，今年增四万两以购料，为比例侵吞约在九万两，合之土方，侵吞约在十一、二万两，其克扣粮饷，尚不在此列。其侵吞之钜，恐二十二行省中，未有若此者也。

《北洋公牍类纂续编》卷二十，“水利”，第1—2页；《大公报》第二千七百七十九号，宣统二年三月十四日（1910 年 4 月 23 日），第 6 页；《大公报》第二千七百八十号，宣统二年三月十五日（1910 年 4 月 24 日），第 6 页

永定河河防议事会章程

谨拟河防议事会章程开列如左：

第一章　总　纲

第一条　本议事会设于永定河道署附近，对于永定河一切事务，指陈利弊，为地方特别议事机关，名曰永定河防议事会。

第二条　本议事会议员以沿河州县之士绅选举充之。

第三条　本议事会关于成立及解散，皆以永定河道为监督，凡在议事范围，准直接禀请督院核定。

第四条　本议事会请由督院刊发木质钤记一颗，文曰永定河防议事会，钤记颁发启用，以昭信守。

第五条　本议事会凡于永定河道有关系事项，皆须严定权限，遵照第五章规定办理。

第六条　本议事会人员，除书记外，皆为名誉职，不受薪水。

第七条　本议事会应用一切经费，由沿河隙地私租内，化私为公，提拨充用，不动河工丝毫正款。

第二章　组　织

第八条　本议事会组织如左：

一、议长一人。

二、副议长二人。

三、议绅三十人。

四、书记一人。

第九条　前条议长、副议长由议绅中互选，请总督加札委派。议绅由沿河各州县议事会公举，议事会未成立以前，即由自治预备会公举，书记由议长选任之。

第三章　职务权限

第十条　议长为本议事会代表，管理会议事务，召集议绅开会及停会、闭会，保持议场秩序等事。

第十一条　副议长协同议长管理会议事务、监发会议一切杂费事。

第十二条　议绅随时应召集到会，照章会议关于河工一切事务。

第十三条　书记承议长、副议长指挥，掌管本议事会一切公文，议案函件收发、核对，保存案卷，并经理款费事。

第十四条　议长因事不能到会时，以副议长代理其职务。若副议长同时不能到会时，由议绅中公举一人为临时议长。

第十五条　议长得于会中酌用司书生一人或二人、公役二人，皆给工饷。

《大公报》第二千七百九十号，宣统二年三月廿五日（1910年5月4日），第二张，第4页

第四章　会议事项

第十六条　本议事会应行会议事项如左：

一、全河工程及变更事。

二、审查全河工务并预算、决算及购置材料款目事。

三、关于河防利害会议质问事。

四、禀详重要事件于督院事。

五、由督院发交应议案件事。

六、由道署交付应议案件事。

七、其它关于河工在应议范围内事。

第五章　议事会与永定河道之关系

第十七条　凡估计工程时，应由议长、副议长或指派之议绅参与其预算，以备查核。决算时亦如之。

第十八条　凡购治河材料，将每项联单分交议事会，议事会须切实查核，遇有虚伪不符情节，得向道署据情质问，或径报督院查核。

第十九条　凡河工之利害，议事会应随时审查，分别轻重开会，会议质问，或径报督院核夺。

第二十条　凡河工事务，有情节可疑或显有不合者，议事会得具意见书，质问道署，请其明白答复。

第二十一条　凡会议议案，有需查道署及各汛报告并其案卷者，议事会得具理由，向道署及各汛征求之。

第二十二条　凡议事会应行参预事项，道署如不认其参预或违犯定章时，议事会得据实禀候督院核办。

第二十三条　凡道署有应交议事会核议事项，议事会宜照章议决答复。

第二十四条　议事会开会时，准由道署派员莅会，陈述意见，但不得预于议决之数。

第二十五条　河工遇有确系临时急施事项，不及交议事会核议者，准径行办理，但须移知议事会。如议事会认该事为不正当时，得具理由禀请督院核夺。

第二十六条　凡议事会决议事件，道署有异议时，得具理由交议事会复议。若议事会仍执前议，得由道署将全案详候督院核夺。

第六章　会议日期及议事规定

第二十七条　本议事会分为定期会议、临时会议。定期会议每年二次，于三月初一日、十一月初一日行之；临时会议无定期。

第二十八条　临时会议限于有特别重要事件，或由议长、副议长提议，或由督院命令，或道署交议，或议员过半数请求时，皆可开会。

第二十九条　定期会议之期间，以十五日为限，议事有未结时，得延长五日。临时会议因事之繁简定之，但不得故为延长。

第三十条　会议非有全体议员三分之二到会，不得开议。

第三十一条　凡开会时，须由议长将本届应议事项先期通知各议员。

第三十二条　议事以到会议员过半数之同意为表决，如可否同数时，则取决于议长。

第三十三条　凡会议系以公开为原则，如遇应行秘密会议事件，得由议长发令，禁止旁听。

第三十四条　关于会议一切细则，得由议事会自行规定。

第三十五条　凡开会时，应由议长请派巡警二人监会，以防有紊乱议场秩序之举动。

第七章　议员任期

第三十六条　本议事会议长、副议长及议绅每三年改选一次，重当选者亦得连任，惟不得连任二次。

第三十七条　议绅有不得已事故退职者，仍由该州县议事会另举一人，以补其缺，补缺议绅之任期，以前任所遗之任期为满任。

第三十八条　关于前条规定，若系议长、副议长退职，仍照第九条办理。

第八章　罚　则

第三十九条　凡议绅有犯左列情事之一、确有证据者，得开会公议，令其退会，其情节重者，请督宪惩罚。

一、藉本会名义营私舞弊者。

二、无正当事故三次不到会者。

三、派查河工重要事项受贿隐匿及有他种受贿情节者。

四、其他犯各种劣迹有害本会全体名誉者。

第九章　解　散

第四十条　议事会议事确有违背法律时，永定河道得令其停会，若仍不遵禁令，得由永定河道据情禀请督院解散之。

第四十一条　议员多数不应召集，致两次会议不能成立时，得适用前条规定。

第四十二条　议事会解散后，永定河道即行通知沿河各州县重行选举，限一月内召集开会。

第十章　经　费

第四十三条　议事会应需经费如左：

议长、副议长办公费。

议绅会议川费及膳宿费。

书记薪水。

司书、公役工饷费。

会中应用器具费。

会中应用纸张及一切杂费。

调查费。

第四十四条　前项经费得于开会时预算，禀候督院查核，每一年度终决算禀报。

第十一章　附　则

第四十五条　本章程有应行增删修改之处，须由议事会全体会议拟订，禀候督院核准施行。

《北洋公牍类纂续编》卷二十，“水利”，第2—4页；《大公报》第二千七百九十五号，宣统二年四月初一日（1910年5月9日），第三张，第1页；《大公报》第二千八百一号，宣统二年四月初一日（1910年5月15日），第三张，第2页

顺直谘议局公布文件・再请设立永定河防议事会预防侵吞积弊案

宣统三年二月初四日

案：查本局前以永定河防积弊太深，非设立河防议事会实地稽查，不能杜侵吞而归实用，业于上年会期中迭经提案，陈请在案，迄今数月，未蒙札复，理宜静候核夺，何敢再四烦渎。惟此案关系重巨，延迟愈久，侵冒愈多，将来之弊害亦愈大，有不得不胪举一二，为我督部堂觇缕陈者。查永定河自吕道接篆后，详准另案土工银三十六万两，分三年办齐，每年应领银十二万两，以为挑淤培提之用，按年兴筑，渐次图功，立法不可谓不善。惟该署胥吏盘踞既久，积弊太深，侵冒欺朦，已成惯习，遂以上宪治河之苦心，成属吏中饱之私计，殊堪痛惜。查道库发银时，每千两中，例由库房扣银十两，发交厅署，厅吏例扣十两，再发本汛，汛员又扣三百两或三百五十两，发交工头，工头除办公实用外，仍须剩银一二百两，层层剥削，如茧抽丝，虽曰另案土工每年十二万两，究其实用于河防者，要不过五六万上下之谱。计该道到任既经二年，兴办土工，宜有头绪，乃细验挑筑各段，皆敷衍将就，苟且了事。去年腊月，武清、东安等县士绅张耀洪等百余人来局，陈请疏浚永定河下游，消除水患，则该河防之有名无实，已可概见，而河工人员两年侵吞已不下十余万两，当库款支绌，司农仰屋之时，独置此大宗巨款，一任若辈之蠹蚀而不顾，岂不可惜。今年河工尚有一年，二三月间即届办工之期，若不速设监督机关，则今年应发之十二万两又成虚掷，土工一项，积弊已至于此，其他之浮冒虚糜、贻误河防，更不问可知，倘不先事预防，后患何堪设想，议员等以利害切身，实难嘿已。仍恳督部堂查照前案，迅速核准，以重河务而杜漏卮，实为德便。为此公同议妥，呈请核夺施行。

《大公报》三千九十八号，宣统三年二月十七日（1911 年 3 月 17 日），第二张，第 4 页

督部堂陈批答

据呈已悉，查此案前据该局陈请，当行藩、学、法三司会同永定河道妥议详夺，旋据会详，请咨农工商部核覆，并经据情转咨在案，据呈前情，应候部覆到日，另行札知，此批。

（宣统三年二月初九日）

《大公报》三千九十八号，宣统三年二月十七日（1911 年 3 月 17 日），第二张，第 4 页

顺直谘议局陈请公布·呈督部堂代呈蠡县举人孙松龄等陈请粮租仍照前收数目折征文

为呈请事，案据蠡县举人孙松龄、齐世铭、张玉崙，拔贡马吉云等呈称，为陈请事，查良乡等四十六厅州县因折征银价太钜，绅民禀请减轻，经前藩宪廷奏请，每银一两连例耗等费，不得逾制钱两吊，其余九十八厅州县，不及制钱两吊者，均仍其旧。前督宪裕据详奏准，通饬各州县遵照定章征收，不准巧立名目，藉端浮收。倘银价续有涨落，再行由司酌中核定，详请奏明办理等因。去年蠡县县主张祖厚显背定章，于折征制钱两吊外，浮收制钱三百五十余文。蠡县绅民叩禀藩宪崔，蒙批云：该县征收钱粮，应有现行定章，岂容稍事紊乱，况上忙粮银，前任已有定额，自应仍照前收之数折徵，何得率行更张？办理殊属不合。昨日委员前往，按照所禀情形确查，具实禀复，应俟复到，再行核办等因。是后，

张县主因折征过多，随即查实撤省，周县主接篆，下忙银价，仍照制钱两吊征收，至十二月十九日县主出示晓谕事，照得蠡邑折征粮租赔累，禀蒙藩宪批饬，查该县经征钱粮，本不在奏定章程，良乡等四十六州县之内，自前县章焘仿照此案，亦改为征收四吊，以迄于今，现在良乡等四十六厅州县经前督宪袁奏准，比照山东征数，以四千四百文折征，饬遵在案。该县折征，前既仿照四十六州县不得逾四千之案办理，兹本案既已改为四千四百文折征，该县亦应仿照，自本年下忙起，改为四吊四百文，以符本案而资报解，将来仍应汇案奏明，以垂久远。详蒙前督宪端批饬，如详办理，仰即饬遵等因。本县因开征悬牌，先按四千折征，亦奉到批示，中途改收四千四百文，折征同一子民，何厚于先而薄于后？仍宁认赔累，不使吾民有偏枯之患，拟自宣统二年上忙为始，遵照新章折征，以免亏累而资报解等因，查此谕不合者有四：一、通饬云：四十六州县不得逾制钱两吊之数，其折征不及制钱两吊者，自应仍照旧章，免予核减。并非云四十六州县外可任意增加，且蠡县改为折征四千，亦以银价增加限于定章，并非章前任仿照成案，其不合者一。一、良乡四十六州县经前督宪奏准，比照山东征数，以四千四百文折征，原因创办学务款项支绌，经前督奏明，将余款提归学校司，作为常年经费，化私为公，并非因县赔累，作为津贴，其不合者二。一、县官如果赔累，九十六州县当一律加征，不得谓他县赔累不加征，而蠡县赔累先加征，其不合者三。一、通饬云，银价续有涨落，再行由司酌中核定，详请奏明办理，今未经奏明，先行加征，其不合者四。今谘议局议决四十六州县粮租案第二条云，今夏蠡县张令祖厚每银一两按制钱两吊四百文征收，乡民兴讼半年，幸经藩司严饬，遵照奏章，不得逾于二千之数，若遽更易前此奏章，则市价与折价之争，全省人民方睊睊疾视，势必至接踵而起，而讼端无时或息矣。第二条云，九十八厅州县亦宜遵照奏章办理，不可破坏成案也云云。今蠡县既不遵前通饬，定章又不合谘议局议案，情节支离，显而易见。而小民痛心疾首，无可如何，为此？请谘议局公鉴等情，当由本局议员王锡泉介绍前来，据此查陈请事件，历由本局呈请查办在案，兹據前情，理合照案代呈，恳请督部堂俯准转饬该县查照历任折征数目，征收勿任率行更张，以息物议而免冲突，实为德便。为此备文具呈，伏乞照呈施行，须至呈者。

宣统二年三月二十日奉督部堂陈批札，来牍阅悉，候行藩司核饬该县遵照办理具覆。此复。

《大公报》第二千八百四号，宣统二年四月初十日（1910 年 5 月 18 日），第二张，第 3 页

顺直谘议局陈请公布·陈请督宪陈革除蒙盐专卖病民案

案查宣化十属三厅向食蒙盐，皆由蒙人自行销售于内地，商民、蒙民相安已久。当时盐价，不过制钱二十文，自光绪二十七年察哈尔筹办防务，由都统奏设盐厘局，二十九年，商人王乃节又认包盐课，禀设督销局，三十三年又盐觔加价制钱四文，盐价每觔遂涨至制钱三四十文，民食已难，讵又有奸人图谋垄断盐利，竟以保蒙为词，蛊惑前任都统诚于本年三月奏设蒙盐公司，包收蒙盐，不准蒙民与内地商民直接交易，督销局亦起而效尤，遂于公司下复握专卖之权，盐价遂涨至制钱六七十文，旋复涨至制钱八九十文，以致无力贫民竟有无盐而食者。推原其故，皆由公司与督销局专卖昂价，层层剥削所致。查现在督销局每年交盐课银九万两，即仍旧办理每盐一觔收课银四厘，就口北三厅旧日贩卖青盐之各盐房可以调查者统计，每年不下四千万觔，以库银四厘计算，每年应收银十六万两，除交正课银九万两外，尚有银七万两，余利已多，乃该局贪心不足，今又专卖渔利。该局向公司购买青盐，每千觔用银十九两，卖与商民则定价三十六两，民何以堪？至于蒙盐公司，不担国课，独揽利权，竟于数百年蒙民交易场中顿添障碍，尤堪痛恨。该公司即以保蒙为词，亦不过集股合资，买他人之所不能买，岂可禁他人之买，以夺蒙民自由交易之权？乃该公司不准蒙盐卖与他人，严禁重罚，已大不便于蒙民，而复强定价值，买青盐千斤用银十五两，收以加二秤，卖与督销局则价银十九两，出以加一秤，亦以四千万觔估计，每年得余银十六万两，又余秤盐四百万觔，以每千觔十九两计算，又得银七万六千两，统计每年共得银二十三万六千两。白盐及行销承、朝等处，与山西各边境之盐尚不在内，如

此赢余，无非小民汗血，倘不及早铲除，将来怙势网利，昂价病民，后患何堪设想！再查盐厘局每青盐一觔抽收厘金三厘，亦以四千万觔估计，每年可得银十二万两。现在察哈尔地面平靖，防务无多，倘若特为蒙盐、保安蒙人，以都统之权，用此款项亦当绰有余裕，又何必另设公司？似此弊窦迭出，致令宣化十属三厅数百万之人民，悉受其困，不得不请求奏裁蒙盐公司并札督销局，仍旧专收盐课，痛革专卖剥削等弊，并咨商察哈尔都统，将盐厘亦归督销局代收汇交，以省縻费而便交纳，则上维国课，下苏民困，一举而两善备矣。为此公同会议，陈请裁夺施行。

《北洋公牍类纂续编》卷十，“鹾政一”，第41页；《大公报》第二千八百九号，宣统二年四月十五日（1910年5月23日），第二张，第3页

盐政大臣奏准收买蒙盐暂行办法

督办盐政大臣奏酌拟收买蒙盐暂行办法附。

窃查直隶宣化府属十州县及张家口、独石口、多伦诺尔三厅，向食蒙古青、白二盐。青盐产于乌珠穆沁等处，白盐产于苏尼特等处，天然池产，实为蒙旗一大利源。每届春夏之交，塞外草长，蒙人就池采盐，以牛车运载而出，夜行昼牧，赴口销售，秋后草衰，牧放不便，运输因之而辍，此蒙盐产运之大概情形也。蒙盐到口，向由商贩自行交易。光绪二十九年始据前直隶督臣袁世凯奏明，在于张家口设立督销局，招商包课，并请在十八尔台等处设厂，收买蒙盐，分运销售。宣统元年三月前，察哈尔都统臣诚勋又请设立公司，包收乌珠穆沁所产青盐，仍归督销局包买分销，应缴盐课，亦归该局征解。十月，又据该都统奏请将东西苏尼特等处所产白盐，均归公司一体认包，经度支部会同农工商部、理藩部议复，以蒙盐行销宣化府属等地方，既归督销局收买，添一公司横梗其间，成本加重，恐于蒙盐销路有碍，奏令将公司停办，奉旨允准在案，此又直隶设局督

销，招商包课，及察哈尔添设公司，部议饬停之大概情形也。兹查蒙盐公司已经部饬停办，而督销局于蒙情尚多隔阂，虽有设厂收盐之议，并未见诸实行，设仍听商贩自行交易，又恐抑勒折扣，流弊滋多，有失体恤蒙艰之道，自应收归官办，由臣处派员赴口设栈收盐，以恤蒙情而维鹾政。惟蒙盐入夏即须到口，为日已属无多，若待臣处遴选得人，规画就绪，始行赴口收盐，诚恐缓不及事，拟请敕下察哈尔都统臣溥良先行就近遴派妥员，驰赴口外，将本年到口蒙盐暂行代收，仍交督销局分销各属，照缴课银，该都统本有管辖蒙旗之责，但与蒙人生计有关，必能畛域无分，相助为理，所需盐本，由臣处设法筹拨，辘轳周转，以资应用。此次收买蒙盐，既归官办，与从前商办公司性质不同，界限尤宜区别，出入款项不容稍有牵混，该公司中人如有唆怂蒙旗，把持盐务情事，应即从严惩办，一切事宜，即由该都统随时咨商臣处办理，亦由臣处派员前往，切实监理，以昭慎重，一面仍由臣处将嗣后整顿蒙盐应如何派员设栈及优恤蒙贩、疏畅商销各项详细办法，通盘筹画，切实拟议，期于蒙人生计、边地民食均有裨益，以仰副朝廷整饬鹾纲之至意。恭候命下，即由臣处飞咨察哈尔都统钦遵办理，并知照理藩部转行各蒙旗一体遵照，所有酌拟收买蒙盐暂行办法缘由，理合恭折具陈，伏乞皇上圣鉴，谨奏。宣统二年三月十二日奉旨依议，钦此。

查宣统二年三月二十三日，长芦运司张镇芳遵督办盐政大臣札饬，于杂款项下，提库平足银十万两解赴督办盐政处，作为收买蒙盐成本，合并声明。

《北洋公牍类纂续编》卷十，“鹾政一”，第41—42页

顺直谘议局陈请公布·请停止印刷官局以祛弊便民呈稿

（直隶谘议局呈请停止官纸印刷以祛弊便民文）

为呈请事，窃本局于本年二月十九日奉督部堂札行批准，北洋官报兼印刷局详定官纸印刷大概办法到局，查此系单行章程，为本局应行议决之件，而前者造

端之始，未经交议。既已无可如何，兹据各绅商纷纷陈请前来，若隐忍不言，恐原定章程者之意，无论如何美善，而其流弊将有不可胜言者。谨为督部堂缕析陈之。查官局办法，大概分专用、通用二品，举官商学界、军民人等，凡法律上所用，与非法律上所用者，皆为其所制卖，虽未明定专利字样，然统观其前后种类，除信笺名片及随意起草纸外，不为其所搜括者几希。泰西之专利，必为其人自行发明之业，而又必限以年限，所以酬其劳而又防其垄断也。今该局所拟办法，不过即旧有之式而一整新之，仍一仿造之类，何尝有一为其所发明？而乃自己仿造，不许他人仿造，各国殆无此办法，其事之不可行者一。如谓设局专办，係为改良官纸、谋行政上之划一起见，则由官家颁布定式，任各商民仿造，自无不可。日本内阁印刷局即如此办法。今学部有图书局，各省提学司有图书科，皆司印刷，皆无专卖之说。必谓经官卖而后能整齐，则凡衣服宫室，皆宜整齐，是工艺局可揽全省缝织之业，工程局可揽全省建筑之业也，天下岂有此事理？其事之不可行者二。经济学之公例，供给与需求必得其平，凡求过于供者其价昂，供过于求者其价低，今该局虽曰定价从廉，然一为官业，合员司薪金及种种工费计之，其成本已高于商家，况以一局而应全省之用，求过于供远甚，其价值之不能不腾也，自必然之势。天下势之所趋，虽有大力者不能禁止，迨至其弊已形，而后悔之已无及也，其事之不可行者三。以物质进化之理言之，凡一艺之出，有比较而后有竞争，有竞争而后有进步，反是则日趋于退。今该局虽自谓加工精制，然以全省之用品皆归一处，无论精与不精，必取给于是而后可，则无比较无竞争，势必始以专办，恐为人所指目，而加意求精，继且以专办有所恃而不恐，而渐即窳败，久而久之，凡前所谓欲收整齐划一之效者，其结果乃止与相反。揆之整顿印刷之本意，当不如是，其事之不可行者四。有此四不可行，而曰吾藉官力以强迫之，当无不可往者，官报之获巨利，是其明验，果如此，窃谓又有不能行者在焉。

今全省各署营局暨府厅州县，统计不下数百处，该局亦自知无以应其求，则谓设分所代售，在省会则批发各纸店，在州县则交缉私局或起解钱粮人犯者代办。而以成本计之，官价已昂于商价，如前所云，若再设分所代售，则非于原定官价之外更取赢焉，无以偿其贩运消耗之费，一赢再赢，势必仍取给于民间，而民间前日购纸，可以十文得之者，今必增至二十、三十。南洋一白，禀定价银一角，是其明鉴。况缉私局起解钱粮人犯者，向为病民之蠹，今再讬其代售，则为虎傅翼，其所以舞弄小民者，何所不至？若长此不已，势必与各州县闹盐之案，同见而并出，而其终转至于破裂不可收拾，其事之不能行者一。以需用之处所言，则全省数百处，各处设一分所，似乎已足；以需用之个人言，则全省人民无虑数千百万，而此数千百万者散处于四方，平日一集市、一村庄，大抵皆有售纸之所，名曰杂货店，随地取之即是。今各处只设一分所，而小民去城远者，或至数十里、百数十里，偶用一红白禀、一合同、一清折之类，皆必向城内取之，势且不能。不能则仍宛转求之于纸店，纸店见其求之急也，则必仿造偷卖，勒价而居奇，当是时，恐虽有严刑峻罚不能禁，徒以良法美意，为小民作奸犯科之地，而官家之威信且立失，其事之不能行者二。纸张一类，各国定为消耗品，其用之多寡，随事件发生，不能预定。今通饬所属，按年按月开报，应用总数，备价领取，无论其数之不能定也，即使强定一总数，而其价已先交于官局，倘一不胜用则备还，而官局不受不备还，则各处之费为虚掷，夺人以利己，万国商法皆无此强迫之理，理之所无者，虽属员对于上司，亦不能如命而行，其事之不能行者三。各署营局簿籍表册，其条例有繁有简，本不能从同。报告书、课本、讲义，本为著作之类，非公牍比，今乃曰表册、报告，其格式大小须归一律。各学堂课本、讲义，须按年月应用总数，交该局刷印，是何异截鹤胫而续之凫、攫他人之心血而己食其报也。况各学堂讲义，皆随授随编，若预按年月而交以总数，势必不能，此其不明当局者之微曲，已可概见，其事之不能行者四。夫以理论之，所谓不可行者既如彼，以势论之，所谓不能行者复如此，而该局犹谓势在必行，不知其有何理由？况细检所列种种项目，若凭牌、表册等，由部颁程式者不一，而该局一则曰拟定程式，再则曰违者处罚，不知若此类者，其何以能自定程式？违者又将处罚何人？即其所定民用品一项，如田契、房契、租券、借券、合同之类，该局自谓有关于政治，其所以垂为禁令而限制违犯者，较他项尤严，而近者读《致商会声明官纸办法》一文，则又谓原详之民用品，如田契、房契、租券、合同等，为纸局销路之大宗，本局皆不印售，此与前说顿相矛盾，其于政治上整齐划一之说，已先打破，复何能以收效如此？种种办法，殆令人不可思议，其余若津贴员司、分给余利，其不合文明法令，固不待言。总之，设官局专办，有百害而无一利，若待见弊而始思挽回，已有不及，何如先事预防，不种弊根，尚可以禁绝流毒。今且无论他事，即以本局而言，自今年二月间交该局刷印议案录，订定三月底告竣，今已逾十余日，尚未印出，若令全省文件皆由该局承印，其贻误要事，更何堪设想？天下事，苟见为不可行者，虽举国唱议而不必盲从。该局动援南洋为例，不知南洋之事已先办错，民间之受其弊者，议论沸腾。现该省谘议局开临时会，已议决为不可行事件，人所议决不可行者，而我复尤而效之，其事将何所取？本局原有指陈本省利弊、议决单行章程责任，若遇此重大问题，各绅商迫切呼吁之际，而犹隐忍不言，是负我督部堂责成期望之至意，不惟下无以对民，上且无以对官，而本局亦复自居何等？此所为不得不披沥以陈者也。想督部堂闳识远略，洞达政体，对此万不可行、万不能行之件，已早有权衡，而所以迟迟不遽止者，或别有窒碍为难之处。本局故敢冒昧上渎，伏望俯采刍言，当机立断，则所以造福全省人民者，实无量数。所有应行停止印刷官办、以祛弊便民缘由，理合呈请督部堂查核饬办。为此备文具呈，伏乞照呈施行，须至呈者。

《大公报》第二千八百十二号，宣统二年四月十八日（1910 年 5 月 26 日），第三张，第 1—2 页；《大公报》第二千八百十三号，宣统二年四月十九日（1910 年 5 月 27 日），第三张，第 1—2 页；《北洋公牍类纂续编》卷二十二，“工艺”，第 25—27 页

北洋官报总局详拟官纸印刷归并官报大概办法

一、宜合并官报以固基础。查职局原办官报兼印书事宜，本具有印刷官厂之性质，只以名义未经确定，而范围无由扩充，今宜将官纸归并办理，改定其名曰北洋编印官局，二者兼营并重，以符名实而固基础。

一、宜分科兼任，以专责成。查印刷事业，头绪纷繁，在在需人经理，然不量入为出，则利益未著而亏耗先形，是为历来官局不振之通病。今拟统筹全局事务，析作四科：

甲、编辑科。专司编校官学两报暨图书册籍等事。

乙、刷印科。专司刷印纸品书报暨经管料物等事。

丙、文书科。专司撰拟公牍、编造表册暨收发誊缮等事。

丁、会计科。专司收支款目核算、报销暨采买庶务等事。

以上四科职务，均派旧有员司量才兼任，以资撙节而专责成。其职掌繁重者，酌加津贴，俾资鼓励，另设售品，所隶会计科专司发行品物等事。

一、宜分配机器以资工作。工欲善其事，必先利其器。欲求印刷精良，自宜添购新机加工精制。惟现在经费支绌，筹款为难。查职局原有铅、石印大小机器六十二架，开办之初，拟先察度情形，酌量分配，以资工作。俟将来营业发达，再行添购，逐渐扩充。

一、宜划分厂屋，以节经费。查职局原设铅印、石印、雕刻等厂，基址尚待扩张，但开办官纸之初，自当并顾兼筹，实事求是，而以撙节经费为入手不易之办法，未便铺张扬厉，徒饰外观，拟就职局原有厂房，酌量划分，妥为布置，俾官纸官报分别刷印，两不相妨。将来如不敷用，再行酌赁民房，以免糜费。

一、宜筹备活本，以资周转。南洋开办官纸经费用至十一万金，今北洋官纸归并职局办理，一切均从简易入手，力戒虚糜，则无须开办经费。惟应需纸张、颜料、药水等项，为数颇巨，须先筹定款项，作为活本，用资周转，俾免停工待料之虞。其应行筹备之法，另行核拟，呈候钧裁。

一、官用品宜首先厘定，以便通行。查官用品关系重要，体制所在，规定宜先拟，请俟程式核定之后，每一品类出版，即随时呈请宪台批准立案，通饬各署局知照，自定期通行日始，全省一律遵用，违则以违式论，作为无效或驳回重缮，庶文牍可收齐一之效。其程式有应由各署局拟定及职局酌定者开列如左：

甲、藩署之有关粮税各项票簿。

乙、学署之图书表册及有关学务各项簿籍。

丙、臬署之有关讼狱各项册籍。

丁、运署之运单执照、灶课及有关盐务各项簿册。

戊、海关道署新钞两关之税单、护照及各项簿册。

己、通永道署所辖税关之税单。

庚、通永道、清河道、永定河道暨各管河衙门之河淤租课。

辛、厘捐局之各项捐票免票。

壬、筹款局之烟酒捐票。

癸、捐务局之车捐票、门牌照、房铺捐照、晓市夜市等项捐照。

子、土膏局之捐照。

丑、禁烟局之凭牌各照。

寅、天津巡警局、保定工巡局暨各厅州县巡警局之传提各票并户口牌册。

卯、工程局之造房取土各项执照。

辰、矿政调查局之矿税各照。

巳、审判厅之印花、呈词、状纸暨拘传各票。

午、习艺所之箕斗册。

以上各种，均系各署局专用之品、信用之据，而形式良楛不齐，殊不足以昭慎重，亟应改良刷印，用杜弊端。应请宪台札饬各司道局所拟定程式，并将按年按月应用总数，逐细开报，详请发交职局代为承印，职局仅收回工本，并不另售，其收发征税等事，仍由各该署局照章办理，与职局无涉，以分权限。惟各种程式自禀定实行后，如有逾期，仍用旧式者，概不作准，其余各署局如有专用之品，为前条所未列者，均照此办理，以归一律。

未、各署营局之簿籍、表册、报告书。以上各种为各署营局通用之品，当此预备宪政，表册、报告尤关紧要，其格式大小，须归一律，存档后庶便检查。应请宪台札饬各署营局拟定程式，开明按年按月应用总数，交由职局印刷，并将尺寸大小，规定一式，以免参差。

申、各学堂之文凭、课本、讲义、图书、章程、规则，以上各种系学堂通用之品，应请宪台札饬提学司拟定程式，转饬各学堂，查明按年按月应用总数，交由职局刷印其课本，应将大中小各学堂各定一式，以示区别。

酉、各州县之丁漕串票、征册、红簿、解批屍格、差传票纸、点单、呈词、状纸、保结，以上各种系州县通用之品，均与行政、司法关系重要，规制不一，易滋弊端，应请宪台通饬各州县，迅将各项旧式并按年按月应用总数，逐细开明，详请发交职局，详拟程式，禀候核定，照印通行。如定期实行后，仍用旧式者，分别议处。

戌、详册、申文、照会、咨文、移文、牒文、札文、红白禀、清折稿纸、申封、移封、札封、马封、排单各项册簿。

以上各种，系全省通用之品，旧式多参差不齐，粘卷尤不便查检，亟宜一律改良，应由职局酌拟程式，呈请宪台核定发印，限期通行。惟查上列各项，向归各署房书包办，今由职局印售，取值当较市价不相上下，以利推行。如定期实行后，仍用旧式者，以违式论，并将该房书惩处。

一、民用品宜择要颁行，以昭信用。查民用品种类不一，除寻常各项随时由局印售，听民自便外，其重要各品有关于政治者，如左列六项，应由职局禀定程式，垂为定制，限期通行，并请先行出示晓谕，阖属军民人等，一体知悉，自通行日始，全省一律遵用，违者作为无效，遇有词讼，官不为理，其重要各品列左：

甲、田契。

乙、房契。

丙、租券。

丁、借券。

戊、合同。

己、白禀。

以上各种旧式参差，易生弊窦，应由职局刷印，定价从廉，并批发各纸店，推广销售，俾民间就近购用。惟于定价外，不得多取毫厘。

一、商用品宜照常交易，以广招徕。查商用品中如股票、仿单等类，向多由职局承印，花纹工致，刷印精良，商民多信从焉。惟系寻常之品，其关系自与官民用品有别，拟仍按照贸易常规办理，其来职局订印者，随时承接，加工精印，并定廉价，以广招徕。

一、价格宜从廉估定，以利推行。查官用民用各品，各省因定价过重，以致阻力横生，殊于营业前途大有关碍，职局拟俟开办之初，分别品类估计成本，按照市价，酌中平定，务期不相上下，俾免疑阻而利行销。

一、外属宜择地分销，以资利便。查印刷事业，以行销为第一要义。职局印刷出版，在津各署局学堂及沿铁路各州县领购自易，其僻远各属，交通不便，领运为难，自宜择地分销，以资利便。今藩臬两署均在省城，各州县起解钱粮、人犯，一岁数至，拟先于保定设立发行所，其余俟开办之初，查度情形，再行推广分设，俾便就近承接，其愿来津直接订购者听，惟纸价须先照缴，不得拖欠，致职局周转为难。

以上十条，谨拟开办大概办法，其余如有未尽事宜，再当体察情形，随时详定核办。

《北洋公牍类纂续编》卷二十二，“工艺”，第23—25页

顺直谘议局呈请公布·呈请督院仍察照停止印刷官办原呈并祈将改订办法颁示文

为呈请事，案查本局呈请停止印刷官办以祛弊便民一案，奉到督部堂批开，查开办官纸印刷，系为保持行政信用起见。前据天津商会转据各纸商一再陈请停办，本部堂察其语多误会，迭经明白批示，并饬由藩运两司会同官报兼印刷局，妥议变通办法，以示格外体恤。旋据会议覆称，拟请将禀定官中通用品十有一种，由该纸商等遵照式样印售，至官中专用各品向不归纸商出售者，仍由局印刷颁行等语，实于政体商情，斟酌久协，亦经批准照办在案。兹复据呈前情，用持详晰批答，仰即知照此批等因。仰见督部堂体念商艰、洞烛情隐至意，曷胜钦迩。惟印刷官办事业，利害影响普及全体绅民，不仅商业一方受其亏弊，本局前请停办，将此中情弊逐细拊陈，兹奉批示，于呈内所虑各节，概未提及，恐于本局去弊便民之苦衷，尚未深悉。但既变通办法，请即将改订详章，颁示本局，以资参核。仍祈将原呈所虑各节，详细指示，以释群疑。总之，官纸印刷事业，原以保信用、谋划一，官家可制定划一之格式，不可占有专卖之权利，可令人民遵用一定之规程，不可强人民必由一家之构制，实古今中西不易之理。倘准察照原呈，统筹利弊，俾政体民生两无违碍，则造福一方，实无既极。所有原呈所虑各节，仍请察照并祈将改订办法颁示本局各缘由，理合呈请督部堂查核，为此备文具呈，伏乞照呈施行，须至呈者。

附：原批

查开办官纸印刷，本部堂不厌求详，迭饬司局一再核定办法，以求变通尽利。前据该司局详请将官中通用品十有一种，由纸商等遵照式样印售，当经批准在案。适据该局前呈各节所虑，不为无见。通筹办法明晰，批答兹拟复据呈前情，续饬官报兼印刷局，将官中专用品向不归纸商出售者若干种，分析详复，据称拟定六种：一曰牙税单，一曰拘票，一曰传票，一曰状纸，一曰□格，一曰保结，由局精印出售，订价从廉，以维公益，至各州县或顾就近自行印刷者，悉听其便等语，本部堂详核所拟专用纸品六种，实为维持信用起见，于政体民生两无窒碍，仰即知照。此批。

《大公报》第二千八百三十六号，宣统二年五月十三日（1910 年 6 月 19 日），第三张，第 2 页

顺直谘议局呈请文件公布·
顺直谘议局呈请电咨度支部迅将本年应议预算案发交本局文

为呈请事，案查《谘议局章程》第二十二条第二项议决本省岁出入预算案事件，又光绪三十四年钦颁九年筹备宪政事宜清单，第三年试办各省预算决算等语。凡以清理财政为清厘庶政之源，财政混淆则一切清厘办法，均必无从下手。本年为试办全省岁出入预算之期，本局应议一切事件，与财政有密切关系者，又不一而足。倘不预将各种经费规画确定，纵讨论如何详审，终必以无力举办之故，不克措诸实行，阻碍宪政前途，良非浅鲜。议员等群鉴于此，开会伊始，即公众讨论，佥谓此次议事宜力从事实上着想，审我能力所至，不必务为高远之谈，业经公同认可，乃迄今将近旬日，所有本省岁出入预算案件，始终未见提出，舆论譁疑，众情惶惑，佥谓试办预算载在诏书，苟不实力奉行，则九年筹备

条文，岂非虚设？宪政前途曷堪设想？议员等身任宣上达下之责，不敢不披沥上闻，伏恳督部堂迅行电咨度支部，速将本年应议本省岁出入预算案件，全数交出，俾议员等公同议决，以释群疑而安众志，不胜迫切待命之至。为此备文具呈，伏乞照呈施行。须至呈者。

《大公报》第二千九百五十六号，宣统二年九月十五日（1910 年 10 月 17 日），第三张，第 2 页

顺直谘议局呈请文件公布·顺直谘议局请督院仍遵照奏章取销各局署遣派委员文

为呈请事，宣统二年八月二十九日奉督部堂札开，为札行事，照得本年九月为顺直谘议局开会之期，所有应行交议及谘询各案，业经本督部堂于会议厅召集该司道等公同议决，并札发该局在案。惟查将来该局开会，所有交议提议各案，均于行政有关，该司道等皆负执行之责，除有关紧要各案，应由该司道亲自出席外，并应由各署局先行遴派谙习卷牍、熟悉情形妥员，以便届期到会陈述意见。其所议有不可行者，亦可随时解释，以免隔阂。至前届该局各议案，并应详查案牍，以备质问等因。当经分行，遵照办理去后，兹经布政司委派前冀州直隶州知州祝芾、候补知县郭曾钧，提法司委派即用知县凌念京，提学司委派总务科长袁希涛、普通科长李金藻，盐运司委派候补知县郭曾钧，巡警道委派总务科长张宏周、行政科科长桂岩，劝业道委派郑桂森、方焕经、朱寿祺、叶树仁，自治局委派编辑科科员、议叙知县吴兴让，禁烟局委派提调裴景元、会计科科长解良文、书科科员姚鋐届期赴会，陈述意见，先后申报前来，为此札行谘议局知照，并将议事日表尅日呈报，以凭分行查照，须至札者等因。奉此，窃请时际艰危，必上下一心，方可望有进步。此次令各署局遣派多员，足见官绅相辅之至意，钦企莫名。惟细绎札文开示各节，按之谘议局奏章，于条文稍有未符，查《谘议局职

任权限章程》第二十二条、第二十三条、第二十五条所载，凡对于谘议局会议事件，惟督抚有提案准驳之权，其他行政官厅，均不得直接置议。是以《会议章程》第三十七条载有凡会议时督抚得亲临会所或派员到会陈述意见，但不列议决之席等语。盖以督抚得自行提案，故得到会陈述意见，其所以得派员代理者，以督抚政务殷繁，不能常自到会之故。按语所载，昭昭可见。若各官厅局所无直接提案之权者，例不得直接与议。凡以立法行政权限务须分明，倘各署局皆得派员纷纷出席，是不啻开官绅会议，大失立法机关独立之性质。今细绎来札文意，似各官厅局所均对本局有直接到会陈述之权，既与原章用意不符，而此官厅局所又复遣派代理员辗转周折，权限既不分明，事实必多窒碍，似非督部堂尊重局章、审慎议案之意。议员等再四筹商，不敢安于缄嘿，相应恳请督部堂仍遵奏章，凡关于交议各案，如不能亲行莅会，可派员陈述意见，其他各司道、各局所总办有到会者，均由督部堂札派，作为遣代员，如此，则于名义、事实皆相符合，实于议会前途大有裨益。至应送议事日表，刻下开会，拟先选举各分会委员及会议厅士绅，一俟排定事次，自当先案恭呈。所有派员莅会，仍请遵照定章缘由，理合呈请督部堂查核。为此备文具呈，伏祈照呈施行，须至呈者。

《大公报》第二千九百六十二号，宣统二年九月廿一日（1910年10月23日），第三张，第1页

顺直谘议局文件公布·
顺直谘议局再请电咨度支部迅交岁入预算册文

为呈请事，宣统二年九月十六日奉督部堂札开，为札行事，据清理财政局申称，宣统二年九月初六日奉督院札开，宣统二年九月初三日准度支部江电内开，本部于八月念〔廿〕七日具奏，遵章试办预算，缮表呈进，并沥陈财政危迫情形一折，奉旨会议，政务处议奏。钦此。除全表缮齐另行咨送外，应照章先将局

存地方经费底册照录一分，送交谘议局。所有本部核增核减之款，已由贵处允许者，一并抄案彙送，以备参考等因，准此札局，即便迅速查照办理等因。奉此，遵即督饬员书将宣统三年全省地方行政经费经常、临时两门预算数目，按照报部底册，分门别类，逐一照抄。惟前编总册于送部后覆查，间有错漏各款，曾彙订勘误一本，送部考核在案。此次饬抄总册，自应将勘误册内属于地方经费者，一并抄送，以期核实。至奉部核减之款，经宪台允许者，为教育费、实业费内所减各款，系地方行政经费，现亦遵照部饬一律抄齐，装订成册，送请札发，以备参考。所有奉饬抄录地方行政经费底册缘由，合理具文申送查核，俯赐札发谘议局查收，实为公便等情，到本督部堂据此为此札行谘议局查照参考，须至札者。计发预算宣统三年地方行政经费册二本、勘误册一本，奉部核减各款册一本等因。奉此，遵经公同审阅，内载各项，仅列岁出行政经费，缺少岁入一门。考各国预算性质，一以审查岁出，汰行政之虚縻；一以确核岁入，较度支之盈绌。今有出无入，殊与预算本旨不合，本局碍难议决，相应恳请督部堂再行电咨度支部，迅将预算岁入表册全数交出，俾符定章而资参考。至岁出各册，既难议决，相应随文呈缴，一俟岁入册交出，再行一并交议，理合恳请督部堂查核，为此备文具呈，伏乞照呈施行，须至呈者。

计呈送奉发岁出预算册四本，督部堂陈批，来呈阅悉，候电咨度支部查夺见覆，再行札知，此缴册存。九月十九日。

《大公报》第二千九百六十五号，宣统二年九月廿四日（1910年10月26日），第三张，第2页

顺直谘议局文件公布·申覆谘询整顿积谷事宜案

为申覆事，案奉札发谘询整顿积谷事宜一案，议员等公同讨议。查地方积谷一事，直隶从前虽经举办，自经庚子兵燹，各属类多散失，间有存者，又因新政

需款孔急，复多变价，藉充公用，迄今均属无几。今拟整顿其事，固必从保存买補两方办起。然窃以为保存之法，宜少仿旧日成例，略为变通买補一节，宜审查地方情形，以渐规复，庶事易行而民不扰。盖积谷本旨，原以备遇凶荒，赈济贫民之用。既属地方基本财政，固不可轻易变卖，别充公用，亦未便任令霉变，无人经理。然际兹新政待行，用款支绌之时，苟事属公益，立有限制，因公挪用一层，似亦可通融办理。惟霉腐之弊，殄物弃财，在所必去。拟请饬下各属，凡现有积谷之处，均令赶察存储数目，查清后交由各该属自治团体或理财所经理，每年粜变一次，以防霉变，或竟粜卖存价，交由殷实商号存储生息，遇有紧急公益，必须用欵时，只准动息，不准动本。如此，则基本无耗散之患，谷石免腐烂之虞，地方公益亦可藉以兴办，一举而三善备，所谓宜参旧日成例，略为变通者，此也。近年直隶举办新政，种种筹款，民力已觉不支，若再令捐纳仓谷，恐值此粮价奇昂，劝之既恐不应，迫之又恐敛怨，激而生变，亦意中事。窃以为今昔之时势不同，所有备荒之方法，亦应因之少异。在昔交通不便，百里外即难行贩运，故备荒要策，以广峙储积为第一义。今则轮轨四达，千里一息，商贾既易流通，但能广开屯垦，博兴水利，当可无虞荒歉，似不必专恃积谷，以为救荒至计。拟请饬下各属，凡现时无积谷之处，令其量力买補，其实系无款可筹，不能买補者，不妨令其暂时从缓，俟自治团体发达，民力少舒时，再行设法办理。庶要政可以次举行，而民力亦不至疲敝，所谓宜查地方情形，以渐规复者此也。以上陈述各节，均系体察地方情形，酌量措施缓急，果能照此办理，则事举民安，实于筹备荒政前途，大有裨益。所有公同决议整顿积谷办法缘由，理合备文申覆督部堂查核，恭候采择施行，须至申覆者。

《大公报》第二千九百六十七号，宣统二年九月廿六日（1910 年 10 月 28 日），第三张，第 2 页

顺直谘议局文件公布 · 议决交议各属筹设图书馆案

案查学部奏准分年筹备事宜清单，内开宣统元年颁布《图书馆章程》、京师开办图书馆，宣统二年各省一律开办图书馆，府厅州县并未拟及。学部奏准《图书馆通行章程》第二条内开，京师及各省省治应先设图书馆一所，各府厅州县应各依筹备年限，以次设立。于必须成立期限，亦未规定。凡以图书馆之设立，乃以铸通才，非以教庶民，固以财力盈绌为权衡，尤以人文程度高下为标准。今查直隶省百数十州县，其风气开通、款项充裕者固多，而风气闭塞、款项支绌者，亦复不少。即如顺天一府北路厅各州县及西路大、宛、良乡各属，学堂自治诸要政，乡间尚多未能按期筹备，似难更责其设立图书馆，以饰文明。学部奏准通行章程，于京师、省会则限期成立，于府厅州县则渐次设备，殆深有见于此。拟请饬下各府厅州县，举凡公款盈裕、风气开通各地，可令设法筹立，其风气闭塞、经费支绌各属，可令暂缓添筹，则款项不至虚糜，文明可以渐进，于节款训俗之道，庶可一举两得。大略办法，谨依原议如左：

一、地址。就两等小学或空闲公产房屋为之，以足敷藏书、阅书为度。

二、管理。经费充足者，得设管理一员；其困难者，即由劝学总董、学堂监督、堂长兼充。

三、藏书。以该县原有书院或学堂藏书储入，另由官绅广劝本地收藏之家酌量捐庋或借与，须加意保护，不得少有损失。

四、奖励。照章，私家藏书欲自行设立图书馆、以惠士林者，呈由学部立案，善本较多者，并奏颁御书匾额或颁赏书籍，以示奖励。其捐赠图书至千金以上者，并准详咨奏奖。

五、经费。就各属公款酌量开支，有捐助者得按学务奖章请奖。

六、章程。由各属拟订各项细则，照章呈候提学司核定。

七、附设。该馆得附设阅报，所以开智识。

八、以上所陈，业经公同议决，呈候公布施行。

《大公报》第二千九百七十号，宣统二年九月廿九日（1910 年 10 月 31 日），第三张，第 1 页

顺直谘议局文件公布·议决交议府厅州县地方自治章程施行细则案

案查交议《府厅州县地方自治章程施行细则》一案，议员等公同讨议，大体均属妥善，惟秩序有少欠周详，条文有尚宜缜密者，谨依原文酌定如左：

第一条　（原文）本《细则》遵照《府厅州县自治章程》第一百零五条酌定，咨报民政部存案。

第二条　（原文）《府厅州县自治章程》第三条第一款之地方公益事务，以《城镇乡地方自治章程》第五条所列举者为断。凡以某府、某厅、某州、某县之名义办理者，为关于该府、厅、州、县之全体。

第三条　（原文）城、镇、乡所不能担任之公益事务，得由府、厅、州、县议事会议决，以府、厅、州、县之公款办理之。

第四条　（改）《府厅州县地方自治章程》第六条人口之总数及第七条人口之多寡，以最近呈报调查户口总监督之人口为据。

按，原文以人口尚未确实覆查，应一律以二十名为定额，但即经覆查，亦未必尽行确实，终不过一册簿空文。况本《细则》第五条中仍须以口数为凭，如此条不按人口，前后似欠一律。

第五条　（改）凡《府厅州县章程》第七条所称府厅州县议员额数分配所属选举区之法，遇有员数碍难分配之时，应以其员额归人口零数较多之区选出，若二区以上零数相等者，即并为一区选出之。

第六条　（改）《府厅州县议事会选举章程》第六条所载选举事宜，城镇由

总董、乡由乡董管理，现在城镇乡地方自治，尚未一律成立，所有选举事宜，应由地方官暂就自治预备会会员中遴员管理。

第七条　（原文）凡现在地方上办理该府厅州县全体之学务、警务、善举之绅董，向由公选者，均照旧章办理。

第八条　（改）《府厅州县地方自治章程》未实行以前之所有公益事宜，办法悉仍其旧，惟部颁预算程式到后，须一律遵照，由议事会议决。

第九条　（原文）府、厅、州、县公益事宜，自办预算后，应照章办理决算，由议事会议决之。

第十条　（原文）府、厅、州、县议事会成立后，该属自治预备会即行裁撤。

第十一条　（改）本《细则》如有应行增删修改之处，得由府厅州县议事会开具意见，呈报自治总局核议，详候总督交谘议局议覆。以上各条，业经公同议决，呈候公布施行。

《大公报》第二千九百七十一号，宣统二年九月三十日（1910 年 11 月 1 日），第三张，第 2 页

顺直谘议局文件公布·申覆谘询试办征收事务处事件

为申覆事，案查本局前奉谘询试办征收事务处事件一案，议员等公同讨论，查征收租税吏胥从中舞弊，病国病民，莫可究诘。原谘意在专设机关，选用士人，协助办理。仰见督部堂扩清积弊之至意，钦佩莫名，议员等再四研究，佥曰：从前征收租税，专用书差，所以弊窦丛生者，一原于人品太杂，一原于薪费无几。而祖父子孙世袭其业，遂至蠹蚀其间，纯藉规费为自肥之计。今既改用士人，酌给薪费，则功过赏罚，从前厘定，所有弊端，自可剋期铲清。但国家税、地方税未分，以前如钱粮税契及例解之杂税，向例均直属于国家，其征收一事，

即为地方官之考成。此次既设事务处，则其性质仍纯属直辖于行政官厅之一种机关。在地方官既有执行之权，即应负完全之责任。考成所在，设有如原谘所云，视为与私计无关，即不免玩视催科者，其溺职之罪，自无所逃。此试办征收事务处，事属可行而无俟犹豫者也。至原咨拟将各州县原有各项租税带收规费，为旧日幕友、家丁及房书、差役人等所得之款，尽征尽解，再由司酌量发给，充此项经费一节，似未允当。盖此项规费，虽各处各自不同，然除不正当之取求者外，皆属于附加税性质，属于不正当者，自应蠲除之，以苏吾民。属于附加税者，亦应还之地方，俾充自治经费，断无不问其是非，不辨其性质，即径解藩库之理。若此款既留归地方，则该事务处经费，尽可由地方官会同议事会筹议办法，断不虞其竭蹶。似此既无碍于正供，实有利于百姓，为国为民，两有裨益。应即请饬下各属一体遵行，免使书差得乘时上下其手，在地方团体，对于地方行政既有监督之责，亦自有稽查之权，尤不待言。至该处若何组织，职务权限若何划分，存储报解若何规定，应请饬司拟定章程，于会期内交由本局公同议决，以便呈请通饬照办，俾昭划一，理合备文申覆，呈候督部堂核夺施行，须至申者。

《大公报》第二千九百七十五号，宣统二年十月初四日（1910 年 11 月 5 日），第三张，第 2 页

顺直谘议局文件公布·顺直谘议局申覆谘询警务备荒经费案

为申覆事，案奉札发谘询预备警务备荒经费一案，议员等公同讨议，查直隶全省警费，商铺捐外，概系亩捐。然皆年筹年款，无丝毫储蓄，预备不虞，在常年已极拮据，倘水旱偏灾，民力必更难支。况饥馑之处，往往不靖，其赖有警察保持治安，排除危害，较平时为尤亟。既不能枵腹从公，复不可因噎废食，是备荒一策，固今日万不可缓之图。然事有发诸论说，的属完善，而究其事实，殊难

作到者，如谘询各节，厘未雨之绸缪，免奔号于已漏，良法美意，钦服莫名。然微特警务宜如是，凡地方一切行政经费，愈盈余则愈发达，若一一有数年蓄积，新政进行俱可有恃无恐，岂非甚善？但发诸论说，固属完全，而起视直隶全省财政现象，已极困难，警费一节，其从容将事者，虽间有之，而勉强支持者，实居多数，甚且搜罗百计，不获一钱。至今尚未设置，或虽设置而旋复解散者，亦时有所闻。若必令各州县年筹预备警费若干，无论后日之荒，即目前之荒，已不堪言喻，此事实之万难作到者。窃考九年筹备事宜，厅州县巡警限今年完备，乡镇巡警限明年筹办，又明年推广，有明年粗具规模，只第八年亦一律完备。是警务有进行无退步，新政中万难缓图。若年款年用，猝遇荒岁，诚有如原谘所谓款项无出、巡警立见溃散者。实则备荒一事，以警务为难，亦以警务为要，不筹良法，必遗后患，不卜可知。原谘拟定办法两端，谓富足地方宜开源，贫乏地方宜节流，调剂之中，隐寓慈祥之意。但富足者照章进行，年筹年款，方组织之不暇，更何源能开？贫乏者勉强措置，时散时成，已竭蹶之难支，更何流能节？是开源节流之策，在贫富均难办到明矣。查日本警务有国家、地方之区别，国家警察由国家担任经费，地方警察由地方担任经费。中国警务系属创举，无国家地方之分，而组织由国家担任，经费由地方均摊，则备荒一事，似宜于国家开其源，于地方节其流，始臻美善。原谘谓水旱偏灾，国家正供尚须停缓，若充类尽义，哀鸿嗷嗷，尤赖帑藏以为生活。况警务要政，既经地方捐款成立，国家亦宜设法维持，拟请凡遇荒年，民力难支时，均奏发帑藏，为之补助，则临时、常时皆有预备，庶无款绌警废之虞，此国家之开其源也。而地方之办理警务者，自警道以下至区官，均请明定公费，极力撙节。一机关不空设，一文钱不妄费，必实事求是，脚踏实地，此地方之节其流也。其或能开源节流，如深、冀、祁、景等州县者，再极力奖许之，如是，则备荒经费无庸筹而自足，遭遇荒年，亦不至有溃散之虞矣。理合备文申覆，恳请督部堂采择施行，须至申覆者。

《大公报》第二千九百七十六号，宣统二年十月初五日（1910年11月6日），第三张，第2页

顺直谘议局文件公布·
顺直谘议局议决交议各属单级教员讲习分所公费案

案查交议各属单级教员讲习分所经费一案，议员等公同讨论，窃以此项分所以造初小教员为普通教育根本，实属不可缓办之事，而原案大旨，主于就地筹款，各属分所则须限期成立。至指拨准用之款，一为各属应解省城师范经费，一为从前委办师范传习所经费。倘仍不足，再行就地添筹，以期要政可速举行，国帑不虞支绌，规画至称详晰。惟细察各属近年情况，类以负担繁重，生计困难，有岌岌不可终日之势，倘再令担筹此项经费，微论官绅先穷于措手，民力实苦不支。至应解省城师范及筹办传习所各经费，在前虽为定款，然或以公项支绌，久不报解，或以奉饬停办，早经挪用久矣，有名无实，岂可恃以集事。窃以为凡限期责功之事，必为筹切实办法，则在上者有可核之功能，而在下者难藉词以诿卸，倘仅以空文塞责，则敷衍延宕，恐终无成事之期。此项讲习分所，在今日既属万不可缓之图，倘不由公家拨款协济，仅责令各地自行分筹，势必至如期不能成立，关系教育前途，当非细事。前届会期，本局曾经议决裁减新拟五处师范之款，拨充此项经费，盖已筹虑及此，刻下该款虽未克如数筹拨，值此财尽民穷，各属无法筹措时，应仍请督部堂查照前议，设法筹措，以济要政而惠穷黎，如实无别款可筹，刻下北洋、直隶两师范，法政、法律各学堂，既经核准归并，似可以此项賸出之款，拨充该分所经费，以公济公，莫便于此。为此公同议决，呈候公布施行。

《大公报》第二千九百七十七号，宣统二年十月初六日（1910 年 11 月 7 日），第二张，第 3 页

顺直谘议局公布文件·
覆议议决交议单级教员讲习分所经费案

案：奉札覆议决交议单级教员讲习分所经费一案，以筹定各款，由学司于北洋直隶两师范、法政法律各学堂归并节省项下拨给银四万六千两，由地方分筹银四万两，其余不敷银三万四千两，由清理财政局列入追加预算之内，以足十二万两之数，与原案筹措办法，微有不同。交令本局覆议，议员公同讨论，以此项经费既万难悉由库款支拨，自应如札办理。为此公同议覆，呈候公布施行。

《大公报》三千四十一号，宣统二年十二月十一日（1911年1月11日），第三张，第1—2页

顺直谘议局文件公布·议决交议自治经费案

案查交议自治经费一案，议员等切实讨论，佥谓自治需款浩繁，非指筹专款，不能如期举办。原案欲先将旧有公款公产酌量通融，谋一统合之法，藉以筹设厅州县地方自治，既泯此疆彼界之虞，亦免加税加捐之累。仰见慎重图维之至意，钦服莫名。惟查各属公款公产，已筹归公用者，不外办理学、警两端。现时学警款项充足者甚少，亏累者实多，是在学警已筹之欵，尚须加意维持，方冀永久存立。若以必不容缓之自治经费，不为别筹的款，转欲挹彼注兹，则剜肉补疮，于学、警必窒碍多端，于自治恐仍难敷用。此地方原有之款，第言统合，无补于事实者，非不知学、警自治，同属地方之事，长此显分畛域，诚如原案所

云，决非地方之福。无如当此财政艰窘时代，筹办新政，谁肯不顾考成？倘使办理学、警各绅拘守成见，因统合财政之故，群起纷争，尤非新政之福。故与其空言统合之名，莫如妥筹调剂之法，庶于实事有济。拟除各属学、警指定动用之款，概不轻议挪移外，其新经调查、未曾提归公用之公款、公产，均准斟酌盈虚，互资补助。惟此宗款项，在办理学、警之时，罗掘已空，筹设厅州县地方自治，期限綦严，若专恃此取盈，断难收尅日期成之效。寻绎原案，所谓自治经费，实括广狭二义，值此闾阎凋敝之际，属于广义者，诚难同时并举而循序渐进，则狭义之自治机关，自系目前要图。查前督部堂杨清查差徭原奏，本有充厘订地方自治款项之议，拟请援案指筹，作为明年筹设议、参两会经费，其余各属岁入陋规，凡属附加税性质者，并拟另案筹措，以备议、参两会成立后，次第兴办自治范围内各事之用。似此款既有著，筹办可不误期，一切新政，均可收进行之效。至原订办法，除第一、二两条应分别遵行外，三、四两条，其统合办法一时尚难办到。各项预算，可俟议、参两会成立后，再为举行，以重权限而免倒置。所有建议自治经费缘由，业经公同议决，呈候公布施行。

《大公报》第二千九百七十九号，宣统二年十月初八日（1910 年 11 月 9 日），第三张，第 2 页

顺直谘议局文件公布·顺直谘议局再请移迁大、宛两县县治案

案：查去年会期中，本局陈请移迁大、宛两县县治一案，当蒙督部堂札准尹宪咨开，事关移建县治，应饬该两县体察情形，妥议具覆，再行核咨等因，事已经年，迄未咨覆，现复经本局议员并该两县士绅等，公同陈议前来。窃维设官所以为民，州县为直接亲民之官，关系尤为密切，官不便于治民，民不便于受治，其流弊所极，未有如京师大、宛两县之甚者也。秦汉以降，治法疏，设官简，都

城地面皆受治于县官。国朝因前明旧治，于京师虽设两县，而地面仍分辖于两翼五营。时势流迁，已形不便。近日筹备宪政，改订官制，有日趋于法治国之势，裁判则归于审判厅，警察则归于内外两厅，学务则归于督学局。地方自治，京师定有专章，已非两县所能过问。两县之在京城，自今日言之，已属赘瘤，是以今日政治家、言论界，皆主张裁撤京师两县。侧闻新官制草案，亦有裁撤两县之说，足见病症所在，医法皆同。然此不过仅就京师一方面言之耳，试再就两县辖境一方面观之，京城附郭数十里，悉隶京营两县，直辖地面，皆在百数十里外。以大兴地面言之，大部在京南及南苑之东南百里或百数十里不等，而突出京北者，复有数十村庄。都城横亘中央，相隔六七十里，一县辖境，势成两橛。再以宛平地面言之，大部分在京城西北二三百里，而突出西南者，又百数十里不等，势如两翼，以帝京首县之版图，几等于云贵之插花地，其地势之隔阂，有如此者。都内、乡间，风俗、习惯、利害等种种不同，不便同官而治，通古今中外而皆然。强而同之，必生阻碍。即专就两县辖境而论，南北相隔数十百里，民与民不相接洽，绅与绅不相联属，地远而情疏，势难团为一气。人情之隔阂，有如此者。两县以在京城之故，奔走酬应之事，日不暇给，而管辖地方又皆在百数十里外，故虽有爱民之官、愿治之宰，而吏治无由整饬，惠泽无由下及，举一切兴利除弊之事，呼助于京绅耶？则内外之利害不同，呼助于乡绅耶？则上下之情谊不接，词讼不得不听于委员，案牍不得不付之幕友，是以胥吏之骫法，盗贼之横行，赌禁、烟禁之废弛，为各属最，为县官者虽明知之，而亦付之无可如何。又加以两县之调署，非调剂官缺，即为差择人，从未计及地方民事者，如去年大兴县缺，为期不过半年，前后六易其官，五日京兆之心，几成习惯，对于政治绝无一负责任者，其政治废弛，情形可想而知，其不便于官有如此者。绅民交涉，与县署为最多，两县署设于内城，而客馆旅店，皆在外城，乡民赴县，即寻常输粮涉讼等事，往返之间，动辄经旬累月，纵无胥吏勒索，费用已较外县为多，流弊即较外县为甚，人民视赴县为畏途，往往负有冤屈，不求昭雪，纵或受人牵连，万不得已，亦惟有贿差贿官，以求苟免。近日设立自治预备会，每次开会，均难召集，其不便于民有如此者。近年国家实行立宪，学警自治，皆为限年筹备之端，吾直全省州县皆粗具规模，独大、宛两县毫无基础。以言教育，两县辖地全境未设高等小学一处，而各处初小学堂，大兴地面或掌于庸愚劣绅、目不识丁者之手，或掌于斗秤牙行之手，学生之有无，课程之良否，无人过问，一如化外居民。省视学之报告可覆按也。以言警务，大兴礼贤镇竟以盗贼为巡警头目，酿成枪毙绅董多命重案，其警政之内容，可想见也。揆厥所由，总以县在京城，而各项行政总汇处所无法筹设，即如巡警总局、劝学总所、自治研究所，将来之理财所及参议两会，皆有种种困难。设于京城，则与绅民不相接洽；设于四乡，又与官长不相接洽。司法独立，议设初级审判，亦同此问题。其困难情形，已具详于尹堂第二次筹备宪政折中，若仍泥守旧制，两县新政，既无效于前，更无望于后，岂果官与民不足为治哉？亦县治所居之地势使然耳。其阻碍宪政之进行有如此者。去年曾由本局具案，陈明理由，拟定办法，请移迁大、宛两县于黄村、海甸等处，并由本局常驻议员张锡光面谒升任尹宪王，痛陈利弊及办法，当蒙允准，未经核办，遂使亲民之官不能为治，各项新政无法进行，甚非建官为民之本意。现值筹备宪政、改良官制时代，本局有指陈通省利弊之责，既经议员并该两县士绅等一再陈议，本局公同讨论，多数赞成，合再备案，陈请督部堂查照去年原案，咨商尹堂核夺，奏请施行。

《大公报》第二千九百八十号，宣统二年十月初九日（1910 年 11 月 10 号），第三张，第 1—2 页

顺直谘议局文件公布·
顺直谘议局议决交议缩短禁烟期限案

附：禁烟办法十五条

……

第七条　（原六条）办理稽查禁烟事宜不必另设场所，即附于自治机关之内。

第八条　（改并原七八两条）境内吸户、烟店究有若干，由地方官随时责

成巡警查报，如有欺蒙及骚扰等弊，一经上项稽查员查出，得直接函报禁烟总局核办。

第九条　（原文）戒烟会应设两部：甲、董劝部；乙、调查部。

第十条　（原文）董劝部以制药、售药与人戒烟为宗旨，尤须多制禁烟白话，将鸦片之害及禁烟一切条例章程，剀切解释，印刷分散，以醒沉迷，能当众演说尤善。

第十一条　（原文）调查部以调查本境内私囤、私贩、私吸并贩卖吗啡等事为宗旨，凡查有违禁情事，报官抓获罚办，该部不得自行议罚。

第十二条　（增）调查部所报违禁等事，如地方官不即时究办，或究办故为宽纵者，调查部可请自治会或自治预备会呈报禁烟总局，照章核办。

第十三条　（原十二条）民立戒烟会社，据各属所报仅有六十余处，类多有名无实，应一律照自治章程改名为戒烟会，拨归自治绅董经管，即由自治绅董整顿扩充，其有向未设立地方，即由自治绅董赶紧筹设戒烟会，以冀普及。至此项事务，或董劝部独任，或董劝、调查两部同任，由自治员酌量办理，仍将筹办情形，随时由县报局核夺。

第十四条　（原十三条）凡烟案罚款，如系由地方自治员查获者，全数拨作地方公款，惟应先尽戒烟经费之用。

第十五条　（增）凡义务稽查员及自治会或自治预备会覆报禁烟总局之件，经禁烟总局查核属实，宜即时照章分别详请督宪核办。倘禁烟总局有瞻徇情事，一经发觉，并宜处以应得之咎。

《大公报》第二千九百八十二号，宣统二年十月十一日（1910 年 11 月 12 日），第三张，第 2 页

顺直谘议局文件公布·顺直谘议局议决关于农工商业各项学堂局所宜统归官督绅办以兴实业案

窃以实业为国家富强之基础，人民衣食之根源。实业发达则人民能力日增，国家势力必因之而厚；实业窳败则人民生计日蹙，国家势力亦因此而衰。值民穷财竭之秋，非实业不足以富民，非富民不足以救国，是能否振兴实业，实国民生死存亡之一大关键也。国家洞见及此，故于前督袁任内即创设工艺总局，以为全省实业之先导，今复设立劝业道，以为提倡实业之专司，在国家，奖劝人民振兴实业之深心，固已无微不至，凡我绅商士庶，何敢不欢欣鼓舞，群起而注重于实业之一途？查《工艺志初编》所载工艺总局重整局章总纲，第一条：本局以提倡维持全省之工艺为宗旨；第二条：本局以诱掖劝导，使全省绅民勃兴工艺思想，为应尽之义务；第六条：本局议长、参议员、劝工员专主选举土著绅民，以期社会发达，久之地方实业普归自治，较之专恃迁徙无定之地方长官、志趣各异举辍靡常者，其气自不同也。本总办承乏此政，开创以来，备历艰辛，志在育成绅民自治能力，一俟局中魄力深厚、条理完备、足以自立，应即妥定永守无替之规，详明立案，专归民办，地方长官仅任保护维持之责，不能擅更定章，侵损绅民自治之权，庶期局所堪与山河并峙矣，各绅谅此苦衷，共勉无懈云云。议员等捧读之余，知我地方长官不惟不侵损我绅民自治之权，且能于提倡之中加以劝勉，洵可谓法良意美、权限分明。况此项局章，又为现任劝业道充该局总办时所规定，至今虽阅数载，尚可想见当日立法之本意，纯为人民振兴实业起见，毫无私意存乎其间，是知凡经前工艺总局所创设之局所学堂，以及劝业道拟扩充之工业、商业、农业、渔业等局所学堂，既无一不与人民有直接利害之关系，即应一律划入自治范围，专归民办，且查明年预算册内所载以上各项之扩充经费，统计约有七八十万两之多，款愈钜而事愈钜，则用人一端，尤为扼要中之扼要。人存政举，古训昭然。倘所用不得其人，势必至粉饰因循，虚糜钜款，徒以二十万人民之命脉，开数十员绅奔竞之阶梯，俾将来全省事业之前途，尽成画饼。议员等再三筹议，拟将所有关于实业之学堂局所，统归官督绅办，劝业道既任考察维持之责，则现有之督办、总办、会办名目，均应一律革除，其所有筹办经理之职员，宜先由各地方团体选择贤能，投票公举后，再禀请劝业道加札委派，以专责成。所以由地方团体选择者，盖以凡与人有直接利害之事，他人代谋诚不如人自为谋之周密也，所以必由投票公举者，盖以一人之耳目难周，凡一人所独知之人，诚不如人所共知之亲切也，所以必禀请长官札派者，盖以虽由民选，而用人之权仍操自上也。用人果如此慎重，不惟与地方实业普归自治之性质相合，且与国家设立劝业道宪之名义亦甚相符，权限既清，推行自利，从此勃兴实业，上下一心，官可播其提倡诱掖、不遗余力之政声，绅可尽其争先恐后、自谋幸福之天职，富国足民，端在于此。为此公同决议，呈候公布施行。

《大公报》第二千九百八十四号，宣统二年十月十三日（1910 年 11 月 14 日），第三张，第 1 页

顺直谘议局文件公布·顺直谘议局申覆谘询改良土货案

为申覆事，案奉札发谘询改良土货事宜一案，议员等公同讨论，窃以商战竞争时代，洋货入口日见畅销，土货销路日形停滞，国困民穷，相形见绌，诚如原谘所云，非讲求制造改良土货不可，而制造事业，官办不如民办，原谘所云，实属洞见。症结盖一经官办，设局立厂，凡总办、会办、帮办、坐办、提调、稽查委员、司事等名目，诸需连类而设，而此各项人员，类多生长富厚，未亲工商各业，一旦委之监督办理，各种物质之良窳，各项工艺之巧拙，平时既鲜讲求，临时复无经验，且多有身任兼差、未能长川驻局者，虽名为筹办实业，实则坐糜廪薪，一任诸一般工人之敷衍粉饰，微论利润难图，即少获赢余，劳动者终日拮据之所入，不敌员司薪工之所出，卒之一业无成，成本已折，从前官办各实业场所

类多亏折，是其明证。至宣化府守酿酒事业之中途停歇，闻更有种种不堪之原因。据外间访询，其价值之昂，除因征税过重外，尚有筹办人私自窃取或擅以送人者，此尤为官办实业特有之弊。若事归民办，则必不敢出此。本省各项实业应统由本地士绅筹办，本局对于此层尚拟专案提议，此时无庸多赘，惟既蒙督部堂洞鉴及此，实业振兴，指日可计。议员等预为直隶前途贺矣。至分办合办之说，议员等全体讨论，窃谓宜即事业之种类，定筹办之方法，未可一概比论。即以高阳布产及南乐等属麦草绠子言之，各家自行分造，获利固亦不赀，然果通力合作，则资本雄而势力厚，出品必易致精良；观摩众而比较多，制造必更进巧妙。推之人工制造，远逊机器之精廉，果能购用仿行，则工省价廉，其获利或尚不止此。泰东西各国近数十年，实业发达，一日千里，其原因虽非一端，而贩卖每用组合营业、各立公司实为其中一大动力。由此观之，分办固易于见功，合办尤轻而易举，彰彰明矣。试再以织布一事论之，高阳各属固各获有厚利，而制造货物成本，较之洋商外来之货，仍嫌少重者，则以一切原料购自外洋，大利为人攫取所致，攫取之由，则以吾直商情涣散，未能自办纺纱所致。而纺纱一事，非独力所能担承，必集资始可组织，欲图改良，舍合办仍难为力，此议员等谓分办合办，宜以事业之种类定筹办之方法者，此也。至原谘谓各属自治预备会渐次成立，会员皆本地士绅，与民最亲，其言易信，委令筹办改良制造等事，货物必日精，销路必易广，地方必日繁盛等语，仰见督部堂提倡实业，富国足民至意，钦颂莫名。议员等当恭承此意，竭力提倡，尤望将应归民办各事业场所，早饬筹办，以收富国足民之实，不胜欟祝颂祷之至。为此公同会议，呈候采择施行。

《大公报》第二千九百八十五号，宣统二年十月十四日（1910 年 11 月 15 日），第三张，第 2 页

顺直谘议局文件公布·
顺直谘议局覆议良乡等四十六厅州县粮租案

案查去年会期内议决交议良乡等四十六厅州县粮租一案，当蒙督部堂札发本局覆议等因，遵经公同审议，窃以粮租一项属国家岁入正宗，为人民应负义务，征收完纳，厘有定章，既不准损上益下，亦岂可朘民肥官。苟改革未得良方，计莫如仍旧办理，盖变更一不得当，每至弊害百出，国与民交受其弊。查度支部奏准《厘定币制则例》第十三、十六、十七、二十二等条，内开国币一元五角准合度支部库平足银一两，自本则例奏定日起，限一年内，凡官款出入向例用银者，一律照各该处原收原支平色数目折合库平足银，再合各国币改换计数之名称，用钱，或用银而配制钱者，一律照本则例奏定日各该处市价，将制钱数目折合库平足银，再合国币改换计数之名称，其由局经傭或他项钱文者，准照前项办理。凡在大清国内，以大清国币交付者，无论何人、无论何款，概不得拒不收受。又恭读宣统二年四月十六日上谕，所有赋税课厘，必用新币交纳，元、角、分、厘，各以十进，永为定价，不得任意低昂各等语，是新版币制不日通行，天府正供，统用国币，既属实征实解，自无赔累可言。《币制定则》，从前征银征钱，银钱并征，征银折钱，各属统须改征龙圆，征银征钱问题，亦可无烦解决。况奏定司道下各官公费，不日即见实行，所有钱漕征解，悉与地方官私计无关，尤不必再更旧制，拟请饬下各属，自明年上忙为始，所有征收粮租，准用度支部奏定新铸银圆交纳，折合数目，即照奏定《币制则例》第十三条，国币一圆五角，准合度支部库平足银一两核算，其或新币不敷周转，亦准用旧有龙圆折纳，折合数目，仍照度支部奏准《币制则例》核算，如此，则州县无赔累之虞，新币获实行之效，实属一举两得。为此公同覆议，呈候公布施行。

《大公报》第二千九百八十五号，宣统二年十月十四日（1910 年 11 月 15 日），第三张，第 2—3 页

顺直谘议局文件公布・矿贼遗臭所章程

去年因争开平矿事，我直士绅原议，矿事危险，皆由卖矿之贼，拟在京津通衢购地一区，建造矿贼遗臭所，将甘心作伥之矿贼，置像其中，以志不忘，并言明于矿权丧失之日，为该所筑成之期。嗣以未经解决，寝议。又尔时对于张翼恶感不剧，缘张卖矿失权，虽不容诛，而受胁误事，尚非本心，不足当该所之主席。今经朝野竭力收回，已将定议，而张翼竟密奏，仍认其被骗之约，反以收回为无利。始知当日张翼非真受胁骗，假胁骗为诿过之地，实则暗与英商协意，以骗国家公产耳。于是同人重申前议，订定章程，即以张为该主尊，贪利作伥之某某等坿焉，仍以此矿实难收回之日，为此所构成之期。如已收回，此章作废。

一、此所专为卖矿诸贼而立，故定名矿贼遗臭所。

一、此所发生于开平矿事，即以开平矿贼为正尊，他处之矿贼亦准坿位于中，藏垢纳污不愿多，亦难必其少，恶恶从严之义也。

一、此所先设于天津，拟在老铁桥河干之上。所谓僇人于市、与众共之之义，暂作三楹，贼多再议增筑。

一、凡矿贼，须觅其像片，照原像画于壁上，即作为矿贼标本。

一、嵌石于东西壁，凡各矿贼之姓名、籍贯，卖矿之实迹，各刊书于石，俾众周知。

一、该所画像前，即设厕所，凡入该所，不对该画像作大便者，以不恭论；不小便者，以溺爱论。

一、对于画像以小便溅洗者，听，惟不得蒙以不洁，或涂以墨，致矿贼湮没而不新。

一、廊檐下外壁须粉垩洁净，备士人题壁嘲骂之用。

一、凡在所外戟指詈骂不已者，通衢桥上行者必掣筇，乘者必轼以新公道。

一、凡矿贼子孙来此作不平者，形于色，则任人骂之；怒于言，则任人挞之。勿论毁本所之屋宇或画像，巡警必惩送之，常人无故不平者，以矿贼子孙论。

一、定例每于二月、八月，谘议局议员诸公择破日一天，偕友到该所廊下，口诛笔伐，任人围听，比于致祭。

一、凡因反对矿贼不胜甚至危及生命者，由同人醵金，于遗臭所对岸立一流芳祠，将其反对之贼塑像，反接跪座前，如秦岳故事。

《大公报》第二千九百八十六号，宣统二年十月十五日（1910 年 11 月 16 日），第三张，第 2—3 页

顺直谘议局文件公布·申覆按年推广教育增筹经费案

为申覆事。案奉督部堂札发谘询按年推广地方教育、增筹经费一案，案中大旨，以自宣统二年迄八年，直隶各地应筹教育经费，共需银四百十六万八千余两，必须筹画妥善，方可利便。仍行交令本局详议等因，遵经公同讨论，窃以此案造端至大，收效至宏，条绪至繁，款目至巨，非逐节规定，无以应目前之措施，非全体统筹，无以备将来之支配，事关筹备宪政，洵宜及早图维。惟查各属地方情形，类皆物力凋残，民生困敝，今拟以一纸空文遽定数百万巨款，而又令分年分地，按限添筹，不爽累黍，将欲责之官耶？则地方有丰瘠，必难一律担承；将欲责之民耶？则民力艰难，亦难一律承认，上下交困，时势两穷，期限綦严，其何以广筹备而符部章？查地方教育经费，应由地方负担，自是正当不移之理。惟国家税、地方税未经分画以前，遽持此义以责人民，窃恐有所不受。计惟有姑存斯义，即令先行尽力筹办，一俟税制颁布后，某项税则应归地方征收，某属地方约收税项若干，统筹合计。分给各项学堂经费，如有不敷，再行按年预算，继续添筹。民智日渐开通，当无不乐从之理，庶学校款数皆可允符部章矣。为此公同会议，呈候采择施行。

《大公报》第二千九百八十七号，宣统二年十月十六日（1910 年 11 月 17 日），第三张，第 3 页

顺直谘议局文件公布·复议厅州县设立理财所案

案查本局去岁议决厅州县设立理财所一案，当蒙督部堂札覆以统核简章，有于事实上宜求周密，于法制上宜留余地者，而第九条规定按语，于地方自治成立之后，仍令经理地方公款，恐于厅州县自治章程抵触，其余各条正文，亦觉简略，宜加周密，方可实行等语，交令本局覆议，嗣于本年七月十九又蒙督部堂札开，上年十二月二十一日札覆谘议局议决厅州县设立理财所一案，其中关于董事会各节，均就厅州县地方自治章程未经颁布而言。兹查前项章程，业于上年十二月二十七日奏定颁行，其所定参事会职任权限，与董事会迥然不同，理财所经理地方财政，于参事会权限并无妨碍，自可作为常设机关，所有前次札覆关于董事会各节，该局均可毋庸复议等因。奉此，兹经本局全体协议，除将关于董事会各节遵札不议外，余依次详议如左：

札覆谓，现当经理款项之任者，如警董、学董、监督堂长之类，若被选为理财员及董事，应令其辞去本职，以杜管钱并用钱之弊。惟原定董事，系名誉职，应酌改为有薪，庶较易于得人。

按，以法理论之，诚当如此。惟各州县人才、款项，均虑空乏，若一律不准兼充他职，颇多窒碍。今将司员名称、职务，酌为更易，理财员改为董事，不准兼充他职，董事改为检查，任检查出入之事，仍不给薪，虽于法理尚有未周，而揆之事实，庶为易行。

又谓第六条用三联单办法，甚善。但存款、用款，均宜详定专条，不宜见于按语之中。又按语内纳户自纳，不知指何种收款，若向由地方官经收之款，一旦改令自纳，不但道途辽远，有所不便，恐人民程度尚未遽能如此，且理财所径向人民征收款项，困难之处尤多，应再从长计议。

按，存款、用款，尤宜详列专条。纳户自纳，亦诚有难规一律之处，兹于第六条下拟增入二条，并附三联单式条文。单式详后简章。

又谓第七条额支、活支，似即可试办预算。并谓理财所之权限责任及办事方法，均应详细拟订，其余各条正文，亦觉简略，宜加周密，方可实行。

按，理财必经预算，方免紊乱，此固常规。故原案第九条按语，亦谓将来地方自治成立，预算、决算实行之后，理财所可以据预算为标准，而所以不遽如此规定者，以无正式会议，倘预算不能正确，恐于地方财政反生紊乱，故暂就额支、活支，略示区别，以期简便易行。现《府厅州县自治章程》已颁布施行，各处议会将不日成立，不但预算决算宜有特定之章程，凡关于地方财政者，如会计法、征收法、检查法，均有详细规则，方便遵行。惟此种章程类似，国家尚须颁布大纲，各地方再据以规定细则，方为完密，且免抵触。此时仍以照原案简章施行，以便一时为宜。总之，原案之立意，但期行政、理财，界划稍清，不至因兴讼而累及新政之进行。

斯目前弊害已消除大半，至完全方法，应俟地方议会成立，财政规则陆续颁定，再据援为根据，变更此案简章，以求详密。

再，原案简章末条，此次会议又略为更易，期便实际。合并声明。为此公同覆议，呈候公布施行。

《大公报》第二千九百八十八号，宣统二年十月十七日（1910 年 11 月 18 日），第三张，第 2—3 页

理财所简章十九条

第一条　（原文）广州县各设理财所一处，为经理财政之独立机关。

第二条　（原文）本所之经理，以厅州县财政为主，以城镇乡财政为附。

第三条　（原文）凡本地方各项新政之款项，皆由本所经理。

第四条　（改）本所内应设员司额数、职务、任期及任用之法如左。

董事一人，由自治预备会公举，请地方官委派，任经理出入之事，月给薪水，其数目由自治预备会议定。

任期一年，可以连任，惟不准兼充他职。

检查四人，任用法与董事同，任检查出入之事，名誉职，不给薪，但可酌量情形，议给车马费，任期与前同。

司事一人，由董事任用，任登记账目及杂务，月给薪水，其数目由自治预备会议定，无一定任期。

第五条　（原文）于本地方择官钱局或殷实银号铺商一二家，为存钱之所。凡各新政机关之款，皆存其中理财所，惟存底薄，不存银钱。

第六条　（原文）凡财政出入用三联单办法，以资对照而便稽核。

第七条　（增）凡入款时，无论由官发交之款或纳户自纳之款，均由交款者径交择定之存钱所，该存钱所即宜填注三联单，一作本存钱所存根，一交理财所查验，一付交款者作为收据。

第八条　（增）凡出款时，由用款机关填注三联单，一作本机关存根，一交理财所查验，一由理财所盖印后，持向存钱所支款，如无理财所印记，不得发款。倘有擅发，理财所可不承认。

附：单式

支　票	收　驗	根　存
憑票發給 （某）會所局學堂（某事）用（某）錢銀洋（若干）吊兩元 某商號照發 理財所（章蓋） 宣統　年　月　日　（某）會所局學堂董事會長（章蓋）具	今　向 （某）商號支（某）錢銀洋（若干）吊兩元以應某事之用應請 貴所驗明蓋章以便照支 理財所（章蓋） 宣統　年　月　日　（某）會所局學堂董事會長（章蓋）具	今　憑 理財所戳記向某商號領到因（某事）用款 共計（某）錢銀洋（若干）吊兩元正　留此存根 宣統　年　月　日　（某）會所局學堂董事會長（章蓋）具

第九条　（原七条）各新政机关于额支款项，按月领取，于活支款项，临时领取，不得于本机关存钱。

第十条　（原八条）凡届入款时，纳户有迟滞不纳者，由理财所呈请地方官催缴，其间由绅董经手者，则知会绅董催缴。

第十一条　（原九条）凡领款时，如理财所认为滥支者，得说明理由，全部驳回，或驳其一部分。其领款者若认为必要时，亦可详述理由，再行请领。

第十二条　（改原十条）董事对于领款如有疑义时，须经检查会议，然后发款；其无疑义时，则发款后随时报告检查，但遇须会议时，应即速知会，不得迟延致误。

第十三条　（原十一条）每月终，由理财所将本月内各项出入，分类列表，报告地方官及自治预备会各一份，每半年将各项款目分类照四柱体列帖示，以供众览。

第十四条　（原十二条）理财所对于各新政机关，有随时稽查其用财之权。

如查有弊端，应呈报地方官并报告自治预备会。

第十五条　（原十三条）凡各项领款已经理财所认可发出者，其领款正当与否，理财所应负其责任。

第十六条　（原十四条）理财所应受地方官并自治预备会之稽查，惟平时无论官绅，不得侵其办事之权。

第十七条　（原十五条）理财所惟经理财政，不负筹款之责，其对于各项新政之底款，亦无分合损益之权。

第十八条　（原十六条）各地方理财所或专设一处，或附设于劝学所、巡警局、自治研究所等处，皆听其便。

第十九条　（改原十七条）凡厅州县奉到简章之后，应即遵照办理，但斟酌本处情形，如实有碍难专立之处，亦可详请缓办。

《大公报》第二千九百九十号，宣统二年十月十九日（1910 年 11 月 20 日），第三张，第 3 页；《大公报》第二千九百九十一号，宣统二年十月二十日（1910 年 11 月 21 日），第三张，第 1 页

覆议厅州县设立理财所案

案：奉札交覆议厅州县设立理财所一案，内开前次用“向”字之义，系以宪政编查馆核定《城镇乡自治章程》第九十一条，前条公款、公产，以向归本地方绅董管理者为限等语为根据，现经谘议局改为“应”字，当兹国家税、地方税未分清之际，所谓“应”者，并无一定标准，将来恐多争执，不如将“向”字删去，亦不用“应”字，改为“凡本地方新政之款项归绅董经理者，皆由本所经理之”较为妥协等语。查本局前次改“向”字为“应”字，系以际更新百度之时，若一切行事悉以向例为范围，则既往之成规，即未来之法守，似与改良进步之议不合。今既议将“向”、“应”二字均删去不用，当亦属维持调护之苦

衷，应请如议办理，饬下通行。为此公同议覆，呈候公布施行。

《大公报》三千四十一号，宣统二年十二月十一日（1911 年 1 月 11 日），第三张，第 2 页

顺直谘议局文件公布 ·
提议开平矿产亟宜完全收回以保本省利权案

案查开平矿产自经外人骗占，于兹十年权利丧失，言之痛心。开平苗线，据辛丑年英公司矿师胡华刊本报告书内载，就现在所开唐山、西山、林西三井口估计，已确见可采之煤一万万吨。按每年出煤一百二十万吨计，足供八十余年之采取，而在此三井口之外，尚有煤二万二千五百万吨等语。现即以已有井口煤数一万万吨论，每吨按极少获净利一元，已可收一万万元之余利，此外如添开井口，更有可采之煤二万二千五百万吨，其利更增二万万以外，是其煤苗孕蓄之丰富，无可疑义。且该矿局自有码头，凡天津、新河、塘沽、秦王岛、上海、烟台、营口、香港、广州共计九处，又自有轮船数艘，运输如意。其入内地，则天津为五大河汇归之处，由天津分运内地，航路四通八达，尤为便利。故开平所占天然优胜，在五大洲可称巨擘，西人之游历中国著作论说，多艳称之，似此大利所在，关系全省生机命脉，若不立即收回，后患何堪设想！查张京堂翼原定私约，虽有售卖字样，所幸朝廷始终并未承认。本局有保全本省权利之责，亟应据理力争，公请督部堂设法维持，务达取消原订私约、实行收回之目的。但开平股票，现在每一镑之股价，已涨至十九两以外。又查该矿从前已发之小债票，尚有四十余万镑，当此之际，欲完全收回，必须筹给现款，立将股本旧债及他项确实款目，全数发还，方为上策。然本省财源困难已极，何能筹此巨款？惟有吁恳国家发行债票，所有按期应还本息，总由该矿分年筹备，核其历年获利情形，实足担任，绰有余裕。此不过藉国家之名义，以坚外人之信用，而其实债票本息，仍由本省担

负，谘议局甘任其责，毋须国家另筹他款。盖此项债票，若不由国家担保，势须以矿作抵，即难杜绝外人干涉，矿事收回，仍属空言，后患仍无底止。且秦王岛为本省不冻口岸，得以乘此收回，关于全省商业将来之发达，尤为无穷利益。谘议局为全省人民代表，不得不为全省人民请命。查本局《章程》第六章第二十一条第七款为议决本省权利之存废事件，此事关系重大，业经公同议决，呈请督部堂公布施行。

《大公报》第二千九百九十三号，宣统二年十月廿二日（1910 年 11 月 23 日），第三张，第 3 页

顺直谘议局文件公布·复议应摊路款加收盐捐请一律改归民股案

案查本局于前届会期中议决应摊路款加收盐捐请一律改归民股一案，蒙督部堂札开，事关奏案，未便遽更原议。况体察商情，加价愈多，则官盐愈贵，官盐愈贵，则民必食私。去年销数骤滞万道，是其明证。于是设法维持，以顾销数。设十六处辑私分局，每年经费十余万两，较前大增，且银钱搬运，周折颇多，脚力汇费，亦当并计。由此而言，加收盐捐，商人即受损失，亦复不无微劳，倘令民间设局收捐，势必不胜其烦，亦断无此办法等因在案。现经本局议员公同讨论，佥以此项加捐，由该商附收附解，手续本极简单，原非另起炉灶可比，至因维持官引滞销，设十六处缉私分局，所需经费除南北岸按引摊银外，其靡公家帑项者，当复不尠，该商所损，要亦无多。况辑私分局设于光绪三十三年，原在路款加收盐捐之前，与此案毫无关涉，似不得援以藉口。若谓搬运周折，不无微劳，救济之法，亦惟有酌加津贴，以示报酬，议员等平情论事，原非固执己见，但路款股利，半归盐商，参之事例，求之理据，推其终极，有不得不亟请更正者。以路政言之，鄂省筹款伊始，系按地亩摊捐，其时，代为催比者，则州县

也。再以本省鹾务言之，光绪三十四年间，抵补药税，于盐斤加捐四文，其时，代为收解者，即盐商也，承办之人，皆未享特别利益。此次路款加捐，事同一律，未便独引豫岸，致与向章歧迕，此不可不更正者一也。据经济学原理，劳力虽为出产要素之一，然就利益分配而言，只可受少数之酬报，不能享平等之利权，实法理中不二之解释。此次盐商代收路款，第处于劳力者之地位，若股利半归商有，是劳力者与资本家利权混同，古今东西，罕有其例，此不可不更正者二也。盐商承揽引额时，有转鬻于人之事，若股利半归商有，将来遇有转鬻情事，此项路款即不得不受影响，盖并归让受之商，则一经引额之转移，即兼享路股之利权，于势既邻于幸获，若仍归让渡之商，则一时稍出微劳，世世得食厚报，公款亦近于虚靡，此不可不更正者三也。以上情节，谅早在洞知灼见之中，特以事关奏案，未便遽事更张。然自推行新政以来，即部章之所明定，谕旨之所颁布，稍或不适于用，无不立予变通，奏请更正。诚以议之可更与否，宜以理之是非为衡，若因事关奏案，即不在置议之条，恐国家无此政体。总之，此案办法，准商家之劳费，酌给报酬，则可强民纳之股款，勒令割让则不可，实为不易之理。前奉札复，既念商众不无微劳，拟请将此项加捐路股，划为十分，以一分拨归商股，权当手数报酬，其九分统归民股，俾作永远财产，十年后，路股得有利息，即照此核算、分配，庶商人既不以收款而少受损失，民人亦免因分股而大失利权，酌情度理，迁让已极，至此项加收路股，既属全省人民公产，所有收交数目，自应按时清报，以重公款，拟请饬下各该商人，将所有本处盐店一年实销盐斤若干，加收路款若干，按照市价兑换银两若干，逐一详细列表，按年报交该管机关收存，即由该管机关抄交谘议局一份存查，其存储分配股本、股利及十年内利息办法，亦应按照定章交由谘议局议决，以防流弊，即请一并饬令遵行。为此公同议决，呈候奏请更正施行。

《大公报》第二千九百九十四号，宣统二年十月廿三日（1910 年 11 月 24 日），第三张，第 3 页

顺直谘议局文件公布·
议决禁止行销各省彩票及倒闭商号开彩渔利案

案：行售彩票一事，性质与诱赌略同，而其为害人间，亦较诱赌无异。盖购而不中，金钱固等于虚縻，即幸而获中外财，亦终于浪费。故各国对于此事，无不悬为厉禁。而我前督部堂袁莅任北洋时，亦曾奏请永远禁止。无如历久禁弛，近来各省彩票之行销北洋者，仍日增月盛，总计每月售票价款，约不下数万余元，而本省倒闭商号，亦往往藉以渔利，盖一经售彩，不论如何不易销售之货，不数月间，便可恢复已亏之本利。缘吾国人于营业上多乏正确识能，一遇有不劳而获之财，莫不思侥幸以博一得，而彩票售买，则又无论款之多寡，时之迟速，均可任便自由，故趋者若鹜，而因以丧赀耗财者，遂不可以数计。是赌博之害，尚仅及于少数游惰之人民，彩票之害，则直举工商士庶贵贱男女而一网尽之，不啻悉全体人民而纳之赌场中也。其有伤于国体，有害于民生，何可胜计？苟长此不禁，本省经济界必大受影响，议员等公同讨议，拟请督部堂饬下巡警道及各地方长官，遇有代售外省彩票，或本省倒闭商号以开彩渔利者，悉行查禁，并请咨商顺天、热河等处，一律禁止，于国体民生不无小补。为此公同议决，呈候公布施行。

《大公报》第二千九百九十四号，宣统二年十月廿三日（1910 年 11 月 24 日），第三张，第 3 页

顺直谘议局文件公布·
陈请咨商外部限制官商擅押公产以借外债案

窃以中国商民私借外债，但与国家无所牵涉，法律自不便与闻。然国家土地之权，地方行政者得而掌之，国家营业之事，承领各官商得而主之，其以个人或私家资格，息借洋债，自当以个人私有之产，为国家法令允准抵押者作抵，固无疑义。无如不肖官商，官亏私欠，累逾邱山，无计弥补，辄思借债，借债无常，辄抵公产，公产作质，莫敢承受，其敢质公产而不辞者，惟外国银行耳。如是，公权假为私有，公产视若家计，款则归私，债则归公，抵押愈久，交涉愈难。虽上年度支部取缔，各省督抚有借债不经部允，国家概不承认之说，而各省之类此者，恐不尽于督抚，况督抚借债犹多公用，较私借外债、抵押公产者，又自不同。即如长芦盐商自借洋债约一千七八百万两，外间喧传以引地作抵，芦商讳莫如深，不敢明认，然实查各商，支绌万状，现业抵债千分之一，其非以私产作抵甚明，而岁借方兴未已，洋商竟有索辄应，其不押引地之言，断难取信。异日纲商倒亏，祸中国家，不啻以一蚁而溃全堤。芦商若此，各行省官商之似此者，难保其无效尤之事。拟恳督部堂咨商外部，照会各国公使，勿论官商，凡以公产自借外债，不经奏明国家允准，公产概不认抵，如地方官属下之公地，盐商所领之引地，邮部属下之电线、铁路，国家银行中之动产、不动产，凡不属军民人等私有之权者，若以个人资格私抵公产者，不论有无印信、公文，均为废纸。如此声明之后，无弊者自可任其称贷，害公者从此可弭隐忧，与国计前途，裨益匪浅。为此公同会议，呈候采择，并乞咨部立案施行。

《大公报》第二千九百九十八号，宣统二年十月廿七日（1910年11月28日），第二张，第3页

顺直谘议局文件公布·
议决关于顺天警务侵夺权限呈请更正案

案查去年会期间，本局陈请整顿顺天警务一案，当蒙督部堂答复，内开本督部堂与顺天府尹往复谘商，顺直警务未归划一，本非完善办法，查奏定各省官制通则清单内开，各省应设巡警道，专管全省巡警、消防、户籍、营缮、卫生事务。现在直隶巡警道未设之先，顺属警务应先由警务处统筹办理，惟顺直各属警费，情形不同，应如何酌剂、以期适宜之处，统责成该处，通饬行查，酌拟办法，详候核夺施行。嗣后凡关于顺直警务事件，并应分详顺天府尹，以备查核等因，蒙此仰见督部堂尹堂整顿划一全省警务至意，钦佩莫名。本年二月间警务处派员到顺天各属行查，并饬令划一警款、裁并区域等情，确系遵案办理。乃巡警道履任后，竟置本局呈准饬行议案于不顾，复划顺属警务于直隶范围之外，升任尹堂王亦复不顾成案，以整顿顺属警务为名，遽行奏置警务公所，举本局全体会议呈奉批准之案，一概抹消，而督部堂、府尹堂往复咨商划一警政苦心，亦成画饼。议员等再四筹思，现值筹备宪政时代，清厘内治，实握治道之原，整顿巡警实为内治之本，必全省事权统一，方可进行一致。若一事而政出多门，则办法分歧，行政前途必多窒碍。况谘议局为全省立法机关，凡经呈准审定之案，均应一体遵行，不有本局复议，照章不准擅改。乃关于整顿顺天警务一案，前既蒙督部堂核准咨行，未及半年，遽行变更原议。查《谘议局章程》第二十二条，谘议局议定可行事件，呈候督抚公布施行，若督抚不以为然，应说明原委事由，令谘议局复议，是谘议局未奉批准之案，尚不能擅自取消，则凡已奉批准之案，不有本局复议，断无自行取消之理。整顿顺天警务一案，升任尹堂凌既经承准于前，则以后不论有何变更，均应咨商督部堂，交令本局复议。乃升任尹堂王竟擅将呈准饬行议案取消，殊属侵夺谘议局权限。查《谘议局章程》第二十七条，本省督抚如有侵夺谘议局权限事，谘议局得呈请资政院核办；第二十三条，谘议局议定不可行事件，得呈请督抚更正施行等语，顺天府尹既与督抚职任平等，其违章入奏，应与督抚侵夺谘议局权限相同，议员等公同议决，除一面备文呈请资政院核办外，谨具理由，呈请督部堂咨商尹堂，奏请更正施行。

《大公报》第三千三号，宣统二年十一月初二日（1910年12月3日），第三张，第1页

顺直谘议局文件公布·议决自治总局与各属自治会直接行文案

窃以自治总局为统筹各属自治会惟一之机关，一切公事，必须直接奉行，方可无虑阻隔。乃近来直隶办法，凡有自治文件，必由地方官代转，此虽出于初办自治、慎审图维之意，而事机坐失，期限延误，俱基于此。盖自治、官治，虽云互相维系，而际初次改革，官民利害，亦不无相异之时，以其相异也，地方官对于自治会，往往思设法以挫抑之，一遇有上行公事，不问其是非若何，但觉有碍于官场，即驳斥不为上；转遇无碍官场之事，又或以为不关紧要而延宕之。其对于上行公事有如此者，奉有下行公事亦然，往往札文已到数日，搁置署中，不即外发，或外发矣，亦一发即了，办与不办，一听客之自为，为之上者，毫不过问，待到总局严催，则草草以空文了事。其对于下行公事有如此者，夫以上宪催办自治，期限如此之严，自治根本，立宪关系如此之重，而乃一文之行，延搁数十日，一事之准，往返数十次，上下隔阂，情谊睽阻如此之甚，欲其旋至而立效也，不亦难乎其难？议员等公同讨议，拟请嗣后凡办自治事宜，总局下行文件，一面札饬地方官，即一面札知自治会，自治会上行文件亦然。除照例禀由地方官代转外，一方直禀知自治总局，庶事无延搁之虑，上下收相维之效，于自治前途，裨益非浅。至自治调查公款、公产等事，亦应由总局加札饬办，庶事权不虑旁挠，筹办可期应手。为此公同议决，呈候公布施行。

《大公报》第三千四号，宣统二年十一月初三日（1910年12月4日），第三张，第2页

顺直谘议局文件公布·议决援案停止热河各属发商采买兵米请援旧章归官采买以免商民赔累案

案查采购兵米为军政要图，例皆由国家筹办，独热河一属有发商采买情事。查热河所属，岁需军米两万余石，除由国家支放外，下余一万七千余石，悉于春夏两季勒令各商人购米交仓，计每米一石，由官发例价银一两，外加津贴银四钱，统按六分部平减发，不敷购买，则勒令商人赔补，久为商众苦累。旧任都统延茌任热河时，曾洞烛其弊，饬令停止，以当事者涎其利，未久旋复。嗣光绪十七年教匪乱后，旧任都统奎、直隶爵阁部堂李奉旨会筹热属善后事宜，复以发商购米，损政体，累商情，奏请永远停止应发军米，援案改发折色，并经示谕商民一体遵守，弊政消除，万众懽感。乃继任都统庆不知若何，复规旧弊，致令前此奏请永远停止粃政，一朝尽复，而商民之倒闭亏累者，遂日多一日，盖自规复旧弊后，仅于旧发例价外，每石加发津贴银二钱，仍按六分部平减发，计商家实领价款每石米仅银一两五钱零四厘，在米价极贱时，或仅抵实价之半，今则米价腾贵，民商实不能支，以今春米价例之，每米一石需价银四两二三钱之谱，加以川资杂费，共需银四两五钱有奇，除领价银一两五钱零四厘，每交米一石，必赔补银三两左右，以一万七千余石合计，每年商家赔补银五万一千余两，商贩营运获利几何，若此亏累，其何能支？窃以为国家经营大政，征求诛取，均应根正当之法理，不应为黠巧之剥取，自兵民两分，而后兵出力以卫民，民出资以养兵，已成一彼此各当之理，热属商民，同系朝廷赤子，似未便于交纳正课之外，令复受一层敲吸，况近年筹办新政，种种需款，类皆求之民间，此后新政日增，即筹款日益，民力岂属无限，而于应取者尽取，应去者不去，财竭力穷，势不至溢出范围不止。本年热河各属，商业日见萧条，商号日多倒闭，抢粮劫米之案，层见迭

出，未始不由于此。长此不改，则财尽民穷，后患将何所底止？查直隶各处驻防兵米，如东西陵护卫兵丁，保定、密云、山海关各驻防兵丁，类皆由国家支放，从无勒商采买之事，热河所属与各属情事略同，而地处边徼荒寒，瘠苦较各处尤甚，似未便转涉歧异，且现值筹备宪政时期，一切政事，皆日趋于平允，热河所属独有此例外负担，实属隐憾。本局负指陈通省利弊之责，似不可不一为筹及，相应恳请督部堂咨商热河都统，将所有发商采买兵米一事，自明年正月起，统遵奏案，永远停止，以苏商困。其应发兵米，即请援照旧章，由官采买，庶商民免赔累之苦情，国家得经远之至计，实属一举两得。谨将奎前都统奏请永远停止发商采买兵米告示，照抄呈阅，为此公同议决，呈候转咨，公布施行。

《大公报》第三千六号，宣统二年十一月初五日（1910年12月6日），第三张，第1页

奎都统裁免兵米告示

光绪十八年四月十二日

为出示晓谕事。照得热河各属向有领价发商采买兵米一事，久为商民之害，其在年丰岁稔时，赔累尚且难堪，况当水旱之后，继以兵燹，民生凋敝尤甚，商贾歇业甚多，若仍令照常采买，势必重累商民，贻误兵糈，殊非经久之道。本都统现奉谕旨，会同阁爵部堂李筹办热河善后事宜，查明发商买米，实为弊政之尤，不能不极思变通，与民休息。现经筹款加价，奏请改放折色银两，已蒙俞允，嗣后将每年应发热河兵米一万七千余石、古北口兵米四千石，全数援案改发折色价银。如果本年夏秋两季，粮价昂贵，亦由官暂为代办，所有从前各属领价发商买米一事，永远停止，除札各属一体遵照外，合行谕示，仰各属商民人等知悉。自此次停止发商采买兵米后，如有各署胥役及各色在官人等，仍敢藉口旧案，私行科派，或另立津贴名色，影射巧取，并或有一种刁诈之徒知有此举，竟

敢捏造谣言，撞骗取财等情，准尔商民等来辕指控以凭，从重严办，决不稍宽。尔商民等亦须知日后之苦累虽除，而从前已经领价采买之米，自须颗粒全交，方昭公允。限四月内，迅将欠解热河驻防及古北口旗绿各营兵米，一律扫数交仓，以便放散。倘再故意延宕，予亦执法维严。尔等务各凛遵毋违，切切。特谕。

《大公报》第三千九号，宣统二年十一月初八日（1910年12月9日），第三张，第2页

顺直谘议局文件公布·议决裁撤关卡剔除积弊以苏商困而裕税源案

一、闸口海关宜即裁撤，以免苛扰而重民食也。该关归天津道管辖，当天津未开商埠前，海粮、海货出进口，俱在该关纳税，自定约通商、设立洋关后，出入粮石、海货，悉由轮船载运，归洋关纳税，该关已同虚设。迨庚子后，海河两岸村民，由本埠购粮自食，或购买零星杂货者，道过该关，关员即行勒捐，近年薪桂米珠，小民生活已艰难万分，而复受此剥削，穷黎不至流离失所者几何？其宜裁者一。该关称旧海关，洋关称新海关，新关既设，旧关自当裁撤，仍旧存在，是海船出入口有洋关征税，入内地有钞关征税，而洋、钞两关之间，又出一海关，此何谓也？其宜裁者二。最无谓者，凡货物纳税，均给税单，此通例也，而该关从无给税单之事，直形同为暴，有钱放行，无钱扣留，考诸各国，无此税法，其宜裁者三。该关又有征收户长捐一项，其例沿自奉漕解京当日，由津道派民船赴奉代运后，各船户以受累甚深，议由各船每应运海粮一石抽银一分五厘，名之曰户长捐，每年约计捐银一万两有奇，交津道自雇轮船起运，自庚子后奉漕折价，已不用此项粮船，而户长捐依旧勒纳，蠹法殃民，莫此为甚，其宜裁者四。近年叠奉明诏，苛细杂捐，一律豁免，该关所征，无非苛扰。每年报解仅银一万二千四百五十余两，当民生凋敝之秋，亦何忍留此秕政，贻吾民莫大之害

也。拟请即时将该关裁撤，庶海河两岸穷民得幸重生矣。

一、钞关局卡林立，弊窦丛生，宜酌量裁撤，实力整顿，以免留难而恤商艰也。查钞关新关税项，均抵赔款，既属国家岁人正宗，自不能骤议裁撤。惟原定约章，距天津五十里内分卡归税务司洋员管理，五十里外分卡由监督自行征收，而分卡设于五十里外者，现共九处。庚子辛丑间，该九处分卡，每年仅报解银一千八百六十余两，厥后极力整顿，亦仅报解银六千余两，而各该局卡员役之中饱者，则十倍之。兹摘其种种苛扰情形、违法事由如下：

（一）肩担背负小商贩，货价银在十两内者，照章起小单免税，而局卡人役必向商人勒索规费，一向理论，则指其货价在十两外，或诬其带有违禁物，辄将货物扣罚，商人不堪留难，不得不忍气吞声，给与规费。

（一）凡免税货物，及立案不准重税货物，照章纳银二钱起免税单，沿途即不准阻索。乃近日各局卡员役每照验免税单，必索饭费钱六百六十文，照章不纳，即将货物扣留，以每月奉有薪工之法人而违章强索，不得谓非不法。

（一）查验货单，原关卡职守，虽私例有验单费一说，然按照习惯，至多者不过小洋数角，而关役则每索数元或数十元不等，讹索不遂，不曰司榷未到，即索逐件过秤，风雨践踏，无所不至。商人恐损伤太巨，遂忍气吞声，纳私费而止。

（一）税章议罚偷漏，凡于有心偷漏者，例将货物充公，饬原主备价七成回赎，否则关卡自行拍卖，而关卡员役多垂涎三成余利，回赎估价时，任便高抬，务令原主不能回赎而止。

（一）凡关役有报牌等名目，俗谓之一报签，一签之名，类有数人顶充。每一关役一年进项约千余吊，查独流、天津关报牌者，及伙计、司帐，共十数人，类将中饱生活，一处如此，他处可以类推。若辈侵蚀讹索，无所不至。总之，关卡弊窦，更仆难述。如上所述言，不过举其太甚，应请查案中所陈情节，即予剔除，并刊发惩禁告示多张，挂贴各局卡门首，俾资遵守。仍请将骚扰太甚，征收无几，及不在紧要地方之各局卡，悉行裁撤，以恤商艰，庶万民交庆矣。

统计以上三关，或应即行裁撤，或应从新整顿，均有益于民生，而无损于国帑。果能照此办理，则商困可苏，税源可裕。虽度支部奏准清理财政章程，有国家税、地方税未定以前，不得议减现征税则之语。而民生休戚，即国家盛衰所关，际此民商交困，自不得仍前漠视。况此次工部关裁并，原为大部所主张，则困商病民情形，实早为大部所洞鉴，据理详陈，无不蒙允准。为此公同议决，呈候公布施行。

《大公报》第三千十二号，宣统二年十一月十一日（1910 年 12 月 12 日），第三张，第 2 页

顺直谘议局文件公布·拟请总督到会质问公债案之条件

此条件，但就事实上著意，至其募债法之不合原理，则可随问随加论断，不能预定也。

甲　公债之使用

一、原奏用项指军镇改良、各路初级师范、省城商埠各级审判应及一切新政，于各项用款数目，未曾言及。究竟某项应用若干，宜先划定，如其不然，不能起债。

一、原奏公债三百二十万，系于明年二、四、六、八各月募齐，究竟此项巨款是否一年可以用尽，抑必须数年分用，如非一年用尽，而遽起此重息之巨债，以待数年不时之需，不但于募债之理不合，且于财政上大生损失。

一、直隶陆军现归部辖，原奏所称军镇改良一事，已归无用，而此款犹因以为名，尚作何用？若云移办混成协，则事关军政，应办与否，其权操自陆军部，本省何能独立？

一、各路初级师范，共设有四处。自本年正月间，业经出奏，指定底款三十余万，已无须另筹。而原奏犹谓办此，究为何说？

一、原奏各级审判但指省城及商埠而言，查此数次审判厅已经成立，常年所需之费，不过数万，又有每年司法收入可以接济，亦无须另筹，而起债犹藉此为言，又有何说？

一、原奏所称一切新政未能指定名目，无从核计需款若干，更不能起债。

以上所举，皆已无须起债，夫人而知而犹必借此为名者，或其中别有必需之处，但其所需者，皆常年费，非临时费。东西各国无因常年费而起债者，事实上万不可行也，即使全不论此，而此数项者，又何能须三百二十万之巨款耶？种种疑点，无一可释。

乙　募债之效力

一、前督袁募债时，奏定公家严守信实、民间便利通行，以为无上之善策。而其实奏准之后，在津全埠富商应募者，仅得十余万，其余者皆强派于各州县，大县认二万四千两，中县认一万八千两，小县认一万二千两。此令一下，官吏竞借为婪索之计，而民间已不堪其苦，不知此次仍全仿袁前督之办法，是否能免此弊端。

一、前督袁原奏又言，在国家无利源外溢之虞，在商民得子母流通之意，一时传为美谈。而其实所强派于各州县者，应募之数，不及百万，后为言官所劾，乃急向日本正金银行借三百万以塞责。与原奏所谓无利源外溢之说，适正相反。此次募债，能否再有把握，不蹈前辙？

丙　筹还之底款

一、原指藩库提集中饱等项，每年银三十万两。此三十万两者，何以谓之中饱？与正款有何区别？所谓中饱者，尽属何项？每项若干？从何处来？自何年提集？向来作何使用？有无报销？报销归何处？预算册有无此款？币制实行后能否复有此进项？

一、原指运库新增盐利，每年银三十五万两。此所谓新增者，始自何年？为何事增加？增加之名目为何？每年所得之总数若干？向来有无报销？报销归何处？预算册有无此款？未偿还公款时作何用？

一、原指永平七属盐利，每年银十五万两。此所谓盐利者，从何处来？系新增所得？抑从旧款提出？向来作何使用？有无报销？报销归何处？

一、上列三款，前督宪袁试办公债奏折明言，就本省筹款，岁可得银一百二十万两，计可贷公款银四百八十万两。是此三款，为前督袁借款时，就本省所筹得、非向来报部之款，其为取之于地方无疑，而来札乃谓非增加人民负担，究有何说？

以上经此种种问难，则八十万底款之性质，可以明了。今复举其应注意者，作为结问。

丁　结问之要点

一、此款若应归地方，则不应借军政、司法为名，何则？此二事者，皆属国家行政，若藉此为名，则一经奏定，该款中必永远有一大部分办理此事，是上官之意，虽欲为地方扣款，其实已先送与中央，与部提无异。

一、此款若应归中央，则不应借地方行政为名；若借地方行政为名，则部中一经察觉，必仍无解于提拨。迨至已经提拔，而其时偿还之期限未满，前所指之底款已空，势必仍须另行筹款，以为弥补之计，而其害将全中于地方。

一、此款若有应归中央者，应归地方者，则其借债之用项，宜分别言之，不宜羼杂，以生窒碍。

一、此款即如官家之意，全假定为应归中央，而欲扣留之于地方，则借此募债，固可为一时盖藏之计，若至募债之期限已满时，又将用何法以扣留之？不能扣留，势必早晚仍归于中央。而此六年内徒为掩耳盗铃之计，耗此百万之利息，究有何益？若谓有法以扣留之，则请问所用者何法？无已，必由彼时可借办国家之事以奏留之也。然则均一奏留也。与其奏留于彼时，已耗百万之利息，何如径奏留于此时，为直捷了当乎？况所指每年筹还本息之数，前三年为七十万有奇，至第四、五年，则已六十余万，至第六年则止为五十余万，绝不足以扣此每年之八十万两乎。明乎此，则此款之归部与不归部，必有一定，不能归咎于人。而此案之结果，亦可略知大概矣。

《大公报》第三千十九号，宣统二年十一月十八日（1910年12月19日），第二张，第2页；《大公报》第三千二十号，宣统二年十一月十九日（1910年12月20日），第二张，第3页

督院札覆议决缓办公债案文

为札覆事，宣统二年十一月十五日，据顺直谘议局呈议决缓办公债一案到本督部堂，据此当交审查科审查。兹据呈称，查此次续办公债分四次募集，日期已经奏奉朱批允准，且本省兴办各项新政，需款尤殷，碍难展缓等情，经本部堂覆核，应照审查科所议办理，为此札复谘议局查照，须至札者。

十二月十二日

《大公报》三千八十二号，宣统三年二月初一日（1911 年 3 月 1 日），第二张，第 3 页

顺直谘议局公布文件·否认起债意见书

为陈述意见事，案据督宪批驳缓办公债一案，自表面观之，理由似乎正当，然就各种原因以观察之，则所谓部提八十万底款者，一方面为恫吓我等之手段，即一方面为要求我等承认之手段，且前诱之以利，后惕之以害，使我等不得不勉强行此一途。虽然，我等对于此项问题岂无主观之研究，而处于被动之地位乎？何则？盖其所持之理由，无论为抽象的解释，或具体的解释，实有令人难以索解者。从抽象的解释以为研究之根据，查奏案以八十万金作抵，募集公债，而要政府俞允者，原为办理军镇裁判及各项新政。夫所谓军镇裁判者，诚为目前要务，是政府非承认起债，实承认筹办军镇裁判也。若不起债，即以八十万金办理此项要政，部中将据何词以攫取之乎？此理由令人难解者一也。去岁清理财政局试办

预算案，顺直赢款三百余万，风闻大部欲行提用，经本局干涉，始云说明书内有不能指作的款者，为数甚巨，若将此项款目除出，尚亏款二百余万，若不起债，即不办军镇裁判，顺直亏款甚巨，不知督宪以何项弥补？夫部中提款，原提取各省赢余，顺直如此亏款，虽有八十万金，尚难抵补，而部中亦据何词以攫取之乎？此理由令人难解者二也。若从具体的解释以为研究之方法，现今部中需款孔亟，见有消极之款，即行提用，而并不承认积极之行为，则去岁各省谘议局试办预算，所核减之款，亦必为部中所提，若然，不但我百余同人于客岁临时会尽数十日之心思智力付之子虚，即地方行政经费，将来不尽为部中所吸收而不止，揆度政府心理，必不出此偏枯之政策。由此言之，我以积极之行为为要求之手段，部中又据何词而攫取之乎？此理由令人难解者三也。不然，再换一方面研究之，所谓筹办军镇裁判者，系属国家行政范围，起债则归地方负担，当此国家税、地方税未行分划时期，部中提款与否，谘议局未便干涉，即云提款，楚弓楚得，于地方上无权利关系，若以起债为占款之地步，仍系国家行政经费，是地方上未见有利益而先蒙损失，此占款之理由令人难解者四也。总以上数端以研究之，无论起债与否，部中实无所施其提款之方法，而督宪仍以此为前提者，亦不过求其言之必胜耳。况一经承认起债，则地方上受种种之困苦，客岁会议，业已言之详细，兹不赘叙。为此陈述意见，伏乞公决。

赞成人：田西河　郑长善　孙玉峰　锡林　文敏　文成　连祺　徐寿仁　文福　马镕筹　吕昭祥　刘寿山　祥俊　王辅仁　丰绅　李津舟　张荣堂

《大公报》三千八十八号，宣统三年二月初七日（1911 年 3 月 7 日），第二张，第 4 页

督部堂陈札复议决缓办公债案文

为札复事，二月十五日据顺直谘议局呈议决缓办公债一案到本大臣，据此当

经发交审查科审查。兹据呈称，查原案称新政需款甚殷，公债一项，自应遵照办理，惟前次募集时，地方官奉行不善，时有勒派苛扰之弊，近来新政繁兴，民间担负日益繁重，较之前数年办理，尤为棘手，筹商办法数端，藉资补助等语。自系为招募公债、预防流弊起见，用意极为妥善，惟路款、盐斤加价，系由路股公司经理，若以之购买债票，得息原较商号存息为多，但该款既由公司经理，则此项债票，只可劝募，听其酌量购买，似难饬查确数，尽数提充。至募集先从通都大埠，设有不足，递及州县，并通饬地方官会同自治员绅，实力劝导，不得稍有勒派情事，张贴示谕，俾众周知。暨地方存诸各项公款，绅民有愿购买者，亦可通融办理各节，均属可行。此项公债，除另案拨充纺纱厂经费外，其余作何支用，将来办理决算，自应札行知照等情，经本大臣裁夺，应照审查科所议办理。为此札行谘议局查照，须至札者。

（宣统三年二月二十八日）

《大公报》三千一百十四号，宣统三年三月初四日（1911 年 4 月 2 日），第二张，第 4 页

顺直谘议局公布文件·议决限制强派州县包销官报以纾民累案

窃查官报性质与普通报纸不同，中西各国制度，凡属国家立法行政之事项，均藉官报公布之，官报到达即生效力，故购阅者较他报为多，其销路自较他报为畅，此当然发生之结果，并非国家强迫销售，乃通例也。本省北洋官报，经前督部堂袁师各国成法组织设立，原欲举国家地方立法行政，俾众周知，以广其政治上之知识，但事当创始，各属未知购阅，不得不札发各州县，饬令代销，以资推广。原系通融办法，未便据为定例。纵设此种官报，于公布法令有重要关系，亦只可于各衙署局所学堂具有公法人性质者，勒令购阅一份，以与他项报纸稍示区

别，断无拘定数目，强令包销之理。乃该局于各州县，恒据最初派销之例，一属强派数十份，不问其行销如何，始终不准请减，而各属承派此项官报，除衙署局所学堂外，类以关系甚少，不愿购阅。州县长官既迫于上宪命令，即不得不设法图销，以轻负垫，遂至不论绅商学警、各界法人、私人，但有因事到官者，辄或勒令购阅，以期销符原额，甚有一处强派数份者，故数年以来，几令各属视官报为苛政，而各州县欠解报费，遂累至六七万金之多，在官报局亦不胜其累，是强派包销，不特于政体不宜，亦且于官局有损，年复一年，何所底止？窃以为此种官报既属营业性质，购阅与否，自应听人之自由，不宜以官力强迫。即虑纯任自然，销路或滞，于民智通塞有关，于官局入款有损，亦应另定章程，减轻报费，俾与他报价目比例相同，销售自不虑不广。拟请嗣后凡各官厅局所及高小以上学堂暨厅州县城镇议董各会，每一机关各按处分派一份，以资涉阅而广政识，已属享有特权，不得仍前强派多份，勒令包销。至个人有愿购阅者，可径向该局订购，与他项报纸毫无轩轾。似此办理，上以免强迫之名，下以免苛扰之累，实于法理事实均无滞碍。为此公同议决，呈候公布施行。

《大公报》第三千二十五号，宣统二年十一月廿四日（1910 年 12 月 25 日），第三张，第 2 页

督部堂陈札覆议决限制强派州县包销官报以纾民累案文

为札覆事，宣统二年十一月十四日，据顺直谘议局呈议决限制强派州县包销官报以纾民累一案到本部堂，据此当经照章发交审查科审查。兹据呈称，案奉发下谘议局议决限制强派州县包销官报以纾民累一案，经本科照《会议厅议事细则》第十条，由官报局拟具意见书，据称官学两报原听购阅者自便，未尝稍加强制，各属如销不如额，原可随时请减，决未任其强派等语。官报局既称未尝强派，自未便遽行限制，但官报本为公布一切法令规章之用，此后必须随时大加改

良，拟请督部堂饬下官报局，实力整顿，果能内容丰富，体例精详，即不令各属代为分销，亦不患不争相购阅，惟不得行同强派，勒令包销，致滋民累等情，经本部堂复核，应照所议办理，除札官报局通饬遵照外，为此札行谘议局查照，须至札者。

宣统二年十一月二十五日

《大公报》三千一百二十九号，宣统三年三月二十日（1911 年 4 月 18 日），第三张，第 2 页

顺直谘议局公布文件·陈请革除铁路转运公司勾串商栈捏领回费及各站票房卖票之弊案

窃维谘议局之职权，以兴革为首务；而应革之弊窦，以铁路为大宗，综计其弊之关碍国计民生者有二，试为督部堂缕晰陈之。

一、转运公司捏领回费也。光绪三十二年十一月初九日，京汉铁路车务局因招徕商货特定大宗转运，年终核给回费。新章，凡一商家一年纳运费至八万元者，年终准给五厘回费、洋四千元；纳运费十二万元者，年终准给七厘回费、洋八千四百元；纳运费十六万元者，年终准给一分回费、洋一万六千元。又以各处转运商货，有曾属大宗而以路短费廉，运费反不及额定之数者，并定核计吨数之法，俾得均沾利益。凡一商家，每年运货至三万吨者，准按所纳运脚，核给五厘回费；运货至四万五千吨者，准按所纳运脚，核给七厘回费。此两项章程，援照何项办理，均听商家自便以外，不准另图办法，并不得有违偿章。盖以宽给回费者，体恤商民，以严立制限者，维持路款，意至良法至密也。乃京汉转运公司希图分肥，藉端舞弊，以特定找给回费价章。一年中一商家运输多不及额，乃别串通各商家，举各处零星运输款货，统由该公司出名找寻回费，得款均分。该公司本设在汉口，而京汉沿途各车站栈房运货，由该公司出名代领回费者，不一而

足，是其明证。该公司如此，他货栈可知，综计一年路款损失不下数十万，计有京师车务局年终发回费，报销账目可查。此弊不除，于国家入款殊属有碍。

一、各站票房之肆意勒索也。铁路站房之在顺直各属者，大小以数十计，所有卖票章程，前经邮传部酌定晓示，凡票价在四毛以上者，须用大洋，在四毛以下者，均用小洋，数人一同买票，准将应找零数统计合交票房，不得按名勒索大洋，希图回找小洋余利，于规定章则之中，即寓体恤商民之意，立法至为周备。乃近来各小站票房，多不遵守此制，票价一至三毛，即勒交大洋，否则不肯售票，其回找小洋又必搭用铜元数成，甚且短数，至用铜元买票商客，交纳皆按十四枚一毛计算，回找商客则按十枚一毛计算，任意低昂，藉端肥己。数人一同买票，则令各交各价，不准合交，以为回找铜元、小洋，吞受余利之地。商旅之横遭亏损者，不可胜计。此弊常存，大非国家通惠工商之意。以上二端，均于国计民生大有关碍，本局有指陈利病之责，不当嘿已。谨拟剔弊办法二条列左，为此公同会议，呈候裁夺，咨商施行。

附：剔弊办法

一、选派干员认真稽查。

凡包车搭运者，无论公司或大小商栈，每月出运费运货各若干，统令各该家按季报知京师车务局备查，再由稽查委员每日调查铁路运货共若干车，各商家所出运费运货各若干数，皆另册存记，持向车务局核对。如有由各商家分出运费，而一商家捏称交费多数、冒领回费者，一经查出，加三倍议罚。如此，则捏领回费之人，有所忌惮，弊端自可剔除。

一、大小洋元一律行使。

票房勒索之弊，在大小洋之交换，银铜元之收受使用，均不一律，经手人乃得缘以作弊。果能大洋、小洋一律行使，大洋一元，按市价折小洋十一角，小洋十一角合大洋一元，商客买票，大小洋均听其便，票房回找价洋，亦按此核算。遇有用小洋数角买票者，令每小洋一角加贴水铜元一枚，其回找小洋时亦然，出入一律，再由稽查委员不时抽查，遇有违章舞弊之站长，即行撤换，以示惩罚。俟新币实行后再将此制酌改，则出入折扣不均之弊可以剔除。

《大公报》第三千二十八号，宣统二年十一月廿八日（1910 年 12 月 29 日），第三张，第 2 页

顺直谘议局公布文件·议决试办宣统三年地方行政经费岁出预算案

案于本年九月三十日奉督部堂札发试办宣统三年预算各册到局，奉此，查岁出入预算全册，仅备参考，照章无庸讨议。至地方行政经费，仅有岁出，并无岁入，预算本未完全，第当国家税、地方税尚未划分，岁入既无从厘订，只得先就岁出切实研究，以资酌剂。当将地方行政经费经常、临时岁出二册，提出议场，逐款审查，内载各学堂局所有大同小异，可以归并者，亦有事简费繁，宜加裁减者，议员等悉心参酌，固不可过事操切，亦未便稍有瞻徇，总期靡费一律剔除，要政无难毕举，以不负朝廷轸念民依，并仰副督部堂实事求是之至意。兹将经常岁出节余银八十三万四千六百四十二两五钱九分七厘，临时岁出节余银二十二万五千九百三十四两四钱六厘二，共合银一百六万五百七十七两三厘。查本年十月十六日奉资政院咸电，载有各省本年预算，岁入既未划分，则议决岁出，宜以督抚现交预算案之数为准，此中移缓救急，酌盈剂虚，自属谘议局分内之事等语。窃谓国家瞬届立宪，国课之担负，必须一律平均，人民之智能，亦宜力求发达，此外，如殖民实边诸政策，尤为当今切要之图，节余以上各款，既系厘剔虚縻，自应挹注要政，本局公同商酌，拟请将节存民政费各款，创设四路贫民工厂，藉以抚恤无业游民，节存教育费各款，除移补四十九厅州县偏担学费外，尽数办理实业学堂，以巩固人民生活之基础，节存实业费暨官业支出各款，均作为本省移民经费，以殖边鄙而惠穷黎，倘彼此拨抵，互有盈虚，仍请由督部堂统顾兼酬，酌量分配，似此一转移间，剔势如虚掷之巨资，举刻不容缓之急务，并非剜肉补疮之谋，实为福国利民之计，伏望我督部堂毅然实行，勿疑勿阻，全省幸甚！大局幸甚！谨将裁减各款，逐项说明，另附清折，一并呈鉴。为此公同决议，呈候

公布施行。

附：呈裁减地方行政经常及临时岁出清折各一扣

《大公报》第三千二十九号，宣统二年十一月廿九日（1910年12月30日），第三张，第2页

议决试办宣统三年地方行政经费岁出预算酌加裁减清折

谨将札发宣统三年预算地方行政经费经常门岁出各项酌加裁减，缮具清折，恭呈鉴核。

计开：

第一类　民政费，银一百一十一万七千九百一两一钱三分六厘。

第一款　银八万三百八十九两。

本局议减四项　银七千七百六十二两。

第一项第一目　银四千二百九十两。

第二项第一目　银一千九百八十四两。

第四项　银四百九十六两。

第六项　银九百九十二两。

查本局预算，议长公费每月银一百五十两，副议长公费每月各一百二十两，常驻议员公费每月各七十两，系照章由前督部堂端核定。议员旅居费每月每月各二两四钱，系照章由本局议定，刻值财政困难，本局公同协议，议长、副议长、常驻议员公费一律各月减十金，议员旅居费一律各日减四钱，以期撙节，即自宣统三年正月起，照案改支杂费一项，去年预算案列有汽筒一条，声明俟移居后，再行追加，刻拟极力撙节，暂由杂费节存及预算费项下开支，俟明年年底决算后，如有盈绌之处，再行核实开列，合并声明。

第二款　银六十八万八千六百六十一两二钱四厘。

原加一项　银七百四十两七钱七分三厘。

财政总汇处练饷股支发保定警务电话处银七百四十两七钱七分三厘。

原减二项　银二千四百九十七两五钱四分二厘。

第四项　银一千七十五两三钱六分。

第三十四项　银一千四百二十二两一钱八分二厘。

本局议减四项　银二万八百八十三两五钱九分五厘。

第一项第一目　银七千两。

查该局员司薪水，用至一万七千四百二十九两，冗员太多，耗费太巨，议减去七千两。

第十一项　银七千四百九十三两五钱九分六厘。

查此项与第十项名目稍异，性质相同，议裁去。

第二十七项第一目　银三千八百两正。

查此目，该协既有应得之俸，不应再给薪津，兹议酌留余费，余悉裁去。

第三十一项第一目　银二千五百八十九两九钱九分九厘。

查大沽、塘沽巡警两局管带，均年支薪津千二百四十余两，今北塘警局管带年支薪津三千八百余两，殊属过巨，议裁减，照大沽、塘沽管带支发。

第三款　银一十一万一千九百一十两九钱八分一厘。

本局议减一项　银六万八百七十六两五钱九厘。

第一项　银六万八百七十六两五钱九厘。

查此项与直隶高等巡警学堂重复，议裁并。

第四款　银一十万七千七百九十四两三钱七分九厘。

原加二项　银六百七十一两四钱。

一、宣化府并府县儒学，支各项善举银三百七十一两四钱。

一、延庆州支贴哺婴孩银三百两。

原减一项　银五百两。

第三项　银五百两。

本局议减一项　银四千八百三十七两四钱八分七厘。

第十一项　银四千八百三十七两四钱八分七厘。

查该堂年需款二万五千六百九十二两三钱六分三厘，而耗于员司薪津、夫役工食至九千六百七十四两九钱七分四厘之多，几用全堂经费半数。员司有管理、提调、调查、医务委员、文牍委员、收支兼书记、正庶务、副庶务、医士等名目，夫役男则二十五名，女则一百八十二名，该堂所育婴孩不过二百人，而员司仆役之数过之，实属不成事体，议就员司薪津、夫役工食两项，酌裁半数，余仍其旧，以资整顿。

第五款　银十二万九千一百四十五两五钱七分二厘。

原加二项　银二千三百九两八钱七分。

一、第七项增加洋教习薪水银一千六百二十四两一钱八分一厘。

一、天津县支医官薪水银六百八十五两六钱八分九厘。

本局议减四项　银三万四千四百五两八钱六分八厘。

第二项　银一万二十四两一分四厘。

第五项　银七千七百八十一两六钱七分三厘。

查以上两项与第三项天津官医院名实相同，议裁并。

第三项　银一千三百两。

查该院既有总办坐办，其会办应裁去，而其薪水亦即停发。

第七项　银一万五千三百两一钱八分一厘。

查该堂既有监督，则总办、帮办应裁去，薪水六千二百一十四两亦即停发。

又查该堂学生五十名，赡银有六两、八两、十两三等，逐班增加，殊属不合。议照陆军部军医学堂办法，每名月给赡银一两，每年应节银三千二百五十两。

又查该堂学生二十七名，毕业在堂候差，无此办法，应将全年赡银四千二百一十二两裁去。

又查该堂教员已有十一名，即宣统三年再招新生，连旧生不过三班，教员已足敷用，其议添洋教员薪水一千六百二十四两一钱八分一厘，应即裁去。

以上第一类除去，应余银一十三万一千七百六十三两一厘。

第二类　教育费银一百三十二万九百一十三两八钱二分一厘。

第一款　银一百二十五万九百七十五两五钱二分二厘。

原加一项　银七千二百八十两。

第五十六项　银七千二百八十两。

原减八项　银一十二万三千九百一十四两三钱九分。

第一项　银三万八千二百九十七两五钱。

第二项　银四万六千八百一十六两八钱九分。

第三、第四、第五及十三、十五等项　银三万两。

第二十一项　银八千八百两。

本局议减七项　银一十八万七千四百八十四两八钱三分四厘。

第四、第五及十五等项　银一十四万四百四十二两四钱三分四厘。

查直隶法政、法律两学堂，议并归北洋法政学堂，又北洋师范学堂议并归省城直隶师范学堂，以上三学堂经费，除部减三万两外，余悉数裁去。

第六项第七目　银一万一千两。

查该堂学生人数太少，议暂缓拓充，以便移缓就急。

第七、第八项　银三万两。

查存古学堂虽载在宪政筹备清单，惟国会日期现经缩短，提前办理，要政甚多。存古学堂非急要之事，于宪政无关，议暂缓办，以节虚縻。

第十六项　银六千四十二两四钱。

查此项母校业经归并他处，子校自应裁归邻近小学堂办理。

第二款　银四千五百五十两。

第三款　银六万五千三百八十八两二钱九分九厘。

以上第二类除出，应余银三十一万一千三百九十九两二钱二分四厘。

第三类　实业费，银八十九万一千六百五十一两四钱一分七厘。

第一款　银一十六万三千一百二十二两四钱六分五厘。

原加一项　银四万两。

补助十处中等实业学堂经费银四万两。

原减二项　银四万九千八百九十八两。

第三项　银八千两。

第四项　银四万一千八百九十八两。

本局议减二项　银二千五百七十二两。

第五项　银二千五百两。

查天津地质碱卤，不宜种植。况保定农业学堂既专设试验场，此项研究所当并归办理，以求实际。

第十一项 银十七二两。

查该堂于宣统元年年底已自行停办，此项银两应裁去。

第二款 银二十万二千八百七十七两四钱三分八厘。

原减二项 银四万一千六百二十六两。

第二项 银二千两。

第六项第一目 银三万九千六百二十六两。

本局议减四项 银十万八千七百六十两三钱七分五厘。

第一项 银一千八百七十九两四钱一分四厘。

查直隶既设劝业道，凡农务行政当归该道自行管理，不应另设专局，即有应行试验等事，亦应归省城农事试验场办理。

第二项 银三万八千一百三十一两。

查该种植园开办数年，因地质斥卤，毫无成效，即改办农事试验场，亦系徒糜公款，无益实际。且省城农事试验场已稍有成效，应归并拓充，切实办理，此项经费除部减二千两外，余悉数裁去。

第四项 银一万三千一百八十二两九钱六分一厘。

查该公司在劝业道未设以前，由学务公所会计科代理，兹劝业公所内既专设水产股，该公司自当归水产股办理，以符名实。

第六项 银五万五千五百六十六两。

查直隶财政异常支绌，实业应赶办者甚多，若因渔业一项铺张扬厉，徒饰外观，如养鱼池费银至一万三千余两，未免糜费多收效少，且前提学卢筹画此项，计需银二万有奇，兹议于原款内留拨三万两，以资试办。

第三款 银五万五千一百七十九两九钱七分八厘。

原加二项 银八千八百四十七两九钱九分。

一、屯田水利局，六千八百四十七两九钱九分。

一、冀州支耕荒开河经费，银二千两。

本局议减一项 银七千六百九十六两。

第一项 银七千六百九十六两。

查直隶除北边荒地由该管地方官专管外，内地并无荒地可垦，此项应即裁去，至向有地租，议责成该管地方官经收。

第四、第五款　银四十万二千七百四十四两四钱四分六厘。

原减二项　银二万四千两。

第四款第一项、第五款第一项　银二万四千两。

本局议减七项　银八万五千八百二十四两七钱六分九厘。

第四款第一项、第五款第一项　银四万一千一十四两。

查天津既有实习工场，又有劝工陈列所，均系工业试验之处，似无须再设工业试验场。又，查劝业公所已设矿务专科，即有化分地质事宜，当在该科添聘技师办理，不得再设专局。以上两项，除部减二万四千两外，余悉数裁去。

第四款第二项第十目　银三千六十三两二钱二分四厘。

查该场历年赔银甚巨，自无花红可支，应裁去。

第四款第三项　银三万五千两。

查该场历年赔银甚巨，再加拓充，赔银愈多。若为提倡风气起见，惟极力整顿该场内容，自可收实效而资观感。所有拓充银两，应裁去。

第四款第八项　银六千二百六十一两九钱四分五厘。

查该所不应拓充之理由，与实习工场同。且该所物品多购自外洋，不合制造名义，俟将来能自行制造物品较多，再谋拓充。

第四款第九、第十一项　银四百八十五两六钱。

查该两场历年均亏成本，自无花红可支，应裁去。

第六款　银六万七千七百二十七两九分。

本局议减二项　银四万六千六百两。

第二项　银三万八千六百两。

查该所毫无成绩，再加拓充，徒增虚糜，应裁去。

第三项　银八千两。

查现在款项奇绌，不可徒耀外观，应俟实业发达后，再谋整顿。

以上第三类除出，应余银三十六万六千九百七十七两一钱四分四厘。

第五类　官业支出银十万五千七百五十五两一钱七分五厘。

第一款　银十万五千七百五十五两一钱七分五厘。

原加一项　银一千二百四十八两三钱二分五厘。

津海关道支发临城矿局潘道津贴，银一千二百四十八两三钱二分五厘。

本局议减一项　银二万四千四百七十三两二钱二分八厘。

第一项　银二万四千四百七十三两二钱二分八厘。

查第一目员司薪水，内有总办一员，月支二百两，坐办一员，月支二百两，会办三员，每月各支一百两。按，屡奉谕旨裁汰冗员，该局自应留总办一员，总理一切，其坐、会办悉应裁去。又，委员二十六名，实属冗滥，酌减半数，当可敷用。又，第四目提二成报价，津贴局员办公，该局员俱有应支薪火，勿庸再给津贴。

以上第五类除出，余银一万四千四百七十三两二钱二分八厘。

统计地方行政岁出经常门预算结果：

一、原册银三百四十三万六千二百二十一两五钱四分九厘。

一、原加银六万一千九十八两三钱五分八厘。

一、原减银二十四万二千四百三十五两九钱三分二厘。

一、议减银五十九万二千一百七十六两六钱六分五厘。

一、实出银二百六十六万二千七百七两三钱一分。

一、应余银八十三万四千六百一十二两五钱九分七厘。

《大公报》第三千三十号，宣统二年十一月三十日（1910年12月31日），第三张，第1—2页；《大公报》第三千三十一号，宣统二年十二初一日（1911年1月1日），第二张，第1—2页；《大公报》第三千三十二号，宣统二年十二月初二日（1911年1月2日），第三张，第2页；《大公报》第三千三十三号，宣统二年十二月初三日（1911年1月3日），第三张，第1—2页；《大公报》第三千三十四号，宣统二年十二月初四日（1911年1月4日），第三张，第2页

宣统三年预算地方行政经费临时门岁出各项酌加裁减清折

谨将札发宣统三年预算地方行政经费临时门岁出各项酌加裁减缮具清折恭呈鉴核。

第二类　教育费 银二十一万一千一百二十九两五钱一分。

第一款　银四千一百二十二两一钱一分一厘。

原加一项　银三百七十六两。

财政总汇处海防粮饷股支发选派度支部财政学堂学员津贴三百七十六两。

本局议减一项　银一千二百二十一两。

第五项　银一千二百二十一两。

查该报社业经停办，应裁去。

第二款　银二十万七十七两三钱九分九厘。

原加一项　银三千五百五两七厘。

财政总汇处海防股支发留学经费银三千五百五两七厘。

以上第二类除出，应余银一千二百二十二两。

第四类　工程费 银一十七万六千三百五十三两一钱八分四厘。

第一款　银一十一万六千三百五十三两一钱八分四厘。

本局议减一项　银七千六百六十三两九钱四厘。

第三项　银七千六百六十三两九钱四厘

查该局当以该管长官为总办，不给薪水，旧设总、会办各一员，悉行裁去，年可腾款四千三百四十九两八钱，仍存旧设提调一员，常川到局办事。又，查稽查账目一员，年支薪水二百七十四两八钱四分，亦宜裁去，账目即归提调亲自稽查，以昭郑重。又，查稽查建造司事两员，年支薪水五百五十三两六钱六分四厘，该局既有总核工程一员、临工十四员，建造事宜，不患疏虑，无须多立名目，应裁去。又，查该局公费，年支银二千四百八十五两六钱，该局岁出用人、购料、杂费项目，几近百数，何又有公费名目，应即裁去，以免浮冒。

第二款　银六万两。

原加一项　银一千四十两

监修海河工程委员薪水一千四十两。

以上第四类除出，应余银七千六百六十三两九钱四厘。

统计地方行政临时门预算结果：

一、原册银六十八万四千二百七十两九厘。

一、原加银一十万一百三十九两三钱四分三厘。

一、原减银一千四百九十八两九钱三分五厘。

一、议减银二十二万四千四百三十五两四钱七分一厘。

一、突出银五十五万八千四百七十四两九钱四分六厘。

一、应余银二十二万五千九百三十四两四钱六厘。

《大公报》三千三十七号，宣统二年十二月初七日（1911 年 1 月 7 日），第三张，第 2 页

督部堂陈札行覆议试办宣统三年地方行政经费岁出预算案文

为札行事，据顺直谘议局呈覆议试办宣统三年地方行政经费岁出预算一案到本大臣，据此当经发交审查科审查。兹据呈称，查该局覆议此次岁出预算案，据称讨论札复各节、调查各局所内容情形，有实难裁减，应如札覆办理，无庸置议者；有费多效寡，得不偿失，应请转饬各机关自行极力撙节者；有徒耗巨款，有不如无，拟仍照原拟办理者。除业准照减及实难议减者不计外，其应饬自行撙节暨拟照原议办理两项，谨条具理由，另折缮呈，再札发。折内每有余两字样，拟请饬将散总各数列清，以便校对等语，科员等公同商酌，并将复议各条反复研

究，所称应饬自行撙节一项，如北洋高等巡警学堂等处经费，应准照议分别饬遵，其拟照原议办理一项，如工程局等处经费，上次札复原称碍难议减，兹再切实调查，严加汰减，分别说明理由，另缮清折二扣，呈候钧夺。再，此次札复，即照议将各次判清，不再作余两字样，合并声明等情，经本大臣裁夺，应照审查科所议办理。其大沽协裁减公费一千三百两，虽不在该局议减之列，并应随案札局查照，除分行遵照外，为此抄折札行谘议局查照，须至札者。

计抄发清折二扣

宣统三年三月初二日

谨将谘议局覆议地方行政经费经常门岁出预算案，覆行审查，严加汰减，暨照议请饬撙节各项，分别说明理由，缮具清折，恭呈钧鉴。

计开：

第一类　民政费

第二款

第二十七项　山永协兼带巡警原议酌留公费，应悉裁去银三千八百两。

查上次札复未便议减，覆议称山永协所带巡警系绿营改编，实数一百六十名，分驻山海关秦王岛，由两都司公带，该协只有兼带之名，而预算册内该协所属分作四项，共支出经费银三万四千九百余两，除所属马巡局经费银五千余两，尚在三万两之谱，是三万两经费之多，仅养巡警一百余名，不无虚耗，原议减三千八百两系专指第二十七项言之，兹查第二十八项及第二十九项，该协所属，俱有独立机关，所设文案及公所等费，在两属局开支，已绰有余裕，该协不得另行支给，而办理交涉、应酬洋人、聘请翻译等费，按之法理、事实，尤不相合。且查国家经费款项内，临榆县知县衙门经费，有津贴银二千四百两，专为办理交涉之用，即前所用翻译等人，亦均与该协无涉，拟请仍照原议等语。科员等覆行审查，得该协兼带巡警系因光绪二十八年间秦王岛地方有各国驻兵，该协奏委办理山海关、秦王岛、北戴河一带交涉巡防事宜，该处劫贼票匪出没无常，于是设立巡警两周，计巡兵一百六十名，分段弹压，嗣因地面辽阔，添设马巡，俾资补助，至其薪水系照海军俸银章程八折支给二百十六两，该协本通西国语言文字，是以格处优给薪费公费原支银二百四十两，光绪二十九年七月起酌减一百两，该处洋兵未撤，应酬浩繁，又暂加津贴一百两，将来该协如遇更调，必须添设翻译，应令在薪费内匀给，不得另行请款。现在洋兵尚未撤尽，其津贴一项，自未便议裁，其余各款，实亦无可核减。惟查北塘巡警每月局费不过四十两，该协与大沽协公费皆系一百四十两，拟请比照北塘局费数目，每月饬裁一百两，仅留四十两，如此，则可裁银连闰共一千三百两，至大沽协，每月同拟裁去公费银一百两，应请另案饬知遵照。

第三十一项　北塘巡警原议减银二千五百八十九两九钱九分九厘。

查上次札复未便裁减，覆议称北塘巡警局与大沽、塘沽略同，与山永协迥异。其管带薪金，视大沽、塘沽两处，大相悬殊，前案比照裁减，似非正当，拟请仍照原议等语。科员等覆行审查，得该游击上月详报，据称尚可减去银一千零七十四两四钱五分九厘，该局地当冲要，事物极繁，实非各局管带可比，所称拟减之数，业已格外撙节，似未便再行裁减。

第三款

第一项　北洋高等巡警学堂原议减银六万八百七十六两五钱九厘。

查上次札覆分别裁留，覆议称，北洋巡警学堂学生人数与保定巡警学堂相差无几，而保定每年经费共需三万两有奇，该堂竟用至六万余两之多，其糜费已可概见。归并虽限三月，但学生人数较前益少，额支活支似均不得照原定数目，拟仍饬令切实核减，以重公款等语。科员等覆行审查，得该学堂学生前议归并直隶巡警学堂，嗣以该生等资格多不合章，且归并直隶巡警学堂，无班可归，势须另开新班，转滋烦费，禀奉督宪批准，毋庸归并在案，是该堂人数并不见少，自不能不仍旧开支。应请札覆该局查照，并札该堂，于有可以节省之处，仍应切实撙节，以杜冒滥。

第三类　实业费

第三款

第二项　种植园改办试验场，原议减银三万八千一百三十二两。

查上次札覆碍难裁减，复议称此项固属筹备宪政所应办，本局原议并非抹倒农事，缘就保定试验场再加扩充，一方面为撙节经费计，一方面为土地相宜、尚易收效计。若谓正以津地斥卤，谋变化土计，窃恐吾国学识尚难及此，且势必广购口料，聘请技师，恐培养数亩之田，耗银百千两不止，似此耗费，小民断难仿效。但该场业经布置，似难中断，饬查该项名目，有开办购置银两，员司、牧师、丁役薪膳银两，肥料种子等费银两，未免过事铺张，拟仍饬缩小范围，以图撙节等语。科员等覆行审查，查得谘议局所议自系为慎重款项，预防滥支起见，惟此事既系筹备宪政应办事件，此项试验场又作为全省模范，究应如何妥慎进行之处，应请迅饬劝业道宪另拟妥善办法，详候核夺办理。

第四项　渔业公司原议减银一万三千一百八十二两九钱六分一厘。

查上次札复减去银三千五百两，复议称，劝业公所水产股虽只有股员一人，势难兼顾，然设于该股酌添员司办理，较另设公司，所省必多，且稽查税务一节，四分局虽系自办，然俱在本埠，其余均系包办，更何烦重之有？至考查渔业，则属第五项提倡事件，拟请饬知该道变通办理，再行撙节等语。科员等覆行审查，得渔业经费除拟减之三千五百两外，仅剩九千余两，每月分摊仅只七百余两，以沿海千余里、纵横十余州县之渔业事务，每月开支只此数百金，似不为多。各分局除天津四分局外，尚有沿海六段，共六分局，又静海、宁河、抚宁、临榆等县，均系委员办理，并非均系包办，该局所请变通撙节，应请札饬劝业道酌量查照办理。

第六项　提倡渔业原议减银五万五千五百六十六两。

查上次札复未便遽减，复议称，水产学校既经设立，其水族馆、水产试验场虽须同时建筑，方为完备。但事系创举，一切设置，宜尚简略，如养鱼池一项，即事所必需，似亦毋庸一万三千余两，应俟办有成效，再行徐图扩充等语。科员等覆行审查，得水产学校全重实习，与普通学堂不同，养鱼池、陈列馆均系预备实习之用，前经劝业道商之专门教员，称本年第二学期即须资以实验，当拟缩小范围，造一模范养鱼池，经费不过三千金，并无须一万三千金之多，陈列馆房舍不过八千金，其余各项，亦应请饬劝业道切实撙节办理。

第四、第五款

第一项　劝业公所工业试验场又劝业公所化分矿质局原议减银四万一千一十四两。

查上次札覆碍难照减，覆议称，实习工场所习虽多浅近，果能极力整顿，不难渐臻上乘，劝工陈列所既设有化验部，因方为珪举办较有依据，再于矿科内添设专员，督饬一切，其费用必省于另立局所数倍。总之，现今财政支绌，与其另设名目，虚掷巨款，不若就已立场所，实力考求，拟酌留原款二万两，以便添聘技师，购置物品，余悉裁去等语。科员等覆行审查，准劝业道送来意见书，内开化分矿质局前次预算，本拟在河北大胡同房舍办理，现经农工商部奏定专章，应在劝业公所附近办理，现拟在公所旁余地加添房舍，是除各项开支处，尚须追加建筑费。现在经费支绌，何敢另行请款，兹拟稍事变通，先行建筑房舍，购置器具，余款留充常年经费，仍照原拟之四万一千一十四两之数，减去四千两，并不另加建筑费等语。科员等以为，既须另行建筑，则建筑之费，理应另行追加预算，未便由常年经费内抵销，致滋牵混。谘议局所请酌留原款，另行追加预算款二万两，其余二万一千一十四两应请如议裁去，其建筑费，准其另行追加预算，以清界限。

第四款

第二项第十目　天津实习工场花红银原议减银三千六十三两三钱二分四厘。

第九、第十一项　北京第一、第二工场原议减银四百八十五两六钱。

查上次札覆碍难裁减，覆议称，提倡鼓舞，实属正当，然果系何科、何等工徒，始能得此花红，用何标准定其数目，拟请饬该场每年详细列表，以昭核实等语。科员等覆行审查，得谘议局所议，系为实事求是起见，应准照议，饬知劝业道查照办理。

第五类（官业支出）

第一款

第一项　北洋官报局原议减银二万四千四百七十三两二钱二分八厘。

查上次札覆酌量裁减客籍学堂一款，仍令照解。覆议称，该局实有冗员，即请督部堂毅然饬裁，至能酌减若干，俟下期预算，自可定其确数等语。科员等覆行审查，得据官报局意见书内开上月详报，据称裁汰冗员一节，业将员司工匠人等分别裁汰，共计裁减银一万三千一百八十一两三钱七分。至客籍学堂一款，该局业与提学司另案议定办法，该局获有赢余，自应照议拨解，其余即照议俟下期预算，再定办理。

经常门共核减银三万六千五百六十九两八钱二分九厘。又，补减大沽协公费银一千三百两。

谨将谘议局覆议地方行政经费临时门岁出预算案覆行审查，严加汰减，说明理由，缮具清折，恭呈钧鉴。

计开：

第四类　工程费

第一款

第三项　工程局原议减银七千六百六十三两九钱零四厘。

查上次札覆碍难节减，覆议称，巡警道既经设立，工程局自应照章裁并，稽查建造司事与总核工程及监工各员名目、职务，均形冲突，帐目乃收支专责，又有提调亲自考核，稽查一员，无所事事，究宜裁汰，且该局经费均各列有详表，又羼入公费一项，亦似不无浮冒，拟请仍照原议等语。科员等覆行审查，查宪政编查馆考核巡警道官制细则，关于工程事项，本有稽核之责，惟该局职掌事项，极形繁难。天津为北洋通商巨埠，如平治道路、开通沟渠、整顿桥梁、培修渡口，以及筹设电灯路灯、栽种表道树株、喷洒街道、抽撤秽水、河北地亩注册、建造房屋给照、挑取河淤给照、经租官房地亩等事，自不能不设一独立机关。至该局总核工程、稽查帐目各员，原系旧有名目，现在改定新章，分科办事，已将应用员司，详加审定，于上年十一月间详蒙督宪批准在案，惟提调一员，则因既有总务科长，该员已同赘疣，旋即裁去，此外尚无冗滥。第公费一项，原系备作局中伙食之用，该局现在另有伙食一项，则局费自可停支，其余各款，亦应格外撙节，原议所减之数，现拟除总办、会办薪水四千三百四十九两八钱仍照旧支领外，其局费二千四百八十五两六钱，即照原议，悉数裁去。此外，再饬酌减八百二十六两五钱四厘，通共减银三千三百十二两一钱零四厘，嗣后该局各事，即请责成总、会办认真督饬办理，并责成巡警道实行稽核，以符定章而资整顿。

临时门共核减银三千三百十二两一钱零四厘。

《大公报》三千一百廿三号，宣统三年三月十三日（1911年4月11日），第三张，第3页；《大公报》三千一百二十四号，宣统三年三月十四日（1911年4月12日），第三张，第2—3页；《大公报》三千一百二十五号，宣统三年三月十五日（1911年4月13日），第三张，第1—3页

顺直谘议局议决妇女天足案

顺直谘议局议决妇女天足案，昨已具禀督宪，文曰：窃维我国风俗中之最鄙野黯陋，且流于残忍痛苦而不自觉者，莫过妇女缠足一事。近之则损肢体、废操作于一身一家，有百害而无一利；远之则孱弱种族、妨害女学，使全国受莫大之影响，此其害沿自数千年前，虽非一朝一夕所能尽革，而要不可不设法劝导，以期逐渐改良。故近来忧时之士，或作为演说，或立会劝导，而卒无大成效者，则以习俗囿人，积重难返，愿谨者明知其害而不为矫世骇俗之行，一二不顾毁誉首先提倡之人，又以人众我寡，动遭非笑，一挫再挫，乃益为众观所畏戒，是则欲祛陋习、破锢蔽，非刊定条教，由地方官时时督催劝告不可，独是事关风俗习惯，必一一以法律相绳，无论迹近烦扰、有妨政体，而一省之大、万民之众，地方之习俗不同、风气之通塞迥异，欲求一通行无弊之法，实属难事。议员公同酌议，拟定大纲、办法数则，拟请督部堂饬下各属，令其遵照办理。其详细切实办法，仍令各地方官查照本属情形，斟酌办理，庶官绅易于奉行，而数千年陋习亦可渐次改革。谨开办法于左：

（一）各州县地方官须于每年春初出劝缠足白话告示一次，令各村庄张贴通衢，俾众周晓。

（一）各州县地方官宜倡率绅士创天足会，实行劝导妇女天足。如于一州县境内有能劝至千家以上入会者，呈报督部堂查核，分别官绅给奖。

（一）各州县官绅各斟酌本处情形，若能适用赏罚以辅助倡办者，可援照前督部堂端莅江督任时所颁之法办理。以上各条办法，除第三条可斟酌本处情形办理外，其余各条各地方官绅须一律照办，如蒙俞允，再由本局搜集关于劝戒缠足一切白话文告及立会章程，随时缮呈督部堂核准刊印，分颁各州县，俾资仿效，为此公同议决，呈候公布施行。

《大公报》第三千一百四十三号，宣统三年四月初四日（1911年5月2日），“本埠”，第5—6页

覆议议决提倡妇女天足案

案：奉札交覆议议决提倡妇女天足一案，议员等公同讨论，其中增改原文第三条，可援照前督部堂端莅江督任时所颁之法办理等语为由，各该州县官绅妥议办法，禀请督部堂核夺一节，自系为慎始事防流弊起见，应请遵札饬行。为此公同议覆，呈候公布施行。

《大公报》三千四十一号，宣统二年十二月十一日（1911年1月11日），第三张，第2页

覆议议决推广林业案

案：奉札覆议决推广林业一案，以有更改各节，交令本局覆议，议员等公同讨论。查更改各节，均较原文更加周密，应请照札饬行。惟原第二十一条首句既改为凡注册之私有森林云云，其下之注册长成后句，“注册”二字似应删去，以免重复。为此公同议覆，呈请公布施行。

《大公报》三千四十一号，宣统二年十二月十一日（1911年1月11日），第三张，第2页

顺直谘议局公布文件·覆议裁撤卫生局腾款以作教育经费案

案：查本局议决裁撤卫生局腾款以作教育经费一案，呈奉发交审科呈据审查各节，札覆本局查照等因。议员等公同讨论，切实研究，窃以为审查各节，殊有无从索解者，请为我督部堂觇缕陈之。查卫生局职掌各事，纯属内部行政，裁撤与否，归并与否，断非外人所得过问。所谓关系外交者，不过因天津系通商巨埠，又与租界毗连，防疫一事，不得不特为注重。往年警务公所未经成立，故设专局经理，以免外人诘责，自是一时权宜之计。现在警务公所既设有卫生专科，巡警道又系特旨简用，事权所属，考成所关，自应负完全责任，其不必鳃鳃过虑，留此赘疣，以糜巨款明甚。且事权不统一，则牴牾之弊与推诿之弊逐渐而生，事有必至，理有固然，无俟烦言而决。国家设官分职，原期事归划一，按期责效，断无此矛盾纷歧之办法。卫生事宜，若不在巡警道职掌范围之内，则该局当单独设立，警务公所不必再有卫生专科。警务公所既有卫生专科，其设置又近在津埠，则该局之宜即裁撤，毫无疑义，议员等再四筹商，实难嘿已，应请督部堂仍照前案，将卫生局及附设扫除、防疫两科，一律裁撤，并归警务公所卫生科统筹办理，非惟腾出巨款，有裨教育前途，即卫生一切事宜，亦可专责成而收实效。为此公同覆议，呈候公布施行。

《大公报》三千四十七号，宣统二年十二月十七日（1911 年 1 月 17 日），第二张，第 3 页

顺直谘议局公布文件·议决改良寄庄外庄征收办法以免赔累而弭讼端案

窃按邑壤衔接之地，甲乙两县人民不乏隔境购地者，在各经管征收此项田地粮租之州县，名此项粮租曰外庄，亦曰寄庄。国家计地摊粮，民间按亩缴课，本无分此疆彼界，惟缴纳此项粮租之花户，以纳课在彼，受治在此，地方官无直接拘束之力，往往延缓不交，承管此项租粮之粮差，乃不得不为之包垫赔纳，历年间因此涉讼者，不一而足。近来新政繁兴，筹款日益，率系按亩摊派，赔垫愈多，苦累愈甚。各属绅民因此意见冲突者，亦所在皆是。地方官遇此种案件，非不移会关传，终以统治所关，不免意存袒护，未肯穷诘。以故一遇此种案件，往往累月经年，未克清结，废时失业，莫此为甚。伏思隔境种地，各属情事相同，则互纳粮捐，本无丝毫偏倚，乃因此而缠讼不休，固由人民识见之褊狭，亦由官府立法之未善，若不设法剔解，不惟新政筹款，阻碍良多，即团体进行，亦妨害不少，议员等一再协议，拟请通饬各州县，凡有寄庄、外庄地亩，均令每年于开征前三月，责成制造粮册之人，造一详细册簿，并将应纳租粮差徭及新政附捐各若干，一一详载其内，然后交由各州县于开征前，彼此移会代征代缴，按季清厘，则民户无延玩之虞，粮差免赔累之苦，新政筹款，既不至有名无实，此项讼端，亦可由之渐减，实属一举两得。为此公同议决，呈候公布施行。

《大公报》三千五十号，宣统二年十二月二十日（1911年1月20日），第三张，第2页

顺直谘议局公布文件·
呈请督部堂陈代奏覆核开平矿产债票文

顺直谘议局为呈请代奏事，窃本局查办开平矿案情形，关系极为重大，呈请明白宣示，当蒙督部堂札开，据顺直谘议局呈请宣示查办开平矿产始末情形一案，到本大臣据此查此案前议由国家发给债票收回一节，现奉上谕，应毋庸议，饬令外务部会同本大臣及张京堂翼按照查办大臣所拟各节，由滦州矿局加招商股，即就开滦两矿发给公司债票，归并办理，并因英公司款目轇轕甚多，饬张京堂翼届时赴北洋会商办理，当经本大臣钦遵电饬派赴伦敦洋员向英外部、英公司正式撤销条件，即日回华在案。再，此案系由军机大臣密寄之件，经本大臣认为必当秘密，兹将大致缘由札覆该局查照等因，奉此仰见朝廷慎重矿产实行收回之至意，钦感莫名。惟是此案轇轕十年，变幻百出，前次所议由国家发给债票、收回矿产办法，英廷因中国主权所系，公理具在，俯就范围，实属永断葛藤之计，嗣后滦矿公司集议，复请以滦矿作抵，乃系收回开平以后，对于国家间接担负债票本息之意，今若遽将开滦两矿合并办理，发给公司债票，是直接以矿产担任债票，势必将全矿作抵，授外人以干涉之渐，诚恐已失之开平固难望其完璧，即完善之滦矿，亦将难以瓦全。是我负收回之名，而彼遂吞并之实，且外人狡诈多端，上年张翼密与那森巧拟开滦合办合同，攘利侵权，损害甚巨，嗣经直省士绅合词抗拒，始寝此议。而张翼为一己之私，现复时时鼓吹此说，以期实行，是开平未收回以前，遽言归并，尤足以资影射。窃谓收回与归并，系属两事，应分先后两层办理，拟请仍照前议，先以国家名义发给债票，俟实行收回后，再筹两矿归并之法，以杜流弊。如虑矿利难恃，愿将直省地方确实底款加入担保，至于债票数目，必俟旧帐结清，始能得其确数。张翼固为经手之员，亦系偾事之人，所列帐款，必须严加复核，方足为据。本局为全省代表舆论机关，此案为国家主权疆土所系，阖省士绅延颈望治，已非一日，兹者函电交驰，异常惶急，不得不沥陈得失，吁恳督部堂据情代奏，以保疆土而一主权，无任迫切待命之至。为此备文具呈，伏乞照呈施行，须至呈者。督部堂陈批答，据呈已悉，仰候据情分别咨呈军机处、外务部查照，此批。

《大公报》三千五十六号，宣统二年十二月二十六日（1911 年 1 月 26 日），第二张，第 2—3 页

顺直谘议局公布文件·顺直谘议局各会委员名单

（顺直谘议局）庶政委员会十九人：

王邦屏、仇翰垣、石之梅、贾文龙、李谐龚、王廷烛、贾恩绂、么立祥、王国彦、田西河、尹维藩、田益锟、刘寿山、张冠卿、陈甫杰、康景昌、文敏、王吉士、姜汇海

法律委员会九人：

宋如璋、李兰增、袁华林、沈鸣诗、李培真、吴鼎昌、李镜蓉、张廷钰、张秉鉴

陈请建议委员会七人：

王法勤、徐寿光、孟昭文、王庚堂、吉安、马汝典、徐莲峰

审查资格委员会七人：

李景芳、傅圻、宋桢、祥俊、李士铭、郝士元、李清源

调查委员会八人：

王邦屏、刘福田、李士铭、仇翰垣、徐寿光、袁华林、吴鼎昌、李景芳

《大公报》三千八十二号，宣统三年二月初一日（1911 年 3 月 1 日），第二张，第 3 页

顺直谘议局公布文件·藩司自治局会详分配差徭办法文

宣统二年十二月二十四日呈

为会详覆事，案奉宪台札开，为札饬事，据顺直谘议局呈议决恪遵奏案、清理差徭、痛除积弊、以除民困一案到本部堂，据此当经照章发交审查，旋据审查科呈称，查清理差徭，应照本年所定随查报随清理办法，其已经查清呈报者，即由各该地方官会同自治会或自治预备会，斟酌地方情形，详细分配，其未经呈报者，应札饬地方官、自治会或自治预备会，一面呈报，并拟具分配办法呈核。以上二项，均限文到三个月，分禀藩司、自治总局，刻日核断，如有官绅争执之处，应各具理由分报，由司局会同核定，一经核定分配后，即由司局移知清理财政局查照。惟此案尚待详议，应按照会议厅规则第十二条交局复议等情，复经札局复议。兹据该局呈称，札复各节，议员等公同讨论，佥以札开各节切实详明，自应遵照办理等情，查此案既据该局议覆，应由藩司、自治总局会同札饬各属遵照办理，并依限分禀该司局核断，事关奏案，复经谘议局议决，该司局务当妥速办理，并先行拟具会同办法呈核，勿稍逾延，除分行外，合行札饬，札到该司，即便遵照，并移清理财政局知照此札等因。蒙此，查直隶省差徭积弊甚深，既经议定清理，自应遵照赶办，前已由司通饬各属，并由局派委绅士，将差徭分别确查，原拟俟官绅查明报到后，彼此核对，如果相符，再定办法。现查各属有已报到者，有未报到者，自应查照审查科所议，由司局分饬各该地方官会同自治会或自治预备会，凡已查报者，限文到三个月内，斟酌地方情形，详细分配，呈请核断。其尚未查报者，亦限文到三个月内，会同查明开报，一面拟具分配办法，呈请核断。如有官绅争执之处，应各具理由，分报司局会核饬遵，以期清理。至永年、巨鹿、南乐三县上年奏明所办差徭，官民称便，著有成效。兹查永年差徭，至今并未清理，恐巨鹿、南乐二处情形亦复相同，此次应一并清理，用苏民困。将来各属将分配办法报到，应均由司会同核定详办。谨遵拟会同办法，开具清折，呈请宪台查核，俯赐批示，以便通饬遵办。再，此详系本藩司主稿，合并声明，为此备由具呈，伏乞照详施行。

计附清折一扣

直隶布政司使司、直隶自治总局呈，谨将会拟差徭分配办法，开具清折，呈请鉴核。

计开：

一、各属将差徭分配情形，分禀司局核断。如官绅并无争执，查照奏案，亦无违碍，拟照原定分配核准。

一、差徭分配，官绅如有争执之处，拟分为甲乙两种办法。

甲　如有因某项差徭是否应在分配范围之内争执者，由司局将此项差徭是否系属差徭，抑系陋规规费，移清理财政局查覆后，会同核定。但其余确系差徭者，须先分配，不得因有一二项之争执，逾越期限。

乙　如因分配数目争执者，由司局移清理财政局，将该属因公费用之数查复后，会同核定。

一、各属差徭无论征收本色或折色，凡属民应官差，由官向城乡民户派办者，此次均应分配。至陋规规费情形，与差徭不同，当另行酌办，不在此次分配范围之内。

按，绅查册报，每将差徭与陋规规费合并开报，查《清理财政章程》二十七条内载，各项规费实除津贴公费外，概归入本省正项收款等语，又奉宪台札行，札覆谘议局议决交议自治经费案，内开差徭之款除酌予减免外，分为厘定地方自治、酌补州县公费两项之用，应查照原奏办理。各州县陋规，刻已由财政局通饬各属续行查报，应俟复查报告后，酌补州县匀定公费之需，其余作为将来兴办自治范围内各事之用等语，此次分配差徭，系根据原奏案，自当与陋规规费分案办理，以期妥协。

一、各属武职教佐及河防各官所有差徭，由地方官在奉文分配期限内，知照各该官厅，由各该官厅会同自治会或自治预备会，斟酌地方情形，详细分配，呈由地方官转详立案。如官绅有争执之处，应各具理由禀候，由局核断。

按，官绅查报各项差徭，不尽属各地方官管理，有由河防各官及武职教佐派办，归地方官督征，或由地方官代派代收，各属情形，参错不一，然多与地方官差徭互为牵涉，似应一并分配，由地方官作主决定，以免纠葛。

一、书差浮收之差徭，此次分配，一律遵照奏案，由地方官斟酌裁留，归入公费内，由本官给予书差。

一、各项差徭，业经拨充地方公用者（如充学、警经费及公益之用等类），不在此次分配之列。

一、各属将差徭分配情形，禀请核断，如有征收本色之差徭，均折定银钱价目开报。

《大公报》三千八十五号，宣统三年二月初四日（1911 年 3 月 4 日），第二张，第 4 页；《大公报》三千八十六号，宣统三年二月初五日（1911 年 3 月 5 日），第二张，第 4 页

顺直谘议局公布文件·陈请筹办纺纱厂以兴实业而挽利权案

宣统三年二月初三日

窃维治国之要，首重富强裕民之方，必先经济。伏查直省地势高敞，土壤乾燥，五谷树艺，棉产最为大宗。口北府厅近边蒙古，寝褥衣被，恃此取给，销路复极渊广，故中产以下民户，类业纺织，恃为生计。但从前所用原料皆系制自人工，自机制洋纱流入，物美价廉，尤觉适用，机户顾全销路，势须向彼购求，料品既需于人，价格自为操纵，高下在手，贵贱从心，机户所获，仅属劳动工资，前恃为产胜销畅事业，今则渐次失所依倚，若不急图补救，岂徒民生日艰，势必财源渐竭。自中外通商而后，入口货多，出口货寡，外海商战既处天然劣败之场，小民所恃以为生计者，犹幸内地制造未尽为彼垄断，今复为其所夺，直民生计前途危险，曷堪言状。窃以为工竞商战之世，将为国家关利源，为直民巩生计，非筹款设厂，自办纺纱不可。约计其利有三：物产于我，货制于人，营运一周，利益十倍，彼之盈余，我之膏血，筹款设厂，漏卮自塞，其利一；料品输

入，价格居奇，涨落靡常，措勒随意，市面恐惶，机户失业，设厂自造，诸弊悉锄，其利二；就地购料，运脚必轻，成本既微，价格自廉，购织贩运，销路必畅，其利三。现值提倡新政，欲谋福利，实属莫急于此，河南、江苏各省早已著有成效，曾经详细调查，约计一厂用费，固定、流动资本总计在百万两上下之谱，直隶财力虽觉困难，但大利所在，允宜移缓就急，岂可因噎废食。拟恳督部堂俯念此项实业为全省命脉所关，不论如何为难，准筹拨银一百万两，以资组织，俟成立后，即由官督绅办，俾专责成而谋发达，似此办理，庶几外可挽已失之利权，内以固人民之生计，国家幸甚！直民幸甚！所有详细办法，除俟批准后再行会拟呈核外，为此公同会议，呈候裁夺施行。

《大公报》三千九十六号，宣统三年二月十五日（1911年3月15日），第二张，第4页

督部堂陈札行陈请筹办纺纱厂以兴实业而挽利权案文

为札行事，据顺直谘议局呈送陈请筹办纺纱厂以兴实业而挽利权一案到，本大臣据此查所陈三利，皆有见地，自宜及时举办，以兴利源，且据呈请成立之后，由官督绅办，责成既专，收效自速，事属可行。惟所请拨给资本一百万两，现在各库同一支绌，难以凑集，事关全省人民生计，应候在于绩借公债款内陆续拨出银一百万两，存储直隶省银行，俟将详细办法逐条商定，呈候核准，再行动用。为此札行谘议局查照，须至札者。

宣统三年二月初十日

《大公报》三千九十八号，宣统三年二月十七日（1911年3月17日），第二张，第4页

顺直谘议局公布文件·陈请通饬各属仿照天津体育社章程变通办理以振尚武之精神案

宣统三年二月十五日

窃维我国重文轻武，民鲜知兵，历史相沿，已成习惯，恒以当尽义务，视为畏途，虽由风俗使然，亦因无人鼓舞提倡，以振其勇敢之忱，作其颓败之风，谈虎色变，又何足怪？查东西各国，民皆尚武，人尽知兵，即妇人孺子，亦皆明敌忾同仇之义，一旦有事，或以马革裹尸为荣，或以倾囊助饷为乐，知其训练涵育于平时者，匪伊朝夕之故。我国征兵之制，久已废除，讲武之风，又干例禁，蚩蚩者氓，惟日生活于懦弱吝啬之中，不复以国家大计为念，若非广为劝导，预事操防，实不足练胆识而备缓急。际此国势极弱、强邻环伺之时，御侮守防，在在均关紧要，实属万不可缓之图。议员等公同讨论，宁使有备无患，为未雨之绸缪，岂可失机？后时贻噬脐之隐患。查天津体育社之组织，法良意美，洵足树全省楷模。第该社章程，稍形阔大，恐僻陋州县，未易仿行，兹就原章，略加增减，俾归简易。拟请督部堂俯念现在时势危迫，准将此项章程，通饬各州县，商同自治会，斟酌本地情形，变通办理，以振发人民保群之念，预储国家御侮之材，实为大局之幸。为此公同议妥，呈请核夺施行。

附录：简章（简章见前专件门）。

《大公报》三千一百号，宣统三年二月十九日（1911 年 3 月 19 日），第三张，第 2—3 页

州县体育社章程

宗 旨

第一条 本社以招收本州本县土著并寄居之士、农、工、商及其子弟，练习体操法，强健身体，振作尚武精神为宗旨。

定 名

第二条 本社定名曰某州某县体育社。

地 址

第三条 本社暂借本州本县议事会为事务所。其城镇乡有能设立分社者，以该城镇乡议事会为事务所，其操场由各该议事会酌定

职 任

第四条 本社各员凡担任职务者为职员，肄习体操者为社员，其余发起人不在社中办事者，为评议员。

第五条 本社设正社长一员，副社长一员，由发起人公举，专司总理本社各事宜。

第六条 本社体操教习，由该议事会商同警务长及各区官代为教练，其款项充裕，另聘教习亦可。

第七条 所有正、副社长均尽义务，不支薪水，其余教习可由本社酌送车费。

权　限

第八条　正、副社长对于社中例行各事，可自由处理，凡一切重要兴革事宜，须开会由评议员多数发表。

第九条　正社长如遇有事故，社中一切事务，可由副社长主持代行。

第十条　体操教习对于社员须悉心教练，如社员中有不守操规者，须告知社长处理，不得当场申饬，如小有过失，亦可婉言训诫。

会　议

第十一条　本社会议日期，每月开例会一次，召集全体职员及评议员，研究一切应办事宜。

第十二条　每年正月开全体大会一次，报告一年开办情形，兼研究一切兴革各事宜。

招收社员

第十三条　本社招收社员分二种办法：

一、由各团体或职员及评议员之介绍者。

一、由自行请愿而觅有二人以上之介绍者。

第十四条　凡经本社认为社员者，须照本社定式填写志愿书，送呈本社即行给予证书、以凭入社肄习，概不收费。

第十五条　本州本县各社社员总额约以二百人为限，倘逾定额之外，均作为备补社员，亦可随同下操。

第十六条　社员以年在二十岁以上、四十岁以下，身家清白、品行端正者为合格，其有四十岁以上、自认能充社员、一体操练者，亦可收入。

操　章

第十七条　本社社员体操一切章程，由社长会同审察长及教习妥订（另有专则）。

第十八条　职员及评议员有愿随同操练者，亦可一体操练。惟到操时，其资格与社员同，所有操场一切规则，须一律遵守，不得歧异。

第十九条　本州、本县及城镇乡区域广狭不同，其有情愿入社而距离较远者，可分设操场数处，由该教习分日循管教练。

第二十条　本社操场应用枪枝，俟仿照天津体育社章程第二十七条办理。

职员任期

第二十一条　本社正、副社长统以一年为任满期限，届时开会，由全体人员另行公举，如能胜任者，仍可继充，不愿再就者，听惟初次被选，不得谢绝。

经　费

第二十二条　本社开办经费，由发起人认筹，其有不能入社担任事务而愿慨助经费者，本社认为赞成员。

第二十三条　本社常年经费，由职员及评议员担任筹画，其有力者，亦可酌量随意捐助。

第二十四条　本社所有每月收支款目，以及制办各项开销，按月造其详细表册，登报宣布，以昭核实。

附　则

第二十五条　以上各条，如有未尽事宜，随时酌量情形，由职员、评议员会议公决、增改，以期完善，所有内部一切细则，另行拟订。

《大公报》三千一百一号，宣统三年二月二十日（1911年3月20日），第三张，第2—3页；《大公报》三千一百二号，宣统三年二月廿一日（1911年3月21日），第三张，第2—3页

天津体育社职员办事权限细则

社长与评议长

一、社长为行政一部分之领袖，评议长为立法一部分之领袖。

二、评议员议决之事，社长须执行之。但社长亦有与议讨论之权，见有所议不合或滞碍难行者，亦准社长驳议。

三、议决已行之事，如行之有碍，亦准社长提交评议长、员复议。

社长与审查长

一、操法及关于操务一切事宜，为审查长之专责，社长如不明操法，不得轻于干预。

二、社长所发命令，如于操务有所抵触，审查长得提交评议长、员会同核议。

三、审查长应将操练情形，随时报告社长。对于操法有所疑问，亦应详晰答覆。

评议长与审查长

一、评议长、员所议之事，如有涉于操务者，应请审查长、员同议，以免阻碍。

二、审查一部分对于评议一部分，有发言及决议之权。

审查长与总教习

一、审查长对于操务有所命令，即责成于总教习，总教习应服从其命令，以转发于正副各教习。

二、总教习总司内堂及操场一切功课，承审查长之命令以施行其职权。

总教习与正教习

一、正教习应按照总教习所订功课，以指挥、分派各教习一律遵行。

二、各教习在操场上施行教练，如与总教习所订功课有所未合，正教习得指点矫正之。

正教习与值日审查员

一、值日审查员早晚两班均到操场，帮同审查长或代审查长，监察操场上一切事宜。诸事与正教习接洽，正教习应听值日审查员之指挥。

二、正教习在操场上所报告于审查长之事件，均由值日审查员转达，但如有须当面请示审查长之事件，不在此例。

评议长员之于操场

一、评议长、员在操场上无发言之权，如到场参观，见有可议事项，须录载日记簿上，候会议时与社长及审查长、员同议。

二、评议长、员在操场上应别为一席，如无紧要事项，不得与社长及审查长、员等交谈，以肃纪律。

三、评议长、员在操场上如见有急不可待之事，须与社长或审查长、员面商者，应由评议长发言，如评议长不在场，应公推评议员中之一人发言，以整秩序。

评议审查两部分与社员

一、评议长、员及审查长、员，对于社员在社外之举动，均有随时调查之责，但如查得社员有非分之行为，不得由个人处置之，须到社报告，公同核议办法。

《大公报》三千一百八号，宣统三年二月廿七日（1911年3月27日），第三张，第2页

督部堂陈札复陈请通饬各属仿照天津一律设立体育社文

为札行事，据提学司、巡警道会详称，宣统三年二月十七日奉宪台批谘议局陈请通饬各属仿照天津体育社章程变通办理一案，蒙批，呈章均悉，所陈是否可行，仰提学司会同巡警道悉心核议，详候酌夺，原书抄发等因到本司，移行到职道，奉此查去年职道详奉宪台批直绅王贤宾等创办天津体育社，请核咨立案一案，蒙批，据详直绅王贤宾等创办天津体育社、开具章程请立案等情，事属可行，候将章程清折咨送民政部查照立案，仰即照录清折一扣，呈送备查，此缴等因在案。此次该局拟送简章，系就原章略加增减，大致在外州县暂以各属议事会为各社事务所，副社长则改为一人，教练则或延专员，或由警务长、区官等代办，其他各章条与旧章无甚出入，本司等窃维今日强邻环伺，鹗视鹰瞵，内政方改弦更张，外患复沓来纷至。征兵之制虽曾试办，而一言从戎，士民仍多方规避，诚如原书所称，非预事操防，实不足以练胆识而备缓急。顾立法不可急功，应先求其无弊，此项章程范围较宽，一失本意，势难收拾。津埠近接京畿，又为宪辕驻节之所，考察较易，自可推行尽利外，州县各处情形不同，习尚亦异，爱国本发自天良，似未便以功令强迫。详绎原拟章程，尚有未便遽行通饬者，仅为我宪台缕晰陈之，直隶幅员辽廓，风气不同，或习尚文弱，或习尚强悍，此事一经通饬，在文弱之地得以振起尚武精神，而强悍之民难保不肆无忌惮，其不便一。原章资格仅及年岁与身家品行数项，而不及所受教育高低之限制，诚恐办理稍不得人，流弊将不堪设想，其不便二。原章称警务长或区官可任教练，查巡警对于此事应立于监督地位，本不当参预此事，其不便三。原章枪支系由酌定数目，禀请给领或购领等语。查全省巡警久应遍给枪支，只以存枪不敷支配，至今各州县巡警尚未发枪者有之，若再准体育社之请领，益复不敷分布，其不便四。伏查直隶各州县以前尚有民立演武技场，地方官察非妨碍治安，本不概加禁止，是讲武例禁一语，亦应分别观之。又北直朝阳府有所谓义务巡警者，枪支、马

四、草粮等，概系自备，悉受地方官节制，并担负保卫地方治安之责任，其勇武可喜，其诚义可嘉，久在宪台洞鉴之中，推其由来，原系出于士民情愿，绝非被动之性质，是在地方士绅善自为之，非长官之命令所可及也。各州县如欲仿行，此社自不必予以例禁，至通饬一节，应请勿庸置议，惟外州县组织该社者，尚应于原章资格一项，另加须已读书三年以上之限制，并另条申明，设立之时，应由该地方官转禀职道立案，既成立后，听该处巡警之监督，以维秩序。所有奉饬会核详议缘由，是否有当，拟合备由详复，伏乞核夺施行等情到本大臣，据此除批如详办理，候札行谘议局查照此缴等因印发外，为此札行谘议局查照，须至札者。

宣统三年四月初三日

《大公报》第三千一百四十九号，宣统三年四月初十日（1911年5月8日），第二张，第4页

顺直谘议局公布文件·议决轻州县负担以除地方之害案

宣统三年二月初五日

窃维设官所以治民，而亲民莫如州县，州县廉则民受其福，州县贪则民遭其害，不易之理也。而欲养州县之廉，必先有以给其用，尤必有以减其费，而后州县有以自存，不至婪取于法外。近日各州县现象，则有与此相反者，自粮银价涨、税契改章后，岁入盈余渐微，而供给上官差费，方且日增而未已，以故俭约者尚可节缩以办公，豪纵者不免枉法以取偿，或则遇案苛罚，或则藉端加税，或且授意门丁勒赃分肥，无所不至，推原祸始，固由州县性贪使然，而实由上官诛求过奢，迫以不得不然之势，是则各地方之遭苦害，虽直接由地方官所为，其间接实不啻为上官所主使，此而不除，则上下交征，曷以饬僚属而整吏治？兹由本局公同协议，拟请将州县供应上官各差费，或时过境迁，或名存实亡者，悉行蠲

免，庶甘霖普沛，万类昭苏，在州县既不苦供应之繁难，在地方自必受无穷之福利矣。谨将应行减免各差费，条具理由，分列于左：

一、每年解藩署酌提俸工工料银若干两。

按，此款系藩司不报部闲款，向按季解司，作为清苑、天津二县津贴及院司衙门委员薪水、书吏饭食心红纸张等项之用，现清苑、天津二县缺分较各属为优，且各项公费经费皆已议定，此款似当停止。

一、每年解臬司添拨公费银若干两。

按，此款系道光十八年藩司通饬捐摊，遇闰加增，向在州县养廉银内扣放，现定司道公费，此款应即停止。

一、每年解清苑县招书饭食银数两。

按，此款系道光九年藩司通饬清苑县时有发审案件，原设招书不敷分派，详准添派贴书帮办，每年所需饭食，援案公摊各州县银二百五十两，向在应领知县养廉银内扣放，现已设高等审判厅审理各州县解省各案，清苑县并无发审案件，此款应即停止。

一、每年解省城候审所经费银数两。

按，此款系光绪四年因臬司提省审办各案，牵连人证，传质堪怜，筹议公捐经费，设立候审所，向在州县养廉银内扣放。现设高等审判厅，审判提省各案，自有经费，候审所已设初级审判厅，此款应即停止。

一、每年解臬司书吏饭食银若干两。

按，此款始自何时奉摊，因代远年湮，卷宗遗失，无从查考。惟每年奉文，在于应领囚衣粮并养廉银内扣放，现定司道公费与经费，此款应即停止。

一、每年解司府二监并禁卒更夫工食银若干两。

按，此款系咸丰八年藩司饬摊，在于州县养廉银内扣放，现司道府经费已定，此款应即停止。

一、每年加帮清苑县垫办司府县三监核减囚粮柴薪银数两。

按，此款系同治十三年藩司通饬摊解，每年在于州县养廉银内扣放，现定各级公费与经费，各监囚粮自应据实报销，不可再由各州县加帮。

一、每年摊帮清苑县司府县核减囚粮柴薪银数两。

按，此款系咸丰九年藩司通饬，一律改捐实银，每年在于州县养廉银内扣放，现定各级公费与经费，各监囚粮柴薪银两自应据实报销，不可再由州县摊解。

一、每年解清苑县垫办司府县三监公帮不敷囚粮米价银若干两。

按，此款系藩司饬摊，并无定数，现按清苑县报销册送司札饬，每年在于养廉银内扣放，现定各级公费与经费，各监囚粮自应据实报销，不应再由州县摊解。

一、每年解臬司札柬房书吏饭食银数两

按，此款系藩司饬摊，每年在于州县养廉银内扣放，现定司道公费与经费，此款应即停止。

一、每年解公帮涿、良二州县工料银若干两。

按，此款系藩司饬摊，每年在于州县养廉银内扣放，现拟定州县公费与经费，此款应即停止。

一、每年解津贴清苑县张灯司公费银数两。

按，此款系光绪元年十一月间藩司札据张灯司巡检禀准饬摊，每年在于州县养廉银内扣放，现当州县缺分瘠苦，且该巡检渐无所事事，将归淘汰，各属津贴，应即停止。

一、每年解公帮清苑县工料银若干两。

按，此款系藩司札饬，每年在于州县养廉银内扣放，现定州县公费与经费，是清苑县缺较他属为优，此款应即停止。

一、每年解天津通商公费银若干两。

按，此款系早年藩司通饬，每年在于州县养廉银内扣放，现定州县公费与经费，天津县公费与经费较各州县甚优，此款应即停止。

一、每年解臬司盐当规银若干两。

按，此款系早年藩司饬摊，在于州县养廉银内扣放，现在臬司已改提法司，奏定公费，此款应即停止。

一、每年解藩司盐当规七成实银若干两。

按，此款系早年藩司通饬，在于州县养廉银内扣放，现在藩司已奏定公费，此款应即停止。

一、每年解臬司北服幕友加拨公费银若干两。

按，此款系光绪二十九年四月间藩司饬摊，每年在于州县养廉银内扣放，现臬司改为提法司，奏定公费与经费，此款应即停止。

一、每年北服幕友加增修膳银若干两。

按，此款系光绪三十一年四月间藩司饬摊，在于州县养廉银内扣放，现臬司改为提法司，奏定公费与经费，此款应即停止。

一、每年解保定府发审修膳并公费银若干两。

按，此款系早年藩司饬摊，因州县廉不敷扣放，而每年扣府廉，由府札饬解现银归垫，现在高等审判厅成立，保定府发审局裁撤，此款应即停止。

一、每年解保定府发审委员薪水银数两。

按，此款系早年藩司饬摊，因州县廉不敷扣放，而每年扣府廉，由府札饬解银归垫，现在高等审判厅成立，发审委员裁撤，此款应即停止。

一、每年解保定府捐马不敷银若干两。

按，此款系早年藩司饬摊，因州县廉不敷扣放，而每年扣府廉，由府札饬解现银归垫，曩时各属缺分较优，摊解银两，情有可原。现在既皆不如前，若仍旧摊解，实力有未逮，况各级皆定公费与经费，应即将此款停止。

一、每年督藩臬三衙门续提缮书口粮银若干两。

按，此款系早年藩司饬摊，因州县廉不敷扣放，而每年扣府廉，由府札饬解现银归垫，现各级已定公费与经费，此款应即停止。

一、每年解督署缮书口粮并臬署委审稿书薪水若干两。

按，此款系早年藩司饬摊，因州县廉不敷扣放，而每年扣府廉，由府札饬解现银归垫，现院司已定公费与经费，此款应即停止。

一、每年解顺天学院书吏心红饭食银数两。

按，此款系早年藩司饬摊，因州县廉不敷扣放，而每年扣府廉，由府札饬解现银归垫，现在学院已改为提学司，定有公费与经费，此款应即停止。

一、每年解臬司代造驿站囚粮衣车价等项奏销册工本银数两。

按，此款系早年藩司饬摊，因州县廉不敷扣放，而每年扣府廉，由府札饬解现银归垫，现在驿站奏销归劝业道办理，臬司改为提法司，定公费与经费，此款应即停止。

一、每年解保定府招书纸张饭食银一两。

按，此款系早年保定府饬摊，按季解府兑收，现在已立地方审判厅，司法独立，此款应即停止。

一、每年解清苑县添设仵作工食银一两。

按，此款系早年饬摊，按季批解，本府兑收转解，现在设立审判厅，司法独立，清苑县为行政衙门，此款应即停止。

一、每年解天津道衙门发审委员薪水修膳银若干两。

按，此款系早年饬摊，按季批解，现在设立审判厅，司法独立，此款应即停止。

一、每年解省城候补穷员炭资银若干两。

按，此款系藩司札饬公捐，每年冬季解府兑收转解发给，现在各项官吏皆归考试任用，寡才者当罢免还里，将无候补穷员之名目，此款应即停解。

一、每年解藩委冬差各项公费银若干两。

一、每年上下两忙送藩委知县催钱粮差费并随封银若干两。

一、每年上下两忙送藩委典史催钱粮供差费并随封银若干两。

一、每年上下两忙送本府直隶州委知县催钱粮共差费并随封银若干两。

一、每年送本府直隶州委知县查（保甲积案）差费并随封银若干两。

一、每年送本府直隶州委知县查减平差费并随封银若干两。

一、每年送本府直隶州委佐杂查月报差费并随封银若干两。

一、每年冬季送臬委缉捕委员差费并随封银若干两。

一、每年冬季送本府直隶州委帮缉委员差费并随封银干两。

一、每年府委春差，查民壮、囤积、书役、团练、积案、仓谷、牙行、驿站、税契、劫案、桥梁、保甲、烧锅、私钱、捕役、柳株、班馆、监狱、墩埔十九札，每札一分送委员差费并随封银若干两。

一、每年府委冬差，查比捕、书役、牙行、保甲、窃劫、囤积、契尾、留养、柳株、栅栏、监狱、道路、招募、私钱、班馆、私宰、摊捐、军火、墩台、团练、驿站、羁禁、提审、承票、俸工、烧锅、仓谷、民壮、贩运、提审二十九札，每札一分送委员差费并随封银若干两。

按，以上各款，均系无关实际之例差，在从前无非为调剂候补人员之计，现在州县缺分既苦，况瞬届立宪，凡事宜求实际，不可徒袭虚文，此等差委，均当永远停止，以免扰累。

一、每年解本府或直隶州招书饭食银数两。

一、每年解本府或直隶州委员薪水并发审束修银若干两。

一、每年解本府或直隶州户书缮办盘查印结纸张工本银数两。

一、每年解本府或直隶州递马奏销册费银数两。

一、每年解本府或直隶州大堂更夫工食银若干两。

一、每年解本府或直隶州兵书军需纸张工本银数两。

一、每年解本府或直隶州轿夫工食银数两。

一、每年解本府或直隶州库用公费银数两。

一、每年解本府或直隶州门子工食银数两。

一、每年解本府或直隶州礼书纸张公费银数两。

一、每年解本府或直隶州总书公费银数两。

按，以上各款，均系本府或直隶州饬每年按季批解，现在各级已定公费、经费，此等解款应即停止。

查以上各款，皆为州县无谓之供给，名目奇异，情节支离，为立宪国所未有，目下州县缺分既较前清苦，似此不正当负担，亟应悉行删除，以免藉口赔累，致搜括地方，遗小民于无穷之害也。为此公同议决，呈候公布施行。

《大公报》三千一百号，宣统三年二月十九日（1911 年 3 月 19 号），第三张，第 3 页；《大公报》三千一百一号，宣统三年二月二十日（1911 年 3 月 20 日），第三张，第 3 页；《大公报》三千一百二号，宣统三年二月廿一日（1911 年 3 月 21 日），第三张，第 3 页；《大公报》三千一百三号，宣统三年二月廿二日（1911 年 3 月 22 日），第三张，第 3 页；《大公报》三千一百四号，宣统三年二月廿三日（1911 年 3 月 23 日），第三张，第 2—3 页

督部堂陈札行议决轻州县负担以除地方之害案文

为札行事，二月初五日据顺直谘议局呈议决轻州县负担以除地方之害一案到本大臣，据此当经照章发交审查科审查。兹据呈称，查原案议称欲养州县之廉，必先有以给其用，尤必有以减其费，而后州县有以自存，不至婁取于法外，拟请将供应上官各差费，或时过境迁、或名存实亡者，悉行蠲免。实属不为无见。惟查原案单开各款，出于公用者多，或因款项无着，出于一时权宜之计，或因办公竭蹶，勉作一时补救之方，奈今昔不同，情形变易，有已奏明指为他项的款，未便议裁者，有无凭悬揣，应候饬查详确，再行审议者，有循行故事、无补事实，应即裁免，以杜扰累者，亟应分别办理。谨将原案逐条详细审议，开列于后，业经本科公同议决，呈请裁夺施行等情，经本大臣裁夺，应照审查科所议办理，除行藩司将应即裁免各款，分别移行遵照裁免，并将酌提俸工工料款内天津、清苑两县津贴，涿、良、清苑三州县公帮工料，张登司津贴公费，保定府捐马不敷银两各款，由司饬查详确，另行详办外，为此抄单，札行谘议局查照，须至札者。

宣统三年二月二十五日

计抄发　清单一件

一、每年解藩署酌提俸工工料银若干两。

查此款额扣每年一万四千两，实收仅七千余两，向系归入公款，作为督署、臬司弥补养廉及书吏纸张、饭食，并天津县津贴公费之用，奏定院司公费、经费仍赖原款支给，势难遽裁。惟天津县缺分与昔不同，津贴公费究竟需此款若干，可否裁减，应候饬查详确，再行审议，至于原案并称清苑在内，应一并候查，再议。

一、每年解臬司添拨公费银若干两。

查此款奏定院司公费经费案内作为新定公费的款，碍难遽裁。

一、每年解清苑县招书饭食银数两。

省城审判厅业已成立，该县添设招书仵作饭食银两，应即免摊。

一、每年解省城候审所经费银数两。

此款移作审判厅经费，碍难遽裁。

一、每年解臬司书吏饭食银若干两。

奏定院司公费、经费案内，作为新定公费、经费的款，碍难遽裁。

一、每年解司府二监并禁卒更夫工食银若干两。

此系司法用款，与司府无涉，现在模范监狱未立，旧有监狱正亦改良，此款碍难停止。

一、每年加帮清苑县垫办司府县三监核减囚数粮柴薪银数两。

一、每年解清苑县垫办司府县三监公帮不敷囚粮米价银若干两。

一、每年摊帮清苑县司府县核减囚粮柴薪银数两。

以上三款，均关系囚粮能否实支实销，准其随时请领，免予垫办，尚须另请部示。所有摊款，未便先行议裁。

一、每年解臬司礼柬房书吏饭食银数两。

奏定院司公费、经费案内，作为新定公费、经费的款，碍难遽裁。

一、每年解公帮涿良二州县工料银若干两。

一、每年解公帮清苑县工料银若干两。

以上两项工料，系行政用款，理宜实支实销，现在例支之数，尚难骤改，未便全裁。惟涿、良、清苑三州县火车业已通行，驿务较简，如何酌减，应候饬查明确再议。

一、每年解津贴清苑县张登司公费银若干两。

查现在张登司情形，与昔不同。此款是否有关公务，应候饬查明确再议。

一、每年解天津通商公费银若干两。

查此项银两，虽系摊捐，然交涉设有专司，应作为交涉司经费，难以议裁。

一、每年解臬司盐当规银若干两。

奏定院司公费经费案内，作为新定公费经费的款，碍难遽裁。

一、每年解藩司盐当规七成实银若干两。

查此款每年约收银一万二千余两，系由盐当各商呈交，不尽出于摊捐，解司以后，亦系归入公款动支，不在藩司公费之内，碍难议裁。

一、每年解臬司北股幕友加拨公费银若干两。

一、每年北股幕友加增修缮银若干两。

以上两项奏定院司经费案内，均作为新定公费定款，碍难遽裁。

一、每年解保定府发审修缮并公费银若干两。

一、每年解保定府发审委员薪水银数两。

以上两款，自保定府发审局裁撤后，均移作审判厅经费，此款碍难遽裁。

一、每年解保定府捐马不敷银若干两。

邮政通行，此款自应停解。惟现在捐马投递文件之处尚多，此款应否裁免，应候饬查明确再议。

一、每年解督藩臬三衙门续提缮书口粮银若干两。

一、每年解督署缮书口粮并臬署委审稿书薪水银若干两。

以上两项奏定院司公费经费案内，均经作为新定公费经费的款，碍难遽裁。

一、每年解顺天学院书吏心红饭食银数两。

学务公所需用经费，均由学务经费开支，此款应即行裁免。

一、每年解臬司代造驿站囚粮衣车价等项奏销册工本银数两。

查驿站车价奏册工本与囚粮衣奏册工本，系属两项，现在驿站事件，改归劝业道办理，所有劝业公所经费，应由公款开支，无待捐补，驿站奏册工本自可裁免。至囚粮衣奏册工本，前经作为提法司新定公费经费的款，难以议裁。

一、每年解保定府招书纸张饭食银一两。

此款自保定府发审局裁撤后，移作审判厅经费，碍难遽裁。

一、每年解清苑县添设仵作工食银一两。

省城审判厅业已成立，该县添设仵作饭食银两，应即免摊。

一、每年解天津道衙门发审委员薪水修膳银若干两。

天津审判厅早经成立，此款应即裁免。

一、每年解省城候补穷员炭资银若干两。

查穷员炭资一项，半由公款筹及，不尽出于摊捐。其乐捐者亦多寡无定，揆其始，皆系同官相恤之意，且为数甚微。现在纷纷裁冗员、并局所，若将此款议裁，候补穷员愈无所聊赖，自应暂循旧章办理，俟《官吏考试任用章程》实行后，再行察酌议裁。

一、每年解藩委冬差各项公费银若干两。

一、每年上下两忙送藩委知县催钱粮差费并随封银若干两。

一、每年上下两忙送藩委典史催钱粮共差费并随封银若干两。

一、每年上下两忙送本府直隶州委知县催钱粮共差费并随封银若干两。

一、每年送本府直隶州委知县保甲积案差费并随封银若干两。

一、每年送本府直隶州委知县查减平差费并随封银若干两。

一、每年送本府直隶州委佐杂查月报差费并随封银若干两。

一、每年冬季送臬委缉捕委员差费并随封银若干两。

一、每年冬季送本府直隶州委帮缉委员差费并随封银若干两。

一、每年委春差，民壮、囤积、书役、团练、积案、食谷、牙行、捕役、柳株、驿站、税契、劫案、桥梁、保甲、烧锅、私钱、监狱、墩铺、班馆十九札，每札一分送委员差费并随封银若干两。

一、每年府委冬差，查比捕、书役、牙行、保甲、窃劫、囤积、契尾、留养、摊捐、柳株、栅栏、监狱、道路、招募、私钱、班馆、私宰、承票、军火、墩台、团练、驿站、羁禁、提审、俸工、烧锅、仓谷、民壮、贩运二十九札，每札一分送委员差费并随封银若干两。

查原案开列前项各差，共十一款，均系虚应故事，徒烦供应，无补于事实。现在筹备宪政、实事求是之际，此等例差并所有差费，自应查照原案，一律全裁。其必需委员守催者，即由所委衙门酌给川资，以杜扰累。

一、每年解本府或直隶州招书饭食银数两。

一、每年解本府或直隶州委员并发审束修银若干两。

以上两项，查各属审判厅现未一律成立，府直隶州仍有提审、勘转之责，且各府直隶州现议厘定公费，其办公经费尚未续订，此款尚未便遽裁。

一、每年解本府或直隶州户书缮办盘查印结纸张工本银数两。

一、每年解本府或直隶州递马奏销册费银若干两。

一、每年解本府或直隶州兵书军需纸张工本银数两。

一、每年解本府或直隶州库用公费银数两。

一、每年解本府或直隶州礼书纸张公费银数两。

一、每年解本府或直隶州总书公牍银数两。

以上六款，查书吏经费均未规定，各府直隶州房书办公之费，全赖各州县摊补，此时均难遽裁。

一、每年解本府或直隶州大堂更夫工食银若干两。

一、每年解本府或直隶州轿夫工食银数两。

一、每年解本府或直隶州门子工食银数两。

以上三款，本系留支款项名目，凡各属于留支外，另行摊派者，应即一律裁去。

《大公报》三千一百十七号，宣统三年三月初七日（1911 年 4 月 5 日），第三张，第 3 页；《大公报》三千一百十八号，宣统三年三月初八日（1911 年 4 月 6 日），第三张，第 2 页；《大公报》三千一百二十一号，宣统三年三月十一日（1911 年 4 月 9 日），第三张，第 2 页；《大公报》三千一百二十二号，宣统三年三月十二日（1911 年 4 月 10 日），第三张，第 2—3 页

顺直谘议局公布文件·再请开州长垣黄河民埝改为官堤案

宣统三年二月初六日

案：查本局第二会期陈请开州长垣民埝改为官堤一案，蒙据司详札覆，内开长黄河民埝改为官堤及盂工息款赦免均摊准行等因。奉此，查司详内开大名孙署道详称，该绅等反覆陈说，其宗旨所在，不过两端，而两端之中以赦免揭债为前提，以改为官堤为后盾云云。一若本局陈请，此案专为赦免揭债之地也者，且其驳饬理由，一以东明黄河南堤当时因关系东南数省运道民生利害，而开长北埝则系民间约拦漫水、保卫田庐，故东明南堤可归官办，而开长北埝不准改归官办。一以开长绅民屡次请归官办，叠经详奉前督部堂李批饬不准，故此次亦未便率准，致翻前案，而其总理由则以开州民埝长至九十余里，长垣民埝长至六十余里，按照东明南岸设官募兵，所需不下二十万之谱，现在财政困难，无论筹此巨

款，司详引本局原呈河决铜瓦镶大河北趋之时，国家以发逆未平，库款奇绌，既无力使归故道，复无力创筑新堤等语，以明今之财力艰窘，与昔相同，委实无力改归官办，末复归到仿照子牙河办法，每岁准由赈抚项下筹拨银五千两，以资律贴而事补苴，具见该司道人等苦心孤诣，惨淡经营，为国为民，双方并顾。然其中尚有应须研究者，除赦免揭债系属另一问题，本局无从置议外，所有司详不能改归官办之理由，觉有不足为据，及无庸过虑者，谨为我督部堂觇缕陈之。国家与民一视同仁，不能因人数多寡，致有歧异，故天下饥溺视为由已一，夫不获时予之辜。今东明南堤以关系数省运道，归之官办，而开长北埝仅关系两州县民生利害，听民自修，揆诸国家，一视同仁之意，当不如是，况铜瓦镶未决以前，南北两岸一律修筑官堤，尔时正为保卫民家田庐，岂专计及有无运道？此其理由之不足据者一。从前案件不准平翻，乃专制国之积弊。今国家改行宪政，凡有不适于事、有害于民者，即祖宗成法，尚可随时变更。开长民埝，迭经民人请归官办，其为不适于事、有害于民，已可概见，若竟不顾事理，但以格于成案，不肯改良，恐与立宪政体，大相龃龉，此其理由之不足据者二。惟财政困难一层，尚属实在情形，然河决铜瓦、大溜北趋之时，无论创筑新堤，所需不赀，即归复故道，按照河南郑工核算，当亦不下数百万，国家委难咄嗟立办。今之财政困难，虽与昔同，而据孙署道所拟之数，每岁只需二十万之谱，况东明、高村、郭寨一带大河紧靠堤身，购用橛木稭料各物，实为销费之大宗，而开长北埝虽离大河较远，一切物料，自可节省，若措置得法，撙节动用，每岁不过十万金，足可敷用，此其理由之无庸过虑者三。至仿照子牙河办法，酌拨津贴一节，乃恐与事无济。查长垣北埝，岁由大名道拨给津贴银二千两，委派专员，常川驻防，办法似亦甚善，然杯水车薪，徒糜巨款。长垣北埝每数年间辄一溃决，而东明南堤普庆安澜者几数十年，两相比较，得失自见。原详谓事出非常，官堤何尝稳如磐石，似于实际，尚少经验。总之，堤工用款虽巨，然出自国家，不过沧海之抛粟，若出自民间，实如懦夫之扛鼎，苟以通国之势，全省之财，犹恐有所不足，则区区连年被灾，一二州县之民力，又乌能为役？纵开长民埝与数省运道无关，而两处小民亦未便尽委泽国，倘不预谋正当办法，仅藉此数千津贴敷衍补苴，将来伏秋大汛，难保不更溃决，尔时小民脂膏竭输殆尽，无论哀鸿遍野，非国家之福，且恐桀骜者挺而走险，演出意外之虞，后患何堪设想。为此再三讨论，不避烦渎，拟恳督部堂仍照原议，据实奏请核办施行。

《大公报》三千一百五号，宣统三年二月廿四日（1911年3月24日），第三张，第3页

顺直谘议局公布文件 · 议决革除无故禁粮出境杜绝胥役藉端勒索积弊案

宣统三年二月初八日

窃维通功易事，乃互市之常经，酌盈剂虚，本通融之善政，况五谷为贸易大宗，关系人民之生计，尤贵有无相通，彼此互为调剂，故遏粜闭市，自古垂为炯戒。而近今东西各国，凡关于食用品者，亦皆自由运输，不分畛域，国界且不可分，况本国各省各州县，其不宜此缰彼界，尤不待言。自近年南洋各省纷纷以禁米出境为保护本省人民之计，一时权宜，已非正当政策，不料变本加厉，一省州县亦竟因而效尤，实属骇人闻听。去岁吾直省各府州县每多张贴告示，禁粮出境，原其心理，亦望维持境内粮价，勿使腾涨，不知粮价低昂，视乎地方之丰歉，如果本地歉收，人心惶惧，恐粮食出境，商贾愈益居奇，藉此以平市价，安人心，尚无不可。若无论本地收成如何，概以禁粮出境为例行之命令，则流弊何堪设想？如广平府邯郸县所属之苏曹镇，左临滏河，右毗铁路，向为米粮汇聚之区，天津王家口子、牙胜芳镇、邢家湾、辛店桥等处，粮客皆在该镇坐庄收买，转运四方。不意上年五月间，该县遽张贴告示，禁粮出境，遂致市面停滞，拥粟者不得售钱，携钱者不能易粟，各贩居民，胥形怨雠，黠桀胥吏遂乘机舞弊，勾串关说，赂卖放行，稍不如意，又复追至半途，百方讹索，至有装粟一船纳洋七八元、十数元不等者。后又自行定例，每粟一斗，私索制钱四文，始允出境，是官家所备以为平粜之策者，反遂胥吏勒索钱文之计，骚扰情形，殊堪骇愕，如不急图补救，必至丰收之境，仓有红陈，歉收之区，民皆黄槁。倘产粮地方均恃此

以为长策，则京津保等处不但薪桂米珠，恐城市居民及官军商学各界，凡不能自耕而食者，皆将有饿殍之虞，如此粃政殃民，实非地方之福。拟请督部堂严饬各州县，凡地面无特别情形，未经禀请允准者，均不得擅行禁粮出境，以杜勒索而惠穷黎，全省幸甚！为此公同议决，呈候公布施行。

《大公报》三千一百六号，宣统三年二月廿五日（1911 年 3 月 25 日），第三张，第 3 页

督部堂陈札复议决革除无故禁粮出境杜绝胥役勒索案文

为札复事，二月初九日，据顺直谘议局呈议决革除无故禁粮出境杜绝胥役勒索一案到本大臣，据此当经照章交审查科审查。兹据呈称，查原案称去岁本省各属每多禁粮出境，如果本地歉收，恐有商贾居奇，藉以平价，尚无不可，若无论收成如何，概以禁绝出境为例行之命令，则流弊何堪设想？如邯郸县上年五月间禁绝出境，致有胥吏舞弊，种种骚扰情形，拟请督宪严饬各州县，嗣后凡地面无特别情形，未经禀请允准者，均不得擅行禁粮出境，以杜勤索而惠穷黎等语。科员等公同商酌，谘议局所陈各节，系专为除弊起见，应准照行。至邯郸县既据称曾有禁粮骚扰情事，应否饬查示警，应候钧裁，另案办理等情，经本大臣裁夺，应照所议办理，除札藩司通饬各属遵照，并将邯郸县禁粮骚扰情形查明另案详办外，为此札行谘议局查照，须至札者。

宣统三年二月二十五日

《大公报》三千一百十四号，宣统三年三月初四日（1911 年 4 月 2 日），第二张，第 4 页

顺直谘议局公布文件・覆议热河学堂警务照章选用士绅案

宣统三年二月十四日

案：查去年会期议决热河学堂警务照章选用士绅一案，蒙督部堂札准，热河都统咨复各节，行局查照等因。奉此，查学警为宪政要图，一省之中，无论为府为厅为州为县，必须一脉相承，如身使臂，如臂使指，方能收道一风同之效，万不能此界彼疆，自为风气。乃查热河都统原咨，有与事实法理未尽吻合者，谨再缕晰陈之。如原咨所称热河中学堂向设监督一员，近由提学使改派本地绅士兼充，法政学堂监督，亦系参照北洋章程派令候补人员通达学务者经理，核与北洋现行办法初无歧异等语，查北洋如保定高等师范、天津北洋大学、北洋法政高等、工业高等、商业各学堂监督，多派本省士绅，其余员司，尤以本省士绅居大多数，下至中学，皆由地方公举。乃热河中学监督，虽已改派士绅，并非公举，且庶务仍用候补人员，至法政学堂监督、监学则专派候补人员兼充，非敢谓候补人员皆不通达学务，第官有官守，恐难并进兼备，不如本地士绅一膺选派，即可专心一志。况中学参用候补人员，尤为全省所无，法政则专用候补人员，所谓参照北洋章程者何在，此不合者一。原咨又称，统计两堂应需款项，除书院膏火外，每年由官补拨不下万金，本地士绅从不过问等语。查热河中学、法政两堂学款，向从财政局局用项下拨给，现在税制未颁，国家、地方无从判定，即使由官筹措，而教育之良窳，系乎地方人民之程度。奏定《城镇乡地方自治章程》第五条自治事宜，内载一本城镇乡之学务、中小学堂各等语，是中学已在范围之内，似不得因款自官筹，地方即无过问之权，此不合者二。原咨又称，热河巡警系咨奉部章，职务内并无警董名目，应用各款，向由都统于税捐项下筹拨，本地士绅并无分文补助，亦与厅州县由士绅筹收警款，必须派董经理者不同，热河情形较异，自未便相提并论等语。查热河巡警经费，悉从粮捐、木炭、车船、磨等捐项下拨充，当经财政局详报有案。粮捐确系公益，附捐、木炭、车船、磨等又系公益特捐，款既出之地方，犹谓地方无公文之补助，不知他厅州县由绅筹收警款于地方，必须派董经理者，与此项有何区别？款既无别，何以必谓无须设董，如谓创始由官，未假绅手，地方即不许过问，立宪国家恐无此政体，且官筹之款，何一非来自地方，是无论由官由绅，其来源固皆一致，所谓未便相提并论者，其理由何在？此不合者三。即张家口奏设工程巡警局，以察哈尔都统为督办，亦有警董之名，何以热河章程独异？查局章第二十一条，凡本省单行章程规则，本局有议决之权。总之，热河僻居边徼，自提倡新政以来，财政之艰，尤非内地可比，况此后推广自治，需款尤殷，倘立法未臻完善，不特巨款虚糜，即一切新政，均难望有起色，拟合据此再陈，仍请查照原议，将热河法政学堂职员，仿照北洋官绅参用中学堂，专用本地士绅，巡警局一律添派警董，庶几款归实用，事有专责，教育操防，必能逐渐发达，地方幸甚！为此公同议决，呈候公布施行。

《大公报》三千一百七号，宣统三年二月廿六日（1911 年 3 月 26 日），第三张，第 3 页

督部堂陈札覆呈覆议热河学堂警务照章选用士绅案文

为札覆事，据顺直谘议局呈覆议热河学堂警务照章选用士绅案到本大臣，据此当经发交审查科审查。兹据呈称，查所称热河法政学堂监督专派候补人员，热河中学监督虽已派绅，并非公举，且庶务仍用候补人员一节。查津保高等以上各堂监督，系官绅兼用，本无成例，则热河法政学堂监督应准不分官绅，但以明悉学务为断。直隶各属中学监督，均用本省士绅，惟公举一节，未曾悬为定制，应由提学使按照资格核派，以期得人，至各堂员司应由监督选任投充，勿庸明定官绅界限，转滋窒碍。至第二节声明学款所自出，及绅士有权过问等语。查目前国

家税、地方税未经分划，学款筹措，根源自难判别。据述《城镇乡地方自治章程》，中学亦在范围以内等语，查《城镇乡自治章程》所言中小学堂，系指本城镇乡所筹设之中小学堂而言，一府或一直隶州厅所设，及二府州以上所设之公共学堂，即不在城镇自治范围以内，此不可不加区别，以免权限混淆。但地方士绅参观、考察、建言改良，以促学务进步、于教育行政无妨碍者，亦自不在禁止之列。第三节声请巡警局添设警董，查直隶全省警款，多由民间负担，是以设有警董，专司经管警款，并不干预行政，此顺直各属学堂警务现时办法之大概也。以上各节，经本科参酌情形，公同察议，应请谘商热河都统，酌核办理等情，经本大臣裁夺，应照审查科所议办理，除咨明热河都统外，为此札行谘议局查照，须至札者。

宣统三年三月初一日

《大公报》三千一百三十号，宣统三年三月二十一日（1911 年 4 月 19 日），第三张，第 3 页

顺直谘议局公布文件·议决直隶法政法律两学堂仍应归并北洋法政学堂以符原案而节虚糜案

宣统三年二月十四日

案：奉督部堂札开，案查直隶法政、法律两学堂前拟归并北洋法政学堂，业于宣统三年预算案内，将该两堂经费酌留三万两，作为加拨北洋法政学堂经费，札局查照在案。兹查法政学堂原为造成法政专门人才，供宪政前途之用，现经奉旨，将议院提前设立，此项人才亟宜广筹培植，以宏造就，据藩、学、法三司会详，请将两堂暂不归并，惟将法律学堂归直隶法政学堂办理。现时法政讲舍不敷，暂将法律学堂作为直隶法政分校，一切事宜，就近由该堂监督兼办，俟法律学堂两班毕业后，学生人数无多，再并入法政学堂作为分堂，仍先将法政学堂官

班津贴酌议裁减，以节糜费等情前来，当经本大臣批准照拟办理，惟前札所指加拨经费银三万两，系指将两堂归并而言，现既详准，毋庸归并，则两堂共留银三万两，纵将官班津贴酌议裁减，亦断不敷用，应于前项三万两外，再添拨银一万两，由该堂撙节动用，以期款不虚糜。查本年预算，前经交局覆议，尚未据议决呈院，此项经费应交由谘议局归入预算案内，一并妥议，呈候裁夺施行，除批示外，为此札行谘议局查照等因。奉此，遵即照章提出，公同讨论，佥称宣统三年预算案为中国创办预算之始期，即为中国将来预算之基础，倘于预算原理原则一有出入，则流弊必至无穷，此东西各国之预算案所以已经议会议决、行政机关认可，则必应上下遵守，而不能稍有摇动也。查上年会期间，奉督部堂札交本省地方行政经费预算全案，令本局逐款详慎核议，内开直隶法政、法律两学堂归并北洋法政学堂，即以该两堂原有经费，酌留银三万两，作为加拨北洋法政学堂经费。揆立案之意，原为节省经费起见，而又于事实无碍，仰见督部堂计画周详，当经本局可决，呈候核夺。嗣奉将预算案内以为不可行者，分别逐条签注，声明理由，交局覆议，并未尝提及此条，是在本局与督部堂，业经彼此同意，公认此条为可行，且预算年度系自正月一日为始，除声明理由，交局覆议各条外，其余应自年度之始发生效力，断无中途变更之理。兹奉前因，是已经发生效力之案，又复中途变更，按之预算原理原则，恐有未合，即以事实论之，议院提前设立，法政专门人才固应广筹培植，以应急需，惟人才成就之多寡，不原于学堂处所之多寡，而原于学生额数之多寡。如日本官立法政学堂，只有东西京两处，而毕业应用之人才，为数不可胜计。又如早稻田大学并无分校，而学生约八千余人，其学成致用者，布遍于全国各界，若只图学堂处所之多，不计学生额数，非特于事实无补，且因职教员之各需分设，而经费之虚糜于此者，为数必且日巨也。中国教员费，按学生平均计算，此外国较巨之原因，实由于此。是故学堂少而学生多，则教育宏而经费省，学堂多而学生少，则经费窘，而教育因以不宏。为此一事，维拟请仍照原案归并，以节经费而符定章。至于归并后北洋法政学堂讲堂宿舍能否收容之处，应请饬下该堂筹拟办理，较为详切。所有预算案内直隶法政、法律两学堂归并北洋法政学堂一条，拟仍请照案办理，以资节省而免更张，实为公便，为此公同议决，呈候公布施行。

《大公报》三千一百八号，宣统三年二月廿七日（1911年3月27日），第三张，第3页

督部堂陈札复议决直隶法政法律学堂仍应归并北洋法政学堂办理文

为札复事，二月十五日据顺直谘议局呈议决直隶法政、法律学堂仍应归并北洋法政学堂办理一案到本大臣，据此当经发交审查科审查。兹据呈称，查此案原议将直隶法政、法律两堂归并北洋法政办理，原为节省经费起见，嗣以北洋法政地势偏僻，必须添造宿舍，以供学生寄宿，计需建筑经费约在三万金之谱，且保定地居省会，各属人士就学甚便，而津、保物价悬殊，在保设学可以同一之经费养成多数之学生，于事实良有裨益。所有直隶法政、法律两堂自可毋庸归并等情，经本大臣裁夺，应照审查科所议办理，为此札行谘议局查照，须至札者。

宣统三年二月二十八日

《大公报》三千一百十六号，宣统三年三月初六日（1911年4月4日），第三张，第3页

顺直谘议局公布文件·陈请直隶高等审判厅宜遵照法部协商原案设立案

宣统三年二月十五日

案：查宣统二年为各省城商埠筹设审判厅之期，直隶高等曾由法部协商，定

为保定设立高等、天津设立分厅在案。诚以直隶拱卫帝都，冠冕二十二行省，保定为省会重地，天津为通商要埠，一以树郡邑之楷模，一以系中外之交涉，法庭组织均不可付之阙如。乃近闻人言，以津保铁路交通来往甚便，天津可无庸另设分厅，不然，则以保定高等移于天津亦可。逖听之余，不胜骇愕，议员等揆度时势，体察情形，反复讨论，觉保定高等万不可移，天津分厅必须急设，所有种种理由，敬为我督部堂觑缕陈之。查保定四方辐凑，地处直隶之中心，舟车往来，皆形便利，若移天津，国家虽少省组织之费，人民必转增跋涉之劳，此其不可移者一。保定购地筑庭，需款不下数万，经营半载，现已落成，若移天津，不特尽弃前功，亦且虚糜巨款，此其不可移者二。保定递解人犯，驿站既可平均，监狱又复完整，改良进步，最易图功。若移天津，为保定计，不过因陋就简于目前；为天津计，必将踵事增华于目前耳，此其不可移者三。至天津自海禁大开，五方杂处，人烟稠密，诉讼素繁，况值司法改良，案牍且增倍蓰，不有分断，无能清结，此必须急设者一。天津为督辕驻节之地，水陆冲要，事务纷纭，文明之程度愈高，法律之制裁愈严，若不有分厅，恐难判断，此必须急设者二。天津通商巨埠，条约载有明文，租界星罗，番舶云集，遇有交涉案件，领事裁判最足损我之主权，不有分厅，恐难恢复，此必须急设者三。似此种种情形，保定、天津组织审级，诚为口口法院编制载有，各省因地方辽阔，或其他不便情形，得于高等审判厅所管之地方审判厅内，设高等审判厅分厅，直隶为全国首善之区，二千里舆图，实为各省之冠。当此立宪时代，司法独立，尤为重要之端，若非慎立，非特不利推行，且恐有妨体制。本局悉心参酌，拟请督部堂仍照法部协商原案，保定设立高等，天津设立分厅，庶可筹画咸宜，不至鞭长莫及，全省幸甚！为此公同议决，呈候裁夺施行。

《大公报》三千一百十二号，宣统三年三月初二日（1911 年 3 月 31 日），第三张，第 3 页

督部堂陈札覆陈请直隶高等审判厅宜遵照法部协商原案设立案文

为札覆事，案查前据顺直谘议局陈请直隶高等审判厅宜遵照法部协商原案设立一案，当经本大臣查，前准度支部咨送资政院议决直隶司法费预算册，内开按法部协商案，计高等及分厅各一、地方二所，分厅一所，初级六所。窃以天津虽为总督驻地，但津保铁道往来甚捷，即毋庸另设高等分厅，或竟移保定高等于天津，未为不可等因，业经行司查照核覆在案。据陈前情，批由提法司并案核议，详候酌夺，札知在案。兹据该司详称，查直隶保定省城设立高等审判厅，天津商埠设立高等审判分厅，皆系遵照定章办理。保定居全省之中，人民之控诉，案件之提审，均属便利。高等厅甫经成立，尤为新旧案牍汇集之区，如果移于天津，于现在情形，实有未便。至天津系通商巨埠，华洋杂处，词讼甚繁，且时有交涉案件，倘不服地方厅判断，就近无可上诉，必使之远来保定，亦恐有所藉口，本司悉心酌核谘议局所陈各端，皆系审时度势之见，所有保定省城原设高等审判厅，天津商埠原设高等审判分厅，似皆应暂仍其旧，不必迁撤，致有室碍。惟天津一县设立初级厅四所，查第二初级与第一初级同在城关，相距甚近，应将该二厅归并办理，以节费用，此外均予免裁。是否有当，拟合详覆核夺等情前来，除批据详已悉，应准如拟办理，仰候札覆谘议局查照缴等因印发外，为此札复谘议局查照，须至札者。

宣统三年三月初六日

《大公报》三千一百二十九号，宣统三年三月二十日（1911 年 4 月 18 日），第三张，第 3 页

督部堂陈札复议决酌提预算案节存银两抵补良乡等四十九厅州县偏担学费以昭公允案文

为札行事，二月初五日据顺直谘议局呈议决酌提预算案节存银两抵补良乡等四十九厅州县偏担学费以昭公允一案到本大臣，据此当经照章发交审查。兹据呈称，此案经本科详晰审查，仅就名义上立论，有学费州县与无学费州县比较，虽似偏担，惟学费为教育上必需之款项，与他项中饱陋规不同，如拟删除此项学费，则必须另筹他款，无论均摊于全省州县钱粮，抑或加入于地方预算之款中，直接间接均是取之于全省州县。查现在交银地方，尚有九十余州县之多，银价既涨，交银地方比较交钱民间，已觉吃亏，若再将学费消纳于全省，无论直接间接，在九十余州县，总觉负担加重。况专就交钱地方而论，行用制钱与行用铜元交纳钱粮，已显分轩轾。在该局所议删除此项学费，原为救正偏担起见，若摊之全省州县，是救正偏担而偏担之问题益起。总之，币制未能划一，无论如何补救钱粮之弊，未能廓清，是以前者两次审查，请俟币制实行并转饬详查确实，再行核议。兹复据该局议覆前来，核查本年现在确实情形，尚难照办，仍应俟币制实行并将全省钱粮筹定划一办法，实为根本上之解决，以免畸轻畸重之弊，仍一面札行藩司，通查全省交银交钱各州县本年上下两忙确实比较数目，以便查核等情，经本大臣裁夺，应照审查科所议办理，除札藩司外，为此札行谘议局查照，须至札行者。

宣统三年二月十九日

《大公报》三千一百十六号，宣统三年三月初六日（1911 年 4 月 4 日），第三张，第 3 页

督部堂陈札复议决民有矿产官案不得强行收买宜照章让出以保本省利源而维小民生计案文

为札复事，二月十五日据顺直谘议局呈议决民有矿产官家不得强行收买、宜照章让出以保本省利源而维小民生计一案到本大臣，据此当经发交审查科审查。兹据呈称，查原案所称京张矿局在宣属地方开采煤矿，令该管县令强收民地，如老东仓、大南坡等处，煤窑业主不敢不以贱价出售；又李广恩玉带山下旧窑，该局以准用土法开采，禁用机器为挟制，且令具结，许该局将来仿照鸡鸣山土窑收买，拟请据章力争等语。自为保守本省利源维持小民生计起见，自应将此案谘明农工商部查核办理，并行劝业道查照以重矿业等情，经本大臣裁夺，应照审查科所议办理，除分别谘行外，为此札行谘议局查照，须至札者。

宣统三年二月二十八日

《大公报》三千一百十六号，宣统三年三月初六日（1911年4月4日），第三张，第3页

关于豫算案之札饬

（直督札工程局文云：为札饬事，据顺直谘议局呈复议试办宣统三年地方行政岁出预算一案到本大臣，据此当经发交审查科审查，兹据呈称，查该局覆议此次岁出预算案，据称讨论查覆各节，调查各局所内容情形，有实难裁减、应如札覆、勿庸置议者，有费多效寡、得不偿失、应请愿转饬各机关自行极力撙节

者，有徒耗巨款、有不如无、拟仍照原议办理者，除业准照减及实难议减者不计外，其应饬自行撙节暨照原议办理两项，谨条具理由，另折缮呈。再，札发折内每有余两字样，拟请饬将散总各数列清，以便核对等语，科员等公同商酌，并将复议各条及复研究所称应饬自行撙节一项，如北洋高等巡警学堂等处经费，应准照议分别饬遵。其照原议办理一项，如工程局等费，上次札复原称碍难议减。兹再切实调查，严加裁汰，分别说明理由，另缮清折一扣，呈候钧裁。再，此次札复，即照议将各数刊清，不再作余两字样，合并声明等情，业经本大臣裁夺，应照审查科所议办理。其在大沽协裁减公费银一千三百两，虽不在该局议减之列，并应随案札局查照，除分行遵照并札复外，合行鈔折札饬，札到该局，即便按照各节迅速办理，并将照减各节，自本年正月起，一律实行，切切，此札。

《大公报》三千一百六十二号，宣统三年四月廿三日（1911 年 5 月 21 日），第二张，第 2 页

直隶谘议局联合会陈请商办铁路
非经国会协赞后不得收为官有建议案

为陈请事，窃吾国交通日启，人民筹款自办铁路之议，日益兴盛，而以集股之艰难、外款之胁迫，政府不察，一旦或唱收国内商办铁路为官有，亦自在意计之中。谘议局等默参时局，窃用忧虑，以为有不可者数端。查铁道国有，东西各国久成争议，吾国官制组织未完，任用官吏又无一定资格，不独用非所习也，其用人之冗滥，开支之浮冒，职任之放弃，随事皆然。中国于铁路，则经济上交通上所受之损害尤巨，京奉、京汉二路虽有岁赢，实为地理关系自然必至之利益，非办理完善因之而增之利益，岂不瞭然？此铁道（官）〔国〕有尚须斟酌者。国家财政之信用未立，欲举内债，万无一成，势必贷资于外国，以国权之不振也，金钱流入而列强之势力随以滋长，后患种种可虑，此又铁道官有之尚须斟酌者

也。吾国实业尚在幼稚时代，铁道亦为其一，近岁因借款拒款屡起，国民与政府之争，竭蹶榰拄，方兴未已。若一旦收为官有，其直接之受打击即在民气，而间接影响于各种实业，亦必匪细。此又铁道官有之尚须斟酌者也。依上数端，是吾国目前铁路其本为商办者，决宜仍归商办，万无收为官有之理。况国会未开，人民监督弹劾之权尚未确立，设令官有之后，办理未善，更无以为救弊补偏之计。兹经屡次集议，详加研究，佥谓非俟国会成立，经有人民协赞，此种问题无从解决，为此联合陈请贵院核准，决议国会未成立以前，未经人民协赞，政府不得有收商办铁路为官有之议，以防流弊而重实业，须至陈请者。

按，商办铁路不得收为国有，此项议案系去年直省谘议局联合会所建，乃陈请于资政院后，该院竟置之不理，而议员中亦无一人过问，殊不可解。今商办铁路果失败矣，因追录之以告国民。

《大公报》三千一百六十二号，宣统三年四月廿三日（1911 年 5 月 21 日），第二张，第 4 页

顺直谘议局公布文件·质问运司冒托公议详复分配盐捐路股文

为质问事，宣统三年三月二十六日，奉督部堂札发盐政大臣具奏，津浦路款加收盐捐一律改归民股一案，内开运司详据绅士李榘、胡家祺等与纲总商人李士钰等秉公议决，自宣统三年为始，将加价四文改为商一民三，详蒙会奏，奉旨允准行局查照等因，不胜骇愕。当以此案虽经该绅等迁就调停，本局以迫于公议，且因豫省加价，业经奏准全数归民，始终未敢曲允。当事人既未承诺，居间人何得擅为定夺？因具函质讯前情，旋据李绅榘复称，此项调停办法，经本局谢绝之后，已由胡绅家祺转向该商家说明取销，此外并无别项决议等语，查此案事关全省，该商等纵欲托人调停，亦必经全体合意方可执为定据，实法理上不二之解

释。今运司仅据该商一面之辞，遽行详请入奏，亦属不合。况查询调停之人，前项调停办法久已取消，不知运司详报秉公决议条文，果何所指？如谓听该商一面报告，则不应牵扯胡、李二绅，如谓由该司臆度之辞，则不应假托绅商公议，于彼于此，未见一可。且谘议局之设，原为法定舆论代表机关，事苟为全省利害所关，非经本局全体审议，固无论何人，均不得以私人资格，擅侵冒本局议决权限，应无疑义。乃运司原详，一则曰商人秉公，一则曰商人决议，则是将议决之权，完全畀付于商人，更不知置法定机关于何地。目前，此项奏案业经报纸登载，远近喧传，各属绅商纷纷具书责问，佥谓照此分配，不特损失公众之利权，且何以对奏准全数归民之豫省，本局对于此案办法，既未承诺于前，自未便受过于后，惟运司擅据盐商一面之辞，冒为绅商议决，朦请入奏之处，本局实所不解，谨援局章第二十六条具书质问事件，呈请督部堂转饬详复，照章批答，实为公便，须至质问者。

《大公报》三千一百六十二号，宣统三年四月廿三日（1911 年 5 月 21 日），第二张，第 4 页

再请批答运司冒托公议详复分配盐捐路款文

为呈请事，案查本局前以运司冒托公议详覆分配盐捐路款等情，牒准李绅榘函复，以调查办法业经取销详文，指称绝无其事等语，业由本局据情呈请督部堂转饬详覆，照章批答在案。兹复接据胡绅家祺自沪函称，此项盐捐路款，商一民三，原系伊及李绅榘调停私议，经本局全体谢绝之后，业经转知纲总声告取销，此外并无别项决议。全书词意大致与李绅榘前函相仿，夫以关系处分全省公款事件，仅据一二人意见取决法理，已自不合，又况所谓一二人者，实询又均无其事，是运司此次详请，不但轻量人民，抑且欺朦上宪，倘始终置之不理，恐此端一开，效尤群起，以后玩法弄权，亦将何所不至？本局为杜渐防微、澄叙官方起

见，不得不再请督部堂转饬详复，迅赐并案批答，以惠民生而清吏治，不胜迫切待命之至。为此备文具呈，伏乞照呈施行，须至呈者。

《大公报》三千一百七十三号，宣统三年五月初五日（1911 年 6 月 1 日），第二张，第 4 页

顺直谘议局公布文件 · 为张运司违法纳贿呈请照案澈查究参文

六月初一日

为监司违法纳贿，不洽舆情，呈请彻查究参，以肃官箴而清吏治事。窃查直隶运司张总盐政数年，人每谓其多假公事以济私，能致巨富，特以才善弥缝，言者不能得其实据，故商民亦忍而受之，自本年芦纲事起，祸蓄久而害大，驯至牵动全局，经本局切实调查，该司不法行为甚众，谨就其上违国宪、下害民生，事实有征证者，为我督部堂一一陈之。查直省盐捐路款，前经本局提议一律归民，呈蒙督部堂转咨盐政处饬由该司核议详复，诚以身其地则闻见真，躬其事则体察易，为运司者当如何审慎，将事务持其平，乃竟受一方运动，蒙笼捏造，擅以盐纲会同胡绅家祺、李绅榘秉公决议，商一民三等情，率请入奏，本局奉到札行，不胜诧异，即函询胡、李二绅，旋据函复，均称实无其事，现有复函可证。且胡、李二绅终年在津，均称为盐价事未与运司会一面、立一字。该司详称据二绅之调停，果何所据者，强填事外人以作伪证，稍有廉耻者不肯为。以监司大员忍为之，若非别有私利，安肯出此？即使不得其纳贿确据，此欺罔之罪已属百喙难辞。国家因榷盐而立专商，因督课而设运司。运司职权，仅以监督引课为正当责任，对于纲总盐商，实处于监察地位，断不许其串谋取利，致误国而殃民也。乃该司藉口保课，擅以盐运使印谕代商人向洋商担保债务七百万两，以官保债，已属违法，且前谕概不缴销，后谕又无限制，致使一累商借至一二百万，向非商现

租一处引地，冒充商人，亦借至数十万两，现查其家产多不及债款十分之一二，则滥借滥保，已有确证矣。该司保债，每托言顾全引课。查商人借债，多不用之以纳课，如捐功名、供靡费，甚至办一高线公司，竟借至二百万两，夫商人营他项公司，运司为之保借巨债，此犹谓顾全引课耶？抑滥用职权以取利耶？当其出谕滥借之时，人人知累商无资产大借洋债，必难偿还，恐将起国际交涉，贻国家累。故本局前年曾具函质问，又于常会期内防商人滥借外债，特提议决案，恳督部堂咨盐政处，并饬该司勿滥保。乃该司悍然不顾，去年又出担保谕帖五六次，一若借洋债惟恐不多，用洋债惟恐不速者，故违法而故速祸，非为私图，何至谬妄乃尔。近来人言啧啧，佥谓该司谕起各债，皆系九五扣折，以为发帖报酬，窥其孳孳保债之谋，其利益或尚不止此，不然累商无资产起逾额洋债，万难偿还。人人危之，身为监督而朝夕与谋者，讵得诿为不知，知之而故为之，推其意，是忍以机关名义与商人串谋骗款，不惜贻国家人民之累也。传闻自三月间洋债案发，该司自知有染奸谋，恐被摘发，乃勒令商人为具保债不取利甘结，前时保债，事后勒结，此欲盖弥彰之举，其营私愈有确证矣。近闻该司以私谋将败，乃巧谋脱罪，运动将欠外债商人之引地，同外债均收为国有，用以掩其滥保营私之罪，以致摇动市面，波及全省商界，人人愤慨，是不惜欲弥缝一己之私，而害及通省也。且欲引地收为国有，自有正当办法，然必俟此案清结后，谁属违法，谁应破产，明正其罪，然后再议官办商办之孰宜，乃能便民利国。若欲藉掩一人之私罪，乃骤变久行之法，是固全省商民所不心服，亦主持大政者所万不能容也。且本局为外债事，曾陈请督部堂饬运司明白回复，该司详称，外债终归商借商还，于官于民均无碍，谘议局不宜过问。乃现时累商产既不足以抵偿，该司又欲均归之官，与前日详复办法自相矛盾，前日已明知商人不能了此债，以堂堂运司竟忍以无据之词，上以欺蔽督部堂，更藉以搪塞本局，国法俱在，谅不能容此为官方玷也。凡此均其违法有实据者，其余劣迹多端，万口争传，报章揭载，如与其劣幕黄承恩狼狈为奸，乘机勒诈，得款分肥，黄承恩因积资巨万，其事人人知之而能言之，本局以不得确据，未便冒陈，且破产律现已颁行，累商以骗债破产、咎由自取，该司违法滥保、饱其贪囊、遗全省害案，如查实，必在破产之列，不能任其满载而去，亦人情国法也。查《谘议局章程》二十八条，本省官绅如有纳贿及违法等事，谘议局得指明确据，呈候督抚查办等语，张运司一切行事适与《章程》第二十八条规定相符，本局职权所在，不敢放弃，谨据实胪陈，恳请督部堂逐款查明，照例参办，以惩贪蠹而警效尤，盐纲幸甚！直省幸甚！为此备文具呈，伏乞照呈施行，须至呈者。

《大公报》三千二百四号，宣统三年六月初七日（1911年7月2日），第二张，第4页

顺直谘议局质问督院宣示保商银行内容文

为质问事，窃议员等伏阅《北洋官报》，八月十七、八、九等日载有《北洋保商银行章程》一则，其中详细情节，外间一时无从查知，惟细绎《章程》条文，觉有离奇不可解者数事，谨援局章二十六条，具书质问如左。

一、《章程》第一条一项，本银行由在津华洋商人合资设立，以维持天津华洋商务；四项，本银行往来账目，北洋大臣有随时派员检查之权；本条五项暨五条三项，又迭载华商旧欠经华洋商务理事会于宣统元年条陈北洋大臣者，本银行愿代行清理各等语。伏思银行资本若果由商家集资，自属私人营业，北洋大臣似不应有随时查账之权，若其中拨有官款，则不得谓商人合资，且无论地方、国家，均属公家营业，又不应代商家清偿积欠，究竟此项营业属商属官，此项商欠是公是私，应请明白宣示者一。

一、《章程》二条一项，本银行华洋资本总额银四百万两，洋资二百万两，华资除财产估银四十万两外，银一百六十万两，自是华洋各半，股款原属平均。乃五条二项选举总董一事，洋董三人，皆由外国各银行暨洋银东公举；华董三人，则由北洋大臣特派一人，复由大清、直隶两银行各举一人，财产额同，选举权异，所有华资一百六十万两，究系官款？抑系商股？应请明白宣示者二。

一、银行公司皆营业性质，一切行为，均以利益为目的，实经济学不易原理，该银行既属营业，自难越此范围。乃本《章程》第一、第五、第九等条，

一则曰所有在津华洋商人旧欠，经华洋商务理事会条陈北洋大臣者，本银行愿代清理；再则曰愿遵照华洋商务理事会所议、清理华商旧欠各节，实力举行，一似该银行专为清理旧欠而设，究竟该行系以营利为目的？抑以清理为目的？且所谓华洋商务理事会条陈北洋大臣者，究竟条陈何事？应请明白宣示者三。

以上各节，就事实按之，固多不相符合，就章程观之，亦属自相矛盾，不为剀切示明，必且群起争议，应请督部堂详晰批答，实为公便施行，须至质问者。

《大公报》三千三百十号，宣统三年八月廿五日（1911年10月16日），“要件”，第二张，第2—3页

附：北洋保商银行章程

第一条　宗　旨

一、本银行由在津华洋商人合资设立，以维持天津华洋商务，故定名曰北洋保商银行有限公司。

二、本银行禀准北洋大臣咨请外务部、农工商部、度支部，遵照大清商律有限公司注册立案，并与大清国官商所设各银行受同等之保护。

三、本银行为实行维持商务起见，所有在津华洋商人从前债务，业经华洋商务理事会于宣统元年条陈北洋大臣者，本银行愿遵照条陈所定办法，代行清理。

四、本银行往来账目，北洋大臣有随时派员检查之权。

第二条　资　本

一、本银行华洋资本总额行平化宝银四百万两，正内洋商资本银二百万两，华商资本银一百六十万两，华商财产原估银八十万两，今公议作资本银四十万两，共合成四百万两。

二、本银行资本为保持信用起见，无论华洋银东，均不得私自提取，致碍周转。

第三条　住　址

一、总行设于天津，成立后，揆度情形，再于中外各大商埠设立分行或代理行。

二、如在外国设立分行，应请北洋大臣咨请外务部，转咨驻扎外国钦使或领

事，照会该管官员，一体保护。

第四条　期　限

本银行自注册之日起算，以二十五年为限，临时得由华洋总董事核议，呈请北洋大臣酌夺办理。

第五条　总董及其权限

一、本银行应举华总董三人、洋总董三人，共合六人，所有本银行一切事宜，悉归管辖。

二、华总董三人中，应请北洋大臣特派一人，洋总董三人中，由外国各银行公举一人，其余之华总董二人，由大清银行、直隶省银行各举一人，洋总董二人，由洋银东公举。如各银行有不愿公举者，则应举之总董六人即改为五人，惟必须以华总董三人、洋总董二人为准，并得公举顾问董事，以资臂助。

三、各总董每月会议一次，以便筹商本银行各项营业，所有银行应办事宜，亦得随时举办，并遵照华洋商务理事会所议，清理华商旧欠各节，实力举行。此外，遇有紧要事件，亦得于常会外随时会议，凡会议时，至少须有总董三人在座，从多数决议，否则无效。

四、凡会议时，以北洋大臣所派之总董为主席，如总董因事不克到会，应由总董中公举一人，暂充是次会议主席。

五、每半年应由各总董查照银行通行则例，将所有财产目录及出入对照表，遵照部颁表式，半年造送一次，呈请北洋大臣察核无讹，咨部查核。

六、各总董均尽义务，不领酬劳之资。

七、本银行内应派华经理一人，华副经理一人，洋经理一人，均由各总董公举，呈请北洋大臣批准订用。

八、华洋经理并副经理分内应办事宜，以及薪水经费等项，应由各总董议定订立合同，若他日经彼此情允，亦可随时酌量修改，以期妥善。

第六条　财产与债务

一、华商一切财产如系议定转归本银行者，自应照议悉归本银行管理。

二、华商所欠债项既经理事会认可者，即拨归本银行代理，清楚照理事会定议办理。

第七条　清理华商旧欠办法

一、华商积欠各款，如系零星小数，经总董会议公决后，由本银行以现银交付清楚，其余各款，另给期票。至各期票应偿数目及期限，均由银行总董会议公决后，秉公填给。

二、各期票总计在五百万两左右，以二十五年为期，自第六年起，照本银行总董会议公决之数，分期偿还，但不得动用资本，如于分期偿还之外，再有盈余，亦得先期归还。

三、期票以两数合计，不写持票人名，不得先时向本银行索取。

四、凡持有期票之人，不得将此项期票向本银行抵押现款，如有私向本银行受授之事，无论出自何人经手，一经查出，禀官追缴原款外，并应议罚。

第八条　经理权限

一、本银行往来贸易及用人等事，均归华洋经理作主，惟须受总董节制。

二、本银行各项事宜，华洋经理等倘意见不合，应声明总董决定。

第九条　贸易大纲

一、收存出放款项及短期拆息。

二、兑换金银、划拨公私各款。

三、押汇货物等项。

四、代人收取公司、银行、商家所发票据，兼保管紧要贵重物件。

五、右列四项，系本银行议定专办之事，如此外有为官商银行所普通办理者，亦可仿办，惟有背于大清国新旧法律之事，不得举办。

六、所有华洋商人，于宣统元年华洋商务理事会所呈条陈中之有关于债务者，无论为债主、欠主，均得向本银行交易，但存放各事，仍须遵照本章程之第十条、第十一条办理，不得稍事通融。

第十条　存　款

一、本银行存款，或定期，或无定期，或往来，均听存款者之嘱托办理。

二、凡存款应照市面通行章程发给存据，注明利息及日期，将来取款，应以存据为准。

三、收存官商各款，不能问款之所从来，如该款或有轇輵，非持原存款人凭据，无论何人，不得向银行强迫查察。

第十一条　放　款

一、内外殷实商号照市面通行章程借给其人名、堂名，借款概不出放，惟有切实担保，经董事议准者，不在此例。

二、对于个人、或公司、或行号出放款项，不得逾本银行股本十分之一。

三、放款期限不得逾六个月，惟经总董议准者，得以延长。

第十二条　押　款

一、凡押款不得逾原价八成，须按原价保险，以防意外；遇有到期不还，将所押货物或产业即行拍卖，倘抵偿不足，仍准向负债或担保者照数追偿。

二、凡将负债者或提单、或运货行收条、或栈单及各种证券、票股、契据等作为抵押，倘有倒闭情事，此项证据，既在本行作押，如再有他处欠款，无论官商，不准提取抵押之件，须先尽本银行算还本利及一切费用，如有敷余，方准提取。但本银行所持契据，或本未完全，或先已抵押他人，而本银行随后误行押入者，亦应秉公核议，分行归款。

三、本银行除原有之产业，不得将不动产买入或承受，惟或因清理欠款、或抵押借款，由负债者交付，或地方官及商会断给，由经手人偕同本银行妥靠之人估勘，经总董议准，亦可暂时承受，限一年内迅速出售，如因出售期促或被抑勒，准再请总董议展；如因漫不经意，致有损伤，应责成前后经手人赔补。

四、因华商旧欠而出之期票，固不能作为抵押物件向本银行押款，即各华洋商人因与本银行交易到期，结算欠有本银行款项者，亦不得将此项期票抵欠。

第十三条　用　人

一、司事人员、经理聘定后，应照表送由总董签字，以便周知。

二、凡司事人员及夫役等，均应有切实保单送行存查，如有透支、浮借及影挪各弊，应向保人追偿。

第十四条　办　事

一、经理应常川住行，指挥司事人等，办理各项事宜。

二、本银行司事人等责任权限，应有经理另订行规，送由总董签字，交办事人恪守。

第十五条　账　目

一、每月杪由经理督饬司账人等，将出入款项开具四柱清册，于十日内送由总董公同查明签字，交经理保存至半年，再遵理事会禀定章程，造具四柱总册，呈请北洋大臣存案。

二、本银行各项账目，均须以华英文字各立章簿存查，以昭慎重。

第十六条　禁　令

一、华洋总董及华洋经理并司事人员，如在本银行出具保单借银，本银行概不承认。

二、华洋总董及华洋经理并司事人等，不准假本银行出名应声作保及私用图章，如有违背此章者，除立即出行外，并应处以相当之罚款。

第十七条　歇　业

本银行所发期票全数赎回及应办各事皆已完竣，本银行即呈请歇业，至于算账及办理一切事，是否应提前办理，或展期清理，应有各总董决断施行。

第十八条　总　结

一、以上各条，如有未尽事宜，各总董可以随时会议，禀请北洋大臣核准后，加入原章，以期周密。惟加增之条，应由禀准之日算起，不追既往。

二、以上各条，缮具华英文字各四份，除一份禀请北洋大臣存案外，并请分咨外务、农工商、度支三部立案。

三、以上章程之华英各文，业经详细校对，惟嗣后如有文词辩论之处，以华文为正，可将英文辅助华文，秉公诠释，以免纷歧。

《大公报》三千三百十号，宣统三年八月廿五日（1911年10月16日），第二张，第3—4页；《大公报》三千三百十一号，宣统三年八月廿六日（1911年10月17日），第二张，第4页；《大公报》三千三百十二号，宣统三年八月廿七日（1911年10月18日），第二张，第3—4页

直督陈札覆谘议局请禁官署潜移眷属文

为札覆事，案据呈各衙署局所官眷纷纷迁移，全埠人心为之摇动，请严行禁止，违者重予参办，以整官常等情。查日前风闻各官纷纷移居，当经传谕禁止，并饬确查在案，果如来呈所云，各衙署局所官眷纷纷迁徙，尚复成何事体，各官为观瞻所系，倘昧守土之义，先存苟活之心，此等人员，实属不知大体，殊堪诧恨，应即通饬严行查禁，违则参办，以杜谣诼，而肃纪纲，除分行外，合就札覆，即便知照，须至札者。

《大公报》第三千三百二十八号，宣统三年九月十三日（1911 年 11 月 3 日），“本埠”，第 5 页

顺直谘议局议案汇录 · 陈请开铸银元以救市荒案

案查津埠自闻鄂省变起以来，人心慌恐，纸币银块，不能行用，纷纷兑取银元，又加内地停止贸易，来源断绝，钱市流用之银元，十分缺乏，以致银折陡涨，每元由七钱增至八钱以上，诚为自来所未见。银币价巨如此，而银行、钱店仍无现币以供兑换，至本月初七日，各银行相约停市，一钱不出，全埠商民因此慌恐万状。窃以为银荒如此，商民交困，若不设法速予救济，后患不堪设想。惟救济之策，非有数十万现币通行市面，无济于事，现在官厂既无此项存积，堪资拨发，本局公同协议，拟请督部堂照前次奏案，迅拨巨款，仍就造币厂，速行鼓铸，所虑公帑支绌，并无大批生银足供铸造，而商民存积生银，无从递换银币，

仍属有筹莫展。窃查各国铸币章程，均有商民自以生银换铸国币之条，闻度支部亦拟制定此例，现虽未及颁行，拟请督部堂出奏或咨部暂援照外国办法，许商民持生银赴厂换铸银币，厂中酌取铸费，既于公家无损，确于商民甚便，如此一转移间，银元立见流通，市价自然低落，庶可稍靖人心，不至潜生扰乱，商民幸甚！大局幸甚！为此公同会议，呈请奏咨饬办施行。

《大公报》三千三百三十号，宣统三年九月十五日（1911年11月5日），第二张，第4页

顺直谘议局议案汇录·陈请通饬各厅州县创办民团以靖地方案

窃维时局危迫之会，以固结民心为先，群情浮动之秋，以制御奸宄为要。制御之法，一以团结良善，使之拥护以自卫；一以括张声威，使指震慑而不动。而究其利弊得失之所在，则用官兵莫如用民团，诚以用兵费多而势隘，用民费少而备周也。近自川鄂告警，秦晋继变，本省新旧防军，多半征调外出，腹地业形空虚，而伏莽偏灾，遍地皆是，值此人心浮动，倘不预筹消弭之法，殊恐境外之糜滥未平，境内之变乱骤起，大局一溃，必至不可收拾，此诚不可不虑之于早也。兹由议员等公同协议，拟订创开各属乡团简章十七条，以绥靖地方为宗旨，以官绅合办为主体，不费公家一钱，各使之自保自卫，果能实力筹措，必可消祸未萌，拟请督部堂通饬遵行，以弭乱源而维治本，其制造火药、购买硝磺一节，平时虽严立限制，此时必暂予通融，始足以资防御而缉奸宄，亦请特饬各属官绅得以酌量购制，实于目前大局不无裨益，为此公同会议，呈候裁夺施行。

附呈简章

第一节 宗 旨

第一条 创办乡团，取旧时团练、保甲之法，期与巡警联络，专以防制土匪、共保治安为宗旨。

第二节 机 关

第二条 假厅州县自治公所为催办乡团事务所。

第三条 催办人员由议、参两会会同地方官酌选公正士绅任之，不支薪水。其有必须杂费时，由地方公款中酌拨，不得滥支。

第四条 各厅州县民团以地方长官为监督。

第五条 乡团事务所俟各团成立之日，即行裁撤。

第三节 办 法

第六条 各村庄自办各村庄之团，以一村一庄为单位。

第七条 各村庄联络之法，由各村庄自定之。

第八条 办理乡团由各村庄公推公正士绅经理，呈请地方官立案。

第四节 编 制

第九条 每团应设团长一人。

第十条 各村庄团勇以本村庄年富力强之男子充之。出丁之法，由各村庄自定。

第十一条 团勇受各该团长之指挥，执行职务

第五节 职 务

第十二条 遇有土匪入境，各团须联合巡警，互相策应。如有大股贼匪为该地方巡警力不能支者，各团须协力助剿，各团长与警官须相互通知接应。

第六节 教 练

第十三条 各团操法，由各村庄自请明于教练者任之，其各村庄应几日一操，与联合各村庄应几日会操，由各村庄自定。

第七节 器 械

第十四条 凡团中应用枪支，无论铸造或购买，皆须报明地方官，以备存查。

第十五条　制造火药、采买硝磺，须由团长开具数目，呈明地方官查核。

第八节　款　项

第十六条　经费皆就该本地自筹，某村庄所办之团，即由某村庄筹款；若联合之事，关于一乡者，由一乡中之各村庄公筹，关于一厅州者，由一厅州县公筹，但各处有特别情形者，不在此限。

第九节　附　则

第十七条　本简章未尽事宜，由各该团斟酌本地情形，随时增订，禀请地方官核定。

《大公报》第三千三百三十三号，宣统三年九月十八日（1911 年 11 月 8 日），第三张，第1—2 页

附：督宪核准各州县办理民团以防土匪案

昨日，顺直谘议局提议各州县办理民团以防土匪案，业经通过，呈请督宪核准。惟各州县办理此事，非议、参两会不可，故又主持呈请督宪停办自治职员讲习所，俾得各职员回县开会，从速组织此事。

《大公报》第三千三百二十九号，宣统三年九月十四日（1911 年 11 月 4 日），“本埠”，第 5 页

直督陈据审查科议覆谘议局议决纺纱厂资本银不得移动一案札饬财政总汇处等查照文

为札饬事，据顺直谘议局呈议决纺纱厂资本银不得移动以维实业一案到本大臣，据此，当经照章发交审查，兹据审查科呈称，此案经科员等照章审查，并函询财政总汇处暨直隶省银行，据称，此项纺纱资本银一百万两，业经专款存储京

城、上海、汉口各分行，并未支作别用，应请将此议案札饬财政总汇处暨直隶省银行，一俟纱厂筹办处成立，即将此款提拨动用，仍由督部堂札复谘议局查照等情，据此经本大臣覆核，应照审查科所议办理，除分行外，合行札饬，札到该处，即便遵照此札。计札发议案一件，附录于下。

附：议决纺纱厂资本银不得移动以维实业案

案查本省起募公债，前经呈请督部堂拨银一百万两，充作纺纱厂资本，业奉批准施行在案。本年公债开募以后，应拨归该项之款，当已另案存储，不虞无着。惟自武汉军事兴起，闻度支部通电各省，有一切进款，先尽军备充用，余事概从缓办之说。似此大宗存款，诚恐舐糠及米，逐渐搜及。惟此项系属本省自起公债，与国家库储不同，动用与否，惟本省官绅所主，部臣不得过问，况纺纱一事，关系实业，一经挪用，继筹为难，议员等详晰筹议，此项纺纱公债资本，即系本局议决之案，应如何支用之处，非经本局呈明督部堂，不得移作他用，以杜侵挪而免落空，实为公便。为此公同议决，呈候公布施行。

《大公报》三千三百七十三号，宣统三年十月廿八日（1911年12月18日），“公牍”，第二张，第4页

顺直谘议局公布文件·
议决革除苛弊以培国脉而收人心案

窃维政治改良，首在兴利去弊，然政治发达，必以经济为根基，而经济盈虚，胥视利弊为消长，弊不去，利无由兴，是改良政治之方针，尤当以去弊为先务。我国一切积弊，凡由腐败政治所孕育而出者，不胜枚举，其最足促国脉而失人心者，厥有四端：

一曰差徭。我朝摊丁于地，原无布帛、粟米、力役之分。差徭之所由来，乃

滥觞于官吏恃势征求，小民忍痛输纳，相沿既久，取予皆视为当然。前督部堂杨虽曾奏准清理，然情知积重难返，仅以官绅分配为居间调停之计，乃几经本局提议，迄今尚未实行，是知断鹤续凫，终形枘凿，终不若拔本塞源之为愈也，此弊之当去者一。

一曰陋规。行政果秉大公，何陋之有？指为陋规，已非政治上正当之名词。论其性质，即窃取诈攫之代表。虽从前积习相沿，已成惯例，然国家对此行动，尚无许可明文。今竟奏准酌定公费之需，名实愈形抵触。以官厅分外诛取，作国库正当度支，不特法理不合，亦且无此政体，此弊之当去者二。

一曰官价采买。凡生活需用之物品，无不各有价值，以为交易之标准。然价格之大小，惟所有者为能操规定之权，非买物人所得左右，实为私法上之通例。乃我国官厅用品，大半由官定价，得限制一般所有权，名曰采买，其实不异征收。夫官吏与人民地位之优劣虽殊，个人之资格则一，乃一方享特殊之权利，一方尽格外之义务，揆之人格平等，不无违背，此弊之当去者三。

一曰州县均摊。国家设官分职，视劳绩以制禄糈，原无优瘠之别，自官吏各自为政，若者须奉于上，若者得取于下，前倡后应，习惯自然，本此种种原因，遂发生优瘠之现象。抑思优缺何以优？不过剥削之术工。瘠缺何以瘠？实因供应之数巨。为上级者不肯饬一己之廉，只得慷他人之慨，则是均摊一项，在上级不啻予取予求，在州县则为悖入悖出，直接间接，无非取偿于民间，此弊之当去者四。

统以上四端，实占全省经济界一大部分。以小民有限脂膏，填蠹吏难盈谿壑，财力竭蹶，已觉不支，再言兴利，胡能为继？议员等悉心讨论，佥以此弊不除，兴利断无余地，终难望政治改良之一日。值此事机迫切，民穷财尽之时，若不破除情面，实力进行，前途何堪设想？惟有恳请督部堂俯念时势艰危，将指陈各项宿弊，分别奏饬，悉数革除，庶几有用之财，不至掷于虚牝，将来挹彼注兹，民间无负担之增加，善政已有措施之实力，藉以培养国脉，收拾人心，大局幸甚！为此公同议决，呈候公布施行。

《大公报》三千三百八十五号，宣统三年十一月十二日（1911 年 12 月 31 日），第二张，第 3—4 页

附：督部堂陈札复

为札行事，据顺直谘议局呈议决革除苛弊以培国脉而收人心一案到院，当经照章发交审查科审查。兹据呈称，此案经本科开会审查，佥以该局所请裁革四端内官价采买一节，诚属累商病民，自应立予裁革，以除积弊。至差徭、陋规，取之于民，虽有直接间接之分，然中饱病民，在所不免，原可一并裁去。但差徭一项，业经分配作地方行政及自治经费，规费一项，又作匀定各官公费之用，如遽行裁去，则各项经费不能不另筹抵补，想该局统筹全局，必当已有成议，究竟革除差徭与陋规以后，此项行政经费与自治经费将何所取偿，俾免窒碍，拟请札局详议具覆。至均摊一项，有不尽出于民力者，本年春间业有议案，势难全数停止，应候差徭、陋规裁停后，另筹抵补，再行一并办理等情到本大臣复核，应照审查科所议办理。为此札行谘议局查照，须至札者。

宣统三年十一月初九日

《大公报》三千三百八十五号，宣统三年十一月十二日（1911 年 12 月 31 日），第二张，第 4 页

七、顺直谘议局文牍类要

呈景州自费东游绅冯珖书该县捏报警费故违警章恳请查办文

宣统二年十月初七日

为呈请事，案据景州自费东游绅冯珖书陈该县捏报警费故违警章、恳请代呈等情，当由本局议员冯瀛介绍前来，据此，除将原书另折缮呈外，理合备文，呈

请督部堂查核。为此备文具呈，伏祈照呈施行，须至呈者。

附：原书

窃国家警政，终以款不虚糜，人不滥用为最要。查景州警款随粮带征，每年应收九八京钱六万千外，有补底钱一千二百余千，练饷局发款六千五百余千，拨入警款，统计共六万七千余千。迺去年调查差徭时，曾遵章兼查学警各款，据巡警总局所开清单，计光绪三十四年征收四万五千一百五十六千九百文，除报销外，余四千余千，至九百余千之补底钱暨练饷局所发之款，均未开出。宣统元年载明征收五万五千余千，练饷局发款六千五百余千，除报销外，余四千七百七十余千，至实征六万余千之确数，与一千二百余千之补底钱，均未开出。近据巡警总局司账马万仓所开光绪三十四年暨宣统元年之清单，与去年所开之清单前后出入，款目自相龃龉。又本年上忙实征二万八千六百八十余千，至于补底钱五百七十余千，练饷局发款四个月二千二百余千，又未开出。除本年至八月底报销外，统计二年半之入款十五万二千二百五十余千，出款十二万四千七百八十余千，应余二万七千四百七十余千，而所开之存款仅有八千五百余千，究属有心舞弊，此捏报警款之大概情形也。

查上年贵局议决《警务改良章程》第五条，载有警务稽查官弁限定曾习法政与警学人员派充；第七条载有护勇马兵不得捏充马巡，业蒙督宪批准，饬遵在案。现景州警务人员多系目不识丁：刘昆山，系天津人，州署家丁，派充警务总局副巡官，上年曾经警务处两次饬革，迄今并未撤差；张善昌，系东省章邱人，左庆祥，系南省人，州署家丁，均派充马巡；查刘爱贤系天津人、倪虎山系江苏人，州署家丁，一派充马帮带，一派充马巡官；高文蔚，未入警学，曾以千计夤缘，得派充区长兼之护勇马兵充当马巡，伊等依虎作怅，吓诈全州，干预词讼，种种不法，贻害地方非浅，此故违警章之大概情形也。绅为清理警款、整顿警务起见，故不避危险，冒昧缕陈，敬祈贵局核议，代请督宪严行查办，以清警款之确数，并儆滥用私人之非宜，则阖州人民不胜馨香祝祷之至。

督部堂陈札批：来呈已悉，候行巡警道遴员严查，秉公拟办具复。此批。宣统二年十月初九日。

《顺直谘议局文牍类要二编》，“陈请类”

呈房山县自治员绅呈诉县官违法遏抑新政恳乞照章查办文

宣统二年十月十八日

为呈请事，案据房山县自治预备会会长王邦理、会员普矗等呈称：窃维时局危迫，非变法无以自强，民社重膺，非励精无以图治。敝县尊文令成于本年七月间莅任，诸项筹备要政，一切漠不实行，经本属士绅请求，反肆其摧残手段。伏思际此预备宪政时代，既属朝廷命官，应如何仰体时艰，忧勤惕励，而乃不顾大体，不恤人言，纵其骄惰之习，肆其压制之术，其有玷官箴，有害治体，自难为之曲饰。查《谘议局章程》第二十八条，内开本省官绅如有纳贿及违法等事，谘议局得指明确据，呈候督抚查办。敝县尊文令于谘议局呈准公布事件，既一切不肯实行，自属违背法律，谨条举其实迹，指陈如左：

一、玩视祀典。文县尊骄惰性成，每日过午方起，文庙武庙朔望致祭，除到任时亲到二次外，余皆委典史代祭。九月二十五日金陵大祭，亦遣典史往代，视祀典为虚文，此玩视祀典之实迹一。

一、漠视学务。各项新政皆以筹款为要务，今年因简易识字学塾委派专员催办，限期成立，自不得不急筹的款，以期实效。劝学所于孙前县在任时，曾具禀筹办牙捐，由孙前县票传各牙行在案。斗行筹妥，孙县尊卸任，文县尊接续办理，当易为功。乃劝学所迭次面见禀催，文县尊皆置之不理。所以岳各庄村久归土匪把持之庙产，业经前任筹归劝学所，今因文县尊反对新政，遂皆反抗不交，并毁辱原办之人，学董无法，遂禀请学宪、尹宪札饬催办。此漠视学务之实迹二。

一、反对自治。敝县自治事宜虽未能按期筹备，然研究所已两班卒业，预备会亦早已成立，不可谓毫无进步。乃自文县尊到任，诸多反对，语言之间，任意挑剔，所以它里、周口店两处车站、脚行捐款，业由前任县尊筹妥洋钱四百元，经自治绅禀请传催，文县尊概置之不理。周口店灰秤抽捐，亦经前任县尊办妥，因灰牙捏控，文县尊即批准传讯，各项捐款因而皆不承认，致已经筹妥之款亦成画饼。此反对自治之实迹三。

一、破坏警务。总局附设教练所，在前县尊提倡警务，警生尚有数十人。自文县尊到任后，警董等屡请招生，文县尊不管，教练所遂无一人，此其破坏者一。警务旧分五区，区一局东南分局因赌匪搅散，董事禀请传究，竟置之不理，东北、西南、西北三局，旧有警兵七十余名，今已解散，仅余数人，文县尊亦不令续招，此其破坏者二。西山口村为驼煤要路，每值冬令，劫案迭出，去岁设分局一所，道路得以平静，今又值冬防，局董等屡请筹办，文县尊不办，此其破坏者三。警款旧有者为村捐、戏捐，现皆违抗不交，文县尊并不差催，前任已筹者，亩捐、煤捐、驼户捐，现多观望不办，文县尊亦不过问，致使警务经费无一文可措，各区董事挪借各款，无法补偿，皆纷纷退职，各区仅剩空局，此其破坏者四。房山教练员兼警官之责，警兵进退，自属直接机关，文县尊不过总其大纲，处监督地位。乃文县尊自莅任后，传案令警兵协役，拘传警兵崔祥，因拿人未获，当堂褫革斥辱，视同皂隶。按警兵非司法，传人非其职任，即有过应革，亦应归警官办理，喜怒随心，一味压制，此其破坏者五。周口村起大刀会，有干例禁，警局直接干涉，文县尊反大加申斥，致使警局事事不敢过问，此其破坏者六。本县有瓦匠郑姓，连盟二百余人，聚会东关，齐行涨价，警局一经干涉，该匠人知官不赞成巡警，遂群欧警兵，及呈报到官，文县尊以微伤，置而不理，使警界人人灰心，群思瓦解，此其破坏者七。以上破坏警务之实迹四。

一、鸦片弛禁。敝县戒烟局由孙前县设立，颇有成效，七日一牌，每牌七八人或十余人不等，遇有抓获私土者，按法惩办，烟土发交官膏局，变价充作戒烟局费。自文县尊到任，戒烟局顿尔无人，不惟未戒者不复来，即已戒者仍复吸矣。何者？缘两次抓获私土，并未按法惩办，即行释放，私土亦不发出，乡民无知，遂哄传鸦片开禁之谣，所以南北关、周口店等处复有私行开灯者。附城如此，其他可知。此鸦片弛禁之实迹五。

一、勒索差徭。敝县差徭，各村皆属经吏胥包办，孙前县在任，与自治绅议定，当未经分配之先，将一切差徭暂由自治预备会支应，以期剔除中饱。俟奉上宪分配明文，再遵照办理。乃文县尊到任，大不以为然，因前任已办，不能变更，遂百端勒索，车辆马匹无日无之，土木工程屡次兴修，均责供于自治，实属有意为难，胥吏皆洋洋得意，布散流言，以为将来终须归彼包办。四乡闻之，更延不交款，致自治垫数百元，无法补救，办理士绅无可如何，拟请一律辞职。此勒索差徭之实迹六。

一、积压案件。文县尊到任由七月至今，过堂仅十数次，每递一呈，半月后始见批，批传者月余，未必出票，堂讯更属无期，如此耽延，书差得以从中舞弊，至乡民有屈死不告状之语，与谘议局议决剔除诉讼积弊案，大相反对，其不奉行法令可知。此积压案件之实迹七。

一、任意苛罚。本县向无官医，狱囚有病延医，系各药铺私商轮流支应，并非当差。乃前日因有病囚传医，适轮至西街冯姓药铺，该铺已关闭，依次轮至广合兴药局，而医生亦出行医，此事已过一月，不料前日忽传冯医生并广合兴药局过堂，责其误差，每人罚钱一百吊，差押在案，实属令人发指。夫署内并无红名，何得谓之误差？其冤抑平民可知。此任意苛罚之实迹八。

一、信任下人。文县尊养尊处优，凡事不理，幕友、家丁均可代主，遇有绅士求见，每令门丁徐力田接待，其宠信门丁可知。又其公事用印颇闻随便，不必知照县官，竟有用印之事。故其往来文件，并有不盖印者，有自治预备谕帖可查，其不亲视事可知。此信任下人之实迹九。

以上九项均系实在情迹，似此玩法虐民，应请贵局遵照奏章，呈请督宪查核办理，以肃官方，实为公便等情。当由本局议员高书官、王邦屏、郝鸿辞等介绍前来，据此，自应照案转呈督部堂查核，照章办理，实为公便。为此备文具呈，伏祈照呈施行，须至呈者。

督部堂陈批答：据呈已悉，候咨请顺天府尹堂派员查办见复，再行札知。此批。宣统二年十月二十日。

附：督部堂陈札覆

为札行事，宣统二年十一月初四日准顺天府尹咨开，十月二十一日准贵督部堂咨开，据顺直谘议局代呈房山县自治员绅呈诉县官违法遏抑新政、恳乞照章查办一案到院，据此相应咨请贵府尹派员查办见复施行，计抄呈文一件等因到府。准此，本衙门当即遴派妥员前往该县，按款确查。除俟委员禀复到日，再行核办咨照外，相应先行咨覆贵督部堂查照可也等因到本督部堂，准此，为此札行谘议局查照，须至札者。宣统二年十一月初九日。

附：督部堂陈札覆

为札行事，宣统二年十二月二十二日准顺天府尹咨开，案查前准贵督部堂咨开，据顺直谘议局代呈房山县自治员绅呈诉县官违法遏抑新政、恳乞照章查办一案到院，据此相应咨请贵府尹派员查办见复施行，计抄呈文一件等因到府。准此，当即遴委西路同知李丞培之前往该县，按款确查。并备文咨复声明，俟禀复到日，再行核办咨照在案。兹据李丞查明禀复前来，本衙门详加察查，以谘议局代呈房山县自治员绅控诉县官违法遏抑新政各节，既据该丞亲赴房山县逐款查明，或言过其实，或事无确据，自应免予置议。惟谕帖漏印，实属疏忽，平日不常接见绅董，以致意见不和，官绅交恶，是其人地不宜，概可想见。本衙门前因该令面色可疑，似烟瘾尚未断净，业经调验在案，应留辕另候差委，遴选妥员署理房山县篆，将学务、警务、自治各事切实整顿，以维新政而顺舆情。除禀批示外，相应粘抄原禀，咨覆贵督部堂请烦查核转饬谘议局遵照可也等因到本大臣，准此，为此札行谘议局查照，须至札者。宣统三年正月初六日。

《顺直谘议局文牍类要二编》，“陈请类”

呈永年县教敏修请免传里长积弊文

宣统二年十二月初六日

为呈请事，案据永年县文生教敏修、张朝珍、马坦、李彭年、杨绍震、武向荣等呈称：为陈请事，窃查永年县历来征收钱粮，系粮书承办，粮书共分二十八社，每社分管地亩多寡不等，其缴官之银两即以所管地亩之多寡为正比例，此永年征银办法之大较也。然各社之中，粮书往往侵蚀钱粮，加以死丁、逃户，无人完纳，以致所收之银，不敷原数，只以八九成报解。查钱粮报解以八九成，此实各属之通例，不独永年为然也。乃光绪初年，县令杨诚一误听粮书之蒙蔽，生出渔利殃民之法，每年下忙将至、封柜之时，必令粮书举报该社中之花户若干名，票传到县，名曰传里长，责令分摊银两，弥补该社之亏空，每户或摊银一两至二三两不等，加以原差之需索、房书之规费，直与涉讼被逮无分毫差异，故每一被传，辄花京钱数十吊不止。然钱粮之报解，则仍以未足成上缴，其为官与粮书之合谋分肥无疑也。此后相沿已久，成为惯例。粮书或故将丁名隐昧，伪造粮串，诈使钱粮或吞使钱粮无法缴官，希冀报传里长，以致亏欠较前愈大，所传之里长亦愈多。近年以来，愈出愈奇，每到下忙征粮之际，粮书必下乡沿门寻找花户，打网告助，吓以如不帮钱，即报传里长，以故富家预先给钱安置，不至被传，所传者皆中户、下户无力安置之家，往往有在该社仅有三五亩地或一二亩地，每年因传里长之故，赔累至数十吊者，欲卖地，则人皆知此地之赔累，无人敢买，欲移社，则苦于粮书之把持而不能迁徙，遂致忍气吞声，甘受此苦，有地反不如无地，不至倾家破产不止也。现今永年三百六十村，无村不受此害，每年每村之少有衣食者，或因票传，或因打网，必有十数家被害，统计民间因此项之花费，数必逾万，此实直隶一省中各属未有之巨害也。绅等念切同胞，不忍坐视，仰恳贵局呈请督部堂饬县商同自治会，于户籍法未实行以前，酌量本地情形，妥筹暂行办法，不得再听粮书之言，报传里长，渔肉乡民，自此次办法一定之后，该粮书如敢仍前借口赔累，打网告助，讹诈乡民，应听绅民随在指控，治以应得之罪，如此办理，既无害于民生，又无损于官吏，只粮书少得几许枉法贪赃之钱，揆之情理，不为不安。绅等为公利公安起见，伏恳据情代陈等情，当由本局议员宋桢介绍前来，据此，理合据情转呈，恳请督部堂查核，转饬办理，实为公便。为此备文具呈，伏乞照呈施行，须至呈者。

督部堂陈札复：为札行事，据布政司详称，查明永年县票传里长积弊一案，请查核饬知等情到本大臣，据此，除批示外，为此札行谘议局查照，须至札者。宣统三年四月二十一日。

附：原详

为详复事，案蒙宪台批据顺直谘议局代呈永年县文生教敏修等请免传里长积弊缘由，蒙批，呈悉，所陈永年县票传里长积弊如果属实，未免殃民，亟宜整顿，仰布政司迅速委查核议，详夺原呈抄发等因。蒙此当经札饬广平府刘守中度就近查明、据实禀复去后，兹据广平府知府刘中度禀称，遵即檄委分郡候补知县郑令思侨前往，该县会同李令确查去后，兹据该印委会禀内称，查得永邑上下两忙地粮，统年核计，征数多至九分以上，历来不能埽数全完，民间所欠粮银，衿粮多而民粮少，民地粮银向经各屯地方催纳，衿地粮银向由二十八社粮书催交，而各社粮书又归各屯里长所保，里长亦有代催之责，是以每届下忙、封柜之时，比催紧迫，往往有粮书禀控里长截使衿粮之事，历前任之添传里长大都因此。卑职泽宸于去年七月莅任，迨至下忙开征，调查历前任比卯红簿，俱系衿户欠粮多于民户，深知此弊皆在粮书加卯比催，决不稍行宽贷。将届封柜之际，仅有粮书李九皋禀控里长一案，当传里长质询，李九皋所禀尽属子虚，即将该粮书责革，有卷可查，此外并无传讯里长之案。现在该文生等所呈各节，均当切实查究，以后自应免传里长，剔除积弊。至称粮书每到下忙寻找花户打网告助，悉心访查，不为无因，应由卑职泽宸出示严禁，卑职思侨访之舆论，证明卷宗大致相符等情回禀到府，据此，卑府亲往该县复查，该文生等所呈各节，大概均系不误，惟官与粮书分肥一层，实无其事，现在既经查明，嗣后不准再传里长，其弊自少，而打网告助之事，既由该县出示严禁，自可弊绝风清，除仍饬该县每逢下忙出示严禁外，所有查明缘由，理合禀复查核等情前来，本司伏查永年县文生教敏修等所呈各节，既据委员查明并经该府亲往复查，均系不误，惟官与粮书分肥一层，实无其事，应饬嗣后不准再传里长，并令严禁粮书打网告助，以期弊绝风清，除批府饬遵外，所有委查核议缘由，拟合具文详复宪台查核饬知，实为公便。为此备由具呈，伏乞照详施行，须至册者。

《顺直谘议局文牍类要二编》，“陈请类”

呈景州冯珧等控州牧捏报警款故违警章文

宣统二年十二月初六日

为呈请事，案据景州自费东游绅冯珧、天津自治局毕业拔贡党文炳、附生万其钰、高等学堂教员张锡周等呈称：为再行陈请事，窃前以州尊捏报警款、滥用私人等情，恳请转呈督宪行道饬查，业蒙前巡警道宪舒于十一月初间派张委员前往调查，面同顺直谘议局议员冯瀛、警董路鸣珂、司账马万仓暨州尊逐条勘对，捏报属实，并于十一月初十日经张委员将历年出入不符账簿携带来津，呈交前巡警道舒查核各在案，谨将调查情形缕晰陈之。查得光绪三十四年收警费四万五千吊，并底钱九百余吊，练饷局拨款七千吊，旧存钱一万吊，应共收钱六万三千余吊，除支三万八千余吊，下应存二万余吊。查是年表单则捏报收钱四万五千余吊，支出四万一千余吊，下存四千余吊，又一单支出四万二千余吊，下存三千一百余吊。宣统元年收警费六万零四百九十余吊，并底钱一千二百余吊，练饷局拨款七千吊，共应收钱六万八千六百余吊，除四万七千吊，下应存二万一千余吊，而是年表单则捏报存钱四千余吊，警兵操衣约计三百五十身，认明合钱七百余吊，而表内则浮开三千五百吊，局费一千五百吊，而表内则浮开二千余吊，只此两项，则浮报三千余吊。宣统二年，至十月底收警费五万五千余吊，并底钱一千余吊，练饷局拨款四个月二千余吊，共应收钱五万八千余吊，除支五万吊，下应存八千余吊，又库房账内分拨劝学所五千吊，查劝学所账，则仅收二千五百吊，及切实详查拨于盐店三千吊，讯据盐店则称，此三千吊系积款存本提出办平籴局归付之款，夫平籴局亏款岂能以警款拨补？又查十月三十日支钱五千余吊，夫一月之间费钱至五千余吊之谱，究不知作何费用？试问如此耗费，则地方之民果能有此财力乎？又有支钱二百两一条，下系以大老爷字样，夫地方公款只有此数，办公自用，尚恐不敷，若再容外人染指，则郑灵之鼎一空，而经济则愈形困难，办公则愈形棘手，进步则愈形迟滞，理势相因有必然者，且自知亏欠太巨，不得不求一弥补之方，以为应酬调查之具，遂以自己洋枪六十枝、股票一张抵补欠款，苟非实有侵吞之弊，何肯以一己之物抛置公中？此侵吞警款之大概情形也。又查谘议局去年议决《改良警务章程》第五条内开警务稽查官弁限定曾习法政与警学人员派充，第七条内开护勇马兵不得捏充马巡，业蒙督宪批准，饬遵在案。现景州警务人员则有刘昆山、刘爱贤、倪虎山、左庆详、张善昌等非系署内亲友、即系署内家丁、目不识丁者实居大半，又以护勇马兵擅作马巡，藐视警章，莫此为甚，此故违警章之大概情形也。统计三年之内应共收钱十八万四千余吊，除支出十三万五千余吊，下应存四万九千余吊，并无另存之账簿可查。以上数事，均面同张委员逐一查实，质对明确，同人方冀张委员禀复后，巡警道舒必秉公如法惩办，以平众愤而儆将来，乃不意静候两旬，有余杳无音信，兹探得日前巡警道宪舒于张委员禀复后，未悉何故，又复派程委员往查，并将账簿带回，该委员到州后遂直入州署，单牧款待甚殷，谈及十余钟之久，至明日即行返津，当时署外人均不得而知，其中情节想可预料。至复查各节，与张委员调查情形曾否相符，生等未敢悬揣。伏思地方之公款，无非民间之脂膏，以民脂民膏办理民间事务，所谓取诸民者仍以还诸民，于理论方称平允，乃始则侵吞，继则明噬，终则位置私人，滥竽充数，期间以多数无用之人耗许多有用之款，则地方之元气不至尽亏不止。而地方之警务欲不腐败而何能为此？再请贵局据情复呈督宪札行巡警道宪，作速禀复核办，俾得责有攸归，款不虚糜，以安人心而弥后患，则生等幸甚，州民幸甚等情，当由本局议员冯瀛介绍前来，据此理合照案转呈，恳请督部堂查核，饬复办理，实为公便。为此备文具呈，伏乞照呈施行，须至呈者。

《顺直谘议局文牍类要二编》，“陈请类”

呈天津镇乡议事选民等请拨还东洼地充本镇乡自治经费文

宣统二年十二月十一日

为呈请事，案据天津县杨柳青镇议事会暨第八、第九、第十等乡议事会，并十一、十二等乡选民会议长、副议长等呈称：为陈请事，窃查《城镇乡地方自治章程》第九十条，自治经费第一项，即以本地方公款公产充之，盖以地方财产办地方自治，名义实属相符。现杨青等镇乡六处议事会虽次第成立，然无米之炊，如何办理？当查得子牙河南岸自杨青迤东至红桥，统名东洼地，被水多年，畛域参差，间有业主迁徙死亡者，光绪三十二年经镇乡业户禀由前津道宪周按亩集款修埝，委员章承兆蓉勘丈，提出地三十八顷余，作为无主民地，归作高等工业学堂经费，每年得租六千余元，现改归劝业公所经理，然既由民地提出，即沿河镇乡之的确公产，绝非官荒可比，况高等工业系官立性质，应以官款充之，地方公产仍应归还地方，以符自治之名义。且查杨青等镇乡六处，近年办警学各务，均属力尽筋疲，此次议会既经成立，镇董会及各乡董亟应相继筹设，查核定章，地方上且仅有应办事项需款孔多，业经开会公决地方筹款办法，除此项公产外，别无经费可筹，拟请贵局详请督宪札行劝业公所，将此项东洼充公地三十八顷余拨还杨青等一镇五乡，以充自治经费，地方幸甚！自治团体幸甚！元士等为筹集自治经费起见，除径禀督宪暨分别呈请外，理合陈请谘议局公鉴等情，据此查收受本省自治会陈请事件，属谘议局职任专条，据呈前情，自应照案转呈，恳请督部堂查核，转饬办理，实为公便。为此备文具呈，伏祈照呈施行，须至呈者。

督部堂陈批答：据呈已悉，查此案前据该镇议事会等具禀到院，业经批由提学司会同劝业道核议详复，饬遵在案。据呈前情，应候札饬该司道查照前批，迅速核议详复，再行札知。此批。宣统二年十二月十四日。

附：督部堂陈札复

为札行事，据提学使、劝业道详称：案奉天津县杨柳青镇议事会等禀请，将东洼充公地拨还作自治经费，由奉批，据禀已悉，所请将东洼充公地三十八顷余拨还该镇乡等，以充自治经费，是否可行，仰提学司会同劝业道核议详复，饬遵再禀，尾称：道宪自系误书，殊属疏忽，应并饬知，抄由批发等因。正在会商核办间，又奉批据直隶谘议局据该议事会呈同前由、转请核办到院，除批据呈已悉，查此案前据该镇议事会等具禀到院，业经批由提学司会同劝业道核议详复，饬遵在案，核呈前情，应候札饬该司道查照前批，迅速核议详复，再行札知，此批等因印发外，札道遵照办理等因，奉此，本司职道伏查向来各省荒地通行习惯，有民间管业纳税者，为民荒；无人管业纳税者，为官荒。其官荒约分两种，一种由官管理收取租息，充官办各项居所经费，谓之官地；一种由绅董管理收取租息，充地方公益之用，谓之公地性质。上初无特异之分别，均以垦用时详定之案为准，所有子牙河东岸荒地，本系无主承粮官荒，由前天津道周道学熙于光绪三十二年委员查勘丈量，招佃一律垦种收租。详奉前督宪袁批准拨充高等工业学堂经费，嗣又改为拨充官立种植园常年经费，均属有案可稽，地既由官立案招垦，非为公地可知，查种植园常年经费只有此款，如移拨他用，必须另筹抵款。再查《城镇乡地方自治章程》第五章第一节第九十条，城镇乡自治经费以左列各款充之，子目中有本地方公款公产一项；第九十一条载有前条公款公产以向归本地方绅董管理者为限等语。所有该议事会请将向归官管理之子牙河东洼官地拨作自治经费，亦与《城镇乡自治章程》查有未符，碍难照准，所有遵饬核议杨柳青镇议事会等请将子牙河东洼官地拨充自治经费，与公例及自治章程不符，未便照准缘由，理合会同具文，详复宪台察核批示只遵等情到本大臣，据此，除批如详办理，仰即转饬天津县传谕该镇议事会等遵照，仍候札行谘议局查照此缴等因印发外，为此札行谘议局查照，须至札者。宣统三年正月初七日。

《顺直谘议局文牍类要二编》，“陈请类”

呈天津议事会请将自治总局详改章程仍遵原章办理文

宣统二年十二月十一日

为呈请事，案据天津县城议事会呈称：案查敝会成立后，照章应自行组织董事会，惟查《章程》第五十五条，总董选举正陪各一名，呈由地方官申请督抚遴选任用之。而《直隶自治总局文件录要》内载《章程》九十九条，乡董乡佐由地方官核准，任用之恐显分等级，易启嫌疑，若均由地方官派定，似可免生意见等因。遵此伏以天津密迩神京，逼僢渤海，实为五方杂处，中外互市之地，按照各国地方制度，应立市会，且自督宪行辕于此，衙署局所林立，治务之繁，又不啻省会，敝会成立之始，自应按照定章内开职务，勉尽其责，以作他处模范，以重外人观瞻，而议决后，执行端赖总董，是其责任既重，必期遴选得人，尤须官信民孚，方能执行无碍，体查情形，实有非他处所可同语者。是敝会董事会总董，仍以照章呈请地方官申请督宪遴选任用，较为得宜。兹经敝会公同议决，查照贵局章程二十一条第六项及第十二项，据情陈请核议，除呈明监督官外，备文呈请贵局察鉴，须至呈者等情，据此查收受本省自治会陈请事件，属谘议局职任专条，据呈前情，自应照案转呈，恳请督部堂查核办理，实为公便。为此备文具呈，伏祈照呈施行，须至呈者。

督部堂陈批答：呈悉。查前据自治总局详称城镇总董及各乡乡董、乡佐，一由督抚遴用，一由地方官任用，恐显分等级，易启嫌疑。若均由地方官派定，似可免生意见等因。经前署督部堂那以变通各条、衡情度理、颇利推行，批准并咨部在案。据呈天津治务之繁，不啻省会，查清苑县城董事会总董，业已批饬由清苑县核准任用，该县城会总董自应遵照办理，以归一律，仰即转饬遵照，此批。宣统三年十二月十四日。

《顺直谘议局文牍类要二编》，“陈请类”

呈东安县解锡樾陈县令违法文

宣统二年十二月十三日

为呈请事，案据东安县自治会员解锡樾、五品封典常光维、花翎四品衔曹克俭、鸿胪序班邵蓝玉、自治学员文生汪树玕、周郁文、赵德恩、文生周治丰、康绍绪、李荫楠、张岑、侯明诚、周英俊、法政毕业文生崔传礼、白振邕、陈宝忠、县丞衔解光燏、监生解锡鹏、文生张岫云等呈称：为陈请事，查《谘议局章程》第二十八条本省官绅如有纳贿及违法等事，谘议局得指明确据，呈候督抚查办。若东安县周令，其当严加查办者，实有多端，绅等恐缄默不言，无以促新政之进行，伸人民之情悃，不惟身受其害者冤抑莫诉，而地方之事愈将败坏于无形。试举其最甚者，缕晰陈之：

一、玩视要政也。此次调查户口，限四月底报齐，延至六月下旬，派员调查，尚未查清。七月初旬捏报转详，南二区多捏五百余户、六千余口，学童壮丁均悉捏造，被人举发，调查员禀复有卷可查。本年奉文挑选禁卫军，由县预选合格之人，以备复选，文到久不宣布，及募兵委员到县，该县始张皇凑集，违章以差役充数，当经委员驳斥，而合格之人反抱向隅。禁烟功令极严，境内烟馆尚多，并不清查，闻有密查委员到县，由署内笔告巡警总局预先防备，有该令来条可证，嗣复出示晓谕，图掩耳目，一味敷衍，致小民难脱黑籍之苦可知。

一、压搁要案也。旗籍职妇敬关氏，老有租地十九余顷在东安万庄左右，每亩收租制钱二百六十文。有宗室崇培令玉廉诱出契据，设谋夺地，自光绪二十三年成讼，三十一年由南路厅赵断归敬关氏，令佃户照旧交租。三十三年，崇培在东安县续控，现任周令初遵旧案判断，均有卷可查，不料忽然翻案，将敬关氏押官媒，逼令具结，严追佃户增租，由二百六十文增至一千四百文，又令两季交租增至二千八百文，佃户在顺天府呈控，周令捏称由自治学员议租，去年佃户呈恳自治总局查办，自治员马童琇等禀复并无议租等事，其为朦详，已有确据。本年二月十一日夜，北昌村常光寿被盗，开门入室有二十余人，常光寿惊醒，该盗持刀威吓，不许声张，并将其数岁小儿持刀临之，逼令常光寿夫妻告以藏储银钱之所，抢去洋元二百块、松银五十三两、东钱五百千、首饰三头、镯子三付，及村人知觉，该盗持放洋枪，以防追捕，声明在案，旋获贼人于振芳并其子于丕抄出原赃二宗，当堂验明认领，续或贼党娄珍，乃时经十月有余，其余逸贼，原赃均未追获，忽将于丕释放，娄珍亦经释放。近来盗风日炽，皆由捕务废弛，事主往往讳盗，幸而破案，竟不严办，似此庇盗殃民，匪类无畏法之心，更将肆无忌惮。至于假公济私，以新政之名，为吞款之计，自前任唐增添呈费，每呈东钱两吊，合之状纸代书，约用银洋一元，小民不胜苦累。经人呈控，至该令任内由劝学总董禀请提此款立女学堂，已详学司在案，业经批准，至今女学尚未成立，此款仍入私囊。郎坊站新立集镇，本当筹款，以谋公益，文生李文林、侯明诚等禀请筹提各行杂款，兴办学堂，该令久未批答，所收各项集税，并无报销。驻防运米已停，各村犹交经费，由自治员马鸿翱等禀请将此款拨办自治，仅提十分之二归自治经费，其余仍归中饱。犯人杨保仁，系永远监禁之犯，在狱押当，积有厚资，讬伊旧狱友作媒，强取有夫之妻，未知该管典史与该令作何说法，竟置之不管，后经本夫黄四在南路厅呈控，严讯数堂，杨保仁多方运动，该令不得已，始藉他端罚银二百余元。自治经费，巧藉筹办新政为掩饰之端，其他积案不清，有百余案之多，经一二年未结者，种种背谬，不可殚述。所陈违法各端，均有确据，敬祈代呈督宪查办，庶可警官邪而救民命等情，当由本局议员曹克祇介绍前来，据此理合照案转呈，恳请督部堂查核办理，实为公便。为此备文具呈，伏祈照呈施行，须至呈者。

督部堂陈批答：呈悉。所呈各节如果属实，亟应彻查严办，以肃吏治而安民生，候分行藩学法三司，迅速遴委妥员，严密确查详复，以凭核夺，此札。宣统二年十二月十七日。

《顺直谘议局文牍类要二编》，“陈请类”

呈东安县绅民请挑濬水永定河下游消除水患文

宣统二年十二月十三日

为呈请事，案据东安县六品衔张耀洪、武清县五品衔候选知县罗宗昭、永清县监生张海源、天津县文生赵炳辰等呈称：为洪水泛滥，贻害无穷，恳请转呈督宪俯准挑修，俾群流顺轨，以弭水患而奠民生事。窃绅等溯考《永定河志》，自洪字二十号以下，原有上中下三洪之分，上年因护北遥堤，在上洪之上游永清县属于家村迤南，添筑长埝一道，约十数里。今年又接修支水壩，支水南行，而上洪之下游亦于宣统二年在武清县属黄花店迤南添筑拦泽埝，此上洪之不能便流也。而下洪韩家墅又建设讲武堂，增修奎堤断截水路，此下洪之不能便流也。由此，浑河之水不导入中洪，而绅等四县所居中洪一百余村之民遂尽遭涂炭，匪特一年数载之患，竟演成永久不能脱难之大患，伏思彼亦民也，此亦民也，均系国家赤子，何幸不幸之悬殊乃尔？又查上游自永清县第五里旧有河形，而下游东安县甄庄直至天津达子辛庄，决口接入运河，绵长六十余里，并无河身可以容水，虽蒙查勘，指定河道，终未挑修，而且由西而东，步步高仰，节节阻塞，每遇伏秋两汛，河水盛涨，必至横冲旁溢，汎滥为灾，遂使坟墓田园，尽成泽国。回思先年三洪洩水可望，一水一麦，小民尚赖生活，如今水势经年不涸，有地无时耕种，困苦情形未有甚于此者也。绅等目睹时艰，若不设法整顿，任其漫溢为患，年复一年，日甚一日，富者转为贫，贫者罹于死，不但一百余村之小民有流离失所之忧，即坟墓尸骸尤难免暴露冲移之患，长此因循，后患何堪设想？绅等不得已，拟请自永定河上游所经东安县之甄庄，至下游所经天津县之达子辛庄，水道四十五里，挑濬中洪，就其趋向，开宽挑深，两岸出土，以防漫溢，从此一劳永逸，民庆更生。则公家费有限之国币，小民得利益于无穷，实于国计民生均有裨益。查谘议局《章程》第二十一条第一项议决本省应兴应革事件，第十二项收受本省自治会或人民陈请建议事件，似此水势泛滥，贻害人民，照章陈请疏濬，正合贵局应革事件，敬祈代为呈请督宪，设法挑修，如蒙俯允，再拟详细办法，缮呈鉴核，并附呈名单及图纸等情，当由本局议员曹克祗介绍前来，据此理合据案转呈，恳请督部堂查核办理，实为公便。为此备文具呈，伏祈照呈施行，须至呈者。

督部堂陈批答：呈悉，所请自永定河上流所经东安县之甄庄，至下流所经天津县之达子辛庄，水道四十五里，挑濬中洪，就其趋向，开宽挑深，两岸出土，以防漫溢各节，是否可行，候行永定河道迅速核议详夺，再行札知，此批，图折存。宣统二年十二月十七日。

附：督部堂陈札复

为札行事，据永定河吕道详称：窃奉宪札，以据顺直谘议局代呈东安、武清、永清、天津等县绅民请挑濬永定河下游，消除水患一案，除批呈悉，所请自永定河上流所经东安之甄庄，至下流所经天津县之达子辛庄，水道四五十里，挑濬中洪，就其趋向，开宽挑深，两岸出土，以防漫溢各节，是否可行，饬令职道，迅速核议详夺等因。蒙此，遵查永定河自水窖以下，两堤相距数十里，皆为下口，其先三角淀、沙家淀、叶淀、母猪泊等蓄水之区均在其中，河水导入淀泊，以徐达津入海。迨后淀泊游平，遂任水性之所之，以为河道，故旧称永定河，下口有南北中三洪，盖南游则北徙，北游则又中移，顺其自然之势，以免阻遏河流，致上游受拥塞之患。查乾隆年间屡奉上谕，饬令下口凡占河身居民迁移堤外，官给搬移之资，并拨补庄基地亩，其实有不愿迁移之户口，房屋若干，确查实数，于南北两岸刊立石碑，如此后较勒碑之数稍有加增，即属地方官不能实力奉行，一经查出，定行严加治罪，功令森严。并每年札由河营都司下八北七等汛暨天武二县杨村巡检，严查下口，禁止私筑民埝，按月具结呈报。此河身不准筑堤之定案也。兹东安等县绅民呈请，自上流所经东安之甄庄，至下流所经天津县之达子辛庄，水道四五十里，挑濬中洪，就其趋向开宽挑深。查该绅民等请挑濬之河道，即上年由职道会同运工局勘估之工，因款项难筹，未经兴办。第上年勘估此工，就北面一方出土，以期暂时堵截河流北趋，系专为接筑黄河店以下拦水埝而设，埝成则废土即弃，并非为久远保障之计。今该绅民所请为下游消除水患，两岸出土，以防漫溢，是于原堤之内又加筑两堤矣。若准如所请办理，不但显违定章，而且两岸出土，相距至远不过百丈，河道挑濬纵极宽深，焉能容纳全河盛涨之水，一经冲决，则国帑虚糜，而于该处居民仍属毫无补益。而且堤内加堤，下游河道益形逼窄，上游之水不得畅行，其危险情形将有不堪名状者，是于居民无益，而有大害于全河也，此万不可行者也。若不筑堤而只濬中洪，使水势畅流，免有旁溢之患，但必须水不出槽，则该处一带村庄及永定全河固皆有益，万一盛涨出槽，漫延无际，则该处居民将仍在汜滥之中矣，多糜巨帑而仍有后灾。职道所以再四筹思，不敢即行议决者也，理合将查明实在情形，呈请察夺办理等情到本大臣，据此，除批据详已悉，该绅民等所请挑濬河道，既据该道查明，若如所请，不独违背定章，且于全河大有危险，若不筑堤而盛涨出槽，于居民仍属无益，自应毋庸置议。仰即知照并候札行谘议局查照，此缴等因印发外，为此札行谘议局查照，须至札者。宣统三年正月二十六日。

《顺直谘议局文牍类要二编》，“陈请类”

八、有关顺直谘议局的报刊舆论

关于谘议局参事会之利弊说

谘议局为议事会之变名，固人尽知之。惟恭绎九月十三日上谕命设局以为采取舆论之所，而各府厅州县议事会亦一并预为筹画，有非仅设一议事会遂足毕其义者。又本月二十五日上谕，嗣后各省利病，均应由该省谘议局详细讨论云云。觉谘议局所关尤巨，仅按各国议事会办法，觉不独舆论未能采，转恐生有种种危险，因以阻立宪之前途，甚非我皇太后、皇上孜孜求治之本意也。窃尝内察我国官民之情势，外察各国变政之成迹，预计之，约有十弊，用敢缕缕以陈之。考各国公例，议事会之组织，皆以公选之议员为之，而官不与闻其事。我国风气初开，士绅向未入官，既未必洞明时势，又未必有政治上之学识，但持空理以论事，其言必多迂阔而远于事情，其弊一。即议员幸皆博学深识，而理论与实行常相需而不相合。理论者陈义甚高，实行者动多窒碍，此不独我国，即西人自号文明，亦无不然者，盖世界进化之公例也。故凡行政之苦心，议者皆未能曲谅。西儒尝云：议论不由经验而出者，必不易切实奉行，其弊二。我中国宦场弊窦，士民之积愤已久，一旦出而论政，其不顾先后缓急，务求锄而去之，以快其私，徒触官场之怒而无裨于大局者，正不知凡几，其弊三。议会之招集，每年不过一二次，当闭会以后，如资政院有所谘询，或督抚所交议，皆系重大事件，尚可临时招集，其他非重大事件与临时急待施行、无暇招集者，无以为补助议决机关，其弊四。凡兴革大端，即已经议会议决、督抚批准及当实力推行而情势变换常有出于意外者，此时议员已散归回里，留待下次复议不免贻误事机，如由行政官随变独断以为之，必至群起交閧，益生冲突，其弊五。由来一人之心，必不如众人精密，况事经明辩详剖其中之曲折，弃取正不知几费筹思。行政官既未与议，凡所议决或以为不易办到，但用二三笼统公事文字，即可批驳。实则其所谓不易之处，皆议员早已筹议及之而有法以处之者。是即令取议事录而详阅之，恐亦未必如在座与议之深切著明也，其弊六。督抚之开幕也，皆网罗贤俊为赞助，向系分科论事。近来颁行新官制，又使设会议厅，招集司道以下官员会议此。其人不尽来自田间，大抵向皆以官为业，不必故与议会反对而半生寝馈其中，取他人已成之议，而蹈暇抵隙以驳诘之，自当生有种种之新理解，而此两处会议，督抚皆亲味乎其言，则前议自失其效力，纵议员尚有众多之理由足以胜之，然亦必俟要求开第二次会议，或径向资政院陈诉，则不免旷时而废事也，其弊七。

自庚子而后，士绅有少知桑梓义务者，如警务、学务亦尝多所筹议，而地方官多不肯实力赞助，及一经有人反抗，皆委其过于首创议之人，常有身被其祸者矣。故持重之士，已不免多所趋避，一旦选充议员，凡所倡仪，偶有督抚未肯批准或屡被驳议，则其人必咨嗟太息，引身思退，惟默念我皇太后、皇上立宪之盛德，诸大吏不肯实力奉行，及第二次开会即未必应招而至，迨至招之不来，则顽固者益得有所藉口，谓人民程度不足，绝不知地方义务，是急思立宪转因以为立宪之障害矣，其弊八。若夫热心志士，急图进取，其人则好为极端之论说，迫人于不易行，或少与督抚意见歧出，即径向资政院陈请，虽系钦遵九月十三日上谕办理，然行政官目议绅为侵权，而议绅则以行政官为溺职，积疑生谤，积谤成仇，一则申诉其理由，一则益肆其辩难。幸遇贤大吏明达，尚可以大度置之，否则未有不积久而不能相容者，则各省将从此多事矣，其弊九。况乎一局之中聚数十人或百余人，日相讨论，意杂言庞，未必皆有秩序，或偶有不平之气、过激之词。其因新政以失势者，方日思媒蘖其短，腾诸口说，必故为张大其词，骇人闻听。本省大吏，或误听其言，或适中所忌，正不难加以大不韪之名，而入人于罪。隔阂愈深，人心益愤，其祸患将有不堪设想者，其弊十。或谓谘议局之设，本一期成会之性质，似尚虑不及此。岂知暂设一局，使官绅筹办其事，不过数十日或百余日，即可将办法筹议完善。若一经选举员到局议事，则以上诸弊，必先预为之防。计莫如竟仿各国府县之制于谘议局，议会外并含有一参事会办法于其中，用以调和官绅之意见，而为其补助议决机关。例如苏杭甬路借款之议，江浙人开会力争，日益剧烈，绝不顾外交之历史何如。而外交官未能坚却借款之苦衷，竟以无由向拒款者详说，谘议局仅一议事会性质，则此后官绅相持而不能相通，类此者正复不鲜近闻，已令公举代表若干人来京会议，先使详知此事之档案，然后与共图外交保路之善法，则竞争之焰自当少熄。参事会可以去官绅之扞格，正与此无异。故谘议局开例会及招集临时会之时，仍以公选之议长、副议长及全体之议员为之，而不能以官处乎其中。此外，须在前所公选之议员中，更选举常川住局之议员若干人，受例会之委任，分科任事以补助其缺，并常川监督各府厅州县下级议事参事等会，按照日本府县参事会办法，其议长则以本省最高等行政长官充之，副议长则以高等行政长官充之，若此，则议员所议决，皆按照行政官所得之经验以图进步，而行政官与闻颠末，一经认可，施行自易按照所议之途径，以曲赴之。其所谓采取舆论者，始归于实际，而谘议局之设，乃能获有完全之效果也。前闻拟设谘议局议会伊始，固亦尝筹议及此，但以其为行政机关，因之中辍。不知各国市参事会，固系行政机关，而府县参事会，则仍是一补助议决机关，惟于行政少觉密切耳。

法人之初设议院也，凡行政官皆摈不与闻，而行政之机关因以大滞。日本明治初年，设上下两局为议政官，而以太政官监督之，此两年中进步甚猛，官绅亦无大冲突。及明治四年离于行政官，别设上下两院，于是诋毁攻击，党派横生，而新政遂多窒碍而难行，以故后世论者谓当日议政院若不离太政官而独立，则立宪之期限当不必俟之二十三年以后，殆为此欤。近闻各行省为创设谘议局，官绅意见庞杂，争辩不已。少年新进未尝不欲但设一议事会，不令督抚干涉，凡事经议决即请裁夺施行，不当再径达资政院陈请。若然，则是各省又添一下级之都察院，其人既难练习政治上之知识，而书生之见不免贻误事机。且各省之官绅交讼，亦将不知伊于胡底。故虑事周详者，无不欲并设一参事会于谘议局中以预防之，而各省大吏既恐有碍行政之权，又皆狃于上谕，遇有重大事件，一面禀请督抚，一面竟达资政院，二语谓如以督抚为参事会议长，则不免与上谕本意相背云云。岂知各国议事会无一非定期招集者，我国于创办伊始，既特设一局，则必有常川住局之议员；既常川住局，则必分科任事。而遇事不免向督抚禀商，亦势之所必然者，此中本自含有参事会性质，不过声明地方行政长官为常川住局议员之议长，则禀商皆出于大公，须开正式会议，否则禀商皆出于私，而常川住局之议员必为众矢之的，旋且恐全体会员无不群起交谪，以与为反抗矣。议者不察，惟欲为谘议局作半面文字，是诚不可解者。窃尝即全局而统筹之，谘议局亦断不能常设，待至议事会与参事会成立，则此局当行裁撤，而创办伊始，亦宜并含此两会性质于局内。若以为此中绝不能兼有参事会办法，则宜恭请谕旨，命各省更设一参事局，与谘议局同时筹设，其议员当即由谘议局复选。督抚对于此举，殆不过若多数之幕僚会议，但幕僚多本省人而已。迨至事经议决，呈请核夺，督抚仍可以意为准驳，固几微无损于行政之权利也。且按照本月二十五日上谕所言，则是嗣后凡本省人有所条议，与随时变革之端，皆将归该局核议，其必须设有常川住局之议员可知。是已显然一外国参事会性质。况筹画府厅州县下级议事会而监督之，凡未设自治局之行省，又实系参事会应有之职权，而非仅有一议事会于谘议局内所得而概括之耶。今为预防官绅之冲突，便于行政起见，拟请奏定一划一章程，合两会之性质于一局之中，通饬遵行，俾免纷扰，庶可与庶政公诸舆论之实相符，而谘议局之设为不虚矣。

《大公报》第一千九百八十号，光绪三十三年十二月初十日（1908 年 1 月 13 日），“言论”，第 2—3 页；《大公报》一千九百八十一号，光绪三十三年十二月十一日（1908 年 1 月 14 日），“言论”，第 3 页；《大公报》第一千九百八十

二号，光绪三十三年十二月十二日（1908 年 1 月 15 日），“言论”，第 2—3 页

今年之谘议局

去年之谘议局为筹办时代，今年之谘议局为成立时代。然而，一事之成立也，必有其成立之人与其成立之款。试问，今年之谘议局果恃何种之人以组织之？更恃何种之款以办理之耶？其在筹办时代，一切事宜多创于筹办处之人，成于筹办处之款。自今以后，欲图成立，不可不恃乎筹办处而外之人与筹办处而外之款，何也？谘议局为全省舆论之所在，断非筹办处少数之人所能济事；谘议局为一省财政之所出，亦断非筹办处少数之款所可图功。况谘议局一经成立，则筹办处必须裁撤，又为万不可恃之机关哉。查谘议局定章以正月十五日为初选之期，以三月十五日为复选之期，本年虽有闰月之余闲，然至九月初一日各直省须一律开办，是又谕旨所严饬而章程之明文也。此数月之光阴，转瞬即至，谘议局成败之问题皆将于是决之。惟自去岁筹办以来，其热心任事、力图厥成者，惟在筹办处有差之人。司选员之精核，调查员之奔走，未始不勉力从公，以求谘议局之按期成立。然而，除此以外，其关心于谘议局事件，以为必不可缓之图者，能有几人？彼辈之视参政权也，殆如鸿毛之不足重轻，而其以调查为扰民，选举为多事者，犹比比皆是。据此现象，则将来州县会之结果，与国会之成效，概可知矣。今之言治者，多以程度不足一语为我国民讳，然我国民之程度果能达于自治之阶级否，皆将于今年之谘议局验之。使我国民而果有立宪之程度也，则必结合团体，发表政见，相率而为谘议局选举之竞争，竞争愈烈，民权愈固，官治之范围一定，而国会之基础立矣。虽然，我国今年之谘议局犹有二种之缺点，不可不为吾民告者。

（一）今年之谘议局无弹劾督抚之权。查谘议局章程第二十七条云，本省督抚如有侵夺谘议局权限或违背法律等事，谘议局得呈请资政院核办。此项规定为谘议局可以监督督抚之实权也。然现在资政院尚未成立，召集议员之期，须俟明

年举行。故此一年之中，彼督抚即令违反此条，而谘议局之权限既不能上奏皇帝，又不能上控各部，是今年之谘议局可以为督抚所解散而不能弹劾督抚者也。此其缺点之一也。

（二）今年之谘议局无参预财政之权。据局章之第二十一条，谘议局得议决本省预算决算事件，是为对于财政之监督权，与国会之制度毫无所异者也。然查逐年筹备事宜表，须至明年方可试办预算决算。是此一年之中谘议局不能参预财政，已可概见。不特此也，各省岁出岁入之数，既须明年调查，则今年之中必不能有议案提出，是又不待言而可知。此其缺点之二也。

呜呼！一省之中所贵有谘议局者，谓其可以监督督抚之行政而参预全省之财政也。今举此二种之权利付之阙如，可见今年之谘议局第有建议之形式而无参政之实权，月攘一鸡，以待来年。今之热心谘议局者，各努力以善其后可也。

《大公报》第二千三百四十二号，宣统元年正月初八日（1910年1月29日）“言论”，第3页

直隶发起谘议局议案预备会书

西哲有言，国民恒立于其所欲立之地位，谅哉斯言！近岁以来，吾国士夫要求立宪，联名上书，其迫切呼吁之诚，骎骎见端矣。顾其所谓欲立之地位者，非徒托空言、群聚嚣诤，遂可以得之而据为己有也。天下有一至可宝贵之物，以己之不能管理也，则举而委其权于人，及见其人管理之不善，又欲夺而归之于己，此必自度其材力智略，确有可以管理是物之能，且又真能举前日之不善者而更张之，使底于善，然后可以夺诸人而归于己，不然，己之于是物也，本不知管理之何从，徒见人操之而我不与也，则奋臂而与之争，及其争而得之，则束手四顾，无一筹之可展，或乃泄沓因循，视为不关切要之事。甲规而乙辟，前仆而后逃，卒乃为前日管理者之所攫而后已。嗟乎，嗟乎，吾国程度之不足，为士大夫所大

耻非一日也，所从来远矣。往者各省设立谘议局之诏下，吾直士夫首先开会，与幕僚大吏手定草章，其奋义急公之气，诚为各省所仅见。会以宪政编查馆将有通行章程咨行到案，此事遂废。及去岁编查馆章程出，乃卒不出吾直之范围，其职任权限或有过之，无不及是。前日所殚精覃思以求之者，今乃尽得之矣。士夫所延颈跂踵以冀倖者，其亦可以无憾矣。虽然，此遂可坐享其成、不劳而获已乎？传有之曰：非知之艰，行之维艰，知之而行之，犹且维艰，以不知而行之，其能免于悖戾耶？今世之议宪政者，动以兹事体大端责之中流社会意，盖谓上焉者不欲与此事，下焉者无能与此事，其说似也。不知中国士大夫其历史上之性质，与近今所见一二有志之士，乃绝然其不相同。自秦汉以来，凡读书明理之君子，以不谈公事为高，一村之徭役，一乡之税则，一县一州之地丁，问之于绅，不若问之于官也，问之于官，不若问之于吏胥保正也，而此吏胥保正者，又乐结官以为护符，官亦利用之以为牙爪，于是由州县而上之府，由府而上之司，由司而上之大府，而一省之事遂隐然为官与吏胥保正之所独有，而读书士大夫反旁皇于事外。

近十数年来，经外累之偪椓，概然念旧习之不可以图存，一二豪杰有志之士或号召朋党竞欲创新政于其乡，于是学校、警察、工程实业次第而谋举，谋举则必有款方可。款者，官与吏胥保正之所有事也。于是谋设学校不得，则曰官不为筹款也；谋设警察不得，则曰官不为筹款也；谋设工程实业不得，则又曰官不为筹款也，逼之愈急，则官之敷衍愈甚，则绅士热心公益之名乃愈高，而新政一事，遂若为官绅间之一仇敌。今者，谘议局既设其建议新政之权，乃由官而归之绅矣。意者其遂可为所欲为乎？吾知种种难为之事，凡前日所要求之于官而不得者，今官必尽举而委之于绅。谋设学校不得，则曰交绅士议也；谋设警察不得，则曰交绅士议也；谋设工程实业不得，则曰交绅士议也。其他一切公益，凡关乎筹款，丛劳府怨之事，官一惟绅士是赖。而此绅士者，又大率所谓读书明理、以不谈公事为高者也，否则，攘臂奋争、徒欲以空言取胜者也。为之而不成，官且曰：子不热心也，放弃权利也，标之以至高，迫之以难堪。然则，以他人管理之不善而自行管理者，其将何道以处此？议者曰：吾直议员都百三十人，不患无以办此，即有难为之事，不有吾议案者在乎？嗟乎，嗟乎，此乃吾辈所为，汲汲皇皇而欲先事而为之谋者也。大抵议案之立，必以谘议局职权所定为根据，考谘议局章程第二十五条云，第二十一条所开除二三款外，谘议局均得自行草具议案。今案二十一条谘议局应办事件，其主要者莫如二至五款之监督财政，六、七款之参与立法，预算虽不得由谘议局提出议案，而议决之权则仍属之（今部咨又谓，明年始得议，然预备固无时可缓）。第一款为议决本省应兴应革之事件，九十款为申覆资政院及督抚谘询事件，则其范围尤广。此数事者，一得一失皆关系全省之命脉，虽通人达士，研练之至数十年，犹恐未能尽善，而议员来自田间，猝与以全省之大计，彼于事类尚未能分晓，又何能决定其是非？此其可虑者一也。即有热心桑梓之士，急欲开口论列，而甲县与乙县所受之利弊不同，则其所发之意见亦必异。此亦一是非，彼亦一是非，互相水火，究何与于全省之要害，此其可虑者二也。本局之议案未能脱稿，督宪之议案又分至沓来，张皇峰午，熟视而莫敢谁何。或乃毛举细故，奋其室中之见，贻官家之笑柄，此其可虑者三也。

自吾直办警务以来，或与学务相冲突；自办自治以来，或与学务警务相冲突。今议员所举，大半不出此数项中人。若议案不能预谋统一，势必以代表全省之性质为同室操戈之举，始握丹以非紫，终乃得羊而忘牢，此其可虑者四也。况乎万事之举必有赖于财政，财政者，譬人身之血络，万事者，譬人身之四肢，血络不通，则虽有四肢而无所用。预决算之案即不能遽议，而苟为一公益之事，必先明吾省财源之所出，漏卮之所归，现时有余不足之所在，然后可以量吾力之大小，以究其能为不能为。北洋之财政繁难苛扰，为各省之所无，今督宪赫然奋发，首奏裁直隶差役，使得一钱必见一钱之用，此其严明英锐，将来综合一切欲大有造于吾直者，当不可量。倘吾议员懵无考察，问一事而不能答询，一谋而不能决，是对于上宪所付畀者，先无以肩荷而践履之，又何论立于其所欲立之地位乎？往者谘议局奏定之章程未出之时，吾直开会创议草案，官绅数十人每议一条文，往复辩驳或数十次而不能决，延迟至五六十日，全案仅乃告成。今谘议局会期不过四十日，而复选举又至，七月初一始能举行，除榜示知会及申报议员姓名外，计远者到局，须至八月底始能汇齐。以数十日之时光而欲举素不相识之人，萃之于一室，谋全省夙不经手之大政，分类而立之案，逐案而议其决，吾恐前者所虑诸病，一经发现，其弱者必萎缩疲苶、逡巡而去会，其强者必抢攘隳突、终遭当道之解散。始举而若此后会将如何，此真可为浩叹，不堪设想者也。吾侪有鉴于此，发起斯会，意欲供议员采择之资，不辞越俎代庖之嫌。昔顾亭林尝谓天下兴亡，匹夫与有责，而曾文正则谓克勤小物，乃能成大事。吾侪谨本斯指，不敢以一阻自馁，又不敢故为大言，博好事之空名，要使经营八表之意，敛之于密勿惨淡之中，其有所得而足供我议员之参考也，则幸也；其无所得而有负斯会也，则愿我议员之谅之也。

《大公报》第二千四百六十一号，宣统元年四月十一日（1909 年 5 月 29 日），“代论”，第 3 页；《大公报》第二千四百六十二号，宣统元年四月十二日（1909 年 5 月 30 日），“代论”，第 2—3 页；《大公报》第二千四百六十三号，宣统元年四月十三日（1909 年 5 月 31 日），“代论”，第 2—3 页

敬告有选举权者

谘议局成立之年至矣，议员选举之期迫矣。吾思之不胜其喜，吾重思之又不胜其忧。何则？谘议局者，所以代表舆论限制官吏，而为一省兴利除害之机关也。一旦成立，民情之隐抑可以上达矣，官吏之贪横可以敛迹矣，一省之利可以兴，一省之害可以除矣，乌得而不喜？然而为议员者果能代表舆论与否，果能限制官吏与否，果能为一省兴利除害与否，尚在未可知之数。倘或不能，不过于通省财政多增一出款而已，甚且百弊生焉。况谘议局为宪政之基础，谘议局如是宪政之前途，诚有不堪设想者，乌得而不忧？欲解除此忧而终归于喜，是不能不有望于有选举权之诸公，故谨就议员之职任而于选举时不可不慎者，列举数事于左，以备诸公览焉。

（一）议员之知识。知者行之母也，从来庸人作事，动误事机，彼非甘于误事也，只因知识未充，事前则毫无准备，故事至则徒自张皇，此固吾人所习见者也。试思为议员者既负为一省兴利除害之任，其一言一话即一省之利害攸关，而一省之利害往往与世界大势有息息相通之理，苟无观察大局之力，吾恐其狃于目前之小利小害，而忘异日之大利大害，甚且不知利何在焉，害何在焉，于此而欲

食谘议局之善果，是犹以聋正音、以瞽观色也，此其不可不慎者一也。

（一）议员之心术。凡人必有正当之心术，始克有正当之行为，否则必有一种势力迫于其上，其固有之心术始不至于发现，此吾人可默思而得者也。试思为议员者，吾人果有何种势力迫之，使其行为必出于正当乎。如其无之，彼巧佞之夫，平日舍升官发财以外殆无所谓目的，一旦得据议员之席，必置一省之利害于膜外，置一己之利害于胸中，或施其圆滑手段，笼络多数之议员，以行其私志，或极其生平智力，迎合大吏之心意，以便其私图。总之，一言一动皆为一己异日之地步，于此而欲食谘议局之善果，是犹以虎牧羊、以猫卫鼠也，此其不可不慎者又一也。

（一）议员之魄力。天下惟不为势屈、不为力迫者遇事始能从容讨论，以底于至当之域，此乃事理之必然者也。吾国承数千年专制之余，势力二字深入国人之脑里，而一省之督抚又为一省势力之中心。试思为议员者，其平日孰不在督抚势力范围以内，一旦与督抚立于对等之地位，苟无伟大之魄力，必至为势力所慑，而于督抚之意向不敢稍有异同，督抚意以为可者则从而可之，以为否者则从而否之，直似傀儡登场，毫无生气，于此而欲食谘议局之善果，是犹以指御刃、以胸当炮也，此其不可不慎者又一也。

或者曰，选举一事，凡中选者必为当时知名之人，否则，无论其知识若何充足、心术若何端正、魄力若何伟大，人既不得而知之，人又何从而举之？曰：吾之所望于诸公者，非望诸公探岩穴、历园林以求之也，望诸公勿徒震于其名，而当进求其实也。即如某某太史也、某某观察也、某某太守也、某某中书也、某某大令某某富翁也、某某巨绅也、曾办某某公益之某某公也、现居某某职任之某某君也，此非彰彰在人耳目者乎？其中堪胜议员之任者，固居多数，然热中者流，与夫旅进旅退畏首畏尾者，诸公试合目思之，其中果绝迹乎？与其追悔于既举之后，何如审慎于未举之前，此吾之所以不惮喋喋者也。或又曰议员之胜任与否，于复选举时决之，初选举者无与也。曰：行复选举时，其不可忽，固矣，然而同声相应、同气相求，行初选举时岂可视为无足重轻哉？呜呼！是在诸公。

《大公报》第二千四百八号，宣统元年闰二月十五日（1909 年 4 月 5 日），“言论”，第 2—3 页

论谘议局议员分配之标准

谘议局为一省舆论之机关，而谘议局议员即有代表一省舆论之责，然欲使全局议员能实际代表全省之舆论，非先使全省地方皆有选举人不可。诚以议员代表之意思，本为选举人所有之意思。选举人若能普及，则议员代表之意思，方不失为公论。然使以全省之有选举权者共举一地方之人，将来选出之议员能否代表全省之意思，仍属不可恃之事。故选举之权利既须普及全省，而被选之议员尤不可限于一方，此议员分配之法所以为不可少也。或者疑议员之分配，既以选举人之多寡为标准，然使甲区之选举人虽多，而能胜议员之任者甚少，乙区之选举人虽少，而能胜议员之任者反多，岂不使被选之人为地所限，怀才者见弃而不才者反当选乎？曰：非也。舆论政治之下，全以政权之普及为主，故议员之能否胜任，亦以多数之从违为凭，至于个人之品学，漫无定评，未必都会之地尽属通材，而十室之邑便无忠信也。况与其偏重一地方而使全省向隅，较之普及全省而致一地方有弃才者，其间轻重得失，有不待辨而自明者矣。

吾人既认议员之选举当以多数为凭，则对于议员之分配以选举人之多寡为标准者，应亦毫无异议。惟标准既有一定，则凡因此标准而生他种之差异，万不能另立标准，妄为反对，以贻识者之讥。兹略举之，约有数端：

一、议员之多寡，既非以州县之多寡为准则，一经分配之后，必有州县较多而议员反少，州县较少而议员反多之处，此固自然之理，不足为怪者也。

一、议员之定额，虽以各省之学额为准，而各府州县应得之议员，必不能与学额相符，甚至有学额甚多而议员绝无，学额甚少而议员反多者，此全由于选举人多寡之不同，于学额毫无关系者也。

一、选举人之多寡，各国皆以户口为标准。今我国既不取户口，则议员之多寡，虽亦视选举人数分配之，而其分配之数，必不能与户口相符，是亦相因而至之理也。

一、各州县被举议员，全以复选时之票数为定。故有初选当选人甚多而被选议员反少，初选当选人甚少而被选议员反多者，是亦当然之结果而无庸置议者也。

以上四端，不过举其大者言之。此外，因分配标准不同所生之差异甚多，一时不及详述，故略之。

《大公报》第二千四百四十六号，宣统元年三月廿五日（1909 年 5 月 14 日），“言论”，第 3 页

直隶谘议局本年应行提出之议案

（三等第八名）伯 泉

一、调查全省之岁入岁出款。为一家之子弟不可不知一家生计之艰难，为一商号之管领不可不知一商号资本之盈绌，地方公益又何独不然？近人昌言自治，而对于一府一县之财政盈绌，果能瞭然于胸否？不敢知也。不敢知则乌能言自治？予谓谘议局成立之后不欲有建白则已，苟欲有建白，不可不先周知全省之财产与全省之费用。全省财产之所入与全省费用之所出，果能瞭焉？了焉则酌盈剂虚，皆指顾间事矣。古人有言：巧妇难为无米之炊，正此意也。此所以亟宜调查也。

二、招致人民之请愿书与诉愿书。我国人之畏官府，其觳觫战慄不啻如对帝天，故百般屈辱，往往不敢直陈于官府之前者，正以此也。何也？官吏之吹求、衙书之需索，有以留难而致之耳。其托情受贿故为偏颇者，更无论焉。今谘议局之立，既欲周知全省之利弊，即不可不博采全省之舆论。吾闻英国议会每一会期决了，请愿之事项辄达万件。我国今日虽不能抗踪英伦，然亦不必仍袭当日局所之故态，一切事务，咸取决于总办提调之数人，何则？彼为寡人之政体，今则合众之政体，不可不亟辨其性质也。且夫地方之人民，民也；谘议局之议员，亦民

也。以人民而对人民，宜处处有疾痛相关之义，若不能察舆论，不恤人言，而但以三五人之秘密会议据为典要，非曰投票，即曰公决，其所谓投票公决者，亦不过此三五人之政见，岂不有愧？此代表舆论之机关乎？此所以不可不招致全省人民之请愿诉愿书，以为筹议各项事件之准备也。

三、和解各属乡绅之争议。直隶自筹设新政以来，官绅之冲突尚少，而乡绅之冲突实多。此何故耶？以直隶人最富于依赖性与奴隶性，故居于专制政体之下，吮痈舐痔，无不可为。一旦而有平等相待之人，一言不合，则讥刺起矣。讥刺不已，则生为嫌疑；嫌疑不已，则变为嫉妬。他府州县不可尽知，但就我天津一邑言之，如卤水沽、宜兴埠、王秦庄学款之竞争，义阡局对于董事会之交涉，议事会与劝学所两方面之意见，推其原始，或以个人之私意，或以公产之把持，或以一己之偏见，究其终止，直有鹬蚌相争，渔人得利之祸。此特就表面言之，彼乞怜官府，阴施其倾轧之手段，否则吾不敢知也。津邑开通最早，尚不能免此鹬蚌之争，彼杂见于各种报纸，沥述士绅之冲突者，其剧烈更不可问矣。吾恐十年而后，直隶全省必变为乡绅日日冲突之省分，不复能为和平治安之省分矣，岂不重可虑哉！昔某君有言，自治诸君与学务员绅之冲突，一由于学务发起最早，往往视自治诸君皆为当日之弃材。自治诸君又以一切权利皆在学务诸君之手，不可不出激烈之手段以扩其权力，而不肖官吏复从而为两方面之煽惑，使其冲突愈烈，愈可以人民程度不足之言蛊惑于上游，以遂其苟苟营营之私愿。痛哉言乎！此吾以为谘议局成立之后，不可不考查各属乡绅冲突之原因，而为之和平了解，以免阻碍宪政之进行也。

四、筹议新政之际宣讲。吾闻行政之要素，首宣告而后实行，故能全国有建瓴之势，此而不谋，学者所以譬为鸵鸟下卵于沙际，弃而不顾之类也。宣告为何？曰文牍，曰报纸，此特为一般通达文字之人谋之，而普通之人不与焉。何也？以不能识字耳，欲为普通人类之宣告，不可不为浅近平常之演说，以冀无贵无贱无老无幼，但具生人之体格者，皆得静听而领悟之，此所以如影附形为最神速最简便之方法也，其法当附于宣讲所及各处酒馆茶楼内，如天津劝学所所办之讲报然，朝廷朝发一令，夕即偏告于乡人，使蚩蚩者流，咸晓然于朝廷之德意。至于平时或讲演宪法原理，或讲演一切现行章程，或讲演刑律税则婚丧典礼，使人人皆知有法令之可守，则宪政之推行，自能迎刃而解矣。此不可不亟为筹议者也。

五、规定本省之税则。直隶自筹设新政以来，捐税之重十倍他省，而政府诸大老于一切措施又无不以直隶为试行之第一阶级。于是，局所林立，薪俸日增，轮纳不已，继以搜括，民不堪命矣。即如天津一埠，房有房捐，铺有铺捐，车船行栈，莫不有捐，甚至瓜菜食物，莫不抽捐纳用，近今更无奇不有，竟有议及清秽公司者，职此以往，吾恐三津人士将来一饮一食一便一溺皆须抽捐纳用矣，天下尚有生人之趣味哉。溯其抽捐之始，非曰兴学，即曰新政，试问今日所纳之捐税，实在归于学堂者几何？归于新政者几何？归于官吏之私囊以供其打麻雀、坐马车、蓄姬妾、通贿赂以及听戏饮酒诸欢乐者又几何也？呜呼！吾同胞之膏血，竟作如是之消费，亦甚可痛也。他属州县虽不至此，然对于货财之观念亦人孰无情，此而不加清厘，又安知他属州县不能藉学堂新政之名以吮吾民之膏血乎？此谘议局成立之后，不可不将全省之捐税详细调查，公决一通行之规则，以免贪官劣绅从而渔利也。

六、筹议全省教育之布置。直隶教育开始数年矣，其声誉实冠二十二行省之上，不可不为直隶人贺也。然进而以观其内容，则不过尔尔，各级学堂之程度则不相衔接也，学生之编制则多寡不等也，城乡之布置则参差不均也，甚至颠倒错杂，不知奏章为何物，可慨矣！夫予以为直隶学务之名誉，在大中小同时并举，故能轰轰烈烈，炫耀一时，而学务迄无恰当之一境者，亦由于大中小同时并举，使就学生徒可左可右，遂无成绩可言耳。今日欲救此弊，须在谘议局提出此案，使高等小学以上之学堂不得招考未经毕业之学生，违者由提学司将堂长监督参处，并定为三年或五年以内不准士绅倡设高等小学以上之学堂，所腾出之财力尽数筹办初等小学及小学简易科，一俟初等毕业有人，再扩充高等小学以上学堂，至今日现有之高等小学以上学堂，除实由毕业升入各学生不计外，其余未有毕业文凭者，应审其程度若何、年龄若何，或令其照旧留堂，或令其改习实业，以为他日谋生之计，不可任其旷时持久，致艰生计也。至于初等小学之布置，规模务求简朴，教法须求完善，年龄务求划清，经费务求减少，总使四五百户平均必有小学一区，能容二三百学生，其一学生每年之经费至多不得过六、七元，再加以自备之书籍等项，每学生每年已须十元有零，民力不堪矣。故初等小学之教育，诚如学部所谓不尚美备也。他若操服等项，概可从俭，不必责以完备也。近今各属办学员绅研究统一教育者，固不乏人，而往往注重筹款，不顾教育行政之当否者，亦在所不免。诸君试历乡曲之间，一观其所谓学堂者，即可知教育统一之办法不可稍缓也。

七、请求总督整饬审判。中国审判事宜，向属州县各官，是行政与司法混矣，甚为宪政不许也。项城宫保督直时，有鉴于此，遂遣官绅留学日本，肄习法政，俾归而谋司法之独立，其用意未尝不善也。无如法政各员，贤者固多，而不肖者亦不少，其他州县沿袭旧制，姑不具论，但就天津一埠言之，有高等审判分厅、地方审判厅、乡谳局，似乎司法独立之机关，可以跂乎宪政矣。而刑讯如故也，黑暗如故也，贿赂公行恐亦未必不如故也。不惟如故，恐殆有甚焉。试观姜李氏一案，初验曰勒毙，再验曰缢死。检验不实，不知律有明条否？予不敢谓姜李氏果为勒毙，果为缢死，第就初验与再验论之，初验而是则再验不实，再验而是则初验不实，二者必居其一也。今不惟检验官不闻有若何参处，直使奏明在案，虽使讯无别情，亦属罪有应得之姜廷珍，亦得逍遥自在，四处分送广告而不之究，其他道路之言更可想矣。若吾全国之审判继此以往，咸以天津为标准，凡有违背法令之行为，概不加察，则不数年后必致演出一种怪现象，直不如旧日问刑衙门之尚有法纪也。此不可不视为应兴应革之要件，而呈出其意见于总督也。

八、请求总督实行新官制。我国改良官制于兹三年矣，本年又奉统一财政之谕，是朝廷殷殷以澄叙官方为急务。凡我臣民宜如何勉为其难，以副圣主贤王求治之至意，乃直隶一省局所仍复林立，并未稍加改革。如工程局所以司工程也，而工程局之外又有建造局焉；卫生本巡警之职任也，而巡警局之外又有卫生局焉。他如统捐局、赈捐局、营田局、水利局、支应局、粮饷局、转运局、赈抚局，名目繁多，不可胜计，无非为位置闲员，以资其声色货利之材料，与民生国计则未之闻也。本年莲帅裁汰冗员，并裁撤文报局，宦界已为之一振，既复奏准清理差徭，以恤民艰，闻者无不称快，而独于新官制未之议及者，或以公务旁午，未暇筹措耳。窃谓巡警、卫生、消防、工程、捐务、建造诸事务可归并于巡警道，工艺局、营田局、水利局、电话局、实习工场、渔业公司可归并于劝业道，一切经理财政之局所可裁并而隶于度支司，洋务局、海河工程局可裁并而隶于交涉司，似此门分类别，可腾出数十员道府之薪金，以推行必不可缓之宪政。若仅裁汰百数十员之从九未入流之末吏，不过少百数十员公门伺候之人，其腾出薪俸实为有限，而改良官制仍属无期。试问宿娼、听戏、打麻雀、坐马车，日日奔驰于南市日本界者，为月食数百金薪俸之道府多耶，抑月受十数金薪水之佐贰多耶？或者建造局所办之事，果为工程局所不能办耶？抑赈捐局所办之事，果与统捐局大相径庭耶？试一思之，有不可不急行新官制以为澄清吏治之先导者矣。

《大公报》第二千五百二号，宣统元年五月廿二日（1909 年 7 月 8 日），“言论”，第 3—4 页；《大公报》第二千五百三号，宣统元年五月廿三日（1909 年 7 月 10 日），“言论”，第 3—4 页；《大公报》第二千五百四号，宣统元年五月廿四日（1909 年 7 月 11 日），“言论”，第 3—4 页

直隶谘议局本年应行提出之议案

（不列等）元　丰

丽日出，纤云辟，千里内贤人聚省会，开议绅集，鸣剑珮，屏车骑，登坛席，吐金玉，一堂之上，跄跄济济，国之人咸额首称庆而走相告曰：省议会成立矣，省议绅会议矣。吾人十余年来停辛伫苦，今乃以省议会之名誉，国民多数代表人相聚于一室，而为吾侪商榷政治焉。试一掬惊喜之泪，其感情为何如也？以吾议绅学识之宏富，魄力之伟大，爱国之热诚，而谓其徒为各省行政长官之附属品，仅备顾问，作仆隶，致陷省议会与国民有不相亲切之弊，吾侪固敢断言其不至于是，第国手下棋所争者在第一着，而全局之胜负将因之而揭晓。国民为议会舆论之后援，实力之后盾，则对于其代表人第一次所提出之议案，又乌能不直发表其意思而早尽忠告之权也？省议会之议员与地方自治会之议员，其性质迥异，盖彼则仅讨论地方之事而已，此则为全省言论上行政上之最高机关，且不宁惟是，而实国会之先河也。故吾侪对于省议会诸君而直进一解曰：

诸君今日第一次所提出之议案，其满场一致认可者，则为要求政府缩短立宪期限而即日实行是已。使政府幸而降心相从也，则吾侪区区之租税，讵敢有所吝

惜焉？否则，不出代议士，不纳租税，各君主立宪国具有成例，在国民又乌敢自弛对待政府之权也？诸君勿诿为职权所不及。彼夫北米人以十三州之议会而成地球之上大共和国，俄人以省议会而国家遂有立宪之举动，夫非以省议会为凭借地，而遂一跃跻国家于文明之政治哉，而又岂得以越俎为嫌也？倘徒拘拘一狭小之范围，如今议者所云，仅监督本省之财政权而已，则国未立宪而求省议会之责任完全无缺也难矣。充其极端所得之效果，亦不过如今者所举行之地方自治会，或且不逮焉。异日诸君辞职后，亦何以对天下之士民耶？盖今世界上未有弃积极主义仅用消极主义而能收良善之效果者也，况政治上哉。且诸君既失此绝好机会，则来日之困难，又岂仆所能尽数？既虮虱于国民与各省行政长官之间而不获，有所尽力，国民之责难未已，长官之枘凿时闻，两姑之间难为妇，盖谓此矣。纵其他所提出之议案，于国民有所补益，而恐国民闻诸君言虽全玉也，而视为土苴矣。浸假且因立省会而致导各省以分裂之渐，则吾侪更何赖焉！更何赖焉！以诸君夙怀抱伟大之政见，今一跃而登于政治之舞台，其卓识固早已及此，而吾侪小人犹不惮陈言者，岂好为是喋喋哉？抑心所谓危而不敢不以实告也。矧今日者，吾国民力尽矣。必需夫七年九年之期限，所谓俟河之清，人寿几何？兹幸值圣主当阳，贤王负扆，其必能俯从国民之愿者，固可操券而偿也。故今日各直省议会第一次所提出之议案，即以要求政府缩短立宪期限而即日实行为第一义，斯殆无容蓍龟者矣，而岂有二策哉！而岂有二策哉！

嗟乎！风景不殊，举目有河山之异。昔人所叹，诸君于集会之顷，见夫吾国近十年来国内所割削之土地何若？主权所损失者何若？国民生计之穷蹙又何若？岂能无今昔异同之慨哉！然国民所深属望于诸君者，则在政治上之进行。请即宏此远谟，一慰国人云霓之望，固不必若新亭之会，徒作楚囚相对而啜泣已也。

《大公报》第二千五百六号，宣统元年五月廿六日（1909 年 7 月 13 日），“言论”，第 3—4 页

直隶谘议局本年应行提出之议案

（不列等）天囚生

近者办理选举谘议局，不久将涌现于各省，应选诸公肩代表之重任，开山之劳，则自当有所以慰本省父老云霓之望者。然山不让壤，河不择流，蒙直人也，请为我直省之谘议员作借箸之筹焉。夫宪政之举办也，新政之推行也，无不以财政为当务之急。今诸公既肩议员之任，则疆臣必以财政问题相倚赖，非故为持是以相难也，实亦不得不而也。此时之为议员者，将仍俯首听命于一般之官吏，则无以对通省之责望，将事事而与官吏抗衡，则新政之堕坏于冥冥之中者，正复无限又无以达宪政之目的无已。则惟有持中央税地方税分析主义，使官吏不得于中央税之外，复开一生利之门而已。中央税及地方税界划愈清，则愈易着手。使各州县于此等事项，皆不假官吏之手，而预算决算昭示大信，直省风气未开，吾不敢谓照此举行增税之举，即能推行无阻，然似较听命官吏为优良多矣。此议通过然后争监督财政之权，使中央税亦有预算决算表之揭示，以与通省相见，俾权利义务之思想普及民间，以养成立宪国民之资格，虽然，吾知此议一出，必招多数之反对，然议员乃为民请命之职，非惟备督抚之顾问也。

诸公既膺艰巨，即不得不力任其难，使如法政学堂经费之后来举发，则着手尤难，而损人名誉尤甚。则何如防微杜渐，使两方面皆不至蒙损害之为愈耶！财政既已划清界限，又得有监督之权，然后警察及教育普及办理自治者，乃有所假手以底成功。如狂夫之言，果有可采，吾将拭目俟之。

《大公报》第二千五百十五号，宣统元年六月初六日（1909 年 7 月 22 日），“言论”，第 3—4 页

南北谘议局之比较

直隶为畿辅首善之区，江南为文化开明之地，此二省之谘议局规模之远、成绩之良，必较他省为优。鄙人于会期中往返南北，亲临参观，因就见闻所及，作《谘议局比较论》。

（一）议员之比较。两省议员皆在百人以上，其间能发表意见者实居少数，惟江苏议员半多能文之士，十人之中能提出议案者约八九人。直隶议员能文之士较少，十人之中能提出议案者不及半数。至议事之时，江苏议员多希承议长之意旨，议长曰赞成者，表决则全体皆赞成；议长曰反对者，表决则全体皆反对。以议长一人之口舌，可以转移全体之心理，盖因议长之资格素符人望故也。然因此没却会议之精神，流弊实多。反之而直隶之议长资格较浅，故议长一人之意思，不能约束多数之意思。每决一事，议长所赞成者，议员未必皆赞成；议长所反对者，议员未必皆反对，虽其间盲从之弊在所不免，而专断之弊实较江苏为少，此直隶议员之优点也。

（二）议案之比较。两省提议之案，以江苏为多；议决之案，亦以江苏为多。且直隶所决事件范围太狭，缺少监督督抚之精神；而江苏所决事件范围又嫌太广，不免干涉中央之行政。观直隶议决各案，固不出本省之范围，然对于督抚直辖事件建议甚少，而对于州县管理事件建议反多。使谘议局之权限仅止于此，吾恐监督督抚之谘议局，必变为监督州县之机关矣。反是而观江苏之议案，大半对于督抚直辖事件主张兴革之议。不知我国督抚之职权，多属中央所委任者，谘议局监督督抚，即不免牵涉中央，此固各省之通病，不独江苏为然也。惟现在各省行政与中央行政之界限尚未划清，与其如直隶之缩小权限，诚不如江苏扩张权限之为愈。且当此界限未清、行政紊乱之际，即令缩小权限，仍不免督抚之指驳。故吾谓江苏之议案，其精神实较直隶为优也。

（三）议场之比较。两省之议场皆以戏场为之，惟直隶议员较多而议场反狭，江苏议员较少而议场反宽耳。至议场规则，两省大致相同，惟直隶对于临时缺席员不加限制，而江苏凡迟到会者，必受议长之质问。又议场记事，江苏有速记生、有临时机关报，故议决之案随时可以发表。直隶无此机关，故议决之案至今未见发表。此外，议场问答，江苏则称座号，而直隶则用姓名，此不过形式上事，无关于谘议局之精神也。

以上所述，不过指其大概而言，一切详细内容，尚非外人所能窥测。鄙人因近来南北人士互相标榜，因拉杂书此，以为关心此事者告耳。

《大公报》第二千六百六十七号，宣统元年十一月初九日（1909年12月21日），“言论”，第3页

代理天津府事延太守龄演说稿

（为谘议局复选举事）

谘议局为我国民与闻政事之始，谘议局议员之选举为各省谘议局成立之始。天津素号开通，一切新政，皆为通国之先导。今日之选举，亦必能收最良之结果。此固可预决者。仆摄篆未数日，即获与于选举之盛，幸慰奚似。夫谘议局职任权限，其关于一省者何如？其对于中央者何如？诸君讲求有素，简陋如仆，何能更赞一言？惟今日为复选举期，则试即选举之关系，一贡其愚，以引起诸君之注意而已。夫谘议局者，用投票选举法选出之议员所组织者也，而谘议局议员所议决者，与通省利害有直接之影响者也，能得适当之议员，则一省受其利；不能得适当之议员，则一省蒙其害，而议员之能否得人，所争者惟此投票选举之一时间。考之各国议会之选举，有所谓单选举者，有所谓复选举者。单选举者，径由选举人投票选出议员是也；复选举者，先由原选举人选出选举议员人，再由选举议员人选出议员是也。盖既经一次被选之人，其见识必优于原选举人。其选举议员也，视直接以行选举者，较能得人。国民程度未齐，而初行选举之国，最宜取

用此法。今谘议局既采用复选举法。

朝廷对于谘议局议员之选举，实非常之郑重矣。诸君既有议员之资格，复立于选举议员之地位，岂可不特加之意，而求得适当之人也耶？且投票之法，亦有二种：一曰记名投票，一曰无记名投票。记名投票为公表选举，无记名投票者为秘密选举。谘议局所采用者，无记名投票，实行秘密选举。盖选举竞争，为文明国所不免，有欲实行其政见而竞争选举者，亦有欲为个人之地位而竞争选举者，竞争之极，往往出以不正当之手段，胁迫贿嘱，以防害投票之自由，致使选举者不能选举自己所信任之人，此最为选举之通弊。今谘议局既为无记名投举。

朝廷立法，实与我以非常之便利，而无所顾忌、无所牵碍。惟我信任之人投票自由，于此而犹不能举出适当之议员，组成最良之议会，则是诸君之过失。呜呼！诸君勿为情面之投票，而以选举见好于人也；勿为亲戚之投票，而以选举私其所亲也；勿驰惊于功名，有官者不必其有才也；勿畏迫于势利，有势者不必其有德也。试读光绪三十三年九月〇〇上谕，可知谘议局为各省采取舆论之所，其宗旨在指陈通省利病，筹计地方治安。官厅耳目所能周，地方治安，亦非少数官厅智虑所能及，故不得不假其权于议员。使为议员者，或为一孔之儒，于通省利病不能指陈，或为利己之徒，于地方治安罔所筹及，必至一省人民生命，终无安全之期，财产并陷危险之地，我为省人之一分子，亦并蒙其不利，是何异以选举之权而自戕也。以仆之理想言之，窃以为非热心地方治安而具有公德者，不能为议员；非真知通省利病而确有政见者，不能为议员；非学识过人学于法理有得者，不能为议员；非气节盖世不为外力所动者，不能为议员。予固知诸君自有信任之人，亦必几经慎重，必得适当之人，而组成良好之议会，所不惮云云者，亦以我国初行选举，愿诸君弥加注意而已。诸君其谅之。

《大公报》第二千五百四十二号，宣统元年七月初三日（1909 年 8 月 18 日），第二张，第 3 页

纪直隶复选举之怪相

余向者闻国民程度不及一语，意甚愤然，及今而观直隶谘议局之选举，余始释然。夫选举一事，全凭选举人自由之意思，而择取相当之被选人。然其人之相当与否，必取决于选举之后，而不能预定于未选以前。诚以被选人之相当，乃以选举人之意思为准，非以被选人之资格为准也。然吾观于直隶此次之复选举，全注重于个人之资格而不尊重夫自由之意思，以故对于他人之选举权可以任意要求，对于自己之选举权可以任意让渡。盖既预定一相当之人，若不彼此协商，互相牵制，则将来当选之人未必为今日预定之人。有此一大原因，故一届选举之期乃演出种种之怪相。试略举之。

以津南六邑之初选当选人而欲预定全省之议长，是明明欲以少数人之意思而侵及将来议员之选举权。此其不通者一。

既欲预定全省之议长，而复请求同乡京官之认可，是又欲藉同乡京官之势力而束缚初选当选人之意思。此其不通者二。

乃犹恐其预定之议长票数不足，更要求他县之有选举权者共举其人，是明明破坏选举之自由，而强他人以尽如己意也。此其不通者三。

而孰意青县与庆云之初选当选人，竟于一府之中自分畛域，或恃其票多而不肯假人，或宁废其票而不愿附和，是又偏重于地方之界限而尽失其选举之自由也。此其不通者四。

而孰意盐山之初选当选人更反对青、云两县之所为，竟将其所有之票数尽举预定之议长，是亦矫枉过正而不免失其自由之意思也。此其不通者五。

总之，以上五端皆与选举自由之原则大相反背，而其根本上之误谬，莫如预定谘议局议长之一事。夫选举议长全属将来议员之权，今日之初选当选人何能预为决定？若以初选之当选人而定将来之议长，势不得不结合多数之复选人，预先加以约束。然纵能约束今日之复选人，而不能约束将来之议员，终不能达其目的。故余以为预定议长一事非但不合法理，且属至愚极蠢之举。天下有被举之候补议员而绝无未经选举之候补议长，议长之是否称职，当于被选后始知之，不当于未举前而即定之也。况选举议长之权，全在议员。今日少数之复选人又何能姑悬其格以相当试乎？吾人观于此次选举之现象，不禁为我直隶公民叹息者久之。

《大公报》第二千五百四十四号，宣统元年七月初五日（1909年8月20日），“言论”，第2页

祝谘议局之前途

处万重云雾之下而忽见一线之光明，当四面楚歌之际而忽闻一片之欢声，此何时哉！非所谓否极泰来、上下交通之气象哉！吾民之苦专制也久矣，始也一意服从不敢与闻国政，继也空言改革毫无补于时艰，今则着着实行而有谘议局成立之一日。谘议局者，为国家特许人民参政之机关也。今日为谘议局开局之第一日，即为吾民参预政权之第一日。自去岁幸逢明诏至今，正届一年，其间官吏之筹备，士绅之考求，百计经营，始成今日之局。惟既成此局，不可不协力同心，交相匡勉，以求无负设立此局之本意。尝闻专制国民之望政权，犹之饥渴之求饮食，一旦既得政权，万无自甘放弃之理。故无论国民之程度如何卑下，官吏之气焰如何专横，而既设此谘议局，永无可以消灭之时。其办之而善也，足为官民融合之机；其办之不善也，必召上下纷争之祸，兴国在此举，亡国亦在此举。嗟我国民何以处此？

吾国民使以此为兴国之兆也，则今日必有无限之希望集注于议员之身。吾国民使以此为亡国之具也，则今日亦必有无限之感慨发洩于议会之场，使我国民置身事外，毫不关怀。既无何等之希望，亦无何等之感慨，则是漠视国政，不负兴亡之责，而以一切政权委诸少数官吏及少数议员之手，果如是也，吾恐谘议局虽经成立，必发生二种之现象：

其一，督抚专横于上，议员听命于下，而谘议局变为督抚个人之机关。

其二，议员争执于前，国民冷视于后，而谘议局变为少数议员之机关。

此二种之现象，恐皆为将来所不免。而所以酿成此现象者，皆我国民之责也。我国民伏处专制政体之下已数千年，既乏政治之经验，又无法律之智能，一旦予以政权，固有深惧弗遑之势。今日谘议局虽经成立，而实际能得政权者仍不过为少数之官吏及少数之议员，我国民有何赖焉？虽然，谘议局者，一省之舆论机关也，我国民既为一省之分子，亦必有其发表之意思。论谘议局之形式，我国民固无置啄之地；论谘议局之精神，我国民实操监察之权。今日为谘议局开会伊始，吾国民不可不知者，尤有二事：

一、须知谘议局非督抚个人之机关。谘议局之性质与他项新政局所不同，他项新政局所为督抚行政之机关，而谘议局为吾民参政之机关，故他项局所皆受督抚之监督，而谘议局反可以监督督抚。谘议局有此特别之权限，则吾民对于该局不可因督抚之势力而放弃其建言之权，此固吾民应尽之第一责任也。

二、须知谘议局非少数议员之机关。谘议局之地位，非专为少数议员而设。议员之身分但可代表吾民之意思，而不能约束吾民之意思者也。故议员当以吾民之意思为意思，而吾民不当以议员之意思为意思，吾民有此特别之权能，则对于议员之举动，不可因权力所不及而放弃其监察之权，此又吾民应负之第二责任也。

此二种之责任，固非由章程所规定。然而章程所规定者，不过谘议局之形式。至于谘议局之精神，全在乎吾民之心理。吾民能负责任，则谘议局可以为救亡之具；吾民不负责任，谘议局不过一种之赘疣而已。呜呼，时势危迫，如火如荼，而所恃以转危为安、拨乱为治者，惟此一线生机之谘议局。然则谘议局之成立，关系于中国前途者不亦大乎？愿吾民急起直追，共撑危局，勿卤莽以偾事，勿畏难而苟安，有志者事竟成，古人不我欺也。敢以是为谘议局之前途祝。

《大公报》第二千五百九十九号，宣统元年九月初一日（1909 年 10 月 14 日），“言论”，第 4 页。

敬告谘议局议员

吴兴让 稿

今骤语人曰：立宪与专制，果孰得孰失乎？果孰优孰劣乎？则莫不应之曰：立宪得而专制失，立宪优而专制劣，是固然矣。然试更进而问之曰：立宪与专制之所以得失优劣者，果安在与？则又莫不瞠目挢舌，不能遽答。诚以其优劣得失之点，固长言之不能尽也。曩者吾尝有说曰：专制政体有尊卑而无是非，立宪政体有多寡而无是非，同一无是非，而莫不得此而失彼，优此而劣彼者？夫亦曰：彼善于此焉云尔。所谓彼善于此者，夫亦曰：有议员以为之人民之代表而已。然则议员之责任固不重且大欤？今谘议局之议员非地方议会之议员乎？以章程考之，则又为资政院议员之所自出，是今日谘议局之议员又有国会之议员之资格矣。吾所盼望于我议员者，勿中吾昔日所谓有多寡而无是非之病也，吾于是不能不又为我谘议局议员忠告之者。

一曰，勿存我之见。

佛家尚舍身，儒家尚无我。所谓舍身者，非世俗之以形骇性命为牺牲也，乃对于世界一切事物，必先无丝毫私念，无一点情根，而后能空诸般色相，能空诸般色相而后能具光明慧眼，由是静观世界，无一能遁我之卓识。所谓无我者，亦非先人后己，损己利人种种之义，乃毋意、毋必、毋固、毋我之意。盖人类为有情之物，动辄为感情所役使，必先能祛感情之感而后能窥社会之真相，而后能得事理之公平。吾尝习闻士绅之对于新政矣，学界则曰教育不可缓也，警界则曰治安急宜保也，究其实，无一非以我为标准，吾恐其易地以处，必易一焉以出诸口者也。谘议局之范围愈广，权限愈大，而亦最易存彼我之见，新旧说之界限易分，官绅之见解易殊，而议员则休戚痛痒之关系，又非常之切，苟能就事论事，不以我一人之见带水拖泥、纠缠其中，则鉴空衡平，理愈辨而愈明，虽互相问难而决无冲突之患，若左旋右绕，始终不离一我，则虽持之有故、言之成理，终不免为感情所役使者也。

二曰勿泥省之界。

限者，人情之所必不能免，况谘议局以一省设一局，则谘议局之议员为本省人民之代表，谘议局所议之，亦必为本省人民利害关系之事，又何所为省界？又何所为勿泥省界？虽然，今日之世界已渐趋于大同主义，一国之政事而与他国之利害关系者，尚不乏其先例。况同在一国，而谓其此省之事必无与于他省，真一隅之见矣。铁路则牵连数省矣，矿股则同投资本矣，以北洋之地位而财政之通融者，较易于各省，然缺额之名义依然。试观东南大省负担之重，几于自顾不暇，而所谓赔款摊认、协济之类，日加日多，义不容辞，未敢有省界之分者，为同处一国家之下也。吾尝谓，未立宪之时代，人民如婴儿，添一权利，安然享之，不知其所以然也；增一义务，安然担之，亦不知其所以然也。若欲研究其理由，上与下皆不能自解，此亦可由不可知之一义欤。今且从使由而至使知之境矣，此种问题势必有牵及之时，吾愿各省之勿泥省界，吾尤愿直隶之勿泥省界也。

三曰须有责任心。

以法理言之，议员所发之议，对于会外不负责任。而吾独谓其须有责任心，何耶？盖一为法理上之责任，一为心理上之责任，大有区别者也。立宪国之所望于议员者，在指陈利弊，直言无隐，苟稍存瞻徇顾忌之心，即不能尽职，是非有以保障之不可。所谓不负责任者，乃他人不得向议员问责之义，而非令其轻忽从事也。吾之所谓有责任心者，正以补法文之阙，而冀议员之自问也。夫谘议局之所议，地方之盛衰治乱系之，人民之身家性命系之，使人人持不负责任之说，而任意妄议颠倒其是非，臆视乎利害，则为地方造福者，反足为地方造祸，不亦大可危哉！必议员有责任心，而后造福之机关不至成造祸之机关，此乃清夜扪心、抚躬自问之责任。所谓道德上问题，与法律上无责任之义相异，而并非相反者也。且今当创办之际，又有一最易生之误会，曰：会议多数而不系于我一人，噫！此真未之思耳。多数者，个人之所积也，我自谓一人之说无足重轻，而忽略视之，设他人亦若是焉，则成一多数忽略之团体，议会之结果，尚堪问耶？况多数者，比较之辞也，设当可否同数之时，而复增我一人，我倚东则东，倚西则西，我自视为无足重轻，而数理上之比较，则一数之差关系甚大者也。此又议员之所当注意者也。

今者，九月初一为各省谘议局成立之日，亦可称为我大清立宪帝国创始之日。计自去岁奉旨筹办以来，我国民之馨香祷祝者，一载有余矣，其何以不负我国民之公举乎？国家之殷殷望治者，亦一载有余矣，其何以仰副我朝廷之德意乎？直隶为首善名邦，风气早开，人才蔚起，况一再选举，众望所归，皆属知名之士，程度既高，固无待局外之烦言。谅必卓识远谋，崇论宏议，以为乡党造莫大之幸福者，是可为直隶贺并可为我国家贺也，愿拭目以俟之。

《大公报》第二千五百九十九号，宣统元年九月初一日（1909 年 10 月 14 日），第 4—5 页；《大公报》第二千六百号，宣统元年九月初二日（1909 年 10 月 15 日），“言论”，第 3—4 页

直隶谘议局预备议案之提议

孙洪伊 稿

此稿拟就后，友人某君拟为宣诸报纸，仆初疑而卻之。前日，谘议局开临时会，假议长报告云：谘议局筹办处已奉到宪政编查馆通饬，因山东质问预算决算权限，宪政编查馆复电已将谘议局监督财政权削夺殆尽。仆时闻之，脑识受非常之激刺，几欲发狂。查资政院设立之根本主义，为上下两议院之基础，谘议局设立之根本主义，为国家地方行政之监督机关。今未几时，资政院民选议员员额大加削减，代表下议院之精神扫地以尽，以国家维新之第一要政既已失其效力，而同于无有，兹复将谘议局监督财政之权全行削夺，而谘议局亦同于无有。政府诸巨公不过恐人民之势力张，则为大吏者误国殃民不能为自由之行动而无以饱其私囊耳。以此一念之私，猜嫌防护之心遂无所不至，负我先皇，负我国家，皆视等土苴而不足以当其一顾，而惟个人之私利是计。呜呼！各国因中国财政紊乱，既已派人调查，将以监督中国财政问题，付之于下次万国平和会，并议定其在中国之势力范围，亚州数千年先进之文明古国，行将为埃及之续，我四万万同胞奴隶

牛马，万劫不可复，而我政府犹不激发天良，与我全国人民开诚相见，以共救国家之危亡。乃我孝钦显皇后、德宗景皇帝弃民未久，忍将其手订之章程全行破坏，使在天之灵有知，能不诛殛此辈乎？我国民一日未死，能不声其罪以致讨乎？仆拟发起二十二行省谘议局联合会，专以资政院民选议员员额问题，及谘议局权 限问题，与我政府开正式之争议，此固俟诸异日。而此稿所论谘议局权限一节，虽未能尽达所见，要于原订章程之纲要，不相背驰，用敢不辞谫陋，质诸我国公忠之官吏，知亡之国民。至于所拟各项议案，及谘议局各种进行之方法，亦皆关于全国普通之问题，非顺直一省特别之问题，且虽已付议于个人组合之团体议案豫备会，而未经谘议局正式付议，尚未成为议案，得多数之赞同与否，尚不可知。仍为仆个人之意见，用敢并附于后，与我同胞一商榷焉。

谘议局为我国国民获有政权之始，而本年之通常会，为谘议局开幕之始，使茫然瞢然，不认定其职任权限所在，则一切议案必至无从著手。而欲知谘议局之职任权限，必先明谘议局之地位与性质。当国家诏令各省试办谘议局之初，一时异说蠭起。有谓谘议局即国会者，此其说一无价值，不旋踵而消灭；有谓谘议局为地方最高级自治团体者，直至今日，其说犹占势力于政论界。窃观宪政编查馆与资政院会奏《谘议局章程》折，其要义有云：谘议局之设，为中央集权与地方自治之枢纽，则谘议局者实中央集权与地方自治中间之一机关，其非自治团体也明甚。且《谘议局章程》第二十四条、第二十七条、第三十条，督抚对于谘议局所议决之议案，不能径行取消，必待决于资政院，则督抚虽有解散谘议局之权力，谘议局亦有监督督抚之实力，确为监督机关，而非补助机关。中央与地方之间，特设此一阶级，其制度为他国所未有，我乃不循列国之常轨，独创此奇异之制度，岂故好为立异哉！盖原因于我国之历史，而有不能不然者也。我国疆宇之大，过于全欧，中央政府有鞭长莫及之势，不能不分省以治之，自元人以外族莅中原，置中书行省十有一立于各路监司之上，以取镇摄之势，有明因之，相沿未改，逮于本朝以督抚总揽一省之行政权，犹俨然一小政府焉，加以南北异宜，风土各异，此省与彼省不同，彼省与彼省又不同，除一二经常大政外，不能施以划一之政策，故他国地方行政长官，必立于内务大臣积极的监督之下，而我国之督抚则有多少自由之余地，不能不任其省自为治，今使于国会而外，无一有力之言论机关以监督督抚，恐中央专制之威虽戢，而地方专制之焰方张，终不能完成宪政之效果也。我德宗景皇帝知其然也，故有各省谘议局之设，谘议局者，一方面代表地方，为地方行政之议决机关；一方面代表国家，为国家行政之议决机关者也。国家中央之政务，由政府执行者，以国会议决之；国家地方之政务，由督抚以下官厅执行者，以谘议局议决之。国会所议者，一国之行政；谘议局所议者，一省之行政。国会监督政府者也，谘议局监督督抚者也，议决机关之权限范围，必以执行机关为比例。故督抚权限之所及，即谘议局权限之所及，督抚权限以内应行之事，即谘议局权限以内应议之事。谘议局之对于督抚，惟其权限之所至，固不可稍为退让者也。

夫谘议局之职权，足以监督督抚，亦足以牵制中央。使为谘议局议员者，只知有本省而不知有国家，或国家应于时势之不得已而增一税额，一省人民乃以不任担负而强争之，或国家欲厚中央之经济力，执行某种实业国有之政策，一省人民乃以为本省之财产而抗辩之，我国中央之权力既微弱矣，乃复以地方之分权防害中央之集权，其危险更有甚于今日者。夫当此竞争激烈之时代，使无强大巩固之国家，何以争存于世界。是故以一人言之，个人之利害与国家有冲突时，则必牺牲个人以利国家；以一省言之，局部之利害与国家有冲突时，则亦必牺牲局部以利国家，此在今日，已如天经地义之不可动摇。合之者，其国昌；离之者，其国亡，我人民所尤宜懔懔者也。且我顺直为畿辅之重地，据有天下之形势，一举一动，全国之视瞻系焉。顺直之地位，既有扭转天下之势力，顺直之人民即负有扭转天下之责任，凡所议行者，必使直接以利我本省，更间接以利我全国，况复防害国家，岂我顺直人之所应出者哉！惟是，谘议局权限之范围愈宽，则谘议局议案之预备也愈难。凡百政治，不能同时而并举也。治一国有然，治一省亦何不然。限于势、限于人、限于财、限于时，且利害冲突，政策时艰尔存，秩序陵乱，效果转无一得，知治理者，握其要领，注以全力，执定一术，虽趋 于极端而不恤，迨后成效既著，影响所被，直接间接，全体蒙其利益，转非泛惊者所能及。泰西各国，一政府之成立也，必先宣布其政策；一政党之组合也，必先预定其政纲，盖非此则未有不失败者也。今谘议局方在开幕之初期，一省应除之弊害，既已不可胜言，一省应兴之事业，更复不能枚举，纷然淆乱之中，使不权衡于轻重缓急之宜，预定一进行之方针，恐其始欲无所不为，其卒乃至一无可为。开议之始，议案纷罗，及几经讨论，而后窘阻实多，进行匪易。仅议决一二曲端末节以塞责，则本年开会之效力不既微乎！夫所应提出之议案，约而计之，应分两种：一为积极的议案，一为消极的议案。积极的议案以兴利为目的，消极的议案以除弊为目的。不除弊则万事皆无可为，苟有发见，固在必行。然世界之风潮日急，国家之命脉已危，人民之生计益困，一切积极的行政，尤应急起直追，更不得以稍缓者也。独是一言兴利，则与财政相连，无论实行预算尚待明年。本年谘议局无完全监督财政之权，此日当务之急，事在必行；彼日无款可筹，势不能办，徒起非常激烈之冲突，终无何等之效果也。以吾顺直之财政言之，即予我以完全监督之权，使非自定方针，另筹一适宜之政策，亦得安如此大宗巨款，以兴办无量数待举之事业哉！则执定一进行之方针，务期贯彻其目的，是为必不可已者也。所谓进行之方针如何？曰：必为远大之计，勿沾沾于目前，必为根本之图；勿营营于枝叶，择定一二大宗目款，认真清理，即以清理所得者举办所主张之要政，以全力图之，勿张皇，勿歧误，三数年后必当有以收其效者。着手极近而收功则远，用力虽微而结果甚大。谨将所拟提议各项，条列于后，一省当务之急，亦国家根本之图，勿谓卑无高论，而政策因人也。

《大公报》第二千六百号，宣统元年九月初二日（1909年10月15日），“言论”，第4—5页；《大公报》第二千六百一号，宣统元年九月初三日（1909年10月16日），“言论”，第4—5页；《大公报》第二千六百二号，宣统元年九月初四日（1909年10月17日），“言论”，第4页

论常驻议员兼差事

谘议局议员旅费之问题，持议数日，迄未决议，而常驻议员兼差之问题以起，盖常驻议员之可以兼差与否，视薪金之多寡以为衡。而常驻议员薪金之多寡，又与一切议员旅费之多寡有比例之关系。或者曰常驻议员有负荷全省利害之责任，必以求得全体议员中之能力最优者为断。而常驻议员之薪金，月不过七十

金。谘议局定章，常驻议员任期限以一年，现时议员中之矫矫者，其所任之事类多月有数十金或百金以上之享，常人之情，莫大于自为，谁肯牺牲固有之事而就此月薪较廉之短局者，故欲得常驻议员之佳者必须兼差，此一说也。或者曰常驻议员有负荷全省利害之责任，必以求得用志不纷、专注全力者为了断。即如直隶一省议员百四十人，常驻者仅得三十人，一省之大，庶政之繁，竭三十人日夜之全力以图之，犹恐不济，若兼差焉。是以谘议局未〔为〕可以余力从事也，以余力而将事，事未有能济者也。故欲使常驻议员之无忝厥职，必勿兼差，此又一说也。由前之说，原情之论也；由后之说，准理之论也。以吾人之所期望于常驻议员者，宁不欲于百四十人中而拔其尤。此百四十人者，有充学堂监督者焉，有充局所委员者焉，月之所入俱不下百金左右，必以义务二字强之就期限一年、薪俸较低之事，而使之必为诚非人情甘，若以不准兼差之故，而使人人之所属望者皆高掌远蹠，其得充常驻议员者乃在一切向无所事、因人碌碌之议员，此等之人固可以断定其不能兼差矣，毋亦与吾人之所希望于谘议局者大相刺谬也耶？为今之计，莫如不准常驻议员兼差而厚给其俸，月薪应视正副议长而稍杀，定以百二十金或百金，庶足以挽高贤之驾耳。至于议员旅费，本属暂局，诸公但使足供行李之乏困可矣，正不必斷斷焉较多寡。诚以常驻议员有辞卸他事、专就此职之关系，其余议员会期不过四五十日，一切职守未尝辞卸，则应享之薪金，亦未必因之而扣除，津门虽米珠薪贵，然以中人之奉计之，每日二元当已敷用，况其数或不止此，顾名思义，谅诸公必不至争此区区也。

《大公报》第二千六百五号，宣统元年九月初七日（1909 年 10 月 20 日），“言论”，第 3 页

要求宪政筹备处及会议厅绅士由谘议局选举

孙洪伊 稿

本省宪政筹备处为一省宪政进行之基础，会议厅为一省之大政所出，二者皆与地方有密切之关系，必应有地方绅士参议于其间，既已见之部文通饬，而各省亦有实行之者。直隶之宪政筹备处及会议厅并已成立，而其间所谓绅士者，皆由督抚选派，遂以人民之代表而不免有官府之性质。非必其人之不贤也，其地位去官府甚近，去人民甚远，利害既已隔膜，谋画亦难亲切，是则虽有绅士，亦与无绅士等，反不如无绅士。我一省之人民尚可不任其责也，拟呈请督宪，凡宪政筹备处与会议厅绅士一席，准由谘议局公举，凡有选民资格者，皆可当选，不必限以议员。其人数由督宪抚定之，其选举法由谘议局自定之，如此办法约有两利：一、可以兼收舆论也。夫宪政筹备处及会议厅必应参以绅士者，盖以绅士生长于斯，于地方情形知之较悉。准诸地方之实况，以为大政进行之标准，自不至悞其方向也。然而一省之情形断非一二人之所能尽知，或以局部之所见而概诸全体，或以一时之幻相而认为事实，一言失当，遗悞匪轻，惟由谘议局公举。谘议局既为一省代表汇集之地，直接间接，其材料之供给者必多，于无形之间已足以匡其不逮矣。一、可以调和政见也。自来议决机关与执行机关因所处之地位不同，而所持之意见亦异，必不能吻合而无间。各国国会，其前车矣。然议决者之所主张，未必即是执行者之所主张，未必皆非或以误会之故，莫释疑团，或以感情之恶，互争意气，其冲突之极，每至决裂。况今日朝廷初予我民以参政权，在官者未能泯其防护猜忌之心，为民者亦不免于轻率嚣张之气，惟宪政筹备处及会议厅绅士，由谘议局公选，则官民既已接近，疏通感情，交换意见，必能于无形之中减少冲突，官民合意，以谋大政之进行，而不至有意外之挫折，一切行政之进步，当更速矣。所关甚大，势非得已，我督宪考查宪政，当深明其利害，吾知其必吾许也。

《大公报》第二千六百五号，宣统元年九月初七日（1909 年 10 月 20 日），“言论”，第 3—4 页

对于谘议局行文款式之管见

伯　泉

前读报纸登有谘议局研究对于督抚行文之款式，大致以议员之意见，主用“移”而不用“呈”，仆窃疑之以为未可也。盖谘议局对督抚各官，为绅与官之关系，非官与官之关系也。试问我国旧日通行公文款式，绅民有用“移”者否？闻者必不能答也。何则？盖既用“移”矣。即不能不有详札等文件。试问谘议局对于府厅州县等官，用“札”乎？抑用“移”乎？此不可不解决者也。今试为一比例表如左：

对督抚用移　对司道以下必用札

对司道用移　对府以下必用札 对督抚则详

对府县用移　对司道以上及督抚必用详

据右以观，谘议局将何所取乎？抑“移、札、详”并用乎？此不可不还质之谘议局也。仆按，都察院收受人民文件，虽官至极品，亦用“呈”，以其具人民之性资也。罢职归田，对于地方官有所申请，虽官至极品，亦用“呈”也。不然，任州县者归田后，可以“移”州县，若官督抚者归田后，则可以“札”州县矣。中国有此体制乎？总之，谘议局为人民的非官治的，既非官治的，即不统属于官，亦不能为官之统属，此必要之理也。仆谓今日谘议局行文款式，最重要之点不在移不移之分，而在照会不照会之别。盖今日谘议局无论对于何项官厅，均宜用“呈”，各项官厅对于谘议局均应用照会，虽至督抚亦然。除督抚为监督官厅呈文得用答复外，其他各官厅收受呈文不得用答覆，应以正式照会覆之，其等级如左：

谘议局呈督抚　　　　督抚答覆

谘议局呈司道	司道以照会覆之
谘议局呈府厅州县	府厅州县以照会覆之
督抚照会谘议局	谘议局呈覆
司道照会谘议局	谘议局呈覆
府厅州县照会谘议局	谘议局呈覆

据右之说，谘议局之呈，固绅民的，非统属的也。况谘议局为全省议政之机关，对于府厅州县绝少交涉，即偶一用之，亦必关于地方调查之事件，必非议决执行之公文（议决事件应呈监督官转行，方属正当）。或不用公牍，以信函行之，亦无不可也。总之，谘议局无札地方官之理，即无移督抚司道之理，何则？以有平行之文件，必有上行下行之文件，此一定不易之理也。我有平行、上行、下行之别，彼对于我者，亦必有平行、上行、下行也，何不自居于客卿之位，而不受官治之统属乎？此不可不辨也。前见县议事会对于谘议局用“移”，仆心亦以为未安，盖县会与谘议局既非平行之局所（因谘议局有收受县会争议之权），又非统治之官吏，而又同为地方之人民，似不如用知会之为善。其“呈”与“知会”之内容，遇自称时，则直称本局、本会，所有“敝”字、“职”字、“卑”字，皆可不用。缘“敝”字为平行口吻，卑字则语近猥亵，职字则又非有官阶者不便滥称，故不如援三司之例，以“本”字称，较为质实也。盖异日民选发达之期，所举议长、议员，未必拘拘于项珠之红蓝也。鄙人不明法理于宪政编查馆颁定之行文款式，亦未及见，故不揣谫陋，权为瞽说，世之见者，或以为愚者千虑，聊备采择焉，亦无不可。

《大公报》第二千六百二十九号，宣统元年十月初一日（1909 年 11 月 13 日），“言论”，第 3—4 页

书顺直谘议局上宪政编查馆书后

顷读顺直谘议局上宪政编查馆争行文款式书，悲从中来，不可断绝。不禁为将来民选议院之前途痛焉。（行文款式，本报初一日伯泉之论详矣，至于宪政编查馆之矛盾龃龉，各省电询驳论者极详，兹不赘及）我国之有谘议局也，我政府周旋人民不得已之举，非真欲推尊舆论，实行代议政治也。（谘者，所以备督抚之谘询。顾名思义，已与民选议院之原义相背）专制政体本吾国数千年颠扑不破之积习，达官贵人恣纵骄横，日以言莫予违为乐者久矣。国力不竞，屡受惩创，民之受虐于暗无天日之域者，如鲠在喉，而不敢吐，十年以来，交通渐广，人民之知识渐进，有志之士浮海求学者踵接于世界各国，乃知有所谓代议制度者，于是相形而见绌焉。始也呻吟，继也呼号，其近者发于言论，其远者著为文章，有学说以灌输之，有报纸以鼓吹之，以致举国若狂，要求立宪之说骎骎乎偏于全国人民之口，犹忆光绪三十三年七月以前，各直省士民代表为要求立宪而集于都下者，其呼吁之声几如鼎沸，政府畏其词义之正，欲压制之而不能也，踌躇再四，乃思得狙公之计，不惜阳示降尊、阴即利用立宪之说以牢笼全国，此政府之苦心也。然而立宪之开宗明义，必自民选议院始，民选议院则专制之敌也，政府恶此风之不可长，而又不能不虚应故事以弥缝表面，踌躇再四，仍复利用狙公之计，于名义上则与之，于权利上则靳之，遂东拉西凑而产出浮光掠影之谘议局章程，此又政府之苦心也。夫谘议局之前提，则监督机关也。监督机关必与执行机关立于对待之地位，此法理上之不可易者。既不可易，则定章自不能不与以监督督抚之明文，此又政府苦心之无可如何者也。谘议局成立以后，各省谘议局议员不能仰体政府之苦心，而必欲根据定章硬凿方孔，实行监督督抚之说，政府乃戚戚然悔之，以为官府之尊严有等，而人民主之要求无厌。今日谘议局若实行监督督抚，他日国会成立以后，必又实行监督政府，而此风又何可长也。事必慎于机先，患当除于未发，与其自毙，毋宁食言。呜呼！此宪政编查馆之电文之所由来也。不然，宪政编查馆不乏通晓法律人员，纵云贵人多忘，皇皇奏章，宁不记忆，而必为此不伦不类、自解自驳、前言不接后语之电文，以贻笑全国。胡为者？专制欤？立宪欤？摧残舆论欤？压制舆论欤？愿我国民一深思之。

《大公报》第二千六百三十三号，宣统元年十月初五日（1909年11月17日），“言论”，第3—4页

再论常驻议员兼差事

本报前论常驻议员兼差事，揆之事实，或不尽然，兹复重申其议，再一论之，亦商确之义应尔也。前常驻议员只宜厚给薪俸，不宜兼差，以免贻误要公。盖以一省之大，庶政之繁，其兴废悬于数十人之手，不能不优其养膳，使之专心厥职。惟其间实在情形，诚有不能以常理论者，请将议员之分类与兼差不兼差之关系，略一言之。

现时立于谘议局建议之议员，俱经一省之人公举，而出其人品学术必为全省之人之所信仰，此固无容疑义者也。窃尝就其现时所处之地位而分之，大约可为三类：

甲类　久驻津京保各处者 如学堂职员、局所委员之类

乙类　于本地有重要职务者 如学务人员、警务人员、地方自治人员之类

丙类　向无职务者

综前三类，而以兼差之便不便言之，则主持兼差之说者，最便于甲类议员主持；不准兼差之说，最便于丙类议员。盖甲类议员，其现时所任之事类，与常驻议员之薪俸相等，或且过之，若不准兼差，则必须辞卸原任之事，而就此一年短局，对于地方固属热心，而对于己事未免吃苦。常人之情，为己者重，必不能以谘议局义务之名义，强人以牺牲固有之事业，此必以兼差为便者也。至于丙类议员，向无所事，或为一乡素封，或为一方人望，其未被举为议员之先，足迹不常

至京津间，既不常至，则交游一途必较甲乙两类为寡，交游既寡，其名誉亦必不甚彰，他日公举常驻时，其票数必居于前二类之少数。则能得常驻议员者，前二类居其九，丙类或未必得其一，此亦必至之势也。惟不准兼差，则前二类或国事而不就，而丙类乃得以补其缺，此必以不准兼差为便者也。

至于乙类议员，其对于兼差问题，大约在两可之间。盖各属办公人员，其薪俸多不如京津之优，月或十数金或数金不等，若得常驻议员，则一月之所得，足抵其一年之所得，虽辞卸之而无所惜，故兼差亦便，不准兼差亦便。即不得常驻，他日归去，不至无所事事，此以兼差不兼差为俱便者也。

或谓全省人民之所望于议员者，谓其富于国家思想、政治知识，熟悉民情疾苦、地方利弊，将以求国利民福也。议员者，全省人民之代表；常驻议员者，则又议员之代表，子不于此是求，而惟斤斤于个人之便不便，亦有说乎？曰：个人之便不便，即常驻议员去就之标准也，谓予不信，则常驻公举转瞬揭晓，若准兼差则常驻十九必为甲类，乙类者得一二焉；不准兼差，则常驻十九皆属乙类，丙类得其一二，甲类或无一焉。请俟吾言，必有奇验。

由是可知，兼差问题实为常驻议员分类之一大鸿沟。宪政编查馆至时而有明文也，斯亦已矣，若无明文，请先通盘筹算，所谓富于国家思想、政治知识，熟悉民情疾苦、地方利弊者，属于甲类者多，则从权兼差可也，属乙丙类者多，则不准兼差可也。

《大公报》第二千六百三十八号，宣统元年十月初十日（1909 年 11 月 22 日），“言论”，第 2—3 页

论谘议局非救亡之本

自朝廷筹备立宪，而有各省谘议局之设，一时舆论勃兴，群情鼓舞，一若谘议局之作用可以为一国救亡之本者。不知谘议局者仅属一地方之机关，而非一国

之机关，谘议局所议事件仅限于本省之范围，而不能及于军国之大计，此稍明法理学者所共知也。然而一国之中，可以操纵全局、关系根本之兴亡者，莫如中央政府。今谘议局之权限既不能及于中央，则其所得之效果，亦必不能及于全部。甲省办理得法，其效果仅及于甲省；乙省办理失宜，其恶果亦仅及于乙省。欲以是为国家根本之图，希望过奢，恐他日稍有顿挫，有追悔莫及者矣。

一国政治之大权，全操之于中央政府。以言军政，有君主以总其成；以言外交，有内阁以议其上。他如用人、理财诸大端，亦无非中央政府左右其间。彼各地方之政府犹不能超越权限以议其后，况监督地方政府之谘议局，岂能越俎代谋，干涉中央之政治乎？惟以上诸政，实关系于全国之安危，布置一有失宜，皆足以召亡国之祸。今我国外交之困难，内政之腐败，无非中央政府不能振作之故。乃谘议局之权限，既不能左右政府，而又无他种机关监督其后，天下危险之事未有过于此者。今日欲筹救亡之策，莫如于谘议局而外，另设一种监督之机关。于是，今之热心国会者纷纷建议，咸以缩短立宪期限为唯一无二之良法。虽然，犹有困难之问题焉。

九年筹备之谕，颁自朝廷，一旦缩短期限，岂不违背先朝之成命乎？以今日萎靡不振之政府而欲行此非常之举，其势有所不能不特此也。当日所以决定九年立宪者，以有官绅合议之资政院以为国会之模型也。彼既设有资政院以为采取舆论之地，则对于国会之设，自必视为缓图。今日要求国会之举，吾人未尝不表同情，至其能达目的与否，非吾人所敢知也。吾人以为今日救亡之策，与其催开国会，莫如组织政党，建设责任内阁之为愈。盖国会者，宪政之形式；政党者，宪政之精神也。有政党以组织内阁，则资政院之机关必与国会无异。今人所以不满意于资政院者，不过以其议员大半出自官吏耳。然苟有政党以运用其间，吾知资政院之效果，必较之无政党之国会为尤大。盖政党者，宪政之领袖；内阁者，宪政之主脑。舍此二者，宪政万无成立之理，此吾人所以以组织政党、建设内阁为今日救亡之急务也。

《大公报》第二千六百五十二号，宣统元年十月廿四日（1909年12月6日），“言论”，第2—3页

论谘议局非监督司道之机关

谘议局者一省之最高机关，而与本省督抚立于对待之地位者也。故谘议局议决事件皆呈请督抚施行，而无直接司道之理；司道者受督抚之监督而行政上之附属机关也，凡司道执行之事，皆督抚委任之事，一切责任均由督抚担任。谘议局监督督抚即无异监督司道，司道对于谘议局毫无直接应负之责任也。不独司道有然，即各府厅州县如有违背法律等事，亦均听督抚之查办，而谘议局无直接干涉之权。所以然者，以督抚为一省之最高机关。凡本省一切政务，督抚有监督之权，即有应负之责，谘议局对于督抚既有此最高之监督权，而本省各官厅又皆受督抚之监督，故监督一督抚，而凡督抚监督之官厅，无一不受谘议局之监督。谘议局有此权力，故但对督抚之行为加以监督，而其下各官厅，皆可以督抚一人为之代表而已。

今者，顺直谘议局对于前护督核覆之议案，大起争论，盖以议案中有反对财政者，则交藩司核议，有反对学务者，则交学使核议，其他反对盐务、河工者，则交运司与河道核议，以各项主务长官而核议反对之议案，其不能有效，固自可虑。独是此等议案虽交司道核议，而其一切责任仍由督抚自担，盖核议之权虽在司道，而覆核之权仍在督抚。督抚对于司道之建议，可以删改，可以纠正，其不删改不纠正，则其责任全在督抚，而司道不能认也。谘议局所监督之人，为督抚而非司道；谘议局所接之札覆，出于督抚，而非出于司道。督抚对于司道有直接命令之权，司道对于督抚有直接服从之义，彼督抚虽以全局之议案分交司道核议，而其应负之责任仍在督抚，而不能诿之各司道也。至各司道核议之案，谘议局如以为然，必呈请督抚施行，谘议局不以为然，亦必呈请督抚更正。无论如何，谘议局之对手人，决为督抚，而非督抚监督之司道。彼司道所核议者，不过承督抚之命令为事实之调查，既不能代表督抚之意思，即无约束谘议局之权力。盖此等交议之案，全属于官厅内部之关系，而于谘议局之议决权毫无妨碍者也。

或曰自官厅之关系而言，理论上固无妨碍，然以司道主管之事，而交司道核议，事实上之阻力甚多，不知此等阻力既由事实而发生，彼谘议局议员亦仅可反对其核议之事实，而不得谓司道无核议之权，盖司道核议之权系出于督抚之委任，而非谘议局所授予者也。督抚既授与其权，即应代负其责，彼谘议局之职权，固不能干涉官厅内部之关系，而于督抚不当之议覆，不妨据理力争者也，奚必牵及司道哉。

《大公报》第二千六百九十一号，宣统元年十二月初五日（1910年1月15日），“言论”，第5—6页

臭议员

直隶谘议局议员被选仅百日耳，乃其中有屡应优拔试者，有主建魁星阁者，循此以往，吾知提出之议案，必有主张复科举者。以今日最清贵之议员，而热心于旧日之臭功名，呜呼！诸公不亦污我新设之议会场耶！

《大公报》第二千六百九十六号，宣统元年十二月初十日（1910年1月20日），“闲评二”，第二张，第1页

论谘议局纠指官吏呈候督抚查办之无益

无妄

顷者，编查馆王大臣通行各省督抚及谘议局查照《谘议局章程》第二十八

条，嗣后本省官绅如有纳贿违法等事，得指明确据，呈候督抚查办。既经谘议局纠指之员，各督抚务须秉公澈查，不得置而不办，致误要政云云。记者闻此，窃不禁有所感焉。夫《谘议局章程》颁布已一年余矣，督抚之反复询问，士绅之诠解研究，亦已不厌精详。去年开会，各省谘议局议员程度虽未能一致，而其履行职务，轶出于章程范围以外者，殆未有闻。何居乎馆臣单独提出此条通行各省，而为此谆谆之告语者，意者确有见于官绅之纳贿违法，议员有放弃责任而不能据实举发者乎？抑微闻议员有发举官绅之纳贿违法，而督抚置而不办者乎？馆臣之用意，固未可深知，而其欲扶植民权以澄清吏治，则不可谓非知本之要图也。

一国吏治之腐败，不外纳贿违法一事，而我国官吏殆无不躬蹈之，岂为官吏者固别具肺肠乎？非也。官亦自民间来，其始未尝不知贿之不可纳，法之不可违。第自私自利之心，常人所不能免，无人以监察之，则人欲滔而天良梏，驯至靡所不为，而绝无忌惮。我国监察官吏之机关，惟一都察院，操监察之权者，只此数十御史。夫以数十人之耳目，监察全国数十万之官吏，纵使人百其口、人百其心，而亦有所不遑。况乎御史远居朝右，足不出都门，身不亲民事，唯据道路传闻敷陈，人告不肖之官吏方且纳贿违法于千里万里之外，彼又孰从而知之，即或调查明确，誾誾而言，朝廷亦不敢据为信谳，仍必付诸该管督抚或邻省督抚之覆查，而堆垛化为烟云矣。此宦途之所以日媮，仕风之所以日下也。

是故法治国之议会，胥有监督官吏之权。谘议局为直省最高之议会，则一省之官吏自应归其监督。诚以官吏之贤否，惟被治者知之最审，而言之最公。惟我国之谘议局较诸各国之议会，能力之不逮实甚，各国议会之意见可直达于内阁，我谘议局之行为受节制于督抚，既受督抚之节制，则议员之意见必与督抚之意见水乳交融而后议案乃有效，设或不然，则议员之所建白，必致徒托空言。试观谘议局开幕以来，提议之议案，每省不下数十起，皆笔笔有关国计民生之大事，而督抚病其不利于己，则一切置诸不答。议员虽太息痛恨，而莫可如何，此亦可见督抚权力之弥满，直视议员如无物，而未易以一纸空文，破除其独断独行之积习也

明矣。

《大公报》第二千八百十四号，宣统二年四月二十日（1910 年 5 月 28 日），“言论”，第 4 页

顺直谘议局副议长谷芝瑞君演说词

今日督宪及议长对于谘议局一切应行事项、困难情形，言之甚为详细，本议员略为延长其说，亦无他意见，不过欲众人各尽其职而已。谘议局，代表舆论之机关，而舆论不能无权限之范围，故必要规定章程，为各人所遵守，此最宜注意者也。所谓权限范围，无得逾越，譬之行政官厅有行政官厅之权限，各议员亦即有各议员之权限，此断不容越俎而代者也，必出乎权限范围而议事，不惟侵占他人，反致失其应尽之职务，此其弊务，宜力除。苟在权限范围内，为当议之事项，无论其如何繁杂，如何困难，务期达到目的而后已。际此国步艰难，人心惶恐，倘在谘议局权限范围内，尚不能提出几件议案，议决几件事项，与民兴利除弊，是则徒糜巨款，无所补救，亦何贵乎？有此谘议局之设也，更何取乎有此第二届议会之开也耶？故深望各议员守定章程，于权限范围内务期各尽其职，以不负此议会也可。

《大公报》第二千九百五十一号，宣统二年九月初十日（1910 年 10 月 12 日），“演说”，第二张，第 2 页

顺直谘议局开会副议长王振垚演说词

适闻督宪及议长之演说，其用意甚厚，期望甚深，本无待鄙人赘言。惟本议

员尚有些须意见，请用简单语略述一二。谘议局自客秋开办，已届一年，而求其效果实鲜，外间訾议，多归咎于议员程度之不足，此其责固无可辞。但今秋本议员赴各省联合会，询及二十二省之实在情形，大概相同。若谓程度不足，则一省如是，不应各省如是，此其中必有特别原因。就谘议局之性质而论，纯主议决，而执行者又别有一部分，各国固无不如是。然各国地方会与府县知事为相对的，府县知事与地方本属直接，故既经议决，无不实行。而中国之谘议局乃与督抚为相对的，督抚与各地方不能直接，其中尚有种种阶级。谘议局议决之案，经督抚准者，下之于所司，所司又辗转推衍，始下及于地方。至地方若不能实行，而监督之者又无一定机关，是以去岁谘议局议决之案，问之督抚，则曰已经公布。考之于地方，则固未实行。如此而欲言效果，恐谘议局之程度无论高到何处，亦不能越俎代庖。盖所谓效果者，必合议决与执行两部分合观之，而后乃有得失之可言也。今则固有无虑此者，何以言之？各国国会君主不负责任，内阁代负责任，以内阁为各部行政长官之合议制也。今督署内立会议所，聚司道以下各官于一处，专为审查谘议局之议案，犹之君主之内阁，入则为合议，出则当执行。若犹有以前种种隔阂之弊，则谘议局质问督抚，督抚质问司道，便无可解说之辞。想吾直各长官闳达政体，当必有较他省更为进步者，此则谘议局前途之幸，当为吾直全省父老子弟庆贺者也。但对于吾局内部，鄙人尚有欲言者。去岁议案多未实行，固有如以上所虑诸弊，亦或有吾议案仓猝提出，不甚的确之处，各国议案大率曰，政府提出而议院议决，其议决也，又大率政府取积极主义，而议院取消极主义。譬扩张某种行政费，扩张某种事业，不经议院通过不能成立。今吾各省议案，由督抚提出者寥寥无几，而由议员提出者，更仆难数。是议员取积极主义，而督抚取消极主义，其现象正与相反。此次开会，第一，提议案要慎重，第二，议决要慎重。凡无关大体，与逾越权限，而非督抚所能办到者，皆一概不取。若无此弊，又已经议决，而犹不能实行，则用此会议厅也何为？想我贤督帅及诸长官，当必不如此。此真我第一届会期之大可希望者也。鄙人不才，窃愿与诸君共勉之。

《大公报》第二千九百五十三号，宣统二年九月十二日（1910 年 10 月 14 日），“演说”，第二张，第 3 页

顺直谘议局议员张凤瑞演说词

适闻大帅之训词、三位议员之演说，所论谘议局之利弊情形、权限范围，已条分而缕析矣，本议员不过补助数言耳。夫本局自开办以来，已历一年，所经过事项，当报告于诸君者，业经公布，无待赘言。惟我被议员所宜共负责者，责任是也，而责任之范围甚宽，就今岁而论，其负责之最重者，莫预算若。查《谘议局章程》第二十一条第二项，载有议决本省岁出入预算事件；又光绪三十四年宪政编查馆之原奏，各省岁出入预算应于本会期以前交议，虽至今未经交下，然亦未可忽略者也，诚以举行各项新政，以需款为第一要义。苟使预算不成立，而责国民以担负，至为困难。是以各国国会一开，必首重预算议案，所谓谘议局当负最重之责任者此也。更有谘议局经过之历史，其中亦有宜注意者。谘议局所决议之事项，如盐政问题、税务问题，其建议亦非不详，以迄于今，皆未见诸实行，其故安在？本议员于今秋赴各省联合会，质诸各省，亦罔不若是。皆以此问题关系重大，非将自治机关组织完全，一切弊端，调查清晰，不易解决。深愿今岁妥筹善法，务期达到实行之目的而后已。不但此也，即如山西谘议局因提出禁烟之案，未实行而为一般人民所反对，官长又不实力维持，遂至全体议员辞职。虽我直幸无如此情形，然办法之善否，亦极有关系者也。况直隶本省已生人满为患之问题，故督宪亦极提倡移民之政策，缘湖北已经举行矣。谘议局经过之历史，大抵如此，此又全体议员所宜研究者也。然而，建议非难，实行则难，求其所以不能实行之故，大都原于公布法之未善也。窃考各国之公布法有三：曰传达，曰揭示，曰登载官报。中国仅取传达主义，类皆以所议决之案，禀呈于督抚，督抚照例传达公文于所属之州县，而州县或视为具文，或因循敷衍，或守秘密政策，人民更无得而知之矣。官吏之所得以舞弊者此也。设使公布得宜，人民咸知其详细，官吏自有不得不实行之势，是公布之法顾不重要也耶？虽然，以我直隶论，地大事繁，俨如外洋一国，而各国国会，其议员类皆数百人，而我直谘议局议员仅百五十余人，以此少数之人，维持一省之事，此其力至为微细。倘非以全力共负责任，则不失乡父老之望者几希！本议员惟愿各府州县自治机关早为成立，以辅助谘议局之进行，并期公布之法，臻于美备，举一切议决事宜，行将见诸实行，而获一完全之善果，则不徒为谘议局前途幸，亦即为中国前途幸。此本议员所最希望者也。

《大公报》第二千九百五十五号，宣统二年九月十四日（1910 年 10 月 16 日），“演说”，第二张，第 2 页

读江苏谘议局通电志感

无　妄

《谘议局章程》中最不适于官吏之心理者，惟第六章第二十一条之二、三、四、五等项，而为议员权利义务之最重要者，亦惟此数项。其三、四、五项非本题范围所及，姑置不论，第二项之议决本省岁出入预算事件，则正今日官吏与议员决荡最烈之烧点，而《谘议局章程》之仅足以裁制议员而不足以裁制官吏，已昭然可见。此吾所以读江苏谘议局通电，以复议宁省预算无效，议长、副议长、常驻议员全体辞职云云，而不禁重有感焉。

电文简略，其详情不得而知。然既曰宁属，则与苏属无关，且苏抚曾有实行预算之宣言，则藐视定章，轻蔑议会之罪，实惟江督尸之。夫江督之昏耄顽固，久为千夫所共指，一道及谘议局及地方自治，即痛心疾首而深不以为然。此非记者之好为逆億也。当去岁谘议局开幕之初，或问其对待方针，彼固尝曰：方针云乎哉！朝廷凡是作为，犹败家子之浮浪行为，耗损资产而已。顾上既乐之，吾侪何必故事靳惜。当建大屋以棲宿之，筹巨款以豢养之。使为议员者衣食住各得其所，又何议案之足重乎？其不满于谘议局也如是。故去岁该局议案虽能举其大者远者，而该督之答复，无论其为可决否决，一概付诸，若沉若浮，矧为彼所深闭

固拒，不得已而交议之豫算案，宜其于申复之后，重交复议，复议之后而终归无效也。

夫国家既特设机关，予人民以参政之权，则为议员者但须谨守局章，以第二十一条之规定为保障，而业经议决之豫算案，地方官吏自有强制执行之义务，若既付之众议，而众意之从违无一定之效力，则与前此之仅出告示复何所择？曷若消灭此机关，一仍前代故事，予取予求，惟以强制力使负义务，亦何不可？即建大屋、筹巨款，亦属多此一举。顾朝廷既以此权公诸人民，而江督独悍然剥夺之，意在使局章有力之条件悉消沉于无声无臭之中，该局既同虚器，而行政长官之财权遂回复其独断独行之旧计诚得矣。然亦思议员受国人之委托，而与选者又皆一时之彦，岂能欺蔑自甘忍而与之，终古知其不足与有为，而出此全体辞职之举，宁牺牲议员之名位，以拥护职权、保持宪政，该局议员之决心，诚不愧为国民代表哉！

虽然，吾有为该局诸君告者，全体辞职，志在力要豫算之成立，是以退为进之手段也。然吾民今日对待横蛮官吏之方法，宜以进为进，不当以退为进。盖吾民既甘于退让，则官吏之势焰愈高，其究也不过得资政院之一番调停，而议决权之得以争回与否，仍在不可知之天，则何如曲循法律之范围，力争其实事执行，争之不得，则坐待其解散之来。一经解散，激社会程度而使之高，倡各省先例而发其难，俾天下人咸知议员之决心，非行政官吏所得而威胁，实江苏人士示之标准焉，则其效力当较辞职为尤大矣。吾更有一言为江督告曰：众怒难犯，专欲难成，毋以数十议员之去留为无足重轻，而甘为天下之公敌，遗臭吾立宪之新历史也。

《大公报》第三千一百四十七号，宣统三年四月初八日（1911年5月6日），“言论”，第3页

为赞成争议裁撤卫生局致顺直谘议局意见书（续）

其直如矢书上

五、且海口防疫局有《洋船进口防疫章程》，乃由津海关税务司与各国领事妥商刊印，然后交防疫局所遵守。故洋船进口，防疫医官即上船按章检验，如有违禁之物，即不准登岸，如各贵议员要看此项章程，可径投函致书海关税务局，请发给一张，以便查考。

又，凡香港、上海、厦门、福州、澳门等口岸如有疫症，上海海关必有知照通知津海关，由津海关出示晓谕各船户知悉，自口月口日起凡洋船进口，均当按防疫章程行动，不得任意驾驶，必在防疫所定海面下锚，至医员验后清白，方准驶进。每年如有疫，时不过二三个月，过后即不检验，故防疫局每年之工夫，不过二三个月而已，非日日有事也。以上所云，可知防疫章程均系津海关税务司与各国领事妥商，然后奉行。可知此等章程，乃由外人与本国海关商订，则外人并无不遵守之理由，且外人防疫较我国人为要，自当遵守，又何因由而起交涉哉？司徒秩如既系北洋医学堂毕业生，即系有文凭医官，自然明悉西医疫症诸事，医学已明，又能按章办理防疫事宜，而外人素遵防疫章程，则交涉又从何而生耶？

六、若裁卫生局则留此防疫局，以杜交涉，则其责任仍归防疫医官司徒秩如，若有交涉，则由司徒商诸直隶交涉局，由交涉局清理。大沽至天津不过二点钟火车，若遇交涉，司徒准可到交涉局详细擘画回禀，自然无事。

七、如恐西人以为司徒医学不足以服众，则又无妨多请一西医兼任，每月不过一百金而已，最好是仍请回卫生局。现任卫生医官梅大夫 Dr. Mesuy，此医官乃法国人，现亦系北洋医学堂教习，若遇交涉，则此梅大夫医道已精，英法语言又熟，无论何项交涉一起，有此梅大夫、司徒大夫并交涉局人员妥商，自能办到完善，又何忌交涉之有？

香港于疫症时则多添派数位医官，又令医学堂学生协助，以资训练，每月不过发给四五十元薪水与学生为经费，此系香港岸上街道办法，至海口则有防疫医官，不必赘述。

《大公报》第三千三十六号，宣统二年十二月初六日（1911 年 1 月 6 日），第三张，“来函二则”，第 1 页

读者来函

大主笔先生钧鉴，贵报所载匿名信一件，大致谓国会请愿之同志会乃败于温世霖一人之手，其词云仆等组织国会请愿，进行甚速，不忆发起人温世霖出身卑贱，心术狠毒，受伊唆使，向无辜人拚命，官府以暴动藉口压制解散，江君损生，皆温之罪云云。此等卑劣手段，原不足道，特其言之诬毁吾学者至深且酷，此而不辨，恐害及于世道人心者不浅。夫同志会乃出于学界同人之热诚，举动过激，方法不良，致官府干涉，不克达其初志，是同人公共之咎也，岂敢归罪一人。同人等既非丧心病狂，孰肯受他人之唆使，能唆使一人，岂能尽千余学生而唆使之乎？既不能自主于前，徒诉无罪于后，是我学界同人之耻也，仆等虽愚，当不出此。向无辜人拚命者，系指何事？官府所藉口者，果在此否？且若谓仆等之受唆使为确是，仆等皆非主动，匿名信之作，当亦出自他人，其不足信也明矣。至云温某出身卑贱、心术狠毒者，究何所据而云然？且出身虽属卑贱而能成伟人者，宇宙间奚翅千万，是岂足为垢温君曾欲剖民贼之心、夺小人之魄矣，狠毒之言，殆谓此乎？心挟私仇不能自洩，而故作此违心之言，愚矣！冒仆等之名以图扰害学界，是何为者？江君如故而妄谓其死，吊其死耶？意存煽惑人心耶？烦转达投匿名信者。此致，即询著安不一。

刘仲深、路家鼎、何雅群、王钧衡、刘宸章、李振纲、刘士豪同启

书于法政学堂正科楼下五号

《大公报》第三千三十六号，宣统二年十二月初六日（1911 年 1 月 6 日），第三张，“来函二则”，第 1 页

顺直谘议局副议长王古愚君第一次政治学之讲演

鄙人初意讲此，原欲就各国之大势与中国政治之方针，略说大概，继思无当于此种学科，因复就最近政治学，分章分节逐次讲演，其见于文字者不过十之一二，其不见于文字而为口述者，愿诸君笔记之可也。

第一章　绪　论

第一节　原　学

学有有形学、无形学，政治学者，无形学之一种也。欲研究无形学，当就内界心灵求之；欲研究有形学，当就外界感触求之。二者基础各异，故其结果亦不同。有形学者，为论理之所命，故必恒合真理，如化学以同一方法验同一物质，则必以一同一之原质分析之是也；无形学者，为论理之推定，故不必恒合真理，如经济学本以自利心为主动之原力，然以此推定之，则其论理之结果，恒有与其原理相反者，如慈惠心、怠惰心及种种之感情，皆足杀其自利心是也。

第一、无形学之基础。无形学以有形学为基础，人类之于社会，以生存为目的，然世界灾变之来，所以妨害其生存者，百出而不穷，天然力之为祸最大也。欲袪此天然力而达其生存之目的，则必箝制而利用之。既思箝制而利用之矣，非徒手可以集事也，则必举种种竞胜方法而研究之，一人研究之，人人皆研究之，积之既久，始与天然力竞争，继且与人类竞争，竞争之不已，而凡百技术之科学显焉，于是乎无形学遂因之而生，如欧洲近世社会问题，几普遍于全球，而其初乃实由一发明蒸汽机关而起，此亦最惊人之事矣。

第二、无形学之材料。无形学之材料，以历史学、统计学、地理学、博物学等为主，此等材料，含有事实、理论、断定三种，无论何等科学，不经此三种之

次序不能构成，即第一搜集事实，第二由事实而推究理论，第三由理论而下断定是也。

第三、无形学之标准。既称曰：人必有互相牵连之事，而后可生存于社会。于人类社会中发达最早而为文明之中枢者，即族民是也。族民之在社会，自家族而种族，自种族而为团体，团体由地方而散为各种，渐次由各种以至国家，构成有形之组织。寻其本原，必自血统始。家族者，血统之本位；种族者，血统之集合。地方团体者，为处于同地而生，而其间因智能、权力之发达，与休戚利害之异同，而各种团体成焉。复为保全各种团体及其分子，而遂成一复杂完备有机体之国家，于是乎无形学之标准乃自此研究之矣。

第二节　政治学与他学之关系

政治学者，研究国家之性质及其作用之一科学，而又为数科学之集合体也。今述其关于诸科学者如左：

第一、历史学。政治与历史本互相表里，西人言：读史不归政治是谓无果，言政治不求之历史是谓无根。天之生人也，与以灵性，本无与生俱来预具之知能，欲有所知，其初必由内籀，内籀必资事实，事实必由阅历，一人之阅历有限，故必聚古人与异地人之阅历为之，如此，则必由纪载，纪载则历史也。十八世纪以前，有言政治不言历史者，希腊时如柏拉图，最后如卢梭，其言政治，皆本心学与自然公理。至十九世纪孟德斯鸠出，乃一反其所为，至于今言政治者，几无人不根之历史矣。西人之言历史，大概分为三期：第一期多关于自然之现象，如日食、月食、山崩、地震等是；第二期多关于社会之现象，如文学、美术等是；第三期则惟关于政治的现象，文学、美术等乃别为独立之学科矣。英人西粒谓政治、历史为一，盖有由也。中国历史多尚文章，故实自三代至今，无甚进化，三通之属，乃欲别而类纂之，然亦不成为有系统之学，故政治之进化甚迟也。

第二、地理学。地理学者，所以研究人群与天然力相关系之科学也。土地天然力影响于国家者甚大，人类仆缘于大地之上，无间山陬海偶莫不繁殖而凭生。然而，以气候言之，寒带之民与热带之民异，热带、寒带之民与温带之民异。大抵文明政治之发达，多起于温带，而极寒极热之地，能求完全之政治者殆少。罗马、伦敦、柏林、巴黎、华盛顿、日本东京、与中国之北京，皆在平均八度至十六度之温带中，此一证也。以地势言之，山岳与平野，其交通不同，其政治之趋向亦异。关于平野者，恒多中央集权；关于山岳者，恒多地方分权。希腊山脉最多，而分权最盛；英国平野最多，而集权亦最盛；德国北部多平野则行集权，南部多山岳则行分权，此又一证也。以地力言之，国土之所占，有肥有瘠，民间之生事不同，而政治之措施亦异，过于肥饶者则民之生活易，而其结果转致贫富之不均，则社会之问题必起；过于硗瘠者则民之生活难，而其团体之结合不固，则政治之效力无从生，印度、埃及昔盛而忽衰，蒙古、阿剌伯人必移居而后能立国，此又一证也。周官大司徒分地或奠地，守制地贡而颁制事，盖深明此义也。今之言政治者，不能窥见本原，动欲以甲国之政治施之乙国，其亦不达于地理之学明矣。

第三、统计学。统计学者，人类社会之现象，以数学法研究之，而以大量观察得之者也。社会之现象，有可以数显者，有不可以数显者，而统计学则可以数显者也。例若男女生死之数，似甚复杂而不可纪，然从一国之全部统计之，自有秩序法则之表见，故若者生、若者死、若者为男为女，以大量观察则常得其平均之数，是学也，发于欧洲近世，而政治家常依之以定方针，孟子所谓凶岁子弟多暴、无恒产者无恒心，皆此义也。

第四、社会学。社会学之语始自康德，近世颇极发达，然其说不一。有谓社会学者，于诸学关系间为之排列之学也（如十二学派是）；有谓社会学者，非具体的研究社会之学，而抽象的研究社会之学也。西粒氏谓：人者为社会之动物，有社交之能力，苟研究之即社会学矣。杰廷氏之言曰：研究社会之组织及其生长进行之原委者也。总而言之，社会学者，研究关于人类社会之性质、种类及其发达之学也，不明乎此，则不能通达政治之原理，而其所哓哓以为可行者，或知其一，未知其二，或见为利而实乃为弊，甚至躁进急见，于是病国病民之事，杂然出矣。

《大公报》三千九十三号，宣统三年二月十二日（1911 年 3 月 12 日），“专件”，第三张，第 1 页；《大公报》三千九十四号，宣统三年二月十三日（1911 年 3 月 13 日），“专件”，第三张，第 1—2 页

论政府猜防谘议局之非理

无　妄

政府之有不利于谘议局也久矣，顾以其为先朝所特许，中外所周知，不得取而消灭之，乃于章程规定之权利范围，屡次缩小，屡次剥夺，缩小剥夺之不已，又任各省督抚任意蹂躏，逐事挑剔，务使所提之议案，概归无效，而其愿始偿。然此特对于议决后之议案，横加限制，若议员在会场中，则固得自由提议，而未尝以非理以相加也。异哉！近闻政府诸大老竟以川鄂乱事皆有谘议局议员附和，特电各省督抚，须于开会时严行取缔，并饬派巡警道到场监督，若果有此，真可为咄咄称怪者矣。

夫川乱起于争路，鄂乱起于革党，与谘议局何与？至川议长之赴辕陈请，特尽其代表民意之天职，鄂议长之淹迹省城，实为乱党迫胁所致，此不得为川鄂谘议局罪，更不得为该两省之全体议员罪。即曰川鄂议员，政府藉口有辞，而概置诸匪徒乱党之列矣，而各省之谘议局议员，遂可视为嫌疑之犯而无端取缔乎？藉曰：方以类聚，一二省如此，他省不可不预为防范，则今之身为总督、统制而弃城逃遁，为道府、标统而甘心从乱者，既为朝野所共愤，对于凡为总督、统制及为道府、标统者，将加以何等之取缔而为先事之预防乎？今政府虽未明示取缔之法，大旨不外侵其言论自由之权而已。夫谘议局为言论之机关，非治事之机关，为法人公意之机关，非一二人私意之机关，就令有一二宗旨不正之人，亦不能逞其独自之意见，以鼓动全局之人。在政府之用意，不过虑革命邪说流传于社会耳。微论人民果有思乱之心，绝非强力所能压制，试思革命何事？必其为暗中秘密之运动，岂有于万众瞩目之场，公然施其簧鼓者，督抚虽逐事留心，又乌从觉察而取缔之，亦见其徒多纷扰而已。

查《谘议局章程》第四十六条，各省督抚有监督谘议局选举及会议之权，是议场中已有督抚临席为法定之监督，彼巡警道胡为乎来哉？政府饬派巡警道到场监督，岂虑督抚不能举其监督之责，将使巡警道匡其不逮乎？抑督抚所监督者，会议之情事，巡警道所监督者，会场之秩序乎？夫巡警道之任务，在弹压地方、保卫治安而已，今以监督议场之任责之，巡警道是直惧议员之扰害治安，使之名为监督、实行弹压也，对待议员而出之以弹压，是不以议员视议员，而以匪徒视议员也。议员受邦人之付托，含救国之苦心，殚诚瘏口以谋地方之幸福，成效未睹，而群焉蒙匪徒之名，俯首听捕盗官厅之弹压，议员之灰心丧气，固不待言。地方官吏平日对于谘议局，本已怒目而视，政府既为之发纵指示，假以阻挠之权，则将来摧残议员之举动，势必无所不用其极，而宪政前途，将永无进行之望，呜呼！此岂特谘议局之不幸哉，谁秉国成，试一念先朝设立谘议局之初意，其亦爽然于今日之倒行逆施，足以害而家而凶而国乎？呜呼，休矣！

《大公报》三千三百十五号，宣统三年八月三十日（1911 年 10 月 21 日），“言论”，第 2 页

图书在版编目（CIP）数据

顺直谘议局 / 邱涛编. — 太原：山西人民出版社，2020.6
（清末立宪运动史料丛刊 / 胡绳武主编）
ISBN 978-7-203-10402-5

Ⅰ. ①顺… Ⅱ. ①邱… Ⅲ. ①谘议局－史料－中国－清后期 Ⅳ. ①D691.2

中国版本图书馆 CIP 数据核字（2020）第 105522 号

清末立宪运动史料丛刊 · 顺直谘议局

主　　编：胡绳武
副 主 编：牛贯杰　戴鞍钢
编　　者：邱　涛
责任编辑：傅晓红
复　　审：贺　权
终　　审：蒙莉莉
装帧设计：谢　成

出 版 者：山西出版传媒集团 · 山西人民出版社
地　　址：太原市建设南路 21 号
发行营销：0351-4922220　4955996　4956039　4922127（传真）
天猫官网：https://sxrmcbs.tmall.com　电话：0351-4922159
E-mail：sxskcb@163.com　发行部
　　　　sxskcb@126.com　总编室
网　　址：www.sxskcb.com

经 销 者：山西出版传媒集团 · 山西人民出版社
承 印 厂：山西出版传媒集团 · 山西人民印刷有限责任公司

开　　本：787mm×1092mm　1/16
印　　张：51
字　　数：900 千字
版　　次：2020 年 6 月　第 1 版
印　　次：2020 年 6 月　第 1 次印刷
书　　号：ISBN 978-7-203-10402-5
定　　价：316.00 元